Wilhelm Gottlieb Tennemann

Geschichte der Philosophie

Wilhelm Gottlieb Tennemann

Geschichte der Philosophie

ISBN/EAN: 9783742812940

Hergestellt in Europa, USA, Kanada, Australien, Japan

Cover: Foto ©Klaus-Uwe Gerhardt /pixelio.de

Manufactured and distributed by brebook publishing software (www.brebook.com)

Wilhelm Gottlieb Tennemann

Geschichte der Philosophie

Geschichte der Philosophie

von

D. Wilhelm Gottlieb Tennemann

ordentlichem öffentlichen Professor der Philosophie auf der Universität zu Marburg, der Akademie nützlicher Wissenschaften zu Erfurt, der lateinischen und mineralogischen Gesellschaft zu Jena Ehrenmitgliede.

Sechster Band.

Leipzig, 1807.
bei Johann Ambrosius Barth.

Vorrede.

Dieser sechste Band enthält die Geschichte der Schwärmereien der Alexandriner und Neuplatoniker, mit welcher die Laufbahn der eigentlich griechischen Philosophie beschlossen wird. Der griechische Geist schien noch einmal, nachdem er eine Zeitlang geschlummert hatte, eine neue Lebenskraft zu erhalten, und das große Ziel, wornach er so lange gerungen hatte, eine in sich geschlossene, durchaus gewisse, allen Zweifel ausschließende, vollendete Wissenschaft mit einmal zu Stande bringen zu wollen. Allein es war nicht mehr der reine, unverdorbene griechische, sondern der durch den Einfluß des Orientalen verdorbene Geist, welcher dieses Werk begann, und die schöpferische Phantasie trat an die Stelle der ruhig forschenden Vernunft. Das Absolute, welches dem menschlichen Geiste immerfort in gleicher Ferne vorschweben wird, um den Forschungsgeist in stets reger Thätigkeit zu erhalten, wurde auf einmal durch die Zauberkraft der Phantasie ein wirkliches Object, welches der menschliche Geist durch unmittelbare Anschauung erfassen wollte.

Vorrede.

wollte. Die Geisterwelt verpflanzte die Phantasie in die wirkliche Welt, und die Natur wurde durch die Willkür selbstgeschaffener Wesen verdrängt. Der menschliche Geist wollte alles, was sich nur denken, glauben, ahnden läßt, zu einem Objecte der Anschauung machen, und vergaß, geblendet von Begeisterung, daß die Phantasie mit den durch die Bilder der Phantasie verschmelzten Ideen und Begriffen ein Gaukelspiel trieb.

Der Hauptgesichtspunct, welchen ich mir bei der Bearbeitung dieses Theiles der Geschichte vorhielt, war darauf gerichtet, die Entstehung dieser Art zu philosophiren nach innern und äußern Gründen in das Licht zu setzen, und den ganzen Ideengang, durch welchen der erste Erfinder darauf geführt wurde, die Zwecke, welche er erreichen wollte, so treu als nur möglich nach dessen eigenen Ansichten zu entwickeln, und dann ein treues Gemälde von ihr selbst nach ihrem wesentlichen Geistescharakter in den Hauptpuncten und in Beziehung auf die vorgesetzten Zwecke zu geben, mit einem Worte, ich wollte den Punct, von welchem diese Philosophie ausging, das Ziel, welches sie zu erreichen suchte, und den Weg, den sie dazu wählte, mit historischer Treue darstellen. Ein anderer Hauptpunct war, die vornehmsten Modificationen anzugeben, welche

welche diese Philosophie annahm, so wie auch die Hauptwirkungen zu schildern, welche sie hervorbrachte.

Eine vollständige Darstellung aller Ideen, aller Träume und Schwärmereien, welche aus dem ungezügelten, auf ein unmögliches Ziel gerichteten Speculationsgeiste entsprangen, oder aller mit mehr oder weniger blendenden Scheingründen vorgetragenen Behauptungen über Gott, die Welt und Seele, über die Emanation aller Dinge aus einem Realgrunde, über die Dämonen, über die Gemeinschaft der Dämonen und Menschen, über die innige Vereinigung mit Gott u. s. w. lag außer meinem Plane, welcher nur auf die historische Darstellung des Geistes dieser Philosophie im Allgemeinen ging. Eine ins Specielle gehende Dogmengeschichte dieses Zeitalters erfordert außerdem eine zu große Ausführlichkeit, welche zu der Anlage dieses Werkes in keinem Verhältnisse stehet.

Ich habe meinen Lesern gesagt, was und in welchem Umfange ich es habe leisten wollen. Die Achtung, welche ein Schriftsteller seinem Publicum schuldig ist, erfordert aber das aufrichtige Geständniß, daß ich nicht im Stande gewesen bin, diesen Gegenstand auf eine auch nur mir selbst genügende Weise zu bearbeiten. Wie viel mehr werden einsichtsvolle Forscher und

Vorrede.

und Gelehrte vermissen, was noch hätte geschehen können; wie viel Mängel werden sie nicht in dem, was ich zu geben vermochte, finden? Denn ich muß aufrichtig gestehen, daß ich mit den Werken, welche als Quellen für diesen Theil der Geschichte zu betrachten sind, vorher wenig Bekanntschaft gemacht hatte. Es kam noch der ungünstige Umstand hinzu, daß ich nicht so glücklich war, alle jene Quellenschriften, weil sie zum Theil selten sind, wenigstens nicht alle in der Originalsprache auftreiben zu können. Hierdurch können Lücken entstanden, und manche Züge, welche zu dem ganzen Gemälde hätten hinzukommen müssen, mir entgangen seyn. Doch weit nachtheiliger als dieses war die Geistesstimmung, in welcher ich den größten Theil dieses Bandes ausarbeiten mußte. Die gewaltsamen Veränderungen des deutschen Vaterlandes, das Kriegsgetöse in der Ferne, unaufhörliche Durchmärsche vor Augen, häufige Einquartierungen in dem Hause; außerdem noch der schmerzliche Verlust eines einzigen hoffnungsvollen Kindes; neben diesen Scenen einer traurigen Gegenwart noch die beunruhigenden Aussichten auf eine nicht erfreuliche Zukunft — Dieses ist in wenigen Worten die Lage, in der ich diesen ganzen Winter hindurch arbeiten mußte. Ich war nicht stark genug, so vielen starken Gefühlen, die das Herz bestürmten, die zu Geistesarbeiten nöthige Ruhe und

Hei=

Heiterkeit abzukämpfen; es stand nicht in meiner Gewalt, eine Menge von Zerstreuungen und Störungen, welche für den gedeihlichen Fortgang wissenschaftlicher Untersuchungen so nachtheilig sind, abzuwenden. Ich befürchte daher mit Recht, daß die Leser nur zu viele Spuren von dem Einflusse dieser ungünstigen Umstände finden werden, und muß es ihrer Billigkeit überlassen, in wiefern sie dem Verfasser einige Nachsicht wollen zu Gute kommen lassen.

Ich war erst Willens, mit diesem Bande das ganze Werk wenigstens vor der Hand zu schließen: denn je weiter ich in meinem Plan fortrückte, desto mehr fand ich Schwierigkeiten, zu deren Ueberwindung ich mir nicht genug Kräfte zutrauete. Da ich indessen aus den öffentlichen Beurtheilungen, vorzüglich in der Leipziger, Jenaer und Hallischen Literaturzeitung, deren Verfasser durch ihre mit Geist, Einsicht und liebenswürdiger Humanität abgefaßte Critik, so wie durch ihr lebhaftes Interesse für die Vervollkommnung dieser Wissenschaft meine innige Hochachtung gewonnen haben, nicht weniger auch aus den Privaturtheilen anderer mit Recht geschätzten Gelehrten sehe, daß man meine Bearbeitung der Geschichte der Philosophie nicht ganz für fruchtlos hält, und von mir die Fortsetzung erwartet; so will ich aus Achtung

für

für diese gewichtvollen Stimmen und überhaupt aus Achtung für den Beifall des gelehrten Publicums meine übrige Muße gerne der Fortsetzung derselben widmen. Wenn übrigens der folgende Band, welcher die Geschichte durch die Zeiten der Scholastik fortführen wird, erscheinen werde; dieses kann ich jetzt noch nicht bestimmen.

Marburg, in dem Monat März 1807.

Der Verfasser.

Inhalt des sechsten Theiles.

Viertes Hauptstück Vierter Abschnitt.
Schwärmerische Philosophie der Alexandriner.   Seite 1

Erstes Capitel. Plotins Philosopheme.   19

Zweites Capitel. Fortgang und Ausbreitung der Neuplatonischen Philosophie.   187
     Porphyrius   202
     Jamblichus   247
     Proclus   284
     Isidorus   359
     Damascius   361

Drittes Capitel. Uebersicht dieses Zeitraums.   376
   Anhang von dem Betruge mit untergeschobenen Büchern   438

Viertes Capitel. Beschluß des vierten Hauptstücks.   480

Geschichte der Philosophie.

Sechster Theil.
Eklektischer, synkretistischer und mystischer Geist der Philosophie.

Geschichte der Philosophie.

Fortsetzung der vierten Periode.
Eklektischer, synkretistischer und mystischer Geist der Philosophie.

Des vierten Hauptstücks vierter Abschnitt.
Schwärmerische Philosophie der Alexandriner.

Der Kampf des Skepticismus mit dem Dogmatismus war geendiget. Man war zwar in keinem Problem, welches den Grund, den Ursprung, die Realität und Gewißheit, den Umfang und die Gränze der menschlichen Erkenntniß betrift, um einen Schritt weiter gekommen, und der eigentliche Streitpunkt, der beide trennte, noch gar nicht gehoben: allein die Entfernung von einer gemeinschaftlichen Communication, und die Uebertreibung des Skepticismus, wodurch er aufhörte, den Dogmatismus in Schranken zu halten, vielmehr selbst ein negativer, alles zerstörender Dogmatismus wurde, zernichtete alles Interesse, welches den Streit allein unterhalten konnte. Dazu kam noch der Umstand, daß gerade in dem Zeitpunkt, wo der Skepticismus durch Sextus die höchste Stufe erreicht hatte, die dogmatische Philosophie eine andere Richtung und Gestaltung erhielt, welche sie nach dem ersten Anblick den Angriffen der Skeptiker völlig zu entrücken schien. Durch Raisonnement hatte der Skepticismus bis hieher die dogmatisirenden Philosophen geneckt, beunruhiget, bestritten; er hatte die Schlüsse der speculirenden Vernunft analysirt und gezeigt, daß sie in einen leeren Dunst sich auflöseten; daß sie auf keinen letzten realen Grund der Erkenntniß durch Begriffe gelangen könne, und das Absolute, welches sie erhascht zu haben vermeine, immer von neuem entwische. Jetzt aber verbreitete sich immer mehr die Ueberzeugung, daß sich das Absolute, wonach die Vernunft unaufhörlich strebt, nicht sowohl durch das Denken, als durch unmittelbares Anschauen und Betrachten finden lasse. Hier mußte der Skepticismus bescheiden zurücktreten; denn noch nie hatte irgend ein kühner Zweifler die subjektive Wahrheit der innern Empfindungen, Anschauungen und Wahrnehmungen angetastet, und mit welchem Recht wollte er die Wahrheit eines philosophischen Sehers in Anspruch nehmen, der mit einem freien, von dem Irdischen abgezogenen Blick das Wesen der Wesen, der Wesenheit erste Urquelle erspähet zu haben vermeinte? Hier also, wo die Vernunft auf den schlüpfrigen Weg ungemeiner Gedanken, aber auch nicht gemeiner Täuschungen und Verirrungen sich empor geschwungen hatte, wo die Arcesilaus, Carneades, Aenesideme und Sextus eine so reiche Ernte und so vielfache Veranlassung für Einwendungen, Prüfungen und Rügen, gefunden hätten, gerade in dem Zeitpunkte, wo der Zweifelsgeist am dringendsten aufgefordert war, da verstummte er.

Doch dieses ist das einzige Beispiel in der gesammten Geschichte der Wissenschaft, wo wir ein Gegengewicht vermissen, um die aus ihren Bahnen tretenden Kräfte zurück zu halten. Wahrscheinlich würde der Skepticismus, wenn er auch noch so stark und kräftig seine Stimme erhoben hätte, doch nicht in den höhern Regionen, zu welchen sich der philosophische Geist auf den Flügeln einer dichtenden Phantasie erhoben hatte, gehört, oder vielleicht nur

nur verlacht worden seyn. Die prüfende Vernunft hatte den Zügel, eingewiegt in die Träumereien der Phantasie, fallen lassen; ehe sie erwachte, und sich wieder ermannte, mußte eine lange Zeit verfließen, eben darum, weil sie sich verstiegen, und alle Punkte aus dem Gesicht verloren hatte, an welchen sie sich orientiren konnte.

Der Gang der Geschichte führt uns also jetzt auf den merkwürdigen Zeitraum, wo die Philosophie durch die Concurrenz aller verschiedenen bisher beschriebenen Bestrebungen und Richtungen einen pur speculativen Charakter erhielt, und ohne die geringste Bedenklichkeit zu äußern an dem Leitfaden der in Anschauungen verwandelten Begriffe sich in die übersinnliche Welt erhob, um in dieser die letzten Gründe und Gesetze der sinnlichen Welt zu fassen; wir kommen, mit einem Worte, in den Zeitraum, wo der Hang der Vernunft in dem übersinnlichen Reiche sich anzubauen mit Hülfe einer lebhaften und üppigen Phantasie in völlige Schwärmerei ausartete.

Aber indem wir noch an dem Eingange dieses bezauberten Landes stehen, fragen wir uns wohl mit Recht, ob es sich wohl der Mühe verlohne, unsere Wanderung in demselben fortzusetzen, oder ob es nicht besser gethan sey, sogleich umzukehren, und denen Zeiten zuzueilen, wo die Vernunft, bescheidener in ihren Erwartungen und Bestrebungen, sich in der Sphäre wirklicher Erkenntniß erhielt? Allein wir können, ohne den Zusammenhang der Geschichte zu unterbrechen, keinen Sprung machen. Die besseren Versuche philosophischer Forschungen sind mit den Verirrungen, auf welche die Vernunft gerieth, zu enge verknüpft, als daß wir jene aus den Annalen der philosophirenden Vernunft verbannen könnten. Und so wenig anziehend auch die Geschichte menschlicher Verirrungen an sich ist, so fehlt es ihr doch auch auf der andern Seite nicht an allem Interesse. Es gibt keinen absoluten Irrthum; immer ist mit demselben etwas Wahres verbunden.

Die

Die größte Energie des menschlichen Geistes in Erweiterung der Sphäre der Erkenntniß ist die hauptsächlichste Quelle der Verirrungen. Die Geschichte derselben, wenn sie nicht den falschen Weg, sondern auch den Schein, der dazu verleitete, ins Licht setzt, ist allezeit belehrend, indem sie die falsche Richtung des Triebes nach Erkenntniß, d'n falschen Gebrauch der Verstandesvermögen nicht aufdecken kann, ohne zugleich auch Licht über den rechtmäßigen Gebrauch derselben zu verbreiten. Vielleicht aber erblicken wir neben dem Schatten noch manchen Lichtstrahl, der diese Periode der Träumereien der Vernunft erleuchtet; vielleicht stoßen wir auf einige Wahrheiten, welche in der schwärmerischen Richtung der Vernunft vorzüglich beleuchtet, erörtert, befestiget und aufgekläret worden sind. Denn wie ließe sich sonst die lange Herrschaft dieser Verirrungen denken?

In keinem Zeitalter, seitdem Philosophie eine Angelegenheit der griechischen Denker worden war, ist das Streben der Vernunft nach systematischer Einheit, nach Erweiterung und zugleich Begränzung der menschlichen Erkenntniß, also das Streben nach Totalität und Vollendung so sichtbar und einflußreich gewesen; in keinem Zeitalter überließ sich die Vernunft so uneingeschränkt der Hoffnung, dieses Ziel erreichen zu können, und dem Entzücken über das Gelingen ihres Beginnens. Daraus entsprang der Enthusiasmus, der je weiter er sich von seinem Ursprunge entfernte, desto seichter und oberflächlicher wurde; daher das Schwelgen mit den eingebildeten Reichthümern ohne Aufwand von Kraft, welches je länger je mehr alle Energie des Geistes einschlummerte, und an die Stelle eines wirksamen Handelns ein müßiges Beschauen setzte. Daher die allgemeine Erschlaffung, Trägheit und Bequemlichkeit, der Verfall aller Wissenschaften und Künste, und zuletzt die Verderbung aller Triebfedern zu großen und edlen Thaten und Unternehmungen.

Alles

Alles dieses wirkte die Philosophie, welche sich für eine Nachfolgerin des Pythagoräismus und Platonismus ausgab, alles Edle und Vortrefliche der vorhandenen Systeme in sich vereiniget, Religion und Theologie mit der Wissenschaft, das Handeln mit der Speculation, das Irdische mit dem Himmlischen, das Endliche mit dem Unendlichen in Zusammenhang und Harmonie gebracht zu haben glaubte. Ihr Einfluß dauerte noch lange Zeit fort, sie fand Eingang und willkommene Aufnahme in manchen kirchlichen Systemen; ihr Geist verbreitete sich durch dieses Vehikel über den größten Theil des Erdbodens, ging in mannigfaltigen Gestalten, Modificationen und Mischungen in manches neuere System über, und wirkte in manchen andern mittelbar durch die Richtung des Geistes.

Eine Philosophie, welche diesen Ursprung, diese Folgen hat, verdienet in jeder Rücksicht unsere Aufmerksamkeit, und fodert uns um so mehr zu einer sorgfältigen Erforschung ihrer Entstehungsart, begünstigenden Umstände, Fortschritte, Modificationen und Gestalten auf, je mehr die öftere Wiederkehr derselben Erscheinungen zu verschiedenen Zeiten beweist, wie tief der Grund derselben in dem menschlichen Geiste liege; je mehr die Betrachtung derselben Phänomene in ältern Zeiten das Blendwerk manches neuern glänzenden Meteors, welches man nur darum anstaunt, weil es uns zu nahe ist, zerstreuen, und einige diätetische Regeln für die Erhaltung der Gesundheit des Verstandes, so wie zur Verwahrung vor ähnlichen Krankheiten einschärfen kann.

Die nähern und entferntern Veranlassungen und Gründe, welche dem menschlichen Geiste diese merkwürdige Richtung gaben, sind in dem Vorhergehenden, so wie sie sich durch mannigfaltige Erscheinungen, Bestrebungen, Handlungen und Speculationen offenbarten, dargestellt wor-

worden [1]). Eine kurze Ueberſicht derſelben nebſt einer vorläufigen Charakteriſirung des Geiſtes dieſer Philoſophie wird hier als Einleitung zur Geſchichte derſelben nicht unzweckmäßig ſeyn, und dazu dienen, die zuſammengeſetzten Phänomene, in welchen ſich jener Geiſt ausſprach, und die lange verwickelte Reihe von Begebenheiten, welche er bewirkte, in der Folge beſſer zu faſſen und zu begreifen.

Die innern und äußern Schickſale der Philoſophie von Sokrates an bis auf Ciceros Zeiten, wo ſie ein größeres Intereſſe bei den Römern fand, und nach und nach eine Angelegenheit mehrerer Köpfe aus verſchiedenen in Verbindung mit einander getretenen Nationen geworden war, enthalten den Keim der künftigen Begebenheiten. Das Steigen und Fallen von der errungenen Höhe ſind zwei ſehr in die Augen fallende Epochen ihrer Geſchichte. Dort erhebt ſie ſich mit männlicher Kraft über den blinden Glauben der Volksreligion, und ſtrebt ein von menſchlicher und übermenſchlicher Auctorität unabhängiges Gebiet des Wiſſens zu erringen, zuvörderſt gewiſſe Grundſätze der Erkenntniß zu erlangen, und dann erſt zu beſtimmen, was man von dem Inhalte der Volksreligion annehmen, was man vernünftiger Weiſe glauben oder verwerfen müſſe; hier werden die getrennten Gebiete des Glaubens und Wiſſens immer mehr mit einander vermengt, ein Gegenſtand des Volksglaubens nach dem andern in die Philoſophie aufgenommen, und als erkennbarer Gegenſtand behandelt. So wie ſich auf der einen Seite der Umfang der Philoſophie in unbeſtimmbare Weite ausdehnte, ſo wurden auf der andern die Foderungen an Gründlichkeit und wiſſenſchaftlichem Charakter herabgeſtimmt. Die Philoſophie, beſtimmt die wichtigſten Geiſtesbedürfniſſe des Menſchen als eines endlichen und beſchränkten Weſens

---

[1]) Man ſehe den fünften Band S. 19 ff. S. 223 ff.

sens zu befriedigen, ihn über das Irdische zu erheben, ohne ihn aus den Verhältnissen seines Daseyns zu reissen, sein ganzes Wesen zu veredeln, nicht durch erträumte Vollkommenheiten, sondern durch Erkenntniß seiner wahren Bestimmung, nicht durch chimärische Mittel, sondern durch harmonische Anwendung aller seiner Kräfte auf den großen Zweck seines Daseyns, ihn auf den Weg der Weisheit zu führen, wurde jetzt ein thörichtes Streben, sich durch eingebildete Anschauung des Unendlichen wie durch einen Sprung auf eine höhere Stufe des Daseyns zu erheben, und in erträumten Gefilden zu schwärmen; sie öffnete hiermit nicht allein dem Aberglauben, der Mystik und geheimen Weisheitskrämerei Thür und Thor, sondern suchte auch alles dieses in ein systematisches Ganze zu bringen, Unphilosophie in Philosophie zu verwandeln.

Religiöser Aberglaube und Unglaube, falsche Religiosität, welche die wahre Gottesverehrung zu einem ängstlichen Cerimonienwesen und äußerm mechanischen Werke macht, und Irreligion, die das Nichtige dieses Gottesdienstes einsieht und verwirft, aber ohne reine Triebfedern zum Handeln Naturtriebe zu ihren Götzen macht, waren die beiden Extreme, die in diesen Zeiten die Menschheit größtentheils beherrschten — Extreme, die sich gewöhnlich neben einander einfinden, oft in einander übergehen, und aus einer gemeinschaftlichen Quelle entspringen. Beide machten die Religion und ihr Objekt, Gott und Gottesverehrung, zu einem der wichtigsten Gegenstände, welche das Denken beschäftigen. So klein die Zahl der theoretisch Ungläubigen in Verhältniß zu den Fanatikern ist, so beunruhigend ist doch in der Regel der geringste Schein von Unglauben, Zweifel, Gleichgültigkeit und Geringschätzung des Kultus für die Letztern; desto größer die Aufforderung, ihren Glauben zu schützen, zu vertheidigen, und ihm den Schein der Vernunftmäßigkeit zu geben. Wer suchte diesen nicht? Ist er es doch allein,

allein, der dem Irrthum seinen Reiz und Zauber geben kann.

Das Christenthum, — dieses göttliche Geschenk des reinen kindlichen Herzens, was nicht lange unter Menschen verweilen konnte ohne hier und da etwas von seiner Reinheit zu verlieren, und dafür eine falsche Zuthat zu bekommen — das Christenthum, das sich immer mehr ausbreitete, drohete dem bisher üblich gewesenen Kultus, an welchem überdem das Herz nur selten noch einigen Antheil nahm, den völligen Umsturz. Eine neue Aufforderung für alle diejenigen, welche sich für die Lehren und Satzungen der heidnischen Religion aus irgend einem Grunde interessirten, alle Kräfte aufzubieten, das morsche Gebäude zu stützen, und seine Vernunftmäßigkeit allen zweifelnden und kaltsinnigen Freunden, verborgenen und offenbaren Gegnern, so einleuchtend, als nur immer möglich, vor Augen zu legen.

Alle aufgeklärte Denker hatten seit Sokrates Zeiten — vor Sokrates thaten es nur einige Einzelne — mehr als eine anstößige Seite an dem religiösen Kultus ihres Landes gefunden. Einige hatten sich begnüget, die Mängel in dem Lehrsystem, wo es gereinigten Einsichten widersprach, auseinander zu setzen; andere hatten gesucht den gereinigten Inhalt der Volksreligion ihrem philosophischen Systeme anzupassen, und sich zu diesem Zwecke vorzüglich der Allegorie bedient. Man konnte mit dem buchstäblichen Sinne nichts anfangen, sondern mußte erst einen andern Sinn hinein legen, ehe man in die religiösen Mythen und Meinungen eine Art von Philosophie hineinbringen konnte. Das Christenthum, welches so wenig Lehren enthielt, aber durchgängig auf reine Verehrung Gottes durch sittliches Handeln drang, mußte durch jede Vergleichung mit dem Religionskultus der Heiden gewinnen, und die Fortdauer des letztern sehr problematisch machen. Es hatte noch außerdem für sinnliche Men-

Menschen, welche immer weniger nach dem innern Gehalt einer Sache als nach ihrem äußern Gepräge fragen, einen mächtigen Empfehlungsbrief, die göttliche unmittelbare Abstammung, und zur Beglaubigung derselben die Wunder, die Prophezeihungen.

Dieses waren die Stützen, auf welche man auch das Gebäude der heidnischen Religion zu gründen suchen mußte, wenn es bei der immer weitern Ausbreitung des Christenthums sich behaupten, und bei den immer sichtbarer werdenden Extremen des Aberglaubens und Unglaubens nicht in sich selbst zerfallen sollte. Es ist hier nicht der Ort zu zeigen, was in dieser Rücksicht alles geschehen sey, noch die Aehnlichkeit zwischen dem Verfahren der Apologeten und den Versuchen der Heiden, ihre Religion zu erhalten, ins Licht zu setzen, wiewohl es kein unwichtiger Beitrag zur Schilderung der in diesen Zeiten herrschenden Denkart und zur Geschichte der Religion seyn würde.

Dieser Conflict des Christenthums und des Heidenthums, des Aberglaubens und des Unglaubens, scheint uns bei dem schon in vorigen Zeiten verbreiteten Samen der Schwärmerei und dem ausgezeichneten Hange der Orientalen zu denselben, nebst der nähern Vereinigung derselben mit den Abendländern, die nächste Veranlassung zu der Entstehung der Neuplatonischen oder Alexandrinischen Philosophie zu seyn, in sofern nämlich der natürliche Hang der Vernunft zum Dogmatismus durch diesen Zeitgeist und die Lage des Religionssystems eine bestimmtere Richtung erhielt [2]).

Wenn

---

2) Mosheim in seiner Disputation *de turbata per Platonicos ecclesia* erklärt die Entstehung der Neuplatonischen Philosophie aus dem Hasse des abtrünnigen Ammonius gegen das Christenthum. Meiners hat das Unzureichende dieser Hypothese in seinem Beitrage zur Geschichte

Wenn wir mit forschendem Blicke die gleichzeitigen Begebenheiten, den Zustand der Wissenschaften, die Beschaffenheit der Speculationen, welche in diesem Zeitraume die meisten Köpfe beschäftigten, erwägen, so finden wir durchgängig eine dem Geiste der vorigen Zeiten ganz entgegengesetzte Richtung. Die ältern Denker gingen von der Natur aus, forschten nach den Gründen derselben, und verloren sich zuweilen in das Feld der Hyperphysik. Jetzt hingegen fing man umgekehrt mit der Hyperphysik an, und erklärte daraus die Natur, wenn nicht durch jenen Flug der Speculation die Natur überhaupt in Unnatur verwandelt worden, oder der Sinn für das Natürliche nicht überhaupt verdunkelt und verdrängt war. Bei den meisten Denkern Griechenlands war die Erkenntniß Gottes als des letzten denkbaren Grundes der Natur, das Ziel aller ihrer Metaphysik; sie glaubten aber, daß diese Erkenntniß nur das Resultat aus Schlüssen über die Gesetze der Natur seyn könne, und daher ihre metaphysischen

schichte der Denkart der ersten zwei Jahrhunderte befriedigend in das Licht gesetzt. So sehr indessen Meiners die Wahrheit auf seiner Seite hat, wenn er Mosheim widerlegt, so gibt doch seine eigne Erklärung von dem Ursprunge dieser Philosophie eben so wenig vollständige Befriedigung. Er findet die Ursache in dem Verfall der Wissenschaften und der Sitten, welcher schon in frühern Zeiten angefangen, von der Regierung der Antonine an aber merklicher worden sey. Seine dahin gehörigen Bemerkungen sind wahr und treffend, aber sie klären nicht das Faktum auf, wie aus dem Verfall der Wissenschaften eine speculative Schwärmerei, welche einen lebendigern und regern, nur irregeleiteten Geist verräth, entstand. Warum erfolgte nicht mit dem zunehmenden Verfall eine völlige Barbarei, in welcher auch die höhere Regsamkeit der Vernunft verschwindet? Muß man nicht in dem vorhergehenden Zustande gewisse Gründe aufsuchen, aus welchen sich erklären läßt, warum der Forschungsgeist diese und keine andere Richtung erhielt?

schen Speculationen beschließen, aber nicht anfangen müsse. Jetzt aber fing man dieselbe Erkenntniß aus dem entgegengesetzten Verhältnisse als das Erste und Letzte zu betrachten an; man glaubte erst den Urgrund der Natur erkennen zu müssen, ehe die Natur ein Gegenstand der Erkenntniß werden könne, oder man glaubte noch öfterer und allgemeiner, daß durch den Urgrund der Natur auch die Erkenntniß der Natur gegeben sey. Dieses ist die merkwürdige und auffallende Veränderung in der Speculation, daß sie die Natur vorbeiging, und sich unmittelbar und ausschließlich in den luftigen Feldern des Uebersinnlichen auszubreiten und zu befestigen suchte, deren Ursache in dem Streben der Vernunft nach dem Absoluten, deren nähere Veranlassung aber nach unserm Dafürhalten in dem Verhältniß der Religion, und insbesondere in dem Verhältniß der christlichen zur heidnischen Religion zu finden ist.

Denn die Religion ist das Band, welches den Menschen mit dem Uebersinnlichen verbindet. Die Verehrung eines höchsten, über die Natur waltenden Wesens, die Befolgung seines Willens als eines Gebots für die Vernunft, die Erwartung eines andern Lebens, ist es nicht eine Ahndung einer andern Ordnung der Dinge, einer andern Welt, als deren Glieder wir uns auch schon in dieser betrachten? Bietet also die Religion nicht dem Menschen eine Gemeinschaft mit dem Uebersinnlichen dar, welche sich aber nur auf das Praktische bezieht, keine theoretische Erkenntniß gründet? Wird nun der echte religiöse Sinn verfälscht, so entsteht entweder ein Unglaube, oder das praktische Interesse, welches der Mensch an den Religionswahrheiten nimmt, verwandelt sich in ein theoretisches. Der Mensch begnügt sich nicht mehr mit dem Glauben an eine übersinnliche Welt, sondern er will sie erkennen; er will nicht seinen Glauben an das Uebersinnliche

liche befestigen, um seinem praktischen Streben mehr Wirksamkeit zu geben, sondern er wird durch das Interesse des theoretischen Wissens getrieben, das Glauben in Schauen zu verwandeln; er will nicht sich durch sein vernünftiges Handeln als ein Glied eines Reichs vernünftiger Wesen, einer intelligiblen Welt denken, sondern in unmittelbare Gemeinschaft mit dem Geisterreiche treten.

Da das Interesse der heidnischen sinnlichen Religion durch den unvermeidlichen Gang der fortschreitenden theoretischen Aufklärung gesunken, durch die Erscheinung des Christenthums als einer moralischen Religion, welche sittliche Gesinnung zur unerlaßlichen Bedingung eines Gott wohlgefälligen Lebenswandels machte, ein neues lebendigeres Interesse für Religion wieder geweckt worden war, so konnte und mußte allerdings auch auf die Bekenner des heidnischen Religionskultus sich der Einfluß eines regern Sinnes für die religiöse Angelegenheit des Menschen erstrecken. Denn das rein praktische Interesse der Vernunft kann zwar geschwächt, verdunkelt, auch selbst verstimmt und verfälscht, aber es kann nie ausgerottet werden. Auch in den Zeiten der Sittenverdorbenheit behalten die Vernunftideen, welche durch die ewige Gesetzgebung der Vernunft ihren Werth erhalten, noch eine Wichtigkeit, wenn sie auch durch die verfälschte Denkart in einem falschen Lichte betrachtet worden. Da die bisherigen Schicksale der Philosophie Gleichgültigkeit gegen die Ideen von Freiheit, Immaterialität, Unsterblichkeit der Seele, der besten Welt und Gott herbeigeführt hatten, so konnte um so eher durch die Sensation, welche die christliche Religion erweckte, durch das lebendige Interesse, was sie für sittliche Gesinnungen hervorbrachte, auch das Interesse für jene Ideen wieder von neuen geweckt werden. Aber alle bisherige Arten der Philosophie waren außer Kredit gekommen, alle versuchten Wege, um es in

An-

Ansehung der Gegenstände dieser Ideen zum Wissen zu bringen, hatten der Vernunft keine Befriedigung gewähret. Man mußte einen neuen bisher noch nicht betretenen Weg versuchen, und auch dazu bot die christliche Religion und der Glaube an ihren göttlichen Ursprung die Hand. Auf einem natürlichen Wege suchte man übernatürliche Belehrungen, und durch unmittelbare Anschauungen das Wissen zu erreichen, welches durch Begriffe nicht möglich gewesen war. Die christliche Religion und die Denkungsart ihrer Bekenner leitete höchst wahrscheinlich auf diese Idee; der Nationalstolz der Griechen, der es nicht vertragen konnte, daß einer wenig geachteten und aufgeklärten Nation sich die Gottheit allein auf eine so unmittelbare Weise geoffenbaret haben sollte 3), und die herrschende Denkart half dazu, ihr Eingang zu verschaffen.

Auf diese Art entstand eine neue Art zu philosophiren, welche man nach ihrem Geburtsorte die Alexandrinische, nach ihrer nächsten Quelle und Aehnlichkeit die Neuplatonische, nennt, ihrem Wesen und Geiste nach aber die supernaturalistische und schwärmerische nennen kann; weil sie das Fundament aller vernünftigen Erkenntniß außer der Vernunft in einem höhern Principe sucht. Da diese Idee eines übervernünftigen Grundes der Erkenntniß viele Berührungspunkte mit dem

3) Merkwürdig ist in dieser Hinsicht eine Stelle des Plotinus En. II. L. IX. c. 6., wo er die Gnostiker bestreitet, und schon aus dem Grunde mit ihnen sehr unzufrieden ist, daß sie den alten Weisen, vorzüglich dem Plato, den Ruhm Wahrheiten entdeckt zu haben, streitig machen wollen. Και ὅλως τον τροπον της δημιεργιας και αλλα πολλα κατα ψευδονται αυτα (Πλατωνος), και προς το χειρον ελκουσι τας δοξας τε ανδρος, ὡς αυτοι μεν την νοητην φυσιν κατανενοηκοτες, εκεινου δε και των αλλων μακαριων ανδρων μη.

dem Glauben an einen göttlichen Ursprung des Christenthums hat, so läßt sich eben sowohl die Entstehung dieser Art zu philosophiren in den ersten Zeiten des Christenthums, als die schnelle Ausbreitung derselben selbst unter denkenden Christen auf die eben angegebene Art begreifen.

Die Vernunft schien jetzt eine neue Quelle reiner Erkenntnisse, welche eben so große Ausbeute als Zuverläßigkeit und Gewißheit versprach, gefunden, sie schien die Philosophie auf ein unerschütterliches Fundament gegründet zu haben, welches über allen Zweifel erhoben, keines Beweises fähig noch bedürftig war. Wo sollte noch reine unverfälschte Wahrheit gefunden werden, als in der Gottheit, der letzten Quelle aller Erkenntniß und alles Daseyns? Konnte die Philosophie eine größere Beglaubigung, eine sicherere Gewährleistung für die Wahrheit ihrer Aussprüche erhalten, als eine unmittelbare Anschauung des Göttlichen, und eine Erleuchtung, welche der Vernunft zu gleicher Zeit Erkenntniß und das Objekt der Erkenntniß gibt? Wurde dadurch nicht allen zudringlichen Fragen der zweifelnden Vernunft nach dem Zusammenhange der Vorstellungen und des Vorgestellten alle Befugniß abgeschnitten?

Die Vernunft sah sich also auf einmal an dem Ziele ihrer großen, bisher immer mißlungenen und vereitelten Bestrebungen. Sie sah nicht allein die Möglichkeit, das Absolute zu erkennen, sondern wurde auch durch die große Entdeckung überrascht, daß sie sich selbst unbewußt in dem unmittelbaren Besitze des Absoluten befunden habe, indem der Akt ihres Denkens sich unmittelbar auf eine reinvernünftige Anschauung beziehe, nichts anders sey, als eine Wiederholung und Verdeutlichung des in der Anschauung undeutlich Vorgestellten und die Vernunft ohne das Absolute nichts, mit und durch das Absolute alles

im

im klaren Lichte sahe, und konnte also ihren Wunsch, das reine Seyn vollständig zu umfassen, in der größten Sicherheit erreichen, ohne daß es dem Skeptiker einfallen durfte, ihre Freude über den gemachten Fund zu zernichten.

Außer diesem großen Vortheil, welcher dieser Philosophie den Vorzug vor allen andern zusicherte, und ihr bei allen lebhaften Köpfen eine willige Aufnahme und freudiges Entgegenkommen versicherte, erhielt sie noch eine große Empfehlung dadurch, daß sie so leicht war, weil sie das Denken in ein Anschauen, die Anstrengung der Vernunft in ein Spiel der Phantasie verwandelte, die Forderungen an systematische Einheit und Vollständigkeit, Bündigkeit und Consequenz erließ. Was sie dagegen von ihren Anhängern fordert, die Enthaltsamkeit und Zurückziehung aus dem Leben, die Losreißung von dem Irdischen, und die Abstraktion von allem materialen Stoffe der Gedanken, ist gegen das, was man von dem wissenschaftlichen Genie erwartet, nicht sehr in Anschlag zu bringen. Die Philosophie wurde in eine Art von Dichtung verwandelt, welche auch der nicht außerordentlich von der Natur begünstigte in seiner Gewalt hat.

Dazu kam noch ein anderer Vorzug, daß diese Art zu philosophiren sich unmittelbar an die Religion anschloß, alle darauf sich beziehenden Ideen, Vorstellungen, Erwartungen und Wünsche mit den philosophischen Ueberzeugungen in Verbindung brachte, und dem ganzen Religionssystem eine feste Haltung und Einheit gab. Die Poesie, auf welcher die Philosophie beruhete, verstattete auch eine allegorische Deutung der religiösen Mythen und Cärimonien. Was die Stoiker ehedem durch Naturphilosophie versucht hatten, das leistete dem Griechen jetzt diese transcendente Geisterlehre, und er hatte den Vortheil voraus, daß er sich auf eine unmittelbare Anschauung des Absoluten stützen, und darin einen festen Ueberzeugungsgrund seines ganzen Systemes finden konnte.

Endlich war diese Philosophie ein so mannigfaltig zusammengesetztes Ganze, daß Menschen von ganz verschiedenem Charakter, Denk- und Sinnesart eine Seite in demselben finden konnten, die sie anzog und fesselte. Dichterische und philosophische Köpfe, sinnliche und geistige Menschen, Menschen von religiösem Sinn, von edlen Grundsätzen wurden alle auf ihre Art durch dieselbe beschäftiget und interessirt. Sie hatte keinen so festen und scharf gezogenen Umriß, keine so bestimmte Form, daß sie sich nicht auf mehr als eine Art gestalten und modificiren ließ, und die Aufnahme mancherlei Sätze aus andern Systemen gestattete. Sie gleicht darin am meisten der Philosophie des geistreichen Plato, für dessen echten Abkömmling sie sich auch erklärte.

Aus allen diesen Gründen ist der Beifall begreiflich, den sie bei ihrem Erscheinen und eine lange Zeit hindurch erhielt.

Im Allgemeinen können zwei Perioden für die Geschichte dieser Philosophie angenommen werden. In der ersten macht das Streben, diese hyperphysischen Speculationen durch ein Princip zu begründen und in ein System zu bringen, den bemerkenswerthesten Punkt aus. Diesen Ruhm erwarb sich Plotin. Da aber diese Philosophie darauf ausgehet, Vorstellungen zu Objekten zu machen, und das Dichten an die Stelle des Denkens zu setzen, so macht das Streben auf Gründlichkeit nur eine Nebensache aus, und wir finden die meisten Anhänger derselben mehr damit beschäftiget, der dichtenden Phantasie vollen Spielraum in vermeinter Erweiterung der reinen Erkenntniß des Absoluten zu verschaffen, als sie zu zügeln, und ihre Entdeckungen an ein gesetzliches Princip anzuschließen. Die zweite Periode begreift daher die weiteren

teren Speculationen und Dichtungen und Träume der auf den Plotin folgenden philosophischen Schwärmer, welche immer regelloser werden, und durch ihre Mißhelligkeit gar bald den Schein dieser vermeintlichen göttlichen Weisheit hätten aufdecken müssen, wenn nicht der Geist strenger Prüfung in einen zu tiefen Schlummer verfallen wäre, und die allgemeine Ausbreitung des Christenthums dieser Philosophie unter einem andern Namen einen mächtigen Schutz gegeben hätte. Wir werden daher die Geschichte dieser Philosophie in zwei Kapiteln vortragen, in dem ersten die Grundlegung des Systems durch Plotin, in dem zweiten aber die fernere Fortbildung desselben bis an den Zeitpunkt, da es mit der christlichen Theologie verschmolzen wurde, darstellen.

Erstes Kapitel.
Plotins Philosopheme.

Der Grund zu der schwärmerischen mystischen Philosophie war gelegt; die meisten und wichtigsten Bestandtheile derselben waren schon gefunden, gesammlet; für die noch fehlenden waren die einmal geöffneten Quellen noch ergiebig genug. Es fehlte nur noch an einem Manne, der Energie der Einbildungskraft und des Verstandes besäße, um ein Ganzes daraus zu machen, es in einer blendenden und hinreissenden Gestalt hinzustellen vor das große Publikum, um es auszubreiten, durch mündlichen und schriftlichen Vortrag geltend zu machen, und so auf lange Zeit die Richtung und den Wirkungskreis für den menschlichen Verstand zu bestimmen. Dieser Mann war Ammonius, der Sackträger, und sein größerer Schüler Plotin. Es ist nothwendig, daß wir beide Männer etwas

was genauer kennen lernen, wenn wir ihr Wirken begreifen wollen.

Ammonius lebte gegen das Ende des zweiten Jahrhunderts zu Alexandrien. Ungeachtet seine Armuth ihn zu den niedrigen Diensten eines Trägers oder Markthelfers nöthigte, wovon er seinen Namen erhielt, besaß er doch einen Geist, der ihn zu etwas Besserm als zu diesen Handarbeiten bestimmte, und der auch durch die ungünstigste äußere Lage nicht unterdrückt werden konnte. Einem wißbegierigen Jünglinge, wie er war, konnte es in einer Stadt, wie Alexandrien, nicht an Mitteln fehlen, den höhern Trieb seines Geistes nach Kenntnissen zu befriedigen. Er stiftete in der Folge eine philosophische Schule in dieser berühmten Stadt, zog darin einige vortrefliche Köpfe, erweckte ein mehr als gewöhnliches Interesse für Philosophie, und legte den Grund zu dem Systeme des Alexandrinischen Platonismus. Porphyrius versichert in dem Leben des Plotin, daß dieser Mann alle Schulen in Alexandrien besucht hatte, ohne die Befriedigung zu finden, welche sein Geist nach dunkeln Ideen sich wünschte, und daß er darüber in eine stille Traurigkeit und Tiefsinnigkeit verfiel, bis ihn einer seiner Bekannten zum Ammonius führte, wo er sogleich freudig ausrief: an diesem Manne habe ich gefunden, wonach ich mich längst sehnte [1]).

Wie es kam, daß Ammonius den philosophischen Studien ein neues Leben gab, erfahren wir zum Theil aus einem Briefe des Longinus, wovon Porphyrius einen Theil seiner Lebensbeschreibung des Plotinus einverleibet hat. In seinen frühern Jahren, sagt er, sey die Anzahl berühmter Philosophen weit größer gewesen, als zur Zeit seines höhern Alters. Er zählet diese nach den Schulen auf, und theilt sie in zwei Klassen.
Einige

---

1) Porphyrius vita Plotini.

Einige begnügten sich mit dem mündlichen Vortrage der Philosophie, und wenn sie auch etwas schrieben, so waren es doch nur unbedeutende Sachen, auch wohl nicht für das größere Publikum bestimmt. Die Philosophen der andern Klasse waren meistens Compilatoren; ohne eignen philosophischen Geist sammelten sie die Meinungen der ältern Denker, und man konnte aus ihnen nichts anders lernen, als was jene gedacht hatten, oder sie wendeten weit mehr Sorgfalt auf die Schreibart, als auf die abzuhandelnden Gegenstände. Unter die erste Klasse gehört nun auch Ammonius, der aber nebst Origenes alle Philosophen seines Zeitalters an Verstand und Einsicht weit übertraf [2]), und wie wir sogleich aus einem andern Zeugnisse hören werden, einen ungemeinen Enthusiasmus für die Philosophie besaß, und die Sprache in seiner Gewalt hatte, daß er nicht allein das Interesse, wovon er beseelt war, andern mittheilen, sondern auch seine Gedanken auf eine beredte Art vortragen konnte [3]).

Aus diesem Charakter seines Geistes entsprang auch ein anderer Zweck und Plan seiner Vorträge. Vereinigung des Plato und Aristoteles war ein Hauptpunkt, auf welchen sein Vortrag der Philosophie abzweckte. Dieß erforderte der Zeitgeist, und mehrere waren ihm darin vorangegangen. Allein er faßte diesen Zweck auf eine ihm eigenthümliche Art auf, und dadurch bestimmte er der Philosophie einen neuen Gesichtspunkt, eine neue Form und Methode. Die Philosophie dieser beiden Männer hatte bisher mehr den Verstand und das Gedächtniß einseitig beschäftiget, durch Erklärung oder

Er-

2) Porphyrius *vita Plotini*, τυ δε δευτερυ (γεγονασι) Πλατωνικοι μεν Αμμωνιος και Ωριγενης, οἷς ἡμεῖς το πλειστον τυ χρονυ προσεφοιτησαμεν, ανδρασιν, ουκ ολιγῳ των καθ᾽ ἑαυτυς εις συνεσιν διενεγκασι.

3) Eusebius *Histor. Ecclesiast.* VI. c. 19.

Erläuterung ihrer Schriften, durch Auszüge ihrer Lehrsätze, durch Auffuchung der übereinstimmenden, noch mehr aber durch ängstliche und grüblerische Hervorziehung der abweichenden Punkte in ihren beiderseitigen Lehrsystemen. Es war hieraus oft eine förmliche Fehde zwischen beiden Parteien entstanden, und jede hatte durch allerlei Mittel, selbst durch willkürliche Machtsprüche über die Echtheit oder Unechtheit der beiderseitigen Schriften den Sieg zu erkämpfen gesucht. Diese ewigen Streitigkeiten mit Parteigeist und Hitze geführt, meistentheils über kleine, unbedeutende Punkte mit ängstlicher Anhänglichkeit an den Worten ohne philosophischen Sinn, konnten nicht das reine Interesse für Wahrheit erhalten und befördern, noch der Vernunftthätigkeit in ihrem praktischen und theoretischen Streben Nahrung geben. Das Bemühen dieser Sektenphilosophen, welches auf nichts anderes abzweckte, als die Uneinigkeit in der Philosophie zu verewigen, hatte der Philosophie selbst sehr großen Schaden gebracht; ihre Würde war gesunken, und Kaltsinn an die Stelle des Interesse für sie getreten. Ammonius hatte Sinn für Wahrheit; er konnte sich nicht überzeugen, daß Plato und Aristoteles, beides so ausgezeichnete Denker, denen die Erforschung der Wahrheit die wichtigste Angelegenheit gewesen war, auf ganz entgegengesetzte Resultate gekommen seien. Es ist nur eine Wahrheit, und wer sie ernstlich sucht, wird sie gewiß finden. In dieser Ueberzeugung studirte er beide philosophischen Systeme, um das Wahre, das sie beide gemeinschaftlich entdeckt hatten, von den scheinbaren Abweichungen abzusondern, und dadurch beide mit einander zu vereinigen 4).

Das

---

4) Hierocles *de providentia*, bei Photius Cod. 251. ὅτι πολλοὶ τῶν ἀπὸ Πλάτωνος καὶ Ἀριςοτελυς συγκροτην αλληλοις τας σφων διδασκαλιας κατα τα καιρια των δογματων σπουδην

Das Streben, Platos und Aristoteles Philosophie in Harmonie zu bringen, war übrigens nicht dasjenige, was den Ammonius so berühmt machte, sondern das Verfahren, welches er dabei beobachtete. Es war ein neues System, wozu Plato und Aristoteles die Bestandtheile hergegeben hatten, es war wahrscheinlich eine Metaphysik des Uebersinnlichen, welche weiter ging, als Plato und Aristoteles sich gewagt hatten, an welche sich aber die metaphysischen Speculationen beider Denker anschließen ließen, so daß es schien, als wenn beide in ihren Resultaten einstimmig wären. Wir schließen dieses aus des Hierokles Bericht, wo er sagt, er habe mit Verwerfung aller unnützen Speculationen die Harmonie beider Häupter der griechischen Philosophie in den vornehmsten und nothwendigsten Dogmen ins Licht gesetzt [5]). Denn nach

---

σπουδῃ και μελετη μ...ηνοχοτες μεχρι τουτο φιλονικιας και τολμης ηλασαι, ὡς και τα συγγραμματα των οικειων νοθευσαι διδασκαλων, ὡς το μαλλον επιδειξαι τας ανδρας αλληλοις μαχομενας. και διεμεινε τουτο το παθος τοις φιλοσοφοις διατριβαις εισκηψαν, ἑως Αμμωνιε τε θεοδιδακτε. ουτος γαρ πρωτος ενθουσιασας προς το της φιλοσοφιας αληθινον, και τας των πολλων δοξας ὑπεριδων, τας πλησι- οιωδος φιλοσοφια περιτριβομενας, ἡδε καλως τα ἑκατερω, και συνηγαγεν ἑις ἑνα και τον αυτον ἰν, και αστασιαστον την φιλοσοφιαν παραδεδωκε πασι τοις αυτε γνωριμοις, μαλιστα δε τοις αριστοις των αυτω συγγεγονοτων Πλωτινω και Ωριγενει, και τοις ἑξης απο τουτων.

5) Hierocles de providentia, bei Photius Cod. 214. ὁσοι δε τας ανδρας (Platon und Aristoteles) ὡς διαφωνιας ἑστησαι, τουτους ὡς τα μαλιστα πεπλανησθαι τε της των ανδρων προθεσεως, και εκπεσειν τε αληθους αποτινεται· τας μεν ἑκοντας εριδι και αποιοια σφας αυτους προσαναθεντας, τας δε και προληψει και αμαθια δεδουλωμενες. και πολυ της εμπροσθεν ἑστωσι χορος, μεχρις ὁτε ἡ Αμμωνιε σοφια διελαμψεν, ὁς και θεοδιδακτος επικαλεισθαι ὑμιν. τουτος γαρ τας των παλαιων ανδρων διακαθαραντα δοξας, και τας ἑκατερω-
θεν

nach dem herrschenden Charakter jener Zeit, und selbst nach den Bedürfnissen einer noch nicht zur Selbsterkenntniß gelangten Vernunft können diese wichtigsten und nothwendigsten Dogmen keine andern gewesen seyn, als die Speculationen über Gott und dessen Verhältniß zur Welt, und über die Substanzialität der Seele. Die in dem vorhergehenden Theile angeführten Bruchstücke von der Denkart der vornehmsten Platoniker und dem Ziele ihrer Speculationen führen uns auf dieses Resultat [6]).

Allerdings war hierbei auch ein gewisses Religionsinteresse nicht ohne Einfluß. Die Ausbreitung der christlichen Religion, die gesunkene Achtung des heidnischen Kultus, die von Tag zu Tag stärker werdende Besorgniß, daß dieser zuletzt selbst völlig verdrängt werden könne; die Angriffe der Kirchenväter auf die Theologie und Mythologie der Heiden; die Vertheidigung der letzten: alles dieses richtete die allgemeine Aufmerksamkeit auf die Metaphysik, als die Wissenschaft, woraus die Angriffe und Vertheidigungswaffen genommen wurden. Der Eklekticismus, welcher bei christlichen und heidnischen Denkern herrschend worden war, begünstigte das Unternehmen, aus allen vorhandenen Systemen ein übereinstimmiges System von Gott, Welt und Seele zusammen zu setzen. Ammonius wurde durch alles dieses und durch ein allgemeines Interesse der Zeit auf seinen Vereinigungsversuch geführet, dem er ein eigenthümliches Gepräge durch seinen Geist zu geben wußte.

Ob übrigens Ammonius ein Christ oder ein Heide war, wissen wir nicht mit Gewißheit, und kann auch bei unserm nächsten Zwecke unentschieden bleiben. Denn
es

θεν αναφυομενος αποσκευκοσαμενον ληρει. συμφωνον εν τοις επικαιροις τε και αναγκαιοτατοις των δογματων Πλατωνος τε και Αριϛοτελυς την γνωμην αποφηναι.

6) Fünfter Band. S. 224 f.

es ist einleuchtend, daß Ammonius, er mochte zu der einen oder zu der andern Religionspartei gehören, ein Interesse haben konnte, eine nicht mehr streitige, sondern ausgemachte Metaphysik als Grund der Religionsphilosophie aufzustellen. Aber in anderer Rücksicht ist die Frage über die Religion des Ammonius nicht gleichgültig, obgleich nicht leicht zu entscheiden 7).

Am-

7) Man hat über diesen Gegenstand hin und her gestritten, und vorzüglich den Punkt, ob Ammonius von dem Christenthum abgefallen sey, historisch untersucht. Porphyrius behauptet es, Eusebius verneinet es; und man ist geneigt, dem Ansehen des letztern ein größeres Gewicht beizulegen, weil man von der Hypothese ausgehet, Porphyrius habe als Feind des Christenthums ein Faktum läugnen müssen, was demselben günstig war. Allein es scheint mir, als wenn ein anderer Ausweg möglich sey, bei welchem wir solche Hypothesen gänzlich entbehren können. Es gab mehrere Ammonius. Longin erwähnt in dem angeführten Briefe eines Ammonius unter den Peripatetikern seiner Zeit. So kann es nun noch mehrere Männer dieses Namens gegeben haben, die wir gar nicht oder nicht bestimmt genug kennen. Es ist also wohl möglich, daß Porphyr von einem Ammonius spricht, der vom Christenthume zum Heidenthume, und Eusebius von einem Ammonius, der von dem Heidenthume zum Christenthume überging, und demselben treu blieb, den er aber fälschlich für jenen Mann hielt, von dem Porphyr spricht. Was dieser Vermuthung einiges Gewicht zu geben scheint, ist dieses, daß der christliche Ammonius ein Schriftsteller war (†), von dem Heiden aber Longin, der ihn aus einem langen Umgange kannte,

vers

†) Hieronymus *de Scriptoribus Ecclesiasticis.* Ammonius vir disertus et eruditus in Philosophia eodem tempore Alexandriae clarus habitus est, qui inter multa ingenii sui praeclara monumenta, etiam de consonantia Moysis et Iesu elegans opus composuit et Evangelicos canones excogitavit, quos postea secutus est Eusebius Caesariensis.

Ammonius hat nach Longins Versicherung nichts geschrieben. Seine drei berühmtesten Schüler, Herennius, Origenes und Plotinus hatten aus hoher Achtung für ihres Lehrers System unter einander den sonderbaren Vertrag gemacht, seine Lehren nicht durch Schriften bekannt zu machen, sondern nur durch mündlichen Vortrag vertrauten Freunden mitzutheilen. Herennius brach aber zuerst das gegebene Wort; ihm folgte Origenes, und dann endlich Plotinus. Auf die Art wissen wir, im Allgemeinen, von welcher Art Ammonius Philosophie gewesen. Sie mußte, in Ansehung des Zwecks und Inhalts, denselben Charakter und Geist haben, welchen wir in Plotinus Enneaden wieder finden, welche aus seinen Vorträgen geschöpft waren, und in denen er Ammonius Lehrsätze entwickelt 8). Die Aehnlichkeit zwischen Ammonius und

versichert, er habe nichts geschrieben, womit auch die Verabredung seiner beiden Schüler, Plotinus und Origenes, die Lehren des Ammonius nicht durch Schriften prophan zu machen, zusammen stimmt. Zu jenem Irrthume verleitete den Eusebius wahrscheinlich der Name des Origenes, den er für den berühmten Kirchenvater hielt, der aber ebenfalls eine von demselben verschiedene Person zu seyn scheint, da Longin ebenfalls nur eine einzige, nicht bedeutende Schrift desselben von den Dämonen, und außerdem noch eine von dem Demiurg anführet. Valesius (ad Eusebii Histor. eccles. VI. c. 19.) und Rhunken Dissert. de vita et scriptis Longini, §. V.) behaupten ebenfalls diesen Unterschied. Uebrigens ist der Platoniker Ammonius mit dem Peripatetiker oft genug verwechselt worden. Welches auch gewiß mit andern Männern dieses Namens noch leichter geschehen konnte.

8) Porphyrius *de vita Plotini*. Πλωτινος δε αχρι πολλυ γραφων, ωδεν διετελεσε. εκ δε της Αμμωνιυ συνυσιας ποιυμενος τας διατριβας και ὑτως ὁλων ετων δεκα διετελεσε· συνων μεν τισι, γραφων δε ωδεν. Weiter unten: αλλ᾽ ιδιας η και εξηλλαγμενας εν τη θεωρια και τας του Αμμωνιυ φερων ταν εν ταις εξετασεσιν.

und Plotinus System kann ferner auch aus dem Titel zweier Schriften des **Origenes** geschloſſen werden; wovon eine von den Dämonen handelte, die andere den Satz zum Gegenſtande hatte: der König iſt allein Schöpfer oder Demiurg 9).

Ungeachtet Ammonius auf eine Vereinigung des Plato mit dem Ariſtoteles ausging, ſo kann man doch aus dem Angeführten ſchließen, daß die Hauptbeſtandtheile deſſelben Platoniſche Ideen waren, in dem Sinne nämlich, wie man damals Platos Philoſopheme verſtand. Daher zählt ihn auch Longin mit Recht unter die Platoniker 10).

Unter ſeinen Schülern zeichneten ſich **Herennius**, **Origenes** und **Plotin**, und **Dionyſius Caſſius Longinus** aus. Der letzte iſt der berühmte Verfaſſer der Abhandlung von dem Erhabenen und mehrerer treflicher Schriften, deren Verluſt wir beklagen. Sein durch das Studium der griechiſchen Schriftſteller aus den beſſern Zeiten genährter und gebildeter Geiſt hielt ſich durch die Kraft des Selbſtdenkens und den guten Geſchmack von den Modefehlern ſeiner Zeit ziemlich frei, und

---

9) Porphyrius *de vita Plotini*. Ερεννιυς δε πρωτυ τας συνθηκας παραβαντος, Ωριγενης μην ηκολυθει τω Φλαςκιτι Ερεννιω· εγραψε δε υδεν, πλην το περι των δαιμονων συγγραμμα, και επι Γαλιηνυ, ὁτι μονος ποιητης ὁ βασιλευς. Die erſte Schrift führt auch Longin in dem hernach eingerückten Briefe an. Der Inhalt der zweiten kann aus dem kurzen Titel nicht mit völliger Beſtimmtheit angegeben werden. Valeſius (ad Euſebii Hiſtor. eccleſiaſt. l. VI. c. 19.) hält ſie für eine Lobſchrift auf den Kaiſer Galienus, der ein Liebhaber der Poeſie war. Indeſſen iſt es mir doch wahrſcheinlicher, daß er darin das Thema von der erſten Urſache aller Dinge nach Platoniſchen Ideen ausgeführt hat.

10) Porphyrius *vita Plotini*. Man ſehe Note 2)

und widerstand den schwärmerischen Versuchungen, von welchen die meisten Denker sich hinreissen ließen. Darum wurde er auch von dem Plotin aus dem Register der Philosophen ausgestrichen, und für einen bloßen Philologen erklärt. Longin dagegen, ob er gleich ganz andern Grundsätzen folgte, ließ dennoch Plotinus philosophischem Geiste Gerechtigkeit wiederfahren. Es offenbaret sich in den wenigen Fragmenten seiner Schriften ein heller und richtiger Blick, und eine gesunde Beurtheilung [11]). So erkannte er die Unhaltbarkeit des psychologischen Materialismus, weil die Erscheinungen der Körperwelt und des Selbstbewußtseyns so heterogen sind, daß sie durch keine physische Hypothese, von welcher Art sie auch sey, verständlich werden [12]). Wie sehr ist es nicht zu bedauern, daß uns das launigte Schicksal, welches über die Geistesprodukte des Alterthums gewaltet hat, den Besitz seiner übrigen Schriften nicht gönnte, welche nicht nur wegen des angegebenen Charakters, sondern auch wegen der großen Kenntniß der Literatur der ältern und neuern Zeiten, seiner Ansichten und Urtheile von so vie-

11) Porphyrius *vita Plotini*: ἀναγνωσθέντος δὲ αὐτῷ τοῦ [τε] περὶ ἀρχῶν Λογγίνου [καὶ] τοῦ Φιλαρχαίου· Φιλόλογος μέν, ἔφη, ὁ Λογγίνος, Φιλόσοφος δὲ οὐδαμῶς. Longinus in dem angeführten Briefe: οἱ δὲ καὶ πλήθει προβλημάτων, ἃ μετεχειρήσαντο, τὴν σπουδὴν τοῦ γράφειν ἀποδεξάμενοι (ἀποδειξάμενοι), καὶ τρόπῳ θεωρίας ἰδίῳ χρησάμενοι, Πλωτῖνος μέν καὶ Γεντιλιανὸς Ἀμέλιος.

12) Eusebius *Praeparatio Evangelica*, l. XV. p. 822. τῶν δὲ περὶ ψυχὴν ἴχνος οὐδὲν οὐδὲ τεκμήριον ἐν τοῖς σώμασιν εὑρίσκεται, κἂν εἰ φιλοτιμοῖτό τις, ὡς Ἐπίκουρος καὶ Χρύσιππος ἅπαντα λίθον κινεῖν καὶ πᾶσαν ἐρευνᾶν δύναμιν σώματος εἰς γένεσιν τῶν περὶ ψυχὴν πράξεων. Τί γὰρ ἡ τοῦ πνεύματος ἡμῖν λεπτότης πρὸ ἔργου γένοιτ᾽ ἂν εἰς φαντασίας καὶ λογισμούς. Τί δὲ τῶν ἀτόμων σχῆμα τοσαύτην παρὰ τὰ ἄλλα ἔχει δύναμιν καὶ τρόπον (ῥοπήν), ὥστε φρόνησιν γεννᾶν, ὅταν εἰς ἑτέραν πλάσιν ἐγκαταμιχθῇ σώματος.

len Männern, welche damals eine Rolle spielten, für uns ein sehr interessantes und belehrendes Studium seyn müßten.

Weit vollständiger kennen wir den **Plotinus**, den berühmtesten Philosophen jener Zeit, der in so vieler Rücksicht für seine Zeitgenossen und für uns so merkwürdig ist, sowohl durch seine noch vorhandenen philosophischen Betrachtungen, als auch durch die Lebensbeschreibung, welche sein Schüler denselben vorgesetzt hat. Wir müssen nothwendig diesen Mann nach seinem Leben und Charakter kennen lernen, ehe wir zur Darstellung seines Philosophirens übergehen.

Porphyrius Lebensbeschreibung ist die vorzüglichste Quelle, aus welcher wir den **Plotin** kennen lernen. Die Glaubwürdigkeit dieses Mannes ist zwar von sehr vielen in Anspruch genommen worden, man hat ihm Leichtgläubigkeit, Mangel an Beurtheilung, Parteilichkeit, und sogar eine absichtliche Lügenhaftigkeit zum Vorwurfe gemacht: allein diese Beschuldigungen sind offenbar übertrieben, und zum Theil hart und ungerecht. Daß er absichtlich die Thatsachen hat entstellen, und Erdichtungen seinen Lesern als Wahrheiten aufheften wollen, kann mit keinem gültigen Beweise oder Zeugnisse bestätiget werden. Dagegen ist er von Leichtgläubigkeit und Mangel an Beurtheilungskraft nicht auf gleiche Art frei zu sprechen. Bei allen Mährchen erscheint er aber als ein ehrlicher Mann, der kein Mißtrauen in ihre Wahrheit setzte. Er ist für **Plotin** eingenommen, und möchte ihn gern als den größten Philosophen, ja selbst als ein mehr als menschliches Wesen darstellen; aber er verschweigt doch auch kleine Flecken und Schwächen nicht, vorzüglich, wo er seine eignen Vorzüge vortheilhaft ins Licht setzen kann. Er gab mit einem Worte diesen Mann, so wie er ihn nach seiner individuellen Ansicht, und nach den damals

Viertes Hauptstück. Vierter Abschnitt.

mals herrschenden schwärmerischen Ideen sich vorstellte, und so wenig seine Lebensbeschreibung in Rücksicht auf Ordnung, Plan, und pragmatischen Geist sehr empfehlungswürdig ist, so müssen wir doch bedauern, daß er ihr nicht mehr Ausführlichkeit gegeben hat [13]. Wir werden also seine Nachrichten benutzen, und vorzüglich diejenigen herausheben, welche uns den Geistescharakter des Alexandrinischen Philosophen einigermaßen enthüllen.

Plotin schämte sich seiner Menschheit so sehr, und verachtete sein irdisches Leben so weit, daß er seinen Freunden nie den Ort, den Tag und das Jahr seiner Geburt bekannt machte [14]. Dessen ungeachtet wissen wir, daß er in Aegypten, in der Stadt Lykopolis, in dem dreizehnten Jahre der Regierung des Kaisers Alexander Severus, oder in dem Jahr nach Christus Geburt 205 geboren worden [15]. Seine Kindheit versprach wenig oder gar nichts von besondern Geistesgaben. Als achtjähriger Knabe, da er schon in die Schule ging, trank er noch an der Brust seiner Amme. Erst in seinem acht und zwanzigsten Lebensjahre trieb ihn ein innerer Trieb nach Erkenntniß in die Schulen der Philosophen zu Alexandrien. Da er aber in keiner die gewünschte Befriedigung erhielt, und ein unbehagliches Gefühl einer gewissen ihm selbst

---

13) Ein treffendes Urtheil über den Porphyrius, als Philosophen und Geschichtschreiber, doch vorzüglich in der letzten Rücksicht findet man in Meiners Geschichte der Wissenschaften bei den Griechen und Römern. 1 B. S. 263.

14) Porphyrius vita Plotini, p. 1. Πλωτίνος ὁ καθ' ἡμᾶς γεγονὼς φιλόσοφος ἐῴκει μὲν αἰσχυνομένῳ, ὅτι ἐν σώματι εἴη. ἀπὸ δὲ τῆς τοιαύτης διαθέσεως οὔτε περὶ τοῦ γένους αὐτοῦ διηγεῖσθαι ἠνείχετο, οὔτε περὶ τῶν γονέων, οὔτε περὶ τῆς πατρίδος.

15) Porphyrius vita Plotini, p. 2. Suidas.

selbst unbekannten Sehnsucht blieb, verfiel er in eine Art von melancholischem Tiefsinn, von welchem er erst dann befreiet wurde, als ihn ein Freund, dem er seinen Zustand entdeckt hatte, in die Schule des Ammonius führte. Hier hatte er seinen Mann gefunden, sein unruhiges Sehnen wurde gestillt. Begierig genoß er die geistige Nahrung, welche in diesem geistigen Laboratorium zubereitet wurde, und er war nach eilf Jahren so wenig übersättiget, daß er nichts sehnlicher wünschte, als auch in die Weisheit der Perser und Indier, nach welcher wahrscheinlich Ammonius seinen Heißhunger erregt hatte, eingeweihet zu werden. Gordianus Feldzug bot ihm dazu eine glückliche Gelegenheit dar; allein das unglückliche Ende dieses Kaisers nöthigte ihn, seinen Plan aufzugeben [16].

Er ging hierauf in seinem vierzigsten Jahre nach Rom, und hielt sich daselbst sechs und zwanzig Jahre bis zu seinem Tode auf. Die ersten zehn Jahre hielt er die Lehren des Ammonius noch immer geheim; nur in Gesprächen und Unterhaltungen theilte er sie seinen Freunden mit. Dieses war eigentlich nichts anders als eine philosophische Schule, die aber wahrscheinlich eine Nachahmung der alten Akademie seyn sollte. Denn Plotin trug selbst kein logisch verbundenes System seiner Philosophie vor, sondern verstattete jedem Theilnehmer eine beliebige Frage vorzulegen, worüber dann disputirt wurde. Amelius, ein enthusiastischer Verehrer und Schüler des Plotin, macht aber eben keine sehr vortheilhafte Vorstellung von dieser philosophischen Schule,
wenn

---

[16] Porphyrius *vita Plotini*, p. 2. και απ' εκεινης της ημερας συνεχως τω Αμμωνιω παραμενοντα τοσαυτην εξιν εν φιλοσοφια κτησασθαι, ως και της παρα τοις Περσαις επιτηδευομενης πειραν λαβειν σπευσαι, και της παρ' Ινδοις κατορθουμενης.

wenn er sagt, die höchste Unordnung und unnützes Geschwätz sey hier an der Tagesordnung gewesen [17]).

Plotin wurde nicht eher als in seinem neun und vierzigsten Jahre Schriftsteller. Die Fragen und Beantwortungen, Einwürfe, Zweifel und Untersuchungen, welche in seiner Schule über mannigfaltige Gegenstände vorkamen, gaben ihm Stoff zu einzelnen Abhandlungen. Diese Abhandlungen wurden nicht jedem ohne Unterschied, sondern nur ausgesuchten Freunden von gereiften Einsichten mitgetheilt. In dieser Zeit hatte er das Projekt, eine Stadt zu gründen, in welcher Platos idealischer Staat realisirt werden, und die nach seinem Namen Platonopolis heißen sollte, — ein Projekt, welches der Kaiser Galienus begünstigte, von seinen Ministern aber hintertrieben wurde. Zehn Jahre später kam Porphyrius nach Rom, und trat in eine sehr enge Verbindung mit unserm Philosophen. Von dieser Zeit an scheinen die philosophischen Unterredungen mit noch größerm Interesse und Eifer fortgesetzt worden zu seyn. Auf das Anrathen des Porphyrius und Amelius fuhr Plotin auch in seiner schriftstellerischen Thätigkeit fort, und schrieb in den siebenzehn letzten Jahren die 54 Abhandlungen, welche hernach Porphyrius feilte und ordnete.

Plotin besaß eine lebhafte Einbildungskraft, um sich jeden beliebigen Gegenstand gegenwärtig zu halten; einen ungemein feinen Verstand, um die Beziehungen und Verhältnisse desselben aufzufassen, einen hohen Grad von Abstraktionsvermögen, und besonders eine ausgezeichnete Selbstmacht über die Aufmerksamkeit, daß er sie nach Belieben vertheilen, und auf einen Punkt sammeln konnte. Wenn er über einen Gegenstand nachdachte oder schrieb,

konnte

---

[17]) Porphyrius *vita Plotini*: ἡ δὲ ἡ διατριβὴ, ὅτε αὐτῷ ζητεῖν προετρεπομεῖσα τοὺς συνοντας, ἀταξίας πλήρης καὶ πολλῆς φλυαρίας, ὡς Ἀμέλιος ἡμῖν διηγεῖτο.

konnte er zu gleicher Zeit auch sich mit Andern über andere Gegenstände unterhalten, ohne den Hauptpunkt seines Nachdenkens aus dem Gesichte zu verlieren. War er im Schreiben unterbrochen worden, so knüpfte er seine Gedanken unmittelbar wieder da an, wo er aufgehört hatte, ohne das Geschriebene erst vorher wieder zu übersehen. Ueberhaupt pflegte er einen Gegenstand, der ihn einmal interessirte, beständig bei sich herum zu tragen, und die Anstrengung, mit welcher er auf diese Art sich seinen Betrachtungen hingab, erhielt seinen Geist in solcher Spannung, daß sie den Schlaf unterbrach oder abkürzte [18]).

Uebrigens war Deutlichkeit nicht der Vorzug, durch welchen sich seine Schriften auszeichneten. Sein Biograph findet die Ursache blos in äußern Ursachen. Er schrieb nämlich sehr rasch, las nie etwas durch, was er aufgesetzt hatte; seine Gedanken strömten ihm gleichsam unwillkührlich zu. Indem er seine Aufmerksamkeit auf die Sache allein richtete, vernachläßigte er die Sprachzeichen, durch welche er sie mittheilte. Er suchte und wählte daher

[18]) **Porphyrius** vita Plotini: συντελεσαι γαρ παρ' ἑαυτῳ απ' αρχης αχρι τελυς το σκεμμα. επειτα εις γραφην παραδιδυς ἁ εσκεπτετο συνειρει ὑτως γραφων, ἁ εν τῃ ψυχῃ συνδιεθηκει, ὡς απο βιβλιυ δοκειν μεταβαλλειν τα γραφομενα. επει και διαλεγομενος προς τινα και συνειρων τας ὁμιλιας προς τῳ σκεμματι ἠν, ὡς ἁμα τε αποπληρῳν το αναγκαιον της ὁμιλιας και των εν σκεψει προκειμενων αδιακοπος της τηι διανοιαν αποσκιτος γυν τυ προσδιαλεγομενυ, υδ' επαναλαβειν τα γεγραμμενα, δια το μη επαρκειν αυτῳ προς αναληψιν, ὡς μεμνηκαμεν, την ὁρασιν, τα ἑξης αν (αυ) επισυνηψει, ὡς μηδενα διαστησας χρονον μεταξυ, ὁτε την ὁμιλιαν εποιειτο. συνην δε και ἑαυτῳ ἁμα και τοις αλλοις, και την γε προς ἑαυτον προσοχην υκ αν ποτε εξεχαλασεν, η μονον εν τοις υπνοις, ὁν αν απεκρυεν ἡτε της τροφης ολιγοτης (υδε γαρ αρτυ πολλακις αν ηψατο) και ἡ προς τον νυν αυτυ διαρκης επιστροφη.

daher nicht nur die Worte nicht, sondern schrieb sie nicht einmal orthographisch richtig, und wegen seines blöden Gesichts flossen die Worte in einander [19]). Allein bei dem hohen Grad von Nachdenken und der Freiheit der Aufmerksamkeit, die ihm zu Gebote stand, hätten diese äußern Hindernisse noch keinen Mangel an Klarheit und Deutlichkeit begründen können, wenn dieser nicht in gewissen innern Ursachen, in seinem ganzen Geistescharakter gegründet gewesen wäre. Die Einbildungskraft war bei ihm das hervorstechende und herrschende Geistesvermögen, mit welchem er jeden Gegenstand auffaßte. Seine Abstraktionen und Combinationen erhielten in seinem Geiste sogleich ein geistiges Bild, ein Schema; an diesem, nicht an den deutlich entwickelten Merkmalen hielt er die Objekte seines Denkens fest. Daher kam es auch, daß er sich in seinen Ansichten und Meinungen gar nicht gleich blieb [20]). Es war nicht sowohl ein tiefes Denken, als ein tiefer Blick, der sein Philosophiren auszeichnet, und dieser stimmte auch mit dem ganzen Zweck seiner Philosophie zusammen, welche keine vollkommene Entwickelung der Begriffe, kein strenges Raisonnement vertrug, sondern ein gewisses Helldunkel erforderte [21]).

Die-

[19] Porphyrius *vita Plotini* kurz vorher. Longin, der des Plotinus Schreibart nicht kannte, glaubte, seine Abschriften wären durch unwissende oder nachlässige Abschreiber verdorben.

[20] Porphyrius *vita Plotini*. Amelius sagt in einem Briefe: αλλως τε και τα βουλημματος τε υπο την προς ημας ομολογιαν υπαγουσιν προς τινων ανδρος ου μαλα προχυρα ειναι υπαρχοντος δια την αλλοτε αλλως περι των αυτων, ως αν δοξειε, φοραν.

[21] Porphyrius *vita Plotini*: εν δε τω γραφειν συντομος γεγονεναι πολυνους, βραχυς τε και νοημασι πλεοναζων η λεξεσι, τα πολλα, ενθουσιων και εκπαθως φραζων, και το συμπαθως η παραδοσεως.

Dieses ist die Hauptursache der in seinen Schriften befindlichen Dunkelheit, welche daher auch durch die Sorgfalt des Herausgebers auf richtige Abtheilung der Worte und Rechtschreibung nicht ganz verschwinden konnte. Uebrigens ist ein solcher Ausdruck, der, wie in genialischen Produkten des dichterischen Geistes, weit mehr zu enthalten scheint, als sich in bestimmten Worten auffassen läßt, und daher die Einbildungskraft immer in reger Thätigkeit erhält, beliebig etwas hinzu zu setzen, für gewisse Klassen von Menschen unstreitig sehr anziehend.

Plotin hatte eine offene Schule. Der Zutritt war allen und jeden verstattet. Ungeachtet er ein strenges Leben führte, auf alle Annehmlichkeiten Verzicht that, und eben diese Strenge auch von seinen Schülern forderte, so fand er doch sehr viele Anhänger und Bekenner seines Systems; Männer aus dem höchsten Stande, römische Senatoren, ja selbst vornehme Damen, hörten nicht allein seine Vorträge, sondern suchten auch in der Geringschätzung des menschlichen Daseyns, in freiwilliger Aufopferung aller Bequemlichkeiten und Freuden des Lebens, aller Vorzüge und Verhältnisse, womit das Glück sie begünstiget hatte, ihm gleich zu werden. Unter andern war da ein gewisser Rogatianus, ein Senator und erwählter Prätor, der auf einmal sein ganzes Vermögen verließ, alle seine Sklaven fortschickte, auch nicht einmal sein Haus mehr bewohnen wollte, sondern von einem Freund und Bekannten zum andern wanderte, bei ihnen aß und schlief, und sich im geringsten nicht um die Pflichten seines Amtes bekümmerte. Plotin stellte diesen Mann als Muster für alle Philosophirende vor [22]). Frömmelei ist eine gewöhnliche Erscheinung in den Zeiten der höchsten Verfeinerung und Weichlichkeit. Diese philosophische Andacht, wie man diese Schwärmerei nennen kann, welche durch

---

[22]) Porphyrius vita Plotini.

Unthätigkeit und Ruhe die höchsten Zwecke des Lebens erreichen läßt, ist daher bei Personen von erhöheter Einbildungskraft und geschwächter Willenskraft immer willkommen.

Und wie hätte Plotin diese gewöhnliche Geisteskrankheit seines Zeitalters nicht aus allen Kräften nähren und befördern sollen, da er selbst in allen seinen Handlungen, so wie in seinem Denken einen unverkennbaren Hang zur Schwärmerei offenbarte. Er wollte kein Bildniß von sich verfertigen lassen, es sey schon genug, die körperliche Gestalt zu ertragen, mit welcher die Natur den Geist umgeben habe, als daß man darauf denken solle, von dem Bilde noch ein Bild zu machen, das dem erstern noch eine längere Dauer gebe, als wenn es ein so sehenswürdiger Gegenstand wäre [23]). Aus eben der Quelle floß seine Vernachläßigung des Körpers, die wenige Sorgfalt für seine Gesundheit, wodurch er sich zuletzt eine bösartige Bräune und den Tod zuzog.

Nichts beweist aber seine schwärmerische Geistesstimmung mehr, als der wahrsagende und das Verborgene schauende Blick, und seine Ekstasen und Anschauungen Gottes, deren er sich rühmte. Wenn wir auch, wie billig, etwas auf die Bewunderung und Phantasie des Biographen rechnen, so bleibt doch immer noch genug als Faktum übrig. Da diese Chimären einer überspannten Einbildungskraft zur Charakterisirung unsers Philosophen, und seines größten Schülers, und überhaupt der damals herrschenden Denkart gehören, so sey es uns erlaubt, diese Begebenheiten nach den Worten des Porphyrius mit buchstäblicher Treue zu erzählen.

Ein gewisser Olympius aus Alexandrien, der nur auf kurze Zeit Ammonius Schüler gewesen war, suchte den

---

[23]) Porphyrius *vita Plotini.*

den Plotin verächtlich zu machen, weil er selbst nach der Ehre, der erste Philosoph zu seyn, strebte. Durch magische Künste suchte er seinen Verstand zu fesseln. Bald aber merkte er, daß sein Beginnen vergeblich sey. Er sagte zu seinen Bekannten: „was für eine machtvolle Seele besitzt nicht Plotin. Alle Kräfte, die auf sie gerichtet werden, prallen an ihr ab, und treffen diejenigen, welche sie angreifen wollen." Plotin entgingen diese geheimen magischen Künste nicht. Er empfand ihre Wirkungen, aber nicht an der Seele, sondern an seinem Leibe. Sein Leib, sagte er, werde dann zusammengezogen, und jedes Glied zusammengeschnürt, wie ein lederner Beutel. Da Olympius wahrnahm, daß seine Zauberei ihm selbst mehr schade, als dem Plotin, so ließ er endlich davon ab [24]).

Porphyrius folgert daraus, daß Plotin von Geburt an etwas Vorzügliches vor andern Menschen bekommen habe. Folgende Begebenheit beweiset dieses ihm handgreiflich. Ein ägyptischer Priester kam nach Rom, und wurde mit Plotin bekannt. Um eine Probe von seinen Künsten zu geben, versprach er, den Genius des Plotin zu citiren, und diesem in sichtbarer Gestalt erscheinen zu lassen. Plotin wurde zu diesem Schauspiele eingeladen. Die Beschwörung ging in dem Tempel der Isis vor, dem einzigen reinen Orte, den er nach seinem Vorgeben in Rom gefunden hatte. Der Geist erschien. Wie erstaunte aber der Priester, als er keinen Geist aus der Ordnung der Dämonen, sondern einen Gott erblickte. Wie selig bist du Plotin, rief er aus, der du keinen Geist aus der Klasse niederer Geister erhalten hast. Ein unglücklicher Zufall machte, daß dieser selige Anblick von sehr kurzer Dauer war, und von dem erschienenen Gotte nichts erfragt werden konnte, denn der Freund des Priesters, der
ge-

[24]) Porphyrius vita Plotini.

gewisse Vögel zu seiner Sicherheit in der Hand halten mußte, hatte sie, man weiß nicht, ob aus Furcht, oder aus Neid, erdrückt. Plotin hatte also ein höheres geistiges Wesen zur beständigen Begleitung bei sich, und hielt sein göttliches Auge immer auf dieses gerichtet. Darum schrieb er auch eine Abhandlung von den den Menschen zugesellten Dämonen, und den Ursachen, warum diese von so verschiedener Art sind [25]).

Als Amelius, der ein Freund von Opfern war, einst ein feierliches Opfer veranstaltete, und nebst andern Freunden auch den Plotin dazu eingeladen hatte, so sagte dieser: „Diese müssen wohl zu mir kommen, ich bedarf nicht zu ihnen zu gehen." Porphyrius setzt hinzu: Was diese hohe Rede für einen Sinn haben solle, konnten wir nicht einsehen, wagten es auch nicht, ihn darum zu fragen [26]). Diese Einfalt des Porphyrius und seiner Mitgenossen ist auffallend. Wie? Er sollte nicht begriffen haben, daß Plotin dadurch den höhern Rang seines spiritus familiaris kund that, welchem

25) Porphyrius vita Plotini: γινεται μεν ει τω Ἰσιω ἡ κλησις. — κληθεντα δε εις αυτοψιαν τον δαιμονα, θεον ελθειν, και μη τι δαιμονων ειναι γενος. ὁθεν τον Αιγυπτιον ειπειν· μακαριος ει, θεον εχων τον δαιμονα, και ε τε ὑφειμενε γενες τον συνοντα. μητε δε ερεσθαι τι εκγενεσθαι, μητε επιπλεον ιδειν παροντα, τα συνθεαρειτος φιλα τας οψεις, ἁς κατειχε φυλακης ἑνεκα, πνιξαντος, μητε δια φθονον, μητε και δια φοβον τινα. των δε ἑμοτερων δαιμονων εχων τον συνοντα, και αυτος διετελει ανάγων αυτε το θειον ομμα προς εκεινον.

26) Φιλοθυτε δε γεγονοτος τε Αμελιε και τα ἱερα κατα νεμηνιας και τας ἑορτας εκπεριιοντος, και ποτε αξιεντος τον Πλωτινον συν αυτω παραβαλειν, εφη· εκεινες δει προς εμε ερχισθαι, εκ εμε προς εκεινες. τετο δε εκ ποιας διανοιας ἑυτως εμεγαληγορησεν ετ' αυτοι συνειναι δεδυνημεθα, ετ' αυτον ερεσθαι ετολμησαμεν.

chem die Untergottheiten, denen die Menschen Opfer bringen, unterthan seyn müssen? Der glückliche Plotin erreichte auch durch diese unbegreifliche Gesellschaft eine Seligkeit, deren nur wenige Menschen in diesem Leben theilhaftig worden. Er gelangte zu dem unmittelbaren Anschauen des höchsten Gottes, welcher über alle Vernunft, Denken, Seyn und Wesen unendlich erhaben ist, der keine eigenthümliche Form und Gestalt hat. Unmittelbare Vereinigung mit diesem unaussprechlichen Wesen war sein einziges Streben, das Ziel seiner ganzen Philosophie; er suchte sie auf den Wegen, welche Plato in seinem Symposium beschrieben hat. Auch wurde ihm dieses beneidungswerthe Loos in der Zeit, als Porphyrius mit ihm umging, viermal zu Theil, nicht etwa blos in der Möglichkeit oder Einbildung, sondern in der Wirklichkeit, obgleich auf eine unaussprechliche Weise. — Es wäre daher auch unbescheiden, wenn man etwas Weiteres von dieser Vereinigung zu wissen begehrte, als daß sie wirklich vor sich gegangen. Und wir können dem Porphyrius darin um so eher glauben, da er selbst versichert, einmal, nur einmal, und zwar in dem acht und sechszigsten Jahre, dieser Gnade gewürdiget worden zu seyn [27]). Uebrigens erinnert Porphyrius noch, daß aus eben dieser Quelle Plotins göttliche Schriften geflossen sind, und daß er durch Erleuchtung von Oben Dinge entdeckt habe, welche noch keinem Philosophen

---

27) Porphyrius *vita Plotini*: ετυς δε μαλιστα τυτω τω δαιμονιω φωτι πολλακις εναγοντι εαυτον εις τον πρωτον και επεκεινα θεον ταις εννοιαις, και κατα τας εν τω συμποσιω εφηγμενας οδυς τω Πλατωνι, εφαιν εκεινος ο μητε μορφην μητε τινα ιδεαν εχων, υπερ δε νυν και παν το νοητον ιδρυμενος. ω δη και εγω ο Πορφυριος απαξ λεγω πλησιασαι και ενωθηναι, ετος αγων εξηκοστον τε και ογδοον. εφαιν γαρ τω Πλωτινω σκοπος εγγυθι ναιων. τελος γαρ αυτω και σκοπος ην το ενωθηναι και πελασαι τω επι πασι θεω. ετυχε δε τετρακις πε, οτε συνημην αυτω, τε σκοπε τυτυ εναργεια αξρητω και υ δυναμει.

sophen nur in den Sinn gekommen sind. Denn menschliche Betrachtung kann sich zu sehr verschiedenen Graden empor heben; allein in Vergleichung zur göttlichen Betrachtung erscheint sie als etwas unendlich Geringes, und sie kann nicht die Tiefe der letzten erreichen 28). Diese Beweise der göttlichen Natur des göttlichen Mannes sind wohl sprechend genug. Zum Ueberfluß beruft sich Porphyrius noch auf einen Orakelspruch des Pythischen Apollo, welchen sich Amelius geben ließ, in welchem der Seher ausdrücklich sagt, daß Plotinus eine göttliche Seele empfangen habe, und in den Chor der Götter zurück gegangen sey 29).

Es wäre indessen ungerecht, wenn man über dieser excentrischen Richtung seines Geistes die schönen und lobenswürdigen Seiten seiner Seele und seines Charakters vergessen, oder in Schatten stellen wollte. Ein lebendiger Sinn für alles Große und Erhabene der menschlichen Natur, Liebe des Guten um sein selbst willen, Achtung für Gerechtigkeit, Wahrheitsliebe; eine unaussprechliche Milde und Sanftheit bei allem Feuer der Phantasie — dieses sind die Züge, welche uns Porphyr von Plotins Charakter gibt, welchen auch das wenige, was von ihm als

28) Porphyrius vita Plotini: και ὅτι λοξων φερομενου πολλακις οἱ θεοι κατηυθυναν, θαμιοιν φαεων ακτινα πορουντες, ὡς επισκεψει τη παρ' εκεινου και επιβλεψει γραφηναι τα γραφεντα, ειρηται. εκ δε της αιγυπτιας επιθες (εσωθει) και εξωθεν θεας εδραξις, φησιν, οσσοις πολλα τε και χαριεντα, τα κεν ερα ατις ιδοιτο ανθρωπων των φιλοσοφια προσεχοντων. ἡ γαρ δη των ανθρωπων θεωρια ανθρωπινης μεν αν γενοιτο αμεινων· ὡς δε προς την θειαν γνωσιν, χαριεσσα μεν αν ειη, ἡ μην οσον το βαθος ἑλειν αν δυνηθηναι, ὡσπερ (ωσπερ) αιρουσιν οἱ θεοι.

29) Porphyrius vita Plotini.

als Menschen angeführt wird, und der Geist seiner Schriften vollkommen entspricht [30].

Er lebte sehr frugal, und fastete so oft, daß er sich schlaflose Nächte zuzog. Ueberhaupt entbehrte er oft des Schlafes durch absichtliche Anstrengung des Nachdenkens. Aller Speisen von zahmen Thieren enthielt er sich, vielleicht aus Nachahmung des Pythagoras, oder weil er, wie Apollonius von Tyana, glaubt, daß die vegetabilischen Nahrungsmittel für die freie Thätigkeit des Geistes zuträglicher seyn. Durch Vernachlässigung der Reibungen, deren er sich anstatt der Bäder bediente, zog er sich eine bösartige Bräune zu, an welcher er in dem sechs und sechszigsten Jahre seines Lebens (J. Chr. 270) starb [31]. Als ihn kurz vor seinem letzten Augenblicke Eustochius, sein Arzt und fleißiger Schüler, besuchte, sagte er: Auf dich wartete ich noch. Ich suche jetzt den Gott in uns zu der in dem Universum befindlichen Gottheit hinzuführen. Mit diesen Worten gab er seinen Geist auf. Zu gleicher Zeit aber kam eine Schlange unter dem Bette, wo er lag, hervor, und schlüpfte durch ein in der Wand befindliches Loch [32]. Wahrscheinlich war die Schlange die sichtbare Gestalt des göttlichen Wesens, welches sich dem Körper des Plotins entwandte.

So

30) Porphyrius vita Plotini.

31) Porphyrius vita Plotini.

32) Porphyrius vita Plotini: μελλων δε τελευτᾳ, ὡς ὁ Ευστοχιος ἡμιν διηγυτο, επιδη εν Ποτιολοις κατοικων ὁ Ευστοχιος βραδεως προς αυτον αφικετο, ειπον, ὁτι ετι ετι περιμενω, και φησας πειρασθαι τον εν ὑμιν (ἡμιν) θεον ανα-γειν προς το εν παντι θειον, δρακοντος ὑπο την κλινην διελ-θοντος, ἡ κατεκειτο, και εις οπην εν τῳ τοιχῳ ὑπαρχου-σαν ὑποδεδυκοτος, αφηκε το πνευμα.

So starb der Mann, der bei seinem Leben von seinen Schülern angebetet, und fast göttlich verehret, von andern Zeitgenossen zum Theil bewundert und angestaunt, theils ziemlich verächtlich behandelt worden war. Es gab manche, die ihn für einen Mann hielten, der sich die Bemühungen anderer Denker zu eigen gemacht, und durch fremdes Eigenthum sich einen unverdienten Namen erworben habe; Einige hielten ihn für einen leeren Schwätzer. Zwischen diesen entgegengesetzten Urtheilen des übertriebenen Lobes und Tadels vernahm man selten die Stimme eines einsichtsvollen von Parteilichkeit für und wider gleich weit entfernten Beurtheilers, der die Talente des Mannes und den Gebrauch derselben nach richtigen Grundsätzen unterschied. Es war unsern Zeiten vorbehalten, das Urtheil über diesen sonderbaren Mann von beiden Extremen gleich weit entfernt zu halten.

Er vereinigte unstreitig viele vortrefliche Naturgaben in sich, durch welche er bei zweckmäßiger Uebung und Ausbildung, bei einer richtigen durch gesunde Vernunft geleiteten Anwendung, und vorzüglich in einem weniger verdorbenen Zeitalter unter einer nicht schon fast ganz verschrobenen Generation ein großer Mann hätte werden müssen. Allein er war von allen Vorurtheilen und Aberglauben seiner Zeit angesteckt, und er besaß zu wenig Geist, um dieser gleichsam epidemischen Krankheit zu widerstehen, obgleich auf der andern viel zu viel Geist, um diese Thorheiten auf dem gewöhnlichen Wege nachzumachen. Wenn andere ins Weite schwärmten, so schwärmte er mit einer gewissen Methode, er schloß die Träumereien der Phantasie an gewisse philosophische Probleme, und gab dadurch jenen Thorheiten eine Art von Würde, den Schein von wissenschaftlichem Werth, als wenn die Philosophie auf diese Weise einen Grad von Ausdehnung und Gewißheit erhalten könne, dessen sie bis hieher entbehrt hätte.

Dieser

Dieser Wahn war um so natürlicher, da seine Schwärmerei von einem philosophischen Bedürfniß und einem selbstthätigen Forschen bei ihm ausgegangen war. Das Streben nach Erkenntniß um ihrer selbst willen, ein Streben des innern Geistes, nicht dieses oder jenes zu erkennen, womit sich Menschen von gemeiner Art begnügen, sondern das Ganze in seiner Unzertrenntheit zu umfassen, weil innige feste Ueberzeugung nur dann Statt finden kann, wenn man im Besitz des Ganzen ist; dieses Streben war es, welches sich zuerst in dem Mißvergnügen äußerte, das Plotin empfand, als er die gewöhnlichen Vorträge der Schulphilosophie hörte. Es war ein dunkles Gefühl eines nicht befriedigten Strebens, ein Sehnen nach etwas Besserem, das er sich selbst nicht zu erklären vermochte. Daher empfand er das innigste Vergnügen, als der lebendige Vortrag einer Philosophie, die auf das Absolute ausging, seinen Geist zum ersten Male in der Schule des Ammonius ergriff.

Einem jungen Manne, in welchem sich dieser lebendige Geist der Erkenntniß regte, und mit den Anlagen zum Denken ein hoher Grad von lebendiger Einbildungskraft sich vereinigte, mußte unstreitig die Platonische Philosophie am meisten zusagen, und ihn durch die Hoffnung, seines sehnlichsten Wunsches theilhaftig zu werden, an sich fesseln. Keine Philosophie begünstigte in dem Grade das Streben der Vernunft nach dem Absoluten; keine schwang sich so über alles Irdische und Endliche empor, setzte einen so großen Abstand zwischen dem Endlichen und Unendlichen, erfüllte die Vernunft mit solchen Hoffnungen, diese Kluft zu überfliegen, und in dem Unendlichen den Aufschluß über alles, was die Vernunft in Ansehung des Seyns und Wesens der endlichen Dinge und ihres vollständigen Inbegriffs zu wissen wünscht, zu finden, als die Platonische. Sie demüthigte den Menschen nicht durch

diesen

diesen Abstand, sondern erhob ihn zu dem Gefühl seiner
ganzen Würde und Erhabenheit, daß er durch Vernunft
den Unendlichen erkennen, wenigstens denken, und ihm
durch sittliches Streben nach diesem unerreichbaren Ideal
ähnlich werden könne. In Platos System liegen so herrliche Ideen, welche zur Bewunderung hinreissen, so viele
unentwickelte Ideen, die das Forschen aufreizen; es ist in
ihm ein systematisches Ganzes angedeutet, aber nicht
durchgeführt; es verschließt in sich einen so hohen Sinn,
der aber wegen der fehlenden Bestimmtheit auf mehr als
eine Art aufgefaßt, gedeutet, und daher leicht mit andern
Systemen in Verbindung gebracht werden kann; es liegt
in ihm ein so fruchtbarer Keim des Enthusiasmus und
der Schwärmerei, daß man sich nicht wundern darf,
wenn ein Mann wie Plotin in jenen Zeiten sich so innig
an diese Philosophie anschloß, und während er glaubte
nichts als des göttlichen Plato Ideen mehr zu entwickeln,
und zu einem Ganzen zu verbinden, ein philosophisches
System von ganz anderm Geist, von ganz anderer Tendenz aufstellte.

Plato stellte einen **rationalen Dogmatis-
mus** auf, der sich vermittelst reiner Begriffe durch das
Denken zu der Urquelle alles Seyns und Denkens erhob.
Das realste Wesen ist der Schlußstein seines ganzen Systems; nimmt man dieses weg, so ist keine Antwort möglich auf die Frage, wie es möglich sey, daß der Mensch
durch Ideen, die er doch nicht aus der Erfahrung genommen, eine reale Erkenntniß von den Objekten ihrem
objektiven Seyn nach erhalte. Diese hyperphysische Ableitung der Ideen abgerechnet, behandelt er sie ganz als
menschliche Begriffe, raisonniret mit ihnen nach den Regeln der Logik. Dialektik und Metaphysik ist ihm eins.
Es ist ihm der erste Grundsatz alles Philosophirens, **daß
man das Uebersinnliche, das wahre Seyn,**

so wie auch den letzten Realgrund alles Seyns nur durch Denken, durch logischen Gebrauch der Ideen finden könne. Mit einem Worte, der Mensch hat ein höheres Erkenntnißvermögen, und dieses ist die reine Vernunft. — Allein dieses Vermögen war theils durch die verschiedenen, von einander so sehr abweichenden Antworten, welche eben dieses Vermögen über speculative Fragen gegeben hatte, theils durch die scharfsinnigen Raisonnements der Skeptiker ziemlich verdächtig geworden. Man traute der Vernunft nicht mehr recht. Denn wenn man auch noch so folgerecht aus Begriffen geschlossen hatte, so mußte sich doch noch die Bedenklichkeit äußern, ob dem Gedachten auch wirklich etwas Reales entspreche [33]). Dazu kam noch dieses. Das Daseyn der Gottheit war zwar scheinbar durch Schlüsse erwiesen; aber aus denselben ging auch die Einsicht hervor, daß sie ein Gegenstand sey, welchen die menschliche Vernunft nicht erfassen könne, daß kein Begriff von demselben möglich sey, und daß jedes Prädikat, das man zur Bestimmung desselben gebrauchen möchte, nur von dem Endlichen abgezogen, und dem Unendlichen nicht mehr angemessen sey. So verlor sich die große Entdeckung in Nichts, und selbst der Beweis für das Daseyn eines solchen Wesens, dessen Begriff leer war, mußte zweifelhaft werden.

Da die Sache der Vernunft so beschaffen war, da sich das Interesse, welches Entdeckungen bei ihrem ersten Erscheinen zu begleiten pflegt, verloren, dagegen Gleichgültigkeit gegen alle Speculationen verbreitet hatte; da sich indessen die christliche Religion mit einer ehrwürdigen Sittenlehre und dem Glauben an eine unmittelbare göttliche Offenbarung immer größeres Ansehen erhielt: so schien auch die heidnische Welt mit einer übernatürlichen Erkenntnißquelle des Uebersinnlichen nicht zurück blei-

---

[33) Plotinus *Ennead.* V. l. V. c. 1.

bleiben zu dürfen. Dieser Wahn einer unmittelbaren Gemeinschaft mit dem Geisterreiche durch einen besondern innern Sinn, oder durch einen ungemeinen Grad der Erhöhung der Vernunftkraft stehet auch außerdem mit der überhand nehmenden Weichlichkeit und Schwäche des Verstandes in einem sehr natürlichen Zusammenhange. Beide Ursachen nebst dem allgemeinen Hange des menschlichen Geistes zum Dogmatismus, welcher sich nicht leicht einer Disciplin unterwirft, erklären hinlänglich, wie ein Mann, der auf der einen Seite von jener fast allgemeinen Krankheit des Zeitalters angesteckt war, auf der andern aber doch einen gewissen Grad von eigenthümlicher Geisteskraft besaß, den Versuch wagen konnte, die Ehre der Vernunft und der Philosophie zu retten durch die Einbildung eines höhern Erkenntnißvermögens, welches sich über den wissenschaftlichen Gebrauch der gemeinen Vernunft erhebe [34]). Dieses thut nun Plotin wirklich, indem er die Dialektik nur als Vorbereitung für die Philosophie betrachtet, von denen jene es nur mit Urtheilen, Schlüssen und Worten, diese aber mit Objekten, und zwar mit Dingen an sich und dem allerrealsten Wesen zu thun habe, wobei sie zwar die Hülfe der Dialektik nicht entbehren, aber von ihr doch nicht die Principien annehmen könne. Erst nachdem die Dialektik diese in Besitz genommen, fängt sie ihr Geschäft durch Analysiren, Zusammensetzen und Trennen, Vergleichen und Unterscheiden an. Die Principien erhält die Philosophie von der Vernunft, und diese durch Erleuchtung von Oben [35]).

---

[34]) Spuren von diesem innern Lichte, wodurch das Auge des Geistes erst sehend wird, findet man schon bei dem Juden Philo und bei Plutarch. Man sehe 5 B. S. 239. 258.

[35]) Plotinus *Ennead.* V. l. III. c. 8. αλλῳ ἐν φωτι αλλο.

Plotin.

Dieses ist die erste und wichtigste Verschiedenheit, zwischen der Platonischen und Plotinischen Philosophie. Es ist von dem entschiedensten Einfluß auf den ganzen Inhalt, und vorzüglich auf die Form der Philosophie, weil dadurch das reine Denken in eine **intellektuelle Anschauung** verwandelt wird.

Ein Philosoph, welcher in unmittelbarer Gemeinschaft mit der Urquelle alles Seyns und aller Weisheit stehet, weiß natürlicher Weise weit mehr von diesem höchsten Ideale der Vernunft, als jeder andere Dogmatiker, der sich nur durch das Raisonnement der überzeugenden Erkenntniß von der Existenz und dem Verhältniß der Gottheit zur Welt bemächtigen kann. Nun ist zwar auch Platos Philosophie transcendent; aber doch mit großer Zurückhaltung und Nüchternheit, das Verhältniß des endlichen Geistes zu dem Unendlichen nie aus den Augen verlierend.

Nach Plato ist Gott der Urheber der Form der Welt; durch Ideen ist die Welt ihrem Wesen nach gebildet. Aber die Materie ist nicht von Gott hervorgebracht, sondern nur gebildet worden. Plato ist **Dualist**.

λο Φως ορα (sc. ψυχη) ὁ δ' αλλυ. Φως αρα Φως αλλο ορα. αυτο αρα αυτο ορα. το δε Φως τυτο εν ψυχη μεν ελλαμψαν εΦωτισε, τυτο δ' εςι, νοερας εποιησε, τυτο δ' ες ιν ομοιως εν εαυτῳ τῳ κιν Φωτι. οιον αν εςι το ιχνος τι εγγενομενον τυ Φωτος εν ψυχη, τοιυτον και ετι καλλιον αυτο νομιζε και ενεργεςερον εγγυς αν γενοιτο Φυσεος. ιν και νοητυ. και γαρ αν και επιλαμΦθεν τυτο ζωης εδωκε τῃ ψυχῃ ενεργεςεραν. Enn. V. l. V. c. 7.

Eben so sagt auch der Verfasser des Buchs de mysteriis Aegyptiorum. Sect. I. c.13. συνυπαρχει γαρ ἡμων αυτῃ τῃ ουσια ἡ περι θεων εμΦυτος γνωσις, κρισεως τε πασης εςι κρειττων και προαιρεσεως, λογυ τε και αποδειξεως προυπαρχει· συνηνωται τε εξαρχης προς την οικειαν αιτιαν και τῃ προς τ' αγαθον ουσιωδη της ψυχης εΦεσει συνυΦεςηκει.

l ist. Er nahm den Unterschied des gemeinen Verstandes zwischen den innern und äußern Anschauungen als objektiv real an, und da er nicht den vergeblichen Versuch machte, das Vorstellen aus der Materie noch die Materie aus dem Vorstellen zu deduciren, so blieb er bei dem Dualismus stehen, und ließ die Welt aus zweierlei, ihrem Wesen nach verschiedenen Substanzen, den ausgedehnten und vorstellenden, bestehen. Nach Plotin ist Gott der Realgrund aller Dinge ihrer Materie und Form nach, und es gibt nur eine Art von Substanzen, nämlich vorstellende; Raum und Materie ist nichts als Schein des Realen, der Schatten der Geister.

So sehr dieses System dadurch an Einheit gewinnt; so sehr wird es auf der andern Seite in unauflösliche Schwierigkeiten verwickelt, welche noch weit mehr in die Augen fallen würden, wenn es dem Urheber derselben gefallen hätte, auf eine methodische Weise die so mannigfaltigen Erscheinungen der Natur aus seinen Principien zu erklären. Da die Materie nichts Positives ist, sondern nur etwas Negatives, so ist die ganze Welt ein Ausfluß aus der Gottheit, die nie in der Zeit ihren Anfang genommen hat, auch nie aufhören wird. Die Welt ist ewig wie Gott. Plotin nähert sich in diesem Punkte dem Aristoteles, und gehet von dem Plato ab.

Plato lehret, der Mensch habe die Bestimmung, Gott ähnlich zu werden; er könne dieses Ziel aber nur durch sittliche Gesinnungen erreichen. So weiß er in seinem ganzen System das theoretische und praktische Interesse der Vernunft sehr wohl mit einander zu vereinigen. Das letzte ist nun zwar in dem Plotinischen Systeme nicht ganz vergessen, aber das speculative Interesse ist doch das höchste, und diesem nach unterscheidet er eine gemeine und eine höhere Tugend, welche letztere nichts anders ist, als eine innige hyperphysische

Ge-

Gemeinschaft mit Gott, ein müßiges und ruhiges Anschauen des Unendlichen, wodurch die Moral in leere Schwärmerei verwandelt wird.

Plato nimmt den Menschen und die Natur, wie sie sich dem gemeinen Verstande darstellet, und suchet dann die letzten Principien der Erkenntniß und des Handelns in der Vernunft, in gewissen Ideen auf; er erhebet sich freilich zuletzt auch über die Natur, weil sein Forschen innerhalb der Sphäre des Gegebenen keinen letzten, die Vernunft befriedigenden Grund findet. Aber er gehet doch nicht die Natur vorbei, er dichtet keine Principien, sondern nimmt nur solche an, als das praktische und theoretische Interesse zu fordern scheint. Er führet durch die Vernunft zu Gott, als dem letzten denkbaren Gegenstande und Realgrund der physischen und moralischen Ordnung. Aber Plotin vermengt Natur und Uebernatur, und verwebt sie so mit einander, daß zuletzt die Natur verschwindet. Er führet nicht den Menschen zu Gott, sondern Gott zu dem Menschen. Sein letzter Zweck ist Versenkung in das Unendliche, ein sanftes Entschlummern der Vernunft in leere Träumereien.

Da die intellektuelle Anschauung des Göttlichen die Seele dieser ganzen Philosophie ist, so kann man schon daraus auf die formelle Beschaffenheit dieser Philosophie schließen. Sie gehet von einem Punkte aus, und auf denselben zurück, wo das vernünftige Denken ein Ende hat, wo nur die Phantasie ihr Gaukelspiel treiben kann. Die intellektuelle Anschauung, eine unmittelbare Erleuchtung durch die göttliche Intelligenz ist ein Faktum, welches nicht bewiesen werden kann. Die Nachfrage nach einem obersten Grundsatz der Erkenntniß ist vergeblich und unnöthig; denn das Faktum selbst ist so beschaffen, daß es die Vernunft dieser Nachforschung überhebt. Es muß ihr genügen, daß sie in Gott und durch Gott alles erkennet, durch Schauen erkennet, was ist; warum es ist, worauf sich die Ueberzeugung von dem Erkannten gründe, ist eine überflüssige Frage; sie ist unstatthaft, eben weil durch das göttliche Licht, dem Letzten in der Reihe des Möglichen und Wirklichen, alles Seyn der menschlichen Vernunft aufgeschlossen wird.

Plotin hat daher auch so viel als nichts gethan, um sein philosophisches System zu begründen; einen Grundsatz an die Spitze zu stellen, und aus demselben nach den Gesetzen des Denkens die Elemente desselben abzuleiten, oder sie nur wenigstens in einer gewissen Ordnung anzuknüpfen. Zwar dürfte es scheinen, als treffe dieser Vorwurf eines Mangels an Ordnung nicht Plotins Philosophie, sondern nur seine Schriften. Hier ist ungeachtet der Ordnung, welche Porphyrius in die Reihe der einzelnen Abhandlungen gebracht hat, doch von einer streng wissenschaftlichen wenig Spur vorhanden; aber darum dürfe man doch nicht von der äußern Unordnung seiner Schriften auf den innern Charakter seines Gedankensystems schließen. Wir haben aber schon oben gesehen, daß dieselbe Unordnung auch in Plotins philosophischer Schule herrschte. Hieraus können wir schließen, daß überhaupt der Mangel an systematischer Einheit ein wesentlicher Charakter dieser Philosophie war, der schon in ihrem ersten Keime lag. Wir läugnen damit gar nicht, daß nicht in seiner Philosophie eine gewisse Einheit liege, welche durch den transcendenten Gesichtspunkt, oder besser durch den hyperphysischen Blick bestimmt wird. Die meisten Ideen dieses Mannes beziehen sich auf diesen einen Punkt, und vereinigen sich wie Strahlen in diesen allgemeinen Brennpunkt: aber nach allem, was wir von ihm wissen, war er nicht der systematische Denker, der im

Stande gewesen wäre, die hyperphysische Metaphysik, welche seinem Gedankensystem zum Grunde liegt, in systematischer Einheit zu entwickeln; wiewohl ein scharfsinniger Kopf, der eine Idee, für welche er sich einmal interessirt, so leicht nicht wieder fahren läßt, sondern sie so weit, als nur möglich ist, verfolgt, und oft glücklicher ist in Aufgreifung gewisser Beziehungen, wodurch sein Hauptgedanke Licht erhält, als in der consequenten, systematischen und erschöpfenden Durchführung einer philosophischen Idee. Und aus solchen einzelnen Funken und hellen Stellen besteht eigentlich seine ganze Philosophie.

Zu dem in dem Geiste dieser Philosophie selbst enthaltenen Grunde kam noch ein äußerer hinzu. Plotin bekannte sich im Wesentlichen für den Platonismus. Ungeachtet er einen andern Geist in denselben hinein brachte, so betrachtete er doch diese Veränderungen für nichts weiter als Entwickelungen, Bestimmungen und Erweiterungen, welche durch das Platonische System selbst gegeben und gerechtfertiget würden. Er nahm aber selbst den Platonismus nicht mehr in seiner reinen Gestalt an, sondern wie er durch mehrere phantastische Vorstellungsarten, durch Anknüpfungen mehrerer schwärmerischen Ideen schon entstellt war. Wenn auch der Vorwurf, welcher dem Plotin von Zeitgenossen gemacht wurde, er habe den Numenius ausgeschrieben 36), im Ganzen ungegründet ist; so findet man doch wenigstens eine große Aehnlichkeit in ihren beiderseitigen Philosophemen, woraus man schließen kann, daß Plotin bei gleicher Richtung

---

36) Plotinus Ennead. V. L. I. c. 8. ὅτι Πλάτων εἰδείη ἐκ μέν τ' ἀγαθοῦ τὸν νοῦν, τὴν ἰδέαν· ἐκ δὲ τοῦ νοῦ, τὴν ψυχήν· καὶ εἶναι τοὺς λόγους τούσδε μὴ καινοὺς, μηδέ νῦν, ἀλλὰ πάλαι μὲν εἰρῆσθαι μὴ ἀναπεπταμένως· τοὺς δὲ νῦν λόγους ἐξηγητὰς ἐκείνων γεγονέναι, μαρτυρίοις πιστωσαμένοις τὰς δόξας ταύτας παλαιὰς εἶναι τοῖς αὐτοῦ τοῦ Πλάτωνος γράμμασιν.

des Geistes eine große Empfänglichkeit für die analogen Ansichten haben mußte. Plotin bekennet selbst, daß zu seiner Zeit die Annahme von drei göttlichen Principien eine gewöhnliche Meinung war 37). Und man siehet daraus, wie leicht er sich an solche fremde Ideen anschmiegte, und sie mit dem Platonismus vereinigte. Für ihn war also schon ein Ganzes philosophischer Erkenntnisse da, welches er nicht in ein System zu verwandeln, sondern nur zu erklären und zu entwickeln brauchte. Da er nicht sein eignes, sondern ein fremdes System aufzuklären suchte, so kam es nicht so viel auf einen strengen Zusammenhang und feste Verknüpfung der einzelnen Ideen an; es war genug, daß sie sich alle auf einen gemeinschaftlichen Mittelpunkt bezogen. So entstand also dieses eccentrische System, dessen Einheit nicht in ihm selbst, sondern außer ihm lag 38).

Wenn wir einen Blick in das Innere dieses Systems thun, so finden wir im Ganzen zwar eine und dieselbe Hauptidee, die Intelligenz durchdringt als Lichtwesen alle Dinge, alle Dinge sind durch die Intelligenz, und alle Dinge erkennen, oder vielmehr schauen wir in der Intelligenz an, aber in Ansehung der übrigen Ideen herrscht eine große Unbestimmtheit. Dieses konnte auch nicht anders seyn, weil es lauter leere Begriffe enthält, denen die Einbildungskraft ein Bild unterschiebt, wodurch sie den Schein von realer Objektivität erhalten. Die Einbildungskraft ist aber ein freies, an keine solche bestimmte Gesetze gebundenes Vermögen als der Verstand. Daher haben alle ihre Bildungen keine feste unveränderliche Norm. Wir werden in dem Verfolg auf mehrere Beispiele von dieser schwankenden Unbeständigkeit stoßen.

Auf

---

37) Porphyrii vita Plotini.
38) Plotinus Ennead. III. L V. c. 6.

Auf der andern Seite finden wir in Plotins Philosophie ein ziemlich vollständiges System der Hyperphysik; eine Metaphysik, welche die abergläubischen Vorstellungsarten, welche zu seiner Zeit den Verstand umnebelt hatten, die Astrologie, die Mantik, die Magie, auf scheinbare Vernunftgrundsätze zurück zu führen scheint; eine Art von philosophischer Dogmatik für den rohen Religionsglauben. So vereinigte jetzt die Philosophie auf eine sonderbare Art zwei weit aus einander stehende Zeitpunkte, ihrer Kindheit und ihrer Entwickelung.

Plotins Philosopheme müssen also aus einem dreifachen Gesichtspunkte betrachtet werden. Erstlich als Erklärung und Erweiterung der geistreichen Ideen des Plato; zweitens als eigenes metaphysisches System; drittens als Dogmatik des heidnischen Religionsglaubens. Eine Darstellung des Plotinischen Systems ist wegen der besondern Beschaffenheit desselben keine leichte Arbeit. Denn wo man auch anfangen will, befindet man sich immer in dem Mittelpunkte des ganzen Systems; und diejenigen Betrachtungen, welche der höhern Speculation den Weg zu bahnen, und auf das oberste Princip zu leiten scheinen, setzen dieses jedesmal schon voraus. Das System gleicht daher einem Kreise; das Princip beruhet auf den Folgesätzen, und diese wieder auf dem Princip; die Beweise gelten nur dann, wenn man stillschweigend das Princip, zu dessen Bewährung sie dienen sollen, voraussetzt. Man mag daher nach der analytischen oder synthetischen Methode die Darstellung des Systems versuchen, so erblickt man sich immer im Mittelpunkte desselben, und findet keinen Anfangspunkt. Dieser liegt nämlich nicht in dem Systeme, sondern außer demselben; er ist eine Voraussetzung, welche allen Sätzen desselben Bedeutung gibt. Diese
Vor-

Voraussetzung finden wir, wenn wir den Zweck, welchen Plotin durch sein Philosophiren erreichen wollte, deutlich einsehen; wir werden dadurch auch zugleich den Schlüssel zu allen den überschwenglichen Philosophemen und den Maßstab zur Beurtheilung derselben erhalten.

Der Zweck der Plotinischen Philosophie ist gedoppelt, **praktisch** und **theoretisch**. Wir fangen mit dem ersten an, weil er dem zweiten untergeordnet ist.

Der praktische Zweck ist an sich sehr edel, und zeigt von einer echt sittlichen und religiösen Gesinnung. Plotin betrübte sich in seinem Geiste, wenn er auf das gewöhnliche Streben der meisten Menschen hinblickte, und sahe, wie sie an niedrigen Neigungen hängen, auf nichtswürdige Dinge ihre ganze Thätigkeit richten, und darüber ganz ihrer höhern Bestimmung, ihrer Würde vergessen, nicht ahnden, daß ihr unsterblicher Geist zu etwas höherem bestimmt ist, als in dem Vergänglichen sich eingebildete ewige Hütten zu bauen.

Was ist die Ursache, fragte er sich, daß die Seelen ganz ihres Gottes und ihrer himmlischen Ausstattung vergessen, sich und Gott verkennen? Die Ursache dieses Uebels ist eine gewisse Kühnheit, ihre Endlichkeit und Verschiedenheit von dem Urheber aller Dinge und das Streben nach freier Unabhängigkeit. Das innere Gefühl des eigenmächtigen Wollens und Handelns erfüllte sie mit Lust; sie gingen auf dieser entgegengesetzten Laufbahn immer weiter fort, entfernten sich immer mehr, bis sich ihre höhere Abstammung ganz aus ihrem Bewußtseyn verlor. So wie Kinder, welche seit ihrer Geburt von ihren Aeltern gerissen und groß gezogen worden, sich und ihre Aeltern zuletzt nicht mehr kennen, verkennen auch die Seelen sich selbst, ihre göttliche Abstammung und ihre Würde; schätzen und bewundern alles andere mehr als sich selbst; geblenblendet von irdischen Dingen, hängen sie sich an diese. Denn was man bewundert, das strebt man auch zu besitzen; und wer etwas bewundert und nach demselben strebt, gesteht auch eben dadurch seinen geringern Werth ein. Die Seele setzt sich also selbst unter die entstehenden und vergänglichen Dinge, und weil sie sich für das schlechteste und vergänglichste unter allen Dingen, denen sie einen Werth beilegt, hält, so vertilgt sie aus sich den Gedanken an Gottes Wesen und Kraft 39).

Es gibt zwei Wege, um die Menschen, wo möglich, von dieser verkehrten Richtung, und zu dem Einen, dem Ersten und Höchsten hinzuführen. Der eine: man muß die Ursache zeigen, warum die Seele jetzt solche Dinge schätzt. Der zweite, man muß sie über ihren Ursprung und ihre Würde belehren. Mit diesem letzten muß man anfangen, denn es gehet daraus auch die erste Belehrung hervor. Er bringt uns auch dem Ziele aller Nachforschung nahe, und führt uns auf dieser Laufbahn eine beträchtliche Strecke weiter. Denn das Forschende ist die Seele. Was für ein Ding sie erforsche, muß sie erst vor Allem erkennen, damit sie sich selbst zuerst erkenne; ob sie das Vermögen

---

39) Plotinus *Ennead*. V. L. I. c. 1. τι ποτε αρα εςι το πεποιηκος τας ψυχας πρoς θεν επιλαθεσθαι και μοιρας εκειθεν εσης και ολως εκεινυ, αγνοησαι και εαυτας και εκεινοι; αρχη μεν ον αυταις τε κακα η τολμη και η γενεσις και η πρωτη ετερoτης και το βελнθηναι δε εαυτων ειναι τωδε αυτεξυσιω. — ωςε συμβαινει της παντελus αγνοιας εκεινυ η τωδε τιμη, και η εαυτων ατιμια ειναι αιτια. αμα γαρ διωκεται αλλο και θαυμαζεται και το θαυμαζον και διωκον ομολογει χειρον ειναι· χειρον δε αυτο τιθεμενον γιγνομενων και απολλυμενων, ατιμοτατον τε και θνητοτατον παντων, ου τιμα, υπολαμβανοι, ατε θεv φυσιν, ατε δυναμιν αν ποτε ει θυμω βαλοιτο.

gen habe, jenes zu erforschen, und das Auge besitze, welches jenes anzuschauen vermöge, und ob ihr diese Untersuchung zukomme. Denn sollte es ein für sie fremder Gegenstand seyn, wozu sollte ihr diese Untersuchung? Ist aber der Gegenstand mit ihr verwandt, gleichsam einheimisch, so ist offenbar, daß ihr die Untersuchung zukommt, und daß sie den Gegenstand finden kann 40).

Man sieht hier schon, welche verkehrte Richtung die Speculation des Plotinus nahm. Um zu erforschen, was die Seele erkennen kann, wie weit ihr natürliches Vermögen reiche, fängt er nicht mit der Untersuchung des Erkenntnißvermögens an, sondern gehet von einer Hypothese aus über den metaphysischen Grund und Ursprung der Seele. Es ist nun nicht mehr die Frage: Hat die Seele das Vermögen, das Absolute, das Urwesen als den Realgrund alles Realen zu erkennen; sondern: Ist das Wesen der Seele mit dem Wesen des absoluten Wesens gewissermaßen identisch; steht die Seele mit diesem in einem idealen Causalverhältnisse? Durch eine metaphysische Hypothese soll also die Frage nach der Befugniß und dem Umfang der Vernunfterkenntniß beantwortet werden.

Diese

---

40) Plotinus *Ennead.* V. L. I. c. 1. το γαρ ζητουν οτι ψυχη· και τι ον ζητει, γνωσεον αυτη, ινα αυτης προτερον μαθη, ει δυναμιν εχοι τα τοιαυτα ζητειν και ει ομμα τοιουτον εχοι οιον ιδειν, και ει προσηκοι ζητειν. ει μεν γαρ αλλοτρια, τι δει; ει δε συγγενη, και προσηκει και δυναται ευρειν.

Diese dem Dogmatismus eigenthümliche Richtung zeigt sich auch wieder bei dem theoretischen Zwecke. Aus dem, was wir eben angeführt haben, erhellet schon, daß Plotin den Gedanken aufgefaßt hatte, die Vernunfterkenntniß, oder welches eben so viel ist, Philosophie sey nur dann möglich, wenn das Objekt und Subjekt, das Erkennen und das Erkennende, gewissermaßen identisch sey. Er glaubte hierdurch die philosophische Erkenntniß, die Wissenschaft fest begründet, und alle Angriffe der Skeptiker, wodurch sie dieselbe in Anspruch genommen hatten, mit einem Streich abgewiesen zu haben. Denn die große Frage, welche den Philosophen so viel zu schaffen machte, ob den Vorstellungen etwas Reales entspreche, und ob die Objekte mit den Vorstellungen übereinstimmen; diese Frage fällt von selbst hinweg, wenn Gegenstand und Begriff, Sache und Vorstellung, das Reale und Ideale, in Gedanken durch Abstraction wohl unterschieden werden können, an sich aber ein und dasselbe sind. Dieses mußte er zu erweisen suchen, denn sein ganzes System stützte sich auf diese Identität des Objekts und der Idee. Allein unglücklicherweise ist dieser Beweis ihm nicht gelungen, weil er schon voraussetzt, was erst bewiesen werden sollte. Hier ist sein Raisonnement.

Die Vernunft muß die Dinge erkennen, und darf nie täuschen, denn sonst wäre die Vernunft unvernünftig, was sich widerspricht. Daraus folgt, die Vernunft muß allezeit im Zustande des Wissens seyn, darf nie etwas vergessen; ihr Wissen kann nicht etwa ein ungewisses und schwankendes Meinen oder Muthmaßen seyn. Sie kann ihr Wis-

Wissen nicht von etwas Andern haben, wie einer der etwas vom Hörensagen erfährt; folglich auch nicht durch Demonstration. Denn wenn Jemand auch das letzte behaupten wollte, so muß doch wenigstens für die Vernunft Etwas unmittelbar gewiß seyn. Dann sagt aber die Vernunft: alles ist unmittelbar gewiß, denn wie wollte man das unmittelbar Gewisse von dem nicht unmittelbar Gewissen unterscheiden [41])?

Das unmittelbar Gewisse nun, was man einräumen muß, woher wird es die Vernunft empfangen haben; woher wird die Ueberzeugung werden, daß es so und nicht anders ist [42])? Bei den Wahrnehmungen durch die Sinne, welche die höchste Ueberzeugung und Evidenz zu begleiten scheint, ist man doch noch im Zweifel, ob auch das Vorgestellte in den Objekten, oder in den Empfindungen seine scheinbare Realität habe, und die Vernunft oder der Verstand muß dabei als Richter den Ausspruch thun. Räumt man aber auch die Realität des sinnlich Vorgestellten ein; so ist das auf die Art Erkannte

---

41) Plotinus *Ennead.* V. L. V. c. 1. τοῦ μὲν τοῖ καλῶς δὴ μὴ καὶ ὄντως ἄρ' ἄν τις φαίη ψεύδεσθαι ποτε, καὶ μὴ τὰ ὄντα δοξάσειν; ἀδαμῶς πως γὰρ ἂν ἔτι τὰς ἀιοντάλιον εἴη; ὅτι ἄρα αὐτὸν ἂν εἰδέναι, καὶ μηδ᾽ ἂν ἐπιλαθέσθαι ποτε, τῇ δὲ εἰδήσει αὐτὸ μήτε εἰκάζον τι εἴναι μήτε ἀμφίβολον· μηδ᾽ ἂν παρ᾽ ἄλλου, οἷον ἀκούσαντι. ὁ τοίνυν ὧδε δι᾽ ἀποδείξεων. καὶ γὰρ εἰ τινα τις φαίη δι᾽ ἀποδείξεων· ἀλλ᾽ ἂν αὐτόθεν αὐτῷ (ὅτι) ἐνεργῆ τινα εἶναι. καίτοι ὁ λόγος φησὶ πάντα. πῶς γὰρ καὶ διορίει τίς τε, τί αὐτόθεν, τα, τε μή.

42) Plotinus, ebendas. Ἀλλ᾽ εἰ ἡ συγχώρησις αὐτόθεν, πόθεν φήσουσι τοῦτον τὸ ἐνεργὲς αὐτῷ παρεῖναι; πόθεν δὲ αὐτῷ πίστις, ὅτι οὕτως ἔχει, παρέξεται;

kannte nicht das Objekt selbst, sondern ein Bild desselben; denn das Objekt selbst ist außerhalb dem Vorstellen 43). Sollte nun das, was die Vernunft erkennt — sie erkennt aber das Intelligible — ein außer ihr befindliches Objekt seyn, wie könnte sie dasselbe erfassen? Denn es wäre wohl möglich, daß sie es nicht träfe, also auch möglich, daß sie es nicht erkennte. Oder erkennt sie es nur dann, wenn sie mit demselben zusammentrift? Dann würde sie nicht immer diese Erkenntniß haben. Wollte man etwa annehmen, das Intelligible sey mit der Vernunft unzertrennlich verbunden; so muß man fragen, worin bestehet diese Verbindung? Dann werden auch die Vernunftideen gewisse Formen, und von außen erworben seyn, und es muß Eindrücke von den Gegenständen geben. Wie soll aber die Vernunft geformt (d. h. durch Eindrücke modificirt) werden? Welche Gestaltung läßt sich denken? Dann gehet die Vernunfterkenntniß auf das Aeußere wie die sinnliche Vorstellung. Wie werden dann beide sich unterscheiden? Etwa durch die Auffassung des Kleinern, des Feinern? Wie wird die Vernunft erkennen, daß sie den Gegenstand wirklich ergriffen? Wie, daß er gut, schön, gerecht ist? Denn jedes von diesen ist ja real verschieden von der Vernunft; in ihr liegen nicht die Principe dieses Urtheils, denen sie glauben wird, sondern auch diese sind außer ihr, und die Wahrheit ist in den äußern Objekten.

Ferner, werden diese Objekte entweder des Lebens und Denkens beraubt seyn, oder ebenfalls Vernunft haben? Ist das letzte, so wird

---

43) Plotinus, ebendas. Και συγκεχωρημενα ει τοις υποκειμενοις ειναι αισθητοις, ων αντιληψις η αισθησις ποιησεται, το, τε γιγνωσκομενον δι' αισθησεως το πραγματος ειδωλον εςι, και ουκ αυτο το πραγμα η αισθησις λαμβανει· εξω γαρ εκεινο εξω.

wird beides, sowohl das Wahre als die Vernunft hier anzutreffen seyn, und wir werden hier fragen; wie die Wahrheit beschaffen ist; ob das Denkbare und die Vernunft in einem und demselben zugleich, oder ob sie beide getrennt und verschieden, oder wie sonst, sind 44). Sind sie aber vernunft- und leblos, was sind sie? Doch nicht Axiome und Sätze? Denn dann sagten sie von andern Dingen etwas aus, und wären nicht selbst die Objekte. Wollte man sagen, sie wären einfach, und z. B. das Gerechte besonders, und das Schöne besonders, so würde das Denkbare keine Einheit haben, sondern zerstreut, irgendwo und in gewissen Räumen zerstückelt seyn. Wie wird die Vernunft, wenn sie nach ihnen herumläuft, sie treffen, wie bei ihnen ruhen? wie in einem und demselben ruhen? Was werden diese Objekte überhaupt für eine Form und Gestalt haben? Etwa wie goldne, von einem Bildner oder Maler gemachte, und in einem Behälter verwahrte Bildnisse? Dann wäre aber die speculirende Vernunft ein Empfinden. Und warum wäre das Eine von ihnen Gerechtigkeit, das Andere aber etwas Anderes?

Die Hauptsache ist aber diese. Zugegeben, daß die Objekte der Vernunft außer ihr sind, und daß sie die Vernunft auf die Art erforscht, so folgt nothwendig, daß die Vernunft nicht das wahre Original derselben in sich selbst besitzt, und daher in allen ihren Forschungen

ge-

44) Plotinus, ebendas. Ειτα κακεινα ατεφθητα και αμορ-
γα ζωης και νε, η νεν εχει, και μ νεν εχει, αμα ενταυθα
αμφω, και το αληθες ωδι και ο πρωτος νες ετος, και επι
τετο ζητησομεν, πως εχει η ενταυθα αληθεια· και το τοι-
στον και ο νες μ εν τω αυτω μεν και αμα, δυο δε και ετερα,
και πως. η δ' ανοντα και ανευ ζωης τι οντα; ε γαρ δη
προτασεις, εδε αξιωματα, εδε λεκτα. ηδη γαρ αν και αυτα
περι ετερων λεγοι, και εκ αυτα τα οντα εη.

getäuscht wird. Denn die wahren Originale werden jene Objekte seyn; die Vernunft wird sie betrachten, ohne sie selbst zu haben, und also bei dieser Erkenntniß Bilder von ihnen empfangen. Also wird sie nicht das Wahre, sondern das Falsche haben. Ist sie sich dessen bewußt, so wird sie gestehen, sie sey der Wahrheit nicht theilhaftig. Weiß sie dieses nicht, und glaubt, das Wahre zu besitzen, ohne daß sie es besitzt, so wird ihre Täuschung verdoppelt, und sie noch weiter von der Wahrheit entfernt. Eben deswegen, glaube ich, ist in den sinnlichen Vorstellungen keine Wahrheit, sondern nur Schein (δοξα), weil die Verstellung etwas empfängt, was etwas anders ist, als das, von dem sie es empfängt. Ist nun keine Wahrheit in der Vernunft, so ist eine solche Vernunft weder Wahrheit, noch Wahrheit die Vernunft; es ist überhaupt keine Vernunft, noch irgendwo anders Wahrheit zu finden 45).

Man darf also die Dinge an sich nicht außer der Vernunft suchen, noch gewisse Abdrücke von

---

45) Plotinus, ebendas. η γαρ και οτι μαλιϛα δοιη τις, ταυτα εξω ειναι, και το ισως ητως εχοντα θεωρειν, αναγκαιον αυτω, μητε το αληθες αυτων εχειν διεψευσθαι τε ει απασιν εις θεωρει. τα μεν γαρ αληθινα αν ειη εκεινα. θεωρησει τοινυν αυτα ουκ εχων αυτα, ειδωλα δε αυτων εν τη γνωσει τοιαυτῃ λαβων. το τοινυν αληθινον ουκ εχων, ειδωλα δε του αληθους παρ' αυτω λαβων, τα ψευδη εξει, και ουδεν αληθες. ει μεν ουν ειδησει, οτι τα ψευδη εχει, ομολογησει αμοιρος αληθειας ειναι· ει δε και τουτο αγνοησει, και οιησεται το αληθες εχειν, ουκ εχων, διπλασιον εν αυτω το ψευδος γενομενον πολυ της αληθειας αυτον αποϛησει. — ει δ' μη αληθεια εν τω νω. ουτος ο μεν τοιουτος νους ουτε αληθεια εϛαι, ουτε αληθεια νους, ουτε ολως νους εϛαι, αλλ' ουδε αλλοθι που ἡ αληθεια εϛαι.

von denselben in der Vernunft annehmen. Man darf die Vernunft nicht der Wahrheit berauben, welches so viel wäre, als die Erkennbarkeit und die Realität der Dinge an sich, und dazu selbst die Vernunft aufheben. Soll Erkenntniß und Wahrheit sicher gestellt werden, so müssen auch die Dinge an sich ihre Realität behaupten. — Man muß der wahren Vernunft alles Reale geben. Denn nur dann kann sie erkennen, wahrhaftig erkennen, ohne etwas zu vergessen, ohne nöthig zu haben, unter ihren Objekten herum zu laufen; dann ist in der Vernunft die Wahrheit, und die Dinge an sich haben einen festen Grund, sie leben und denken — unzertrennliche Eigenschaften der seligsten Natur. Und wo wäre sonst noch etwas Hehres und Erhabenes [46]). Auch bedarf es dann keiner Demonstration, keines Ueberzeugungsgrundes, daß es so sey. Denn die Vernunft ist selbst so; sie wird von ihr selbst durchschauet. Ist etwas noch über die Vernunft, so weiß sie, daß es aus ihr selbst ist; ist etwas nach der Vernunft, so weiß sie, daß sie es selbst ist. Nichts kann bei der Vernunft mehr Glauben verdienen, als sie selbst, wenn sie von sich selbst zeuget, und daß

---

[46]) Plotinus, ebendas. c. 2. ὰ τοινυν δει, ατε εξω τα οντα ζητειν, ατε τοπος εν τω εν των οντων λεγειν ειναι, ατε της αληθειας αποςερειτας αυτοι, αγνωσιας τε των οντων ποιης και ανυπαρξιαν, και ετι αυτοις τοις των αναιρειν· αλλ ωπερ και γνωσιν δει και αληθειαν ωπαγειν, και τα οντα τηρειν — τω αληθειω εν δοτεον τα παντα. ὀυτω γαρ αν και ωδυν, και αληθως ωδυν, και ουκ αν επιλαθοιτο, ουδ' αν περιελθοι ζητων. και η αληθεια εν αυτω, και εδρα εςαι τοις ουσι, και ζησεται και νοησει. ἁ δη παντα περι την μακαριωτατην φυσιν ὑπαρχειν, η που το τιμιον και σεμνον εςαι.

daß dieses dort und wahrhaftig ist. Daher ist die wahre Wahrheit nicht Uebereinstimmung mit einem Andern, sondern mit sich selbst. Sie sagt nichts anders, als was sie selbst ist, und was ist, das saget sie auch. Wer will also die Vernunft widerlegen, und woher will er einen Widerlegungsgrund gegen sie hernehmen? Denn was er sagt, kommt immer auf daſſelbe zurück, und gehet in das allgemeine Princip ein, wenn es auch noch so verschieden scheinen sollte. Alles ist Einheit. Es läßt sich nichts finden, was noch wahrer wäre als das Wahre 47).

In dem ganzen Raisonnement wird vorausgeſetzt, was bewiesen werden sollte. Es beruhet auf dem Schluſſe: Ist die Vernunft ein Erkenntnißvermögen, und zwar ein absolutes Erkenntnißvermögen, wodurch wir alles, was an sich ist, untrüglich erkennen, so erkennen, daß kein Vergessen, kein Irren in Ansehung deſſelben Statt finden kann; so müſſen die Vernunftobjekte mit der Vernunft identisch, und von ihr unzertrennlich seyn, nicht außer

---

47) Plotinus, ebendaſ. και γαρ αν ύτως υδ' αποδαξεως δει, υδε πιςεως, ότι ύτως. αυτος γαρ ύτος, και εναργης αυτος αυτῳ, και ει τι προ αυτυ, ότι εξ αυτυ, και ει τι μετ' εκεινο, ότι αυτος. και υδεν πιςοτερος αυτῳ περι αυτυ, και ότι εκει τυτο και οντως. ώςε και η οντως αληθεια υ συμφωνυσα αλλῳ, αλλ' έαυτῃ. και υδεν παρ' αὑτηι αλλο λεγει και εςι, και ὁ εςι, τυτο και λεγει. τις αν νι ελεγχοι, και πόθεν οισει τον ελεγχον; ως γαρ ταυτον ὁ φερομενος ελεγχος τῳ προειπόντι, και κομισῃ ως αλλο, φερεται ως του εξ αρχης αποιτα. και ει εςι· υ γαρ αλλο αληθεςερον αν εύροις τε αληθυς.

außer ihr, sondern in Ihr vorhanden seyn, und objektive Realität haben. In diesem Schlusse ist die Consequenz gar nicht bewiesen, sie kann nicht bewiesen werden, und enthält sogar einen versteckten Widerspruch. Und was thut er um die Hypothesis in eine Thesis zu verwandeln. Gar nichts, als daß er, was bedingt angenommen ist, für unbedingt wahr annimmt. Was er saget, beweiset nicht den hypothetischen Obersatz, sondern die Folgerung, und die Folgerung nur in Beziehung auf die vorausgesetzte Wahrheit des Obersatzes. Eben darum täuschte sich Plotin um so mehr mit der Wahrheit des Schlusses, weil er immer die Wahrheit des hypothetisch Angenommenen schon mit dem Schlusse voraus setzte. Plotin fragt nicht, was können wir durch die Vernunft erkennen; worin besteht die Funktion dieses Vermögens, welchen Gesetzen ist es seiner Natur nach unterworfen, und an welche Bedingungen ist es gebunden, wie weit reicht es; sondern er setzt voraus, die Vernunft sey ein absolutes Erkenntnißvermögen, und fragt nur: wie ist unter dieser Voraussetzung die Erkenntniß der Vernunft beschaffen? Die Vernunft erhebt sich über das Bedingte; sie strebt nach dem Absoluten und Unbedingten; darum macht sie dieses in allen Schlüssen zu dem Obersatze, unter welche sie das Besondere der Erkenntniß ordnet. Ohne gründliche Untersuchung des Vernunftvermögens ist es fast unvermeidlich, die Ideen, welche nichts anders als Regeln des Vernunftgebrauchs sind, für Erkenntnisse zu halten, und das Absolute, welches nur Aufgabe der Vernunft ist, für etwas Reales zu nehmen, und man scheint selbst durch die Theorie der Schlüsse darauf geführt zu werden; denn wie könnte man durch Schlüsse etwas Wahres erkennen, wenn der Vernunft nicht etwas unmittelbar Gewisses gegeben wäre?

Die-

Dieses ist nun unstreitig nicht der Weg zu sichern Grundsätzen über die menschliche Erkenntniß zu gelangen, und vielmehr ein zuverläßiges Mittel, sich Täuschungen und leeren Chimären hinzugeben. Der Philosoph, wenn er nicht mit der Vernunft schwärmen, und bloßen Dichtungen den Werth von Entdeckungen beilegen will, muß immer einen festen Punkt haben, auf welchen sich sein Forschen stützet, einen bestimmten Anfangspunkt, von dem er ausgehen, sichere Grundsätze, die sein Verfahren leiten können. Hier ist aber ein bloßer Wunsch, der sich auf das verkannte Streben der Vernunft nach dem Unbedingten gründet, eine bloße Täuschung die ganze Basis, welche das ganze sehr hoch aufgethürmte Gebäude der philosophischen Erkenntnisse tragen soll. Die Voraussetzung, daß die Elemente dieses Gebäudes unmittelbare Erkenntnisse sind, welche keines Beweises, keiner Rechtfertigung weder bedürftig noch empfänglich sind, beraubt diese Art zu philosophiren vollends aller leitenden Grundsätze. Denn wie man diese unmittelbaren Erkenntnisse erkennen, von andern, die es nicht sind, unterscheiden, nach einem Princip aufsuchen, und sie in systematischer Einheit verbinden könne, davon enthält diese Voraussetzung nicht nur keinen Wink, sondern sie schneidet auch aller Nachforschung darnach die Möglichkeit ab. Nur die Willkür bleibt übrig, welche auf eine ungewisse und unbestimmte Aussicht auf das Absolute hin den Bau des ganzen Systemes leitet; aber auch eben daher nicht verhindern kann, daß diejenigen, welche denselben Weg im Philosophiren befolgen, nicht sogleich bei den ersten und wichtigsten Begriffen, wo sich die Evidenz der unmittelbaren Anschauung am unzweideutigsten offenbaren sollte, auf ganz verschiedene Abwege gerathen.

Es ist ein einziger Punkt, in welchem alle Anhänger dieser Philosophie einstimmig sind, und der auch gewissermaßen

maßen einen bestimmten Grundsatz für die forschende Vernunft darbietet, dieses ist nämlich die Behauptung, daß die Philosophie eine nicht sinnliche Erkenntniß ist, und daher nichts aufnimmt, was zunächst auf Wahrnehmung beruhet. Allein da der Charakter des Uebersinnlichen höchst unbestimmt und schwankend war, so daß es der Einbildungskraft leicht wurde, nach Belieben Vorstellungen und Bilder unter dieser Form aufzuführen, so verlor auch von dieser Seite diese Philosophie das einzige noch übrige Mittel, sich zu orientiren, und etwas Festes und Allgemeingültiges aufzustellen. Innere unmittelbare Erkenntniß oder Anschauung der Vernunft wurde der Grundpfeiler der Philosophie, welche, in so ferne sie der sinnlichen Anschauung entgegengesetzt ist, als eine intellektuelle gedacht wurde. Da aber hierdurch nur ein negatives Merkmal gefunden war, so begnügte man sich mit der Analogie der empirischen Anschauung, als wenn man dadurch den negativen Begriff in einen positiven verwandelt hätte. Hier ist der höchste Punkt der Speculation, aber auch der einleuchtendste Beweis ihrer Schwäche, und eines schwärmerischen Charakters, daß sie nur durch Erdichtung des Realen, oder durch Uebertragung des Empirischen in die Region des reinen Denkens den Schein von Erkenntniß erschleicht, der aber verschwindet, wenn man nach Grund und Inhalt der vermeinten hohen Weisheit fragt. Leere Begriffe, oder zu reinen Begriffen erhobene empirische Anschauungen, ein Gewebe von inhaltsleeren und einander selbst aufhebenden Ideenverbindungen ist das Resultat, welches man durch eine schärfere Prüfung hier erhält.

Bei dem Allen enthält Plotins Philosophie große und herrliche Gedanken, und nicht selten ist er auf der Spur, welche unsere größten und berühmtesten Denker, nur meistentheils mit größerer Bündigkeit und strengerer Methode, befolgt haben.

Jene

Jene Voraussetzung ist die Grundlage, und zugleich der Schlüssel dieser neuen Philosophie. Die Vernunft ist das Vermögen der reinen und unmittelbaren Erkenntniß des Absoluten und Realen. Also wird den Ideen als den eigenthümlichen Begriffen der Vernunft eine unmittelbare Realität beigelegt werden. Die Ideen sind Vorstellungen, durch welche wir Objekte, die nicht in dem Kreise der Erfahrung liegen, auf eine eben so unmittelbare Art wahrnehmen, als wir die Erfahrungsobjekte anschauen. Das Denken wird in Anschauen verwandelt. Zweitens. Da das Streben nach systematischer Einheit wesentlich in der Vernunft liegt, so wird nach derselben Tendenz das Ziel, wonach die Vernunft ringt, in ein reales Objekt verwandelt werden. Die Vernunft schauet die einzelnen Verstandeswesen nicht nur, sondern auch ihre Verbindung zu einem Ganzen, ihr System an. Drittens. Da die Idee der Gottheit das Ideal der reinen Vernunft ist, um an dem Leitfaden dieser Idee alle denkbare Objekte, wie in dem logischen Denken durch Eintheilung eines obersten Begriffs, in eine systematische Verbindung zu bringen, so wird diese Idee ebenfalls hypostasirt. Gott als Realgrund alles Wirklichen und alles Reale in seiner Dependenz von Gott ist ein reales Objekt. Das System der Wesen, die Stufenleiter der Dinge bis an die höchste Stufe des Seyns, ist nicht etwas, das etwa blos erschlossen worden; denn dann wäre immer noch die Frage, ob unsern Schlüssen auch objektive Wahrheit zukomme, sondern es liegt unmittelbar in der Anschauung, wodurch die Vernunft Gott unmittelbar ergreifet. Viertens. Da die Vernunft den Urgrund der Realität und alles Reale unmittelbar und rein ohne alle Beimischung erlangt, und ihre Ideen die Objekte an sich sind, so wird in dem reinen Vorstellen die objektive Realität

lität, die Wesenheit alles Seyns bestehen; und selbst sinnliche Objekte, in so ferne sie als etwas Reales zu betrachten sind, als Vorstellkräfte existiren. Das Seyn des Ausgedehnten, Raum, Materie, ist nur ein abgeleitetes Seyn, oder gar nur ein Schein von dem Seyn. Es wird also auch in diesem Systeme die Materie und die ganze Körperwelt aus dem Idealen abgeleitet, und dadurch die vollkommenste Einheit hergestellt, wenn es nämlich mit der Voraussetzung, worauf sich das Ganze gründet, seine Richtigkeit hätte.

Hieraus ergibt sich, daß die Kenntniß dieses Systems vorzüglich auf folgenden Punkten beruhet: 1) Gottes Seyn und Wesen; 2) wie alles aus Gott entsprungen ist; alles durch Gott besteht, und Gott in allem ist; 3) das Verhältniß der besondern vorstellenden Wesen zur Gottheit; 4) das Verhältniß der materiellen Wesen zur Gottheit; 5) Folgerungen aus diesem System für das theoretische und praktische Interesse der Vernunft. Wir glauben auf diese Art die Hauptsätze der Plotinischen Philosophie in einer bestimmteren Ordnung darstellen zu können, als sie aus der unsystematischen Aneinanderreihung der einzelnen Abhandlungen, woraus seine Schriften bestehen, erkannt werden können.

I. **Alles Objektive und Reale ist durch das Eine, sowohl das ursprüngliche Reale, als was auch immer auf irgend eine Weise als etwas Wirkliches gedacht wird.** Denn was wäre es auch, wenn es nicht Einheit hätte? Hebt man diese auf, so ist es nicht mehr dasselbe Objekt, welches man sich dachte. Ein Heer, eine Gesellschaft, eine Heerde, ein Haus und Schiff würde nicht mehr das seyn, was es ist, wenn die Einheit aufgehoben würde 48).

Stetige

---

48) Plotinus Ennead. VI. L. IX. c. 1. παντα τα οντα

Stetige Größen können nicht seyn, wenn Einheit nicht vorhanden ist; werden sie getrennt, so verändern sie ihr Seyn, in so fern sie die Einheit verlieren. Jeder Pflanzen- und Thierkörper ist Eins; fliehet die Einheit, und wird er in eine Vielheit zerstreuet, so verliert er das Wesen, das er hatte, und ist nicht mehr, was er gewesen war, sondern wird etwas anders, in so fern es wieder Einheit hat. Gesundheit des Körpers ist dann vorhanden, wenn er zur Einheit verbunden ist, und Schönheit, wenn die Kraft des Einen alle Theile umfaßt; Tugend der Seele, wenn in ihr alles zur Einheit und in eine Harmonie vereiniget wird.

II. **Alles, was ist, ist also Eins, und hat Einheit; doch nicht alles in gleichem Grade, sondern nach dem Grade seiner Realität. Realität und Einheit stehen in gleichem Verhältnisse.** Je mehr oder weniger etwas real ist, desto mehr oder weniger Einheit hat es. Ein getrennter Körper als ein Heer ist am weitesten entfernt von dem Einen, weniger ein zusammenhängender Naturkörper; am engsten verbunden ist die Seele mit der Einheit 49).

III. Indessen ist Seele und Einheit doch nicht identisch. Einheit ist ein Prädicat, ohne welches die Seele zwar nicht Seele ist, welches aber doch nicht ihr Wesen aus-

---

τῳ ἑτι ἐςιν οντα, ὁσα τε πρωτως ἐςιν οντα, και ὁσα ὁπωσ-
δη λεγεται ἐν τοις ουσιν εἶναι· τι γαρ αν και ᾖ, ει μη ἓν
εἴη; ἐπει περ ἀφαιρεθεντα τε ἑν (ἑνος), ὃ λεγεται, ουκ εςιν
ἐκεινα.

49) Plotinus Ennead. VI. L. IX. c. 1. των γαρ ἓν
λεγομενων ὁτως ἑκαςον ἐςιν ἑν, ὡς ἐχει και ὁ ἐςιν. ὡςε τα
μεν ἡττον οντα ἡττον ἐχει το ἑν· τα δε μαλλον, μαλλον
και δη και· ψυχη, ἑτερον ουσα του ἑνος, μαλλον ἐχει κατα
τον λογον του μαλλον και οντως εἶναι το μαλλον ἑν.

ausdrückt. Seele und Einheit sind zwei wesentlich verschiedene Dinge [50]). Denn die Seele enthält zwar Einheit, aber auch Vielheit in sich, zwar nicht der Theile, aber doch der Vermögen und Thätigkeiten, welche durch die Einheit als ein Band vereiniget worden; sie ist also selbst nicht das Eine, sondern ist selbst durch ein Anderes zu Einem geworden [51]).

IV. Wenn die Seele alle Dinge bildet, gestaltet, zusammen ordnet, so bringt sie zwar eine Einheit hervor, sie gibt diese Einheit, so wie Gestalt und Form den Körpern; aber doch nicht als etwas, das sie selbst ist, sondern als etwas von ihr selbst verschiedenes [52]).

V. Es fragt sich, ist bei den einzelnen Wesen ihr Wesen und ihre Einheit wesentlich und ursprünglich ein und dasselbe, so, daß wer das Wesen eines Dinges gefunden hat, auch das Eine gefunden hat? Gesetzt z. B. die Vernunft wäre das Wesen, wäre dann die Vernunft auch die Einheit, und also beides, das ursprüngliche Wesen und das ursprüngliche Eine? und theilte sie dann den Andern das Seyn, und damit zugleich auch die Einheit mit [53])? Was läßt sich auch noch außer der Vernunft und

---

[50] Plotinus, ebendas. υ μην αυτο το εν· ψυχη γαρ μια· και συμβεβηκος πως το εν και δυο ταυτα, ψυχη και εν, ώσπερ σωμα και εν.

[51] Plotinus, ebendas. επειτα δε πολλη η ψυχη και η μια, και η μη εκ μερων. πλεισαι γαρ δυναμεις εν αυτη, λογιζεσθαι, ορεγεσθαι, αντιλαμβανεσθαι, ά τω εν ώσπερ δεσμω συνεχεται.

[52] Plotinus, ebendas. επαγει μεν δη ψυχη το εν, εν ουκ και αυτη, αλλω· πασχει δε τετο και αυτη υπ' αλλου.

[53] Plotinus, Ennead. VI. L. IX. c. 2. αρ' εν εκασω μεν

Plotin.

und der Realität wohl denken, welches das ursprüngliche Eins seyn könnte? Es ist nämlich entweder identisch mit dem Seyn, so wie ein Mensch und ein Mensch seyn identisch ist; oder es ist gleichsam die Zahl eines jeden Dinges; denkt man z. B. zwei einzelne Dinge, so ist jedes Einzelne derselben eins. Gehört nun die Zahl zu den realen Dingen, so gehört auch die Einheit dazu, und man muß nun nachforschen, was es denn eigentlich ist; ist aber das Zählen eine Thätigkeit der Seele, indem sie von einem zum andern geht, so ist das Eine nicht Etwas in den Dingen anzutreffendes. Allein die Vernunft sagt, es werde überhaupt nichts seyn, wenn jedes die Einheit verliere. Wir müssen also nachforschen, ob jedes Seyn des Einzelnen und der Einheit, ob überhaupt das absolute Seyn und das absolute Eins identisch ist.

VI. Das Objekt und die Einheit sind nicht Ein und dasselbe, denn das Seyn jedes Dinges begreift eine Vielheit; das Eine kann aber unmöglich eine Vielheit seyn. Der Mensch ist ein lebendes und vernünftiges Wesen; er hat viele Theile, welche alle durch die Einheit zusammenhangen. Der Mensch ist also von der Einheit selbst verschieden. Auch der Inbegriff aller Dinge ist mehr Vielheit als Einheit, weil es alle Dinge begreift, weil es ferner nicht leblos ist, sondern Leben und Intelligenz in sich hat. Es hat zwar auch Einheit; aber es ist nicht

selbst

μεν των κατα μερος εν, ε τ'αυτον η ουια αυτε και το εν, ολως δε τω οντι και τη ουια τ'αυτον η ουια αυτε και το εν και το εν, ωστε τον εξενεγκατα το ον, εξενεγκεναι και το εν, και αυτην την ουιαν αυτο ειναι το εν. δεοι αν τος η ουια, τος και το εν ειναι, πρωτος οντα εν, και πρωτος μεταδιδοντα δε τοις αλλοις τε ειναι, ετω και κατα τουτοι και τε ενος.

selbst die Einheit, sondern hat sie erst selbst durch Mittheilung bekommen 54).

VII. Vernunft und Einheit sind nicht ein und dasselbe; denn sonst wäre die Einheit Vielheit. Denn die Vernunft enthält die Ideen; jede Idee aber, sowohl als der ganze Inbegriff derselben, ist nicht die absolute Einheit, sondern vielmehr eine Zahl, oder so eine Einheit, wie auch der ganzen Welt zukommt 55).

VIII. Ueberhaupt ist das Eine das Erste, das Urseyn; aber weder Vernunft, noch Idee, noch das Objektive ist das Ursprüngliche, sondern das Abgeleitete 56). Denn jede Idee ist aus Vielem zusammengesetzt. Das Viele, woraus sie besteht, ist aber eher als das Zusammengesetzte. Die Vernunft ist nur dadurch, daß sie auf intellektuelle Weise anschauet. Die vollkommenste Vernunft schauet nun nicht das Aeußere, sondern sich selbst an, indem sie zu sich selbst, als dem Principe zurück kehrt. In dieser Rücksicht ist sie nun das Angeschauete und Anschauende zu gleicher Zeit; also nicht einfach sondern zweifach; also nicht das Eine

---

54) Plotinus, ebendas. αλλ' ει το ον τα εκαςυ πληθος εςι, το δε εν αδυνατον πληθος ειναι, ετερον αν ειη εκατερον — και δη και το εδον ον, παντα εν αυτω εχοι τα οντα, πολλα μαλλον τα οντα αν ειη και ετεροι τε ενος· μεταληψει δε εχει και μεθεξει το εν εχει δε και ζωην και νυν το ον· ε γαρ δη νεκρον. πολλα αρα το ον.

55) Plotinus, ebendas. ει δε νυς ταυτα ειη, και ετι πολλα αναγκη ειναι· και ετι μαλλον, ει τα ειδη περιεχοι. εδε γαρ η ιδεα εν, αλλ' αριθμος μαλλον και εκαςη και η συμπασα, και ετως εν, ωσπερ αν η ο κοσμος εν.

56) Plotinus, ebendas. ολως δε το μεν εν το πρωτον· ο δε νυς και τα ειδη και το ον υ πρωτα.

ne ⁵⁷). Blickt sie aber auf etwas Anderes hin, so ist dieses unstreitig etwas Vollkommneres und Höheres; und sie darum etwas Niederes, Abgeleitetes ⁵⁸). Man muß sich also die Vernunft so denken, daß sie dem Guten und Ersten gegenwärtig ist, und auf dasselbe hinblickt; sich aber auch selbst gegenwärtig ist, und sich anschauet als das Seyn aller Dinge. Wegen dieser Mannigfaltigkeit kann nun das Eine unmöglich die Vernunft seyn; denn da wäre es alle Dinge, da die Vernunft der Inbegriff aller Dinge ist; aber auch nicht das Objektive, denn dieses begreift ebenfalls wieder alles ⁵⁹). -

IX. Da das Eine nun weder etwas Objektives ist, noch ein Begriff, unsere Erkenntniß wirklicher Dinge sich aber auf Begriffe stützt, so ist es schwer zu erkennen, was das Eine ist, und worin sein Wesen besteht. Denn die Seele soll etwas erkennen, was keine Form hat, nicht durch das Mannigfaltige gestaltet und beschränkt wird; aus Furcht, sie

57) Plotinus, ebendas. πᾶσα τε γαρ ἑκαστον εκ πολλ, και συνθετον και ὑστερον· εξ ὡν γαρ εστιν ἑκαστον, προτερα εκεινα.

58) Plotinus, ebendas. τον νυν αναγκη εν τῳ νοειν ειναι, και τον γε αριστον και τον πρὸς το εξω βλεποντα, νοειν το πρὸ αὑτȣ. εις ἑαυτον γαρ επιστρεφον, εις αρχην επιστρεφει. και ει μεν αυτος το νοȣν και το νοȣμενον, διπλȣς εσαι και ȣχ ἁπλȣς, ȣδε το ἑν. ει δε προς ἑτερον βλεπει, παντως προς το κρειττον και προ αυτȣ. ει δε προς αὑτον και προς το κρειττον, και ȣτω δευτερον.

59) Plotinus, ebendas. και χρη τον νȣν τοιȣτον τιθεσθαι, οἱον παρειναι μεν τῳ αγαθῳ και τῳ πρωτῳ, και βλεπειν εις εκεινο· συνειναι και ἑαυτῳ, νοειν τε και ἑαυτον, και νοειν ἑαυτον οντα τα παντα. πολλȣ αρα δη τȣ ἑν ειναι, ποικιλον οντα. ȣ τοινυν ȣδε το ἑν τα παντα εσαι· ȣτω γαρ ȣκ ετι ἑν ειη· ȣδε νȣς· και γαρ αν ȣτως ειη τα παντα, τȣ ενος τα παντα οντος· ȣδε το ον, το γαρ ον τα παντα.

sie möchte ein leeres Nichts ergreifen, wendet sie sich lieber zu dem Sinnlichen, um hier auf einen festen Grunde ausruhen zu können. Es gehet ihr hier eben so, als wenn sie durch die Betrachtung zu kleiner Gegenstände ermüdet, ihren Blick davon ab, und auf größere Objekte richtet. Will die Seele von allem abstrahiren, und sich selbst als eine Einheit anschauen, so meint sie das Gesuchte nicht gefunden zu haben, weil sie von dem Angeschaueten nicht verschieden ist. Es ist indessen doch kein anderer Weg für den, der über das Eine philosophiren will [60]).

X. Das Eine ist es, was wir suchen: wir wollen das Princip aller Dinge, das Gute und das Erste betrachten. Dazu ist erforderlich, daß man sich nicht zu weit von dem entferne, was in der Reihe der Dinge das Erste und Höchste ist, nicht bei den sinnlichen Dingen, welche die unterste Stelle einnehmen, verweile, sich von aller Unvollkommenheit rein erhalte, weil man nach dem Vollkommensten strebt; daß man sich zu dem innern Princip seines eignen Selbst erhebe, von der Vielheit in sich abstrahire, und so mit sich selbst eins werde, um des Einen und des Urprincips Beschauer zu werden; man muß ganz Vernunft werden, seine Seele der Vernunft überliefern und hingeben, damit die Seele, was die Vernunft siehet, wachend empfange, und dadurch das Eine anschaue; nicht etwa eine sinnliche Vorstellung hinzubringen, und etwas Sinnliches in jene Anschauung aufnehmen, als Größe, Gestalt, Ausdehnung: denn dieses ist kein Objekt der Vernunftanschauung, sondern des Sinnes und der Einbildungskraft; vielmehr

---

60) Plotinus *Ennead.* VI. L. IX. c. 3. καθ' ἑαυτην δε ἡ ψυχη, ὁταν ιδειν εθελη μονη ὁρωσα τω συνειναι, και ἑν ἑνα, τω ἑν οικοι αυτω (αυτο), ουκ οιεται πω εχειν ὁ ζητει, ὁτι το νοουμενον μη ἑτερον εστιν. ὁμως δη χρη ουτω ποιειν τον μελλοντα περι το ἑν φιλοσοφειν.

mehr mit der reinen Vernunft, und ihrer obersten Kraft das Reinste anschauen [61].

XI. Was kann die Vernunft erkennen? Dieses müssen wir von der Vernunft selbst vernehmen. Die Vernunft kann anschauen, entweder was vor und über der Vernunft ist, oder was in ihr ist, oder was von ihr ist. Rein ist zwar auch das, was in ihr ist; aber reiner und einfacher ist doch das, was vor ihr ist, am reinsten und einfachsten aber das Eine und Höchste [62]. Dieses ist nun nicht selbst Vernunft, sondern das Uebervernünftige. Denn die Vernunft ist eines von den Objekten; jenes aber nicht Etwas, sondern höher als jedes Etwas; nicht ein Ding, welches gleichsam die Form jedes Dinges hat, sondern formlos, auch in Ansehung jeder intelligiblen Form [63].

XII. Die

[61] Plotinus, ebendas. επει τοινυν ει εστιν ὁ ζητουμεν, και την αρχην των παντων επισκοπουμεν το αγαθον και το πρωτον, ουτε πορρω δει γινεσθαι των περι τα πρωτα, ως τα εσχατα των παντων πεσοντα, αλλ' ἑμενον ως τα πρωτα επαναγειν ἑαυτον απο των αισθητων εσχατων οντων, κακιας τε πασης απηλλαγμενον ειναι, ἅτε προς το αγαθον σπευδοντα γινεσθαι, επι τε την εν αὐτῷ αρχην αναβεβηκεναι, και εν εκ πολλων γινεσθαι, αρχης, και ενος θεατην εσομενον. δει τοινυν χρη γενομενον, και την ψυχην την αὐτου πιστευσαντα και ὑφιδρυσαντα, ἱνα ἃ ὁρᾳ ἐκεινος, εγρηγορυια δεχοιτο, τουτῳ θεασθαι το ἑν, ου προστιθεντα αισθησιν ουδεμιαν, ουδε τι παρ' αυτης ως εκεινο δεχομενον, αλλα καθαρῳ τῳ νῳ το καθαρωτατον θεασθαι, και του νου τῳ πρωτῳ.

[62] Plotinus, ebendas. αλλα δει λαβειν παρα του νου την επαγγελιαν ων δυναται. δυναται δε ὁρᾳν ὁ νους η τα προ αυτου, η τα αὐτου, η τα παρ' αυτου· καθαρα δε και τα εν αυτῷ· ετι δε καθαρωτερα και ἁπλουστερα τα προ αυτου· μαλλον δε το προ αυτου.

[63] Plotinus, ebendas. ουδε νους τοινυν, αλλα προ νου· τι γαρ των οντων εστιν ὁ νους; εκεινο δε ουτι, αλλα προ εκαστου. ουδε ον

XII. **Die Natur des Einen ist die Zeugungskraft aller Dinge.** Darum ist sie keines von diesen Dingen. Das Eine ist also weder Etwas, noch hat es etwa eine Qualität oder Quantität; es hat weder Vernunft noch Seele, ist weder in Bewegung noch in Ruhe, weder in Raum noch in Zeit; **sondern es ist das an sich Einfache und Begrifflose, höher als jeder Begriff, Bewegung und Ruhe.** Dieses sind nur Bestimmungen des Dinges, wodurch es zu Vielen gestaltet wird. Aber warum kann es nicht als beweglos gedacht werden, wenn es nicht in Bewegung ist? Das Eine von Beiden, oder Beides gehört zur Bestimmung des Dinges, und das Beweglose ist es durch die Ruhe, und kann daher nicht mehr als einfach gedacht werden, weil Ruhe und das Ruhende nicht identisch ist, und daher das Erste für das Zweite etwas Accidentelles ist. Dieses ist aber nicht der Fall, wenn wir sagen, **das Eine sey Ursache**; denn wir drücken dadurch nicht Etwas aus, das zu dem Einen, sondern vielmehr, was zu uns hinzu kommt. Wir haben Etwas von dem Einen, während dieses immer in sich unveränderlich bleibt [64].

XIII. Ist

και γαρ το εν, οιον μορφην την τε οντος εχει· αμορφον δε εκεινο και μορφης νοητικης.

[64] **Plotinus**, ebendas. γεννητικη γαρ η τε ενος φυσις εσα των παντων εδεν εσιν αυτων· ετε εν τι, ετε ποιον, ετε ποσον, ετε νες, ετε ψυχη, εδε κινεμενον, εδ' αυ εστως, εκ εν τοπω, εκ εν χρονω, αλλα το καθ' αυτο μονοειδες, μαλλον δε ανειδεον, προ ειδες εν παντος, προ κινησεως, προ ςασεως. ταυτα γαρ περι το ον, α πολλα αυτο ποιει. δια τι δε η μη κινεμενον, εχ εστως; οτι περι μεν το ον τετων θατερον η αμφοτερα αναγκη; το τε εςως εςασει εςως., και ε ταυτον τη ςασει. ωςε συμβησεται αυτω και εκ ετι απλει μενει. επει και το αιτιον λεγειν, ε κατηγοριαν εςι συμβεβηκος τι αυτω, αλλ' ημιν, οτι εχομεν τι παρ' αυτε, εκεινε οντος εν εαυτω.

XIII. Ist denn dieses Eine aber erkennbar? Dieser Zweifel entstehet natürlich, weil wir das Eine nicht auf dem Wege der Wissenschaft, nicht durch reines Denken auf dieselbe Art, wie wir irgend etwas anderes Intelligibles denken, sondern durch Gegenwart erkennen, die höher als alle Wissenschaft ist. In dem Wissen entfernt sich die Seele von dem Einen, weil es durch Denken geschiehet, und Denken ist eine Vielheit; sie gehet dann das Eine vorbei, und in Zahl und Vielheit über. Man muß sich daher über das Wissen erheben, von Wissenschaft, wissenschaftlichen und anschaulichen Gegenständen abstrahiren, und sich nie von dem, daß es die Einheit ist, entfernen [65]. Wenn man sagt, daß man durch schriftliche und mündliche Lehre zur Erkenntniß desselben erwecke, so ist das nur so zu verstehen: Alle Lehre gehet nur dahin, den Weg und den Gang zu zeigen, wodurch man zur Anschauung des Einen gelangen kann. Das Anschauen selbst kann nicht gelehrt und gegeben, sondern von jedem, der darnach strebt, selbst zu Stande gebracht werden. Gelangt einer nicht zu dieser Anschauung, so empfängt er auch nicht das wahre Licht, welches die ganze Seele erleuchtet, er wird nicht davon afficirt, und hat gleichsam nicht das Gefühl der Liebe, durch welches der Liebende in dem Anblick des Geliebten sich verliert. Zwar ist das Eine von Keinem entfernt; es ist jedem gegenwärtig, und auch wieder nicht gegenwärtig. Es ist nur

denen

[65] Plotinus, ebendas. c. 4. γινεται δε η απορια μαλιςα, ότι μηδε κατα επιςημην η συνεσις εκειν, μηδε κατα νοησιν, ώσπερ τα αλλα νοητα, αλλα κατα παρουσιαν, επιςημης κρειττονα. πασχει δε η ψυχη τε εν ειναι αποςασιν, και ο παντη εςιν εν, όταν επιςημην τε λαμβανη λεγει γαρ η επιςημη, πολλα δε ό λογος. παρερχεται αν το έν, εις αριθμοι και πληθος πεσουσα. ύπερ επιςημην τοινυν δει δραμειν, και μηδαμη εκβαινειν τε εν ειναι; αλλ' αποςηναι δει και επιςημης και επιςητων.

denen gegenwärtig, welche fähig und vorbereitet sind, es zu empfangen, zu berühren, und zu umfassen durch die Aehnlichkeit und die Verwandschaft des von ihm empfangenen Vermögens. Ist die Seele, mit einem Worte, so beschaffen, wie damals, als sie von dem Einen entsprossen ist, dann kann sie das Eine in der Art anschauen, als es seiner Natur nach angeschauet werden kann. Ist einer wegen der anklebenden, die Seele belastenden Hindernisse, oder weil die Vernunft nicht gehörig den Weg zeigt, und die Ueberzeugung von jenem Wesen hervorbringt, noch nicht dahin gelangt, der messe sich selbst die Schuld bei, und suche sich von allem loszureissen, und völlig Eins zu seyn 66).

XIV. **Diese Einheit darf nicht als eine Zahleinheit, oder als ein Punkt gedacht werden.** Denn wenn sich die Seele eine Zahleinheit, oder einen Punkt denkt, so abstrahirt sie von Größe und numerischer Vielheit, bis sie auf ein **Kleinstes** kommt; sie stützt sich dann zwar auf ein **Untheilbares**, welches aber in einem Andern und in dem Theilbaren ist 67).

Allein

---

66) Plotinus, ebendas. μεχρι γαρ της οδε και της πορειας η διδαξις. η δε θεα αυτη, εργον ηδη τε ιδειν βεβλημενα. ει δε μη ηλθε τις επι το θεαμα, μηδε επαθει, μηδε εσχει εν αυτη, οιον ερωτικον παθημα, εκ τε ιδειν, εραςε εν ω ιερα αναπαυσαμενε. — ε γαρ δη απεσιν εδενος εκεινο, και παντων δε, ωστε παρον μη παρειναι, αλλ' η τοις δεχεσθαι δυναμενοις και παρεσκευασμενοις, ωστε εφαρμοσαι και οιον εφαψασθαι και θιγειν ομοιοτητι και τη εν αυτω δυναμει συγγενει τω απ' αυτε. οταν ετως εχη, ως μχει, οτε ηλθε απ' αυτε, ηδη δυναται ιδειν, ως πεφυκεν εκεινος θεατος ειναι.

67) Plotinus *Ennead.* VI. L. IX. c. 6. πως δη λεγομεν εν, και πως τη νοησει εφαρμοστεον, η πλειονως τιθεμενοι εν, ως μονας και σημειον ενιςεται. ενταυθα μεν γαρ μεγαθος

Allein jene Einheit ist nicht in einem Andern, auch nicht in dem Theilbaren; auch nicht so untheilbar wie das Kleinste. Denn es ist das Größeste unter allen Dingen, nicht durch seine Größe, sondern durch seine Möglichkeit. Daher auch das Größenlose nur in der Kraft ist. Auch die Wesen, die nach ihm sind, sind untheilbar und einfach, nicht ihrer Masse, sondern ihren Kräften nach [68]). Man muß das Eine auch als das Unendliche denken, nicht als eine unendliche Größe oder Zahl, welche man nicht durchgehen kann, sondern wegen seiner unermeßlichen Macht [69]). Wenn man es auch als Vernunft, oder als Gott denken, oder eine Intelligenz seiner Unendlichkeit gleich setzen wollte, so ist es doch immer noch etwas höheres, und übersteigt die Einheit deines Gedankens [70]).

XV. Es ist ein reines Seyn ohne alles Accidenz, dessen Einheit man sich auch durch seine Allgenugsamkeit begreiflich machen kann. Alles was ein Vieles, oder aus Vielen erst Eins worden ist, ist mangelhaft; denn dessen Wesen bedarf der Einheit, es bedarf alles dessen, woraus es besteht, und jedes Mannigfaltige seines Wesens ist eben darum,

γαθος η ψυχη αφελυσα και αριθμε πληθος, καταληγη ως το σμικροτατον, και επερηδεται τινι αμερει μει, αλλα ὁ ην εν μερισι και ὁ ἐστιν εν αλλῳ.

68) Plotinus, ebendas. τοδε υτε εν αλλῳ, υτε εν μερισω, υτε υτως αμερες, ως το σμικροτατον. μεγιστον γαρ ἁπαντων ε μεγεθει, αλλα δυναμει. ώστε και το αμεγιθες δυναμει.

69) Plotinus, ebendas. ληπτεον δε και απηρον αυτο, ε τῳ αδιεξιτητῳ η τε μεγεθυς η τε αριθμε, αλλα τῳ απεριληπτῳ της δυναμεως.

70) Plotinus, ebendas. ὅταν γαρ αν αυτο νοησης οἱον ἐστι η θεοι, πλειον ἐστι· και αν ὅταν αυτο ἐνοσης τῃ διανοια, και ενταυθα πλεον ἐστιν, η θεοι αν αυτῳ εφαντασθης, ως το ἁπλεστερον της σης νοησεως εἰναι.

darum, weil es nur mit und neben andern ist, abhängig von andern und bedürftig. Jenes Eine aber bedarf seiner selbst nicht, denn es ist, was es ist; es ist nicht abhängig von sich und andern; es sucht weder zu seyn; noch angenehm zu seyn, noch irgend wo zu seyn. Denn als Ursache von dem Seyn alles Uebrigen, kann es nicht von Andern das Seyn oder das Wohlseyn haben, sondern es ist beides selbst. Und was wäre wohl außer ihm? Es hat keinen Raum, und bedarf keiner besondern Stellung in demselben, alles ist vielmehr durch das Eine, und hat durch dieses seine Stelle in dem Raume erhalten. Ueberdem ist auch alles, was eine Stelle im Raume sucht, bedürftig 71). Alles was bedürftig ist, strebt nach seinem Principe. Wäre das Eine nun auch bedürftig, so müßte es darnach streben, nicht Eins zu seyn. Das heißt, es müßte nach seinem Zerstörungsgrunde streben 72). Das Bedürftige verlangt nach dem, was ihm gut ist, und was es erhalten kann. Es gibt also nichts, was für das Eine gut seyn, oder was es wol-

71) Plotinus, ebendas. ἐφ' ἑαυτῷ γὰρ ἐστι ἀδενος αὐτῳ συμβεβηκοτος. τῳ αὐταρκει δ' αν τις και το εν αὐτῳ ει ὁ μη θυη (ευθυμηθη). ἐν μεν γὰρ ἱκανωτατον ἁπαντων και αυταρκεστατον και ἀνενδεεστατον ειναι. παν δε πολυ και μη εν, ειδεες, μη εν εκ πολλων γενομενον, ὁυτω αν αὐτα ἡ οὐσια εν ειναι· το δε ὁ δειται εαυτῷ αὐτο γὰρ ἐστι;— ὁ γὰρ τι (δη) ζητει, ἱνα ῃ, ὀδ' ἱνα εν ῃ, ὁδε ἰνα εκει ἱδρυθη. τοις γὰρ αλλοις αιτιος ων, ὁ παρ' ἀλλων εχει ὁ ἐστι, το τε εν, τι αν μη αὐτῳ εξω αὐτα ὡστε ὁ κατα συμβεβηκος αὐτῳ, το εν· αὐτο γὰρ ἐστι. — τοπος τε ἀδυς αὐτῳ· ὁ γὰρ δειται ἱδρυσεως — ἱδρυται δε και τα αλλα δια τουτο, δι' ὁν ὑπεστη ἁμα, και εσχεν, ὡς ὁι εταχθη τοπον. ειδεες δε και το τοπος ζητει, ἀρχη δε ουκ ειδεες των μετ' αὐτο.

72) Plotinus, ebendas. ὁτι γὰρ ειδεες εφιεμενος ἀρχης, ειδεες. η δε το εν ειδεες, τουτο ζητει δηλοιστι το μη ειναι εν, ὡστε ειδεες εσται του φθερειτος.

wollen könnte. Es ist über alles Gute erhaben; es ist das Gute selbst, aber nicht für sich, sondern für andere Wesen, die desselben theilhaftig werden können 73). Dem Einen kommt kein Denken und keine Bewegung zu. Es ist höher als alles Denken und alle Bewegung. Käme ihm ein Denken zu, so besäße es in sich eine Verschiedenheit. Und was sollte es denken? Sich selbst? So würde es also vor dem Denken von sich selbst nichts gewußt haben, und das Selbstgenugsame hätte ein Bedürfniß sich selbst zu erkennen. Ob es aber gleich weder denkt noch erkennt, so ist es doch zugleich auch nicht unwissend. Unwissenheit findet nur bei einem Dinge Statt, welches ein anderes Objekt nicht kennet; aber nicht bei dem Einen und Einzigen, dem es an allem Objekte des Wissens so wie des Nichtwissens fehlet. **Das Eine mit sich selbst auf das innigste vereiniget, bedarf keiner Selbsterkenntniß** 74). Doch auch dieses mit sich Vereintseyn muß man von dem Einen, um seine Einfachheit zu erhalten, wegdenken, so wie das Denken, Verstehen, des sich selbst und etwas anderes Denken. Ueberhaupt muß man sich das Eine nicht sowohl als ein

Den-

---

73) **Plotinus**, ebendas. πως δ' ὁ ἂν λεγηται ενδεες τε εν και τε εσεοντος εστιν ενδεες. ὥστε τω ἑνι ουδεν αγαθον εστιν, ουδε βουλησις τοινυν ουδενος· αλλ' εστιν υπεραγαθον, και αυτο ουχ ἑαυτω, τοις δ' αλλοις αγαθον, ει τι αυτε δυναται μεταλαμβανειν.

74) **Plotinus**, ebendas. ουδε νοησις, ἱνα μη ἑτεροτης, ουδε κινησις. προ γαρ κινησεως και προ νοησεως. τι γαρ και νοησοι· ἑαυτον; προ νοησεως τοινυν αγνοια εσται και νοησεως δεησεται, ἱνα γνω ἑαυτον ὁ αυταρκης ἑαυτω· ου τοινυν, ὁτι μη γινωσκει ἑαυτον, αγνοια περι αυτον εσται. ἡ γαρ αγνοια ἑτερου οντος γινεται, ὁταν θατερον αγνοη θατερον. το δε μονον ουτε τι γινωσκει, ουτε τι εχει, ὁ αγνοει· ἑν δε ον συνον αὑτω, ου δειται νοησεως ἑαυτου.

82   Viertes Hauptſtück. Vierter Abſchnitt.

Denkendes, als vielmehr ein Denken vorſtellen. Das Denken (der Akt des Denkens) denkt nicht ſelbſt, ſondern iſt für ein Anderes Urſache des Denkens. Urſache und das Verurſachte iſt aber nicht identiſch 75).

XVI. Verzweifle darum, weil das Eine nicht von dem Endlichen iſt, nicht an ſeiner Erkenntniß, ſondern hefte deinen Geiſt auf das Identiſche, und von dieſem gehe über zu Gott; aber ſuche Gott nicht außer dir; er iſt an keinem Orte, ſo daß er von andern ſich zurückgezogen hätte; er iſt allenthalben, wo ihn etwas anderes berühren kann, und wo dieſes fehlet, iſt er nicht zugegen. Willſt du ihn aber durch dein Denken finden, ſo mußt du vor allem andern außer dir ſein Denken abſtrahiren, weil er kein Merkmal mit irgend einem Gegenſtande gemein hat. Soll die Seele ihn ganz und rein auffaſſen, ſo muß ſie ſich von allen Eindrücken, Figuren, Geſtalten und Formen gereiniget haben, ſie muß nichts, auch ſich ſelbſt nicht denken. Gott iſt allen zugegen, auch die ihn nicht erkennen. Aber ſie fliehen ihn, ſie treten aus Gott, oder vielmehr aus ſich ſelbſt heraus. Sie können alſo den nicht erfaſſen, den ſie fliehen; ſie ſuchen nach einen andern, nachdem ſie ſich ſelbſt verloren haben 76).

XVII.

75) Plotinus, ebendaſ. επει αδε το συνιεναι δει προσαπτειν, ινα τηρης το εν, αλλα και το ιδιν, και το συνιεναι αφαιρειν και εαυτα νοησιν και των αλλων. ε γαρ κατα το ιδιν δη τετηται αυτο, αλλα μαλλον κατα την νοησιν· νοησις δε ε ιδιν, αλλ' αιτια τε ιδιν αλλω. το δε αιτιον ε τ'αυτον τω αιτιατω.

76) Plotinus, Ennead. VI. L. IX. c. 7. η δ' οτι μηδεν τετων εσιν, αοριςεις, τη γνωμη σησον σαυτον ως ταυτα και απο τετων τω θεω· θεω δε μη εξω ριπτει την διανοιαν· ε γαρ κειται πη, ερημωσας αυτε τα αλλα. αλλ' εσι τω δυναμενω

XVII. Das Eine ist der gemeinschaftliche Mittelpunkt, um welchen sich alle lebende Wesen in ihren Kreisen drehen und bewegen. Was unmittelbar den Mittelpunkt berührt, ist Gott; was am weitesten entfernt ist, ist der Mensch und das Thier. Auch die Seelen sind Kreise nicht im eigentlichen Sinne, sondern nur analogisch, weil in ihnen und um sie die ursprüngliche Natur ist. Wären die Seelenkreise körperlich, so würden sie den großen Mittelpunkt im Raume berühren, und um denselben seyn; weil aber die Seelen geistige Wesen sind, und das Eine noch über die Vernunft erhoben ist, so geschiehet die Berührung und Vereinigung nur durch Aehnlichkeit und Identität; und die Trennung nicht durch Raum, sondern durch Verschiedenheit und Unähnlichkeit. Wo diese Nichtidentität nicht vorhanden ist, da ist das Identische dem Identischen immer gegenwärtig. Nur begehret nicht das Eine unserer, daß es um uns sey, sondern wir begehren seiner, daß wir um dasselbe sind, und wir sind zwar immer um dasselbe, doch blicken wir nicht immer darauf [77]).

XVIII.

μενω θιγων εσιν παροι· τω δ' αδυνατουντι ᾱ παρεσιν — ὁτω και πολυ μαλλον αιειδεοι την ψυχην (δει) γινεσθαι, ᾱ μελλει μηδεν εμποδιον εγκαθημενον εσεσθαι προς πληρωσιν και εκλαμψιν αυτη της φυσεως της πρωτης. ᾱ δε τατο παντων των εξω αφεμενην δη επιγραφηκαι προς το εισω παντη, μη προς τι των εξω κεκλιθαι, αλλα αγνοησαντα τα παντα. και περι τε μεν, τη διαθεσει. το τε δε και ὡς ειδησιν, αγνοησαντα δε και αυτον εν τη θεα εκεινη γενεσθαι. κακεινω συγγενομενον και ἱκανον εισιν ὁμιλησαντα ἡκειν αγγελλοντα, ᾱ δυναιτο και αλλω την εκει συνεσιαν.

77) Plotinus, *Ennead.* VI. L. IX. c. 8. επει δε αὐται τε αἱ ψυχαι νοηται, ὑπερ ᾱ τε εκεινο, δυναμεσιν αλλαις ἡ πεφυκε το ινν προς το καταλημμενον συναπτων, οιη-
τεον

XVIII. Hier erblickt der Geist die Quelle des Lebens und der Vernunft, den Anfang alles Seyns, die Ursache des Guten, die Wurzel der Seele. Alles dieses fliehet von dem Einen aus, doch so, daß es nichts an seinem Seyn verlieret. Denn es ist keine Materienmasse, sonst würde alles dieses vergänglich seyn. Nun ist aber das Eine das Princip von diesen Dingen, und zwar das ewige Princip, das sich nicht in diese Dinge vertheilt hat, sondern ganz bleibt; darum bleiben auch jene Dinge, so wie das Licht so lange als die Sonne fortdauert. Die Verbindung ist ewig. Auch wir Menschen sind nicht von ihm losgerissen, oder leben als isolirte Dinge, obgleich die körperliche Natur dazwischen tritt, und uns an sich zieht. Wir athmen das Eine, und leben durch dasselbe fort; nicht als wenn es einmal gäbe, und dann sich zurückzöge, sondern es gibt beständig, so lange als es ist, was es ist. In der Neigung zu ihm bestehet unser Wohl, und die Entfernung von ihm ist Verringerung [78]). Hier findet auch

nur

τεοι την συναφην γινεσθαι, και πλεον ως το νουν παριμαι, ἑμοιοτητι, και συναπτει τῳ συγγενει, ἀδεως διηγοιτος. σωμασι μεν γαρ σωματα κωλυεται κοινωνει αλληλοις. τα δε ασωματα σωμασιν ȣ διειργεται. ȣδ' αφεστηκε τοινυν αλληλων τυπῳ, ἑτεροτητι δε και διαφορᾳ. ὁταν δε ἡ ἑτεροτης μη παρῃ, αλληλοις τα μη ἑτερα παρεστι. εκεινο μεν ȣν μη εχον ἑτεροτητα, αει παρεστιν. ἡμεις δε, ὁταν μη εχωμεν, κακεινο μεν ἡμων ȣκ εφιεται, ὡστε περι ἡμας ειναι, ἡμεις δε εκεινȣ, ὡστε ἡμεις περι εκεινο. και αει μεν περι αυτο, ȣκ αει δε εις αυτο βλεπομεν.

78) Plotinus, Ennead. VI. L. IX. c. 9. ȣ γαρ αποτετμημεθα, ȣδε χωρις εσμεν, ει και παρεμπεσȣσα ἡ σωματος φυσις, προς αὑτην ἡμας εἱλκυσεν· αλλ' εμπνεομεν και σωζομεθα, ȣ δοντος, ειτα αποσταντος εκεινȣ, αλλ' αει χορηγȣντος,

ἑως

nur allein die Seele Ruhe, und Befreiung von dem Bösen. Sie schwingt sich in die Region, wo kein Böses anzutreffen ist; hier denkt sie, hier ist sie von Leidenschaften befreit, und erhält das wahre Leben. Auch das irdische Leben ohne Gott ist nur ein Schatten, eine Nachahmung jenes Lebens. Dort ist das Leben und Thätigkeit der Vernunft, welche in dem stillen Berühren mit dem Einen Götter, Schönheit, Gerechtigkeit, Tugend erzeugt. Denn dieses gebieret die Seele von Gott erfüllt. Und dieses ist ihr Anfang und Ziel. Anfang, weil sie von dort ist; Ziel, weil das Gute, Vollkommne dort ist; von dort stammt sie, und sie wird, was sie war [79]. Daher die Liebe, das Streben nach inniger Vereinigung mit Gott, die nicht wie die Liebe zu irdischen Dingen veränderlich und wandelbar ist. Denn Gott ist allein das selbstständige wahre Gut, dessen Vereinigung mit uns wir nach unserm wahren Wesen und Seyn zu erringen streben. Schreitet die Seele auf diesem Wege fort, daß sie desselben theilhaftig wird, und erkennt, sie habe die wahre Urquelle des Lebens, und bedürfe keines Dinges mehr, sie müsse vielmehr alles andere von sich legen, und nur allein in ihm seyn und leben, und seyn,

ἕως ἂν ᾖ ὅπερ ἐςί· μᾶλλον μὲν τοι ἐσμὲν νεύσαντες πρὸς αὐτὸς, καὶ τὸ εὖ ἐνταῦθα, τὸ πόῤῥω μίαν μοῖραν καὶ ἧττον εἶναι.

79) **Plotinus**, ebendas. ἐνταῦθα καὶ ἀναπαύεται ψυχή, καὶ κακῶν ἔξω εἰς τὸν τῶν κακῶν καθαρὸν τόπον ἀναδραμοῦσα. καὶ νοεῖ ἐνταῦθα, καὶ ἀπαθὴς ἐνταῦθα, καὶ τὸ ἀληθῶς ζῆν ἐνταῦθα. τὸ γὰρ νῦν καὶ τὸ ἄνευ θεῦ, ἴχνος ζωῆς ἐκείνης μιμούμενον. τὸ δὲ ἐκεῖ ζῆν ἐνέργεια μὲν νοῦ· ἐνεργεία δὲ, καὶ γεννᾷ θεῦς, εἰ ἡσύχῳ τῇ πρὸς ἐκεῖνο ἐπαφῇ. γεννᾷ δὲ κάλλος, γεννᾷ δικαιοσύνην, γεννᾷ ἀρετήν· ταῦτα γὰρ κύει ψυχὴ πληρωθεῖσα θεῦ. καὶ τοῦτο αὐτῇ ἀρχὴ καὶ τέλος· ἀρχὴ μὲν, ὅτι ἐκεῖθεν· τέλος δὲ, ὅτι τὸ ἀγαθὸν ἐκεῖ, καὶ ἐκεῖ γενομένη, γίνεται αὐτὴ καὶ ὅπερ ἦν.

seyn, was das Eine ist, strebt sie aus diesem irdischen Seyn zu entfliehen, um Gott ganz und mit jedem Theile zu umfassen; dann kann sie sich und ihn schauen, so weit als dieses Schauen möglich ist; sich nämlich als verklärt, erfüllt mit dem übersinnlichen Lichte; oder vielmehr als das reine, schwerlose, leichte Licht selbst, als einen gewordenen, oder vielmehr seyenden Gott, der jetzt hervorstrahle, aber dann verdunkelt werde, wenn es wieder Schwere erhält [80]). Warum bleibt die Seele aber nicht das? Weil sie noch nicht ganz aus dem Irdischen herausgegangen ist. Doch ist ihr auch zuweilen ein ununterbrochenes Anschauen vergönnt, wenn sie gar keine Störungen mehr von dem Körper erhält. Nicht das Subjekt der Anschauung, sondern das Andere ist, was stört; denn das Anschauende ist bei dem Anschauen ganz unthätig; Denken und Schließen ruhen. Das Anschauen und das Anschauende sind nicht mehr Vernunft, sondern stehen vor und über Vernunft, so wie auch das Angeschauete. Schauet sich die Seele so an, so wird sie inne werden, daß sie mit dem Angeschaueten eins, und völlig einfach geworden ist. Denn das Objekt und Subjekt sind jetzt nicht mehr zwei, auch unterscheidet sie die Seele nicht; die Seele ist auch nicht mehr sie selbst, sondern sie wird etwas anderes, das nämlich, was sie anschauet; sie gehet in das Objekt über, so wie ein Punkt in Berührung mit einem Punkte ein Punkt ist, und nicht zwei, sondern nur in der Getrenntheit zwei entstehen. Dar-

---

[80] Plotinus, ebendas. ὁραι δη εστιν ενταυθα κακεινον και εαυτον, ὡς ὁραι θεμις· εαυτον μεν αγλαϊσμενον, φωτος πληρη οντα, μαλλον δε φως αυτο καθαρον, αβαρη, κουφον, θεον γενομενον, μαλλον δε οντα, αναφανεντα μεν τοτε· ει δε παλιν βαρυνοιτο ὡσπερ μαραινομενον.

Darum ist auch dieser Zustand etwas Unbegreifliches. Denn wie soll man dem Andern das Angeschaute als etwas Verschiedenes verständlich machen, da es, als man es anschauete, nicht verschieden, sondern mit dem Subjekte identisch war [81])? Daher kam das Verbot bei Errichtung der Mysterien, den Uneingeweihten nichts mitzutheilen, weil es nicht mittheilbar ist, das heißt, keinem das Göttliche zu offenbaren, dem es nicht aus eigner Anschauung zu Theil geworden ist [82]). In so fern nun die Seele in inniger Vereinigung das Eine angeschauet hat, trägt sie selbst das Bild des Einen in sich, wenn sie wieder zu sich selbst kommt. Sie war aber auch selbst das Eine, und fand nicht die geringste Differenz in Beziehung auf sich und andere Dinge. Denn in ihr war keine Bewegung, kein Gefühl, keine Begierde nach etwas Anderm, indem sie in diesem Zustande der Erhebung war; auch kein Denken und Begreifen; sie war nicht mehr sie selbst, wenn man so sagen darf, sondern aus sich gerissen, entzückt, in einem bewegungslosen Zustande, in ihrem eignen Wesen ruhend, zu nichts sich hin-

---

[81]) Plotinus *Ennead.* VI. L. IX. c. 10. το τε ιδον και το εωρακος εστιν ουκ ετι λογος. αλλα μειζον λογου, και προ λογου, και επι λογου, ωσπερ και το ορωμενον. εαυτον μεν ουν ιδων τοτε, οτε ορα, τοιουτον οψεται, μαλλον δε αυτω τοιουτω συνεσται, και τοιουτον αισθησεται απλους γενομενος. ταχα δε, ουδε οψεται λεκτεον, τοδε οφθεν, ειπερ δει δυο ταυτα λεγειν, το, τε ορων και το ορωμενον, αλλα μη εν αμφω. τολμηρος μεν ο λογος. τοτε μεν ουν ουτε ορα ουτε διακρινει εωρων, ουτε φαντεζεται δυο, αλλ' οιον αλλος γενομενος, και ουκ αυτος ουδ' αυτου, συντελει εκει, κακεινου γενομενος, εν εστιν, ωσπερ κεντρω κεντρον συναψας. και γαρ ενταυθα συνελθοντα εν εστι, τοτε δυο οταν χωρις. ουτω και ημεις νυν λεγομεν ετερον. διο και δυσφραστον το θεαμα. πως γαρ αν απαγγειλαι τις ως ετερον, ουκ ιδων εκεινο, οτε εθεατο, ετερον, αλλ' εν προς εαυτον;

[82]) Plotinus *Ennead.* VI. L. IX. c. 11.

neigend, sondern völlig ruhend, und gleichsam die Ruhe selbst; nicht mehr selbst etwas von dem Schönen, sondern das Schöne schon übersteigend, auch schon über dem Chor der Tugenden hinaus, so wie Einer, der in das Allerheiligste eingegangen, und die Statüen des Tempels hinter sich gelassen hat, welche, wenn er wieder herausgeht, die ersten Anschauungen sind, die sich darstellen. Dieses sind der Ordnung nach die zweiten Anschauungen, nach der ersten innigsten Anschauung und Vereinigung, deren Gegenstand kein Bild ist. Doch vielleicht ist dieses nicht einmal Anschauung, sondern eine andere Art des Sehens, ein Heraustreten aus sich selbst, eine Vereinfachung und Erhöhung seiner selbst, ein Ringen nach Berührung und Ruhe [83]). Indem aber die Seele aus sich selbst herausgehet, gehet sie nicht etwa in das Nichtreale über. Wenn sie sich erniedriget, fällt sie in das Böse; das ist in das Nichtreale; aber in der entgegengesetzten Richtung kommt sie nicht in etwas Anderes, sondern in sich selbst, und ist nur in sich selbst; sie ist gewissermaßen

[83) Plotinus, ebendas. ην δε εν και αυτος, διαφοραι εν αυτω ουδεμιαι προς αυτον εχων, ουτε κατα αλλα· ου γαρ τι εκινητο παρ' αυτω. ου θυμος, ουκ επιθυμια· αλλ' ου παρην αυτω κεκβηκοτι, αλλ' ουδε λογος, ουδε τις νοησις, ουδ' ολως αυτος, ει δη και τουτο λεγειν· αλλ' ωσπερ αρπασθεις η ενθουσιασας ησυχη εν ερημω καταςασει γεγενηται ατρεμει τη αυτου ουσια. ουδαμη αποκλινων, ουδε περι αυτον ςρεφομενος, εςως παντη και οιον ςασις γενομενος, ουδε των καλων, αλλα το καλον ηδη υπερθεων, υπερβας ηδη και τον των αρετων χορον, ωσπερ τις εις το εισω του αδυτου εισδυς, εις τουπισω καταλιπων τα εν τω ιαω αγαλματα, α εξελθοντι του αδυτου παλιν γινεται πρωτα, μετα το ενδον θεαμα και την εκει συνουσιαν, προς ουκ αγαλμα ουδ' εικονα, αλλ' αυτο, α δη γινεται δευτερα θεαματα. το δε ισως ην ου θεαμα, αλλα αλλος τροπος του ιδειν, εκςασις, και απλωσις, και επιδοσις αυτου, και εφεσις προς αφην και ςασις, και περινοησις προς εφαρμογην.

maßen nicht mehr die Wesenheit, sondern noch über die Wesenheit erhaben [84]).

XIX. Wie erhielt aber aus dem Einen, welches das Princip aller Dinge ist, in dem jedes Ding und Seyn ist, ohne daß es etwas von diesen ist, Alles, jede Zahl und Vielheit sein Daseyn? Warum blieb es nicht in sich selbst? Warum floß aus ihm eine solche Vielheit aus, die wir in den Dingen erblicken, und was wir auf das Eine zurück führen wollen [85])?

Wir dürfen hier an keine Entstehung in der Zeit denken, da wir von dem Ewigen sprechen, sondern nur den reinen Begriff von Ursache und Ordnung festhalten.

Alles was sich bewegt, muß etwas haben, um welches es sich beweget. Das Eine hat keinen solchen Mittelpunkt. Es kann sich also nicht bewegen. Und dann würde aus demselben nicht das Zweite, sondern das Dritte entstehen, wenn es durch Bewegung oder Veränderung etwas hervorbrächte. Denn die Veränderung würde

---

84) Plotinus, ebendas. ȣ γαρ δη ως το παντη μη ον ηξει η ψυχης φυσις, αλλα κατω μεν βασα ως κακοι ηξει, και ȣτος ως μηον, ȣκ ως το παντελες μηον. την εναντιαν δε δραμȣσα, ηξει ȣκ ως αλλο, αλλ' ως εαυτην. και ȣτος ȣκ εν αλλῳ ȣσα, εν ȣδενι εστιν, αλλ' εν αυτῃ· το δ' εν αυτῃ μονῳ, και ȣκ εν τῳ οντι, εν εκεινῳ. γινεται γαρ και αυτος τις ȣκ ȣσια, αλλ' επεκεινα ȣσιας.

85) Plotinus Ennead. V. L. I. c. 6. πως εξ ενος τοιȣτȣ οντος, οιον λεγομεν το εν ειναι, υποστησιν εσχεν οτιȣν, ητε πληθος, ητε δυας, ητε αριθμος, αλλ' ȣκ εμεινεν εκεινο εφ' εαυτȣ; τοσȣτον δε πληθος εξερρυη, ο οραται μεν εν τοις ȣσιν, αναγειν δε αυτο προς εκεινο αξιȣμεν.

würde das Zweite seyn, und aus dieser erst das Produkt hervorgehen. Das Zweite muß also aus dem Ersten hervorgehen, ohne daß in diesem eine Neigung, ein Wollen, oder überhaupt eine Bewegung oder Veränderung vorgehet; das Erste muß unveränderlich seyn, und beharren, was es ist [86].

Alle Dinge, so lange sie fortdauern, geben aus ihrer innern Kraft einem Aeußern Daseyn, welches von ihnen abhängt, und das Nachbild von ihnen als dem Urbilde ist. So gehet aus dem beharrlichen Wesen der Sonne das Licht hervor, ohne daß diese verändert wird. So müssen wir auch bei dem Einen eine Umstrahlung denken, die aus ihm ohne Veränderung hervorgehet, und es umgibt, wie das Licht die Sonne. Auch die duftenden Dinge beweisen dieses [87].

Das Vollkommene erzeuget Etwas. Das immer Vollkommene und Vollendete, erzeugt Etwas Ewiges, das aber dem Range nach geringer ist. Das Vollkommenste erzeuget entweder Nichts, oder nur das, was nach ihm das Vollkommenste ist [88].

Das

---

86) Plotinus, ebendas. εκποδων δη ἡμιν εςω γενεσις ἡ εν χρονῳ, τον λογον περι των αει οντων ποιουμενοις. τῳ δε λογῳ την γενεσιν προσαπτοντας αυτοις, αιτιας και ταξεως αυτοις αποδωσειν. το δη γινομενον εκειθεν ου κινηθεντος φατεον γιγνεσθαι. η γαρ κινηθεντος αυτου τι γιγνοιτο, τριτον απ' εκεινου το γιγνομενον μετα την κινησιν αν γιγνοιτο, και ου δευτερον. δει ου ακινητου οντος, ει τι δευτερον μετ' αυτο ου προσνευσαντος, ουδε βουληθεντος, ουδε ὁλως κινηθεντος ὑποστηναι αυτο.

87) Plotinus, ebendas. πως αν και τι δη νοησαι περι εκεινο μενον, περιλαμψιν εξ αυτου μεν, εξ αυτου δε μενοντος, οἱον ἡλιου το περι αυτον λαμπρον, ὡσπερ περιθεον.

88) Plotinus, ebendas. και παντα δε, ὁσα ηδη τελεια. γεννα

Plotin.

Das Vollkommenste nach dem Einen ist die Intelligenz. Denn diese schauet jenes an, und ist dessen nur allein bedürftig. Das Eine aber bedarf der Intelligenz nicht. Das Produkt des über die Intelligenz Erhabenen ist die Intelligenz, und sie ist vortreflicher als alle andere Dinge, denn diese sind nur nach der Intelligenz, und selbst die Seele ist ein Gedanke (λόγος) und Thätigkeit ein Bild der Intelligenz, deren Thätigkeit auch ein Denken, aber ein undeutlicheres Denken ist [89].

XX. Das Eine, die Intelligenz und die Seele machen die übersinnliche Welt aus, und sind die Principe aller Dinge, deren Wirksamkeit sich auch auf die sinnliche Welt erstreckt. Denn Seyn, bestimmtes Seyn, Wesen, Leben, Kraft, alles ist nur Ausfluß aus dem Einen, welches alles in sich der Möglichkeit nach enthält, ohne ein bestimmtes Seyn zu seyn. Allein wie kann aus dem Einen, welches einfach ist, in welchem keine Mannigfaltigkeit noch irgend eine Zweiheit vorhanden ist, Alles entspringen. Eben darum, weil Nichts von dem Wirklichen in ihm ist, ist alles aus ihm;

γεννα· το δε και τελειον, και και αιδιον γεννα, και ελαττω δε εαυτα γεννα. τι δι χρη περι τα τελειοτατα λεγειν, μηδεν απ' αυτα, η τα μεγιςα μετ' αυτο.

[89] Plotinus, ebendas. μεγιςοι δε μετ' αυτο νας, και δευτερον. και γαρ ορα ο νας εκεινον και δειται αυτα μονα· εκεινος δε τατα αδει. και το γενομενον απο κρειττονος να να ειναι. και κρειττων απαντων ο νας, οτι τ'αλλα μετ' αυτον, οιον και η ψυχη, λογος να. και ενεργεια τις ωσπερ αυτα εκεινα. αλλα ψυχης μεν αμυδρος ο λογος· ως γαρ ειδωλον να, ταυτη και πος τον βλεπειν δει.

ihm; und damit ein bestimmtes Ding werde, ist es kein Ding, sondern nur der Erzeuger, oder die erste Erzeugung desselben. Denn das Vollkommenste bedarf keines Dinges, und strebt nicht etwas zu haben; darum floß es gleichsam über, und das Ueberbolle desselben machte Etwas Anderes. Dieses auf die Art gewordene kehrte sich auf das Eine, wurde von ihm erfüllt, blickte auf dasselbe hin. Und so wurde die Intelligenz [90]).

XXI. Die Intelligenz ist ein Bild des Einen. Denn als Erzeugtes muß es viele Aehnlichkeiten von dem Erzeugenden empfangen und behalten, und die Intelligenz ist nur dadurch geworden, daß sie das Eine schauete. Daher ist auch in der Intelligenz Einheit, und die Einheit ist die Möglichkeit aller Dinge. Alles Mögliche schauet nun die sich gleichsam theilende Intelligenz durch die Möglichkeit, sonst wäre sie nicht Intelligenz. Von dieser Möglichkeit, welche so viel ist als Wesen, hat sie von dem Einen selbst gleichsam ein Mitgefühl erhalten, und bestimmt sich selbst ihr Seyn durch die von dem Einen empfangene Möglichkeit; sie erkennet, daß sie gleichsam einer von den Thei-

---

[90] Plotinus *Ennead.* V. L. II. c. 1. τὸ ἓν πάντα, καὶ οὐδὲ ἕν. ἀρχὴ γὰρ πάντων ὁ πάντα, ἀλλ' ἐκεῖνο πάντα. ἔχει γὰρ οἷον ἐνέδραμε, μᾶλλον δὲ οὔπω ἐστίν, ἀλλ' ἔσται. πῶς ἂν ἐξ ἁπλῶ ἔντος, οὐδεμίας ἐν ταύτῳ φαινομένης ποικιλίας, ὁ διπλόης οὑτινοσοῦν; ἢ ὅτι οὐδὲν ἦν ἐν αὐτῷ, διὰ τοῦτο ἐξ αὐτοῦ πάντα, καὶ ἵνα τὸ ὂν ᾖ, διὰ τοῦτο αὐτὸς οὐκ ὤν, γεννητὴς δὲ αὐτοῦ, καὶ πρώτη οἷον γέννησις αὕτη. οὐ γὰρ τέλειον τῷ μηδὲν ζητεῖν, μηδὲ ἔχειν, μηδὲ δεῖσθαι, οἷον ὑπερερρύη, καὶ τὸ ὑπερπλῆρες αὐτοῦ πεποίηκεν ἄλλο. τὸ δὲ γενόμενον εἰς αὐτὸ ἐπεστράφη καὶ ἐπληρώθη, καὶ ἐγένετο πρὸς αὐτὸ βλέπον καὶ νοῦς οὗτος. *Enn.* V. L. I. c. 7, *Enn.* V. L. III. c. 15.

Theilen deſſelben iſt, und daß ſie aus demſelben ihr Weſen hat; ſie wird durch daſſelbe geſtärkt und vollendet zur Weſenheit 91).

Die Intelligenz iſt die Urquelle des Erkennens und des beſtimmten Seyns der Dinge. Denn das Erkennen ſetzt ein Objekt voraus, welches erkannt wird. Daher kann das Erkennen keine Eigenſchaft des Einen ſeyn, wegen der höchſten Einfachheit. Aber die Intelligenz ſchauet auf das Eine; es iſt ihr dadurch ein Objekt des Erkennens gegeben; es iſt die zum Erkennen erforderliche Duplicität, Objekt, Subjekt, vorhanden. So wie aber die Intelligenz das Anſchauungsvermögen von dem Einen erhalten hat, ſo ergießet ſich dieſe Kraft wieder aus der Intelligenz, und ſie erzeuget andere ihr ähnliche, nur weniger vollkommene Intelligenzen 92).

Da indeſſen die Intelligenz das Erkennen nicht von ſich, ſondern von dem Einen hat, ſo muß auch in dem Einen

---

91) Plotinus *Ennead.* V. L. I. c. 7. πως αν την γενοιτο; η ότι τη επιστροφη προς αυτο εωρα. η δε ορασις αυτη νες. το γαρ καταλαμβανον αλλο, η αισθησις η νες — η και ενταυθα εἱ μεν· αλλα το εν, δυναμις παντων, ὡς κι εςι δυναμις, ταυτα απο της δυναμεως οἷον σχιζομενη η νοησις καθορα· η ουκ αν ην νες. επει και παρ' αυτου εχει ηδη οἷον συναισθησιν της δυναμεως, ὅτι δυναται ουσιαν. αυτος γ' ουν, δι' αυτον. και οριζει το ειναι αυτῳ, τη παρ' εκεινου δυναμει. και ὅτι οἷον μερος εν τι των εκεινου, και εξ εκεινου η ουσια, και ρωννυται παρ' εκεινου, και τελειουται εις ουσιαν παρ' εκεινου και εξ εκεινου.

92) Plotinus *Ennead.* V. L. II. c. 1. και η μεν προς εκεινο ςασις αυτου, το ον εποιησεν, η δε προς αυτο θεα, τον νεν. επει κι εςι προς αυτο, ἱνα ιδῃ, ὁμου νες γινεται και ον. ουτος κι εν οἷος εκεινος (εκεινο) τα όμοια ποιει, δυναμιν προχεας πολλην. ειδος δε και τουτο αυτου, ὡσπερ αυτο αυτι προτερον προεχεε. *Enn.* VI. L. VII. c. 39. 40. *Enn.* VI. L. VIII. c. 16. *Enn.* V. L. VI. c. 2.

nem, als der Quelle alles Erkennens, zwar nicht Erkenntniß, — denn sonst würde die Einfachheit aufgehoben, — aber doch etwas Aehnliches seyn, gleichsam ein Schauen und Wissen ohne Duplicität. Das eine siehet nicht auf andere Dinge außerhalb, sondern auf sich selbst. Es liebt in sich den reinen Glanz, das reine Licht, was es selbst ist, das heißt, es macht durch eine fortwährende, stetige, beharrliche Thätigkeit, daß es selbst und das Liebenswürdigste, das heißt, die Intelligenz ist; die Intelligenz ist also das Produkt des Einen, und das Eine ist sein eignes Produkt 93).

So ist also das Licht die ursprüngliche, ruhige, stetige, unveränderliche Thätigkeit des Urwesens, das, was aus ihm unmittelbar und unaufhörlich ausströmet, ein Lichtkreis, von dem alles erleuchtet wird, und dadurch seine Form erhält. Dieser Lichtkreis, der das Eine umgibt, ist nun die Intelligenz 94).

Wenn

---

93) Plotinus *Ennead.* VI. L. VIII. c. 16. ὁ δ' εἰς τὸ εἴσω οἷον φέρεται αὑτοῦ, οἷον ἑαυτοῦ ἀγαπήσας αὐγὴν καθαρὰν, αὐτὸς ὢν τοῦτο ὅπερ ἠγάπησε. τοῦτο δ' ἐστὶν, ὑποστήσας αὐτὸν εἴπερ ἐνέργεια μένουσα, καὶ τὸ ἀγαπητότατον οἷον νοῦς. τὰς δὲ ἐνεργήματα, ὥστε ἐνέργημα αὐτὸς, ἀλλ' ἄλλου μὲν οὐδενὸς, ἑαυτοῦ ἄρα ἐνέργημα αὐτὸς. *Enn.* VI. L. VII. c. 39. *Enn.* V. L. III. c. 11.

94) Plotinus *Ennead.* IV. L. III. c. 17. ἔστι γάρ τι οἷον κέντρον, ἐπὶ δὲ τούτῳ κύκλος ἀπ' αὐτοῦ ἐκλάμπων· ἐπὶ δὲ τούτοις ἄλλος, φῶς ἐκ φωτός. ἔξωθεν τε τούτων οὐκέτι φωτὸς κύκλος ἄλλος, ἀλλὰ δεόμενος οὗτος οἰκείου φωτὸς ἀπορίᾳ, αὐγῆς ἀλλοτρίας. — τὸ μὲν οὖν μέγα φῶς μένον ἐκλάμπει, καὶ διήκει καταλόγως ἐξ αὐτοῦ αὐγή. *Enn.* V. L. V. c. 7. VI. L. VII. c. 41. L. VIII. c. 18.

Wenn nun die Intelligenz als Produkt des Einen, auf das Eine als das intelligible Objekt hinschauet, so gelangt sie zu dem Wesen, in welchem Duplicität ist, das ist, das Anschauende sich von dem Angeschaueten unterscheidet 95).

Das Eine ist der reine Akt, durch welchen alles Wirkliche wirklich wird. Alles Wirkliche ist in dem Einen enthalten; aber das Eine ist nicht dieses oder jenes Wirkliche, sondern nur die reine Möglichkeit desselben. Indem aber diese Möglichkeit Objekt der Intelligenz wird, wird das Mögliche bestimmt, und wird nun das Wirkliche oder Reale (ον), es erhält nun seine Begränzung und Gestaltung, und gehet aus der Unbestimmtheit heraus, in welcher es in dem Einen enthalten war. Die Intelligenz ist das erste Reale, und der Grund alles Realen, aller Wesen 96).

Die Intelligenz und das reale Seyn sind unzertrennlich mit einander verbunden. Denn dadurch, daß die Intelligenz denkt, ist sie ein Reales; und das Reale gibt der Intelligenz dadurch, daß es gedacht wird, das Seyn und das

---

95) Plotinus Ennead. VI. L. VII. c. 39. διὸ καὶ ὀρθῶς ἑτερότητα λαμβάνει, ὅτε νοεῖ καὶ νοεῖ. ου γαρ τοι νοει και ετερότητα και ταυτότητα λαμβανει, ειπερ νοησει. c. 40. Enn. V. L. I. c. 4.

96) Plotinus Ennead. VI. L. VIII. c. 16. Enn. V. L. I. c. 7. διὰ τοῦτο ἐκεῖνο οὐδὲν μὲν τῶν ἐν τῷ νῷ· ἐξ αὐτοῦ δὲ πάντα εν τοις εστιν αν η· διο και εστιχι ταυτα. ὡρισαι γαρ ηδη, και οιον μορφην εκαστον εχει. το δε ον ουκ εν αοριστω οιον θεωρεισθαι, αλλ' ορω πεπηχθαι και εστω· εστω δε τοις νοητοις ορισμος και μορφη, οις και την υποστασιν λαμβανει.

das Denken 97). Das Reale und das Denken sind also zwei; aber beides, die Intelligenz und das Reale, das Denkende und das Gedachte, ist wieder eins, Intelligenz in Rücksicht auf das Denken, das Reale in Rücksicht auf das Gedachte. Denn Denken ist nicht möglich ohne Verschiedenheit und Einerleiheit. Die ersten Dinge sind also die Intelligenz, das Reale, Verschiedenheit, Einerleiheit. Hier muß aber noch Bewegung und Ruhe hinzukommen. Bewegung, wenn die Intelligenz denkt; Ruhe, damit sie dasselbe denke; Verschiedenheit, damit ein Denkendes und Gedachtes sei. Wollte man die Verschiedenheit aufheben, so würde alles Eins werden, und verstummen. Auch müssen die gedachten Objekte in Rücksicht auf einander verschieden seyn; identisch aber, weil sie in derselben Intelligenz sind. Auch kommt ihnen allen etwas gemeinschaftliches, die Einheit, und eine Verschiedenheit, wodurch jedes etwas anderes ist, zu. Werden diese mehrmals wiederholt, so constituiren sie die Zahl und die Größe, als Quantum. Die Individualität eines Jeden von diesen macht die Qualitäten. Aus diesen als Principen fließen die andern Dinge 98).

In

---

97) Plotinus *Ennead.* V. L. I. c. 4. και το συμπας παν της και παν ον, ὁ μεν ον της κατα το νοειν ὑφιςας το ον· το δε ον, τῳ νοεισθαι, τῳ νῳ διδον το νοειν και το νο-ειν. *Ennead.* V. L. IX. c. 2. L. IX. c. 7.

98) Plotinus *Ennead.* V. L. I. c. 4. γινεται δε τα πρωτα της, ον, ἑτεροτης, ταυτοτης. δει δε και κινησιν λαβειν και ςασιν. και κινησιν μεν ει νοει· ςασιν δε, ἱνα το αυτοτητι δε ἑτεροτητα, ἱν' ῃ νοει και νοουμενα. ἡ εαν αφελῃς την ἑτεροτητα, ἑν γενομενον σιωπησεται. δει δε και τοις νοηθεισιν ἑτεροις προς αλληλα ειναι· τ'αυτον δε ἐπη εν ἑαυτῳ,

και

Plotin.

In der Intelligenz ist das Denken, das Gedachte und das Denkende identisch. Denn diese Intelligenz ist keine bloße Möglichkeit, sondern eine Wirklichkeit. Denken ist eine Thätigkeit, und zwar die wesentliche Thätigkeit, die nichts anders ist als das Denkende selbst. Wollte man dieses beides unterscheiden, so wäre das Denken ihm nicht wesentlich, es könnte denken oder nicht denken. Ist nun das Denken als reine Thätigkeit das Wesen des Denkenden; so ist auch das Gedachte, das Objekt identisch mit dem Denken. Wollte man das Gegentheil annehmen, so käme der Intelligenz ein Denken, aber kein wahres Erkennen zu, in wie fern das gedachte Objekt nur ein Bild des wirklichen Objekts seyn würde. Das Denken ist also eben so viel als das Seyn, und was die Intelligenz ausspricht, das hat auch objektive Wirklichkeit. Die Intelligenz denkt als wahrhaft seiend; was sie daher denkt, das setzt sie auch. Und alles Objektive, was nicht mit Materie verbunden ist, hat sein Seyn und Wesen in dem Denkenden 99).

In-

και κοινον δε τι, ει πασι· και η διαφορα ετεροτης, ταυτα δε πλειω γινομενα αριθμοι και το ποσον ποιει. και το ποιον δε, η εκαςυ τυτων ιδιοτης. εξ ων αι αρχαι τ'αλλα. *Enn.* VI. L. II. c. 8.

99) Plotinus, *Ennead.* V. L. III. c. 5. η τυτο, δει την θεωριαν τ'αυτου ειναι τω θεωρητω και τοι μη τ'αυτου ειναι τω νοητω. και γαρ ει μη τ'αυτον, ουκ αληθεια εςαι. τοπον γαρ εξει ο εχων τα οντα, ετερος των οντων· οπερ ουκ εςιν αληθεια. την αρχ αληθειαν ουχ ετερου δει ειναι, αλλ' ο λεγει, τουτο και ειναι. εν αρα ουτω νους και το νοητος και το ον. — ει μη ενεργεια, και η πρωτη ενεργεια και καλλιςη δη νοησις αν ειη, και ουσιωδης νοησις· και γαρ αληθεςατη νοησις δη τοιαυτη και πρωτη ουσα και πρωτως, ιως αν και ο πρωτος. ωδε γαρ ο νους ουτος δυναμει, ουδ' ετερος μεν αυτος, η δε νοησις αλλο. ουτω γαρ αν παλιν το ουσιωδες αυτου δυναμει. ει ουν ενεργεια, και η ουσια αυτου ενεργεια,

Indem also die Intelligenz das Gedachte denkt und anschauet, schauet sie sich selbst an [100]), und umgekehrt.

Die Intelligenz denkt unaufhörlich, weil das Denken ihr Wesen ist [101]).

Die Inteligenz denkt alle mögliche Objekte. Denn nur auf diese Art kann sie immer denken, und wahrhaftig denken; nur auf diese Art ist sie frei von Vergeßlichkeit; nur unter dieser Bedingung ist sie der Sitz der Wahrheit und die Quelle alles Wesens [102]). Die Intelligenz ist unaufhörlich in Bewegung, und erzeuget immer zwar auf dieselbe identische und ähnliche Weise, aber doch nicht immer Ein und dasselbe, sondern immer Etwas anderes. Was für eine Herrlichkeit wäre auch eine durchgängige Einförmigkeit nicht allein in der Thätigkeit, sondern auch in dem Objekte? Und wäre keine Verschiedenheit da, welche zum Leben (welches nichts anders ist als die Thätigkeit) reizte, so würde gar keine Thätigkeit vorhanden, oder der Zustand doch gar nicht von dem Zustand der Unthätigkeit verschieden seyn. Die Intelligenz ist daher in beständiger Thätigkeit und Bewegung: Sie gehet von etwas aus, und zu etwas hin, und was in der Mitte ist, ist unendlich mannigfaltig. Die Intelligenz schauet daher immer das Ganze, aber nie dasselbe Ganze, sondern immer ein anderes; und bringt aus dem

ἓν καὶ ταὐτὸν τῇ ἐνεργείᾳ καὶ μὴ, ἓν δὲ τῇ ἐνεργείᾳ τὸ ὂν καὶ τὸ νοητόν· ἓν ἅμα πάντα ἐστίν, νοῦς, νόησις, νοητόν. Enn. VI. L. II. c. 8.

100) Plotinus, Ennead. V. L. III. c. 5. 7.
101) Plotinus, Ennead. V. L. IX. c. 5.
102) Plotinus, Ennead. V. L. V. c. 2.

dem Identischen und Verschiedenen unaufhörlich ein anderes Drittes hervor [103]).

Die Intelligenz bringt also alle Objekte hervor, und ist der Inbegriff aller Objekte. Ohne Thätigkeit derselben würde gar kein Objekt seyn. Sie bringt aber immer etwas anderes hervor; sie ist gleichsam auf einer beständigen Wanderschaft auf dem Felde der Wahrheit, ihrem innern Wirkungskreise, und mit jedem Schritt kommt ein anderes Wesen zum Vorschein. Sie umfaßt die ganze Totalität des Realen, und schaft sich zu ihrer Bewegung selbst den Raum, der identisch ist mit demjenigen, was in dem Raume ist. Der Raum, den sie sich schaft, ist aber mannigfaltig, damit sie ihn durchlaufe. Wäre er nicht durchgängig und immer mannigfaltig, so würde die Intelligenz irgendwo ruhen, in so fern nicht denken, und daher auch nicht seyn. Das Denken der Intelligenz ist also eine Bewegung, welche alle Realität erfüllt, alles Leben umfaßt und begreift [104].

[103] Plotinus, *Ennead.* VI. L. VII. c. 12. ὥς τι κινούμενος κινεῖται μεθ' ἑαυτοῦ, καὶ κατὰ ταυτὰ, καὶ ὁμοίως αὖ. ὃ μέντοι ταυτὸν καὶ ἐν τι ἢ μέρει, ἀλλὰ πάντα. ἐπει καὶ τὸ ἐν μέρει αὖ οὐχ ἕν, ἀλλὰ καὶ τοῦτο ἄπειρον διειλημμένον ἀπὸ τινος δὲ φαμὲν αὖ καὶ ἕως παντὸς ἐπί τι ὡς ἔσχατον. τὸ δὲ μεταξυ πᾶν, ἆρα ὥσπερ γραμμή, ἢ ὥσπερ ἕτεροι συμμιγεῖς ὁμοιομερὲς τι καὶ ἀποικίλον; ἀλλὰ τί τὸ σεμνὸν; εἰ γὰρ μηδεμίαν ἔχει ἐξαλλαγὴν, μηδέ τις ἐξεγείρει αὐτὸ ὡς τὸ ζῆν ἑτερότης, οὐδ' ἂν ἐνέργεια εἴη. οὐδὲ γὰρ ἂν ἡ τοιαύτη κατάστασις μὴ ἐνεργοῦσα διαφέροι. κἂν κίνησις δὲ τοιαύτη, ὃ πανταχῇ μοναχῶς δ' ἂν μὴ ζῶν. δεῖ δὲ πάντα ζῇν, καὶ πανταχόθεν, καὶ οὐδὲν μὴ ζῇν. ἐπεὶ πάντα ἐν κινεῖσθαι δεῖ, μᾶλλον δὲ κεκινῆσθαι.

[104] Plotinus, *Ennead.* VI. L. VII. c. 13. φύσιν ἄρα ἔχει, ἐπὶ πᾶν ἑτεροιοῦσθαι. εἰ μὲν οὖν ἔστι πρὸ αὐτῆς τὰ ἕτερα πάντα,

100 Viertes Hauptstück. Vierter Abschnitt.

Die Intelligenz enthält alle mögliche Objekte, das heißt, die ganze Verstandeswelt in sich, oder vielmehr, sie ist die Verstandeswelt selbst. Intelligenz und Realität umfassen alles Seyn, alles Leben. Alle mögliche Wesen sind aus dem Einen durch die Intelligenz hervorgegangen, sie sind in der Intelligenz, unzertrennt, verbunden, vollständig, vollkommen, sie machen ein vollständiges Ganze aus, welchem nichts fehlt, keine Veränderung begegnen kann; in welchem alles in vollkommner Eintracht und Harmonie lebt. Warum sollte hier ein Wesen auf das andere wirken? Warum sollte ein Gedanke einen andern, oder eine Intelligenz eine andere hervorbringen? Etwa darum, weil die Intelligenz das Vermögen hat, etwas zu machen? Das würde aber nur in so fern Statt finden können, als die Intelligenz in keinem ganz vollkommenen Zustande sich befände. Allein die Intelligenz ist vollkommen ohne Mangel und Fehl in sich selig, und was selig ist, gehet nicht aus sich heraus, sondern lebt und ruhet in sich [105]).

Die

παντα, ηδη πασχειο αν υπ' αυτων· ει δε μη εςιν, ητος τα παντα εγενα, μαλλον δε τα παντα ηι. ει εςιν αρχ τα οντα ειναι, μη ια ενεργησαντος. ενεργησαιτος δε, και αλλο μετ' αλλο, και οιον πλανηθεντος πασαν πλανην και ει αυτω πλανηθεντος, οια γαρ ει αυτω ο αληθινος πεφυκε πλανασθαι. πεφυκε δ' εν ατοικις πλανασθαι, συνθετεωι ται ατοιαι ταις αυτα πλακαις. παιταχα δ' αυτος ετι, μειυται αν εχη την πλανην. η δε πλανη αυτω, εν τω της αληθειας πεδιω, α εκ εκβαινι. εχη δε καταλαβων παν, και αυτω ποιησας ως το κινεισθαι οιον τοπον· και ο τοπος ο αυτος τω α τοπος. ποικιλος δε εςι το πεδιον τετο, ινα και διεξιοι. ει δε μη κατα παν και αει ποικιλον, καθοσον μη ποικιλον, εςηκει, ει δ' εςηκει, α νοει. ωςε και ει εςι, α νενοηκει. ει δε τετο εδ' εςιν, ετιν αι νοητις. ηδε κινησις παν πληρωμα ατιαν πασαν, και η παν ατια νοητις παν ζωην περιλαβατα πασαν.

105) Plotinus, Ennead. III. L. II. c. I. ἥ τε :α και
τα

Die Verstandeswelt begreift alle denkende Wesen, alle Götter, alle Seelen; aber alle in ewiger Ruhe, ohne Veränderung [106]).

Seyn und wahres Seyn ist dem Begriffe nach eins. Ein unveränderliches Seyn, das ist, welches nie angefangen hat, nie aufhören wird, welches in sich vollendet ist, und nie sich verzehret, ist Ewigkeit. Dieses ewige Seyn kommt der Intelligenz und der Verstandeswelt, und zwar wesentlich zu, und ist nichts anders als das unendliche, unerschöpfliche Leben in seiner Totalität. Alles Accidenz, ein zufälliges Seyn und Werden, ein Vergangenseyn und Künftigseyn, ein Andersseyn, ist aus demselben ausgeschlossen [107]).

Die Intelligenz und die Verstandeswelt sind Eins. Alles Gedachte ist ein Ding, und jedes Ding ist etwas Gedachtes, in so fern wir blos bei den immateriellen Dingen stehen bleiben, deren Seyn in dem

τȣ οντος φυσις κοσμος εςιν ὁ αληθινος και πρωτος, ȣ διαςας αφ' ἑαυτȣ, ȣδε ασθενης τῳ μερισμῳ, ȣδε ελλιπης, ȣδε τοις μερεσι γενομενος, ἁτε ἑκαςȣ μη αποσπασθεντος τȣ ὁλȣ. αλλ' ἡ πασα ζωη αυτȣ και πας νȣς εν ἑνι ζωσα, και εν ἑκα ὁμȣ. και το μερος παρεχεται ὁλοι, και παν αυτῳ φιλον, ȣ χωρισθεν αλλο απ' αλλȣ, ȣδε ἑτερον γεγενημενον μονον και τῳν αλλων απεξενωμενον. — πανταχȣ δε οἱ εν και τελμον ὁπασιν, ἑςηκε τε και αλλοιωσιν ȣκ εχει. ȣδε γαρ ποιει αλλο ως αλλο. τινος γαρ αν ἑνεκα ποιοι, ελλιπον ȣδεν. τι δ' αν λογος λογον εγεννησαιτο, η νȣς νȣν αλλον; αλλα το δ' αυτȣ δυνασθαι τι ποιειν; ην αρα ȣκ εν εχοντος παντη, αλλα ταυτῃ ποιητος και κινȣμενα, καθ' ὁ, τι και χειρον εςι. τοις δε παντῃ μακαριοις εν αὑτοις, και τȣτο ειναι, ὁπερ ετι, μονον αρκει. *Enn.* V. L. I. c. 4.

106) Plotinus, *Ennead.* V. L. I. c. 4. παντα γαρ εν αυτῳ τα αθανατα περιεχει, νȣς παντα, θεοι παντα, ψυχην πασαν, ἑςωτα αει.

107) Plotinus, *Ennead.* III. L. VII. c. 2—5.

dem Denkenden ist. So sind also in der Intelligenz alle Begriffe, oder Ideen von den Dingen, und diese Ideen sind selbst nichts anders als die Dinge an sich selbst. Jedes Ding ist ein Akt des Denkens, und in so fern wieder eine Intelligenz; aber nicht die allgemeine, sondern eine besondere Intelligenz. Die oberste Intelligenz ist aber die ganze unzertrennte Totalität aller Ideen [108]). Von anderer Beschaffenheit ist aber unser Verstand, welcher nur durch Trennung des Unzertrennlichen denket; die ursprüngliche Intelligenz aber ist untheilbar, und ohne Absonderung denkend; das Denken und Seyn in unzertrennlicher Einheit und Totalität [109]).

Die Verstandeswelt ist das Vorbild und das Muster der Sinnenwelt. Alles was in dieser wirklich ist, muß daher auch in der Verstandeswelt enthalten seyn, doch nur der Form und dem Wesen nach. In der Verstandeswelt ist daher auch ein Himmel mit Sternen besäet, eine Erde, mit allen möglichen Pflanzen und Thieren; Wasser und Meer in bleibendem Flusse und Leben, mit allen Wasserthieren; die Luft mit allen ihren lebenden Wesen. Denn was aus der Intelligenz kommt, ist

---

[108]) Plotinus, Ennead. V. L. IX. c. 8. ω ἂν ἡ νοησις ἐνοντος, ἐκεινο το ειδος το ἐν οι και ἡ ιδεα αὐτη. τι ἂν
τουτο; νους και ἡ νοερα οὐσια, οὐχ ἑτερα τε νους ἑκαστη ἰδεα,
ἀλλ᾽ ἑκαστη νους. και ὁλως μεν ὁ νους τα παντα εἰδη, ἑκαστον
δε εἶδος νους ἑκαστος.

[109]) Plotinus, ebendas. μια μεν ἡ φυσις, το, τε ὀν, ὁ,
τε νους· διο και τα οντα, και ἡ του οντος ἐνεργεια και ὁ νους
ὁ τοιοῦτος και αἱ οὕτω νοησεις το εἰδος και ἡ μορφη του οντος και ἡ ἐνεργεια. ἐπινοειται γε μην μεριζομενον ὑφ᾽ ἡμων
θατερα προ των ἑτερων. ἑτερος γαρ ὁ μεριζων νους· ὁ δε ἀμε-
ριστος και μη μεριζων, το ον και τα παντα.

ist Leben; die Verstandeswelt ist daher auch ein lebendes Wesen, ein Weltthier [110]).

Aber alles ist in der Verstandeswelt in der vollkommensten Reinheit und Vollkommenheit. Hier fließt das Leben leicht dahin. Wahrheit ist die Erzeugerin, Amme, Nahrung und Wesen aller Wesen. Die Verstandesdinge sehen alles, nicht in wie fern ihnen ein Werden anklebt, sondern in wie fern sie das Wesen selbst haben; sie schauen sich in allen andern; denn alles ist hier durchsichtig; nichts Finsteres, nichts Widerstehendes. Alles ist Allem durchaus und bis in das Innere offenbar. Denn Alles ist Licht und schauet wieder Licht. Denn Alles hat Alles in sich, und siehet wiederum in einem Andern Alles; so daß Alles allenthalben, Alles nicht nur Alles, sondern auch jedes Einzelne Alles ist. Aus dem Ganzen gehet das Einzelne hervor, und das Einzelne ist das Ganze. Jedes ist groß, und auch das Kleine ist groß. Unaussprechlich ist der Glanz. Denn auch hier ist die Sonne und alle Sterne, und jeder Stern ist eine Sonne. In jedem tritt etwas Anderes am ausgezeichnetsten hervor; Jedes aber offenbaret das All an sich. Auch hier ist reine Bewegung; denn die fortschreitende Bewegung verwirret kein von der Bewegung verschiedenes Bewegen; die Ruhe ist rein und ungemischt mit dem Unruhigen. Das Schöne ist schön an sich, weil es nicht in dem Schönen ist. Jedes gehet nicht etwa, so zu sagen, auf einem fremden Boden, sondern der Raum, worin es ist, ist nichts anders als das Wesen eines jeden selbst, und sein Subjekt ist die Intelligenz. Jedes ist auch verbunden mit dem, woher es stammt. Jeder Blick auf einen Theil umfaßt auch das Ganze. Das Schauen ermattet nie, und wird auch nie übersättiget; Leerheit und Ueberfüllung fehlen gänzlich.
Jedes

---

110) *Plotinus*, Ennead. V. L. IX. c. 9. Ennead. VI. L. VII. c. 12.

Jedes erblicket sich in seiner Unendlichkeit mit den angeschaueten Objekten, und folget seiner Natur. Hier ist reines Leben, das durch nichts gestöret wird. Was sollte dem vollkommnern Leben widerstehen. Das Leben ist Weisheit, aber keine durch Schlüsse herbeigeführte Weisheit. Denn die Weisheit ist zu aller Zeit allumfassend, ohne allen Mangel; es bedarf keines Suchens. Es ist die ursprüngliche Weisheit, und keine wo anders her abgeleitete. Das Seyn ist selbst die Weisheit. Es ist hier kein Wesen, welches erst weise werden müßte, sondern jedes ist es schon dadurch, daß es ist. Daher ist auch keine Weisheit größer als die andere. Die Wissenschaft an sich wohnet wesentlich in dem Verstande, beide gehen zugleich mit einander hervor. Man stelle sich alles in der Intelligenz vor wie ein Bildwerk, welches durch sich selbst geschauet wird; daher ist es ein Schauspiel für überselige Schauer. Die Größe und Würde dieser Weisheit kann man daraus sehen, daß sie in sich alle Dinge begreift, alle Dinge hervorgebracht hat, daß sie die Dinge selbst ist, daß sie mit ihr zugleich entstanden, und beide Eins sind, und daß das Seyn die Weisheit ist. Wir aber kommen nie zu Verstande, weil wir glauben, die Wissenschaften beständen aus Sätzen und deren Verbindung; welches nicht einmal bei unsern Wissenschaften der Fall ist [111]).

Alle die Verstandeswesen, welche die Verstandeswelt ausmachen, müssen etwas Gemeinschaftliches und etwas Eigenes besonderes haben. Denn da sie in der Intelligenz existiren, ohne durch den Raum getrennt zu seyn, so können sie allein durch das ihnen Eigenthümliche unterschieden seyn, wodurch sie allein zu besondern Dingen constituiret werden. Dieses ist die Form, die Gestalt. Wo nun Gestalt ist, da gibt es auch etwas Gestaltetes, das ist, durch die

---

[111]) Plotinus, *Ennead.* V. L. VIII. c. 4.

die Form Bestimmtes und Bestimmbares. Dieses ist Materie, nicht eine sinnliche, sondern übersinnliche. Denn auch dieses hat die Verstandeswelt mit der Sinnenwelt gemein, daß sie aus Form und Materie besteht. Abstrahirt man in Gedanken von den Formen, Gestalten, Gedanken, wodurch die Verstandeswelt ein mannigfaltig gestaltetes Ganze geworden ist, so bleibt nichts übrig, als das Gestaltlose und Unbestimmte, welches die Gestalt annimmt, auch gleichsam trägt [112]).

So entsteht also durch die Thätigkeit, durch die schöpferische Kraft der Intelligenz die Verstandeswelt; aber diese hat nirgends anders als in der Intelligenz selbst ihre Existenz. Die ganze Thätigkeit, wodurch sie wirklich geworden, ist also eine innere und auf das Innere gehende Thätigkeit. Soll nun auch eine äußere Welt entstehen, welche sich auf die Verstandeswelt als auf ihr Muster beziehet, so muß außer dem Einen und der Intelligenz noch ein drittes Princip vorhanden seyn, dessen Thätigkeit nicht nach Innen, sondern nach Außen gerichtet ist. Dieses ist die Seele [113]).

XXII.

112) **Plotinus**, *Ennead.* II. L. IV. c. 4. εἰ καὶ πολλὰ τὰ εἴδη, κοινὸν μέν τι ἐν αὐτοῖς ἀνάγκη εἶναι, καὶ δὴ καὶ ἴδιον, ᾧ διαφέρει ἄλλο ἄλλου. τοῦτο δὴ τὸ ἴδιον καὶ ἡ διαφορὰ ἡ χωρίζουσα, ἡ οἰκεία ἐστὶ μορφή. εἰ δὲ μορφή, ἔστι καὶ τὸ μορφούμενον, περὶ ὃ ἡ διαφορά. ἔστιν ἄρα καὶ ἡ ὕλη, ἡ τὴν μορφὴν δεχομένη, καὶ ἀεὶ τὸ ὑποκείμενον. — εἰ γὰρ τῷ νῷ ἀφέλοις τὴν ποικιλίαν καὶ τὰς μορφὰς καὶ τοὺς λόγους καὶ τὰ νοήματα, τὸ πρὸ τούτων ἄμορφον καὶ ἀόριστον. καὶ τοῦτο ἤδη τῶν ἐπ' αὐτῷ καὶ ἐν αὐτῷ.

113) **Plotinus**, *Ennead.* III. L. V. c. 3. *Enn.* V. L. I. c. 6. 10. *Enn.* V. L. II. c. 1.

XXII. Die Seele ist ein Produkt der Intelligenz, so wie die Intelligenz ein Produkt des Einen. Nach dem Grundsatze, daß Alles Reale aus sich selbst ein anderes Reale erzeugt, was dem Grade der Vollkommenheit nach dem Erzeugenden am nächsten, aber doch nicht ganz gleich kommt, bringt auch die Intelligenz etwas hervor, was ihr am nächsten kommt. Die Seele ist ein Gedanke (λογος), eine Thätigkeit der Intelligenz [114]).

Die Seele stehet in dem dritten Grade von dem Einen, und ist daher unvollkommner als die Intelligenz. Sie ist auch ein Leben und Denken und Thätigseyn, wie die Intelligenz, aber in einem niedern Grade. Erstens gehet die Seele nicht ohne Veränderung, wie die Intelligenz, sondern mit Veränderung hervor. Zweitens ist ihr Denken und Schauen dunkler; denn sie erblickt die Objekte nicht in sich, sondern in einem andern, in der Intelligenz. Drittens ist ihr Wirken nicht ein Inneres, sondern eine nach außen gerichtete Thätigkeit; sie bringt etwas außer sich hervor, was nun nicht mehr reines, sondern schon vermischtes und getrübtes Seyn hat [115]).

Auch die Seele ist eine Art von Licht, aber nicht ein selbstleuchtendes, sondern von einem andern erleuchtetes. Das Eine ist das reine ein-

---

[114]) Plotinus, *Ennead.* V. L. I. c. 6. και το γινομενον απο κρειττονος ιν, ιν ειναι, και κρειττον απαντων ο'νυς, οτι τ'αλλα μετ' αυτον, οιον και η ψυχη λογος ιν και ενεργεια τις, ωσπερ αυτος εκεινα. αλλα ψυχης μεν αμυδρος ο λογος. C. 3. εικων τις εςι τε νε, οιον λογος ο εν προφορα λογε τε εν ψυχη, ετω τοι και αυτη λογος νε, και η πασα ενεργεια, και ην προιεται ζωην εις αλλε υποςασιν.

[115]) Plotinus, *Ennead.* V. L. I. c. 7. L. II. c. 1. e. L. VI. c. 4. *Enn.* VI. L. II. c. 22.

einfache Licht selbst, welches sich in die Intelligenz ergießt, so daß sie nicht allein Licht, sondern auch das in ihrem Wesen Erleuchtete ist. Die Seele empfängt das Licht von der Intelligenz, aber nicht als ihr eignes, sondern als ein entlehntes Licht [116])..

Indem die Seele wirkt, entstehen andere Seelen als Arten der einen. Die Kräfte derselben sind von doppelter Art. Einige sind auf das Obere gerichtet, Vernunft; andere auf das Niedere, vernunftgemäße Kräfte. Die unterste ist die auf die Materie gerichtete und sie bildende Kraft, Empfindung und Vegetation [117]).

Die Seele soll als drittes Princip die Ursache der Bewegung seyn. Wie aber aus der Intelligenz, dem Denkenden ein sich und Anderes Bewegendes hervorgehen müsse, dieß scheint Plotin nicht nachgewiesen zu haben. Allein nach seinem Gesichtspunkte konnte diese Frage gar nicht Statt finden, sie war durch das zweite Princip schon gehoben. Denn der Intelligenz hatte er schon ein inneres Leben, eine nach innen gehende Bewegung beigelegt. Daher war der Uebergang von der Intelligenz zur Seele,

---

116) Plotinus, *Ennead.* V. L. VI. c. 4. ψυχη μεν γαρ επακτον ιν εχει, επιχρωννυντα αυτην νοεραν κραν. νυς δ' εν αυτω οικιον εχει, ο φως οι μονον, αλλ' ο εςι πεφωτισμενον εν τη αυτε ουσια. το δε παρεχον τετο το φως, εκ αλλο ον, φως εςιν απλυν, παρεχον την δυναμιν εκεινω τε ειναι ο εςι.

117) Plotinus, *Ennead.* VI. L. II. c. 22. ψυχης δε ενεργυσης ως γενες η ειδος, αι αλλαι ψυχαι ως ειδη· και τετων αι ενεργειαι δισσαι· η μεν προς το ανω, νυς· η δε προς το κατω, αι αλλαι δυναμεις κατα λογον. η δε εσχατη υλης ηδη εφαπτομενη και μορφουσα. Enn. V. L. II. c. 1. η δε (ψυχη) ε μενυσα ποιει, αλλα κινηθεισα εγεννα ειδωλον. εκει μεν ει βλεπυσα, οθεν εγενετο, πληρυται. προελθυσα δε εις κινησιν αλλην και εναντιαν, γεννα ειδωλον αυτης, αισθησιν και φυσιν την εν τοις φυτοις.

Seele, als einem Wesen, dessen Leben und Bewegung nicht auf sich selbst, sondern auf das Aeußere gehet, zwar nicht der Vernunft, doch der Einbildungskraft annehmlich gemacht.

Eine andere Frage aber entsteht jetzt: woher das Aeußere, was die Seele bildet, entstanden sey; was es sey, und wie es gebildet werde? Denn alles Wirkliche (ον), lehrte Plotin, habe seine Quelle in der Intelligenz; alles aber, was aus der Intelligenz kommt, ist Form, ist Leben, ist ein Mannigfaltiges mit Einheit. Es bedarf also keine Form, weil es schon geformt ist. Als Gegensatz des Wirklichen bleibt nichts übrig als das Nichtwirkliche — ein Unding, welches daher auch keiner Form empfänglich ist. Woher soll also die Seele einen Stoff erhalten, um an demselben ihre nach außen gehende Bildungskraft zu äußern. Sollte es wirklich Etwas geben, welches Daseyn hätte, aber nicht in dem Denkenden und durch das Denken, so würde Plotin dem Hauptfundamente seiner Philosophie, wie wir es oben angegeben haben, widersprechen. Er mußte vielmehr den Versuch machen, alles Seyn auch der materiellen Dinge aus dem Denken abzuleiten, und so einen vollständigen Idealismus aufzustellen. Er schwankt nur noch zuweilen zwischen diesem und dem Realismus, und scheint eine von dem Denken unabhängige Materie anzunehmen — vielleicht weil ihm der hohe Flug seiner Phantasie selbst verdächtig vorkam [118]). Doch ist es Idealismus, zu welchem er am mehrsten hinneigt.

Um diesen Idealismus verständlicher zu machen, müssen wir Plotins Lehre von der Anschauung und der Kraft derselben, an welcher Phantasie und Vernunft gleichen Antheil haben, etwas sorgfältiger erwägen.

XXIII.

118) Plotinus, *Ennead.* III. L. VIII. c. 1.

XXIII. Es geschiehet in der ganzen Natur alles durch Anschauung und um der Anschauung willen. Es ist aber hier nicht die sinnliche Anschauung zu verstehen, bei welcher das Objekt außer dem Anschauenden gegeben ist, und dann die Anschauung erfolgt, sondern eine innere **intellektuelle Anschauung**, wo das Objekt derselben innerlich mit einem Denken verbunden ist, und die Anschauung selbst wieder ein Objekt hervorbringt (θεωρια) [119]).

Alles Wirken der Natur hat die Erkenntniß zum Endzweck. Denn was in der Natur hervorgebracht wird, hat eine Form (ειδος), wodurch die Natur, die Materie eine Gestalt erhält, daß es ein Objekt der Erkenntniß werde. So bringt eine Pflanze wieder eine Pflanze, ein Thier wieder ein Thier hervor. Die Natur ist selbst nichts anders als Form; sie bringt zur **Materie, welche formlos, und daher unerkennbar ist, Form und Leben hinzu**, und macht sie dadurch zu einem Gegenstande der Erkenntniß. Denn Form (ειδος, μορφη) und Begriff, Gedanke (λογος) ist eines und dasselbe. **Die Natur ist also eine anschauende bewegende Kraft**, deren Wirkung wieder eine Anschauung oder Erkenntniß ist, und man kann daher mit Recht sagen, daß es ihr bei allem ihren **Wirken um Erkenntniß, um Anschauung ihrer Handlung und ihres Produkts— beides ist eins — zu thun ist** [120]).

Die

---

[119] Plotinus, *Ennead.* III. L. VIII. c. 1.

[120] Plotinus, *Ennead.* III. L. VIII. c. 2. τι γαρ δη αυτη (φυσει) υλης θερμης η ψυχρας; η γαρ υποκειμενη και δημιουργουμενη υλη η και τουτο φερουσα, η γινεται τοιαυτη, η μη ποιοτητα εχουσα λογωθησαν. ου γαρ πυρ δη προσελθον, ινα πυρ η υλη γενηται, αλλα λογος· ο και σημειον ου μικρον
του

Viertes Hauptstück. Vierter Abschnitt.

Die Erzeugung ist ein Produkt der Anschauung und der Reflexion des Angeschauten [121]). Jeder, der etwas Aeußeres hervorbringt, wirket nach einer Vorstellung. Das Hervorgebrachte ist nicht die Vorstellung, aber ein Produkt der Vorstellung, welche das Hervorbringen leitet. Also ist auch das Wirken nichts anders, als ein Anschauen und Erkennen. Daher machen auch diejenigen Menschen, welche zu dem innern Denken und Anschauen eine zu schwache Kraft haben, ein Werk, welches nichts anders als ein Schattenbild des Anschauens und Denkens ist, um das, was sie mit Vernunft in sich selbst anzuschauen zu schwach sind, außer sich anzuschauen. Jeder, der etwas gemacht hat, hat wenigstens das Verlangen, es zu betrachten, und will, daß es auch von andern betrachtet werde. Eben so machen es die Knaben, welche zu wissenschaftlichen Studien zu träge sind, und sich daher auf Künste und Handwerke legen. So ist also das Wirken, Thun, Hervorbringen immer nichts anders, als entweder ein **schwächeres Anschauen, oder ein Resultat und Produkt eines stärkern Anschauens** [122]).

Die

τα εν τοις ζωοις και οι τοις φυτοις τας λογυς ειναι τας ποιωντας, και την φυσιν ειναι λογον, ὁς ποιει λογον αλλον, γεννημα αυτε δοντα μεν τι τῳ ὑποκειμενῳ, μενοντα δ' αυτον. c. 6.

121) Plotinus, *Ennead.* III. L. VIII. c. 3. και μοι το της μητρος και των γειναμενων ὑπαρχει παθος. και γαρ εκεινοι εισιν εκ θεωριας, και ἡ γενεσις ἡ εμη. εκεινων ουδεν πραξαντων, αλλ' οντων μειζονων λογων και θεωριτων αυτας, εγω γεγεννημαι. c. 6.

122) Plotinus, *Ennead.* III. L. VIII. c. 2. 3. επει και ανθρωποι, ὁταν ασθενησωσιν εις το θεωρειν, σκιαν θεωριας και λογυ την πραξιν ποιωνται. ὁτι γαρ μη ἱκανον αυτοις το της θεωριας, ὑπ' ασθενους ψυχης λαβειν ου δυναμενοι το θεαμα ἱκα-

Die thätigen Menschen suchen also durch Umschweife zu erhalten, was die Denkenden auf einem unmittelbaren Wege gewinnen. Zudem haben sie doch dabei Einen Zweck, das Gute. Dieses ist aber gerade von der Art, daß sie wünschen, es werde nicht bloß erkannt, sondern auch als gegenwärtig in ihrer Seele angeschauet, und die Seele zum Beschauer desselben gemacht. So gehet also das Wirken immer wieder in die Anschauung zurück, denn was kann in der Seele, welche selbst nichts anders als ein Gedanke (λογος) ist, anders als ein stiller ruhender Gedanke seyn [123]?

Der Trieb der Seele zum Denken, Forschen, aus dem Erkannten Neues zu gebären, alles dieses macht die Seele zu einem Angeschaueten (θεωρημα), um daraus ein neues Objekt der Anschauung hervorzubringen, so wie eine Kunst, wenn sie vollkommen ist, ihres Gleichen im Kleinen in dem lernenden Knaben hervorzubringen strebt, der ein Bild von allem zur Kunst gehörigen hat, doch ohne Deutlichkeit. So quillt in der Seele unaufhörlich Leben aus Leben, und fortschreitende Thätigkeit, welche keine Gränze hat; jede Anschauung erzeuget eine neue und

ἱκανως, και δια τουτο ου πληρεμενοι, εφιεμενοι δε αυτο ιδειν, εις πραξιν φεροιται, ἱνα ιδωσιν, ὁ μη νῳ εδυναντο. — πανταχου δη αιερευνησομεν την ποιησιν και την πραξιν η ασθενειας θεωριας η παρακολουθημα. και ασθενειας μεν, ει μηδεν τις εχει μετα το πραχθεν· παρακολουθημα δε, ει εχει αλλο προ τουτο κρειττον του ποιηθεντος θεωρειν.

[123] Plotinus, *Ennead.* III. L. VIII. c. 5. επει και αγαθου χαριν πραττουσι. τουτο δε, ουχ ἱνα εξω αυτων, ουδ᾽ ἱνα μη εχωσιν, αλλ᾽ ἱνα εχωσι το εκ της πραξεως αγαθον. τουτο δε που; ει ψυχῃ. αιεκαμψεν αν παλιν ἡ πραξις εις θεωριαν. ὁ γαρ εν ψυχῃ λαμβανει λογῳ ουν, τι αν αλλο η λογος εισπων ᾐ;

und ein Angeschautes ein neues Objekt der Anschauung ohne Ende. Denn in jeder Seele ist dasselbe Princip, und sie ist durch keine Größe beschränkt. Indessen gehet doch diese Thätigkeit des Anschauens in jeder Seele, und in allen Theilen der Seele nicht auf gleiche Weise vor sich [124].

Die Natur ist also nichts anders als eine Seele, welche wiederum ein Produkt einer höhern und mächtigern Seele ist, welche in sich in stiller Betrachtung lebt, und weder auf das Obere noch auf das Niedere blickt, sondern in ihrer Unbeweglichkeit und ihrem Selbstbewußtseyn ruhet; in diesem Denken und Anschauen ihrer selbst schauet sie, was nach ihr ist; ohne es zu suchen, findet sie es schon in sich, indem sie ein schönes, glanzvolles, vollkommnes Produkt der Anschauung vollendet. Man kann ihr Empfindung und Bewußtseyn, wenn man will, beilegen. Doch ist dieses nicht von der Art, wie bei andern Objekten, sondern wirkt so, wie bei dem Erwachenden das Bewußtseyn des Schlafes ist [125].

Sie

---

[124] Plotinus, *Ennead.* III. L. VIII. c. 4. ἡ ταυτης (ψυχης) θεωρια και το φιλομαθες και το ζητητικον, και ἡ εξ ὧν εγνωκε ωδις και το πληρες πεποιηκεν αυτην θεωρηκα πασι γενομενην, αλλο θεωρημα ποιησαι — και θεωρια την θεωριαν ποιει. και γαρ ουκ εχη περας ἡ θεωρια, ουδε το θεωρημα. δια τουτο δε ἡ και δια τουτο πανταχου. που γαρ ουχι; επει και εν πασῃ ψυχῃ το αυτο. ου γαρ περιγεγραπται μεγεθει. ου μην ωσαυτως εν πασιν, ὡςε ουδε εν παντι μερει ψυχης ομοιως.

[125] Plotinus, *Ennead.* III. L. VIII. c. 3. ὡς μεν ἡ λεγομενη φυσις ψυχη ουσα γεννημα ψυχης προτερας δυνατωτερον, ζωης ἡσυχη εν ἑαυτῃ, θεωριαν εχουσα ου προς το ανω, ουδ' ετι προς το κατω, ςασα δε εν ᾧ εςιν, εν τῃ αυτης ςασει και οιον συναισθησει, τῃ συνεσει ταυτῃ και συναισθησει το μετ' αυτην ειδεν ως οιον τε αυτῃ, και ουκετι εζητησεν,

αλλα

Sie schauet das Produkt das in ihr aus dem, was in ihr ist, geworden ist, und freuet sich, daß dieses Produkt als ein Spiegel ihrer stillen, aber dunkeln und schwächern Anschauung mit ihr fortbauert [126]). Sie ist aber eine unaufhörlich fortschreitende Kraft, die immer etwas Neues bildet und belebt, so daß das Spätere immer etwas anderes ist, obgleich es aus Anschauung entsprossen, und wieder zu einem neuen Objekte der Anschauung wird [127]). Alles Denken, Bilden, Zeugen, Wirken, kommt aus derselben Quelle, und hat denselben Zweck. Anschauen ist die Ursache alles Werdens, Anschauen der Zweck alles Strebens und Wirkens. Die Natur ist in einem endlosen Anschauen begriffen; sie bildet und formt unaufhörlich; nicht die Produkte, die sie hervorbringt, sind ihr Werk, sondern die Anschauung derselben; ihre Produkte sind nicht ohne Leben, und sie bringen wieder neue Produkte hervor, die wieder das Anschauen derselben zum Gegenstande haben. Selbst die Fehlgriffe der Natur, die Mißgeburten, die fehlerhaften Gestaltungen kommen daher, daß die Natur einen **Fehlgriff** in dem Objekte der Anschauung thut [128]).

In

αλλα θεωρημα αποτελεσασα καλοι και χαριει. και ειτε τις βυλεται συνεσιν τινα η αισθησιν αυτη διδοναι, ἐχ οἷαν λεγομεν επι των αλλων την αισθησιν η την συνεσιν, αλλ' οἷον ει τις την τε ὑπνε τε εγρηγορότος προσεικασειε.

126) Plotinus, ebendas. θεωρεσα γαρ θεωρημα αυτης, κικπανεται, γενομενον αυτη εκ τε εν αυτη, και συν αυτη μενειν, και θεωρημα ειναι, και θεωρια αψοφος, αμυδεστερα δε· ἑτερα γαρ αυτης εις θεαν ενεργεστερα. ἡ δε ειδωλον θεωριας αλλης.

127) Plotinus, *Ennead.* III. L. VIII. c. 4. προεισι γαρ αει ζωη εκ ζωης. ενεργεια γαρ πανταχε φθανει, και εκ ἐστιν ὅτε αποσκητι.

128) Plotinus, *Ennead.* III. L. VIII. c. 6. και αἱ γεν-

In der ganzen Natur ist nur eine der Qualität nach identische Kraft wirksam, Seele, Vorstellungskraft; nur eine und dieselbe Wirkungsart, Bilden und Anschauen. Also derselbe Proceß in der Natur außer uns, wie in der Natur in uns [129]).

Der oberste Ring, gleichsam die Wurzel des Lebens, ist das Eine, die Quelle aller Realität, ohne selbst etwas Reales zu seyn. Das Eine wird in der Intelligenz zur Duplicität und Vielheit. Die Intelligenz schauet das Eine als den Grund alles Realen und das höchste Gute, und gründet das bestimmte Denken und Seyn. Die Intelligenz ist das Objekt, welches die Weltseele anschauet, und aus diesen Anschauungen neue Objekte bildet [130]).

In der Intelligenz ist das Denken und Seyn identisch. Alle Anschauungen erheben sich von der Natur zur Seele, und von der Seele zur Intelligenz; sie werden einander immer näher gerückt, und mit den anschauenden Subjekten vereinigt; je höher sie aufsteigen, einen desto höhern Grad des Lebens besitzen sie, je niedriger sie werden,

ησεως απο θεωριας, ως απoτελευτησιν ειδος· και θεωρηματος αλλου· και ολως μιμηματα οντα εκαστα των ποιουντων θεωρηματα ποιει και ειδη· και αι γινομεναι υποστασεις, μιμησεις οντων ουσαι· ποιητα δεικνυσι, τελος ποιουμενα ου τας ποιησεις, ουδε τας πραξεις, αλλα το αποτελεσμα, ινα θεωρηθῃ. και τουτο και αι διανοησεις ιδειν εθελουσι, και ετι προτερον αι αισθησεις, αις τελος η γνωσις, και ετι προ τουτων η φυσις το θεωρημα το εν αυτῃ και τον λογον ποιει, αλλον λογον αποτελουσα. — επει και οταν τα ζωα γεννᾳ, οι λογοι ειδος οντες κινουσι, και εστιν ενεργεια θεωριας τουτο και ωδις του πολλα ποιειν ηδη και πολλα θεωρηματα, και λογων πληρωσαι παντα, και οιον και θεωρειν· το γαρ ποιειν ειναι τι, ειδος εστι ποιειν· τουτο δε εστι, παντα πληρωσαι θεωριας.

129) Plotinus, *Ennead.* III. L. VIII. c. 2.
130) Plotinus, *Ennead.* VI. L. VIII. c. 4. 8. 9. 10.

den, desto weniger Leben haben sie. Denn Leben ist so viel als Denken und Anschauen. Je wahrer ein Gedanke ist, desto mehr Einheit und Leben besitzt er; desto mehr wird das Lebende und das Leben, das Seyn und Denken eins [31]).

Dieses Leben hat also mehrere Grade, und jeder Grad bestimmt eine andere Art des Lebens, je nachdem das Denken und Anschauen deutlicher und klarer ist. Dunkler ist es in der Pflanze, als in dem Thiere; dunkler ist das empfindende als das denkende Leben. Der unterste Grad des Denkens ist auch der unterste Grad des Lebens. Einige Gedanken leben und bringen wieder lebende Gedanken hervor; andere bringen nur todte Gedanken, Schattenbilder (ειδωλα) des wahren Seyns hervor. Einige Gedanken leben nicht allein, sondern sie haben auch die Kraft sich selbst anzuschauen. Mit andern ist kein solches Anschauen und Bewußtseyn verbunden. Indessen sind dieses doch nur Arten eines und desselben Lebens, welches im Denken besteht [32]).

---

[31]) Plotinus, *Ennead.* III. L. VIII. c. 5. 7. της δε θεωριας διαβαινουσης εκ της φυσεως επι την ψυχην και απο ταυτης εις νυν, και αει οικειοτεραι ται θεωριαι γινομενων και ενουμενοι τοις θεωρουσι — επι τουτω (νω) δηλονοτι ηδη εν αμφω, ουκ εικασμενως, ωσπερ επι της ψυχης της αριστης, αλλ' ουσια και τω τ'αυτον το νοειν και το νοειν ειναι — ου δη τουτο ειναι εν οντως αμφω, τουτο δε εστι θεωρια ζωσα, ου θεωρημα. οιον το εν αλλω· το γαρ εν αλλω ζων, τι εκεινο, ουκ αυτο ζων. — ει τοινυν η ζων αληθεστατη νοησις ζων εστι, αυτη δε τ'αυτον τη αληθεστατη νοησει, η αληθεστατη νοησις ζη. και η θεωρια και το θεωρημα το τοιουτο ζων και ζωη, και εν ομου τα δυο.

[32]) Plotinus, *Ennead.* III. L. VIII. c. 3. 7. ει δη ζητεται τι θεωρημα και νοημα, ον αυτο ζωης μιας ου φυτικης, ουδε αισθητικης, ουδε ψυχικης της αλλης. νοησεις μεν γαρ πως και αλλαι, αλλ' η μεν φυτικη νοησις, η δε αισθητικη, η δε ψυχικη. πως δε νη-

Aber, wird man sagen, wenn alles Leben Thätigkeit der Intelligenz, und in dieser Subjekt und Objekt identisch ist, wie kam es denn, daß aus dem Einen eine Vielheit wurde? Wenn die Intelligenz das Eine anschauet, so schauet sie es doch nicht als Eins an, denn sonst würde nie ein Denken daraus. Sie fing als Einheit an, blieb aber nicht so wie sie anfing, sondern wurde sich selbst unbewußt eine Vielheit; als wenn sie sich einer drükkenden Last entledigen wollte, entwickelte sie sich, weil sie alle Objekte haben wollte. Besser wäre es ihr gewesen, sie hätte dieses nicht gewollt. Denn nun wurde sie aus der ersten eine zweite Intelligenz. So entwickelt sich ein Kreis, er wird nun eine Figur und Fläche mit Umkreis, Mittelpunkt, Linien, an denen man Unten und Oben unterscheidet; er hat nun ein anderes Seyn als sein ursprüngliches vollkommneres Seyn war. So entwickelt sich auch die Intelligenz, in welcher ursprünglich kein bestimmtes und unterschiedenes Seyn und Denken war, in mehrere einzelne Intelligenzen, welche aber alle in unendlicher Stufenfolge Theile der ersten ursprünglichen Intelligenz sind und bleiben [133]).

XXIV.

νοησις; ετι λογοι και παλα ζωη νοησις τις· αλλα αλλη αλλης αμυδροτερα, ωσπερ και ζωη, η δε ενεργεστερα αυτη και πρωτη ζωη. και πρωτος νους εις. νοησις εν η πρωτη ζωη, και ζωη δευτερα, νοησις δευτερα, και η εσχατη ζωη, εσχατη νοησις. C. 1. ὁ μεν ουν λογος, ὁ κατα την μορφην την ὁρωμενην εσχατος ηδη και νεκρος, και ουκετι ποιειν δυναται αλλον· ὁ δε ζωην εχων, ὁ τῳ ποιησαντος την μορφην αδελφος ων, και αυτος την αυτην δυναμιν εχων, ποιει εν τῳ γενομενῳ.

133) Plotinus, Ennead. III. l. VIII. c. 7. πως αν τα πολλα τουτο ει; η οτι ουχ εν θεωμεν; επει και οταν το εν θεωρη, ουχ ως εν· ει δε μη, ου γινεται νους. αλλα αρξαμενος ως εν, ουχ ως ηρξατο, εμεινεν, αλλ' ελαθεν ἑαυτον πολυς γενομενος, οιον βεβαρημενος, και εξηλιξεν αυτον, παντα εχειν εθε-

XXIV. Bei diesem Proceß, in welchem aus der Einen untheilbaren unendlichen Intelligenz, die nichts als eine lebende Anschauung ist, das theilbare Seyn entwickelt und abgesondert wird, unterscheiden wir Form und Materie. Die Form ist das, wovon das bestimmte Seyn und Leben abhängt, was das Viele zu Einem macht, und Gestalt gibt. Plotin denkt sich die Form mit Gedanken, Anschauungen, überhaupt mit Vorstellungen als identisch, und in so fern ist die Weltseele, und über diese die Intelligenz die Quelle aller Form. Was ist aber die Materie, und woher entspringt sie? Kommt der Materie ein wirkliches Seyn zu, so muß sie mit der Form aus einer Quelle entspringen. Kommt ihr aber kein Seyn zu, so kann sie auch nichts Reales seyn. Indessen bedarf die Form einer Materie; das Bestimmende und Gestaltende ist nur dann als Realität denkbar, wenn etwas vorhanden ist, was die Form annimmt, was noch nicht bestimmt, aber bestimmbar ist [134]). Es entstehet also immer wieder von neuem die Frage: was ist, und woher ist die Materie.

XXV. Seele und Körper, Form und Materie sind eigentlich unzertrennlich, und es gibt keinen Zeitpunkt, in welchem das Ganze nicht beseelet wurde. Aber man kann doch beides in Gedanken unterscheiden, und der Deutlichkeit wegen absondern; die Vernunft kann alles Zusammengesetzte analysiren [135]).

Gibt

εθελωι. ὡς βελτιον αυτῳ, μη εθελησαι τυτο· δευτερον γαρ εγενετο.

134) Plotinus, Ennead. II. L. IV. c. 4. Enn. III. L. VI. c. 7.
135) Plotinus, Ennead. III. L. IV. c. 9.

Gibt es keinen Körper, so kann auch die Seele nicht fortschreiten. Indem sie aber fortschreitet, wird sie sich selbst einen Raum, also auch einen Körper erzeugen. Ist ihr Stand in der Ruhe selbst befestiget, so leuchtet viel Licht aus ihr aus, und an dem äußersten Ende des Lichts entstehet Finsterniß. Die Seele erblickt und formt diese Finsterniß, denn in ihrer Nähe darf nichts Gedankenloses sich finden. So bauete sich die Seele aus dem Dunklen an dem dunklen Orte gleichsam ein buntes und schönes Haus, welches von der hervorbringenden Ursache nicht getrennt ist 136).

Das Eine, Gute, Vollkommne, bleibt nicht das einzige Wesen; denn es strömt vermöge seiner Fülle aus, und erzeuget andere Objekte. Jedes Produkt ist aber seiner Natur nach nicht so vollkommen, als das erzeugende Princip. Gehet also das Eine aus sich heraus, so ist durch dieses Fortschreiten auch ein Letztes gesetzt, nach welchem nichts weiter möglich ist. Dieses ist nun die Materie, welche nichts mehr von dem Einen und Vollkommenen an sich hat, ein völlig Unbestimmtes, in welchem alle Realität aufgehoben ist 137).

Die

---

136) Plotinus, *Ennead.* III. L. IV. c. 9. σωματος μεν μη οντος, ουδ' αν προελθοι ψυχη· επει ουδε τοπος αλλος εστι, οπη πεφυκεν ειναι. προιεναι δε ει μελλοι, γεννησει εαυτη τοπον, ωστε και σωμα. της δη στασεως αυτης εν αυτη τη οιον ξυνιζουσης, οιον πολυ φως εκλαμψαν, επ' ακροις τοις εσχατοις του πυρος σκοτος εγενετο· οπερ ιδουσα η ψυχη, επει που υπεστη, εμορφωσεν αυτο· ου γαρ ην θεμιτον, γειτονουν τι αυτη λογου αμοιρον ειναι.

137) Plotinus, *Ennead.* I. L. VIII. c. 7. επει γαρ ου μο-

Die Materie ist also eine nothwendige Folge der fortschreitenden Produktion der Urkraft und der allgemeinen Lebenskraft, deren Produkte in einer unendlichen Progression immer geringere und unvollkommnere Produkte liefern, bis zuletzt Produkte zum Vorschein kommen, welche sich verhalten wie Schatten zu Licht, wie Bild zu Gegenstand, welche also der reine Gegensatz des Guten und Vollkommenen sind 138).

Die Materie ist nicht etwa ein Unding, ein inhaltsleerer Begriff von Etwas, sondern sie ist wirklich etwas Wirkliches, dem aber die Form fehlet, um es als ein bestimmtes Ding, als ein Reales zu denken. Ich denke mir also bei Materie eines Theils Beraubung aller Form, eine völlige Unbestimmtheit, aber zweitens auch etwas, welches der Form empfänglich werden, durch Ideen gebildet und gestaltet, und dadurch etwas Bestimmtes werden kann 139). Auch ist die Materie in dem Intelligiblen nichts anders als die Unbestimmtheit, und sie entstehet aus der Gränzenlosigkeit, oder Kraft oder Ewigkeit des Einen, so daß die Unbe-

μοιοι το αγαθον, αναγκη τη εκβασει τη παρ' αυτο υποβασιν, η ει ὁτω τις εθελει λεγειν, τη αει υποβασει και αποστασει το εσχατον, και μετ' ὁ ουκ ην ετι γενεσθαι ὁτιουν, τουτο ειναι το κακον, εξ αναγκης δε ειναι το μετα το πρωτον, ὡστε και το εσχατον. τουτο δε ἡ ὑλη, μηδεν ετι εχουσα αυτου.

138) Plotinus, Ennead. II. L. III. c. 17. 18.

139) Plotinus, Ennead. II. L. IV. c. 12. ει ει τοινυν αναγκαιοι ἡ ὑλη και τη ποιοτητι και τω μεγεθει, ὁτι και τοις σωμασι, και ου κενον ονομα, αλλ' εστι τι υποκειμενον και αοριστον υπαρχον και αμεγεθες. c. 14. αλλα αλλο το ταττομενον παρα το ταττον. ταυτα δε το περας και ὁρος και λογος. αναγκη δε το ταττομενον και ὁριζομενον το απειρον ειναι. ταττεται δε ἡ ὑλη — αναγκη τοινυν την ὑλην το απειρον ειναι. ουκ ὁυτω δε απειρον, ὡς κατα συμβεβηκος — αυτ τοινυν το απειρον.

bestimmtheit nicht in dem Einen ist, sondern daß sie durch das Eine gemacht wird. Es gibt nun ein zweifaches Unendliche in der Verstandeswelt und in der Sinnenwelt, so daß jenes das Urbild, dieses das Nachbild ist, die Unbestimmtheit in diesem größer, in jenem kleiner ist. Denn je weiter sich etwas von dem wahren Seyn entfernt, desto unbestimmter ist es. Größer ist also die Unbestimmtheit in der sinnlichen, als in der intelligiblen Materie; und jene ist mehr in dem Unvollkommnen, und weniger in dem Vollkommenen [140].

So leitet Plotin offenbar auch die Materie der Sinnenwelt, als ein bloßes Bild der übersinnlichen Materie, zuletzt aus dem Urprincip, dem Urverstande und der Urseele ab. Wahrscheinlich würde er diese Produktion des Unbestimmten aber Bestimmbaren noch deutlicher ausgesprochen haben, wenn die Materie nicht so unbedeutend und inhaltsleer geworden wäre, daß sie wirklich als ein Unding erscheint [140 b].

Er trennt von der Materie alle Qualität und Quantität. Die Materie ist nicht Etwas, das durch das Gesicht, Gehör, Gefühl, oder irgend einen Sinn wahrgenommen werden kann; denn Ausdehnung, Widerstand, Größe,

---

[140] Plotinus, *Ennead.* II. L. IV. c. 15. ἔτι καὶ εἰ τοῖς νοητοῖς ἡ ὕλη τὸ ἄπειρον. καὶ μὴν ἂν γεννηθὲν ἐκ τῆς τε ἑνὸς ἀπειρίας, ἢ δυνάμεως, ἢ τε καὶ' οὐκ οὔσης εἰ σκηνῷ ἀπειρίας, ἀλλὰ ποιητός. πῶς δὲ ἐκεῖ, καὶ ἐνταῦθα; ἢ διττοὶ καὶ ἄπειροι καὶ τί διαφέρει; ὡς ἀρχέτυπος καὶ εἴδωλοι. ἐλαττόνως ἂν ἄπειροι τοῦτο ἢ μᾶλλον; ὅσῳ γὰρ εἴδωλοι πεφυγὸς τὸ εἶναι τὸ ἀληθὲς μᾶλλον ἄπειροι· ἡ γὰρ ἀπειρία ἐν τῷ ἥττον ὁρισθέντι μᾶλλον· τὸ γὰρ ἧττον ἐν τῷ ἀγαθῷ, μᾶλλον ἐν τῷ κακῷ.

[140 b] Plotinus, *Ennead.* III. L. V. c. 6. ὕλην δὴ ἰσχυρὰν ὑποθέσθαι, ἵνα τὸ κοινωνῆσαι ἐκείνης ἥκῃ καὶ ὡς ταύτην τὴν τῶν σωμάτων δι' αὐτῆς.

Größe, Gestalt, Farbe, alles dieses gehöret zur Form. Man muß sich alles bestimmte Mannigfaltige wegdenken, so daß nur ein Etwas, ein leerer Begriff übrig bleibt [141]). Die Ausdehnung, und überhaupt das Reale der Empfindung rechnet Plotin nicht zur Materie, sondern zur Form, und sie ist ein Produkt der Seele, indem sie die Materie begränzt. Wenn die Seele sich an die Materie wendet, so hat sie noch nichts, was zu begränzen wäre, sondern sie ergießt sich in das Gränzenlose, sie beschreibt weder Gränzen, noch kann sie sich in einen Punkt zusammen ziehen. Und dieses Gränzenlose ist weder groß noch klein, kein Aggregat von Masse, keine Größe, sondern nur der Stoff einer Masse. Indem sie aber sich aus dem Kleinen ins Große ausdehnt, und aus dem Großen ins Kleine zusammen ziehet, so durchläuft sie gleichsam eine Masse. Dieser Mangel an Gränzen, diese Ausdehnung ist nun die Empfänglichkeit für Größe. Da aber die Materie unbegränzt ist, und noch nicht alle bei einander ist, zu jeder Form dahin und dorthin bewegt wird, und durchaus leicht bildsam ist, so wird sie durch diese durchgängige Bildung, und dieses Werden-Vieles, und erhält auf diese Art die Natur einer ausgedehnten Masse [142]). So ist auch die Construction geometrischer Figu-

141) Plotinus, *Ennead.* II. L. IV. c. 10. 11. 12. 13. ὅτι τοῦτο τὸ ἀμέγεθες ὕλης σῶμα κενόν εἶναι.

142) Plotinus, *Ennead.* II. L. IV. c. 11. ὅτι καὶ ἡ ψυχὴ οὐδὲν ἔχουσα ὁρίσαι, ὅταν τῇ ὕλῃ προσομιλῇ, ὡς ἀορίστῳ χρῆται ἑαυτῇ, οὔτε περιγράφουσα, οὔτε εἰς σημεῖον ἰέναι δυναμένη· ἤδη γὰρ ὁρίζει. διὸ οὔτε μέγα λεκτέον χωρίς, οὔτε σμικρὸν αὖ, ἀλλὰ μέγα καὶ μικρόν. καὶ οὕτως ὄγκος καὶ ἀμέγεθες οὕτως, ὅτι ὕλη ὄγκου. καὶ συστελλόμενον ἐκ τοῦ μεγάλου ἐπὶ τὸ σμικρόν, καὶ ἐκ τοῦ σμικροῦ ἐπὶ τὸ μέγα, οἷος ὄγκος διατρέχει. καὶ ἡ ἀοριστία αὐτῆς, ὁ τοιοῦτος ὄγκος, ὑποδοχὴ μεγέθους ἐν αὐτῇ. ἐν δὲ φαντασίᾳ ἐκεῖνος. καὶ γὰρ τῷ μεγάλ-

Figuren eine Art von Erzeugung; auf ähnliche Art construirt die Seele die Größen und Qualitäten, wodurch die Materie selbst erzeugt und gebildet wird [143].

Nach allem diesen ist die Materie das Entgegengesetzte der Form, und Beraubung derselben; nicht etwas, welchem zufällig die Form entzogen worden, sondern dasjenige, dem wesentlich die Form nicht zukommt, das **Formlose**, ein Schattenbild des Seyns. Da die Form dasjenige ist, wovon Seyn, Wesen, Leben, Maß, Gränze abhängt; so wird die Materie das Seyn und Wesenlose, das Leblose, das Unbegränzte, Rohe, Maßlose seyn. Sie ist **positiver Mangel und Finsterniß**; zwar ein Produkt eines realen Wesens der Seele, aber doch die Folge eines Mangels in der Seele. Denn die vollkommene, der Intelligenz unverwandt anhängende Seele ist immer rein, und hält von sich alle Materie weit entfernt, sie siehet nichts Unbestimmtes, nichts Unmäßiges, nichts Böses. Sie bleibt daher rein, und wird immer nur durch Vernunft und Intelligenz bestimmt. Diejenige Seele aber, welche dieses nicht bleibt, sondern aus sich herausgehet, sich entfernt von dem Ersten und Vollkommenen, wird, in so weit sie nicht von dem Einen (dem Urlichte) erfüllet ist, mit der **Unbestimmtheit** angefüllet, sie blicket hin auf das, was sie nicht schauet; schauet die Fin-

αλ'ων αυριθων, οσα υδη, ὁριςαι ἱκαςον· ὁςι μηδαμη ενιοις ογκα. ἡ δε αοριςος ενα, και μη πα πασα παρ' αυτης, επι παν ηδος φερομενη, δευρο κακησε, και παντη ευεργωγος ενα, πολλη τε γινεται τη επι παντα αγωγη και γενεσι, και ισχε τοιοι τον τροπον φυσιν εγκα. *Enn.* V. L. II. c. 1. 2.

143) Plotinus, *Ennead.* III. L. VIII. c. 3. *Enn.* V. L. I. c. 4.

Finsterniß an, und hat nun schon Materie '44).

XXVI. Die Welt ist der Inbegriff alles Wirklichen, aller Wesen, welche aus Form und Materie bestehen, und ein Leben haben; sie ist also selbst ein mit dem Leben begabtes großes Ganze, oder ein Weltthier '45). Sie besteht aus dem Princip alles Lebens und Seyns, dem Einen, dem Urlichte, welches alles durchdringt, und den Grund der Möglichkeit von allem enthält; der ursprünglichen Intelligenz, dem Princip des Denkens und des wirklichen Seyns, der Urquelle des innern geistigen Lebens; der Seele, dem Princip des äußern Lebens, und den Produkten dieser in unendlichen Graden sich äußernden und ergießenden Urkraft '46).

Es gibt eine Verstandeswelt und eine Sinnenwelt. Die Verstandeswelt ist der Inbegriff aller wirklichen Wesen, in höchster Vollkommenheit und Unveränderlichkeit; die Sinnenwelt ein Nachbild der erstern, der Inbegriff aller wirklichen veränderlichen Wesen '47). Die Verstandeswelt ist ein unveränder-

144) Plotinus, Ennead. I. L. VIII. c. 3. 4. ἡ μεν ὑι τελωα και προς ιδι ιπυσσα ψυχη, και καθαρα, και ὑλης ἀπεςρκπται, και το κοριςον ἀπαι και το ἀμετρον και κακοι ὑτε ὁρα, ὑτε πελαζει. καθαρα ἐν μενη ὁρισθησα ἐν παντελως. ἡ δε μη μειιασα τυτο, ἀλλ' ἐξ αυτης προελθυσα τω μη τελωῳ μηδε πρωτῳ, εἰοι ἰνδαλμα ἐκεινης, τῳ ἐλλημματι, καθοσον ἐνελιπεν, κοριςιας πληρωθησα, σκοτος ὁρα, και ἐχει ηδη ὑλην, βλεπυσα ὡς ὁ μη βλεπυν, ὡς λεγομεθα ὁραν και το σκοτος. Enn. IV. L. III. c. 9. 10.

145) Plotinus, Ennead. IV. L. IV. c. 22.

146) Plotinus, Ennead. III. L. VIII. c. 4. 8. 9. 10. Enn. VI. L. VII. c. 8. Enn. V. L. I. c. 4.

147) Plotinus, Ennead. VI. L. IV. c. 2. ισι δη το μεν

derliches absolutes lebendes Ganze, in welchem keine Trennung durch den Raum, kein Wechsel in der Zeit Statt findet. Sie enthält alles, was ist; aber kein Werden noch Vergangenseyn. Sie ist in keinem Raume, und bedarf keines Raumes; denn sie ist in sich vollständig, sich durchaus gleich, und erfüllt sich selbst. Wenn man sagt, die Verstandeswelt ist allenthalben, so heißt das nichts anders als, sie ist in dem Seyn, und daher in sich selbst [148].

XXVII. Die Verstandeswelt ist nichts anders als das Geisterreich. Es gibt erstlich eine höchste Intelligenz, diese enthält in sich alle mögliche Intelligenzen und alle mögliche Objekte der Möglichkeit nach; der Wirklichkeit nach gibt es eben so viele einzelne Intelligenzen, als in der höchsten Intelligenz der Möglichkeit nach enthalten sind. So wie es eine höchste Intelligenz gibt, so gibt es auch eine höchste Weltseele und viele einzelne Seelen, und jene verhält sich zu den vielen, wie die Gattung zu den Arten. Die Arten unterscheiden sich untereinander, und von der Gattung, ob sie gleich alle

aus

μεν αληθινον παν, το δε τυ παντος μιμημα η τηδε τυ ορατυ φυσις. το μεν κν οντως παν εν υδενι εστιν. υδεν γαρ εστι προ αυτυ. ο δ' αν μετα τυτο ην, τυτο ηδη αναγκη εν τω παντι ειναι, ειπερ εσται, και μαλιστα εξ εκεινυ ηρτημενον, και υ δυναμενον ανευ εκεινυ ετε μενειν ητε κινεισθαι.

148) Plotinus, *Ennead*. VI. L. IV. c. 2. το παν εκεινο και πρωτον και οι ε ζητη τοπον, υδ' ολως εν τινι, παν δη το παν υκ εστι οπως απολειπεται εαυτυ, αλλ' εστι πεπληρωκος εαυτο και οι ισον εαυτω· και ητω το παν εκεινο αυτο. το γαρ παν αυτο εστι. — υ γαρ η αποσπασθαι αυτο εφ' εαυτυ, και το πανταχυ δε λεγεσθαι ειναι, ειναι αυτο δηλονοτι εν τω οντι, υτε εν εαυτω. *Enn.* V. L. I. c. 4. *Enn.* VI. L. V. c. 2.

aus der Gattung entspringen; es muß also zu der Gattung noch etwas hinzu kommen, wodurch sie näher bestimmt werden. Eben so muß auch zur Intelligenz etwas hinzu kommen, daß daraus die Weltseele entspringe, und die einzelnen Seelen müssen vollkommner und unvollkommner in Rücksicht auf das Denkvermögen seyn, sonst würden es nicht verschiedene Arten der Seele seyn 149).

Die einzelnen Intelligenzen stimmen mit einander dem Begriffe nach zusammen, und eben so die einzelnen Seelen; sie sind Arten einer Gattung. In jeder Art ist also die Gattung als eine Einheit, also in den vielen einzelnen Intelligenzen eine generelle Intelligenz, und in den einzelnen Seelen eine generelle Seele. Aber nun muß noch eine Intelligenz und eine Seele gedacht werden, welche nicht in den Individuen ist, von welcher aber die individuellen Intelligenzen und Seelen entsprungen sind, und woher sie die Gattungseinheit erhalten haben; gleichsam ein Bild jener Grundseele, das an Vielen dargestellt worden, so wie von einem Siegelring viele Wachsmassen ein und dasselbe Gepräge erhalten 150).

Es

149) Plotinus, *Ennead.* IV. L. VIII. c. 3. οντος τοινυν (τω) πωτος ιν ει τω της νοησεως τοπω, ολε τε και παντες, οι δη κοσμον νοητον τιθωμεθα, αυτων δε και των εν τουτω περιεχομενων νοερων δυναμεων και νοων. των καθ' εκαστα· ο γαρ εις ιστ μονος, αλλα εις και πολλοι· πολλας εδει και ψυχας και μιαν ειναι, και εκ της μιας τας πολλας διαφορας· ωσπερ γαρ εκ γενες ενος ειδη τα μεν αμεινω τα δε χειρω· και τα μεν νοερωτερα, τα δε ηττον ενεργεια τοιαυτα. και γαρ εκει εν τω νω το μεν νες περιεχον δυναμει τ'αλλα, οιον ζωον μεγα· τα δε, ενεργεια εκαστοι, α δυναμει περιειχε θατερον.

150) Plotinus, *Ennead.* IV. L. IX. c. 4. λεγομεν ει συλληπτερα ημων γινεσθαι θεοι παρακαλεσαντες, ως δει

μιας

Es könnte gegen diese Einheit aller Seelen eingewendet werden: 1) daß was ein anderer Mensch empfindet, auch Gegenstand meiner Empfindung seyn, und wenn mein Charakter gut wäre, auch der andere einen guten Charakter haben, kurz daß jeder Mensch mit dem andern in seinen Empfindungen einstimmig, und bei jeder Empfindung des Einzelnen das Ganze mit empfinden müßte. 2) Gäbe es Eine Seele, so könnte es nicht wesentlich verschiedene Seelen, als vernünftige, unvernünftige, Thier- und Pflanzenseelen geben **151**).

Diese Einwürfe lassen sich leicht heben. Denn wenn meine und deine Seele auch dem Begriffe nach **identisch** ist, so ist sie doch darum noch nicht auch der **Existenz nach identisch**; noch weniger folgt, daß der mit deiner Seele verbundene Körper auch der meinige sey. Hieraus ist schon hinreichend die Verschiedenheit der Empfindungen und die Verschiedenheit des Bewußtseyns erklärbar. Es ist nicht nothwendig, daß alle Veränderungen in den Individuen von der Weltseele in bestimmter Gestalt vorgestellt werden, aber nicht ungereimt,

daß

μη μιαν μιαν περιττερον, ωπερ πολλαι, και εκ ταυτης τας πολλας ειναι. ει μεν εν σωμα ειη, κιαναγκη μεριζομενη τουτο, τας πολλας γιγνεσθαι αλλην παντη ουσαν, την δε αλλην γιγνομενην, και ὁμοιομερες κἂν της, ὁμοειδεις πασας γενεσθαι, ειδος ἐν ταυτῃ φερουσας ὅλον, τοις δε ογκοις ἑτερας. και ει μεν κατα τας ογκους εχοι τας ὑποκειμενας το ψυχαι ειναι, αλλας αλληλων ειναι· ἠ δε κατα το ειδος, μιαν τῳ ειδει ψυχας ειναι. τουτο δε εστι το μιαν και την αυτην εν πολλοις σωμασι ψυχην ὑπαρχειν, και προ ταυτης της μιας της εν πολλοις αλλην αυ ειναι μη εν σωμασιν, αφ' ἡς ἡ εν πολλοις μια, ὡσπερ ἰνδαλμα κατα φερομενον της εν ἑνι μιας, οἷον εκ δακτυλου ἑνος πολλοι κηροι τον αυτον τυπον απομαξαμενοι φεροιεν.

151) **Plotinus**, *Ennead.* IV. L. IX. c. 1.

daß sie dieselben mit empfindet. Man erzählt von großen Wallfischen, daß sie eine Veränderung in den Theilen wegen der Kleinheit der Bewegung nicht empfinden. Dieses kann auch von der Weltseele gelten. Daß in dem einen Individuum Tugend, in dem andern Laster sey, ist nicht ungereimt, da ja ein und dasselbe Ding von der einen Seite sich bewegen, und von der andern ruhen kann. Aber überhaupt schließen wir bei der **Einheit** der **Seele** gar nicht die **Mehrheit** aus; nur allein das vollkommenste **Wesen** ist **Einheit ohne alle Mehrheit** [152]. Vielmehr kann man daraus, daß wir mit einander sympathisiren, durch den Anblick eines Andern zur Mitfreude und zum Mitleiden bestimmt werden; daß eine leise ausgesprochene Rede auch Entfernteren vernehmlich wird; daß Beschwörungen und magische Mittel Neigung und Zusammenstimmung zwischen Menschen in großer Ferne bewirken können, schließen, daß alle diese Wirkungen nur durch die Einheit der Seele möglich sind [153]. Was den zweiten Einwurf betrift, so wird er in dem XXVIII. Absatz beantwortet. So führet uns also alles auf die **Einheit einer Seele**, ungeachtet der Mehrheit derselben. Alle sind aus einer Seele entsprungen. Aber wie? Ist die eine Seele, woraus alle entsprungen sind, zertheilt und zerstückelt worden, oder nicht, so daß die Seele unverändert geblieben ist, aber außer ihr noch mehrere gemacht hat? Und wie kann sie ohne Verminderung ihres Wesens viele Seelen aus sich machen? Wäre die Seele ein Körper, so könnte sie freilich nur durch Zertheilung eine Mehrheit werden. Da sie aber unkörperlich ist, so ist erstlich eine Theilung nicht möglich, und sie kann

in

---

152) Plotinus, *Ennead.* IV. L. IX. c. 2.

153) Plotinus, *Ennead.* IV. L. IX. c. 3.

in vielen zugleich ungetheilt und ohne Veränderung ihres Wesens mehrere Wesen ihrer Art aus sich hervorbringen. Es gibt eine Seele, es gibt eine Mehrheit von Seelen, und von diesen Individuen ist die Grundseele doch nicht entfernt, noch gesondert, sondern in jeder einzelnen ganz ungetheilt. Ein und dasselbe ist in Vielen. So ist die Wissenschaft ein Ganzes, ungeachtet ihrer Theile, und wenn auch die Theile aus der Wissenschaft als dem Ganzen sind, so bleibt sie selbst doch ganz. Und in dem Theile sind wieder alle Theile, der Möglichkeit nach, und können aus demselben entwickelt werden, so daß ein Satz alle Sätze enthält, die vor ihm vorausgehen, durch welche die Analyse geschiehet, und wieder alle folgende, welche aus ihm abgeleitet werden. So ist der Keim etwas Ganzes, und aus ihm entwickeln sich alle Theile, in welche das Ganze pflegt getheilt zu werden; und jeder Theil ist wieder ein Ganzes. Das Ganze bleibt ohne alle Verringerung, alle Theile sind Eins, und nur die Materie hat sie zertheilet. Dieses wahr zu finden, fällt uns schwer wegen unserer Schwäche, und der Körper verdunkelt den Gedanken. Dort wird aber alles und auch das Einzelne klar werden [154].

XXVIII. Die Sinnenwelt ist in der Verstandeswelt enthalten, ganz der gemeinen Vorstellungsart entgegen, nach welcher man alles Wirkliche in der Sinnenwelt setzt. Die Sinnenwelt ist etwas Kleines in Ver-

---

154) Plotinus, *Ennead*. IV. L. IX. c. 4. 5. πως αν ποια μια εν πολλοις; η γαρ η μια εν πασιν ὑλη, η απο ὁλης και μιας αἱ πολλαι, εκεινης μενουσης. εκεινη μεν εν μια, αἱ δε πολλαι εις ταυτην ὡς μιαν, δοσαι ἑαυτην εις πληθος και ου δουσα. ικανη γαρ πασι παρασχειν ἑαυτην και μενειν μια. δυναται γαρ εις παντα ἁμα και ἑκαςω ουκ αποτετμηται παντη. το αυτο δη εν πολλοις.

Verhältniß gegen die Verstandeswelt, welche der Inbegriff alles Objektiven (εν) ist, und ohne in einem bestimmten Raume zu seyn, jedwedem Einzelnen in seiner Totalität gegenwärtig ist, und daher immer das absolute Ganze bleibt. Es ist keine räumliche Gegenwart, sondern eine dynamische. Alles was ist, ist Produkt des Ganzen, und jedem Einzelnen gibt das Absolute Kräfte zum Leben und Seyn, so viel als es davon fassen kann. Wo aber alle Kräfte des absoluten Ganzen vorhanden sind, obgleich kein Individuum Empfänglichkeit für alle hat, da ist auch das absolute Ganze selbst vorhanden, und von dem Einzelnen geschieden [155]).

Was in der Sinnenwelt vorkommt, das ist auch in der Verstandeswelt enthalten. Denn diese ist das Vorbild von jener. So ist also auch in der Verstandeswelt ein Himmel, aber ein lebender Himmel, der also auch nicht der Sterne beraubt ist; Erde, aber keine leblose, sondern die Behälterin aller Landthiere und Pflanzen; Meere und Wasser, mit allen Wasserthieren, in einem bleibenden Leben und Flusse; Luft, und alle in der Luft lebende Thiere. Denn wie wäre es möglich, daß das in einem Lebenden befindliche, nicht auch selbst lebend seyn sollte [156])?

---

155) **Plotinus**, *Ennead.* VI. L. IV. c 3. αρ' εν αυτο φησομεν παρειναι, η αυτο μεν εφ' εαυτε ειναι, δυναμεις δε απ' αυτε ειναι επι παντα, και ετως αυτο πανταχε λεγεσθαι ειναι; — επει και τοτε εκ αποτετμηται εκεινο της δυναμεως αυτε, ης εδωκεν εκεινω. αλλ' ο λαβων, τοσκτον εδυνηθη λαβειν, παντος παροντος. ε δε πασαι αι δυναμεις, αυτο σαφως παρεςι χωριςον ομως εν. — νυ δε φησιν ο λογος, ως αναγκη αυτω τοπον εκ ειληχοτι, ω παρεςι, τετω ολον παρειναι παντι δε παρον, ως και εκαςω ολον παρειναι, η εςαι αυτε το μεν ωδι, το δε αλλοθι, ωςε μεριςον εςαι και σωμα εςαι.

156) **Plotinus**, *Ennead.* VI. L. VII. c. 12. δει κακει προτερον το παν ζωον ειναι, και ει παντελες το ειναι αυτω, παντα ειναι.

Hier entstehet aber die Frage: wie können Pflanzen, Erde, Steine als lebend betrachtet werden? Wie kann aus der Verstandeswelt, welche nichts anders als das reine Seyn und Leben der Vernunft ist, ein Leben hervorgehen, welches nicht vernünftig ist. Denn der Unterschied zwischen Thieren mit Vernunft und ohne Vernunft ist einmal in der Sinnenwelt vorhanden, und es muß also erklärt werden, wie aus der Vernunftthätigkeit etwas Vernunftloses hat entstehen können.

Die Pflanze in der Sinnenwelt ist nichts anders als eine in das Leben gesetzte Idee. Das Wesen, was da macht, daß etwas eine Pflanze ist, ist ein Leben, eine Seele, ein in der Materie dargestellter Vernunftbegriff, welcher in allen Pflanzen eine Einheit ist. Diese Idee als Einheit ist nun entweder die erste Pflanze, die Mutterpflanze, von welcher alle übrige kommen, oder nicht, und es ist vor dieser noch etwas Höheres als erste Pflanze. In beiden Fällen muß aber die erste Pflanze, das Vorbild der ganzen Pflanzenwelt, von welcher alle übrigen abstammen, selbst auch ein Leben haben, weil auch die abgeleiteten Pflanzen leben [157].

Was

και αρχνον δη εκει ζωσι ειναι, και εκ ερημου τοινυν αερων των ενταυθα λεγομενων αερων· και το αρχος ειναι, τυτο, εςι δε εκει δηλον, οτι και γη εκ ερημος, αλλα πολυ μαλλον εξωμενη, και εςιν εν αυτη ζωα ξυμπαντα, οσα πεζα και χερσαια λεγεται ενταυθα, και φυτα δηλονοτι ει τω ζην ιδρυμενα. και θαλασσα δε εςιν εκει, και παν υδωρ εν ζωη και ζων μενουν· και τα εν υδατι ζωα παντα, αερος τε φυσις τη εκει παντος μοιρα, και ζωα αερια εν αυτω, αναλογον αυτω τω αερι.

157) Plotinus, *Ennead.* VI. L. VII. c. 11. και ταυτα τα μεν κι φυτα δυναιτ᾽ αν τω λογω συναρμοσαι. επει και

το

Was die Erde betrift, so muß auch unsere Erde eine gewisse Form und Idee haben. Bei den Pflanzen lebte die Idee derselben in der Verstandeswelt, und in dieser Sinnenwelt. Daffelbe muß auch der Fall bei der Erde seyn, wie sogleich einleuchtet, wenn wir die vorzüglichsten Gebilde aus Erde betrachten. Das Wachsthum der Steine, ihre Bildungen und Gestaltungen von innen heraus, können wir uns nicht anders vorstellen, als daß sie das Produkt einer von innen bildenden und gestaltenden beseelten Idee sind, und daß dieses die producirende Form der Erde ist, so wie die vegetative Kraft in den Bäumen. Da nun die Erde in dieser Welt lebt, so müssen wir denken, die Erde in jener Welt habe noch mehr Leben, von welcher diese herrührt 158) *).

το τηδε. φυτον λογος εςι εν ζωη κειμενος. ει δη ο ενυλος λογος ο τε φυτε, καθ' εν το φυτον εςι, ζωη τις εςι τοιαδε και ψυχη τις, και ο λογος ει τι ητοι το πρωτον φυτον εςιν αυτος, η ε, αλλα προ αυτε φυτον το πρωτον, αφ' ε και τετο. και γαρ εκεινο εν. ταυτα δε πολλα και αφ' ενος εξ αναγκης. ει δε τετο δη πολυ προτερον εκεινο ζην, και αυτο τετο φυτον ειναι, απ' εκεινε δε ταυτα δευτερας και τριτως και κατ' ιχνος εκεινε ζην.

158) **Plotinus**, Ennead. VI. L. VII. c. 11. λιθων τοινυν αυξησεις τε και πλασεις και εσω αναφυομενων ενδον μορφωσεις παντως τε λογε εμψυχε δημιεργεντος ενδοθεν και ειδοποιεντος χρη νομιζειν γινεσθαι, και τετο ειναι το ειδος της γης το ποιειν, ωσπερ εν τοις δενδροις την λεγομενην φυσιν.

*) Aehnliche schwärmerische Ideen von dem Leben der Materie sind durch den neuesten Idealismus verbreitet worden. Doch ist alles, was Plotin darüber sagt, nicht so abenteuerlich, als was man in Görres Exposition der Physiologie von der Persönlichkeit, Sittlichkeit, und Göttlichkeit der Erde findet.

Auf eben die Art müssen wir uns auch das Feuer, die Luft, das Wasser als lebend denken, denn das Feuer ist ebenfalls eine gewisse Idee (λογος) in der Materie. Woher ist das Feuer? Gewiß nicht aus dem zufälligen Reiben gewisser Materien an einander; denn da müßten diese Materien schon Feuer in sich enthalten. Auch enthält die Materie nicht so der Möglichkeit nach das Feuer in sich, daß es aus ihr entstehen könnte. Das Feuer kann also nur in der Materie der Form nach seyn. Was ist denn aber die Form anders als das **schaffende und bildende Princip, die Seele**? **Also ist das Feuer ein Leben und eine Idee, und beide sind eins.** Daher sagt auch Plato mit Recht, in dem Feuer sey eine Seele, welche das sinnliche Feuer mache [159]. Erde, Feuer, Luft, Wasser sind also Theile des ganzen Weltthieres, Leben und lebende Seelen; nicht nur, daß in ihnen lebende Wesen existiren, sondern so, daß sie auch selbst leben. Nur ist ihr Leben nicht äußerlich wahrnehmbar, sondern kann nur geschlossen werden. Das erste darum: Jedes Feuer, das entstehet, verlöscht schnell wieder, und dauert nicht so lange, daß es eine feste Gestalt annähme, um die in ihm befindliche Seele zu äußern, sondern gehet nur vor der in dem Ganzen befindlichen Seele vorüber. Gewiß würde es aber, wenn es starr würde, seine Seele offenbaren. Da es aber in der Natur flüssig und zerstreut seyn müßte, so entstehet der

---

[159] Plotinus, Ennead. VI. L. VII. c. 11. ὀδε γαρ ἡ ὑλη ὄντως δυναμει, ὡςε πυρ᾽ αυτης. ἢ δη κατα λογος, δια το ποιειν ειναι ὡς μορφαι. τι αν ειη; ἡ ψυχη ποιειν πυρ δυναμενη. τουτο δε ἐςι ζωη και λογος, ἑν και ταυτον αμφω. διο και Πλατων ἐν ἑκαςῳ τουτων ψυχην φησιν ειναι, ουκ αλλως, ἢ ὡς ποιουσαν τουτο δη το αισθητον πυρ. Es ist mir keine Stelle bekannt, wo Plato dieses behauptete, welches er auch nach seinen Grundsätzen ohne die größte Inconsequenz nicht behaupten konnte.

der Schein, als wäre es leb- und seelenlos, so wie es bei den flüssigen Theilen unsers Körpers, als dem Blute, derselbe Fall ist, welche doch ebenfalls wie alle Theile des Körpers Leben und Empfindung haben müssen [160]).

Es gibt nichts durchaus Vernunftloses in der Natur. Auch die Thiere, welche wir als unvernünftige betrachten, scheinen nur vernunftlos zu seyn. Denn Vernunft ist ja dasjenige, in welchem oder aus welchem alles ist. Wie sollte etwas der Vernunft gänzlich Entgegengesetztes existiren können. Wir stoßen uns nur daran, daß die Thiere ihre Vernunft auf eine andere Art äußern, als die Menschen, und wollen ihnen daher gar keine Vernunft einräumen, weil sie nicht die unsrige ist. Es gibt unzählig viele Arten des Lebens, der Thätigkeit und der Vernunft, welche untereinander verschieden sind. Und dann darf man auch nicht vergessen, daß auch der sichtbare Mensch nicht so lebe, und auf dieselbe Art vernünftig ist, als es der Mensch in der Verstandeswelt ist. Wir rechnen zum Wesen der Vernunft das Schließen und Raisonniren: dort ist aber die Vernunft ein anderer und über das Schließen weit erhabner Akt, nämlich ein unmittelbares Anschauen in vollkommenster Deutlichkeit [161]). Wer sich ein Thier denkt, ist Intelligenz,
und

---

[160] Plotinus, *Ennead.* VI. L. VII. c. 11. γινομενον δε το πυρ εκαστον και ταχυ εσβεννυμενον την εν τω ολω ψυχην παρεχεται, ως τε ογκοι ε γεγενηται μενοι, ινα εδοξε την εν αυτῳ ψυχην, αης τε και ὑδωρ ὡσαυτως. ετι και ει παγην πως κατα φυσιν, δοξειεν αν. αλλ' ὁτι εδει ειναι κεχυμενην, ἡ εχει ε δοκουσι.

[161] Plotinus, *Ennead.* VI. L. VII. c. 9. και τοι πως νοουντες η αλογοι, εκεινου οντος; ει ῳ ἑκαςα η εξ ε — ὁ ανθρωπος ὁ ενταυθα ε τοιουτοι εςιν, οἱος εκεινος, ωςε και τα αλλα

und das Denken eines Thieres ist Intelligenz. Da nun das Denken und das gedachte Objekt identisch ist, wie könnte denn das Gedachte etwas Vernunftloses seyn? Müßte sich die Intelligenz nicht selbst zu einem Vernunftlosen machen? Nein jedes Leben ist eine Art von Vernunftthätigkeit und von der Intelligenz nicht zu trennen [162]. Das Letzte, der Endpunkt der Vernunftthätigkeit, ist der äußere Gegenstand, z. B. ein einzelnes Thier. Denn wenn sich die Kräfte entfalten, und in ihrer Entfaltung fortschreiten, verlieren sie immer etwas, und werden niedriger; es entstehen unvollkommnere Produkte; aber selbst aus dem, was diesen fehlet, wissen sie noch etwas hinzu zu setzen, um das Fehlende zu ergänzen. Weil z. B. das bloße Seyn noch nicht hinlänglich ist zum Leben, so kamen Krallen, Schnabel, Hörner, Zähne zum Vorschein. Auf diese Art hebt sich die im Herabsteigen unvollkommener gewordene Vernunft wieder durch Zulänglichkeit der Natur empor [163].

Man

αλλα ζωα ουχ οια τα ενταυθα κακη, αλλα μηδεν δη εκεινη λαμβανειν. ειτα ωτε το λογικον εχει, τοδε γαρ ισως λογικον, εχει δε ο περ τω λογιζεσθαι. — c. 7. οτε ηεναι τας αισθησεις ταυτας αμυδρας νοησεις, τας δε εκει νοησεις εναργεις αισθησεις. — c. 9. εχει δε και το αλογον λεγομενον λογος η, και το ανευ νυ ην.

162) Plotinus, Ennead. VI. L. VII. c. 9. επει και ο νοων ιππον, ως εςι, και η νοησις ιππου νυ ην. αλλ' ει μεν νοησις μενον, αποκοι αδει, την αισθησιν αυτην νοησιν ηξαι αιοντεω ειναι, και δ' η ταυτον η νοησις τω πραγματι, πως η μεν νοησις, αιοντοι δε το πραγμα; οτω γαρ αν της αιοντον εαυτον ποιοι, η ουκ αιοντοι, αλλα ιην τοιαδε, ζωη γαρ τοιαδε.

163) Plotinus, Ennead. VI. L. VII. c. 9. εξελιττομεναι γαρ αι δυναμεις καταλιπουσιν αν ως το ανω. προϊασι δε τι αφιισαι, και εν τω αφιεναι δε αλλα, αλλα δια το ενδεες τω ζωω φανειτος, εκ τε ελλιποντος ετερον εξευρισκει προσθειναι, οιον επει ουκ εστιν, ετι το εκεινοι εις ζωην, ανεφανη ονυξ

και

Man darf sich nicht die Sache so vorstellen, als
wenn die Intelligenz, um alle Objekte der Sinnenwelt zu
machen, diese zum Vorbilde genommen, und um sie hervorzubringen, sie sich vorgestellt habe. Denn das Hervorbringenwollen setzt schon das Denken des Objekts voraus.
Es war also schon in der Intelligenz das
Objekt, das werden sollte, und ging dem
Denken vorher, und das Objekt der Sinnenwelt folgte daraus nothwendig. Denn
die schöpferische Kraft durfte nicht Stillstand machen bei
den Objekten der Verstandeswelt. Was hätte eine
Kraft, die eben sowohl stille stehen, als weiter fortschreiten konnte, zum Stillestehen nöthigen können [164]?

XXIX. Doch warum war überhaupt eine Vielheit der Dinge nothwendig? Warum mußten diese
lebenden Wesen seyn? Und was sollen sie in der Gottheit?
Wir finden zwar keinen Anstoß an den vernünftigen Wesen; aber welchen Werth hat die Menge der Vernunftlosen? — Allein es mußte so seyn. Denn es ist einleuchtend, daß das Eine (die göttliche Intelligenz), welches
nach

και το γαμψωνυχοι, και το καρχαροδυν η κερκος φυσις.
ώςε η κατηλθεν ο νες, ταυτη παλιν αν τω αυταρκει της φυσεως ανακυψαι, και ευρειν εν αυτω τε ελλειποντος κειμενην ιασιν.

[164] **Plotinus**, *Ennead.* VI. L. VII. c. 8. καιτοι πως
οίον τε ην βουλομενοι ιππον ποιησαι, νοησαι ιππον. ηδη γαρ
δηλον, ότι υπηρχε ίππε νοησις, ειπερ ηβουληθη ιππον ποιησαι. ώςε ουκ εςιν ίνα ποιηση, νοησαι, αλλα προτερον ειναι τον
μη γενομενον ιππον, προ τε μετα ταυτα εσομενε· ει ουν προ
της γενεσεως ην, και ουχ, ίνα γενηται, ενοηθη, ου προς τα τηδε βλεπων ειχε παρ' εαυτω, ός ειχε τον εκει ιππον· ουδ' ίνα
τα τηδε ποιηση, ειχε τουτον τε και τα αλλα, αλλα ην μεν
εκεινα, ταυτα δε επηκολουθη εξ αναγκης εκεινοις. ου γαρ ην
ςηναι μεχρι των εκει· τις γαρ αν εςησε δυναμιν μενειν τε και
προϊεναι δυναμενην;

nach dem Abſolut Einen iſt, ein Vieles ſeyn mußte. Denn ſonſt wäre es nicht nach demſelben, ſondern die abſolute Einheit ſelbſt. Da nun die Einheit das Vollkommenſte iſt, ſo mußte es als das Zweite dem Range nach, ein Mehreres als Einheit ſeyn. Denn die Vielheit iſt mangelhaft. Geſetzt nun, es war eine Zweiheit, ſo konnte doch das Eine und Andere die Zweiheit conſtituirende nicht vollkommene Einheit, ſondern jedes mußte wiederum eine Zweiheit ſeyn, und ſo weiter bei jedem Beſtandtheile jedes Beſtandtheils. So war alſo in der erſten Zweiheit Bewegung und Ruhe, Intelligenz und Leben, und zwar vollkommene Intelligenz und vollkommenes Leben. Sie iſt daher nicht eine beſondere, ſondern eine vollſtändige Intelligenz, welche alle einzelne Intelligenzen in ſich begreift, ihnen allen zuſammengenommen gleich, ja noch größer iſt; ſie lebt nicht als eine Seele, ſondern als alle Seelen, und noch mehr als das; ſie hat das Vermögen, alle Seelen hervorzubringen; ſie iſt ein vollſtändiges lebendes Weſen, welches alle lebende Weſen in ſich enthält [165]). **Die Vollkommenheit der Intelligenz** beruhet auf ihrer **Vollſtändigkeit und Einheit.** Die vollſtändige Einheit und Verbindung aller

---

165) **Plotinus,** Ennead. VI. L. VII. c. 8. ὅτι μὲν οὖν πολλα δε τουτο το εν ειναι, οι μετα το παντη εν, δηλοι· η ουκ αν ην μετ' εκεινο, αλλ' εκεινο. μετ' εκεινο δεον, ὑπερ μεν εκεινο προς το μαλλον εν γενεσθαι, ουκ ην· ελλειπον δε εκεινο, τα δ' αριστα οντος εσει, εδει πλεον η εν ειναι. το γαρ πληθος εν ελλειψει. τι αν κωλυει δυαδα ειναι; η ἑκατερον των εν τη δυαδι ουκ οιον τε ην εν παντελως ειναι, αλλα παλιν αυ δυο τουλαχιστον ειναι· και εκεινων αυ ὡσαυτως. ειτα και κινησις ην εν τη δυαδι τη πρωτη και στασις· ην δε και νους, και ζωη ην εν αυτω, και τελεος νους και ζωη τελεια.· ην τοινυν ουχ ὡς νους εἱς, αλλα πας και παντας τους καθ' ἑκαστα νους εχων, και τοσουτος, ὁσοι παντες, και πλειων· και ζη, ουχ ὡς ψυχη μια, αλλ' ὡς πασαι και πλειω, δυναμιν εις το ποιειν ψυχας ἑκαστας εχων· και ζωον παντελες ην.

ler Intelligenzen, aller lebenden Wesen, aller Arten des Seyns und Lebens, dieses ist die Vollkommenheit der Intelligenz als des Zweiten nach der absoluten Einheit. Jedes Einzelne des Mannigfaltigen, was die Intelligenz in sich enthält, ist nur als Einzelnes vollkommen; die Intelligenz selbst als Totalität alles Möglichen und Wirklichen. Die Intelligenz enthält also eine Vielheit; diese Vielheit ist aber nicht möglich, wo alles Einzelne identisch ist, denn sonst wäre auch Eins von denselben hinreichend. Das Mannigfaltige der Intelligenz muß also aus immer andern, dem Begriffe nach verschiedenen Bestandtheilen bestehen, so jedoch, daß alle etwas Gemeinsames haben, welches durch eine hinzugekommene Differenz etwas anderes wird [166]).

XXX. Die Verstandeswelt schließt allen Wechsel und Veränderung, alles Werden und Gewordenseyn aus. Sie ist das reine Seyn selbst, welches keinen Abgang und keinen Zuwachs erleidet, und kein anders Seyn gestattet. Sie ist also ewig, ohne alle Zeitbedingungen. Die Ewigkeit ist nichts anders als das Wesen, welchem unveränderliches Seyn zukommt. Sie ist also identisch mit Gott, und nichts anders, als Gott, der sich selbst offenbaret, wie er seinem unwandelbaren

---

[166) Plotinus, Ennead. VI. L. VII. c. 9. 10. ὡς γαρ ζῶοι εδυ τελειοι ειναι, και ὡς ται δε, τελειον, και ὡς ζωην δε τελειοι. ὡςε η μη τυτο, αλλα τυτο. και η διαφορα το αλλα αντι αλλα, ἱνα εκ παντων μεν το τελειοτατον ζωον, και ὁ τελειος νως, και η τελειοτατη ζωη. ἑκαςον δε ὡς ἑκαςοι τελειοι. και μην ει εκ πολλων δη ειναι αυ ει, ουχ οἱοντε εκ πολλων μεν ειναι, των αυτων δε παντων· η αυταρκες ην αν ει. δει τοινυν εξ ἑτερων αυ κατ' ειδος ὡσπερ και των συνθετον, και σωζομενων ἑκαςων, οἱαι και αἱ μορφαι και οἱ λογοι.

baren Seyn nach ist, Gott ist aber eine unendliche Kraft und unendliches Leben in vollkommener Totalität; ein Leben, welches keine Zeitgränzen hat, sich nie erschöpft, und eben deswegen immer ohne Folge und Veränderung dauert [167]). Diese Ewigkeit schließt nun nicht Mannigfaltigkeit, Thätigkeit, Vielheit aus, sondern nur die Verschiedenheit des Seyns, und die Folge der Veränderungen. Man denke sich ein Leben mit Mannigfaltigkeit, welche aber immer auf Einheit und Identität zurück kommt, die Unerschöpflichkeit des Lebens mit Identität, so daß Leben und Denken nie von einem zum andern fortgehet, sondern sich von Gleichförmigkeit nie entfernet; und man wird sich die Ewigkeit vorstellen können. Hier bleibt das Leben immer in einem und demselben, ist immer gegenwärtig, umfaßt alles, nicht bald dieses, bald jenes, in verschiedenen Zeittheilen, sondern alles zugleich wie in einem untheilbaren Punkte [168]). Diese Ewigkeit ist nicht etwa ein Accidenz, eine zufällige Beschaffenheit des ewigen Wesens; sondern sie gehört wesentlich und unzertrennlich zum Seyn desselben [169]). Unser Geist würde aber dieses Ewige nicht fassen, nicht denken können, woferne es uns nicht unmittelbar gegenwärtig wäre; er würde es nicht an-

167) Plotinus, Ennead. III. L. VII. c. 1. 4. 5. αιων δε το υποκειμενον μετα της τοιαυτης κατασασεως εμφαινομενης· οθεν σεμνοι ὁ αιων και ταυτον τῳ θεῳ. — και καλως αν λεγοιτο ὁ αιων θεος εμφαινων και προφαινων εαυτον οιος εςι το ειναι ως ατρεμες και ταυτον ὀυτω και βεβαιως εν ζωη — και ει τις οὑτως τον αιωνα λεγοι, ζωην απειρον ηδη τῳ πασαν ειναι, και μηδεν αναλισκειν αυτης, τῳ μη παρεληλυθεναι, μηδ' αυ μελλειν, ηδη γαρ ουκ αν ειη πασα· εγγυς αν ειη τοῦ ὁριζεσθαι. το γαρ εξης τῳ πασαν ειναι και μηδεν αναλισκειν, εξηγησις αν ειη τοῦ απειρον ηδη ειναι.

168) Plotinus, Ennead. III. L. VII. c. 2. 5.

169) Plotinus, Ennead. III. L. VII. c. 3.

anschauen, wenn er nicht, ob er gleich von einer andern Seite an die Zeit gebunden wäre, an dem Ewigen Theil hätte [170]).

Die Zeit ist ein Bild der Ewigkeit, und von derselben ausgeflossen. Wenn wir uns jenes unveränderliche Wesen mit unendlichem Leben in seiner Totalität denken, so war die Zeit noch nicht, und nicht für jene ewigen Wesen vorhanden; aber sie ruhete in denselben, als etwas noch Künftiges, das durch die Idee und die Natur der Folge zur Wirklichkeit kommen würde. Da aber die Natur oder die Weltseele viel geschäftig ist, herrschen, und ihr eigner Herr seyn wollte, und nach Mehrerem strebte, als was sie gegenwärtig hatte, so kam sie und auch die Zeit in Bewegung [171]). Die Seele hatte nämlich eine nie ruhende Kraft, sie wollte das dort Angeschauete immer auf ein Anderes übertragen. Aber alles Reale wollte in seiner Totalität ihr nicht zugleich zu Gebote stehen. So wie nun die Idee, indem sie sich aus dem ruhigen Samen entwickelt, sich über vieles verbreitet, aber durch die Theilung das Viele zernichtet, und anstatt des Einen in sich selbst mit Vermehrung der Einheit etwas hervorbringt, das nicht Eins in sich selbst ist, und also in eine schwächere Länge fortschreitet; so machte auch die Seele, die sinnliche Welt, welche sich nach dem Muster der Verstandeswelt bewegte, zwar nicht dieselbe Bewegung, welche in jener Statt findet, aber doch eine

---

170) Plotinus, *Ennead.* III. L. VII. c. 4. 6.

171) Plotinus, *Ennead.* III. L. VII. c. 10. προτερον περι το προτερον, δη τατο γεγηϱσαι και τα υςερα δειϑηναι, οτι αυτω ει τω οντι ατιεπαυετο χρονος ουκ ωι, αλλ᾽ ει εκεινω και αυτος ἡσυχιαν ηγε. Φυσεως δε πολυπραγματος και αρχειν αυτης βυλομενης και ουσαν αυτης, και το πλεον τα παροντος ζητειν ελομενης, εκινηϑη μει αυτη, εκινηϑη δε και αυτος.

eine ähnliche, und ein Nachbild jener. Sie sezte also sich selbst zuerst in die Zeit, und brachte die sinnliche Welt anstatt der Ewigkeit hervor, unterwarf sie der Zeit, so daß sie alle Bewegungen dieser Welt in der Zeit zusammen faßte. Denn die Welt bewegt sich in der Seele, und sie hat keinen andern Ort als die Seele, und muß sich also auch in der Zeit der Seele bewegen [172]). Die Seele stellte also eine Thätigkeit, und dann wieder eine andere Thätigkeit nach jener dar, erzeugte dadurch die Aufeinanderfolge, und mit den Gedanken, wo immer ein anderer nach einander folgte, ging zugleich das vorher nicht gewesen seyn hervor. Denn der jezt hervorgebrachte Gedanke war nicht ähnlich dem vorhergehenden, noch das Leben in dem gegenwärtigen Augenblicke dem vorhergehenden. Zugleich hatte nun auch jedes andere Leben eine andere Zeit, und die Trennung des Lebens hatte seine Zeit; die Fortschreitung des Lebens hat immer seine Zeit, und das vergangene Leben hat die vergangene Zeit. Man kann also sagen, die Zeit bestehe in der fortschreitenden Bewegung der Seele aus

einem

---

[172]) Plotinus, *Ennead.* III. L. VII. c. 10. επει γαρ ψυχης ην τις δυναμις ουχ ησυχος, το δ' εκει ορωμενον και μεταφερειν εις αλλο βουλομενης, το μεν αθροον αυτη παν παρειναι ουκ ηθελεν. ωσπερ δ' εκ σπερματος ησυχα εξελιττων αυτου ο λογος, διεξοδον εις πολυ ως οιεται ποιει, αφανιζων το πολυ τω μερισμω και ανθ' ενος εν αυτω ουκ εν αυτω το εν δαπανων εις μηκος ασθενεστερον προεισιν· ουτω δη και αυτη κοσμον ποιουσα αισθητον, μιμησει εκεινου κινουμενον κινησιν ου την εκει, ομοιαν δε τη εκει, και εθελουσαν εικονα εκεινης ειναι, πρωτον μεν εαυτην εχρονωσεν, αντι του αιωνος τουτον ποιησασα· επειτα δε και τω γενομενω εδωκε δουλευειν χρονω, εν χρονω αυτον παντα ποιησασα ειναι, τας τουτου διεξοδους απασας εν αυτω περιλαβουσα· εν εκεινη γαρ κινουμενος, ου γαρ τις αυτου τοδε του παντος τοπος η ψυχη, και εν τω εκεινης αυ εκινειτο χρονω.

einem Leben zum andern, wodurch sie die sichtbare Welt hervorbrachte. — Sie ist ein Bild der Ewigkeit. Diese enthält eine gränzenlose Totalität zugleich; die Zeit in der gränzenlosen Folge des einen nach dem andern. Die Zeit ist nicht außer der Seele, so wie die Ewigkeit nicht außer dem ewigen Wesen; die Zeit ist etwas in der Seele Angeschauetes, in ihr Befindliches, mit ihr Zusammenhangendes, so wie auch eben dieses bei der Ewigkeit Statt findet [173]). Ursprünglich entstand und ist also die Zeit in der Weltseele, sie ist aber auch in jeder Seele, der menschlichen sowohl als jeder andern; denn alle Seelen sind nur eine Seele, und die Zeit wird nicht zerstreuet werden [174]).

XXXI. Gut ist für jedes Wesen seine Lebensthätigkeit nach der Natur, und ist seine Natur zusammengesetzt, die Lebensthätigkeit des Bessern. Wirkt eine Seele, in sofern sie vollkommen ist, nach dem vollkommensten strebend und hinblickend, so ist das nicht allein für sie beziehungsweise, sondern schlechthin gut. Gibt es ein Wesen, welches nicht nach einem an-

---

[173]) Plotinus, Ennead. III. L. VII. c. 10. την γαρ ενεργειαν αυτης παρεχομενη αλλην μετ' αλλην, μηδ' ετεραν παρ' εφεξης, εγενετο τε μετα της ενεργειας το εφεξης, και συμπροηει μετα διανοιας ετερας μετ' εκεινη το μη προτερον ον, οτι ουδ' η διανοια ενεργηθεισα ην, ουδ' η νυν ζωη ομοια τη προ αυτης, αμα δε ζωη αλλη και αλλη χρονον εχει αλλον, διαστασις δε ζωης χρονον εχε, και το προσω αει της ζωης χρονον εχει αει, και η παρελθουσα ζωη χρονον εχει παρεληλυθοτα. ει αν χρονον τις λεγοι ψυχης εν κινησει μεταβατικη εξ αλλου εις αλλον βιον, αρ' αν δοκει τι λεγειν; — δει δε ουκ εξωθεν της ψυχης λαμβανειν τον χρονον, ωσπερ ουδε τον αιωνα εκει εξω του οντος· ουδ' αν παρακολουθημα ουδ' υστερον, ωσπερ ουδ' εκει· αλλ' ενορωμενον και ενοντα και συνοντα, ωσπερ κακει ο αιων. c. 11.

[174]) Plotinus, Ennead. III. L. VIII. c. 12.

andern wirkt, und strebt, weil es das vollkommenste unter allem Realen, und selbst über alle Objekte erhaben ist: streben vielmehr andere Dinge nach ihm, so ist dieses das **höchste Gut**, durch welches alles Uebrige des Guten nur theilhaftig werden kann, nämlich entweder durch Verähnlichung mit demselben, oder durch das auf dasselbe gerichtete Streben. Dieses vollkommenste Wesen ist über alles Wesen, Wirken und Denken erhaben, von nichts abhängig, aber der Grund von allem; es muß also auf sich selbst gekehrt unveränderlich verharren, aber alles übrige Wesen nach sich ziehen, so wie der Umkreis nach dem Mittelpunkte des Kreises, von welchem alle Stralen ausgehen. Es ist das Objekt, welches alle begehren. Die unbeseelten Wesen werden zur Seele hingezogen; die Seele aber durch die Intelligenz auf den ersten Grund aller Wesen [175].

Das Eine, das Vollkommene ist durch die Intelligenz der Grund und die Quelle alles Realen. **Alles Reale ist daher gut.** Daher gibt es in der Idealwelt

[175] Plotinus, *Ennead.* I. L. VII. c. 1. 2. εἰ ἔν τι μὴ πρὸς ἄλλο ἐνεργῇ ἄριστον οἱ τῷ ὄντι ὄντες καὶ ἐπέκεινα τῶν ὄντων, πρὸς αὐτὸ δὲ τὰ ἄλλα, δῆλον, ὡς τοῦτο ἂν εἴη τὸ ἀγαθὸν, δι' ὁ καὶ τοῖς ἄλλοις ἀγαθοῦ μεταλαμβάνειν ἐστι. τὰ δὲ ἄλλα διχῶς ἂν ἔχοι, ὅσα τοῦτο τὸ ἀγαθὸν, καὶ τῷ πρὸς αὐτὸ ὁμοιοῦσθαι, καὶ τῷ πρὸς αὐτὸ τὴν ἐνεργειαν ποιεῖσθαι. εἰ αἱ ἐφέσεις καὶ ἐνέργειαι πρὸς τὸ ἄριστον ἀγαθὸν, δεῖ τὸ ἀγαθὸν μὴ πρὸς ἄλλο βλέπειν, μηδὲ ἐφιέμενον ἄλλου, ἐν ἡσυχῳ εἶναι, πηγὴν καὶ ἀρχὴν ἐνεργείας κατὰ φύσιν εἶναι, καὶ τὰ ἄλλα ἀγαθοειδῆ ποιεῖται, οὐ τῇ πρὸς ἐκεῖνα ἐνεργείᾳ, ἐκεῖνα γὰρ πρὸς αὐτὴν, ἀλλ' αὐτῇ μόνῃ τ'ἀγαθὸν εἶναι. καὶ γὰρ ὅτι ἐπέκεινα οὐσίας, ἐπέκεινα καὶ ἐνεργείας, καὶ ἐπέκεινα νοῦ καὶ νοήσεως. καὶ γὰρ αὖ τοῦτο δεῖ τ'ἀγαθὸν τίθεσθαι, εἰς ὃ πάντα ἀνήρτηται, αὐτὸ δὲ εἰς μηδέν, οὕτω γὰρ καὶ ἀληθές, τὸ, οὗ πάντα ἐφίεται. δεῖ ἂν μένειν αὐτὸ, πρὸς αὐτὸ δὲ ἐπιστρέφειν, πάντα, ὥσπερ κύκλου πρὸς κέντρον, ἀφ' οὗ πᾶσαι γραμμαί.

welt kein Böses, weil hier reines Seyn ist [176]). Das Böse findet sich aber in der Sinnenwelt, und wird gedacht als Gegensatz von dem wahren Seyn und dem Realen, als Gegensatz von dem Urgrunde und Ersten, und von der Form, also als das Letzte und das Formlose durch Beraubung [177]).

Wenn etwas Böses vorhanden ist, so muß es auch etwas ursprünglich Böses geben, welches an sich nicht durch Mittheilung böse ist, durch dessen Theilnahme alles andere böse ist. Das ursprüngliche Böse ist die Formlosigkeit, wodurch etwas des wahren Seyns beraubt ist. Und dieses ist die Materie [178].

Die Körper sind unvollkommen und böse, weil sie Theil an der Materie haben; aber doch nicht ursprünglich, sondern abgeleitet; denn sie haben zwar eine Form, aber keine wahre, sind des Lebens beraubt, zerstören einander, und ihre unordentliche Bewegung ist der eignen Thätigkeit der Seele hinderlich [179]).

Die Seele ist an sich nicht böse, auch nicht jede, sondern nur in sofern sie von dem Bösen, das in der Seele Statt finden kann, dem Unvernünftigen, in Sclaverei gesetzt wird. Der Grund davon ist, daß die Seele mit dem Körper und mit der Materie verbunden ist, welche formlos ist, und die Seele hindert auf das Wesen zu sehen,
viel-

---

[176] Plotinus, *Ennead.* I. L. VIII. c. 2. 3.

[177] Plotinus, *Ennead.* I. L. VIII. c. 1. ζητημα δ' ομως και πως εναντιοι τω αγαθω το κακον, ει μη αρα ως το μεν αρχη, το δε εσχατον; η το μεν ως ειδος, το δε ως ςερησις.

[178] Plotinus, *Ennead.* I. L. VIII. c. 3. 8.

[179] Plotinus, *Ennead.* I. L. VIII. c. 4.

vielmehr sie zur Materie hinabziehet. Eine Seele, welche zur Intelligenz sich hinneigt, ist frei von allen Mängeln, sie ist und bleibet rein, und wird allein durch die Vernunft vollständig bestimmt. Welche Seele aber nicht in diesem Zustande der **Reinheit** bleibet, sondern hinausgehet zu dem, was nicht vollkommen und das Erste ist, wird, in sofern in ihr der Mangel des Guten ist, mit **Unbestimmtheit** erfüllet, erblicket die Finsterniß, und hat die Materie schon in sich, indem sie schauet, was sie nicht schauet, wie man saget, daß man die Finsterniß siehet. Also ist der erste Grund des Bösen nicht in der Materie, sondern noch vor derselben in einem **durchgängigen Mangel**, das ist in einem Seyn, welches von allem wahren Seyn entblößt ist, gegründet. Was nur beziehungsweise mangelhaft ist, ist nicht böse, sondern nur nicht gut, und es kann in Beziehung auf seine Natur selbst vollkommen seyn. Was aber in einem durchgängigen Mangel besteht, von welcher Art die Materie ist, das ist **absolut böse**, und hat gar keinen Theil an dem Guten. Die Materie hat kein wahres wirkliches Seyn [180]).

Hieraus folgt, daß es falsch ist, wenn man meint, **die Menschen wären selbst Ursache des Bösen**, indem

---

[180] Plotinus, *Ennead.* I. L. VIII. c. 4. 5. ἀλλ' εἰ ἔλλειψις τοῦ ἀγαθοῦ αἰτία τοῦ ὁρᾶν καὶ συνεῖναι τῷ σκότει, τὸ κακὸν εἴη ἂν ἐν τῇ ἐλλείψει, ἡ τῷ σκότῳ τῇ ψυχὴν καὶ πρῶτον· δεύτερον δὲ ἔσω τὸ σκότος καὶ ἡ φύσις τοῦ κακοῦ, οὐκ ἔτι ἐν τῇ ὕλῃ, ἀλλὰ καὶ πρὸς τῆς ὕλης, ἡ οὐκ ἐν τῇ ὁπωσοῦν ἐλλείψει, ἀλλ' ἐν τῇ παντελεῖ τὸ κακὸν. τὸ γὰρ ἐλλεῖπον ὀλίγου τοῦ ἀγαθοῦ, οὐ κακόν· δύναται γὰρ καὶ τέλειον εἶναι, ὡς πρὸς φύσιν τὴν αὐτήν. ἀλλ' ὅταν παντελῶς ἐλλείπῃ, ὅπερ ἐστὶν ἡ ὕλη, τοῦτο τὸ πάντως κακόν, μηδεμίαν ἔχον ἀγαθοῦ μοῖραν. οὐδὲ γὰρ τὸ εἶναι ἔχει ἡ ὕλη, ἵνα ἀγαθοῦ ταύτῃ μετείχεν· ἀλλ' ὁμώνυμον αὐτῇ τὸ εἶναι, ὡς ἀληθῶς εἶναι λέγειν αὐτὸ μὴ εἶναι.

indem sie von selbst böse wären; es erhellet vielmehr, daß das Böse noch außer dem Menschen zu suchen ist, daß sie das Böse, welches sie drückt, nicht gerne in sich aufnehmen; daß Menschen dem Bösen entgehen, und dasselbe durch die Kraft, welche nicht in der Materie ist, beherrschen können; aber nur diejenigen, die Kräfte dazu haben, und daß sie es nicht alle vermögen [181].

Nothwendig entsteht die Frage nach dem Grunde und der Nothwendigkeit des Bösen. Man darf nicht etwa mit den Gnostikern ein böses Princip, eine aus dem Stande der Vollkommenheit herausgefallene Seele als den Grund des Bösen annehmen. Es gibt keine andere Principe des Universums, als die Einheit, die Intelligenz und die Seele; die Intelligenz ist die Verstandeswelt, und die Seele hat nach dieser aus der Fülle der Anschauung die Sinnenwelt hervorgebracht. Diese Hervorbringung geschieht nicht etwa aus Neigung (νευσει) durch eine Willensbestimmung, sondern ist eine nothwendige Folge der Anschauung des Göttlichen [182].

Das Böse ist nothwendig, weil die Welt aus Entgegengesetztem, Form und Materie besteht. Zweitens: Das Gute ist das Reale, das Wesen (ετια). Alles Reale geht nothwendig aus sich her-

[181] Plotinus, Ennead. I. L. VIII. c. 5. ει δη ταυτα ορθως λεγεται, ε θετεσι, ημας αρχην κακων ειναι, κακες περ' αυτων οντας, αλλα προ ημων ταυτα· α δ' αι ανθρωπες κατασχοι, κατεχεια εχ εκοντας, αλλ' ειναι μεν αποφυγην κακων των εν ψυχη τοις δυνηθεισι, παντας δε ε δυνασθαι.

[182] Plotinus, Ennead. II. L. IX. c. 2. 4. ημεις δε ε νευσιν φαμεν την ποιησαν, αλλα μαλλον μη νευσιν. ει δε ενευσε τω επιλελησθαι δηλοτοτι των εκει, ει δε επελαθετο, πως δημιεργει; ποθεν γαρ ποιει, η εξ ων οιδεν εκει. ει δε εκεινων μεμνημενη ποιει, εδ' ολως ενευσε.

heraus, bringt durch Thätigkeit etwas Anderes hervor, welches dem Grade nach dem Hervorbringenden nachstehet. So entstehet in diesem Fortgange von einem zum andern etwas Letztes, nach welchem nichts weiter entstehen kann, an welchem keine Spur des Realen mehr vorkommt, welches also das Böse ist. Und dieses ist die Materie. Das Böse ist also nothwendig. Denn wenn das Erste ist, so ist auch das Zweite, und so fort bis auf das Letzte nothwendig [183]).

Man könnte aber dagegen einwenden, die Menschen könnten nicht durch die Materie böse werden, die Materie könne nicht der Grund der Unwissenheit und der bösen Begierden seyn. Denn sollte durch die Beschaffenheit des Körpers die Bosheit der Seele entstehen, so wirke dieses nicht die Materie, sondern die Form; nicht die Materie, welche ohne Beschaffenheiten ist, sondern die mit Beschaffenheiten, Wärme, Kälte, u. s. w. gestaltete Materie. Allein auch dieses zugestanden, ist doch die Materie, nicht die Form die Ursache des Bösen. Denn die Form wirkt nicht allein, sondern in Verbindung mit der Materie, sie ist daher nicht mehr so beschaffen, wie sie an sich abgesondert ist, sondern eine materialisirte, in der Marie verdorbene, durch ihre Natur verunreinigte Idee. Die Materie ist Beherrscherin des in ihr abgebildeten, sie verdirbt und zernichtet es, und setzt an dessen Stelle ihre eigne der Idee entgegengesetzte Natur [18]).

Auf

---

183) Plotinus, Ennead. I. L. VIII. c. 8. επει γαρ ε μοιεν το αγαθον ανογκη τη εκβασει τη παρ' αυτο υποςασει, η η ετω τις εθελη λεγειν, τη αει υποβασει και αποςασει τι εσχατον και μεθ' ο εκ ην ετι γενεσθαι οτιν, τετο ειναι το κακον· εξ αναγκης δε ειναι το μετα το πρωτον, ωςε και το εσχατον. τετο δε η ύλη, μηδεν ετι εχεσα αυτε, και αυτη η αναγκη τε κακε.

184) Plotinus, Ennead. I. L. VIII. c. 8. ατε γαρ ποι-

Plotin.

Auf diese Art treibt sich Plotin in einem beständigen Zirkel herum, indem er bald den letzten Grund des Bösen, des physischen, wie des moralischen, in der Materie, außer der Seele sucht, bald wieder die Materie als ein Produkt der Seele betrachtet; und wenn man fragt, warum mußte die Seele eine Materie hervorbringen, bald eine physische Nothwendigkeit aus sich heraus zu gehen und zu wirken; bald wieder einen Mangel an Anschauung des Göttlichen anführet, wo man bald die Folgerung in Anspruch nehmen muß, bald wieder die Frage nach dem Warum? in eben derselben Stärke zurückkehret. Die Fragen, durch welche er die Gnostiker, welche das Böse von einem besondern bösen Princip, oder von der Materie ableiteten, widerlegen wollte, treten daher bei seiner eignen Erklärung mit demselben Rechte und in voller Stärke hervor.

Wenn die Gnostiker das Böse aus einem Mangel an Erleuchtung des Finstern, oder aus der Materie und einer Neigung der Seele zur Materie ableiten, so setzt ihnen Plotin folgendes Raisonnement entgegen. Was soll die Erleuchtung, wenn sie nicht nothwendig, also entweder nach der Natur oder der Natur entgegen erfolgt. Ist sie in der Natur gegründet, so muß sie allezeit so erfolgen; so kann es kein Finsteres geben. Ist sie widernatürlich, so ist das Widernatürliche schon in den höchsten Principien anzutreffen, und das Böse ist nicht in der Welt entsprungen, sondern hat noch vor Entstehung der Welt schon seinen Grund. Kam aber das Böse erst durch

K 2

εἰ ἡ ἐν ὕλῃ ποιοτης, ȣ χωρις ὕλης ποιεῖ ὥσπερ ἢδε το σχημα τȣ πελεκεως κιϛυ σιδηρȣ ποιει. ητα τα εν τῃ ὕλῃ ειδη ȣ ταυτα εϛιν, απερ ην, ȣ εφ' εαυτων ὑπηρχεν. αλλα λογοι ενυλοι φθαρεντες εν ὕλῃ, και της φυσεως της εκεινης αναπλησθεντες. — γενομενη γαρ κυρια τȣ εις αυτην εμφαντασθεντος, φθειρει αυτο και διολλυσι την αυτης παραθεισα φυσιν εικιτιαν ȣσαν.

durch die Materie zum Vorschein, und die Seele, wie die Gnostiker sagen, neigte sich zur Materie, und erblickte die Finsterniß, welche schon vorhanden war, so muß man fragen: woher kam diese Finsterniß. Brachte sie die Seele durch ihre Neigung selbst hervor? So war ja aber zuverlässig vorher noch Nichts, wohin sie sich neigen konnte, und nicht die Finsterniß, sondern die Natur der Seele selbst war der Grund der Neigung. Das Böse hätte also seinen Grund in den vorhergehenden Naturursachen, in den Principien der Welt [185]). Durch eine ähnliche Reihe von Schlüssen mußte nun Plotin auch den letzten Grund des Bösen in dem ersten Princip finden, da, wie er lehret, aus demselben alles Wirkliche ausgeflossen ist. Allein diese Ableitung widersprach einem andern Satze, daß das erste Princip das Vollkommene und Absolute schlechthin ist. So lange er daher diesen Satz vor Augen hat, behauptet er, die Sinnenwelt als Ausfluß und Produkt des Absoluten sey selbst vollkommen in ihrer Art, so vollkommen als sie ihrer Natur nach seyn könne; zwar nicht frei vom Unvollkommenen, welches in der Welt, als Inbegriffe alles Wirklichen, das zugleich möglich war, nicht fehlen durfte, wenn die Welt alle Realitäten enthalten sollte; aber als ein Ganzes, welches alle Realitäten und alle Arten des Lebens in sich faßt, die beste und voll-

---

[185]) Plotinus, *Ennead.* II. L. IX. c. 12. τι γαρ ελλαμπειν εδει, ει μη παντως ως εδει. η γαρ κατα φυσιν η παρα φυσιν η αναγκη. αλλ' ει μεν κατα φυσιν, αηττος. ει δε παρα φυσιν, και ει τοις εκει εσται το παρα φυσιν, και τα κακα προ του κοσμου τουδε, και ουχ ο κοσμος αιτιος των κακων, αλλα ταχη τουτου και τη ψυχη ουκ εντευθεν, αλλα παρ' αυτης εντευθα. — ει δε δη και η υλη, οθει φαιημεν. η γαρ ψυχη η νευσασα ηδη οι το σκοτος, φασιν, ιδε, και μετελαμψε· ποθεν αν τουτο; ει δ' αυτην φησουσιν ποιησαι νευσασαν, ην δηλοτι, οτι ανευσει. ουδ' αυτο το σκοτος αιτιον της νευσεως, αλλ' αυτη η ψυχης φυσις. τουτο δε ταυτον ταις προηγησαμεναις αναγκαις. ὡςε επι τα πρωτα η αιτια.

Plotin.   149

vollkommenſte Welt. Zwar ſey in derſelben Mannigfaltigkeit und Trennung, Zwietracht, weil wegen der Schranken der Realität nothwendig eines mit dem andern in Widerſtreit gerathe, da hingegen in der Verſtandeswelt alles ungetrennt, einſtimmig und harmoniſch iſt; deſſen ungeachtet aber, obgleich jedes Weſen ſich von dem andern trenne, und ſein eignes Intereſſe mit dem Verderben des andern ſuche, bewirke doch aus allen dieſen Disharmonien die alles durchbringende Intelligenz eine einzige vollſtändige Harmonie. Und ſo ſey auch die Sinnenwelt, welche aus der vollkommenſten Natur ohne Vorſtellung und Bewußtſeyn eines Zweckes hervorgegangen ſey, ihrer Urſache analog die vollkommenſte und beſtmögliche 186).

Dieſemnach iſt das Böſe entweder nur ſcheinbar, oder es iſt nothwendig, und als nothwendig hört es auf Böſe zu ſeyn. Hier iſt ſchon eine deutliche Spur von den Ideen, auf welche Leibnitz ſeine Theodicee gegründet hat. Es findet der einzige Unterſchied Statt, daß Leibnitz ſeine beſte Welt aus metaphyſiſchen Principien beweiſet, Plotin aber ſie auf eine intellektuelle Anſchauung gründet.

Aber Plotin bleibt nicht immer bei dieſen Ideen ſtehen, ſondern er räumt auch zuweilen das Daſeyn des Böſen, ſowohl des phyſiſchen als des moraliſchen, ein, und

---

186) Plotinus, Ennead. III. L. II. c. 2. 3. ἐτω δη και ἐξ ἑνος ιν και τε απ' αυτε λογε ανεςη τοδε το παν και διεςη, και ἐξ αναγκης τα μεν εγενετο φιλα και προςηνη, τα δε εχθρα και πολεμια, και τα μεν ἑκοντα, τα δε ακοντα αλληλοις ε'υμναχετο, και φθειρομενα θατερα γενεσις αλληλοις ειργαςατο. και μιαν επ' αυτοις τοιαυτα ποιεει και παςχεσι ὁμως ἁρμονιαν ενεςηςατο· φθεγγομενων μεν ἑκαςων τα αὐτων· τε δε λογε επ' αὐτοις της ἁρμονιας και μιας της ςυνταξις εις τα ὁλα ποιεμενε.

und sucht es mit der göttlichen Weisheit und Vorsehung in Uebereinstimmung zu bringen. Das Böse, sagt er, hat seinen Nutzen für das Ganze. Armuth und Krankheit sind für den, welchen sie treffen, vortheilhaft; Laster dient zum Beispiel der Gerechtigkeit, wirkt vieles Nützliche, weckt den Verstand, um den Wegen der Bosheit entgegen zu wirken. Dieses ist eben ein Beweis der höchsten Allmacht, daß sie auch das Böse zum Guten zu wenden, und selbst das Verdorbene zu neuen Formen zu gebrauchen versteht, — ein Gedanke, welcher mit der Hauptidee des Ganzen, daß eine Vernunft die Grundursache der Welt ist, nicht wohl zu vereinigen ist 187). Nicht wegen der Unordnung und Gesetzlosigkeit ist Ordnung und Gesetz, damit diese durch den Contrast desto deutlicher erkannt werden, sondern wegen der Ordnung, welche etwas Hinzugekommenes ist, und weil Ordnung da ist, ist auch Unordnung, und wegen des Gesetzes und der Vernunft ist Gesetzlosigkeit und Unvernunft vorhanden. Nicht als wenn das Bessere das Schlechtere gemacht habe, sondern weil Wesen, welche des Bessern empfänglich waren, entweder durch ihre eigne Natur, oder durch ein ungünstiges Geschick, oder durch das Hinderniß eines andern Wesens, das Bessere aufzunehmen gehindert waren 188), wobei also die Schuld des Bösen entweder auf die unvollkommene Natur der vorstellenden Wesen, oder auf eine unvollkommene Verbindung und Regierung des Ganzen, also

am

187) Plotinus, Ennead. III. L. II. c. 5.

188) Plotinus, Ennead. III. L. II. c. 4, ἔστι δὲ ἡ διὰ τὴν ἀταξίαν τάξις, οὐδὲ διὰ τὴν ἀνομίαν νόμος, ὡς τις οἴεται, ἵνα γένοιτο ἐκεῖνα διὰ τὰ χείρω, καὶ ἵνα φαίνοιτο· ἀλλὰ διὰ τὴν τάξιν ἐπακτὸν ἀφαν, καὶ ὅτι τάξις ἀταξία, καὶ διὰ τὸν νόμον καὶ λόγον, καὶ ὅτι λόγος παρανομία καὶ ἄνοια· οὐ τῶν βελτιόνων τὰ χείρω πεποιηκότων, ἀλλὰ τῶν δέχεσθαι δυναμένων τὰ ἀμείνω, φύσει τῇ ἑαυτῶν ἡ συντυχία ἄλλοι δέξασθαι οὐ δυναμένων.

am Ende doch wieder auf das erste Princip zurück
fällt.

Was das moralische Böse betrift, so ist der Mensch
selbst Urheber desselben, denn er hat Freiheit, und kann
sich selbst durch Vernunft zu Handlungen bestimmen.
Wäre diese Freiheit nicht, so würde der Mensch weder
sündigen, noch recht handeln. Hat daher gleich das
Böse seine äußern Ursachen, so heben diese doch seine Freiheit nicht auf. Diese gehört zum Wesen des Menschen,
und selbst die Vorsehung kann sie nicht aufheben; sie will
nicht die Natur aufheben, sondern sie erhalten. Sie
läßt also dem Menschen, was er ist, schreibt ihm aber ein
allgemeines Gesetz vor, daß nämlich den Menschen, die
gut geworden sind, ein gutes Leben, und den Bösen, ein
böses Leben werde zu Theil werden [189]). Allein in andern Stellen scheint er den Gedanken, daß dies Böse selbst
eine moralische That sey, selbst wieder aufzugeben, und
den Grund des moralischen Bösen nicht in der Willkür,
sondern außer derselben zu suchen. Ein kleine unmerkli-
che Neigung werde in dem Fortgang größer, und mache
die Vergehung größer, ohne daß es der Wille des Handelnden gewesen sey. Auch die Verbindung des Körpers
und die daraus nothwendig entspringende Begierde, so
wie mehrere andere Ursachen haben einen bestimmenden Einfluß auf den Willen [190]).

Ge-

[189]) Plotinus, *Ennead.* III. L. II. c. 9. 10. αλλα το
μεν, ακοντες, οτι αμαρτια ακεσιον, τετο εκ αναιρει, το αυ-
τες της πραττοντας παρ' αυτων ειναι, αλλ' οτι αυτοι ποιεσι,
δια τετο και αυτοι αμαρτανεσιν· η εδ' αν ολως ημαρτον,
μη αυτοι οι ποιεντες οντες. — ε γαρ δη ετω την προνοιαν
ειναι δει, ωςε μηδεν ημας ειναι — αλλα τηρετα τον ανθρω-
πον οντα· τετο δε εςι ισως προνοιας ζωντα. ὁ δη εςι,
πραττοντα, οτι ὁ νομος αυτοις λεγει. λεγει δε τοις μεν αγα-
θοις γενομενοις αγαθον βιον εσεσθαι, και αυθις και αυςη-
ρον· τοις δε κακοις, τα εναντια.

[190]) Plotinus, *Ennead.* III. L. II. c. 4. τα δε δι' αυτα

Gewöhnlich begnügt er sich, um das Daseyn des moralischen Bösen zu erklären, mit dem Gedanken, daß die Seelen verschieden, und daher auch dem Grade der Vollkommenheit nach verschieden seyn müßten, und er scheint daher den Unterschied zwischen Gut und Böse nur als einen Gradunterschied, welches unrichtig ist, betrachtet, und nicht bedacht zu haben, daß Tugend selbst unzählige Grade haben kann. Damit verbindet er den Gedanken, daß die Welt ein großes Drama sey, welches sehr verschiedene Rollen erfordere, und daß Gott als der Dichter des Dramas jeder einzelnen Seele ihre Stelle, ihr Wirken und Handeln genau bestimmt und vorgeschrieben habe. — Ein Gedanke, welcher strenge verfolgt auf Fatalismus führt [191]. Endlich verliert er sich, um das Daseyn des moralischen Bösen, und die Disharmonie zwischen dem Physischen und Moralischen zu erklären, neben manchen herrlichen Gedanken, die einer Entwickelung werth waren, z. B. wer nichts der Glückseligkeit Würdiges thut, kann auch keine Ansprüche auf Glückseligkeit machen, in die Hypothese von der Seelenwanderung [192].

Wenn man Plotins Betrachtungen über das Böse in der Welt, und die Resultate, welche sie darbieten, mit Aufmerksamkeit erwäget, so bringt sich der Gedanke auf, daß ihnen das Princip seiner Philosophie einen vollständigen, befriedigenden Aufschluß über das Böse in der Welt

τα εχοντα κινησιν αυτεξουσιον ζωα εποι αν οτε μεν προς τα βελτιω, οτε δε προς τα χειρω, την δε προς τα χειρω τροπην παρ᾽ αυτα ζητει, ισως ουκ αξιοι. ολιγη γαρ τροπη κατα αρχας γενομενη, προιουσα ταυτη, πλεον και μειζον το αμαρτανομενον αει ποιει. και σωμα δε συνεςι και εξ αναγκης επιθυμια.

191) Plotinus, *Ennead.* III. L. II. c. 18.
192) Plotinus, *Ennead.* III. L. II. c. 12. 13.

Welt hätte versprechen müssen. Ein einziges Urprincip alles Seyns, die Urquelle alles Guten und Vollkommenen, nicht etwa durch lange Schlußreihen entdeckt, sondern unmittelbar durch intellektuelle Anschauung vergegenwärtiget, mußte durch das unendliche Licht, welches Gedanken und Welten schaft, alle Räthsel und Dunkelheiten, welche die Körper- und Geisterwelt darbietet, zerstreuen. Die Welt als reiner Abglanz des ursprünglichen Lichtes durfte nichts Unvollkommnes enthalten. Diesem widersprach aber Reflexion und Erfahrung, und der Versuch, das Böse, dessen Daseyn sich nicht wegdisputiren ließ, mit der absoluten Vollkommenheit des Urgrundes in Harmonie zu bringen, dem ganzen System in seiner Grundlage.

XXXII. Bei der Lehre von dem Bösen in der Welt, und der göttlichen Vorsehung erklärt Plotin mit allem Nachdruck, daß kein philosophisches System die Freiheit der menschlichen Seele als Bedingung des moralischen Handelns antasten oder umstoßen dürfe; er erklärt jedes System, welches mit der Freiheit des Menschen streite, eben darum für falsch [193]. Seine Bemerkungen über die fatalistischen Systeme sind sehr fein, scharfsinnig und gründlich; gleichwohl findet man, daß sein eignes System dem Fatalismus nur durch Inconsequenz entgehen konnte. Ist die Verstandeswelt, in welcher alles bestimmt und nothwendig ist, ein Ausfluß des Urwesens; ist die Sinnenwelt wieder ein Ausfluß der Verstandeswelt; ist die Zufälligkeit und Veränderlichkeit der Dinge in derselben eine unvermeidliche Folge ihres Abstandes von dem Urwesen, und dieser Abstand in dem Grade

---

[193] Plotinus, *Ennead.* III. L. II. c. 9. ὁ γαρ δη ἔτω την προνοιαν ειναι δει, ὡςε μηδεν ἡμας ειναι. *Enn.* III. L. I. c. 3. 4. 9. 10.

Grade der Vollkommenheit ein Naturgesetz; ist mit einem Worte die Welt, alles was da ist, nicht ein Werk eines verständigen, nach Zwecken handelnden Wesens, sondern eine bewußtseynlose, physische Wirkung der letzten Bedingung alles Seyns '94); ist das durch die zeitlose Thätigkeit der drei Principien alles Seyns nicht in der Zeit entstandene Weltganze ein großes lebendiges Wesen, in welchem Einheit und Zusammenhang ist, wo auch das Entfernte einander nahe ist, kein Theil wirken kann, ohne daß auch die entfernteren Theile in Miteidenschaft kommen, weil in dem Ganzen eine Seele ist, welche ihre Thätigkeit auf alle einzelne, das große Ganze ausmachende Theile erstreckt '95); gibt es daher eine natürliche Magie und Mantik, weil alles in einem natürlichen Zusammenhange stehet, und das Ganze eine Mannigfaltigkeit von Kräften ist, die einander

---

194) Plotinus, Ennead. III. L. II. c. 1. 2. ὑφίσταται γαρ εκ τε κοσμε τε αληθινα εκεινε και ενος κοσμος ετος εκ εις αληθως, πολος γ'αν και εις πληθος μεμερισμενος, γεγονε δε ε λογισμω τε δαν γενεσθαι, αλλα φυσεως δευτερας αναγκη. ε γαρ ην τοιετον εκεινο οιον εσχατον ειναι των οντων. πρωτον γαρ πη, και πολλην δυναμιν εχων και πασαν και ταυτην τοινυν την τε ποιειν αλλο, ανευ τε ζητειν ποιησαι. ηδη γαρ αν αυτοθεν εκ ειχεν, η εζητει, εδ' αν ην εκ της αυτε εσιας, αλλ' ην οιος τεχνιτης, αφ' αυτε το ποιειν εκ εχων, αλλ' επακτον, εκ τε μαθειν λαβων τετο. Enn. IV. L. IV. c. 39.

195) Plotinus, Ennead. III. L. II. c. 16. Enn. IV. L. IV. c. 32. ει ιν μητε συμπτικαις αιτιαις αναθησωμεν, μητε προαιρεσεσιν, οσα εξωθεν εις ημας τε και τα αλλα ζωα και ολως επι γης αφικνειται εξ ωραις, τις αν ειη λοιπη και ευλογος αιτια; πρωτον τοινυν θετεον ζωον εν, παντα τα ζωα τα εντος αυτε περιεχον, τοδε το παν ειναι, ψυχην μιαν εχειν εις παντα αυτα μερη, και οσον εστιν εκαστον αυτα μερος — συμπαθες δη παν τετο το εν, και ως ζωον εν, και το πορρω δη εγγυς. — Ζωα τε οντος και ως εν τελευτος, εδει ετι πορρω τοπα, ως μη εγγυς ειναι τη τε ενος ζωα προς το συμπαθειν φυσει.

ander auf mannigfaltige Weise anziehen und abstoßen, und durch eine Kraft zu einem Leben vereiniget werden 196); so muß man gestehen, daß in einer solchen Verkettung nicht nur der Zufall, sondern auch die Spontaneität des Handelns ausgeschlossen ist.

Zwar bestehet Plotin durchaus darauf, die Freiheit der Seelen nicht mit in diesem allgemeinen Determinismus einzuschließen. Die Seelen, sagt er, sind selbstthätige Wesen, und als solche machen sie keinen Theil des Ganzen aus. Jeder Theil der Sinnenwelt ist dem Körper nach durchaus ein Theil des Ganzen. Was Antheil an der Seele des Ganzen hat, ist auch in sofern ein Theil des Ganzen; was an keiner andern Seele Theile hat, ist ganz und gar ein Theil des Ganzen; was aber noch an einer andern (der vernünftigen, oder der Intelligenz) Antheil hat, ist in sofern kein Theil des Ganzen 197). Allein man siehet wohl, warum Plotin diese Unterscheidung macht, aber nicht, aus welchem Grunde sie abgeleitet ist. Soll nur das Sichtbare, was die Sinnenwelt ausmacht, und ein Produkt von intelligiblen Kräf-

---

196) Plotinus, Ennead. IV. L. IV. c. 40. τας δε γοητειας πως; η τη συμπαθεια και τω πεφυκεναι συμφωνιαν ειναι ομοιων, και εναντιωσιν ανομοιων· και τη των δυναμεων των πολλων ποικιλια, ως εν ζωον συντελουντων. και γαρ μηδενος μηχανωμενε αλλυ, πολλα ελκεται και γοητευεται. και η αληθινη μαγεια, η εν τω παντι φιλια και το νεικος. *Enn.* II. L. III. c. 7. *Enn.* IV. L. III. c. 12. L. IV. c. 39.

197) Plotinus, Ennead. IV. L. IV. c. 32. μερος δε εκαςον εςι το εν τω παντι αισθητω, κατα μεν το σωμα, και παντη. οσον δε και ψυχης τυ παντος μετεχει, κατα τοσυτον και ταυτη· και τα μεν μονης ταυτης μετεχοντα, κατα παν εςι μερη. οσα δε και αλλης, ταυτη μη μερη παντη ειναι· πασχει δε ουδεν ηττον παρα των αλλων, καθ' οσον αυτυ τι εχει, και κατ' εκεινα, ἁ εχει.

Kräften ist, das Weltganze ausmachen, oder auch diese Kräfte mit dahin gehören, so würde in dem ersten Falle keine Seele ein Theil des Weltganzen seyn; in dem zweiten Falle aber höchst willkürlich eine Gränzlinie zwischen den sinnlichen und vernünftigen Seelen gezogen, da er selbst an andern Orten diesen Unterschied so gut als aufhebt. Es würde dann überhaupt von keinem Weltganzen mehr die Rede seyn können, wenn es Wesen gäbe, welche nicht in demselben begriffen wären. Auch kann selbst diese Unterscheidung nicht einmal angenommen werden, wenn wir den Geist seines Systems nicht aus den Augen verlieren, denn behauptet er nicht eine Allgegenwart des Ersten aller Wesen, eine reale Gegenwart Gottes, durch welche jedes Naturwesen entstanden ist, und in seinem Daseyn erhalten wird [198])? Alles ist in dem Universum lebend und beseelt; alles ist Produkt einer allgemeinen Lebenskraft, und das Producirende ist nie von seinem Produkte getrennt. Hierauf gründet sich eben die reale Gegenwart des Göttlichen in der Welt [199]). Ist also die Gottheit nicht nothwendig ein integrirender Theil der Welt, und eben das, was man Form und Wesen derselben nennt? Ueberhaupt ist ja nach Plotin in der göttlichen Intelligenz die ganze Welt nur nicht getrennt in Raum und Zeit enthalten; und die Entfaltung und Ausdehnung dieser gleichsam in einem Punkt concentrirten Totalität des Seyns ist die sichtbare Welt, in welcher wir Eins nach dem

---

[198] Plotinus, *Enn.* VI. L. IX. c. 7. 8. L. VII. c. 22. 23. εποιησε ιδι, εποιησε ζωην, ψυχας εκ τουτου, και τα αλλα οσα λογω, η νω, η ζωης μετεχει, ο δη τουτων πηγη και αρχη, τις
αν ειποι, οπως αγαθος και οσον· αλλα τι νυν ποιει; η και
νυν σωζει εκεινα, και νοειν ποιει τα νοητα, και ζην τα ζωντα,
εμπνεον ιδν, εμπνεον ζωην; κ δε τι μη δυναται ζην, μιαι.

[199] Plotinus, *Ennead.* IV. L. IV. c. 4. 5.

dem Andern und neben einander erblik-
ken²⁰⁰).

Die Freiheit bestehet darin, daß die Vernunft
selbstthätig zu Handlungen bestimme, und den Zweck ihres Daseyns nicht in dem Irdischen und Vergänglichen,
sondern in der Anschauung des höchsten Gutes und der
Vereinigung mit demselben setze.²⁰¹). Allein Einsicht,
Erkenntniß, Liebe zum Guten, und Thätigkeit kommt
selbst von Oben, aus der Quelle der absoluten Vollkommenheit. Kein Objekt kann ohne diesen Einfluß eines
höheren Lichtes ein Interesse erwecken, und Gegenstand des Begehrens werden. Die Vernunft ist ohne
Reiz, und die Seele an sich träge: jene muß erst durch
die himmlische Schönheit Liebreiz erhalten,
und diese durch das himmlische Feuer erwärmt
werden²⁰²). Da also das Gute, was die Seele thut,
eigent-

200) Plotinus, *Ennead.* VI. L. VII. c. 1. παντα αρα
ηδη τι, και αν ην, και οτως η, ως ειπων υστερον τοδε μετα
τοδε· εκκινουμενον μεν γαρ και οιον απλωμενον εχει, δεικνυται
τοδε μετα τοδε. ομε δεον, πας τοδε, τυτο δε εστι εχον εν
εαυτω και την αιτιαν.

201) Plotinus, *Ennead.* III. L. I. c. 9. λογον δε οται
ηγεμονα καθαρον και απαθη τον οικειον εχουσα ορμην, ταυτην
την μονην την ορμην φατεον ειναι εφ' ημιν και εκουσιον, και
τουτο ειναι το ημετερον εργον, ο μη αλλοθεν ηλθεν, αλλ' ενδοθεν απο καθαρας της ψυχης, απ' αρχης πρωτης ηγεμο-
νης και κυριας.

202) Plotinus, *Ennead.* VI. L. VII. c. 22. εστι γαρ
εκαστον, ο εστιν εφ' αυτο. εφετον δε γινεται επιχρωσαντος αυτω τε αγαθε, ωσπερ χαριτας δοντος αυτοις, και ως τα
εφιεμενα ερωτας. και τοινυν ψυχη λαβουσα εις αυτην εκειθεν
απορροιαν κινειται, και αναβακχευεται, και οιστρων πιμπλα-
ται και ερως γινεται. προ τουδε ουδε προς τον νυν κινειται,
και περ καλον οντα. αργος τε γαρ το καλλος αυτω, πριν τε
αγαθε

eigentlich von Oben gewirkt wird, das Böse aber theils eine Folge der nothwendigen Schranken, theils der mit der Seele verbundenen Materie ist, so ist keine Handlung denkbar, deren freie Ursache der Mensch genannt werden könnte.

Es ist vielmehr in dem ganzen System nur für Ein Wesen Raum, welches in dem eigentlichen Sinne **frei** genannt zu werden verdient. Nur das **absolute selbstständige unendliche Wesen, das heißt, die Gottheit, kann absolute Ursache seyn.** Diese Folgerung, welche sich aus dem ganzen Systeme ergibt, gesteht Plotin selbst zuweilen offenherzig ein [203]). Indessen beruhet diese **Freiheit Gottes** nur auf einer In-

αγαθε φως λαβη, ὑπτια τε ἀνακεπτωκει ἡ ψυχη παρ' αὐτης, και προς παν αργος εχη, και παροντος ια, ἐςι προς αὐτον γυθης, επειδαν δε ἡκοι με αυτης ὡσπερ θερμασια, εκειθεν ῥωννυται τε και εγηρεται και ὀντως πτερουται — και ἑως τι ἐςιν ανωτερω τω παροντος, αιρεται φυσει ανω, αιρομενη ὑπο τε δοντος τοι ερωτα.

203) **Plotinus,** *Ennead.* VI. L. VIII. c. 21. πρωτον αρα ἡ βουλησις αυτος και το ὡς εβουλετο αρα, και οἱον εβουλετο, και το τῃ βουλησει ἑπομενον, ὁ ἡ τοιαυτη βουλησις εγεννα· εγεννα δε ὀυδε ἐτι ἐν αυτῳ, τουτο γαρ ηδη ην, το δε συνεχει ἑαυτον, οὐτω ληπτεον νοειν, ἠ τις αυτο ὀρθως φθεγγοιτο, ὡς τω μεν αλλα παντα, ὁσα ἐςι, παρα ταυτα συνεχεται. μετουσια γαρ τινι αυτου ἐςι, και ὡς τουτο ἡ αναγωγη παντων· αυτος δε ηδη περ αυτου, ουτε ευνοχης ουτε μετουσιας δεομενος, αλλα παντα ἑαυτῳ. μαλλον δε οὐδε, οὐδε τῳ παντων δεομενος ὡς αυτον, αλλ' ὅταν αυτον μηης ἠ ἐννοηθῃς, τα αλλα παντα ἀφες, ἀφελων παντα, καταλιπων δε μονον αυτον, μητι προστιθεις ζητει. αλλα μητι πω ουκ αφηρηκας ἀπ' αυτου εἰ τῃ γνωμῃ τῃ σῃ. ἐςι γαρ τινος εφαψασθαι και σε, περι ὁ ουκ ἐτι αλλο ενδεχεται ουτε λεγειν, ουτε λαβειν· αλλ' ὑπεραιω κειμενον μονον, τουτο αληθεια ελευθερον, ὁτι μηδε δουλενον ἐςιν ἑαυτῳ, αλλα μονον αυτο, και ὀντως αυτο, ουτε των αλλων ἑκαςοι αυτο και αλλο.

Inconsequenz. Er legt Gott, gegen seine Behauptung, da das Urwesen nichts anders ist, als das reine Seyn, die reine Form, und da ihm kein Prädikat zukommen kann, einen Willen, und wegen der Unabhängigkeit des Willens Freiheit bei.

So offenbaret sich also in dem Systeme des Plotins ein zwiefaches entgegengesetztes Interesse. Das eine ist das theoretische, welches auf die größtmögliche Einheit aller Erkenntniß gehet; das andere ist praktisch, und gehet auf die Harmonie der Erkenntniß mit dem praktischen Gesetze der Vernunft. Das erste führt ihn auf die Idee eines Urwesens, welches die Allheit aller Realitäten ist, von welchem alles Reale entspringt und abhängt, so daß jedes einzelne Wesen nichts als die Modification, die nähere Bestimmung des Urwesens ist; diese Idee verschlingt aber die Substanzialität und die freie Causalität jedes von dem Urwesen verschiedenen Wesens. Das zweite nöthiget ihn, die Selbstständigkeit und Freiheit der vernünftigen Wesen, um als solche handeln zu können, dem ersten Interesse entgegen zu behaupten, und also mit sich selbst uneins zu werden.

Das theoretische Interesse ist indessen doch das stärkere, und es gründet allein die Haupttendenz und die ganze Eigenthümlichkeit dieses Systemes. Der Einfluß desselben ist selbst noch in den wenigen Sätzen sichtbar, welche sich auf die Tugendlehre beziehen. Das Gesetz der Vernunft und der bestimmende Einfluß derselben auf die Willkür schien ihm zwar in Vergleichung mit dem bloßen Spiele der Willkür oder der Gewalt des Naturtriebes etwas Edles zu seyn, und dem Menschen eine gewisse Würde zu geben. Allein auf der andern Seite glaubte er, dieses Streben vernünftig zu handeln ziehe
den

den Menschen noch nicht ganz von dem Irdischen ab, und es gebe noch eine höhere Stufe der Vollkommenheit, welche der Mensch erringen könne, und müsse: daß er sich nämlich in die Anschauung des Urwesens des Göttlichen versenke, und ganz Einheit werde.

Tugend ist Aehnlichkeit mit Gott, nach dem Ausspruche des Plato. Daraus aber folgt nicht, daß wir uns Gott auch als im Besitz der Tugend denken müssen. Gott ist vielmehr das Muster, dem wir durch Tugend ähnlich zu werden streben [204].

Die Beherrschung und Mäßigung der Begierden und Leidenschaften, die Verbannung der falschen Meinungen ist die gemeine (πολιτικη) Tugend, welche allerdings den Menschen zieret und vollkommner macht, in sofern sie das Unbestimmte und Formlose, worin das Wesen der Materie besteht, bestimmt, begränzt, einer Form unterwirft, und dadurch den Menschen dem Vollkommensten ohne Form ähnlicher macht [205].

---

204) Plotinus, *Ennead.* I. L. II. c. 1.

205) Plotinus, *Ennead.* I. L. II. c. 2. αἱ μεν τοινυν πολιτικαι αρεται κατακοσμουσι μεν οντως και αμεινους ποιουσιν, ὁριζουσαι και μετρουσαι τας επιθυμιας και ὁλως τα παθη μετρουσαι, και ψευδεις δοξας αφαιρουσαι, τῳ ὁλως αμεινονι και τῳ ὡρισθαι, και των αμετρων και αοριστων εξω ειναι, και το μεμετρημενον και αυται ὁρισθηναι, ᾗ μετρα γε εν ὑλῃ τῃ ψυχῃ, ὁμοιωνται τῳ εκει μετρῳ, και εχουσιν ιχνος του εκει αριστου· το μεν γαρ παντη αμετρον ὑλη ον, παντη ανομοιωται. καθοσον δε λαμβανει ειδος, κατα τοσουτον ὁμοιουται ανειδεῳ εκεινῳ οντι.

Diese Tugend besteht ihrem Wesen nach in einer Reinigung der Seele von dem ihr anhangenden Bösen. Denn da sie mit dem Körper verbunden ist, so hat dieses einen Einfluß auf ihren Zustand und ihre Thätigkeit. Sie ist aber dann gut und tugendhaft, wenn sie in dem Denken und Entschließen nicht von dem Körper abhängig ist, sondern allein durch Verstand und Vernunft bestimmt wirket. Diesen Zustand der Seele, wo sie frei von körperlichen Einflüssen denkt, kann man mit Recht Aehnlichkeit mit Gott nennen; denn Gott ist etwas Reines [206].

Die Reinigung ist aber nicht das Ziel, sondern das Mittel, und der vollkommene Zustand der Seele fängt erstlich dann an, wenn sie gereiniget, das ist, wenn alles Fremdartige aus ihr entfernt ist. Es gibt also auch eine zwiefache Tugend, die Tugend der sich reinigenden, und die Tugend der gereinigten Seele. Jene ist unvollkommener, diese vollkommener und höher. Denn der Mensch strebt nicht dahin, frei von Fehlern, sondern Gott zu seyn. Diese Tugend und Vollkommenheit bestehet nun in der Vereinigung mit der gleichen Natur, das ist, mit Gott. In der gereinigten Seele ist eine Umwandlung vorgegangen, eine Hinkehrung zu dem Lichte, das sie erleuchtet, und was auch schon in der Seele, aber schlummernd und verfinstert lag und durch die Reinigung von dem Fremdartigen erst leuchtend wurde [207].

Durch

---

[206] Plotinus, *Ennead.* I. L. II. c. 3. την δη τοιαυτην διαθεσιν ψυχης, καθ' ην νοει τε και απαθης ὕπως εστιν, ει τις ὁμοιωσιν λεγοι προς θεον, ουκ αν ἁμαρτοι. καθαρον γαρ το θειον, και ἡ ενεργεια τοιαυτη, ὡς το μιμουμενον εχειν φρονησιν.

[207] Plotinus, *Ennead.* I. L. II. c. 4. ζητητεον δε, ει ἡ καθαρσις ταυτον τῃ τοιαυτῃ αρετῃ; η προηγειται μεν ἡ κα-

Viertes Hauptstück. Vierter Abschnitt.

Durch diese Richtung der Seele zu Gott wird die Tugend erst etwas Gutes und Schönes. Denn das **absolute Gute und Schöne ist Gott, und durch die Gemeinschaft mit Gott wird alles andere, also auch die Tugend gut und schön** [208].

In dieser Hinkehrung und Einkehrung bei Gott, erblickt die Seele die reine Quelle des Lebens, die reine Quelle der ersten Intelligenz, die Ursache des Guten, die Wurzel der Seele. Alles dieses fließt aus dem Urwesen aus, ohne daß die Quelle versiegt oder verringert wird. Das Ausfließende ist nicht etwa eine körperliche Masse, ein vergängliches Wesen, sondern es ist ewig, es dauert fort wie das Princip. Wir sind nicht von ihm getrennt und abgerissen, wenn auch gleich die körperliche Natur dazwischen tritt, und uns an sich ziehet. Wir athmen und leben durch dasselbe fort; es gibt sich uns, ohne je zurück zu treten, immer theilet es sich uns mit so lange es ist, was es ist. Aber wir neigen uns weit mehr zu ihm hin. Daher entspringt unser Wohl. Von ihm nur ferne seyn, ist schon so viel als weniger seyn. Hier findet die Seele ihre Ruhe, und entfernt von dem Bösen, erhebt sie sich in eine von allem Bösen gereinigte Region, sie

καθαρσις, επεται δε η αρετη, και ποτερον εν τω καθαιρεσθαι η αρετη, η εν τω κεκαθαρθαι; ατελεστερα της εν τω κεκαθαρθαι, ώσπερ τελος ηδη, αλλα το κεκαθαρθαι αφαιρεσις αλλοτριου παντος, το δε αγαθον ετερον αυτου. — c. 6. αλλ' η σπουδη ουκ εξω αμαρτιας ειναι, αλλα θεον ειναι. — c. 4. δει ου κεκαθαρμενην συνειναι (τω συγγενει). συνεσται δε επιστραφεισα. αρ' ουν μετα την καθαρσιν επιστρεφεται; η μετα την καθαρσιν επεστραπται; τουτο ου η αρετη αυτης, η το γινομενον αυτη εκ της επιστροφης; τι ου τουτο; θεα και τυπος του οφθεντος εντεθεις και ενεργων, ως η οψις περι το ορωμενον.

208) **Plotinus**, Ennead. I. L. VIII. c. 13. εφαμεν δε την αρετην ουκ αυτο καλον, ουδ' αυταγαθον, οτι προ αυτης και επεκεινα αυτης αυτοκαλον και αυταγαθον, και μεταληψει πως αγαθον και καλον.

sie denkt hier frei von allen sinnlichen Einflüssen und findet hier das wahre Leben, wovon das Leben hienieden und ohne Gott nur ein Schattenbild ist. Denn das Leben dort ist nichts als reine Thätigkeit der Intelligenz, welche in dem stillen Berühren des Einen auch Götter, Schönheit, Gerechtigkeit, Tugend erzeuget. Denn dieses bringt die von Gott erfüllte Seele hervor. Dieses ist ihr Princip und ihr Ziel; ihr Princip, denn sie ist von jenem entsprungen; ihr Ziel, denn das Gute, wonach sie strebt, ist dort. Erhebt sie sich dorthin, so findet sie sich selbst in ihrer ursprünglichen Reinheit, und ist, was sie ursprünglich war. Daher gehet auch die ursprüngliche himmlische Liebe der Seele auf das ihr homogene Gut, auf das Eine, und die irdische Liebe ist nur eine Verirrung in Ansehung des Gegenstandes, darum auch vergänglich. Nur in dem Uebersinnlichen ist der wahre Gegenstand der Liebe, dessen Vereinigung möglich ist ohne Berührung des Fleisches. Gehet die Seele auf dem Wege zur Vereinigung mit diesem Gegenstande fort, tritt sie demselben näher und in wirkliche Gemeinschaft mit demselben, so empfindet sie in sich ein ganz anderes Leben und weiß, daß sie in einem ganz andern Zustande ist, denn der Geber des wahren Lebens ist ihr gegenwärtig; sie ist nicht mehr einer Sache bedürftig. Sie muß im Gegentheil alles andere ablegen, was uns anhängt und umgibt, und uns an andere Dinge fesselt, nur in ihm allein seyn und beharren, um dorthin zu eilen, um das Urwesen mit ihrem ganzen Wesen zu umfassen, und keinen Theil mehr an sich zu haben, der nicht Gott berührte. Dann schauet sie dieses Urwesen und sich, wie es zu schauen möglich ist; sich selbst als verklärt, erfüllt mit einem intelligiblen Lichte, oder vielmehr als das reine, leichte, schwerlose Licht selbst, als einen gewordenen, oder vielmehr seienden Gott, der jetzt zum Vorschein kommt, dann aber, wenn die Seele wieder beschweret wird, verlöscht [209].

So ist das Anschauende und das Angeschaute nicht mehr Zwei, sondern durch die Vereinigung Eins. Auch die Seele ist jetzt Eins, und alle Differenz ist in ihr vertilgt. Kein Gefühl, keine Begierde regt sich in ihr; selbst das Denken ruhet jetzt, sie ist, wenn man so sagen darf, nicht mehr sie selbst, sondern gleichsam entzückt und begeistert, in stiller Einsamkeit steht ihr ganzes Wesen gleichsam stille in sich gekehrt, und ist gleichsam die Ruhe selbst geworden, nicht mehr etwas Schönes, sondern über das Schöne und den Chor der Tugenden schon hinaus geschritten [210].

Man siehet wohl, daß Plotin nicht bei dem Materiellen der Tugendhandlung stehen blieb, und in demselben das Wesentliche der Tugend suchte. Eben darum that ihm die so genannte bürgerliche oder gemeine Tugend nicht Genüge. Er dachte sich etwas Höheres als Ziel, welches allen Tugendhandlungen zum Grunde liege, einen Zweck, auf welchen sich alle einzelne beziehen. Anstatt aber in der praktischen Vernunft das Formal-

[209] *Plotinus, Ennead.* VI. L. IX. c. 10. τοιουτον δε αποδεσθαι τα αλλα δει, και εν μονω ειναι τουτω, και τουτο γενεσθαι μονον, περικοψαντα τα λοιπα, οσα περικειμενα, ωςε εξελθειν σπευδειν εντευθεν, και αγανακτειν επι θατερα δεδεμενους, ινα τω ολω αυτον περιπτυξωμεθα, και μηδεν μερος εχοιμεν, ω μη εφαπτομεθα θεου. οραι δη εςιν εντευθα κακεινον και εαυτον, ως ορα θεμις· εαυτον μεν, ηγλαϊσμενον, φωτος πληρη νοητου, μαλλον δε φως αυτο καθαρον, αβαρη, κουφον, θεον γενομενον, μαλλον δε οντα, αναφθεντα μεν τοτε, ει δε παλιν βαρυνοιτο, ωσπερ μαραινομενον.

[210] *Plotinus, Ennead.* VI. L. IX. c. 11.

malprincip der Tugend zu suchen, wandte er sich vielmehr an die theoretische, welche schon im voraus in der Gottheit das Ideal aller Vollkommenheit aufgestellt hatte. So wurde eine praktische Untersuchung in eine theoretische, Tugend und Sittlichkeit als Zustand moralischer Vollkommenheit in einen Zustand physischer Vollkommenheit verwandelt, und die Erlangung des höchsten Guts nicht durch freie Willensthätigkeit in Angemessenheit des Vernunftgesetzes, sondern in einer durch mystische Gefühle schwärmerisch gesuchten innigen und physischen Vereinigung mit dem Urwesen gesucht. Hier hatte alle gesunde Moral ein Ende. Das Ziel, welches dem Vernunftwesen als das letzte Ziel vorgeschrieben wurde, war erträumet, nicht durch die Vernunft geboten, sondern beruhete auf einer fälschlich angenommenen phantastischen Neigung und Tendenz der Seele zur Vereinigung mit dem Urwesen [211]), und diese Vereinigung, deren Möglichkeit selbst nicht einmal erkannt werden kann, wurde selbst wieder als eine Wirkung des Urwesens, durch höhere Erleuchtung und Erwärmung vorgestellt, wobei der Vernunft kein anderes Geschäft blieb, als die Hindernisse der Vereinigung aus dem Wege zu räumen. Das höchste

---

[211]) Plotinus, *Ennead.* VI. L. IX. c. 9. δηλοι δε, ότι το αγαθον εκεινο, και ο ερως ο της ψυχης, ο συμφυτος, και 3ο και συνεζευκται ερως ταις ψυχαις και εν γραφαις και εν μυθοις. επει γαρ έτερον θεν εκεινη, εξ εκεινε δε, ερα αυτε εξ αναγκης, και εσα εκει, τον κρατιον ερωτα εχει. ενταυθα δε πανδημος γινεται. και γαρ εστιν εκει αφροδιτη ερανια. ενταυθα δε γινεται πανδημος, οίον εταιρισθεισα, και εστι πασα ψυχη αφροδιτη. και τυτο αινιττεται και τα της αφροδιτης γενεθλια, και ο ερως ο μετ' αυτοις γενομενος. ερα ν κατα φυσιν εχυσα ψυχη θεν, ενωθηναι θελυσα, ώσπερ παρθενος καλη προς καλον ερωτα. όταν δε εις γενεσιν ελθυσα, οίον μνηστειαις απατηθη, αλλον αρξαμενη θνητον ερωτα, ερημια πατρος υβριζεται. μισησασα δε παλιν τας ενταυθα ύβρεις, αγνευσασα των τηδε, προς τον πατερα αυθις στελλομεν, ευπαθει.

höchste Gut ist die Seligkeit der Anschauung des Urwesens, in welcher alles Bewußtseyn der Seele bis auf den einfachen und höchst leeren Gedanken von Etwas, die leere Form eines Objects überhaupt, gleichsam einen Gedankenpunkt schwindet — ein Zustand, worin die Seele die größte Einheit, aber auch zugleich die größte Leerheit erreicht, und alle edlen Kräfte, versunken in die entzückende Anschauung, entschlummern. Diese Schwärmerei, wo man durch bloßes müßiges Beschauen die Würde der menschlichen Natur, die unausgesetzt Anstrengung, Bildung und Kampf fodert, zu erreichen hofft, und der menschlichen Natur ein erträumtes Ziel anstatt, des Vernunftzwecks vorhält, muß nothwendig von schädlichem Einflusse seyn, die moralische Erkenntniß und Beurtheilung verkehren, Stolz und Eitelkeit begünstigen, und das echte Streben nach sittlicher Vollkommenheit lähmen — Folgen, die nur durch die Kraft älterer Ueberzeugungen und Grundsätze etwas modificirt und verdeckt werden können.

So endet diese Philosophie wie sie angefangen hatte. Sie ging aus von einer erdichteten Möglichkeit einer Erkenntniß des Uebersinnlichen, nicht durch Denken, sondern durch unmittelbare Anschauung, und beschließt ihren Lauf mit einer erträumten Vereinigung mit dem Realgrunde alles Seyns, als dem höchsten und letzten Ziele des Menschen. Die ganze Philosophie des Plotins ist Schwärmerei in ein System gebracht. Ihre Tendenz ist durchaus eine Ueberschreitung der Gränzen der Erkennbarkeit. Das Uebersinnliche, was außerhalb des Gebiets der Erfahrung liegt, nie ein Object der Erkenntniß werden kann, nicht etwa als etwas Mögliches zu denken, sondern zu erkennen, als das einzige Reale, als den erkennbaren Grund des Erfahrungsmäßigen zu erkennen, das ist ihr Zweck, und das Ziel ihres ganzen Stre-

Strebens. Sie setzt über die Vernunft ein höheres Erkenntnißprincip, die Anschauung; dieser ist die Vernunft unterworfen; sie muß durch jene erleuchtet und geleitet werden. Sie hat keine andere Function als das in Begriffe zu bringen und zu denken, was durch die intellectuelle Anschauung erkannt worden ist. So treibt sich hier die Vernunft in dem Kreise ihrer Ideen herum, welche die Einbildungskraft erst in wirkliche Objecte verwandelt, und sie unterwirft sich Principien, die sie erst selbst gemacht hat, und wird ein Spiel ihrer eignen Vorstellungen, wie der Verstand in dem Zustande des Traums ein Spiel der Vorstellungen der Einbildungskraft ist, doch mit dem Unterschiede, daß der Verstand bey dem Erwachen die Täuschung des Traumbildes einsiehet, die Vernunft aber in dieser Schwärmerei nie zum Erwachen kommt. Dasselbe Spiel herrscht in dem Theoretischen wie in dem Praktischen.

Das ganze System beruhet auf einer gedoppelten Hypothese, welche durchgängig als erwiesen, oder vielmehr als unmittelbar gewiß betrachtet wird, ohne die geringste Prüfung anzustellen, ob sie nur möglich und den Gesetzen des Erkenntnißvermögens angemessen sey. Diese Hypothese ist: **das Uebersinnliche ist der Grund des Sinnlichen;** und: **das Uebersinnliche wird unmittelbar durch eine intellectuelle Anschauung, welche noch vor dem Denken hergeht, erkannt.**

Den einen Punkt, worin die Skeptiker die speculirende Vernunft mit siegreichen Waffen bekämpfen, hatte Plotin richtig eingesehen, dieser betrifft die Nachfrage nach der Realität und Objectivität der vermeintlichen übersinnlichen Erkenntnisse. In dem Gebiete der Erfahrung, wo die Objecte durch Anschauung gegeben werden, kann man mit Sicherheit

Fort-

fortschreiten, und seine Erkenntniß erweitern, berichtigen. Aber wo soll die Vernunft für das Uebersinnliche die Ueberzeugung hernehmen, daß sie nicht mit leeren Begriffen spiele, und aus ihnen Kartenhäuser aufbaue, welche bei dem geringsten Hauche wieder zusammenfallen? Wie soll die Gewißheit entstehen, daß ihren Ideen ein wirkliches Object entspreche, welches diejenige Art von Seyn hat, die an demselben vorgestellt wird? Indem er auf der einen Seite diesen mißlichen Stand der Vernunft wahrnahm, auf der andern Seite aber schon im Voraus für die Gewißheit der Vernunfterkenntniß entschieden hatte, glaubte er, der einzige feste Grund, worauf die Vernunft in ihren Speculationen fußen könne, sey kein anderer, als daß sie wie der Verstand in dem empirischen Denken, von einer Anschauung, nur aber keiner sinnlichen, sondern intellectuellen ausgehe. Hierin lag der ganze Keim des schwärmerischen Systems, denn er setzte schon die Realität einer Verstandeswelt voraus, deren objective Realität eben in Frage gewesen war. Anstatt vorher zu untersuchen, was sich durch die Vernunft erkennen lasse, nimmt Plotin im voraus Objecte außer der Sinnenwelt an, nimmt dogmatisch an, diese Objecte stünden in demselben Verhältniß zur Vernunft, wie die anschaulichen Gegenstände zum empirischen Erkenntnißvermögen. Er setzt also gewisse Principe über die Vernunft. Nach dieser Voraussetzung mußten also die übersinnlichen Objecte der Vernunft unmittelbar vor allem Denken durch die intellectuelle Anschauung gegeben seyn; sie mußte sie erkennen vor aller vorgängigen discursiven Thätigkeit. Indessen läßt sich erweisen, daß diese vermeintlichen Objecte nichts anders sind, als gewisse hypostasirte, durch die Einbildungskraft schematisirte Begriffe der Vernunft.

Wenn wir in einem Begriffe eines wirklichen Objects alles Empirische weglassen, so bleibt noch die Form der

der Anschauung und der Verknüpfung durch den Verstand übrig. So denken wir uns ein Object als die Einheit des Verknüpften, und wir können uns die Einheit in abstracto vorstellen. Eben so, wenn wir bei einer Vorstellung von allem Stoffe wegsehen, so bleibt noch die Einheit derselben, die Beziehung auf das Vorstellende, das Bewußtseyn und die Form der Vorstellung übrig.

Plotin denkt sich nun diese Begriffe als wirkliche reale Objecte; er verwandelt das, was bloß Bedingung ist, um ein Object denken zu können, in ein Object. Er hypostasirt die Begriffe.

Da aber diese Begriffe doch ganz von allem Inhalte leer sind, so kommt die Einbildungskraft dazu, und legt ihnen ein Schema, Raum und Zeit, oder auch eine empirische Anschauung, z. B. Licht, nachdem diese intellectualisirt und vergeistiget worden, unter. So wird die Einheit als etwas Reales, welches in Vielem ist, ohne räumliche Gegenwart, oder Raumerfüllung, was zu allen Zeiten ist, ohne allen Wechsel, als das Licht, welches alles erleuchtet und beleuchtet, ohne räumliche Gegenwart, was also allem und keinem gegenwärtig ist, gedacht.

Die productive Einbildungskraft ist daher das herrschende Vermögen, welches in diesem Systeme die vorzüglichste Rolle spielt. Die speculirende Vernunft bestimmte die Richtung, der Verstand die Regel, und nach dieser construirte die Einbildungskraft die Vorstellungen von den übersinnlichen Objecten. Da diese Begriffe zum Theil durch die Natur des Erkenntnißvermögens bestimmt sind, so war der Vernunft die Täuschung um so leichter, sie für Begriffe von wirklichen,

nicht

nicht sinnlichen Objecten zu halten, und sie ahndete um so weniger, daß sie somit das Spiel ihrer eignen Vorstellungen wurde.

Die Phantasie wurde also von der Vernunft nicht beunruhiget, ja sogar von derselben begünstiget, ihr Spiel ungestört zu treiben. Sie trug daher ihre eignen Gebilde in eine übersinnliche Region über, und construirte daraus eine ganze Verstandeswelt. Um diese Verstandeswelt zu bevölkern, hatte sie aus der Sinnenwelt ihre Gebilde vergeistigt, und machte nun daraus selige Bewohner jener Gegend. Bald trug sie aber jene übersinnlichen Gebilde wieder in die niedere Sphäre dieser Welt herab, legte sie den wahrnehmbaren Dingen zum Grunde, und glaubte nun an diesen nichts als einen Wiederschein, einen Abglanz der Noumena selbst durch die Anschauung wahrgenommen zu haben.

Indessen ist dieses Spiel der vernünftelnden Vernunft und der dichtenden Einbildungskraft keineswegs ganz regellos. Nachdem sie einmal den Sprung über die Erfahrungswelt hinaus gethan hatte, befolgte sie die Gesetze ihrer Thätigkeit und unterwarf sich denselben, nachdem sie einmal dieselben übertreten hat. Doch ist dieser Gehorsam nur scheinbar, denn mit jedem Schritte, den sie vorwärts thut, erneuert sie den ersten Fehltritt wieder. So analysirt sie Begriffe und unterscheidet in denselben das Mannigfaltige, aber zu gleicher Zeit macht sie daraus eben so viele Verstandeswesen, denen sie aus Gutherzigkeit objective Realität verleihet. Der Verstand unterscheidet an den Vorstellungen Materie und Form. Plotin hypostasirt sogleich diese Begriffe. Die Vernunft denket sich die Gottheit als ein Wesen mit dem vollkommensten Verstand und Willen. Plotin zerspaltet die Gottheit sogleich in zwei reale, von einander verschiedene Hypostapostasen, die Intelligenz und die Seele, und macht auf ähnliche Art die Einheit zu einer von jenen beiden verschiedenen Hypostase.

Auf diese Verstandeswelt trägt die Vernunft die Gesetze des Verstandes über, welche die nothwendigen Bedingungen der Erkenntniß der Erfahrungsobjecte sind, nachdem sie dieselben von den sinnlichen Beschränkungen abgesondert hat. So entstehet also ein vollständiges geschlossenes System von Verstandeswesen, welche coexistiren, nicht dadurch, daß sie im Raum sich befinden, sondern dadurch, daß sie durch eine Differenz von einander geschieden sind. Sie stehen unter einander im Causalzusammenhange, nicht, daß eins auf das andere in der Zeit folgte, sondern blos der Ordnung ihres Daseyns nach.

Ein anderes Gesetz der Vernunft, durch welches die Erkenntniß systematische Einheit erhält, wird hier ebenfalls in ein Gesetz der Dinge verwandelt. Daher die Idee des Einen, als des Realgrundes alles Wirklichen, daher die Emanation aller Dinge aus dem Einen, daher der Spiritualismus und transcendente Idealismus dieses Systems. Denken und Vorstellen ist die einzige Realität, und alle reale Wesen, auch selbst die in Raum ausgedehnten sind vorstellende Wesen; alle Causalität in der Natur ist die Causalität durch Vorstellungen. Denken und Seyn ist identisch. Mit einem Worte, Plotin gehet darauf hinaus, alles Denken in Erkennen, alles Vorstellen in Seyn, und alle Dinge in Vorstellungen zu verwandeln, alle Dinge daher als homogen darzustellen.

Eben darin lieget der Schein, den dieses System hervorbringt. Es entspricht dem Bedürfniß der meschlichen

lichen Vernunft, Einheit in die Erkenntniß zu bringen, sich in dem Systeme desselben des Ersten Unbedingten zu bemächtigen, welches nichts weiter voraussetzt, aber die Bedingung alles Wirklichen ist. Es bringt alles auf ein Princip zurück, welches bei der größten Einfachheit die größte Mannigfaltigkeit enthält, den Grund alles zu Erklärenden in sich enthält. Es vermeidet die große Schwierigkeit, welche jedes dogmatische System drückt, daß es keine Rechenschaft von dem Zusammenhange des Denkens und des Seyns und von der Möglichkeit des Uebergangs von dem ersten zu dem letzten zu geben braucht, denn es stellt das Denken und das Seyn als identisch dar.

Allein am Ende kehret doch nothwendig die Frage zurück, ob dieses System Wahrheit enthalte, ob das Princip und der Zusammenhang des Abgeleiteten mit demselben mehr als Vorstellung sey, ob die Sätze, welche es enthält, in einer nothwendigen Beziehung zu realen Objecten stehen, oder ob diese Beziehung selbst nur Einbildung und Wahn ist. Zwar beruft sich dieses System auf eine intellectuelle Anschauung, welche bei dem Denken voraus gehet, demselben Stoff und Objecte gibt und dadurch die Beziehung auf dieselbe möglich macht. Allein diese Berufung auf eine intellectuelle Anschauung, wodurch dem Denken Objecte unabhängig von aller sinnlichen Anschauung gegeben werden sollen, ist selbst eine bloße Hypothese, die sich mit nichts rechtfertigen läßt, als mit der Voraussetzung: das Denken gehe an sich auf Objecte, wie sie an sich sind — eine Voraussetzung, welche mit der Hypothese identisch ist, keinen Grund und keine Gültigkeit hat, und der Willkür zu dichten allen Spielraum öffnet. Diese Folgerung ist in dem ganzen Systeme augenscheinlich, und sie vollendet die Ueberzeugung von der Unhaltbarkeit des Ganzen, die Ueberzeugung,

gung, daß es auf gewissen Ideen beruhe, welche zwar subjektiv nothwendig und in der Vernunft selbst gegründet sind, die aber kein Wissen, keine Einsicht in die Natur der Dinge an sich gewähren. Der Schein, welcher durch die Angemessenheit der Ideen zur Vernunft entstand, verschwindet wieder, weil das System keine apodiktische Gewißheit von der objectiven Realität der Objecte, worauf die Ideen und Gesetze der Vernunft angewendet worden sind, gewähren kann. Siehet man daher von der subjectiven Gültigkeit der Vernunftideen weg, so beruhet das Ganze auf einer Vernunfttäuschung, die Vorstellung zu einem Objectiven zu machen, auf einem Spiel der Einbildungskraft, Objecte nach gewissen Ideen zu dichten, und auf der Abhängigkeit der Vernunft von dieser **transcendenten Dichtung**.

Ungeachtet daher Plotin mit mehrern Philosophen vor und nach ihm den vergeblichen Versuch gemacht hat, durch das **reine** Denken die Gränzen der Erkenntniß zu erweitern, so darf man doch sein System nicht als ein System des reinen Denkens betrachten, weil er dem Denken die intellectuelle Anschauung voraus setzt, in dieser schon im Voraus der Vernunft die Resultate ihres Forschens vorzeichnet und diese daher auch nicht bündig aus Principien ableiten kann. Auch ist das Denken von der Sinnlichkeit gar nicht gehörig getrennt, vielmehr manche reine und empirische Anschauung als Idee und Form der Dinge betrachtet worden. Eine scharfe Scheidung des Sinnlichen von dem Intellectuellen war schon aus dem Grunde nicht zu erwarten, weil beides in dem Begriffe einer das reine Denken bestimmenden Anschauung schon vermischt worden war, und diese Beschaffenheit des Fundaments dieser Philosophie das Streben der Vernunft nach strengen Beweisen überflüssig machte.

Will

Will man daher Plotins Philosophie nach strengen Regeln beurtheilen, so wird man sagen müssen, daß sie weit weniger ein aus Principien abgeleitetes, strenge verbundenes und vollständig entwickeltes System philosophischer Erkenntnisse, oder dafür gehaltener Sätze, als vielmehr ein Aggregat von einzelnen Speculationen, Betrachtungen, Winken und Einfällen ist, welche jedoch durch die allgemeine Tendenz und den herrschenden Geist Einheit und Zusammenhang haben.

Keine Philosophie hat indessen der dogmatischen Metaphysik und vorzüglich der transcendenten Speculation über den Urgrund der Natur so viel Stoff und Nahrung gegeben, als diese Philosophie. Sie hat daher bis in die spätesten Zeiten großen Einfluß auf den Gang der Speculation gehabt, und wegen des stolzen und sichern Einhertretens als auf der Straße gebahnter Wahrheit, vermittelst der Täuschung einer übersinnlichen Anschauung, als eines Spiegels, in welchem man übernatürliche Erkenntnisse so klar lesen könne, als in der ungetrübten Quelle des Bewußtseyns, und wobei es keiner Anstrengung bedürfe, als nur den Spiegel rein und empfänglich für die himmlischen Lichtstrahlen zu erhalten und dieselben rein aufzufassen, ist sie eine geraume Zeit für die Fundgrube und das Organon der höhern Erkenntniß gehalten worden. Es würde nicht schwer fallen, aus den unsystematisch aneinander gereihten Betrachtungen Plotins eine ziemlich vollständige Ontologie, Pneumatologie, Kosmologie und Theologie in systematischerer Form heraus zu ziehen, als sie in den einzelnen Abhandlungen des Plotins vorkommen. Ueberall findet man tiefe Blicke, kühne Ideen und unentwickelte Keime von Systemen, deren Entwickelung neueren Denkern nicht gemeinen Ruhm gemacht hat. Spinozas Pantheismus, Leibnitzens Monadologie und Theodicee und
die

Plotin.

die neueste transcendente Naturphilosophie finden mehrere Berührungspunkte in Plotins Philosophie [212]).

Er ist der erste, welcher über Aristoteles zehn Categorien einige nicht ungegründete Bemerkungen machte, doch hauptsächlich das an ihnen aussetzte, daß sie nicht die ersten ontologischen Begriffe sind. Aristoteles ging nämlich von dem Begriff eines Erfahrungsgegenstandes aus, und suchte in den äußeren Anschauungen die höchsten nicht weiter abzuleitenden allgemeinen Bestimmungen der Objecte zu finden. Plotin dagegen

---

[212]) So ist zum Beispiel der Gedanke, die sinnlichen Vorstellungen des Menschen seyen nichts anders als dunklere Gedanken, und die Gedanken einer reinen Intelligenz nichts anders als klarere Anschauungen, ein kleines Vorspiel von Leibnitzens Theorie der Sinnlichkeit und des Verstandes. *Ennead.* VI. L. VII. c. 7. — Ungeachtet das ganze System auf einen versteckten Spinozismus hinausläuft, wiewohl Plotin sich dagegen aus dem praktischen Interesse sträubt, so findet sich doch eine merkwürdige Stelle *Ennead.* VII. L. II. c. 3. worin der Pantheismus ziemlich deutlich ausgesprochen ist. ὅλως δὲ ἴσως, sagt er, οὐδε το ἐν φατεον αἰτιον τοις αλλοις ειναι, αλλ' οιον μερη αυτου, και οιον στοιχεια αυτου, και παντα μιαν φυσιν μεριζομενην ταις ἡμων επινοιαις, αυτο δε το ειναι ὑπο δυναμεως θαυμαστης ἐν εις παντα, και φαινομενον πολλα και γινομενον πολλα, οἷον ὁταν κινηθη, και το πολυχυν της φυσεως ποιειν το ἐν μη ἐν ειναι, ἡμας τε οἱον μοιρας αυτα προφεροντας, ταυτας ἐν ἑκαστοις τιθεσθαι και γενος λεγειν, ἀγνοουντας, ὁτι μη ὁλον ἁμα ειδομεν, ἀλλα κατα μερος προφεροντες, παλιν αυτα συναπτομεν, οὐ δυναμενοι επι πολυν χρονον αυτα κατεχειν, σπευδοντα προς αυτα. διο παλιν μεθιεμεν εις το ὁλον, και ἐωμεν ἐν γενεσθαι, μαλλον δε, ἐν ειναι. — Wer kann hier die *natura naturans* und *naturata* verkennen. Auch verwirft Plotin, so wie Spinoza, die Endursachen.

gen hielt dafür, daß ein Object der Erfahrung ein durch noch andere Bestimmungen eingeschränktes Noumenon, ein Ding an sich sey, in welchem das Seyn nicht rein und unbeschränkt erscheinet, und daß man daher um die allgemeinen Merkmale der Dinge zu erkennen, nicht von den Sinnenobjecten, sondern von den Dingen an sich, oder eigentlich von dem Ding an sich, als dem Allgemeinen anfangen müsse. Auf diese Art suchte er die Stammbegriffe aller objektiven Erkenntniß, die Grundbegriffe von Objecten aufzusuchen. Er verstand unter diesen (γενη) einfache, nicht weiter abzuleitende Begriffe von Merkmalen, welche in allen Objecten vorkommen, und die constitutiven Principien nicht der Erkenntniß, sondern der Objecte selbst sind [213]). Er betrachtete aber den Begriff von Object und Seyn als dem Verstande gegeben; suchte also die Principe alles Seyns nicht in dem Verstande, sondern in dem Objecte des Denkens; da er indessen das Seyn rein aufzufassen und von allen zufälligen Bestimmungen abzusondern strebte, so blieb nichts übrig, als der bloße Verstandesbegriff von einem Objecte überhaupt, welcher ganz inhaltleer ist, und er glaubte nun entdeckt zu haben, daß das reine Denken mit dem reinen Seyn zusammenfalle und identisch sey. Dieser vermeinten Identität wegen nahm er aus der Idee des vorstellenden Wesens als eines immateriellen Dinges ohne weiteres Bedenken Merkmale in den Be-

---

213) Plotinus, *Enn.* VI. L. II. c. 16. το δε γενος εν δει ειναι, ε συνθεσιν. C. 2. ει δη τουτο, ε μονον γενη ταυτα ειναι, αλλα και αρχας τε οντος αμα υπαρχειν, γενη μεν, οτι υπ᾽ αυτα αλλα γενη ελαττω, και ειδη μετα τουτο και ατομα· αρχας δε, ει το εν ουτως εκ πολλων, και εκ τουτων το ολον υπαρχει. C. 14. εν δε τοις πρωτοις γενεσι την διαιρεσιν ε συνθεσιν δει ποιεισθαι, αλλ᾽ απλων, και των την ουσιαν συμπληρουντων, ε την τινα ουσιαν — αυτης δε την ουσιαν, α εγω ουσιωδη εχω.

Begriff eines Dinges überhaupt auf ²¹⁴). Auf diese Art konnte er weder die letzten Stammbegriffe des Verstandes erforschen, noch ihren wahren Werth erkennen. Dazu kam noch ein anderer Umstand, der ihm den freien Gesichtspunct gar sehr verrückte. Plato wollte in dem Sophisten zeigen, wie Begriffe, welche nicht identisch sind, mit einander verbunden werden können, ungeachtet sie nach dem Gesetz der Identität wieder von einander unterschieden werden, mit einem Worte, die logische Bejahung und Verneinung an einem Beispiele klar machen, und er wählte dazu die Begriffe, Ding, Bewegung, Ruhe, Identität, Verschiedenheit ²¹⁵). Plotin nimmt nun diese gegebenen Beispiele von Gattungsbegriffen als die obersten Stammbegriffe von Dingen überhaupt, ohne sich weiter um den Zweck und die Beziehung jener Beispiele zu bekümmern.

Diese fünf ontologischen Stammbegriffe beweist er nun auf folgende Weise. Wenn wir uns eine Intelligenz denken, so entdecken wir in derselben ein lebendes Licht, ein beharrliches Leben und ein nicht auf das Künftige, sondern auf das Gegenwärtige, auf das, was jetzt und immer ist, hingerichtete Denken. Was aber die Intelligenz denkt, das denkt sie als in sich, nicht außer sich. In dem Denken ist nun Thätigkeit und Bewegung; in dem sich selbst Denken aber das Wesen und das Ding, denn dadurch, daß die Intelligenz ist, denkt sie und

---

214) Plotinus, *Ennead.* VI. L. II. c. 8. αλλα χρη τρια ταυτα τιθεσθαι, ειπερ ο νυς χωρις εκαϛον νοει. αμα δε νοει και τιθησιν, ειπερ νενοηται· οις μεν γαρ το ειναι μετα υλης εϛι, τυτων κκ εν τω νω το ειναι, αλλ᾽ εϛιν αϋλα. α δε εϛιν αϋλα, ει νενοηται, τατ᾽ εϛιν αυτοις το ειναι. ιδε δε νυν και καθαρον και βλεψον εις αυτον ατενισας, μη ομμασι τετοις δεδορκως; ορας δη ωσιας εϛιν.

215) Plato, *Sophista*. Zweiter Band, S. 279. 280.

Tennem. Gesch. d. Philos. VI. Th.

und sie denkt sich als seyend, und das worauf sie gleichsam fußet, ist das Ding. Die Thätigkeit ist nicht das Ding, sondern das, worauf sie gerichtet und wovon sie abhängt; nicht das Schauen selbst, sondern das Geschauete. Doch hat auch diese Thätigkeit selbst auch ein Seyn, weil es das Ding, das Object ist, wovon und worauf sie gehet [216]).

Da aber die Intelligenz nicht in der Möglichkeit, sondern in der Wirklichkeit existirt, so trennt sie nicht diese beiden, sondern verbindet sie wiederum; sie macht das Object zum Ich und das Ich zum Objecte (Duplicität des Denkens). Das Object ist aber die festeste Grundlage, auf welcher alles übrige ruhet, die Intelligenz hat dasselbe nicht von außen, sondern aus sich und in sich, und es ist dasjenige, in welchem das Denken seine Endschaft erreicht; es ist eine nicht angefangene, nicht aus Bewegung entstandene Ruhe (στασις). Die Idee ist in Ruhe, als das Ziel der Intelligenz, und das Denken derselben ist die Bewegung [217]).

Be-

---

216) Plotinus, *Ennead.* VI. L. II. c. 8. ει μεν εν τω νοειν, η ενεργεια και η κινησις· ει δε τω εαυτον, η ουσια και το ον. ου γαρ νοει, και οντα εαυτον, και εις ο οιον επερειδετο, οι. η μεν γαρ ενεργεια η εις αυτον, ουκ ουσια. εις ο δε και αφ' ου το ον. το γαρ βλεπομενον το ον, ουχ η βλεψις. εχει δε και αυτη το ειναι, οτι αφ' ου και εις ο ον.

217) Plotinus, *Ennead.* VI. L. II. c. 8. ενεργεια δε ου, ου δυναμει, συναπτει παλιν αυ τα δυο, και ου χωριζει, αλλα ποιει εαυτον εκεινο, κακεινο εαυτον. οι δε, το παντων εδραιοτατον, και περι ο αλλα την στασιν υπεστησατο, και εχει ουκ επακτον, αλλ' εξ αυτου και εν αυτω. εστι δε και εις ο ληγει η νοησις, ουχ ορμησασα στασις, και αφ' ου ορμηται, ουχ ορμησασα στασις· ου γαρ εκ κινησεως κινησις, η εις κινησιν. οτι δε η μεν ιδεα εν στασει, περας εστι εκ. ο δε της αυτης η κινησις.

Bewegung und Ruhe und das Ding, alles ist Eins.

Insofern aber die drei unterschieden werden, und jedes als eins und von dem andern verschieden betrachtet wird, erblickt die Intelligenz in dem Dinge Verschiedenheit, und setzt diese zu den drei übrigen Grundeigenschaften als die vierte hinzu. Indem sie aber alle drei wieder in Einheit bringt und in eine Einheit setzt, so macht sie dieselben wieder einstimmig, und siehet also die Einerleiheit, Identität als die fünfte Grundeigenschaft entspringen [218].

Diese fünf Grundeigenschaften kommen in allen Dingen vor; und alles was ist, ist entweder ein bestimmtes Ding, oder eine bestimmte Bewegung, oder Ruhe; es ist entweder identisch oder verschieden; sie machen, daß ein Ding ein bestimmtes Etwas mit diesen und keinen andern Eigenschaften ist. Jedes vorstellende Wesen erkennt das Seyende durch das in ihm befindliche Seyn und auf gleiche Weise die Bewegung und Ruhe durch die Bewegung und Ruhe in ihm. Die in der Intelligenz vorhandene Identität und Verschiedenheit gibt den andern Dingen dieses Prädicat, daß sie identisch oder verschieden sind [219].

---

218) Plotinus, *Ennead.* VI. L. II. c. 8. οἷον δὲ ὀλίγον διαστήσας καὶ ἐπισχὼν καὶ διακρίνας, εἰσιδὼν ὅτι καὶ στάσιν καὶ κίνησιν τρία ταῦτα καὶ ἕκαστον ἕν, ἀφ' ὧν ἕτερα ἀλλήλων εἴρηκε, καὶ διέστησεν ἐν ἑτερότητι, καὶ εἶδε τὴν ἐν τῷ ὄντι ἑτερότητα, τρία τιθεὶς καὶ ἓν ἕκαστον; πάλιν δὲ ταῦτα εἰς ἓν καὶ ἐν ἑνὶ, καὶ πάντα εἰς ἕν, εἰς ταὐτὸν αὖ συνάγων καὶ βλέπων, ταυτότητα εἶδε γενομένην καὶ οὖσαν.

219) Plotinus, *Ennead.* VI. L. II. c. 8. τρία δὲ ταῦτα ἰδών τις, ἐν προσβολῇ τῆς τοῦ ὄντος φύσεως γεγενημένος, καὶ τῷ περὶ αὐτῷ ὄντι, καὶ τὸ ὂν καὶ τοῖς ἄλλοις· ἰδὼν τὰ ἄλλα τὴν κίνη-

Diese fünf Prädicate sind die allgemeinen Bestimmungen eines Dinges überhaupt, hinreichend um das Seyn überhaupt vorzustellen, aber nicht um ein bestimmtes, dieses oder jenes Seyn zu denken. Denn dann müssen noch andere Bestimmungen hinzukommen, und wir denken uns nun nicht mehr ein Ding in seiner höchsten Allgemeinheit, sondern mit Prädicaten, wodurch die Allgemeinheit näher bestimmt wird. Jetzt erst erhält ein Ding Quantität, Qualität und Relation. Und hier ist es, wo die Categorien des Aristoteles erst ihre Anwendung finden [220]).

Ungeachtet hier bei diesem zweiten Versuch einer Ontologie manche Dunkelheit und Verwirrung herrscht, auch manche Verirrung wegen des einmal angenommenen transcendenten Princips vorkommt, daß z. B. Identität und Verschiedenheit, die doch nichts als Reflexionsbegriffe sind, zu realen Prädicaten des Seyns gemacht werden, daß die Einheit des Objects als abgeleitetes Prädicat, ein Seyn von der absoluten Einheit; daß das Denken bald als ein Prädicat, das ursprünglich zum Seyn und zum Wesen eines Dinges gehöre, bald wieder als ein hinzugekommenes Prädicat, wodurch ein Ding näher bestimmt und zum Denkenden werde, betrachtet wird [221]): so muß man doch gestehen, daß zugleich auch

---

κινησιν την εν εαυτω τη εν αυτω κινησει, και την στασιν τη στασει· ώστε τα παντα γενη γιγνεσθαι πεντε πασι, και ταυτα διδοντα τοις μετα ταυτα το έτεροις και ταυτοις ειναι. και τι γαρ ταυτον και τι έτερον έκαστον.

220) Plotinus, *Ennead.* VI. L. II. c. 13. 15. 16.

221) Plotinus, *Ennead.* VI. L. II. c. 11. 17. Plotin siehet das Letzte selbst als eine schwer aufzulösende Schwierigkeit an c. 19. επει δε εφαμεν το εκ παντων των οντων ηδη ειναι έκαστον, προ δε παντων ώς ειδος και μερος το ον, και την

auch viele Beweise von Scharfsinn, und viele glückliche Blicke angetroffen werden. Der Versuch selbst, diese Stammbegriffe, wenn auch in den Objecten aufzusuchen, die Sinnenwelt und die Verstandeswelt, das reine und angewandte Denken zu unterscheiden, ist, wenn er auch nicht gelungen ist, doch immer der Aufmerksamkeit werth und man trift oft auf feine Bemerkungen über den Inhalt und Gebrauch der Kategorien und Prädicabilien, wodurch er der Metaphysik wenigstens durch die Analyse vorarbeitete. Er machte den grossen Reichthum ihres Stoffs nächst Aristoteles unter den Alten am meisten sichtbar, und trug eben dadurch aus Mangel eines sichern Princips für den wissenschaftlichen Gebrauch, zur Befestigung des Wahns von der Realität einer transcendenten Metaphysik mächtig bei.

Kein Theil der Metaphysik hatte für Plotin aber mehr Interesse, als die Psychologie und Theologie, und diese haben daher auch durch ihn den reichlichsten Zuwachs erhalten. Die Seele stand ihm in der Mitte zwischen der Verstandeswelt und der Sinnenwelt, als das Lebensprincip der Körper, welches wieder von höheren Principien abhänge; in dieser Rücksicht und als Etwas, an welchem die Idee von reinen körperlosen Wesen seine objective Realität erhalte, mußte sie für seine Betrachtung ein sehr wichtiger Gegenstand werden. Da überhaupt unser Geist ein natürliches Streben zur Erkennt-

κοινῃ τιθεμεθα του ειναι, τον ηδη του υςερον λεγομεν ειναι· και δη ταυτα (ταυτην) αποριαν χρησιμον προς το ζητουμενον ποιησομεθα. Er versuchet die Lösung durch den Unterschied der allgemeinen und einer besondern Intelligenz; die allgemeine enthält nur das Allgemeine, nichts Individuelles, der Möglichkeit nach aber alle individuellen Intelligenzen, so wie diese wieder der Möglichkeit nach die allgemeine Intelligenz.

kenntniß hat, und alles zu erforschen sucht, muß da nicht auch selbst das erkennende und forschende Princip in uns ein Gegenstand unseres Forschens werden [222])? Wenn auch die Erkenntniß des letzten denkbaren Grundes alles Seyns der absoluten Einheit das letzte und höchste Ziel der dogmatisirenden Metaphysik ist, so ist doch die Seele das Medium, wodurch wir die erste Ahndung eines solchen Wesens erhalten, und, wie Plotin glaubte, diese Ahndung durch Erkenntniß der **absoluten Identität** in Wissen verwandeln können. Die Erkenntniß der Seele war also das einzige Mittel, wodurch jenes letzte Ziel erreicht werden konnte.

Plotin betrachtet die Seele als eine erkennbare Substanz, und daher ist ihm die Natur des Wesens derselben ein Hauptpunct der Untersuchung. Er ist der Erste, welcher die **Immaterialität** derselben als das Wesen, wodurch sich die Seele von dem Körper unterscheide, noch bestimmter entwickelte und durch mehrere Gründe zu beweisen suchte, als es vom Plato geschehen war. Jedes Object ist nach ihm die Einheit eines Mannigfaltigen; in dem Körper ist dieses aber **im Raume theilbar und trennbar**, bei der Seele aber **weder theilbar noch trennbar, in keinem Raume**. Der Körper ist eine ausgedehnte Größe, welche aus Theilen bestehet, wovon jeder von dem andern dadurch verschieden ist, daß er einen andern Theil des Raums einnimmt; die Seele ist gar keiner Theilung fähig, und eine **unräumliche Substanz**, die weder in einem Orte, noch in irgend einem andern Dinge ist und seyn kann.

Hier wird also die **Ausdehnung** als das **Wesen der Körper** und die **Geistigkeit** als das **Wesen der Seele** zum erstenmal in deutlichen Begriffen einander

---

[222]) Plotinus, *Ennead.* IV. L. II. c. 1. L. I. c. 1.

anber entgegengesetzt [223]). Dieser Begriff der Geistigkeit oder Immaterialität ist aber ein negativer und leerer Begriff. Plotin betrachtet ihn gleichwohl als einen positiven Begriff, weil er sogleich einige andere Merkmale mit jenen negativen verbindet, durch welche der wahre Gehalt jener verdeckt würde. Die Seele, sagte er, ist ein einfaches Wesen, welches über alle Wesen, welche nach ihr und durch sie sind, waltet, nicht, daß sie eine Stelle in denselben erhalte, sondern weil die letzten nicht ohne Seele seyn können, noch seyn wollen; gleichsam der Mittelpunct in dem Kreise, aus welchem alle Linien zum Umkreise ausgehen, ungeachtet dadurch der Mittelpunct seine Untheilbarkeit nicht verliert. So ist auch das Einfache die Seele, der Grund des Zusammengesetzten [224]).

Seele ist ein Begriff, welcher von dem Plotin in weiterer und engerer Bedeutung genommen wird. Er denkt sich darunter sowohl einfache Wesen ohne Körper, wie alle Substanzen der Verstandeswelt, Intelligenzen (νῦς), als auch einfache Substanzen in Verbindung mit einem Körper, wie Pflanzen- Thier- Menschenseelen. Diese Seelen im engern Sinne sind

---

223) Plotinus, *Ennead.* IV. L. II. c. 1.
224) Plotinus, Ebendas. ἡ δε ιςιν αιτιτεταγμενη ταυτη ουσια, ουδαμη μερισμον δεχομενη, αμερης τε και αμεριςος, διαςημα τε ουδε ουδε δια επινοιας δεχομενη, ου τοπου δεομενη, ουδ' εν τινι των οντων γινομενη, ουτε κατα μερη, ουτε κατα ολα, οιον πασι ορῶ τοις ουσιν εποχουμενη· ουχ ινα εν αυτοις ιδρυθη, αλλ' ὅτι μη δυναται τα αλλα ανευ αυτης ειναι μηδε θελει, και κατα τα αυτα εχουσα ουσια, κοινον απαντων των εφεξης οιον κεντρον εν κυκλω, αλλ' ου πασαι αι προς την περιφερειαν γραμμαι εξημμεναι, ουδεν ἧττον εωσιν αυτο εφ' ἑαυτα μενειν, εχουσαι παρ' αυτα την γενεσιν και το ειναι, και μετεχουσιν μεν τε σημειοις, και αρχη το αμερες αυταις, προηλθον γε μην εξαψαμεναι αυτας εκει.

sind zwar ihrem Wesen nach auch **immateriell und untheilbar,** denn sie stammen aus der Verstandeswelt, in welcher alles immateriell ist. Da sie aber doch mit den Körpern verbunden werden, und also wenigstens zum Theil sich von der Verstandeswelt entfernen können, so haben sie eine der **Theilung fähige Natur,** oder eine doppelte Natur, eine **untheilbare, obere,** und eine **theilbare,** welche zwar auch von oben stammt und von jener abhängt, aber doch auch zugleich nach unten zu sich hinneigt, wie eine aus dem Mittelpuncte des Kreises ausgehende Linie [225].

Man siehet, welche unauflösliche Schwierigkeiten diese Vorstellung von der Seele und ihrer doppelten Natur herbeiführen mußte. Theilbarkeit und Untheilbarkeit widersprechen einander, und doch sollen sie in einem Wesen vereiniget werden, sie sollen so vereiniget

---

[225] Plotinus, *Ennead.* IV. L. I. c. 1. ει τω κοσμω τω νοητω η αληθινη εσια˙ ιδε το αριστον αυτε ψυχαι δε κακει. εκειθεν γαρ και ενταυθα κακεινος ο κοσμος ψυχας ανευ σωματων εχει˙ ετος δε τας εν σωμασι γινομενας και μερισθεισας τοις σωμασιν. εχει δε όμως μεν ιδε πας και ο διακεκριμενος εδε μεμερισμενος. όμως δε πασαι ψυχαι εν ένι τω κοσμω εκ εν διαστασει τοπικη, ιδε μεν εν κει αδιακριτος και αμερισος. ψυχη δε εχει αδιακριτος και αμερισος, εχει δε φυσιν μεριζεσθαι˙ και γαρ ὁ μερισμος αυτης το αποστηναι και εν σωμασι γινεσθαι, μεριστη ὰν εικοτως περι τα σωματα λεγεται ειναι, ὁτι ἕτως αφισαται και μεμερισται. πως ὰν και αμερισος; ὰ γαρ ὑλη απεστη, αλλ' εστι τι αυτης εκ εληλυθος, ὁ ὰ πεφυκε μεριζεσθαι. το ὰν εκ της αμερικα και της περι τα σωματα μεριστης τ' αυτον τω εκ της ανω και κατω ροης, και της εκειθεν εξεμμενης, ἐυεισης δε μεχρι-τωνδε, οἱον γραμμης εκ κεντρε˙ ελθεσα δε ειθαδε, τετω τω μερει ὁρα, ως και αυτω τω μερει σωζει την φυσιν τε ὁλη. εδε γαρ ενταυδα μοιον μεριστη, αλλα και αμερισος˙ το γαρ μεριζομενον αυτης, αμερισως μεριζεται. εις ὁλον γαρ το σωμα δεσα αὑτη, και μη μερισθεισα, τω ὁλη εις ὁλον εν παντι ειναι, μεμερισται.

niget werden, daß die Untheilbarkeit, als das wesentliche Prädicat der Seele, nicht dadurch zernichtet wird. Wenn Plotin sagt, das Theilbare der Seele wird auf eine untheilbare Weise getheilt, so heißt das nichts anderes, als einen Widerspruch durch einen neuen erklären. Wenn er hinzusetzt: die Theilbarkeit ist kein Prädicat der Seele, sondern des Körpers, mit welchem sie verbunden wird, weil dieser seiner theilbaren Natur wegen die Seele nicht auf eine untheilbare Weise empfangen kann [226], so ist dieses ein Ausweg, der nicht weit führen will, und wenn er die Theilbarkeit von der Seele ganz ausschließt, und dem Körper zueignet, so gehet er auf der andern Seite die Hauptfrage: **wie ist die Verbindung eines materiellen Wesens mit einem immateriellen möglich**, mit Stillschweigen vorbei. Vielleicht ahndete Plotin diese Unbegreiflichkeit, und wollte sie einigermaßen dadurch heben, daß er annahm, jede Seele schreite nur stufenweise aus der übersinnlichen Welt in die sinnliche fort, und nehme zuerst einen **himmlischen oder ätherischen Lichtkörper** an, welcher wegen seiner Feinheit und wegen der bittweise angenommenen Immaterialität und Göttlichkeit des Lichts sich mit der einfachen Substanz verbinden lasse [227]. Diese Vorstellung, welche in der Folge von den Neuplatonikern weiter ausgebildet wurde, und die Lehre von einem feinern Körper als dem Vehikel der Seele, wodurch sie gleichsam ein Theil der sichtbaren Welt wurde,

---

226) Plotinus, Ennead. IV. L. H. περι δε τα σωματα εςι μεμερισμενη, των σωματων τω οικειω μερισμω ε δυναμενη αυτη αμερισως δεχεσθαι· ωςε ειναι των σωματων παθημα τον μερισμον, εκ αυτης.

227) Plotinus, Ennead. IV. L. III. c. 15. εισι δε (αἱ ψυχαι) εκκυψασαι τα νοητα εις ουρανον μεν πρωτον, και σωμα εκει προσλαβουσαι, δι' αυτε ηδη χωρουσι και επι τα γεωδεςερα σωματα, εις οσον αν εις μηκος εκταθωσι.

de, löst die Schwierigkeit nicht auf, sondern schiebt sie nur weiter zurück.

Ohne weiter an diese Schwierigkeiten zu denken, behauptet er, daß die Seele ohne Ausdehnung mit allem Ausgedehnten verbunden werden kann; daß sie in allen Theilen des mit ihr verbundenen ausgedehnten Körpers, und in sofern getheilt, aber in demselben und in jedem Theile desselben wiederum g a n z, und in dieser Hinsicht u n t h e i l b a r ist; und daß sie als ein und dasselbe Wesen zugleich hier und auch wo anders seyn könne [228]).

Indessen machte doch dieser Begriff der Seele, durch welchen entweder nichts oder etwas Widersprechendes gedacht wird, daß Plotin auf weitere Gründe für die Immaterialität der Seele dachte. Er hat die meisten nachher in der Metaphysik gewöhnlichen Gründe, die sich alle auf die E i n h e i t und I d e n t i t ä t des S e l b s t b e w u ß t s e y n s bei allem veränderlichen Bewußtseyn, und auf die Unmöglichkeit, daß ein ausgedehntes und zusammengesetztes Wesen das Einfache denken könne, stützen, aufgestellt. Aus der Immaterialität wird auch die Unsterblichkeit hergeleitet [229).

Die Ableitung der Seelenkräfte aus der doppelten Natur und die Betrachtung des Empfindungsvermögens, der

---

[228) Plotinus, *Ennead.* IV. L. II. ἡ δὲ ὁμε μεριστη τε και αμεριστος φυσις, ἡν δη ψυχην ειναι φαμεν, ουχ ουτως ὡς το συνεχες μια, μερος αλλο, το δ' αλλο εχουσα, αλλα μεριστη μεν, ὁτι εν πασι μερεσι τε εν ᾧ εστιν αμεριστος δε, ὁτι ὁλη εν πασι και εν ὁτῳσι αυτη ὁλη — μεγεθος ουκ εχουσα παντι μεγεθει συνεσι, και ὡδι ουκ, ὡδι παλιν αυ (ουκ) εστιν, ουκ αλλῳ, αλλα τῳ αυτῳ. *Ennead.* III. L. IX. c. 2. *Ennead.* IV. L. III. c. 20. seq.

229) Plotinus, *Ennead.* IV. L. VII. c. 2 — 12.

der Einbildungskraft, des Gedächtnisses und der Denkkraft, der Gefühle und Begehrungen, ist ein Gegenstand, wo sich Plotins Scharfsinn, oft ein feiner Beobachtungsgeist, zugleich aber auch der Hang zur Mystik und aus erdichteten Principien die Erscheinungen zu erklären, auf eine ausgezeichnete Weise offenbaret. Es würde uns aber zu weit führen, wenn wir hier in das Detail eingehen wollten.

Auch die speculative Theologie verdankt Plotin sehr viel. Wenn er gleich nach dem schwärmerischen Princip seiner Philosophie, die Idee der Gottheit in eine Dreiheit von Wesen, der absoluten Einheit, der ersten Intelligenz und ersten Seele zerspaltete, so hat er doch nicht wenig beigetragen, um die Idee eines übersinnlichen Grundes der Welt deutlich zu machen, und das Verhältniß des Unendlichen zu dem Endlichen ins Licht zu setzen. Wir haben diesen Theil seines Systems schon oben nach seiner charakteristischen Beschaffenheit kenntlich zu machen gesucht, und können hier in kein weiteres Detail uns einlassen.

Zweites Kapitel.
Fortgang und Ausbreitung der Neuplatonischen Philosophie.

Plotins Philosophie vereinigte in ungleichem Verhältniß Licht und Finsterniß; herrliche und große Gedanken, aber auch eine Menge von schimmernden Gedanken, welche wie die Irrlichter die Augen auf sich ziehen, und eben dadurch von dem rechten Wege abführen. Keime von wichtigen Untersuchungen, aber eben so viele falsche Grundsätze. Sie sprach eben so sehr zu dem Verstande,
als

als zur Einbildungskraft. Zu nachgiebig gegen den Hang zum Speculiren nahm sie Grundsätze ohne strenge Prüfung an, und verwandelte das Denken oft in ein Dichten. Sie zeigte sich sehr gefällig gegen den herrschenden Zeitgeist, und anstatt dem Aberglauben, welcher so sehr um sich gegriffen hatte, Einhalt zu thun, that sie ihm durch Schwärmerei nur allzuviel Vorschub. Sie konnte aus diesem Grunde sehr wohlthätig, aber auch sehr nachtheilig für die Nachwelt wirken, je nachdem sich Köpfe fanden, welche, durch die hingelegten Winke, Ansichten und Ideen veranlaßt, aus reinem Interesse für die Wahrheit das Richtige und Wahre von dem Irrigen zu scheiden, und vorzüglich durch die Vergleichung der Resultate mit den Grundsätzen das Täuschende derselben zu erforschen, und das Gebiet der Vernunft von der Sphäre der Einbildungskraft genau zu scheiden strebten, oder Köpfe von mehr lebhafter Phantasie als nüchterner Vernunft, die von den Vorurtheilen ihrer Zeit geblendet, und von der Zauberei der Einbildungskraft verführt, die ganze Natur zu einem Geisterspiele machten. Leider war letzteres der Fall, und nach dem Gange der Dinge, nach der Denkart und dem Charakter der Zeitgenossen nichts anders zu erwarten. Die verschrobenen Köpfe fanden in Plotins Schule nur Nahrung für ihre nach mehr als menschlicher Weisheit begierigen Seelen; sie betraten seinen Weg, da aber keiner sich des tiefen Sinnes und des Forschungsgeistes rühmen konnte, welcher dem Plotin nicht abgesprochen werden kann; da sich alle mit jedem Schritte von der Natur noch weiter entfernten, so verloren sie sich in die abenteuerlichsten Chimären, die nur darin einstimmen, daß sie die Tendenz der Vernunft, den einzigen festen Boden der sichern Erkenntniß zu überfliegen, aber zugleich auch das Unvermögen derselben, einen festen Schritt über denselben hinaus zu thun, verrathen.

Plo-

Plotin hatte, wie wir in dem ersten Kapitel gesehen haben, doch ein wissenschaftliches Bedürfniß, und suchte sich von dem Streben der Vernunft nach dem Absoluten Rechenschaft zu geben, und zugleich die Möglichkeit einer Erkenntniß des Absoluten zu deduciren. Obgleich er sich dabei täuschte, und diese Deduction nicht gelingen konnte, so zeigt es doch eine Achtung für Vernunft, ein Streben, in dem, was für die Erkenntniß gehört, keinen Schritt ohne Vernunft zu thun. Seine Nachfolger sind nicht von diesem lebendigen Interesse für Wissenschaft beseelet; sie bekümmern sich weit weniger darum, ihre Schritte durch Vernunft, wäre es auch nur eine vernünftelnde, zu rechtfertigen. Sie bauen auf dem vom Plotin gelegten Grunde weiter fort, und betrachten die Region des Uebersinnlichen schon als das eigenthümliche fest begründete Gebiet der Vernunft. Weniger bekümmert um die Wahrheit der Principien, gingen sie nur hauptsächlich darauf aus, diese Philosophie auf die gangbaren Religionsmeinungen anzuwenden, und dadurch dem herrschenden Cultus eine feste Stütze zu geben. Höchst selten regt sich bei ihnen ein Zweifel über die Gültigkeit und Realität ihrer vermeinten übersinnlichen Erkenntnisse; die Denkbarkeit ist ihnen schon ein hinlänglicher Grund für die Erkennbarkeit. Wenn wir daher auch zuweilen Zweifel und Einwürfe antreffen, so beziehen sie sich nicht auf die Nachfrage eines Princips für die Möglichkeit der Erkenntniß, sondern auf gewisse Folgerungen und ihre Vereinbarkeit mit andern Erkenntnissen, wobei die Objectivität schon vorausgesetzt wurde.

Plotins Philosophie erhielt daher ein Ansehen, welches der Vernunft gleich gesetzt wurde, nicht sowohl in Ansehung des Materialen, was man behauptete oder nicht behauptete, auch nicht in Ansehung des Formalen, wie man Behauptungen an einander knüpfte oder coordinirte

nirte und subordinirte — denn darin findet man wenig Einhelligkeit, — sondern nur in Ansehung des Grundes übersinnlicher Erkenntnisse überhaupt. Diesen, glaubte man, habe Plotin einmal für allemal gelegt, und man bauete nun darauf ohne alle weitere Prüfung fort. Nachdem z. B. Plotin zuerst drei Prinzipe alles Seyns aufgestellt hatte, so dachte keiner von den Anhängern der Neuplatonischen Philosophie darauf, die Möglichkeit dieser rationalen Erkenntniß und ihre objective Realität nach Prinzipien der Vernunft zu untersuchen, alle setzten vielmehr diese voraus, und suchten nur diese Trinität und ihr Verhältniß zu einander und zu der Welt in das Licht zu setzen, auch wohl noch mehrere Trinitäten außer jener zu ersinnen, und sie einander unter zu ordnen.

Da aber Plotin selbst sein System als einen Commentar der Platonischen Philosophie betrachtete, und auch von andern die vollkommene Identität zwischen beiden anerkannt wurde, so galt eigentlich nicht Plotin, sondern Plato, als die höchste Instanz in den Angelegenheiten der Philosophie, wiewohl dieser nur seinen Namen hergeben mußte, um dem neuen System Ansehen zu verschaffen. Plato war der Philosoph, welcher die tiefsten Blicke in die Geheimnisse der göttlichen Weisheit gethan hatte, und Plotin hatte nur durch die Aehnlichkeit seines Geistes den hohen tiefen Sinn aufgefaßt, und mit mehr Klarheit der Welt vorgelegt, daß sie ebenfalls die Taufe dieser überschwenglichen Weisheit erlangen konnte [1]).

Hierdurch wurde nun natürlich diese für Platonisch gehaltene Philosophie in Beziehung mit den Lehrsystemen gebracht, welche aus Platos Philosophie entsprungen waren,

---

1) Procli *Theologia Platonis.* 1. B. 1. Cap.

waren, und aus welchen selbst Plato nach gewissen ohne historische und kritische Prüfung angenommenen Traditionen geschöpft haben sollte. Aristoteles Philosophie wurde als der erste Grad der Einweihung betrachtet, wodurch die Schüler erst vorbereitet werden mußten, die höheren Lehren zu verstehen und sich zu eigen zu machen 2). Plato sollte, wie Pythagoras, seine Philosophie aus der Weisheit der Aegyptier, vorzüglich aus den Schriften des Hermes geschöpft haben; natürlich mußte nun auch eine gewisse Uebereinstimmung zwischen der neuen Philosophie, als Erklärung des Platonischen Systems, und zwischen den Quellen, woraus das Letzte geflossen war, angenommen und behauptet werden. Wie hätte man sich sonst von der unverfälschten Echtheit der Platonischen Philosophie überzeugen können, wenn sie nicht mit ihren Quellen harmoniret hätte? Und eine andere Philosophie als die Platonische wollte man nicht haben, weil man glaubte, daß Plato ein Gotterleuchteter Mann gewesen sey, dessen Aussprüche man als Offenbarungen der göttlichen Weisheit betrachten könne 3).

Die-

---

2) Marini *vita Procli*. Syrianus las mit dem jungen Proklus alle Bücher des Aristoteles in einem Zeitraum von zehn Jahren durch. αχθεντα δε δια τυτων ικανως ωσπερ δια τινων προτελειων και μικρων μυστηριων, εις την Πλατωνος αγεν μυσταγωγιαν.

3) Proclus *Theologia Platonis*, L. I. c. 1. διαφεροιτως δε οιμαι την περι αυτων των θειων μυσαγωγιαν εν αγιω βαθρω καθαρως ιδρυμεν, και παρ' αυτοις τοις θεοις διαιωνιως υφεστηκυιαν εκειθεν τοις κατα χρονον αυτης απολαυσαι δυναμενοις εκφαινειν δι' εινος ανδρος, ον ουκ αν αμαρτοιμι των κληθιων, τελετων, ως τελυνται χωρισθεισαι των περι γην τοπων αι ψυχαι, και των ολοκληρων και ατρεμων φαντασματων, αι μεταλαμβανουσιν αι της ευδαιμονος και μακαριας ζωης γνησιως αντεχομεναι, προηγεμονα και ιεροφαντην αποκαλων. Jamblichus

Dieses ist ein merkwürdiger Umstand und bezeichnet eine wichtige Veränderung in der ganzen Denkart der damaligen Zeit. Plotin hatte allerdings den Grund zu dem Glauben gelegt, daß Plato alle Tiefen der übersinnlichen Erkenntniß erschöpft habe; und er bestritt daher die Gnostiker, welche dieses läugneten, den Zoroaster und andere Männer in Rücksicht auf die ihnen mitgetheilten göttlichen Offenbarungen vorzogen 4). Allein dieses war doch kein blinder Glaube, weil Plotin selbst immer damit die Bemühung verband, durch Principien der Vernunft die Behauptungen des Plato zu rechtfertigen und zu deduciren. Er traute der Vernunft zu viel zu, und darum hielt er die Philosophie des Plato für wahr, weil sie dem Streben seiner Vernunft nach dem Absoluten zusagte. Es lief freilich hierbei eine große Täuschung mit unter, daß er das, was er aus Platos Ideen nach einem andern Princip geschlossen hatte, auch für ursprünglich Platonisch hielt, und sich die Identität zwischen ihm und dem Plato weit größer vorstellte, als sie in der Wahrheit war. Seine Nachfolger gingen aber in der Verehrung des Plato viel weiter, sie schenkten ihm ein blindes Zutrauen; was Plato behauptet hatte, oder was er behauptet zu haben schien, war so viel als ein unmittelbarer Ausspruch der göttlichen Vernunft selbst, an dessen Wahrheit zu zweifeln eine Sünde sey. Die Untersuchung der Gründe der Behauptungen war eine Nebensache. Weil Plotin einmal für allemal das schwärmerische System des entstellten Platonismus aus einem noch höhern Princip abgelei-

---

chus de mysteriis Aegypt. Sect. 1. c. 2. Φιλοσοφον δ' ει τι προβαλλεις ερωτημα, διακριωμεν σοι και τουτο κατα τας Ερμε παλαιας στηλας, ας Πλατων ηδη προσθεν και Πυθαγορας διαγνοντες, φιλοσοφιαν συνεστησαντο. c. 1.

4) Porphyrius *vita Plotini.* Plotinus, Enn. II. L. IX. c. 6.

geleitet hatte, so schien die Nachfrage nach Vernunftgründen der Behauptungen überflüſſig. Denn Plato war durch Offenbarung mittelbar oder unmittelbar erleuchtet worden, darum waren seine Ausſprüche Götterſprüche.

Je weniger die Vernunft das Princip des Wiſſens und der vernünftigen Ueberzeugung war, deſto mehr gewann der **Auctoritätsglaube** Eingang und Herrſchaft. Weil Plato durch das unmittelbare Licht Gottes erleuchtet worden, oder weil er so glücklich geweſen war, von den ägyptiſchen Prieſtern in des Hermes Trißmegiſtus überirdiſcher Weisheit unterrichtet zu werden, darum war er der göttliche Philoſoph, deſſen Anſehen dem Anſehen der Vernunft gleich geſetzt wurde. Wenn die Philoſophie nach der Anſicht dieſer Männer zuletzt auf Offenbarung beruht, und alles Wiſſen aus dem Glauben eines solchen übernatürlichen Factums hervorgehet, so hat jeder Mensch, der aus einer solchen übernatürlichen Quelle ſchöpfte, gleiche Ansprüche auf Auctorität. Die Gottheit kann sich noch immer offenbaren, und mehrmals einzelnen Menschen geheimnißvolle Lehren mitgetheilt haben. Eine Offenbarung kann einer andern nicht widersprechen; sie müſſen, als aus Einer Quelle entsprungen, einstimmig seyn, und darum auch alle gleiche Achtung erhalten. Die Vernunft hat kein Recht, über die Wahrheit der Offenbarung zu entscheiden, oder sie nach ihren Principien zu beurtheilen; denn es sind Wahrheiten, die ihr gegeben werden, die sie annehmen muß wie sie ihr gegeben werden. Es würde thöricht seyn, etwas an solchen Offenbarungen meistern zu wollen. Es ist daher gar nicht zu verwundern, daß nachdem die Vernunft einen untergeordneten Rang hatte einnehmen müſſen, die Anzahl der Offenbarungen und Offenbarungsquellen ſich vermehrte. Jede Nation rühmt sich vor dem Eintritte der Epoche der Aufklärung gewisser göttlichen Ueberlieferungen und Offenbarungen. Alle diese von der gebildeten Menschheit bis hieher nur als Reliquien einer frühern Culturperiode der Menschen geachteten Ueberlieferungen erhielten jetzt einen neuen Schwung, sie wurden den Ideen der wissenschaftlichen Vernunft an die Seite gesetzt, und ihnen noch vorgezogen. Zoroaster, Hermes Trismegistus, Plato und Pythagoras traten jetzt in brüderliche Eintracht zusammen, als unmittelbare Ueberlieferer und Ausleger der göttlichen Offenbarungen 5).

Wir stoßen hier ebenfalls auf einen merkwürdigen Umstand, welcher den rückgängigen Gang der philosophischen Cultur auf eine ausgezeichnete Weise beurkundet. Plotin hatte zu dem schwärmerischen Supernaturalismus den Grund gelegt, durch die Annahme einer intellectuellen Anschauung, welche nichts anders war als ein höheres Licht, welches erst die Vernunft erleuchten muß, um reine Wahrheit und reines Seyn zu erkennen. Aber so wie dieses supernaturalistische Princip aus einer Vernunfttäuschung hervorgegangen war, so suchte Plotin auch das Interesse der Vernunft mit demselben in Uebereinstimmung zu setzen. Dazu diente auch die Voraussetzung, daß dieses innere Licht mit jeder Vernunft unzertrennlich verbunden sey, wiewohl nicht in einerlei Grad der Reinheit und Kraft. Gott ist keinem Menschen, und überhaupt keinem Wesen ferne. Das reine urwesentliche Licht macht die Basis alles Seyns und Denkens aus; es ist die Einheit, welche jedem Denken vorausgehet, und demselben das Object

---

5) *Jamblichus de mysteriis Aegyptiorum*, Sect. 1. c. 1. 2

ject gibt [6]). Daß er aber diese Quelle höherer Erkenntniß nicht einzelnen Individuen oder einer besondern Classe von privilegirten Menschen in Besitz gibt, sondern als ein allgemeines Gut aller vernünftigen Wesen betrachtet, — welches man den **Universalismus**, im Gegensatz des **Particularismus** der Offenbarungsquelle nennen könnte, — daß er ferner durch seine Hypothese genöthiget, das innere Licht in seinem Innern zu suchen, und auf sich selbst zu reflectiren, darin offenbaret sich noch eine Achtung für die Vernunft und für ihr wiewohl falsch verstandenes Interesse; die Vernunft blieb immer noch das **Organ der Wahrheit**, und behielt das Recht, die Wahrheit zu prüfen.

Unter seinen Nachfolgern trat sehr bald und häufig an die Stelle des Universalismus der **Particularismus der Offenbarung.** Man nahm an, daß sich die Gottheit ausschließend gewissen Individuen geoffenbaret, und diesen die Summe der höhern Weisheit mitgetheilt habe, von welchen als Depositärs alle übrigen Menschen sie nur aus der zweiten Hand erhalten könnten. Dieses war ein Grundsatz, welcher die Vernunft weit mehr herabwürdigte, ihr selbst nicht das Recht ließ, die aus einer höhern Quelle geschöpften Erkenntnisse unter ihre eignen Principien zu ordnen und sie nach ihren Gründen zu prüfen. Es wurde ihr damit das Vermögen, das Princip von Erkenntnissen zu seyn, abgesprochen und sie mußte sich als eine Unmündige gefallen lassen, etwas Anderes zu ihrer Richtschnur zu nehmen. Um etwas für wahr zu halten,

kann

---

[6] **Plotinus,** *Ennead.* V. L. V. c. 7. ὅτω τοινυν και ἡ τε ἡ ὄψις ὁρᾳ μεν και αὐτη δι' ἀλλου φωτος τα πεφωτισμενα ἐκεινῃ τῃ πρωτῃ φυσει, και εν ἐκεινοις οἰτος ὁρᾳ. νευσα μεν τοι προς την των καταλαμπομενων φυσιν, ἡττον αὐτο ὁρᾳ. εἰ δ' ἀφησει τα ὁρωμενα, και δι' ὁ ειδεν, εἰς αὐτο βλεπει, φως αν και φωτος ἀρχην αν βλεποι. *Ennead.* V. L. VIII. c. 5. 6. 7.

kam es nun nicht mehr auf Gründe an, sondern auf die Quelle der Erkenntniß. Die ungereimtesten Meinungen, die grundlosesten Behauptungen, Mährchen aus einer erträumten Welt, erhielten gleiches Recht mit der heiligen Wahrheit, so bald sie durch eine vermeinte Offenbarungsquelle documentirt waren. Wir finden diesen particularen Offenbarungsglauben in dem Schriftsteller von den Mysterien der Aegyptier. Die Säulen des Hermes, die alten Traditionen der ägyptischen und chaldäischen Priester werden als Normen des Wissens und Glaubens dargestellt. Nebenher fand sich auch die Meinung von der Unentbehrlichkeit gewisser authentischer Ausleger der geheimnißvollen Lehren ein [7]).

Alle diese Maximen gehörten zusammen, um das abenteuerliche Gebäude der Hyperphysik aufzuführen, welches in diesen Zeiten als die höchste Weisheit angestaunt wurde; der letzte Grund desselben ist das ungeregelte Streben der Vernunft nach Erkenntniß der absoluten Wahrheit. Sie wollte durchaus, es koste was es wolle, sich in den Besitz der Erkenntniß der Dinge an sich setzen, und sich ein Wissen von demjenigen verschaffen, was nicht in dem Kreise der Erfahrung liegt. Sie glaubte, nur darin könne ihre Würde liegen, wenn sie sich über die Welt der Erscheinungen zu dem ewigen

und

---

[7]) Jamblichus *de mysteriis Aegyptiorum.* Sect. I. c. 1. 2. X. c. 1. ει γαρ εν τοις θεοις η ουσια των αγαθων ολων και τελειοτης περιεχεται· και η πρωτη δυναμις αυτων και αρχαια παρα μονοις ημιν (d. i. ιερευσι) και τοις ομοιως εχομενοις των κρειττονων, γνησιως τε της προς αυτας ενωσεως αντιλαμβανομενοις, η των αγαθων ολως αρχη και τελευτη σπουδαιως επιτηδευεται· εντωθα δη αν και η της αληθειας παρεςι θεα, και η της νοερας επιςημης· και μετα της των θεων γνωσεως, η προς εαυτας επιςροφη, και η γνωσις εαυτων συνεπεται.

und unveränderlichen Seyn erheben könne. Allein dieses zügellose Streben enthielt schon einen Beweis von Schwäche und Passivität der Vernunft. Anstatt in eine gründliche Untersuchung ihres Vermögens und Unvermögens einzugehen, und sich die Gränzen ihres Gebrauchs nach Grundsätzen vorzuzeichnen, wozu Anstrengung des Denkens und ein reines Interesse für Wahrheit gehört, nahm sie lieber ohne Untersuchung und ohne Grund die Möglichkeit einer übersinnlichen speculativen Erkenntniß an, fing ihren ersten Ausflug mit einer Dichtung und Selbsttäuschung an, und setzte, gleich einem Berauschten, eine Dichtung und Täuschung nach der andern hinzu, die den Uebergang in den Zustand der Nüchternheit sich absichtlich unmöglich macht. Erst wurde die Möglichkeit einer speculativen Erkenntniß erdichtet, dann gewisse Ideen hypostasirt, und Vorstellungen in übersinnliche Wesen verwandelt, dann diesen erdichteten Wesen ein realer Einfluß auf die Vernunft, eine Erleuchtung angedichtet, welche die Erkenntniß der Dinge an sich möglich mache. Bei allen diesen willkürlichen an einander gereiheten Hypothesen schien auch die leiseste Ahndung, daß man sich mit jedem Schritt weiter verirre, die Vernunft immer mehr in den Schlummer der Passivität versetze, immer mehr einen festen Punct und einen sicherern Grund für die vernünftige Ueberzeugung in einen gröfsern Abstand hinausrücke, keinen Raum zu gewinnen.

Wenn die Vernunft sich einmal so herabgewürdiget hat, daß sie selbst auf das Recht, alle Wahrheit nach eignen Principien zu prüfen, Verzicht leistet, so kann sie doch nicht so tief fallen, daß sie die Nachfrage nach den Gründen ganz und gar aufgeben sollte, sie will Gründe haben für ihre Ueberzeugungen, aber nicht in sich selbst, sondern außerhalb sucht sie dieselben; sie begnügt sich mit äußern und läßt die innern fahren. Wir finden

finden daher, daß je paſſiver die Vernunft war, deſto mehr wurde die Wahrheit auf Auctorität, wo nicht menſchliche doch göttliche gegründet, der Offenbarungsglaube nahm überhand, die Quellen der Offenbarungen vermehrten ſich. Je älter die Quelle der Offenbarung war, deſto tauglicher ſchien ſie, die Vernunft in Ruhe zu ſetzen, denn deſto weniger war eine Unterſuchung in Anſehung der Entſtehung der offenbarten Lehren möglich, deſto eher konnten ſie für göttlich offenbarte Lehren gehalten werden. Das Alter erfreuet ſich außerdem einer beſondern Achtung, das Ehrwürdige des Alterthums kann leicht ein Gegenſtand einer blinden Verehrung werden [8].

Es iſt daher ganz natürlich, daß man in ſolchen Zeiten der Schwäche der Vernunft, vorzüglich alte Urkunden aufſuchet, um aus dieſen ohne Selbſtprüfung der Vernunft ſchöpfen zu können. Eine andere eben ſo natürliche Folge iſt, daß man ſich nach mehreren Auctoritäten umſiehet. Ju je mehreren alten Urkunden und Ueberlieferungen eine Behauptung vorkommt, deſto mehr Ge-

---

[8] Plato und Ariſtoteles äußerten ſchon zuweilen die Vermuthung, daß das Alterthum im Beſitz gewiſſer Erkenntniſſe geweſen ſey, welche durch Tradition fortgepflanzt worden. Philebus, p. 219. οἱ μεν παλαιοι κρειττονες ἡμων και εγγυτερω θεων οικηντες ταυτην φημην παρεδοσαν, ὡς εξ ἑνος και πολλων οντων, των αει λεγομενων ειναι, περας δε και απειριαν εν ἑαυτοις ξυμφυτον εχοντων. Ariſtoteles Metaphyſicor. XI. c. 8. παραδεδοται δε ὑπο των αρχαιων και παλαιων εν μυθου σχηματι καταλελειμμενα τοις ὑςερον, ὁτι θεοι τε εισιν ἁτοι, και περιεχει το θειον την ὁλην φυσιν. — και κατα το εικος πολλακις εὑρημενης εις το δυνατον ἑκαςης και τεχνης και φιλοσοφιας, και παλιν φθειρομενης, και ταυτας τας δοξας εκεινων οἱον λειψανα περισεσωσθαι μεχρι τε νυν. Allein Plato und Ariſtoteles waren viel zu vernünftig, als daß ſie in den alten Ueberlieferungen ſelbſt einen Grund hätten finden ſollen, das Forſchen nach vernünftigen Gründen einzuſchränken oder gar einzuſtellen.

Gewicht scheint sie zu bekommen, desto weniger an ihrer Wahrheit zu zweifeln zu seyn.

Der blinde Glaube kann bald mehr, bald weniger ehrlich seyn. Es ist immer eine Selbsttäuschung damit verbunden; man kann aber dabei ehrlich zu Werke gehen, wenn es nicht Absicht und Vorsatz ist, sich und Andere durch den erborgten Schein von Gründen zu täuschen. Je mehr aber die Wahrheit und zwar speculative Erkenntnisse von äußern Gründen abhängig gemacht werden, desto größer ist die Möglichkeit der unfreiwilligen und vorsätzlichen Täuschung. Man ist z. B. aus subjectiven Gründen für eine gewisse Meinung eingenommen; man möchte sie aber doch gerne auch für eine objective Erkenntniß ansehen, und wünscht sie daher in alten Urkunden zu finden. Und oft findet man sie wirklich darin, weil man sie hat finden wollen, nach einer bekannten Vorspiegelung der Einbildungskraft. Und nun erst hinterbrein ist man bemühet, Gründe aufzusuchen, um den Fund sich und andern glaublich zu machen, ja nicht selten erdichtet man Gründe dazu, man erfindet eigne Auslegungsregeln, nimmt einen allegorischen Sinn an, weil sonst die Identität oder Aehnlichkeit seiner Meinungen mit den Urkunden, denen man ein höheres Ansehen, als der Vernunft beilegt, nicht einleuchten will. Schlaue Köpfe, welche sich gern ein größeres Gewicht geben möchten, als sie durch ihre eignen Talente besitzen, oder über andere durch Meinungen herrschen wollen, finden in diesem Hange der Vernunft zum blinden Glauben ein vortrefliches Mittel zur Erreichung ihrer Absicht. Sie dürfen nur Urkunden und alte Denkmäler erdichten, welche ihren eignen Meinungen das Gepräge des hohen Alterthums oder einen höhern Ursprung geben. Wir finden diese Täuschungen in keiner Schule so häufig und von so mannigfaltiger Art, als in der Neuplatonischen. Schon Plo-

Plotin erlaubt sich mehrere allegorische Deutungen und hermeneutische Kunstgriffe, durch welche er den Schein erregen will, als wären seine Behauptungen nichts anders, als was auch Plato gelehrt habe. Dieses sind aber noch kleine Fehler gegen diejenigen, welche bei seinen Nachfolgern vorkommen. Je mehr diese Pythagoras, Plato und Aristoteles, und mit diesen Vätern der griechischen Philosophie den Inhalt der ägyptischen und chaldäischen alten Traditionen in Uebereinstimmung bringen wollen, desto mehr hermeneutische Fictionen haben sie nöthig. Porphyrius erzählt in dem Leben des Plotin, daß die Gnostiker, um ihren Meinungen das Ansehen des Alterthums zu geben, dem Zoroaster ein Buch andichteten, welches sie selbst verfertiget hatten 9). Die Schriften des Hermes Trismegistus gehören in dieselbe Classe, und wahrscheinlich ist ein großer Theil, der den Pythagoräern beigelegten Schriften aus demselben Zeitalter.

Derselbe Charakter der Grundlosigkeit, welcher diese Schule in Rücksicht auf die Principe der Erkenntniß auszeichnete, findet sich auch in den Philosophemen, welche

---

9) Porphyrius vita Plotini. γεγονασι δε κατ' αυτον τοι Χριςιανοι πολλοι μεν και αλλοι αἱρετικοι δε εκ της παλαιας φιλοσοφιας ανηγμενοι, οἱ περι τον Αδελφιον και Ακυλινον, οἱ τα Αλεξανδρα τε Λιβυος και Φιλοκωμα, και Δημοςρατε και Λυδα συγγραμματα πλειςα κεκτημενοι, αποκαλυψεις τε προφεροντες Ζωροαςρα και Ζωςριανα και Νικοθεα και Αλλογενης (?) και Μεςα και αλλων τοιετων, πολλες εξηπατων και αυτοι ηπατημενοι, ὡς δη τε Πλατωνος εις το βαθος της νοητης ϝσιας ε πελασαντος — Αμελιος δε αχρι τεσσαρακοντα βιβλιων προκεχωρηκε, προς το Ζωςριανα βιβλιον αντιγραφων. Πορφυριος δε εγω προς το Ζωροαςρε συχνες πεποιημαι ελεγχες, οπως νοθον τε και νεον το βιβλιον παραδεικνυς, πεπλασμενον δε ὑπο των την αἱρεσιν συςησαμενων, εις δοξαν, ειναι τε παλαιε Ζωροαςρε τα δογματα, ἁ αυτοι εἱλοντο πρεσβευειν.

che sich auf die Natur beziehen. Die Natur in ihrer Regelmäßigkeit war zu gemein; man strebte nur nach dem Ungemeinen. Man setzte daher an die Stelle der Natur eine Unnatur, an die Stelle des Naturganges Wunder der Magie und Mantik; man gab den Pflanzen und Thieren vernünftige Seelen; ließ eine unendliche Menge von sichtbaren und unsichtbaren Geistern alle Körper beseelen, und nach Willkür den Gang der Natur stören und unterbrechen; man träumte über die Natur der Seele, des Geistes und der Gottheit und häufte die abenteuerlichsten Dichtungen darüber. Die spätern Neuplatoniker schienen mit einander darin zu wetteifern, wer es dem andern in den kühnsten, ungereimtesten Meinungen in der Theologie und Theurgie zuvor thun könnte. Je mehr sich die Scheinwissenschaft der Theologie und Theurgie erweitert, desto größer wird das Chaos von unzusammenhangenden, ohne Grundsätze angenommenen willkürlichen und abenteuerlichen für göttliche Weisheit ausgegebenen Träumereien.

Mit einem Worte, diese Art von Philosophie kann zum Beweise dienen, wie nothwendig der Vernunft eine Disciplin sey, welche sie zügelt, und nicht über ihre Gränzen ausschweifen läßt; sie kann den Unterschied zwischen Philosophiren und Dichten anschaulich machen, und dadurch eine stete Wachsamkeit auf sich selbst, und eine unabläßige Sorgfalt für die Erhaltung des Zustandes der Nüchternheit dringend empfehlen.

Wir werden nun den Fortgang und die Ausbreitung dieser Philosophie historisch darstellen, nachdem wir ihre Eigenthümlichkeiten im Allgemeinen betrachtet haben.

Die schwärmerische Philosophie, welche Plotin hauptsächlich als System begründet hatte, breitete sich schnell aus, und fand in allen cultivirten Nationen zahlreiche

reiche Anhänger. Es bildete sich aus denselben eine Schule, welche nach und nach alle übrigen verschlang, oder verdunkelte, und sie genoß eine Zeitlang das größte Ansehen als Inhaberin der einzig wahren Philosophie. Dieses Glück läßt sich ganz natürlich aus der herrschenden Denkart und aus dem eigenthümlichen Geiste dieser Philosophie erklären. Die Schwärmerei ist, wie man schon längst bemerkt hat, ansteckend; und sie konnte dieses Erfolgs um so weniger verfehlen, da Mysticismus, Fanaticismus, Aberglaube und Wunderglaube jeder Art überdem schon sehr ausgebreitet waren. Dazu kam noch, daß diese Philosophie die Religionsmeinungen auf eine Metaphysik gründete, und als Stütze des den Einsturz drohenden Gebäudes des öffentlichen Cultus betrachtet wurde, und daß sie zugleich eine Vereinigung zwischen der Denkart der Orientalen und Occidentalen darbot. Vor allem ist aber eine Philosophie um so willkommner, je mehr Aussichten sie auf eine Erweiterung der Erkenntniß in dem Uebersinnlichen verspricht, und je leichter sie diesen Erwerb durch die Einmischung des Spiels der Phantasie in das Geschäfte der Vernunft macht.

Unter den vielen Schülern, welche Plotin hatte, zeichneten sich hauptsächlich zwei, Porphyrius und Amelius, und unter den Schülern des Porphyrius Jamblichus aus. Unter den zahlreichen Schülern des Jamblichs erhielten Sopater ein Syrer, Andesius und Eustathius, dessen Gattin und Sohn Sosipatra und Antoninus aus Cappadocien, Theodorius und Euphrasius aus Griechenland den meisten Ruhm. Unter den Nachfolgern des Audesius sind: Eusebius Myndius, Maximus von Ephesus, Priscus und Chrysanthius von Sardes und der Kaiser Julian zu nennen. Zu Athen lehrten diese Philosophie mit großem Beifall: Plutarchus,

Nestorius Sohn, Syrianus, Hermias Alexandrinus, Proclus, Heliodorus und Ammonius, Hermias Söhne, Zenodotus, Severianus, Ulpianus, Aeneas von Gaza, Marinus, Isidorus von Gaza, Damascius Damascenus. Und außer diesen sind noch Hierokles, Macrobius, Chalcidius, Olympiodorus, Simplicius u. s. w. zu nennen. Alle diese und so viele andere können unmöglich eine Stelle in einer Geschichte der Philosophie erhalten, weil sie meistentheils nur den Vorgängern nachsprachen, den bearbeiteten Stoff noch mehr ausbildeten, oder als Ausleger der Aristotelischen Schriften nur Gebrauch von der vorausgesetzten Harmonie des Platonischen und Aristotelischen Systems machten. Wir müssen nur diejenigen aufnehmen, die sich entweder von einer Seite auszeichneten, oder an denen die Eigenthümlichkeit, der Fortgang und die Ausbildung der Neuplatonischen Philosophie sich am bemerklichsten darstellen läßt.

1. Porphyr.

Porphyrius war in Batanea, einer Colonie der Tyrier in Syrien, im Jahr Chr. 233 geboren, und hieß eigentlich Malchus, welches in der phönicischen Sprache so viel als König hieß. Daher wurde er von den gelehrten Griechen, mit denen er in Verbindung stand, König oder Porphyrius von Purpur als dem Zeichen der königlichen Würde genannt [10]). Dieser Nichtgrieche erhielt seine erste Bildung von Griechen, vorzüglich vom Origenes und Longin, und machte in der griechischen Gelehrsamkeit solche Fortschritte, daß er in der Folge als Gelehrter und Philosoph eine bedeutende Rolle spielte. In dem dreißigsten Jahre seines Alters kam er nach Rom, wahr-

---

10) Porphyrius *vita Plotini.*

wahrscheinlich durch Plotinus Ruhm bewogen, und fing an seine Schule zu besuchen. Da er einen großen Eifer für Philosophie und einen durch mannigfaltige Kenntnisse gebildeten Geist hatte, so wurde es ihm um so leichter, die Freundschaft des Plotinus in höherem Grade zu gewinnen, je mehr er anfänglich Einwürfe machte, deren Widerlegung nicht wenig das Urtheil von dem Werthe dieser Philosophie vermehren mußte. Porphyrius bestritt Plotinus undeutlich vorgetragene Behauptung von den Ideen oder Noumenen, daß sie nämlich nur in der Intelligenz existiren, in einer eignen Schrift, welche Plotinus sehr human aufnahm, und dem Amelius die Widerlegung derselben auftrug. Hieraus entstand zwischen beiden Schülern ein Schriftwechsel, welcher die völlige Ueberzeugung des Porphyrius von Plotins Ansicht zur Folge hatte [11]). Was Porphyrius behauptete, die Vernunftbegriffe hätten äußere Objectivität, war Longinus seines Lehrers Ueberzeugung, welche dieser auch nachher noch gegen den Porphyrius zu vertheidigen suchte [12]). Natürlich mußte durch die Widerlegung derselben die An-

häng-

11) Porphyrius *vita Plotini.* επαθον δ' εν ομοια εγω Πορφυριος, οτι πρωτος αυτω ηκροασαμην. διο και αντιγραψας προσηνεγκα δεικνυναι πειρωμενος, οτι εξω τε να υφεστηκε το νοημα. Noch in seiner Einleitung zu Aristoteles logischen Schriften erwähnt er dieses, wie er sagt, allerschwierigsten Problems, ohne einen Wink zu geben, auf welche Seite er sich neigte.

12) Porphyrius *vita Plotini*, aus einem Briefe des Longinus: ωσπερ και τῳ μεν Γεντιλιανῳ περι της κατα Πλατωνα δικαιοσυνης αντειποντες, τα δε Πλωτινω το περι ιδεων επισκεψαμενοι, τοι μεν γαρ κοινος ημων τε κακεινων εταιρος οντα βασιλεα τον Τυριον, ὁδ' αυτος ολιγα πεπραγματευμενον κατα την τε Πλωτινω μιμησιν, ὁς αποδεξαμενος μαλλον της παρ' ημιν αγωγης, επεχειρησε δια συγγραμματος αποδειξαι βελτιω δοξαν περι των ιδεων της ημιν αρεσκουσης εχοντα, μετριως αντιγραφη διελεγξαι δοκωμεν, ουκ εν παλινῳδησαντα.

hänglichkeit an das Lehrsystem des Plotinus vermehret werden, da ihn Plotinus so sehr achtete, daß er ihm das Geschäft, seine Schriften zu verwahren und zu ordnen, übertrug.

Diese Verbindung dauerte sechs Jahr; eine tiefe Melancholie des Porphyrius unterbrach sie. Da seine Gesundheit wahrscheinlich durch zu große Geistesanstrengung geschwächt war, und die Schwärmerei, welche in Plotins Philosophie lag, leicht auf Ueberdruß und Verachtung des Lebens führte, so faßte er den Entschluß, sich selbst zu entleiben. Plotin verhinderte die Ausführung, indem er ihm das Unvernünftige des Selbstmordes zeigte, und ihn nöthigte, Rom zu verlassen und sich nach Sicilien zu begeben, wo er durch die Zerstreuung der Reise, durch die gesundere Luft und durch den Umgang mit einem Philosophen Probus von seiner Gemüthskrankheit geheilt wurde [13]. Uebrigens benutzte er diesen, wie es scheint, nicht kurzen Aufenthalt in Sicilien zur Verfertigung einiger philosophischen Schriften, worunter auch die siebzehn Bücher gegen die Christen waren. Er kehrte nachher nach Rom zurück, hielt daselbst öffentliche philosophische Reden, wodurch er bei dem Volke und dem Senate großen Beifall erwarb, und die hohe Meinung von Plotins Philosophie nicht wenig verstärkte [14]. In seinem acht und sechszigsten Jahre wurde er, wie er selbst schreibt, der unmittelbaren Anschauung Gottes gewürdiget [15a], schrieb darauf Plotins Leben, und starb bald darauf im Jahre 304.

Por-

[13] Porphyrius vita Plotini. Eunapius vita Plotini.

[14] Eunapius vita Porphyrii.

[15a] Porphyrius vita Plotini. ᾧ δὴ (τῷ πρώτῳ καὶ ἐπέκεινα θεῷ) καὶ ἐγὼ ὁ Πορφύριος ἅπαξ λέγω πλησιάσαι καὶ ἑνωθῆναι, ἔτος ἄγων ἑξηκοστόν τε καὶ ὄγδοον.

Porphyrius herrschende Leidenschaft scheint Ruhmbegierde gewesen zu seyn. Unverkennbare Beweise derselben enthält seine Lebensbeschreibung des Plotinus, in welcher er sorgfältig alle Umstände und Verhältnisse erzählet, welche zu seinem eignen Ruhme und Lobe abzwecken, und selbst die Art und Weise, wie er davon spricht, verräth das Streben, sich in dem vortheilhaftesten Lichte zu zeigen, und sich ein großes Gewicht zu geben, daher die pomphafte Bezeichnung seiner Person: ich Porphyrius. Diese Leidenschaft scheint auch nicht ohne Einfluß auf das System seiner Ueberzeugungen gewesen zu seyn. Eine gewisse Ostentation der Gelehrsamkeit, ein gewisses Haschen nach Bewunderung über die großen Schätze von Kenntnissen, wobei die Kritik, die Prüfung und Bearbeitung der Materialien sehr zurück blieb, scheint der Hauptfehler seiner meisten Schriften zu seyn, wo er mehr den Sammler als den Denker zeigt. Ohne Zweifel hatte eben diese Ruhmsucht Antheil an der Partei, die er an dem Plotinischen System nahm. Longin macht ihm schon den Vorwurf, daß er etwas zu leichtsinnig ohne strenge Prüfung von seinen ältern Ueberzeugungen abgegangen sey. Ein gewisses Schwanken in seinen Behauptungen, daß er das einmal bezweifelte, was er das anderemal keck behauptete, läßt sich ebenfalls daraus erklären, daß er das System, was eben jetzt größere Sensation zu machen anfing, wodurch er sich selbst einen größeren Namen verschaffen konnte, dem herrschenden Zeitgeist zu Liebe, zu dem seinigen machte.

Er besaß eine ausgebreitete Gelehrsamkeit, eine lebhafte Einbildungskraft, einen gebildeten Verstand, einen gewandten Geist, einen ziemlichen Grad von Scharfsinn, auch das Talent, seine Vorstellungen in ein System zu bringen; aber das Talent der Gründlichkeit in Beziehung auf die letzten Principe, einer reifen Beurtheilung und
schar-

scharfen Abwägung der Gründe für und gegen, dieses besaß er in einem weit geringern Grade; daher war seine Vernunft der Masse von erworbenen Erkenntnissen nicht gewachsen; daher die erneuerten Zweifel über die Wahrheit und Möglichkeit dieser oder jener Behauptungen, welche gar nicht Statt hätten finden können, wenn er mit reinem Interesse für Wahrheit die letzten Principien seines Systemes geprüft hätte. Sein Brief an den Priester Anebo enthält Zweifel gegen die hyperphysischen Vorstellungsarten des Neuplatonismus, und doch finden wir in andern Schriften dieselben mit solcher Ueberzeugung vorgetragen, als ließe sich an ihrer Wahrheit gar nicht zweifeln. Selbst die Zweifel scheinen keinen Antrieb für ihn enthalten zu haben, das Fürwahrhalten noch so lange aufzuschieben, bis er mit den Gründen und Gegengründen auf das Reine gekommen. Sie scheinen sein Selbstdenken nicht weiter angereizt zu haben, als vielleicht aus Ruhmsucht, gegen eine Lehre, die allgemeinen Eingang fand, Schwierigkeiten zu erheben, aus welchen die Ueberlegenheit seiner Denkkraft hervorleuchtete. Daher läßt es sich auch erklären, daß mit dem zunehmenden Alter Bedachtsamkeit, Nüchternheit, Kälte der Ueberlegung nicht in gleichem Grade zu, sondern vielmehr abnahm, und daß er sich noch wenige Jahre vor seinem Alter mit der Anschauung der Gottheit täuschen konnte [15b].

An Originalität steht Porphyrius dem Plotin sehr weit nach. Er kann eigentlich nur als gelehrter Commentator des Plotinischen Systems betrachtet werden, der

---

15b) Schon Eunapius bemerkte die Veränderlichkeit seiner Denkart p. 18. edit. Commelin. φαινεται δε αφικομενος εις γηρας βαθυ. πολλαις γαρ τοις ηδη προπεπραγματευμενοις βιβλιοις θεωριας εναντιας κατελιπε, περι ων αν ετις ετερος τι δοξαζειν, η οτι προϊων ετερα εδοξασεν.

der vorzüglich seine Kenntnisse in der ältern Philosophie benutzte, um das neue System zu erklären; aber auch gar oft durch das neue System die ältern Philosopheme in einem ganz andern Lichte sah, als sie in dem Systeme ihrer Urheber beschaffen gewesen waren. Er suchte schon in dem Homer die Keime der neuen Philosophie, und sah daher nichts als Allegorien in diesem Dichter, wie er in seiner Schrift von der Höle der Nymphen und von dem Styx ausführlich zeigte. Doch darin trat er nur in die Fußstapfen des Plotins [16]) und der meisten platonisirenden Denker, auch älterer Philosophen, welche sich dieses Spiel des Witzes erlaubt hatten. Die Identität der Hauptsysteme der griechischen Philosophie war ebenfalls eine Idee, welche er mit andern gemein hatte, und er schrieb daher sieben Bücher von der Einheit der Platonischen und Aristotelischen Secte [17]). Indessen ließ er sich doch durch den blinden Eifer beide zu vereinigen nicht so sehr hinreißen, wie es vielen begegnet war, daß er die Verschiedenheit geläugnet hätte; auch erhielt er sich noch die Freiheit des Urtheils, Fehler oder Mängel an denselben zu tadeln. So ging er von Plato in der Lehre von der Seelenwanderung ab, und gegen Aristoteles schrieb er eine eigne Schrift, worin er dessen Vorstellungsart von der Seele bestritt.

Was er insbesondere für das Plotinische System geleistet That, bestehet darin, daß er eines Theils die metaphysischen Grundsätze, auf welchen jenes beruhet, und hauptsächlich den Unterschied des Seyns eines materiellen und immateriellen Dinges betreffen, mit ziemlicher Deutlichkeit und Bestimmtheit und in einem leichtübersehbaren Zusammenhange darstellt, und zweitens einzelne

Leh-

---

16) Plotinus, *Ennead.* V. L. I. c. 7.
17) Suidas. Porphyrius.

Lehren mehr entwickelt, mit andern Gründen unterstützt, und durch die Fülle seiner Gelehrsamkeit erläutert hat.

Durch das erste leistete er dieser Philosophie einen großen Dienst. Er entzog ihr nicht allein den Vorwurf der Dunkelheit, welche Plotin durch seinen Vortrag begründet hatte, sondern er stellte auch die Grundbegriffe, worauf das Ganze beruhete, wie es schien, unabhängig von der intellectuellen Anschauung, welche Plotin als das Fundament betrachtet hatte, auf, und veranlaßte dadurch den Schein, als könnten jene Speculationen durch bloße Analyse der Begriffe gewonnen werden. Er legte also mit einem Worte wieder von neuem den Grund zu dem dogmatischen Verfahren, aus bloßen Begriffen das Gebiet der Erkenntniß zu erweitern, dessen Hauptfehler Plotin eingesehen, aber durch eine erdichtete intellectuelle Anschauung nicht hatte heilen können, und stellte diesem zu Folge eine Art von höherer Metaphysik, oder eigentlich Hyperphysik auf, welche aus Begriffen Objecte, welche außer dem Kreise der gesammten Erfahrung liegen, ihrem objectiven Seyn nach zu erkennen vorgibt, aber im Grunde nichts anders ist, als eine Hypostasirung von Begriffen der Vernunft und des Verstandes, und eine Verwechselung der Denkbarkeit mit der Erkennbarkeit. Wir wollen die Hauptsätze dieser Metaphysik hier darstellen [18]).

I. Jeder

---

[18]) Wir finden dieselbe in seiner Schrift: προς τα νοητα αφορμαι, welche ich in dem Original nicht habe habhaft werden können. Ich war daher genöthiget, mich an die Uebersetzung oder vielmehr an den Auszug zu halten, welchen Ficin als Anhang zu seiner ebenfalls abgekürzten Uebersetzung des Jamblichus de mysteriis Aegyptiorum, Chaldaeorum, Assyriorum davon gegeben hat. Einzelne Bruchstücke davon finden sich auch in Stobäus Eclogen.

I. Jeder Körper ist in einem Orte. Was an sich unkörperlich, oder von einer solchen Beschaffenheit ist, ist in keinem Orte.

II. Was an sich unkörperlich ist, ist eben darum, weil es vollkommner ist, als jeder Körper und als der Raum, allenthalben, und zwar als Individuum, nicht so, daß ein Theil an diesem, ein Theil an einem andern Orte sey [19]).

III. Ein unkörperliches Wesen ist nicht durch seine Substanz und Natur den Körpern gegenwärtig, weil es sich mit den Körpern nicht vermischt, also überhaupt nicht als etwas Räumliches.

IV. Die Natur des Körpers kann das Unkörperliche nicht einschränken. So wie der Körper nicht in sich fassen kann, was nicht selbst eine Ausdehnung hat, so kann auch das Ausgedehnte das Unkörperliche nicht hindern, noch einschränken. Der Ort ist mit dem Ausgedehnten, welches darin ist, zugleich vorhanden. Das Ausgedehnte kann nur in einen engern Raum zusammengedrückt werden und eine Veränderung in dem Raume erleiden. Beides ist von dem Unkörperlichen ausgeschlossen.

V. Das Unkörperliche ist daher allenthalben, ohne in einem Raume eingeschlossen zu seyn; und wo es hingestellt wird in dem Universum, da ist es nur durch eine gewisse innere Beschaffenheit und Disposition, wenn es gleich da nicht mit Augen wahrgenommen wird, sondern sich nur durch seine Wirkungen kund thut [20]).

VI. Nicht

---

19) Porphyrius *de occasionibus*, p. 281. non distanti quidem, sed individua quadam conditione.

20) Ebendas. p. 292. Igitur quali quadam, certaque dispositione reperitur ibi, ubicunque disponitur, loco interea

VI. Nicht jedes Ding, was auf ein anderes wirkt, wirkt durch Berührung und in der Nähe, sondern auch in der Entfernung.

VII. Sollte das Unkörperliche in einem Körper enthalten seyn, so kann es doch nicht so von demselben eingeschlossen werden, wie ein Wild von dem Thiergarten, oder wie eine Flüssigkeit von einem Schlauche, sondern es muß selbst gewisse aus der innern Verbindung mit sich selbst fließende Kräfte darstellen, wodurch es aus sich selbst herausgeht, und sich durch eine unaussprechliche Ausspannung seiner selbst mit einem Körper vereiniget. Es bindet und löset sich also selbst von der Vereinigung, wenn es Neigung zum Körper faßt, oder dieselbe zernichtet.[21]).

VIII. Das Unkörperliche kann keine Veränderung leiden. Denn was leidet, ist so beschaffen, daß es verändert werden, eine Qualität erhalten kann, die es vorher nicht hatte. Nichts kann leiden, als was auch untergehen kann. Der Weg zum Untergang ist das Leiden. Kein unkörperliches Wesen kann aber untergehen. Es findet daher in Ansehung des Unkörperlichen ein Seyn oder Nichtseyn, aber kein Andersseyn Statt.

IX. Der **Intelligenz** kommt allein ein **absolut untheilbares Wesen** zu. Die Körper sind theilbar.

interea tum ubique, tum nusquam simul existens. — Quando vero in aliqua mundi parte tenetur, non oculis quidem aspicitur, sed ex operibus ejus praesentia sua fit hominibus manifesta.

21) Porphyrius *de occasionibus*, p. 293. sed oportet ipsum substituere vires ab ipsa in seipsum unione extra manantes, quibus descendens corpori applicatur. Copula itaque ejus ad corpus per ineffabilem quandam sui ipsius impletur extensionem.

Die Qualitäten und materialen Formen sind an sich untheilbar, aber an den Körpern theilbar. Die
Seele steht ihrem Wesen nach zwischen der Intelligenz und
den Qualitäten in der Mitte.

X. Alles Unkörperliche hat ein Leben, und zwar ein inneres wesentliches Leben ohne alle Veränderung; es hat Beharrlichkeit. Da aber das Leben in einem Fortgange von Thätigkeit zu Thätigkeit besteht, so muß dieser Fortschritt so geschehen, daß die vorhergehende Thätigkeit in sich selbst fest fort besteht und beharrt. Die unkörperlichen Dinge, wenn sie auch andere erzeugen, verlieren doch nichts von sich selbst, oder geben von ihrer Substanz etwas zur Entstehung eines anderen Dinges her. Sie erzeugen also, ohne verändert zu werden [22]).

XI. Jedes Ding, was ein anderes erzeugt, bringt etwas Geringeres hervor.

XII. Alles Erzeugte wird durch seine Natur auf das Erzeugende hingekehrt.

XIII. Die Dinge, welche erzeugen, richten sich entweder auf das Erzeugte, oder nicht, oder zum Theil und zum Theil nicht.

XIV. Die unkörperlichen Dinge können ohne Widerspruch als verschiedenartig gedacht werden. Einige können durch ihr Wesen seyn, einige nicht; einige vor den Körpern, andere zugleich mit den Körpern; einige

von

---

[22]) Porphyrius *de occasionibus*, p. 288. Sed ea, quorum esse in vita consistit passionis experte, necessarium est permanere secundum vitam. p. 290. in vitis incorporeis processus manentibus prioribus in se firmis efficiuntur, dum nihil sui perdunt, neque permutant ad substantiam inferioribus exhibendam.

von den Körpern getrennt, andere nicht getrennt seyn; einige für sich bestehen, andere von andern abhängig seyn; einige in ihren auf einander folgenden, aus sich entspringenden Thätigkeiten identisch, andere in denselben in gewisser Rücksicht veränderlich seyn ²³).

XV. Indem die unkörperlichen Substanzen herabsteigen, werden sie durch Mangel an Kraft in Individuen vervielfältiget, indem sie aber hinaufsteigen, durch die Fülle der Kraft mit der Einheit wieder vereiniget.

XVI. Alle vollkommene Substanzen kehren sich nach ihren Principen. Der Weltkörper zu der Weltseele — daher die Kreisbewegung; — die Weltseele zu der Intelligenz, die Intelligenz zu dem urersten Princip. So nähert sich alles diesem Urwesen nach dem Maße der Kraft eines jeden durch Erhebung. Die vollkommenen und allgemeinen Substanzen begehren nicht allein Gott, sondern erreichen ihn auch nach Kräften, aber nicht so die besondern Substanzen, welche eine Neigung zu dem Erzeugten und Vielen haben. Von diesen, sagt man, ist ein Sündenfall wirklich worden, die Materie befleckt sie, weil sie sich zu dieser hinneigen können, da sie doch das Vermögen haben, sich zu Gott zu erheben.

XVII.

---

23) Porphyrius *de occasionibus*, p. 286. Quamobrem nihil prohibet, inter illa alia quidem esse essentia, alia vero non essentia; et alia rursus ante corpora, alia vero una cum corporibus; item alia a corporibus separata, alia vero non separata. Praeterea alia secundum se subsistentia, alia vero aliis ut sint indigentia; alia denique actionibus vitisque ex eo se mobilibus eadem, sed alia vitis et qualibus actionibus quodammodo permutata; nempe secundum negationem eorum, quae ipsa non sunt, non secundum assistentiam eorum, quae sunt, appellantur.

XVII. **Gott ist allenthalben, weil er nirgends Intelligenz und Seele ist; er ist allenthalben, weil er nirgends ist.** Gott ist das Allenthalben und Nirgends aller der Dinge, welche nach ihm sind. Für sich ist er selbstständig, wie er ist und will. Die Intelligenz ist in Gott allenthalben, aber in den Dingen, welche nach ihm sind, allenthalben und nirgends zugleich. Die Seele ist gleichergestalt in Gott und in der Intelligenz allenthalben, in dem Körper aber allenthalben und nirgends. Der Körper ist in der Seele, in der Intelligenz und in Gott. Alle Dinge und Undinge (non entia) sind aus Gott, aber er ist weder ein Ding, noch ein Unding, und existirt auch nicht in ihnen; denn wenn er allenthalben wäre, so wäre er alles und in allem; weil er aber ist, und nirgends ist, so wird alles durch ihn und in ihm, in sofern er allenthalben ist; alles ist aber von ihm verschieden, weil er nirgends ist. Die Intelligenz, welche allenthalben und nirgends existirt, ist die Ursache der Seelen, und alles dessen, was durch die Seelen ist, doch ist sie weder das Eine noch das Andere, auch nicht in demselben. Die Seele ist weder Körper, noch in dem Körper, sondern die Ursache des Körpers, denn in sofern sie allenthalben ist, ist der Körper durch sie, in sofern sie nirgends ist, ist sie nicht in dem Körper; die Fortschreitung des Universums höret endlich bei demjenigen auf, was weder allenthalben noch nirgends zugleich seyn kann, sondern wechselsweise des Einen und des Andern theilhaftig wird [24]).

Man siehet, wie **Porphyr** bemühet war, aus den Speculationen seines Lehrers und Freundes gewisse Sätze

---

24) **Porphyrius** *de occasionibus*, p. 294. 295. processus denique universi in illud definit, quod neque ubique simul, neque nusquam esse valet, sed alternis quibusdam vicibus utriusque fit particeps.

Sätze auszuziehen, die, weil sie ohne Beweise da stehen, bald als Resultate, bald als Grundsätze, betrachtet werden können; wie er eine Metaphysik zu geben suchte, welche theils den Inhalt der in der Vereinigung des menschlichen Geistes mit Gott geschöpften hohen Ansichten und Anschauungen, das Uebersinnliche in die Denkformen des discursiven Verstandes fassen, theils manche überschwengliche Erkenntnisse durch gewisse Grundsätze erklären sollte. Wie z. B. die Behauptung einer actio in distans auch für unkörperliche Wesen in dem Systeme, welches so vieles von dem Einflusse und Zusammenhange des Geisterreichs weiß, nothwendig war. Porphyr scheint sie mit Recht aus der Immaterialität herzuleiten, wenn nur diese erst im Reinen wäre.

Es ist überhaupt in diesem Abriß einer Hyperphysik die eigentliche Tendenz nicht so klar ausgesprochen, als bei dem Plotin; und Porphyr gehet auch über den Erkenntnißgrund stillschweigend hin. Die Erkenntniß des Uebersinnlichen überhaupt und des Urwesens insbesondere, war aber doch der Hauptzweck. Daß sich von diesem vieles sagen und behaupten lasse, was zu beweisen unmöglich sey, das fühlte auch Porphyr, und daher nahm er mit Plotin ebenfalls ein **höheres Erkenntnißvermögen** an, welches kein Denken sey [25].

Die

---

[25] Porphyrius *de occasionibus*, p. 290. de illo, quod est mente superius, per intelligentiam quidem multa dicuntur, considerantur autem vacuitate quadam intelligentiae intelligentia meliora, quemadmodum de dormiente per vigilantiam multa dicuntur, sed per somnum ipsum cognitio ejus peritiaque habetur. Simili namque simile cognosci solet, quoniam omnis cognitio assimilatio quaedam est ad hoc ipsum, quod cognoscitur.

Die Seelenlehre ist auch dem Porphyrius ein Gegenstand von großem Interesse, doch weit mehr die metaphysische als die empirische. Die Seele, als vorstellende Substanz, ihre Verbindung mit dem Körper und mit dem gesammten Geisterreiche, suchte man nach der einmal herrschend gewordenen Richtung des menschlichen Geistes ihrer Möglichkeit nach zu erforschen. Die Erfahrungsseelenlehre ging dabei auch nicht ganz leer aus, aber sie gewann doch unbedeutende Vortheile. Und wie hätte man auch die erfahrungsmäßige Kenntniß der innern Natur nach gesunden Grundsätzen befördern oder erweitern können, da man die ganze Natur in Wunder verwandelte, welche nur wegen ihrer zu großen Menge aufhörten als Wunder betrachtet zu werden. Man that lieber Streifzüge in das Geisterreich, als daß man den Gesetzen und Bedingungen der innern Erfahrung nachgeforscht hätte; man fand nichts Bedenkliches dabei, weil auch die ganze Sinnenwelt mit Geistern angefüllt war, und die Vernunft fand mehr Rechnung bei diesen Speculationen, als bei der ausgebreitetsten Erfahrungserkenntniß, welche doch keine Einsicht über das vorstellende Wesen selbst gewähret.

Mit Plotin behauptete Porphyrius die Immaterialität der Seelensubstanz, eine gänzliche Geschiedenheit von der Materie, Mangel an Ausdehnung und Untheilbarkeit. Zwar spricht man auch von Theilen der Seele, aber dieses sind keine Theile außer und neben einander, welche die Ausdehnung machen, sondern nur Kräfte, Vermögen, Thätigkeiten. Die Seele ist ursprüngliche Lebenskraft. So wie der Körper ins Unendliche getheilt werden kann, ohne je auf unkörperliche Theile zu kommen, so daß diese sich nur in Ansehung des Umfangs der Ausdehnung unterscheiden, so ist die Seele eine Kraft von unendlichen Vermögen, aber jedes einzelne Vermögen ist wieder Seele, so wie alle zusammen eine Seele.

Als

Als unendliche Lebenskraft verbreitet sie sich in mehrere Arten und Zweige, die von einander nur der Form nach verschieden sind, und sie ist mit und ohne diese Art unterschieden, eine Totalität. Viele Seelen machen also nicht eine Seele als ein Aggregat aus, auch sind die einzelnen Seelen nicht durch Gränzen in dem Raum unterschieden, sondern das Verhältniß ist nur wie das Unendliche zu dem Endlichen, eine Grundkraft zu untergeordneten Kräften [26]).

In den Körpern ist mehr Verschiedenheit als Identität, und ihre Einheit rührt von den Seelen her. In den Seelen ist mehr Identität als Verschiedenheit, und jene beherrscht diese. Ein mit der Seele verbundener Körper kann wohl die Thätigkeit derselben vielfältig einschränken, aber nicht ihre Einheit aufheben. Wegen der wesentlichen Einheit kann die Seele vermöge ihrer Identität durch die ins Unendliche gehende einartige Thätige alles bewirken, alles erfinden. Daher auch selbst eine individuelle Seele, wenn sie vom Körper gereiniget wird, alles vermag [27]).

Por-

[26] Stobaeus, *Eclog. physic.* T. II. p. 820. 822. διεστηκεν γαρ, εκ αποκοπεισαι, ουδε αποκερματισθεισαι εις εαυτας της ὁλης, και παρεισιν αλληλαις ου συγκεχυμεναι, ουδε ουρον ποιουσαι της ὁλης· ουτε γαρ περασι εισι διειλημμεναι, ουτε παλιν αλληλαις συγκεχυμεναι, ωσπερ ουδε επιστημαι συνεχυθησαι αἱ πολλαι εν ψυχη μια, και παλιν ουκ εγκεινται, ὡς τα σωματα τῃ ψυχῃ ετερουσιως, αλλα της ψυχης ποιουμεναι ενεργειαι. απειροδυναμος γαρ ἡ της ψυχης φυσις, και καθ' ἑκαστον το τυχον αυτης ψυχη, και πασαι, μια, και παλιν ἡ ὁλη αλλη παρα πασας. ὡς γαρ τα σωματα επ' απειρον τεμνομενα ου καταληγει εις ασωματα, κατ' ογκον λαμβανοντων των τμηματων την διαφοραν, ὁυτως ψυχη, ουσα ζωτικον επ' απειρον, κατα τα ειδη συνειληπται, παραλλαγας εχουσα ειδητικας, και ὁλη συν ταυταις ουσα, και ανευ τουτων.

[27] Stobaeus, *Eclog. physic.* T. II. p. 822. 824. τι χρη ὑπονοειν επι της ειδικης ασωματου ζωης, εφ' ἡς ἡ ταυτοτης

μαλ-

Porphyrius blieb mit Plotin noch bei der Entgegensetzung des Körpers und der Seele stehen, ohne über die Möglichkeit einer Verbindung zwischen beiden zu speculiren. Wir finden bei ihm noch keine feste Spur, daß er einer jeden Seele einen feinern gleichsam geistigen Körper beigesellte, welcher die Verbindung zwischen dem Materiellen und Immateriellen möglich machte, wovon bei den späteren Neuplatonikern so vieles vorkommt [28]. Wenn man indessen findet, daß er von einem gewissen πνευμα, oder Luftkörper, an welchem die Seele der Dämonen gebunden ist, und der zu ihrem Wesen gehöre, spricht, so wird es wahrscheinlich, daß diese Hypothese schon dem Porphyr, vielleicht auch schon dem Plotin vorgeschwebt habe, ob sie gleich erst in der Folge bestimmter entwickelt worden ist.

Aus der wesentlichen Identität aller Seelen folgte, daß auch die Thierseelen von den Menschenseelen nicht wesentlich verschieden seyn können. Plotin scheint indessen doch einen Gradunterschied zwischen beiden anzunehmen, und aus demselben die Vernünftigkeit als den Vorzug der Menschenseelen abzuleiten. Porphyrius hin-

μᾶλλον κεκρατηκε της ἑτεροτητος, και ἀδεν ὑποκειται ἀλλοιον παρα το ειδος, ἀφ' ἧς και τοις σωμασιν ἡ ἑνοτης, ἀδε σωμα ξυμπεσον αποκοπτει την ἑνωσιν, καιπερ προς τας ενεργειας εν πολλοις εμποδιζον αυτη. Δι' αυτην ἡ ταυτοτης παντα ποιει και εὑρισκει, δια της επ' απειρον εἰδητικης ενεργειας· τα τυχοντα μερος παντα δυναμενα, ὁταν σωματων καθαρευη.

28) Was Porphyrius de abstinentia I. p. 62. von gewissen äußeren und inneren Hüllen der Seele sagt, scheint nur in einem metaphorischen Sinne zu verstehen zu seyn, nämlich von der Gemeinschaft mit dem organischen Körper und gewissen in der Seele dadurch entstehenden sinnlichen Begierden und Denkarten, wodurch die reine geistige Thätigkeit der Seele gehindert wird.

hingegen bemüht sich zu zeigen, daß auch den Thierseelen Vernunft, obgleich in einem niedern Grade zukomme. Er schließt nämlich so: Man kann keinem Wesen eine Seele beilegen, ohne ihm zugleich die Grundkraft und die aus derselben abgeleiteten Kräfte beizulegen. Da wir nun den Thieren eine Seele beilegen, so muß diesen Seelen auch Vernunft als eine wesentliche Kraft der Seele zukommen. Diesen Gedanken sucht Porphyr durch Gründe a posteriori zu beweisen, er beweiset aber dabei mehr Witz als Scharfsinn, und nimmt zum Theil selbst erdichtete Thatsachen zu Hülfe. Sein erster Grund ist: Die Thiere haben eine Sprache; Sprache kann nicht seyn ohne Verstand und Vernunft, also haben sie auch diese Vermögen. Die Thiere haben ihre besondern Töne, wenn sie sich fürchten, wenn sie andere rufen oder herausfodern, und diese verschiedenen Töne werden von gleichartigen Thieren verstanden. Sie lernen unsere Sprache nicht allein aussprechen, sondern auch verstehen. Zwar können dieses nicht alle, und bringen es auch nicht sehr weit darin; aber auch nicht alle Menschen haben eine große Geschicklichkeit fremde Sprachen zu lernen. Sie lernen von einander und von Menschen, ihre Sprache ist also einer größeren Cultur empfänglich. Daß wir ihre Sprache nicht verstehen, ist kein Einwand; denn fremde Sprachlaute verstehen die Menschen auch nicht. Und dann hat es wirklich Menschen gegeben, wie Tiresias, Melampus, Apollonius von Tyana, welche die Thiersprache wirklich verstanden. — Zweiter Grund. Die Thiere sind in allen Stücken uns so ähnlich. Sollten sie nun nicht auch darin ähnlich seyn, daß sie gleich uns einen Verstand haben, da sie selbst einige Sinne in einem höhern Grade von Vollkommenheit besitzen? — Dritter Grund. Die Thiere kennen ihre Schwäche und Stärke, wie die Menschen. Die Starken wehren sich, die Schwachen fliehen. Die Starken entfernen sich von den Wohnunnungen der Menschen, die Schwachen von dem Aufenthaltsorte der Stärkern. Einige Thiere verändern ihre Wohnplätze zu bestimmten Jahreszeiten. Sie sorgen für bequeme Orte zur Fortpflanzung des Geschlechts und Unterhaltung der Jungen. Sie beweisen Vorsicht darin, daß sie in die gelegten Fallen nicht blindlings sich stürzen; Kunstfähigkeit darin, daß sie von den Menschen manche Kunststücke lernen. Manche Thiere sind sogar auf ihre Weibchen eifersüchtig. Vierter Grund. Wir legen den Thieren ein sinnliches Vorstellungsvermögen bei. Kann nun gezeigt werden, daß selbst das sinnliche Vorstellungsvermögen entweder nicht ohne Verstand möglich, oder ohne denselben zwecklos sey, so sind wir genöthiget, auch den Thieren Vernunftfähigkeit einzuräumen. Strato der Physiker hat schon die Meinung geäußert, daß der Sinn ohne Verstand nichts wahrnehmen könne, weil wir das den Sinnen gegenwärtige nicht wahrnehmen, wenn unsere Aufmerksamkeit auf einen andern Gedanken gerichtet ist. Doch, wenn wir auch dieses dahin gestellt seyn lassen, so ist doch so viel einleuchtend, daß die Natur, welche nichts umsonst macht, und bei allen ihren Veranstaltungen einen Zweck hat, die Sinne den Thieren nicht einzig dazu gegeben hat, daß sie Objecte empfinden und sich ganz leidend dabei verhalten, sondern damit sie das für sie Nützliche und Schädliche wahrnehmen, jenes begehren und dieses verabscheuen. Die Erkenntniß von Beiden gibt nun der Sinn den Thieren; was aber darauf folgt, das Begehren und Verabscheuen, das ist nur in den Wesen möglich, welche die Fähigkeit zu behalten, zu urtheilen und zu schließen haben [29]. Die Thiere sind also beseelte Wesen mit Vernunft, wenn gleich ihre Vernunft größtentheils noch sehr unvollkommen ist, und der menschlichen

---

[29] Porphyrius *de abstinentia*. L. II.

lichen weit nachstehet ³⁰). An diese mehr Schein als
Gründlichkeit habende Gründe schließt Porphyrius einige
Folgerungen, welche zum Theil seiner aufgeklärten Denk-
art und Menschlichkeit Ehre machen, zum Theil nur im
Geiste seines Systems wahr sind, z. B. es sey unsittlich,
Thiere zu tödten und sie zu Nahrungsmitteln zu gebrau-
chen; die Thieropfer könnten nie der Gottheit, sondern
nur gewissen bösen Dämonen gefallen.

Nicht leicht wird man ein solches Gemisch von gesunden Urtheilen und abergläubischen Meinungen antreffen, als in dieses Mannes Abhandlung von der Enthaltung von den Thieren. Wir wollen daher einige Gedanken, vorzüglich von den Dämonen ausziehen, theils um
die Denkart dieses Mannes zu charakterisiren, theils die
Richtung des menschlichen Geistes, welche durch die
schwärmerische Philosophie des Plotins entstanden war,
und in ihr immer mehr Nahrung fand, an einem Beispiele ins Licht zu setzen.

Seligkeit ist das Ziel vernünftiger Wesen. Dieses
wird nicht erreicht durch Anhäufung von Worten und
Kenntnissen, sondern durch eine innige Vereinigung mit
dem Wesen der Wesen und dem Urgrunde alles Wahren,
durch eine Umwandelung des Lebens in die göttliche Natur. Wir müssen werden, was wir waren, ein rein
geistiges, von aller Sinnlichkeit und Unvernunft freies
Wesen. Jetzt sind wir durch eine Verderbniß der Seele,
durch die Unmöglichkeit einer ewigen Verbindung mit
dem

---

30) Porphyrius *de abstinentia*. L. II. ratio quaedam
naturaliter inest; ratio vero recta perfectaque ex me-
ditatione fit atque doctrina. Quapropter rationalis facultatis participatio quaedam omnibus compe-
tit animalibus; rectitudinem vero sapientiamque
neque hominem adeptum reperire licet.

dem Uebersinnlichen und durch die Neigung zu dem Niedrigen mit einer sinnlichen Natur verbunden. Wir müssen uns von derselben loszumachen, alle Hüllen und Gewänder, welche die Intelligenz in uns angenommen hat, nach und nach abzulegen suchen, — zwar nicht durch gewaltthätige Zerbrechung der Bande, welche uns an das irdische Leben fesseln, dann bei einer gewaltsamen Losreißung bleibt, wie die Erfahrung in der materiellen Welt zeigt, immer ein Theil von dem Ganzen an dem abgerissenen Theile hängen, und daher wird die Seele des Selbstmörders immer an dem zurückgelassenen Körper hängen, — sondern durch allmälige Vergessung und Tödtung der Leidenschaften und durch Enthaltung von allem, was die Sinnlichkeit verstärkt. Man kann mit Gott nur durch die reinste Enthaltung und Mäßigkeit vereinigt werden. Denn Gott ist einfach, rein, von aller Materie weit entfernt. Die Seele, welche sich ihm nähern und seiner genießen will, muß ebenfalls rein seyn.

Aus drei Ursachen muß man den Göttern opfern, um sie zu verehren, um ihnen zu danken, um das Heilsame und Nothwendige und die Entfernung des Bösen von ihnen zu erflehen. Die Opfer werden aber verschieden seyn, je nachdem die Götter verschieden sind, denen wir opfern. Dem höchsten Gott, der alles regieret, werden wir, wie ein Weiser sagt, nichts Sinnliches, also auch kein Rauchopfer darbringen, ihn sogar nicht mit Namen nennen. Denn einem ganz immateriellen Wesen muß alles Materielle unrein seyn; und kein hörbarer Laut kann ihm angemessen seyn selbst nicht die innere Rede der Seele mit sich selbst, weil sie immer mit einem Leiden der Seele verunreiniget ist. Wir werden ihn also nur mit einem reinen Stillschweigen und richtigen Vorstellungen auf die rechte Art verehren. Menschen, welche mit Gott schon vereiniget, ihm schon ähnlich geworden sind, müssen

sen diese Erhebung ihres Geistes zu Gott, ihm als ein heiliges Opfer darbringen, welches auch zugleich das Lob Gottes und unser Theil ist. In dieser reinen, von allem Leiden gereinigten Beschauung Gottes wird also dieses ganze Opfer vollbracht... Den von dem höchsten Gotte erzeugten Göttern können wir dagegen unser Lob mit Worten und die Erstlinge von dem, was sie uns geschenkt haben, als Opfer darbringen, nämlich die Betrachtung ihrer selbst und ihrer Werke, aber kein blutiges Opfer. Nur den Dämonen, sowohl den guten als den bösen, können auch Thiere geopfert werden. Es ist ein allgemeiner Glaube, die Dämonen würden den Menschen schaden, wenn sie darüber erzürnten, daß sie vernachläßiget würden und den schuldigen Dienst nicht erhielten; im Gegentheil, denen Menschen wohlthun, welche sie durch Gelübde, Dank und Opfer sich geneigt machten. Es ist aber ungereimt, von den guten Dämonen etwas Böses, von den Bösen etwas Gutes zu erwarten, und man wird dadurch zu ungerechten Handlungen verleitet. Es ist daher nothwendig, daß man ihre Natur durch Begriffe bestimme, in wieferne sie böse oder gut sind.

Alle Seelen, welche aus der allgemeinen Seele hervorspringen, große Theile des Weltganzen unter dem Monde regieren, an einen geistigen Körper gebunden sind, aber denselben durch Vernunft beherrschen, müssen für gute Dämonen gehalten werden, das ist für solche, welche zu dem Nutzen dessen, was geschiehet, und was ihrer Aufsicht anvertrauet ist, allein wirksam sind; sie mögen nun über gewisse Thiere, oder Früchte oder über etwas, was für diese abzweckt, als über Regen, gemäßigte Winde, heitere Luft, ordentliche Folge der Jahreszeiten, oder über gewisse Künste, als Musik, Medicin, Gymnastik gesetzt seyn. Es ist nicht möglich, daß diese Dämonen schädliche Wirkungen hervorbringen.

Alle

Alle Seelen, welche hingegen den mit ihnen verbundenen, geistigen Körper nicht beherrschen, sondern meistentheils durch ihn bestimmt, zu starken Aufwallungen des Zorns und starken Begierden hingerissen werden, sind Dämonen, aber böse oder bösartige. Sie sind den menschlichen Sinnen nicht gegenwärtig, sondern unsichtbar, weil sie mit keinem dichten Körper bekleidet sind. Sie haben nicht alle einerlei Form, weil sie mannigfaltige Gestalten annehmen können. Die Formen, durch welche ihr Luftkörper modificirt ist, sind bald wahrnehmbar, bald nicht. Die bösartigen Dämonen verändern ihre Formen und Gestalten. Der Geist (πνευμα) ist etwas Körperliches, dem Leiden unterworfen und auflösbar; in sofern er durch die Seele gebunden ist, kann er lange Zeit dauern, ohne ewig zu seyn. Es ist vernünftig anzunehmen, daß aus diesem Körper immer etwas ausfließe, und daß er ernährt werde. Der Körper der guten Dämonen ist symmetrisch, wie auch diejenigen wirklich beschaffen sind, welche uns erscheinen; aber die Körper der bösen sind ohne Ebenmaß, häßlich, und nehmen durch leidende Neigung den der Erde nächsten Ort ein.

Diese bösen Dämonen sind zu allem Bösen fähig. Denn sie haben einen sehr unruhigen, gewaltsamen und sittenlosen Charakter, weil er nicht unter dem Einfluß der besseren Dämonen steht. Sie sinnen auf plötzliche und höchstgefährliche Nachstellungen, lauern auf, handeln bald versteckt, bald mit offener Gewalt; sie sind die Urheber von Pest, Hungersnoth, Erdbeben, sengender Sonnenhitze, lieben Händel, Unruhe, Aufruhr, Krieg, entzünden daher die Menschen durch die Leidenschaften nach Reichthum, Herrschaft, Vergnügen und Geschlechtslust, verwickeln uns in neue und fremde Meinungen, aus welchen Aufruhr und Krieg entspringt.
Sie

Sie sind die Urheber von der Hexerei, Liebestränken und Vergiftungen. Das größte Unheil, das sie anrichten, ist aber dieses, daß sie in uns die Täuschung erzeugen, als wären nicht sie selbst, sondern vielmehr die guten Dämonen, von welchen alles Gute, Fruchtbarkeit der Erde und unsere Glückseligkeit herkommt, die Urheber dieser unseligen Uebel. Daher fangen sie es so listig an, daß uns ihre Ungerechtigkeit verborgen bleibt, bewegen uns zu Versöhnungs-Opfern, welche nur den guten Göttern zukommen, als wenn diese gegen uns erzürnt wären; sie nehmen die Gestalt der Götter an. Was aber das schlimmste ist, ist, daß sie sogar die Menschen überreden, solche Uebel kämen auch von den Göttern, ja von dem höchsten Gott her, welcher alles drunter und drüber kehre. Solche Anklagen wälzen sie auf ihn. Die Lüge ist daher diesen Dämonen eigen, denn sie wollen für Götter gehalten seyn, und sich als solche geltend machen.

Indessen vergessen die guten Dämonen nie die Dienste, zu welchen sie bestimmt sind. Sie zeigen die bevorstehenden Uebel an, in Träumen, in Eingebungen. Wer ihre Anzeigen unterscheiden könnte, würde alle Ränke der bösen Dämonen entdecken, und ihnen entgehen. Aber nicht Jeder erkennet ihre Anzeigen, so wie keiner etwas Geschriebenes lesen kann, der nicht die Buchstaben vorher gelernt hat. Sie zeigen aber nicht allein die bösen Anschläge an, sondern machen auch das gestiftete Böse wieder gut, wiewohl nur durch langsame Heilung und Verbesserung. Die bösen Dämonen sind es nun allein, welche an dem Geruch und Dunst der geopferten Thiere Gefallen finden. Ihr Luftkörper pflegt davon zu leben, wird stark und fett durch die Opfer. Daher sind Menschen, deren Seele nicht vollkommen gereinigt ist, sondern von Leidenschaften beherrscht wird, und an äußeren Dingen hängt, eben durch diesen Zustand ihrer Seele ge-

zwungen, durch Thieropfer sich von dem Einfluß der
bösen Dämonen zu befreien. Daher geben die Theologen in diesem Falle die Vorschrift, nichts von dem Opfer
zu genießen, vor dem Opfern die Seele durch Fasten und
Enthaltung von Fleischspeisen zu reinigen, denn sie halten die unbefleckte Reinigkeit der Seele für einen göttlichen Charakter und Symbol, wodurch man gegen alles,
auch gegen diejenigen, die man durch das Opfer zu besänftigen sucht, geschützt werde. Daher beobachten
auch die Zauberer und Vergifter diese Vorsichtsregel,
um sich vor Gefahren zu schützen, ob sie gleich auch dadurch nicht ganz geschützt sind.

Dieses ist also ein Grund gegen die Tödtung der
Thiere. Ein zweiter ist davon hergenommen, daß selbst
der Genuß der geschlachteten Thiere den bösen Dämonen,
einen Einfluß auf die Menschen gebe, und sie der Gewalt
derselben unterwerfe, und zwar darum, weil jede Seele,
welche mit Gewalt von ihrem Körper getrennt worden,
auch nach der Trennung noch den Körper zu lieben und
bei demselben zu verweilen fortfahre [31]).

Ist es nicht auffallend, daß ein übrigens sehr gescheuter Mann solche Träumereien über die Natur und
Wirkungen der Geister, über ihren Einfluß auf die Menschen, und die gegenseitige Einwirkung der Menschen
auf die Dämonen, als vernünftige Erkenntnisse im Ernst
betrachten und behandeln konnte, und daß er sich nie die
Frage vorlegte, woher denn der Mensch die Erkenntniß
von diesen übersinnlichen Wesen nehmen könne? Daß
er

---

31) Porphyrius *de abstinentia*. L. III. Proinde cum
omne sensibile corpus defluxus quosdam materialium
daemonum nobis asserat, certe una cum impuritate
nutrimenti ex carnibus et sanguinibus hausti adest
nobis potestas daemonica huic amica.

er nicht die Widersprüche in dieser ganzen Lehre, und daß dadurch überhaupt alle Natur und Freiheit aufgehoben werde, inne wurde, um wenigstens auf den Gedanken zu kommen, daß es bloße Dichtungen und Verstandesspiele sind. Es ist aber eine nothwendige Folge von dem ganzen Systeme, welches in seinem Princip eine Dichtung enthält, und daher es möglich macht, daß nach dem natürlichen Hange des menschlichen Geistes zur Erkenntniß des Uebersinnlichen andere Dichtungen sich anschließen, wodurch eine Natur nach subjectiven Gründen gemacht wird, welche nicht objective Einheit mit Allgemeinheit und Nothwendigkeit verbindet.

Es ist daher kein Wunder, daß eine solche Dämonenlehre nicht allein an sich ohne Grund, sondern auch in sich selbst ohne logische Einheit und Bündigkeit ist. Ja es ist nicht einmal möglich, daß ein Denker diese auf bloßen subjectiven Vorstellungen beruhende Lehre sich immer als objectiv gegründet denken könne. Es werden Augenblicke kommen, wo die subjectiven Gründe ihren objectiven Schein verlieren, und dieses wird um so mehr eintreten, je mehr ein Denker selbst in seinem Denken eine gewisse Veränderlichkeit und launenhaften Wechsel von Grundsätzen äußert, wie dies wirklich der Fall mit Porphyrius gewesen zu seyn scheint.

Wie ganz anders erscheint er in seiner Schrift gegen die Christen, wenn wir diese auch nur nach den wenigen Fragmenten beurtheilen, die davon in einigen Kirchenvätern vorhanden sind. Er hielt die Schriften des alten und neuen Testaments darum nicht von Gott eingegeben, sondern von Menschen verfertiget, weil in denselben Widersprüche vorkommen, welche aus dem Urquell der Wahrheit nicht herkommen können, weil die Lehrer des Christenthums unter einander streiten, und einander tadeln; er hielt also so viel auf Consequenz des Denkens bei andern, und befolgte doch selbst nicht diese Maxime, er wollte keine Weissagungen gelten lassen, sondern hielt sie für Erzählungen wirklicher Begebenheiten, ungeachtet er behauptet, daß Dämonen, sowohl gute als böse auf den Verstand der Menschen einwirken, und die ersten künftige Dinge voraussagen.

Wirklich ist Porphyrius in dieser ganzen Lehre höchst inconsequent. Das eine Mal schildert er die Ungereimtheiten, auf welchen die Magie beruhete, so einleuchtend, so eindringend, daß man den hellen Verstand des Mannes bewundert, und nichts anders erwarten kann, als er werde die ganze Lehre als eine bloße Erfindung des Aberglaubens und der Sophisterei der Vernunft betrachten; das andere Mal spricht er so entscheidend, als wäre er in alle Geheimnisse des Geisterreichs eingeweiht, und seine Zweifel haben wiederum einen so eignen Charakter, daß sie nicht sowohl aus einer Ahndung der Gränzen des menschlichen Wissens, als aus einem geheimen Wunsche, mehr Licht und Gewißheit in diesen übersinnlichen Dingen zu erlangen, entsprungen zu seyn scheinen. Den besten Beweis davon enthält sein Brief an den ägyptischen Priester Anebon, der in Rücksicht auf den Contrast des dogmatischen Dünkels und des hellen eindringenden Skepticismus interessant ist, und hier als ein Denkmal der philosophischen Aufklärung jener Zeiten und der herabgesunkenen Würde der Philosophie in den Annalen der Philosophie eine Stelle verdient.

Ich fange meinen freundschaftlichen Verkehr mit Dir von den Göttern und den guten Dämonen und den sich darauf beziehenden Philosophemen an. Ueber diese Gegenstände ist von den griechischen Philosophen zwar

vieles

vieles gesagt worden; aber das meiste beruhet nur auf Vermuthung und Glaubensgründen ³²).

Man gibt für das Erste zu, daß es Götter gibt. Ich frage aber, welches sind die eigenthümlichen Merkmale einer jeden Classe dieser höhern Wesen, wodurch sie von einander unterschieden werden? Sollen wir sagen, daß Thätigkeiten oder leidende Veränderungen oder zufällige Umstände, oder das Verhältniß zu verschiedenen Körpern der Grund ihrer Unterscheidung seyen? Daß z. B. die Götter mit ätherischen, die Dämonen mit luftigen, die Seelen mit irdischen Körpern sich verbinden ³³)?

Da die Götter nur in dem Himmel wohnen, so frage ich, warum citiren die Theurgen auch Erden-Götter, und unter der Erde wohnende Götter? Warum werden einige Wasser- andere Luft-Götter genannt? Warum haben die Götter verschiedene Oerter und gewisse Theile der Körper ausschließungsweise wie durchs Loos bekommen, da doch ihre Macht unendlich, untheilbar und unermeßlich ist? Wie ist ihre Verbindung unter einander möglich, da sie durch Gränzen der ihnen angewiesenen Theile, durch Verschiedenheit der Oerter und der ihnen untergelegten Körper getrennt sind ³⁴).

Wir

32) Porphyrii *Epistola ad Anebonem.* περι ων ειρηται μεν πλεισα και παρα τοις Ελληνων φιλοσοφοις, ειρηται δε εκ στοχασμȣ το πλεον τας αρχας εχει της πιςεως.

33) Porphyrius, ebendas. πρωτον μεν διδοται ειναι θεȣς· τινα δε εςιν ιδιωματα εκαςȣ των κρειττονων γενων, οις κεχωριςαι απ' αλληλων, επιζητω· μηπω τας ενεργειας, η παθητικας κινησεις, η τα παρεπομενα, η την προς τα διαφεροντα σωματα καταταξιν, οιον θεων μεν προς τα αιθερια, δαιμονων δε προς τα αερια, ψυχων δε των περι γην, αιτιαν ειναι λεγωμεν της εν αυτοις διακρισεως..

34) Porphyrius, ebendas. πως ενυδριοι τινες λεγονται, και αεριοι; τοπȣς τε διειληχασι αλλοι αλλȣς, και σωματων μοιρας

Wie stellen die Theologen die Götter als leidende Wesen dar? Denn hierauf beziehet sich doch, wie sie sagen, der Phallusdienst und andere unanständige Ceremonien. Sind die Götter von allen Leiden frei, so sind ihre Anrufungen, Hervorrufungen, die Versprechungen, sie geneigt zu machen, ihren Zorn zu besänftigen, ihre Versöhnung durch Opfer ganz eitel und vergeblich; noch mehr aber die vergeblichen Mittel, wodurch man sie zwingt (αναγκας). Was keinem Leiden unterworfen ist, kann auch nicht gewonnen oder gezwungen werden. Wie vieles geschiehet nun nicht in den theurgischen Ceremonien, was die Götter als leidend vorstellt, vorzüglich das Citiren? So wären also nicht allein die Dämonen, sondern auch die Götter leidend, wie schon Homer gesungen hat: „selbst die Götter lassen sich bewegen." Sind aber die Götter, wie einige sagen, reine Intelligenzen, die Dämonen aber ihrem Wesen nach Seelen und der Vernunft nur theilhaftig, so müssen die Götter um so mehr unbeweglich und außer aller Gemeinschaft mit dem Sinnlichen seyn. Dann ist jedes Gebet ein Widerspruch gegen die Reinheit der Intelligenz und es kann ihnen kein Opfer dargebracht werden, weil dieses nur für beseelte und sinnliche Wesen gehört.

Werden also die Götter von den Dämonen dadurch unterschieden, daß jene unkörperlich, diese mit einem Körper verbunden sind? Sind die Götter aber allein unkörperlich, wie können denn Sonne, Mond und die andern am Himmel sichtbaren Götter, Götter seyn?

Wie

ρας διεκληρωσαιτο κατα περιγραφην, και τοι δυναμιν απειρον εχοντες και αμερισον, και απεριληπτον; πως τε αυτων εσαι η ενωσις προς αλληλας, μερων μερισυις περιγραφαις διειργομενων, και καθ' ετεροτητα των τοπων και σωματων υποκειμενων διειλημμενων;

Wie werden einige von den sichtbaren Göttern wohlthätig, andere übelwollend genannt? Welches ist das Band, welches die einen sichtbaren Körper am Himmel habenden Götter mit den unkörperlichen Göttern verbindet?

Was unterscheidet die Dämonen von den sichtbaren und unsichtbaren Göttern, da die sichtbaren mit den unsichtbaren verbunden sind?

Sind Dämon, Heros, Seele, durch das Wesen, oder durch das Vermögen, oder durch die Thätigkeit von einander unterschieden?

Woran erkennt man die **Erscheinung Gottes, eines Engels, eines Erzengels, eines Dämons, eines Archon und einer Seele?** Denn Götter und Dämonen und die höhern Wesen überhaupt haben das mit einander gemein, daß sie von sich selbst sprechen und eine bestimmte Gestalt annehmen. Also hat das Geschlecht der Götter keinen Vorzug vor dem der Dämonen V).

Was geschiehet in der Mantik? Oft stellen wir uns im Schlafe durch Träume das Künftige vor, ohne daß wir in einer Ekstase sind, (denn der Körper liegt

---

35) Porphyrius, ebendas. τι το γνωρισμα θεας παρουσιας, η αγγελου, η αρχαγγελου, η δαιμονος, η τινος αρχοντος, η ψυχης; το γαρ περιαυτολογειν και το ποιον φαντασμα φαντάζειν, κοινον εστι και τοις θεοις και δαιμοσι και τοις κρειττοσι γενεσιν απασιν· ως εν ουδενι κρειττον εσται το των θεων γενος παρα των δαιμονων. Wahrscheinlich hatte Porphyrius diese verschiedenen Classen von Intelligenzen aus den heiligen Büchern der Chaldäer. Denn Porphyrius hatte einen Commentar εις την τε Ιουλιανου τε Χαλδαιε φιλοσοφε ιστοριαν εν βιβλιοις δ. nach Suidas geschrieben, welche ιστορια die Dämonologie zum Gegenstande hatte. Jamblich verwarf die Αρχαγγελους der ausländischen Benennung wegen.

liegt ruhig); aber gleichwohl begreifen wir das Künftige nicht so wie in dem wachenden Zustande [36]).

Viele sehen das Künftige durch Begeisterung und göttliche Eingebung voraus; sie wachen zwar und ihre Sinne sind thätig, aber sie begreifen sich selbst nicht, oder wenigstens nicht so, wie in einem andern Zustande [37]).

Von denen, welche außer sich sind, werden einige begeistert, wenn sie Cimbeln, Pauken, oder gewisse Lieder hören, wie die Korybanten, die in den Mysterien des Bacchus Sabazius und der Göttermutter Eingeweiheten. Andere, wenn sie ein gewisses Wasser trinken, wie die Priester des Apollo Clarius zu Colophon; Andere, wenn sie über den Oefnungen gewisser Hölen sitzen, wie die Delphischen Priesterinnen; andere durch Dünste, welche aus dem Wasser aufsteigen, wie die Priesterinnen des Bronchidischen Orakels; Andere, wenn sie auf Charakteren stehen, wie diejenigen, welche Eingebungen erhalten, (πληρȣμενοι απο εισκρισεων); Andere sind sich ihrer selbst im Uebrigen bewußt, aber ihre Phantasie ist begeistert, wobei bald die Finsterniß, bald gewisse Getränke, bald gewisse Wortformeln und Umstände mitwirken. Einige werden an einem verschlossenen, Andere an einem freien, oder von der Sonne beschienenen Orte begeistert. Einige verschaffen sich durch die Eingeweide der Opferthiere, Andere durch Vögel, Andere

---

[36] Porphyrius, ebendas. τι το γιγνομενον εϛιν εν τη μαντικη; ὡς καθευδοντες δι' ονειρων τοις μελλȣσι πολλακις επιβαλλομεν, ȣκ εν εκϛασει μεν γενομινοι πολυκινητω, ἡσυχοι γαρ κειται το σωμα, αυτοι μεντοιγε, ὡς ὑπαρ, ȣκετι παρακολȣθȣντες.

[37] Porphyrius, ebendas. ὡς επιβαλλει και δι' ενθȣσιασμȣ και θεοφοριας πολλοι τω μελλοντι, εγρηγοροτες μεν, ὡς ενεργειν κατ' αισθησιν, αυτοι δε παλιν ȣ παρακολȣθȣντες, η ετοιγε ὡς προτερον παρακολȣθȣντες ἑαυτοις.

Andere durch die Kenntniß des Himmels den Blick in die Zukunft.

Ich frage also, wie und wodurch wird die Mantik gewirkt? Alle Wahrsager behaupten, ein Vorherwissen des Künftigen sey nur durch Götter oder Dämonen möglich, und es könne kein Wesen das Künftige wissen, wenn es nicht Urheber desselben sey. Dann wundert mich aber, wie die göttliche Natur sich zum Dienste der Menschen so weit herablassen kann, daß es auch Wahrsager durch das Mehl gibt.

In Rücksicht auf die Ursachen der Mantik ist es ein Problem, ob Gott, ein Engel oder Dämon, oder wer sonst bei den Erscheinungen, Wahrsagungen und allen religiösen Handlungen gegenwärtig ist, durch uns selbst, durch die zwingende Kraft der Anrufung oder des Citirens herbeigezogen wird [38]).

Ist es nicht vielleicht die Seele, welche dieses voraussaget und sich vorstellet, wie einige sagen, so daß es Veränderungen der Seele sind, welche durch kleine Funken erweckt werden [39])?

Vielleicht ist die Wahrsagung eine gemischte Begebenheit, welche zum Theil durch unsere Seele, zum Theil von Außen durch göttliche Eingebung bestimmt ist [40]).

Db

[38]) Porphyrius, ebendas. περι δε των αιτιων της μαντικης απορητεον, ει θεος, η αγγελος, η δαιμων, οςις αν παρεςι ταις επιφανειαις η μαντειαις η ταις εποικιςκι ιεραις ενεργειαις, ως δι' ημων ελκομενος αναγκαις ταις της κλησεως.

[39]) Porphyrius, ebendas. ως η ψυχη ταυτα λεγει τε και φανταζεται, και εςι ταυτης παθη εκ μικρων αιθυγματων εγειρομενα, ως νομιζουσι τινες.

[40]) Porphyrius, ebendas. ως μικτον τι γινεται υποφαινων ειδος εξ ημων τε της ψυχης και εξωθεν θειας επινοιας.

Ob nicht die Seele durch solche Bewegungen das Vermögen, das Künftige sich vorzustellen, in sich erzeugt; ob nicht das aus der Materie, vorzüglich der Thierwelt in uns Aufgenommene durch seine innern Kräfte Dämonen darstellt und constituirt 4¹)?

In dem Schlafe erhalten wir zuweilen Vorstellungen von dem Künftigen, ohne daß wir daran gedacht, oder darauf ausgegangen sind.

Daß ein gewisser Zustand der Seele Ursache der Mantik ist; erhellet daraus, daß die Sinne gebunden und unterdrückt sind, daß gewisse Dünste und Dämpfe und die Citirungsformeln gebraucht werden, daß nicht alle Menschen, sondern nur die Einfältigen und die Jüngern zur Mantik am tauglichsten sind 4²).

Daß eine gewisse Verrückung des Verstandes Ursache der Mantik ist, beweiset der Wahnsinn und die Verrückung in Krankheiten, das Fasten, die durch Ergießung gewisser Säfte in dem Körper, oder durch krankhafte Bewegungen des Körpers entstandenen Einbildungen. Der Mittelzustand, wo man nicht recht bei sich und auch nicht ganz außer sich ist; die durch die Magie künstlich hervorgebrachten Vorstellungen 43).

Die

---

41) Porphyrius, ebendas. ὡς ἡ ψυχὴ γεννᾷ δύναμιν φαντασικὴν τὰ μέλλοντος διὰ τοιούτων κινημάτων, ἢ τὰ προσαγόμενα ἀπὸ τῆς ὕλης ὑφίστησι διὰ τῶν ἐν αὑτῷ δυνάμεων δαίμονας, καὶ μάλιστα ἡ ἀπὸ τῶν ζώων εἰλημμένη.

42) Porphyrius, ebendas. ὅτι δὲ πάθος ψυχῆς αἴτιον τῆς μαντείας τεκμήριον, τὸ μὲν δὴ καταλαμβάνεσθαι τὰς αἰσθήσεις, καὶ οἱ προσενεχθέντες ἀτμοί, αἵ τ' ἐπικλήσεις, καὶ τὸ εἶναι μὴ πάντας, ἀλλὰ τοὺς ἁπλουστέρους καὶ νέους ἐπιτηδειοτέρους πρὸς αὐτήν.

43) Porphyrius, ebendas. ὅτι δὲ ἔκστασις τῆς διανοίας αἰτία ἐστὶ τῆς μαντικῆς, καὶ ἡ ἐν τοῖς νοσήμασι συμπίπτουσα
μανία,

Porphyr.

Die Natur, die Kunst, die natürliche Verbindung der Theile des Universums, daß sie gleichsam ein großes Thier ausmachen, bietet gewisse Vorhersagungen künftiger Begebenheiten und ihrer Folge dar. Es giebt Körper, welche so beschaffen sind, daß der eine die Vorstellung einer künftigen auf einen andern Körper sich beziehenden Begebenheit erweckt. Dieses läßt sich aus gewissen Handlungen (der Magie) beweisen; daß z. B. gewisse Steine und Pflanzen die citirten übersinnlichen Wesen darstellen, daß sie gewisse übersinnliche Bande knüpfen und auflösen, daß sie das Verschloßne öffnen, den Willen der Wesen, worauf sie wirken, ändern, den bösen Willen in Wohlwollen verwandeln. Hieher gehören auch die Verfertiger der wirksamen Bilder (δραστηρια ειδωλα), welche Aehnlichkeit haben mit Göttern und Dämonen, und auf eine ähnliche Weise wirken, als wären sie selbst gegenwärtig. Man beobachtet die Bewegung der Himmelskörper und bestimmt aus der Bewegung derselben an sich und in Beziehung auf andere gleichzeitige Bewegungen, wenn die Vorhersagungen wahr oder falsch, blos vorbedeutend, oder auch selbst das Künftige wirkend sind.

Einige behaupten, außer uns sey eine Gattung von Wesen, welche unsere Wünsche erhören, von betrüglicher Natur sind, alle Gestalten und Formen annehmen, die Rolle der Götter, der Dämonen, und der abgeschiedenen Seelen spielen, und dadurch alle scheinbare Güter und Uebel hervorbringen können. Denn das wahrhaft Gute, insofern es der Seele zukomme, wüßten sie so wenig, als sie es wirklich machen könnten; sie trieben

μανια, η παρατροπη, η πηψις, η υποχυσεις σωματος, η αι απο των νοσηματων κινωμεναι φαντασιαι, η αμφιβολαι καταστασεις, οἷοι μεταξυ πηψεως και εκστασεως, η αι απο της γοητειας τεχνικως κατασκευαζομεναι φαντασιαι.

ben nur ein Gaukelspiel mit den Menschen, und wären oft denen, welche nach Tugend strebten, ein Hinderniß; sie wären voll Hochmuth und Dünkel, und ließen sich die Opfer und den Weihrauchduft wohlgefallen 44).

Vielfältig hintergeht uns der Betrüger und Gaukler durch die zu gespannte Erwartung 45).

Mich bringt vorzüglich das in Verwirrung, wie die Götter und Geister, welche als mächtigere Wesen herbeigerufen werden, sich doch als schwächeren befehlen lassen. Sie wollen, wer ihnen dienen wolle, solle gerecht seyn; gleichwohl geben sie sich zur Ausführung einer ungerechten That her, wenn sie ihnen ist befohlen worden. Sie würden keinem Beschwörer erscheinen, wenn er nicht rein von fleischlicher Vermischung ist; und doch zögern sie nicht, jeden beliebigen Menschen zu unerlaubter Liebe zu bewegen 46). Sie gebieten, die Ausleger ihrer Orakelsprüche sollen sich des Genusses der Thiere enthalten, damit sie nicht durch die Dünste des Fleisches verunreiniget werden; und doch werden sie durch den Duft

---

44) Porphyrius, ebendas. οἱ δε ειναι μεν εξωθεν τιθενται το υπηκοον γενος απατηλης φυσεως, παντομορφον τε και πολυτροπον, υποκρινομενον και θεες και δαιμονας και ψυχας τεθνηκοτων, και δια τυτων παντα δυνασθαι των δοκεντων αγαθων η κακων ειναι. επει εις ταγε οντως αγαθα, απερ ειναι κατα ψυχην, μηδεν καθαπαξ συμβαλλεσθαι δυνασθαι, μηδε ειδεναι ταυτα, αλλα κακοσχολευεσθαι και τωθαζειν, και εμποδιζειν πολλακις τοις εις αρετην αφικνυμενοις· πληρεις τε ειναι τυφε και χαιροντας ατμοις και θυσιαις.

45) Porphyrius, ebendas. ὁτι πολλοις ὁ αγυρτης τῳ κεχηνοτι της προσδοκιας ἡμων επιτιθεται.

46) Porphyrius, ebendas. πανυ δε με θραττει, πως δε κρειττες παρακαλυμενοι επιταττονται ως χειρες· και δικαιοι ειναι αξιωντες τοι θεραποντα, τα αδικα αυτοι κελευσθεντες, ὁραν υπομενεσι· και καθαρῳ μεν μη οντι εξ αφροδισιων εκ αν καλωντι υπακυσαιεν, αυτοι δε αγειν εις παρανομα αφροδισια τες τυχοντας εκ οκνυσι.

Duft der Opferthiere am meisten gelockt. Ferner soll ein Seher keinen Todten berühren; und doch werden die meisten Götterbeschwörungen durch geschlachtete Thiere zuwege gebracht. Noch weit unvernünftiger, als alles dieses ist, daß ein Mensch, der jedem Andern unterlegen ist, Drohungen, nicht etwa an einen Dämon, oder eine abgeschiedene Seele, sondern selbst an die Könige des Himmels, die Sonne und den Mond und jede andere himmlische Gottheit richtet, durch die Furcht sie zwinget, damit sie ihm die Wahrheit sagen sollen. Denn es heißt: man werde den Himmel zerschmettern, die Heimlichkeiten der Isis entdecken, das verbotene Geheimniß in Abydus zeigen, das ägyptische Schiff in seinem Laufe anhalten, die Glieder des Osiris dem Typhon hinstreuen; so kann es keinen größeren Unverstand von Seiten der Drohenden, und keine größere Feigheit von Seiten der Geschreckten geben; jene drohen Dinge, die sie nicht wissen und die nicht in ihren Kräften sind. Diese lassen sich durch solche leere und erdichtete Furcht schrecken, wie die einfältigsten Kinder. Chäremon, der Schreiber der Priester, erzählet, daß dergleichen auch unter den Aegyptiern allgemein gebräuchlich sey. Solche Drohungen sollen, wie man sagt, unter allen die größte Gewalt haben. Was sollen ferner die Gebete für einen Sinn haben, welche an die aus dem Schlamme hervorgehende, auf dem Lotus sitzende, auf dem Schiffe fahrende, stündlich die Gestalt wechselnde und in jedem Zeichen des Thierkreises sich ändernde Sonne gerichtet werden. Man spricht in denselben, als hätte man das alles mit eignen Augen gesehen und denkt nicht daran, daß man der Sonne die Beschaffenheit seiner eignen Vorstellungsart beilegt. Sollte das alles nur symbolisch gesagt seyn, die Kräfte der Sonne sinnbildlich zu bezeichnen, so mögen sie doch die Auslegung dieser Sinnbilder geben. Denn es ist offenbar, wenn das Veränderungen der Sonne, wie die Verfinsterungen derselben, seyn sollten, so müßten sie allen, welche die Sonne anschauen, offenbar werden. Wozu werden ferner die bedeutungsleeren und die ausländischen unverständlichen Worte, vor den gewöhnlichen und verständlichen gewählt? Siehet das Wesen, das sie höret, auf den Sinn und die Bedeutung, so ist ja der Gedanke hinreichend, wie auch das Wort beschaffen sey, durch welches der Gedanke ausgedrückt wird, wenn es nur dasselbe bedeutet. Die angerufene Gottheit ist doch kein Aegyptier von Geburt, und wäre auch dieses, so spricht sie doch nicht die ägyptische Sprache, und überhaupt keine menschliche. Sollten das alles nicht Kunstgriffe der Gaukler und Betrüger seyn, oder gewisse Verschleierungen unserer eignen Zustände, die wir der Gottheit beilegen? Oder haben wir vielleicht ganz andere Vorstellungen von den Göttern, welche mit ihrer Natur in geradem Widerspruche stehen 47)?

Ich wünsche eine Erklärung darüber, wie sich die Aegyptier das erste Wesen denken, ob sie es für eine Intelligenz, oder für etwas Höheres halten, ob es einzig ist, oder mit einem andern, oder mit mehrern andern; ob es unkörperlich, oder körperlich; ob es identisch mit dem Demiurg, oder über denselben erhaben ist; ob sie annehmen, daß alles aus Einem oder Vielem entstanden; ob sie eine uesprüngliche Materie anerkennen, oder gewisse erste mit Qualitäten versehne Körper; ob sie die Materie für entstanden, oder für ewig halten. Nach dem Chäremon und Andern kennen die Aegyptier nichts Höheres über der sichtbaren Welt, sie kennen keine andern Götter als die Planeten und die Sterne des Thierkreises, die Abtheilungen in Dekane, Horo-
f. ok e

---

47) Porphyrius, ebendas. η (μη) γαρ γοητων ην παντα τεχνασματα ταυτα και προκαλυμματα δια των επιφημιζομενων τω θειω των περι ημας γινομενων παθων· η λεληθαμεν εναντιας εννοιας εχοντες περι τε θειν, η (η) αυτο τω οντι διακειται.

stope und die sogenannten starken Heerführer, deren Namen, Verrichtungen, Aufgang und Niedergang und Vorbedeutungen in den Almanachen gefunden werden. Denn er bemerkte, daß Aegyptier die Sonne für den Weltbaumeister hielten, alle Mythen von Osiris und Isis und überhaupt alle heiligen Sagen auf die Sterne, ihren Aufgang und Untergang, ihre Erscheinungen und Bedeckungen, oder auf das Zunehmen und Abnehmen des Mondes, oder auf den Gang der Sonne, oder auf die nördliche oder südliche Hemisphäre, oder auf den Nil bezogen und deuteten. Ueberhaupt beziehen sie alles auf materielle Dinge, und nehmen keine immaterielle lebende Naturen an. Die meisten machen sogar unsere Freiheit von der Bewegung der Sterne abhängig, und verknüpfen alles, ich weiß nicht wie mit einem unauflöslichen Bande der Nothwendigkeit, welche sie das Schicksal nennen. Ja sie unterwerfen endlich sogar die Götter dem Fatum, obgleich sie dieselben auf der andern Seite als die einzigen Befreier von der Gewalt des Schicksals, durch Opfer, Bildnisse u. s. w. verehren 48).

In Ansehung des eignen Genius eines jeden Menschen ist noch die Frage zu untersuchen, ob ihn der Oekodespote, (der in einem Himmelszeichen regierende Stern) gibt, nach welchem Einfluß des Himmels, nach welchem Leben oder welcher Kraft er von demselben in uns herabkommt, ob er eine eigne Substanz ist oder nicht, ob es möglich oder unmöglich ist, den Oekodespoten zu finden. Wäre es möglich, so wäre freilich der Mensch glücklich, der seine Nativität fände, seinen Genius erkennte, und dadurch die Bande des Schicksals lösen könnte.

Die

48) Porphyrius, ebendas. s'. οἱ πλείας και το εφ' ήμιν εκ της των ασερων κινήψει κινήσεως, κδ' οιδ' όπως δεσμοις αλογοις αναγκης, ην ειμαρμενην λεγuσι, παντα καταδησαντες, και παντα τατοις αναψαντες τοις θεοις, ώς ώς λυτηρας της ειμαρμενης μονοις εν τε ιεροις και ξοανοις και τοις αλλοις θεραπευσι.

Die Regeln der Nativitätssteller sind unzählig und unbegreiflich; eben so unmöglich ist die wissenschaftliche Erkenntniß der Astrologie; denn es herrscht in derselben viel Uneinigkeit und Chäremon und andere haben gegen sie gestritten.

Auch gestehen sie so ziemlich selbst ein, daß es unmöglich sey, das herrschende Gestirn, oder mehrere herrschende Gestirne bei der Geburt eines Menschen zu erkennen, woraus, wie sie wollen, erkannt werde, daß jedem Menschen ein eigner Genius beiwohne.

Ich frage ferner, ob einem jeden einzelnen Theile und Vermögen in uns ein eigner Dämon vorgesetzt sey? Denn einigen scheint dieses wirklich, so daß der eine die Gesundheit, der andere die Schönheit, ein Anderer wieder die besondere Beschaffenheit einzelner Theile zu erhalten bestimmt sey, daß aber über alle einzelne Dämonen, der Körpertheile ein Dämon die Oberaufsicht führe. Einige glauben noch weiter, daß ein besonderer Dämon über den Körper, ein besonderer über die Seele, ein besonderer über die Vernunft gesetzt sey, und daß einige von diesen gut, andere böse seyn.

Ich bin noch zweifelhaft, ob nicht der eigene Genius des Menschen eins von den Vermögen des Menschen, nämlich die Vernunft, und daher derjenige glückselig (ευδαιμων) ist, der eine weise Vernunft hat.

Ich sehe auch, daß der eigene Genius auf eine doppelte Art verehret wird; denn bald ist die Verehrung so beschaffen, daß sie zwei, bald wieder so, daß sie drei Dämonen vorauszusetzen scheint. Doch werden sie von allen mit einem gemeinschaftlichen Namen benennet.

Auch frage ich, ob es nicht etwa noch einen anderen nicht gekannten verborgenen Weg zur Glückseligkeit gebe, der

der von den Göttern abstrahirt. Ich bin zweifelhaft, ob man in der göttlichen Mantik und Theurgie auf menschliche Meinungen sehen müsse, und ob nicht die Seele aus dem gerade in die Hände fallenden Stoffe große Dinge sich erdichte. Es gibt vielleicht noch andere Methoden, das Künftige vorauszusagen; und vielleicht sind diejenigen, welche die göttliche Mantik besitzen, und die Zukunft voraus sehen, darum nicht glückselig; sie sehen das Künftige voraus, wissen aber keinen guten Gebrauch davon zu machen. Ich wünschte daher, ihr zeigtet mir den Weg zur Glückseligkeit, und worin die Natur derselben bestehet. Bei uns ist ein großer Wortstreit darüber, da wir nach menschlichen Schlüssen das Gute zu errathen suchen. Wenn diejenigen, welche eine reale Gemeinschaft mit den höheren Wesen zu Stande gebracht haben, diese Seite ungeprüft lassen, so wenden sie ihre Weisheit vergeblich an, und beunruhigen den göttlichen Verstand mit nichtswürdigen Dingen, als da ist die Auffindung eines entflohenen Sklaven, der Kauf eines Grundstücks, die Vollziehung einer Heirath, oder ein Geschäft des Handels. Ist hingegen jene Seite nicht vernachläßiget von denen, welche in den übrigen Dingen richtige Urtheile von der Glückseligkeit, aber nichts Festes und Ueberzeugendes haben, und nur schwere, aber für die Menschen unnütze Dinge zu erforschen streben, so waren es gewiß weder Götter noch gute Dämonen, mit denen sie in Gemeinschaft standen, sondern es war entweder jener sogenannte Verführer, oder die ganze Sache eine Erfindung der Menschen und Erdichtung der sinnlichen Natur 49).

Die-

---

49) Porphyrius, ebendas. ερωτω δε, μηποτε αλλη τις λανθανη ασα η προς ευδαιμονιαν οδος, αφισαμενη των θεων: απορεω δε, ει προς δοξας ανθρωπινας εν τη θεια μαντικη και θεουργια βλεπειν δει, και ει μη η ψυχη εκ τε τυχοντος αναπλαττει μεγαλα. Αλλα δε και μεθοδοι εισιν αλλαι περι την τε μελ-

Dieses ist der merkwürdige Brief des Porphyrius an einen ägyptischen Priester, welcher seiner Form, seinem Inhalte und seinem Zwecke nach merkwürdig genug ist. Er scheint wegen der Kürze, der Undeutlichkeit des Ausdrucks, und des offenbaren Mangels an gehöriger Verbindung der Gedanken nur ein roher Entwurf von Zweifel und Bedenklichkeiten zu seyn, welche Porphyr als Resultate seines Nachdenkens und Materialien seines weitern Forschens zu seinem eignen Gebrauche auszeichnete. Diese Zweifel, welche den Inhalt ausmachen, betreffen zwar größtentheils nur den mit der Religion verbundenen Aberglauben, den Opferdienst, den Dämonendienst, die Mantik und Theurgie; allein, wenn man weiter forscht, so gehen sie viel weiter, und greifen die Religion von ihrer theoretischen Seite betrachtet, in ihrer Grundfeste an. Denn gibt es keine Gemeinschaft noch Wechselwirkung zwischen Gott und Menschen, ohne daß nicht durch sie die Idee von dem unendlichen Wesen ganz oder zum Theil verloren geht; kann selbst nicht das Gebet vorgestellt werden, ohne demselben einen Einfluß auf die Gottheit und dieser daher ein Leiden beizulegen; so läßt

λοιπον προμηνυσιν διατριβεσαι. και ισως οἱ θειαν μαντικην εχοντες προσρωσι μεν, ȣ μην εισι ευδαιμονες, προσρωσι γαρ τα μελλοντα, χρησθαι δε αυτοις καλως ȣκ επιϛανται. θελω δι παρ' ὑμων την εις ευδαιμονιαν ὁδον επιδειξαι μοι, και ει τινι κειται ἡ αυτης ȣσια. παρα μεν γαρ ἡμιν λογομαχια τις εϛι πολλη, ἁτε εξ ανθρωπινων λογισμων εικαζομεν τα αγαθα· οἱς δε μεμηχανηται ἡ προς το κρειττον συνεσια, ει μεν πρειται το μερος τȣτο εις εξητασιν, ματην αυτοις ἡ σοφια εξησκηται περι δραπετȣ ευρεσεως, η χαριν ωνης, η γαμȣ, ει τυχοι, η εμποριας, τον θειον νȣν εισχλησεσιν· ει δ' ȣ παρειται μεν, οἱ δε συνιοντες περι μεν των αλλων τ' αληθεϛατα λεγȣσι, περι δε ευδαιμονιας ȣδεν ασφαλες, ȣδ' εγγυος εχȣσι, χαλεπα μεν διαμελετωντες, αχρηϛα δε τοις ανθρωποις, ȣκ ησαν ȣτε θεοι, ȣτε αγαθοι δαιμονες, αλλ' ἡ εκεινος ὁ λεγομενος πλανος, η παν ανθρωπιναν ευρημα, και θνητης φυσεως αναπλασμα.

läßt sich überhaupt gar keine Religion denken. Zudem war in der Religionstheorie der Heiden der Dienst der Götter und der Dämonen so innig verbunden, daß wenn man keine bestimmten Unterscheidungsmerkmale angeben konnte, woran die sichtbaren Wirkungen der Götter und Dämonen und besonders ihre Erscheinungen von einander unterschieden werden konnten, die größte Verwirrung entstand, welche die ganze Religion bedrohete.

Es ist nun wohl nicht zu glauben, daß Porphyrius wirklich den Zweck gehabt habe, die Religion selbst ungewiß zu machen, und den religiösen Glauben zu zernichten; denn dazu war er wirklich zu religiös, und sein ganzes Leben hindurch war sein Streben darauf gerichtet, das heidnische Religionssystem gegen die starken Fortschritte des Christenthums zu vertheidigen, zu retten, zu stützen. Es bleibt daher wohl nichts anders übrig, als anzunehmen, daß eben dieser sein gutgemeinter Eifer für das bisher herrschend gewesene Religionssystem und die Art und Weise, wie man es jetzt nicht blos durch Gründe der Vernunft, sondern noch mehr durch göttliche Auctorität, durch Offenbarungen, Orakel, alte Ueberlieferungen, und die Uebereinstimmung des Cultus der ältesten Völker, zu vertheidigen und zu beweisen suchte, ihn auf gewisse Blößen und schwache Seiten führte, welche er mit seiner Vernunft nicht vereinigen konnte. Die Schwärmerei scheint, wie wir schon oben bemerkt haben, nicht immer die herrschende Stimmung seines Geistes gewesen zu seyn, und zuweilen einer kältern und ruhigern Denkart Platz gemacht zu haben, in welcher Bedenklichkeiten und Zweifel gegen seine sonstigen Ueberzeugungen kräftig hervortraten und Gründe für das verlängten, was er sonst in seinen Ekstasen für unmittelbar gewiß hielt. Es ist wahrscheinlich, daß diese Momente des ruhigern Nachdenkens sich gegen das Ende seines Lebens immer mehr verloren, und bei Abnahme seiner Denkkraft endlich doch die Einbildungskraft den Sieg davon trug, und durch die eingebildete Anschauung des höchsten Gottes seine Vernunft bethörte. Wir könnten also, ohne viel zu wagen, diesen Brief an den ägyptischen Priester als ein Denkmal von dem Kampfe seiner Vernunft mit der Schwärmerei betrachten, welchen er in seinem mittleren Alter bestanden hatte, und aus diesem Umstande eben die sonderbare Mischung von Vernunft und Schwärmerei erklären, welche auch noch in diesem Briefe sichtbar ist, wo er gegen Schwärmerei und Aberglauben seine Zweifel vorträgt.

Wie läßt sich aber wohl die Einkleidung dieser Zweifel erklären, daß sie an einen ägyptischen Priester gerichtet sind, und mehr die religiöse Dogmatik der Aegyptier als der Griechen zum Gegenstande haben? Gründe mag wohl Porphyrius dazu gehabt haben; sie können aber jetzt nicht mit Gewißheit entdeckt werden, weil wir seine ganze Individualität und alle Zeitumstände zu wenig kennen. Indessen läßt sich doch einiges vermuthen. Wir können annehmen, daß Plotin und Porphyr eine sehr hohe Meinung von der Vernunft hatten, und ihr die übersinnliche Erkenntniß als ihr Eigenthum mit aller Macht zu vindiciren suchten, und daß eben darum Plotin und Porphyr gegen die Gnostiker und gegen die Christen stritten. Da aber die übersinnliche Erkenntniß auf keine andere Weise zu retten war, als durch die Hypothese einer intellectuellen Anschauung, wodurch die Vernunft aus sich selbst hinaus ging, und den Grund ihrer Erkenntnisse außer sich selbst in einer Fiction suchte, so hatte die Vernunft dadurch schon zur Hälfte ihre Würde, Unabhängigkeit und oberste gesetzgebende Gewalt aufgegeben. Denn ob sie durch eine innere oder äußere Offenbarung ihre Erkenntniß des Uebersinnlichen empfängt, dies

dies ist nur ein äußerer, kein wesentlicher Unterschied. Daher finden wir auch, daß mit dem Bestreben, den Rationalismus durch eine nichtsinnliche Anschauung zu gründen, sogleich auch das Streben entstand, außer der Vernunft Bestätigung und Erweiterung der Vernunfterkenntniß zu finden, und zu der innern Offenbarung, welche der Vernunft wesentlich ist, eine äußere zufällige Offenbarung hinzu zu fügen. Wir finden von dieser Hinneigung zu dieser äußern Offenbarung, nur schon einige, aber noch schwache Spuren bei dem Plotin; sichtbarer wird sie aber schon bei dem Porphyr, der durch seine weit ausgebreitete Gelehrsamkeit und Kenntniß der mancherlei Religionen darauf geführt wurde, eine Uebereinstimmung mit denselben und der Religionsphilosophie zu stiften; der daher aus dem Inhalte der positiven Religionsdogmen sehr vieles in die letzte aufnahm, z. B. eine eigne Classe der Dämonen, die Engel und Erzengel; der auch selbst den Versuch machte, aus den Orakeln eine Religionsphilosophie herzuleiten 50). Um so eher konnte dieser Mann, der von Longin und durch das Studium der Platonischen und Aristotelischen Philosophie eine von der Schwärmerei ganz verschiedene Geistesbildung erhalten hatte, die Abwege, auf welche die neue Philosophie führte, lebendiger einsehen, als jeder Andere seiner Zeitgenossen; er mußte irre werden, wenn er nach dem rein

logi-

---

50) Porphyrius schrieb unter andern περι της εκ λογιων φιλοσοφιας. Eusebius *Praeparat. Evang* IV. c. 6. Augustinus *de civitate Dei* XIX. c. 23. auch τα των Χαλδαιων λογια, nach dem Zeugniß des Aeneas Gazäus. Die letzte Schrift ist vielleicht nur ein Theil der erstern. Die Orakel wurden hier zum Beweisgrunde der Theosophie oder schwärmerischen Theologie gebraucht. Eusebius sagt an dem angeführten Orte: ὡς και μαλιστα εκλεξαμενος αυτῳ ηγησατο ικανας ειναι εις τε αποδειξιν της των θεολογουμενων αρετης, εις τε προτροπην της, ὡς αυτῳ φιλον ονομαζειν, θεοσοφιας.

logischen Geiste, der in jenem System herrschte, die Folgerungen und Resultate der neuern zusammen hielt, und fand, daß so vieles unhaltbar, ohne hinreichende Gründe angenommen, so vieles mit einander nicht zusammen stimmen wollte, oder einander gar aufhob, daß hauptsächlich so vieles dem Geiste der reinen Gesetzgebung der Vernunft widersprach. Er war wenigstens in gewissen Momenten nüchtern genug, um dieses Chaos zu durchblicken, wiewohl er nicht Stärke des Geistes genug besaß, um den Grund von den widersprechenden haltlosen, für wahre Erkenntnisse gehaltenen Träumereien einzusehen, und das ganze Blendwerk in seinem Grunde zu zerstören; er wurde zuweilen wieder von der Phantasie überwältiget. Dieser Zustand des Schwankens, des innern Streites der Vernunft mit der Phantasie war zu peinlich, als daß er nicht auf alle mögliche Weise denselben aufzuheben hätte suchen sollen, und daher selbst in den Augenblicken, wo sich die Vernunft zu stark fühlte, um Dichtungen für Wahrheit anzunehmen, aber zu schwach, um nach festen Principien diesen Widerstreit für immer zu entscheiden, seine Zuflucht zu Gründen der Autorität nahm, und auf diese Art etwas Entscheidendes zu empfangen wünschte. Allein wie kann der Autoritätsglaube geben, was er selbst nicht hat? Anstatt Zweifel zu heben, gibt er für alle, die ihren Verstand nicht gänzlich gefangen genommen haben, nur noch mehr Stoff zu zweifeln.

Aegypten ist immer das Mutterland des Aberglaubens, der Schwärmerei und der Mystik gewesen, weil es mehr als ein anderes Land mit Griechenland und den andern Handel treibenden Ländern in Verbindung stand, weil sich hier alle herrschende Meinungen sammelten und anhäuften, weil die Priester als Inhaber aller Weisheit immer neuen Nahrungsstoff für ihr Religionssystem erhielhielten, und durch Kenntnisse von der griechischen Philosophie es etwas herausputzen, und für den herrschenden Zeitgeist schmackhaft zurichten konnten. Darum scheint sich Porphyrius mit seinen Zweifeln vorzüglich an einen ägyptischen Priester zu wenden. Und er hatte um so mehr Grund dazu, je mehr eines Theils die unechten hermetischen Schriften und übertriebene Vorstellungen von der alten Weisheit der Aegyptier gerade damals scheinen in Umlauf gekommen zu seyn, anderntheils die Schilderung des Religionssystems der Aegyptier von dem ägyptischen Priester Chäremon, der zugleich, wie es scheint, ein Anhänger der stoischen Philosophie war [51]), gar nicht mit der hohen Meinung und der vornehmen Mine der ägyptischen Priester übereinstimmte.

So auffallend dieser Brief des Porphyrs in Vergleichung mit seiner ganzen Denkart ist, so auffallend ist auch die Beschaffenheit der unter dem Namen des Jamblichs vorhandenen Beantwortung desselben. Anstatt die Zweifel auf eine gründliche Weise zu heben, verweiset der Verfasser der letzten den Porphyr auf sich selbst zurück; er docirt ihm wie vom Katheder seine eignen Lehrsätze und Meinungen vor, bis er am Ende auf die ägyptische Weisheit zurück kömmt, und aus den Schätzen der hermetischen Bücher seine Wißbegierde befriediget. Freilich wird hier genug aufgetischt, um den Heißhunger nach dem Uebersinnlichen zu befriedigen; aber alles ist nur ein Gesicht einer durch das Anschauen beseligten Seele, welches indessen durch solche unaussprechliche Schauspiele nicht berauscht worden ist, sondern das Geschauete ganz

---

51) Ob dieser Chäremon, welchen Porphyrius sehr hoch schätzte, eine und dieselbe Person mit dem Chäremon ist, welcher nach Suidas Bericht Vorsteher der Alexandrinischen Bibliothek und Lehrer des Nero war, ist wohl so ausgemacht noch nicht.

ganz nüchtern erzählet; es ist nur die Aussage eines Augenzeugen, gleichsam als wenn die Rede von einem Factum wäre, es ist der Ausspruch eines kecken Geistes, der nicht nöthig findet, Gründe hinzuzufügen. Die Neugierde wird also wohl gesättiget, aber nicht die Wißbegierde befriediget. Es ist mit einem Worte die unphilosophischte Antwort auf einen Brief, welcher Fragen von philosophischer Bedeutung enthält. So viel ist gewiß, daß der Kampf zwischen Vernunft und Auctorität, welcher Veranlassung zu jenem Briefe gab, hier in der Antwort sich zum Vortheil der letztern entschieden hatte. Der Verfasser, es sey nun Jamblich oder ein anderer [52]), wür-

52) Das Werk de mysteriis Aegyptiorum ist anonym erschienen. Nach einem in vielen Handschriften befindlichen Scholien hielt Proclus den Jamblichus für den Verfasser. Diese Meinung hat sich bis jetzt behauptet, weil, die Echtheit des Porphyrischen Buches vorausgesetzt, wahrscheinlich einer von den nächsten Freunden und Schülern des Porphyrius die Beantwortung übernommen haben wird, und kein anderer als der göttlich schwärmende Jamblich so viel Beruf dazu haben konnte. Herr Meiners hat in einer in dem 4. B. der Denkschriften der Göttinger Gesellschaft der Wissenschaften eingerückten Abhandlung: *judicium de libro, qui de mysteriis Aegyptiorum inscribitur*, diese Meinung bestritten, und zugleich auch den Brief des Porphyrius für unecht erklärt; allein die Gründe scheinen mir nicht ganz bündig. Er sagt: jener Brief sey darum für unecht zu halten, weil sein Inhalt anderweitigen Behauptungen des Porphyrs widerspreche. Allein dieser Grund wird von ihm selbst durch die an einem andern Orte (Geschichte der Wissenschaften 1. B. S. 263.) gemachte Bemerkung von einer gewissen Veränderlichkeit in der Denkart des Porphyrius, die auch von den Alten schon anerkannt worden (Eusebius *Praeparat. Evang.* IV. c. 10.) völlig entkräftet. Von eben der Beschaffenheit sind die Gründe gegen das Werk von den ägyptischen Geheimnissen. Die Schreibart, sagt er, stimmt mit

würdiget offenbar die Vernunft herab, weiset ihr den zweiten Rang an. Dieses erhellet aus folgendem: Erstlich

mit der des Jamblichs nicht überein; die darin vorkommenden Grundsätze streiten mit denen, welche in andern Schriften des Jamblichs herrschen; unter den Dämonen werden auch Engel und Erzengel genannt, welche in der griechischen Philosophie sonst unerhört sind; die Theurgie, oder die Wissenschaft, durch geheimnißvolle Gebräuche, Worte und Opfer die Erscheinungen der Dämonen zu bewirken, wird darin vertheidiget, welche nicht im Geiste der Philosophie des Plotin und Porphyr war. Da nun Plotin dieser Philosophie anhing, so konnte er die Theurgie nicht in Schutz nehmen. — Wir wollen nur einige Gegengründe anführen. Was die Schreibart anlangt, so muß es auf jeden Fall gewagt seyn, daraus einen Beweisgrund herzunehmen, da wir so wenig Schriften des Jamblichs besitzen. Nach dem angeführten Scholion gründete Proclus im Gegentheil auf die Aehnlichkeit der Schreibart und der Manier das Urtheil, daß Jamblich der Verfasser dieser Schrift sey. Nach Eunapius Schilderung stand Jamblichus dem Porphyr in Rücksicht auf schriftstellerisches Talent weit nach. Er besaß nicht die ausgebreitete Gelehrsamkeit, den Reichthum an Gedanken, die Deutlichkeit und Klarheit, das Annehmliche und Reizende in der Darstellung, welches den Leser anlockt, ohne ihn zu ermüden. — Eigenschaften, welche man auch größtentheils in diesem Werke vermissen wird. Von den abweichenden Grundsätzen haben wir nichts gefunden. Gewiß würde auch Proclus als ein Eingeweihter diesen Mangel an Einhelligkeit in den Grundsätzen der Schule am ersten entdeckt, und die Schrift nicht dem göttlichen und wundervollen Manne beigelegt haben. Man muß nur immer Grundsätze und Behauptungen unterscheiden und nie vergessen, daß jede Philosophie, welche auf mystische Gefühle, Ekstasen, intellectuelle Anschauungen, unmittelbare Offenbarungen gegründet ist, nicht die Festigkeit, Einheit und innere Harmonie besitzen könne, als eine Philosophie, welche an der Hand unwandelbarer Vernunftprincipien fortschreitet. Wenn Plotin nur die Möglichkeit einer innigen

lich sucht er die Beantwortung der philosophischen Zweifel nicht in den Principien der Vernunft, sondern in den Aus-

gen Verbindung mit der Gottheit durch eine intellectuelle Anschauung annahm, ohne sich weiter in die Untersuchung der Möglichkeit der Magie und Theurgie einzulassen, so ist es kein Widerspruch gegen den Geist dieser Philosophie, wenn nun Porphyr und Jamblich auch diese letzte hinzufügen, sondern ganz consequent, die Verbindung mit Dämonen einzuräumen, nachdem man einmal die Möglichkeit der Verbindung mit dem ganz wesenlosen obersten Gotte angenommen hat. So verhält es sich auch mit den Speculationen über Engel und Erzengel. Man hatte einmal angefangen gewisse Classen und Ordnungen unter den Dämonen festzusetzen; es kann nun nicht befremden, daß eine oder etliche neue Ordnungen von einem fremden Volke angenommen worden, αγγελος ist überhaupt ein so sprechendes Wort für die Dienstverrichtungen gewisser Geister, daß man sich gar nicht wundern darf, daß es Eingang fand, da schon der Begriff vorhanden war. Man kann daher nie aus dem Gebrauche des Worts αγγελος oder αρχαγγελος schließen, daß Jamblich nicht Verfasser der Schrift sey, worin sie vorkommen. Wir finden wirklich, daß Jamblich in einem bei dem Stobäus (*Eclog. physic. p. c. 64. ed. Heeren*) vorkommenden Fragmente seiner Schrift von der Seele sich des Worts αγγελος und αγγελικη ψυχη bedient. Dessen ungeachtet kann Jamblichus wie Proclus in seinem Commentar zum Timäus versichert, in einer andern Schrift die Lehre von den Engeln und Erzengeln als ausländisch verworfen haben, ohne daß darum die andere, wo er diese wichtige Entdeckung noch nicht gemacht hatte, für unecht gehalten werden müßte. Es ist zudem noch ein Ausweg übrig, welchen schon der Kaiser Julian in seiner vierten Rede anwendet, daß man nämlich behaupte, er habe dieses αχρι υποθεσεως, das ist nur hypothetisch gesagt. — Ich glaube, es erhellet hieraus hinlänglich, daß diese Gründe zum Beweise dessen, was sie beweisen sollten, noch lange nicht hinreichend sind, ob ich gleich auf der anderen Seite auch gerne einräume, daß die Gründe für die Behauptung eben so wenig zur historischen Gewißheit

Jamblich.

Aussprüchen der chaldäischen und ägyptischen Weisen 53). Zweitens: Es war schon eine alte Sage, daß Pythagoras und Plato in Aegypten von dem Priesterorden vieles gelernt haben. Jamblich stellt es als ein Axiom auf, daß beide ihr ganzes philosophisches System, in sofern es sich auf Gott und göttliche Dinge bezieht, aus der Säulenweisheit des Hermes Trismegistus genommen haben, und nur etwa die Zusammenfügung zu einem Ganzen für ihr Eigenthum zu halten sey. Er gehet also ganz unverkennbar darauf hinaus, Philosophie in Geschichte zu verwandeln. Drittens: Er setzt einen Unterschied fest, zwischen Philosophie und Theologie und Theurgie, und, ob er sich gleich nicht die Mühe gibt, diese Begriffe deutlich zu entwickeln, damit man wissen könnte, woran man wäre; so ist doch so viel offenbar, daß er die Theologie und Theurgie eine Stufe höher setzt, als die Philosophie, dieser die Erkenntniß durch Begriffe und Grundsätze, jenen aber die Erkenntniß dessen, was über die menschliche Vernunft gehet, anweiset 54). Dieses ist überhaupt der gewöhnliche Gang

---

zulangen. Aber wahrscheinlich ist es immer, daß Jamblich der Verfasser ist. Wenn übrigens auch der Verfasser dieser Schrift nicht mit historischer Gewißheit zu bestimmen ist, so ist doch, wie Meiners sagt, die Zeit der Verfertigung mit Gewißheit zwischen Porphyr und Proclus zu setzen.

53) Jamblichus de mysteriis Aegypt. I. c. 2. ἡμεῖς μὲν τὰ μὲν Ἀσσυρίων πάτρια δόγματα παραδώσομέν σοι μετὰ ἀληθείας τὴν γνώμην· τὰ δὲ ἡμέτερα σοι σαφῶς ἀποκαλύψομεν. — Φιλόσοφοι δ' εἰ τι προβάλλεις ἐρώτημα, διακρινοῦμέν σοι, καὶ τοῦτο κατὰ τὰς Ἑρμοῦ παλαιὰς στήλας, ἃς Πλάτων ἤδη πρόσθεν καὶ Πυθαγόρας διαγνόντες, φιλοσοφίαν συνεστήσαντο.

54) Jamblichus, ebendas. τὰ δ' ἀλλόφυλα ζητήματα ἢ ἀντιλογικὰ καὶ δυσερίσια τινὰ ἐμφαίνοντα πρᾴως καὶ ἐμμελῶς καταμυθούμενοι, ἢ τὴν ἀτοπίαν αὐτῶν ἀποδείξομεν· καὶ ὅσα προ-

Gang der Dinge; aus einem Extrem gehet man in das andere über. Plotin schien die Vernunft auf die höchste Stufe ihrer Würde gehoben zu haben; sie war die geistige Kraft, welche durch ihre Identität mit dem Urwesen und durch dieses unmittelbar erleuchtet, in dem reinen Lichte, alles was ist, schauet. Jamblich setzt sie zur Dienerin und leidenden Empfängerin eines ihr fremden Lichts herab; sie hat in den wichtigsten Angelegenheiten nichts mit zusprechen, sondern muß gleichsam nur niederschreiben, was ihr von Oben, aber durch einen einzelnen Canal dictirt wird.

Man wird sich daher leicht vorstellen können, wie die Beantwortung jener Zweifel ausgefallen seyn werde. Sie war nicht allein fruchtlos und ohne Gewinn für die wissenschaftliche Cultur der Philosophie, sondern sie hatte noch dazu den Nachtheil, daß sie den Uebergang aus der Philosophie in die Unphilosophie beförderte. Auf der einen Seite ging der Verfasser der Antwort gar nicht tief

in

προχωρει κατα τας κοινας εννοιας, γνωριμως παυν και σαφως πειρασομεθα διαλεγεσθαι και ταμεν, εργων θειων πειρας δεομενα προς ακριβη κατανοησιν, δυνατον μονον δια λογων, τα δε ιερας θεωριας, πληρη τε καθαιρεισθαι. σημεια δε αυτης αξιολογα δυνατα φραζειν, αφ᾽ ων και συ και οι σοι ομοιοι τῳ νῳ περιαγεσθαι περι την ουσιαν των οντων· οσα δε τυγχανει δια λογων οντα γνωσκα, τουτων ουδεν απολειψομεν εις την τελειαν αποδειξιν. το δ᾽ οικειον επι πασιν αποδωσομεν σοι προσηκοντως· και τα μεν θεολογικα θεολογικως, θεουργικα δε θεουργικως αποκρινομεθα· φιλοσοφως δε τα φιλοσοφα μετα σου συνεξετασομεν. — Sect. II. c. 11. Die wahre Erkenntniß führet uns zu Gott hin. Dieser Satz ist wahr, sagt Jamblich, aber noch nicht zureichend. *αλλ᾽ επει ουχ ικανως ειρηται, προσθησω το ελλειπον, και διοτι φιλοσοφως μαλλον και λογικως, αλλ᾽ ουχι κατα την ενεργον των ιερων τεχνην του απολογισμου ποιειται, δια τουτο οιμαι δειν θεουργικωτερον ειπειν τι περι αυτων.*

in den Grund der Zweifel ein, setzte Hypothesen als Axiome fest, oder nahm Autoritäten als gültige Principe der Vernunft an; auf der andern Seite beantwortete er die aufgeworfenen Fragen dogmatisch und gab Dichtungen für Erkenntnisse, Schein für Wissenschaft, und beförderte die Täuschung einer vermeintlichen Wissenschaft des Uebersinnlichen, welche doch bei schärferer Prüfung in einen leeren Dunst sich verwandelte. Das Ganze scheint nur eine abgeredete Spiegelfechterey zu seyn. Denn oft wird Porphyr auf das verwiesen, was er sonst geglaubt und angenommen hatte, als wenn Porphyr nicht eben darum die Fragen aufgestellt hätte, weil er seine ehemaligen dogmatischen Behauptungen nicht mehr für gegründet genug hielt, und neue bündigere Beweise dafür verlangte.

Wir werden nur weniges auszuzeichnen haben, um Belege dafür anzuführen.

Porphyrius hatte gefragt, worin die unterscheidenden Eigenschaften der Götter, der Dämonen und der Seelen bestehen, ob sie in ihrer innern Natur gegründet sind, oder ob sie sich nur auf Verhältnisse zu anderen Naturen beziehen; er läugnete gar nicht, daß die griechischen Philosophen über diesen Punct schon viele Speculationen aufgestellt haben; er vermißte aber an denselben apodictische Gewißheit. Diese zu gewinnen, war der Zweck seines Briefes. Was thut nun der Verfasser der Antwort? Er setzt den Unterschied zwischen Göttern, Dämonen und Seelen dogmatisch aus Begriffen fest, was schon mehrmals geschehen war, und dem Porphyr gar nicht unbekannt seyn konnte, ohne die Befugniß der Vernunft darüber etwas Gewisses zu erkennen, im geringsten zu berühren, was Porphyr eigentlich wissen wollte. Seine Behauptungen sind von der Art, daß sie den Zweifel, wel-

welcher sich in jedem nüchternen Denker regen mußte, nicht aufheben, sondern vielmehr verstärken.

Den Göttern, sagt er, kommt transcendentale und wesentliche Güte oder Vollkommenheit; den Seelen aber nur eine zufällige, hinzugekommene Güte zu. Zwischen diesen beiden sind die Heroen und Dämonen in der Mitte. Die Heroen übertreffen die Seelen an Macht, Vollkommenheit, Schönheit und Größe, und überhaupt an allen geistigen Vorzügen. Die Dämonen sind von den Göttern abhängig, und ihrer Natur nach viel geringer und mangelhafter; sie sind die Diener der Götter, und führen ihren guten Willen aus. Das unsichtbare Gute derselben offenbaren sie in Werken, und suchen in denselben jenen ähnlich zu werden, sie machen das Unaussprechliche der Götter darstellbar in Worten, das Formlose gestalten sie in Formen, und das alle Begriffe übersteigende offenbaren sie in Begriffen. Sie empfangen alles Gute von den Göttern, dessen sie theilhaftig sind, und theilen es wieder den unter ihnen stehenden Geschlechtern der Dinge ohne allen Neid mit. Die Dämonen und Heroen erfüllen also den Zwischenraum zwischen den Göttern und Seelen, machen das Mittelband zwischen ihnen aus, und bilden eine zusammenhangende, unauflösliche Kette, welche das Höchste mit dem Niedrigsten verbindet, Gemeinschaft, Zusammenhang, Ordnung und Harmonie gründet, und die Fortschreitung des Bessern zu dem Geringeren, so wie die Erhebung des Niedrigen zum Bessern möglich macht 55).

Die Götter machen das höchste, die Seelen das niedrigste Geschlecht der Dinge aus. Jene sind höchst vollkommen und vortreflich, diese mangelhaft und unvollkommen. Die Götter können alles zugleich in einem

un-

---

55) Jamblichus *de mysteriis Aegypt.* I. c. 5.

untheilbaren Augenblick; die Seelen können nicht alles, nicht zugleich, nicht urplözlich, nicht augenblicklich. Die Götter erzeugen und regieren alles ohne Hinneigung; die Seelen haben von Natur eine Neigung zu dem, was sie erzeugen und verwalten. Die Götter existiren als Ursache und Regierer vor allen Dingen; die Seelen hängen von dem Willen der Götter als Ursache, obgleich von Ewigkeit ab. Die Götter umfassen in einem und demselben Puncte den Anfang und das Ende aller Thätigkeiten und Wesen. Die Seelen gehen von einem zu dem andern, von dem Unvollkommenen zu dem Vollkommenen über. Die Götter sind das Höchste und Unbegreifliche, erhaben über jedes Maß und jede Form; die Seelen werden bestimmt durch Neigungen, Fähigkeiten, Verhältnisse, Begehrungen des Schlechteren und sind durch mannigfaltige Formen modificirt. Die Intelligenz als Grund aller Dinge, und die bildende Kunst des Universums ist in den Göttern auf gleiche Weise immer vollkommen und ohne Einschränkung nach einer in sich selbst rein ruhenden Kraft vorhanden; die Seelen sind nur einer theilbaren und vielgestaltigen Intelligenz theilhaftig geworden, welche auf die Regierung des Ganzen hinblickt; sie sind bald in diese, bald in jene Gestalt eingeschlossen und sorgen für das Leblose. Die Götter haben die absolute Ordnung und Schönheit, oder die Ursache derselben inwohnend; die Seelen können nur an der intelligiblen Ordnung und göttlichen Schönheit immer Theil nehmen. Mit den Göttern ist das Maß und Ziel des Universums immer unzertrennlich verbunden; mit den Seelen nur theilweise, und so, daß sie sich von demselben trennen können. Die Götter beherrschen durch die Gränzenlosigkeit ihrer Kraft Alles; den Seelen sind gewisse Gränzen für ihre Wirksamkeit vorgeschrieben [56].

Die

---

[56] Jamblichus *de mysteriis Aegypt.* I. c. 7.

Die Götter können nicht durch ihr Verhältniß zu bestimmten Arten von Körpern unterschieden werden, weil sie die ersten, reinen, immateriellen Principe sind, welche die Körper bestimmen, von Außen regieren, und ihnen alles Gute mittheilen, dessen sie empfänglich sind. Die Körper dienen ihnen, nicht umgekehrt, die Götter den Körpern. Nur von den Seelen läßt sich behaupten, daß sie nach der Form des Lebens, welche sie vor ihrer Einkörperung erhielten, den organischen Körper sich anbilden und anpassen. Wie kann eine an sich unkörperliche Substanz durch Beschaffenheiten der Körper unterschieden; wie kann eine Substanz, welche den Körpern auf keine körperliche Weise gegenwärtig ist, durch körperliche Orte von andern der Art getrennt, oder durch Theile der Welt beschränkt werden? Was kann die Götter verhindern, daß sie nicht allenthalben zugegen sind, oder ihre Macht einschränken, daß sie sich nur bis an das Himmelsgewölbe erstrecke? Diese Beschränkung könnte nur das Werk einer höhern Kraft seyn. Eine unkörperliche Substanz, ein Ding an sich, ist allenthalben, wo es will [57]).

Die Meinung, daß die Gegenwart der Götter von der Erde ausgeschlossen sey, hebt alle priesterliche Weihe, allen Gottesdienst und alle Gemeinschaft der Götter mit den Menschen auf, denn sie sagt nichts anderes, als, die göttlichen Naturen wären ganz abgesondert von der Erde, sie hätten keinen Verkehr mit den Menschen, und diese Welt stünde unter gar keinem Einfluß der Götter. Dann hätten wir Priester nichts vor anderen Menschen voraus, und nichts von den Göttern gelernt, und Porphyrius hätte ganz thörig gehandelt, daß er uns Priestern jene Fragen vorlegte, weil er dabei voraus setzt, daß

---

[57]) Jamblichus *de mysteriis Aegypt.* I. c. 9.

daß wir höhere, von den gemeinen Erkenntnissen sich unterscheidende Erkenntnisse besitzen 58). Die Götter herrschen also nicht etwa in bestimmten ihnen angewiesenen Theilen der Welt, sondern die vorzüglicheren Götter werden von nichts eingeschlossen und umfassen alles in sich selbst, die Erde stehet unter dem Einflusse der Götter und die auf derselben befindlichen Dinge haben ihr Seyn durch die Fülle der göttlichen Vollkommenheiten, und, wenn sie zur göttlichen Theilnahme tauglich sind, so haben sie vor ihrem individuellen Wesen schon Götter in demselben präexistirend 59).

Es ist falsch, daß die Götter nur in dem Himmel wohnen; alles ist vielmehr von Göttern erfüllt. Das göttliche Wesen erleuchtet alles von Außen, wie die Sonne alles durch ihre Strahlen beleuchtet, es sey nun, daß das göttliche Wesen gewisse Theile der Welt, zum Beyspiel den Himmel und die Erde, oder gewisse heilige Städte und Gegenden, oder gewisse Haine und Statuen

58) Jamblichus de myſteriis Aegypt. I. c. 8. ὅλως δὲ τῆς ἱερᾶς ἁγιστείας καὶ τῆς θεουργικῆς κοινωνίας θεῶν πρὸς ἀνθρώπους ἀναίρεσίς ἐστιν αὕτη ἡ δόξα τὴν τῶν κρειττόνων παρουσίαν ἔξω τῆς γῆς ἐξορίζουσα. οὐδὲν γὰρ ἄλλο λέγει, ἢ ὅτι ἀπῴκισται τῶν περὶ γῆν τὰ θεῖα, καὶ ὅτι ἀνθρώποις οὐ συμμίγνυται, καὶ ὡς ἔρημος αὐτῶν ἐστιν ὁ τῇδε τόπος· οὐδὲ ἡμεῖς ἂν οἱ ἱερεῖς οὐδὲν παρὰ τῶν θεῶν μεμαθήκαμεν κατὰ τοῦτον τὸν λόγον, οὐδὲ σὺ ὀρθῶς ἡμᾶς ἐρωτᾷς, ὡς εἰδότας τι περιττότερον, ἐπείπερ μηδὲν τῶν ἄλλων ἀνθρώπων διαφέρομεν.

59) Jamblichus de myſteriis Aegypt. I. c. 8. ἀλλ' οὐδὲν ἐστι τούτων ὑγιές· οὔτε γὰρ οἱ θεοὶ κρατοῦνται ἐν τισι τοῦ κόσμου μέρεσιν, οὔτε τὰ περὶ γῆν ἀμοιρα αὐτῶν καθέστηκεν. ἀλλ' οἱ μὲν κρείττονες ἐν αὐτῷ ὡς ὑπὸ μηδενὸς περιέχονται καὶ περιέχουσι πάντα ἐν αὐτοῖς· τὰ δ' ἐπὶ γῆς ἐν τοῖς πληρώμασι τῶν θεῶν ἔχοντα τὸ εἶναι, ὁπόταν ἐπιτήδεια πρὸς τὴν θείαν μετοχὴν γένηται, εὐθὺς ἔχει πρὸ τῆς οἰκείας ἑαυτῶν οὐσίας προϋπάρχοντας ἐν αὐτῇ τοὺς θεούς.

zu ihrer besondern Regierung erhalten. So wie nun das Licht die erleuchteten Gegenstände in sich faßt, so umfaßt auch die göttliche Kraft die Dinge, welche ihrer theilhaftig werden, von Außen. So wie das Licht in der Luft gegenwärtig ist, ohne sich mit derselben zu vermischen, wie daraus erhellet, daß, wenn das Leuchtende weggenommen ist, nichts von dem Lichte in derselben übrig bleibt. Da hingegen die Luft noch erwärmt bleibt, wenn gleich das Erwärmende entfernt wird: so ist auch das göttliche erleuchtende Licht trennbar von den erleuchteten Dingen, es bleibt in sich beharrlich, ob es gleich die Dinge ganz durchdringt. Das sichtbare Licht ist ein zusammenhangendes Ganze, welches allenthalben ganz gegenwärtig ist, ohne daß ein Theil von demselben abgesondert, oder überhaupt von dem Leuchtenden getrennt werden kann. So ist auch die ganze Welt theilbar, und in das eine untheilbare göttliche Licht vertheilt. Dieses ist eins, ein absolutes Ganzes, allen, die desselben empfänglich sind, untheilbar gegenwärtig, erfüllt mit seiner vollständigen Kraft alle Dinge, bewirket in sich alles, ist allenthalben mit sich vereinet, und verknüpfet die Endpuncte mit den Anfangspuncten. Die ganze Welt und der ganze Himmel ahmet diese Einheit durch seine Kreisbewegung nach; die Welt ist mit sich vereinet, sie leitet die im Kreise bewegten Elemente, verknüpfet alle Dinge, welche in etwas Anderem sind, und sich gegen einander bewegen, wie die Erde mit dem Himmel, und bewirket einen allgemeinen Zusammenhang, und eine Harmonie des Theilganzen zu den Theilganzen [60]).

Auf

---

[60]) Jamblichus de mysteriis Aegypt. I. c. 9. κατα τα αυτα δη κι και ὁ συμπας κοσμος, μεριςος ὤν, περι το ἑν και το αμεριςον των θεων φως διαιρειται. το δ' ἐςι ἑν και αυτο πανταχου ὁλον. αμεριςως τε παρεςι πασι τοις δυναμενοις αυτου μετεχειν, παντελει τε δυναμει πεπληρωκε παντα, και απειρω

δη

Jamblich.

Auf diese Art beantwortet er Porphyrius Zweifel. Er setzt eine dogmatische Behauptung entgegen, meistentheils ohne Gründe, als wenn er auf dem Delphischen Dreifuße gesessen hätte. Er spricht nur als Priester, welchem eine höhere Erkenntniß von den Göttern mitgetheilt worden, bei welcher das Forschen der Vernunft nach Gründen verstummen müsse. Am deutlichsten wird dieses da, wo er mit weiser Mine die Merkmale auseinander setzt, an welchen die Erscheinungen der Götter, Erzengel, Engel, Dämonen, Fürsten und Seelen unterschieden werden können. Hier ist dieses Prachtstück der schwärmerischen Philosophie, oder vielmehr Unphilosophie [61]).

Die Erscheinungen entsprechen dem Wesen, den Kräften und Wirkungen; darnach richtet sich die Art und Weise, wie sie durch Beschwörungen sichtbar werden, Wirkungen äußern, ihnen angemessene Gestalten und ihnen eigenthümliche Unterscheidungszeichen erblicken lassen. Die Erscheinungen der Götter sind einartig; der Dämonen mannigfaltig; die der Engel einartiger als die der Dämonen, unvollkommener als die der Götter; der Erzengel Erscheinungen kommen denen der Götter am nähesten. Die Erscheinungen der Fürsten, wenn man Weltbeherrscher darunter verstehet, welche über die Elemente unter dem Monde gesetzt sind, werden zwar mannigfaltig, aber doch mit einer gewissen Ordnung seyn; verstehet man aber die Vorsteher der Materie, so sind sie mannigfaltiger und unvollkommener als jene. Die Erscheinungen der Seele sind von der größten Mannigfaltigkeit. Die Erscheinungen der Götter bestrahlen das Gesicht mit einem

---

δη τινι τη κατ' αιτιαν υπεροχη συμπεραινει τα ολα εν αυτω, συνηπται τε πανταχη προς εαυτο, και τα τελη ταις αρχαις συναπτει.

61) Jamblichus *de mysteriis Aegyptior.* II. c. 3. 4.

einem wohlthätigen Lichte; die der Erzengel sind kraftvoll und milde; milder die der Engel; furchtbar die der Dämonen; milder die der Heroen; die Erscheinungen der Fürsten der Welt betäuben, der Fürsten der Materie sind den Sehenden schädlich und widrig; der Seelen Erscheinungen sind den Erscheinungen der Heroen ähnlich, aber schwächer.

Die Erscheinungen der Götter sind in Ansehung der Größe, Gestalt und Verhältnisse unveränderlich. Die Erscheinungen der Erzengel kommen denen der Götter am nächsten, erreichen aber doch nicht derselben Identität. Die Erscheinungen der Engel sind schwächer und unvollkommener, aber unveränderlich. Die Dämonen lassen sich bald in diesem, bald in einem andern Bilde, bald groß, bald klein sehen, ob sie gleich dabei immer als dieselben erscheinen. Die Erscheinungen der Fürsten der Welt sind unwandelbar, der Fürsten der Materie auf mannigfaltige Art wandelbar. Die Heroen ahmen die Erscheinungen der Dämonen, so wie auch die Seelen in Rücksicht auf die Veränderlichkeit nach.

Die Götter zeigen in ihren Erscheinungen eine gewisse Bewegungslosigkeit und Ordnung, die Erzengel dabei noch eine gewisse Kraft, die Engel Grazie und Ruhe vereiniget mit etwas Bewegung, die Dämonen unruhige Bewegung und Unordnung, die Fürsten der Welt eine in sich bestehende Festigkeit, die Fürsten der Materie Tumult, die Heroen Nachgiebigkeit gegen die Bewegung; die Seelen ahmen die Heroen, doch in geringerem Grade nach.

Die Bilder der Götter strahlen eine unaussprechliche Schönheit von sich, erfüllen die Schauenden mit Bewunderung und göttlicher Seligkeit, und haben eine unaussprechliche Symmetrie, die sich mit nichts vergleichen

chen läßt. Die seligen Bilder der Erzengel haben zwar auch eine große Schönheit, die indessen doch nicht so unaussprechlich und wundervoll ist, als die göttliche. Die Bilder der Engel haben nur theilweise Schönheit, welche sie von den Erzengeln entlehnen. Die Bilder der Dämonen und Heroen haben Schönheit in bestimmten Gestalten, jene durch Ideen, welche das Wesen bestimmen, diese durch die Darstellung der Tapferkeit. Die Bilder der Fürsten der Welt zeigen eine ursprüngliche natürliche Schönheit, der Fürsten der Materie aber eine scheinbare angenommene, durch Kunst hervorgebrachte. Die Bilder der Seelen sind zwar auch in bestimmten Begriffen geschmückt, doch auf eine andere und eingeschränktere Art, als die der Heroen, so, daß die Bilder nur von einer Form beherrscht werden.

In den Wirkungen der Götter leuchtet eine Schnelligkeit hervor, welche selbst die Vernunft nicht erreichen kann, obgleich die Thätigkeiten selbst in sich unbeweglich und fest sind. Bei den Erzengeln sind die Geschwindigkeiten gewissermaßen mit ihren stark wirkenden Thätigkeiten vermischt. Die Thätigkeiten der Engel nehmen schon etwas von Bewegung an, erreichen aber nicht die Vollkommenheit der erstern, daß Gedanke und That eins ist. Bei den Dämonen liegt die Geschwindigkeit der Wirkungen mehr in der Einbildung, als in der Wirklichkeit. Die Heroen zeigen eine gewisse Würde in ihren Handlungen, erreichen aber doch die Geschwindigkeit der Dämonen in Ausführung ihrer Vorsätze nicht. Die Handlungen der Fürsten der Welt tragen an sich das Gepräge der Kraft und Gewalt, der Fürsten der Materie haben mehr in die Augen fallendes, verfehlen aber mehr den vorgesetzten Zweck. In den Handlungen der Seele zeigt sich mehr Bewegung und mehr Schwäche, als bei den Heroen.

In

In Rücksicht auf die Größe der Erscheinungen findet derselbe Gradunterschied Statt. Die Erscheinungen der Götter sind so groß, daß sie zuweilen den ganzen Himmel, Sonne und Mond verfinstern, und, wenn sie herabsteigen, ruhet selbst die Erde nicht mehr feste. Wenn die Erzengel erscheinen, so werden einige Theile der Welt bewegt, und ein Licht geht vor ihnen als Vorläufer vorher; nach der Größe ihrer Herrschaft richtet sich auch die Größe ihrer Erscheinung. Kleiner und beschränkter ist die Lichterscheinung der Engel, noch eingeschränkter die der Dämonen, welche nicht immer mit derselben Größe erscheinen; noch kleiner ist die Erscheinung der Heroen, wiewohl mit Würde. Die Bilder der Fürsten der Welt sind groß und unermeßlich, der Fürsten der Materie mehr prahlend und aufgeblasen. Die Bilder der Seelen sind nicht alle gleich von Größe, aber doch kleiner als die der Heroen. Ueberhaupt richtet sich die Größe der Erscheinungen nach der Größe der Kräfte oder der Gewalten.

An den Erscheinungen der Götter zeigen sich die Bilder der Wahrheit deutlicher, sprechender, glänzender mit bestimmterem Gepräge. Die Bilder der Erzengel sind wahr und vollkommen. Die Engel behalten zwar immer dieselbe Form und Gestalt, sie entfernen sich aber von der vollständigen Bestimmtheit. Undeutlich sind die Bilder der Dämonen, noch undeutlicher die der Heroen. Die Bilder der Weltfürsten sind deutlich, die der Fürsten der Materie dunkel, aber beide gebieterisch. Die Bilder der Seelen sind schattig.

Die Bilder der Götter strahlen am meisten mit Lichte, der Erzengel sind mit ungemeinem Lichte erfüllt, der Engel leuchtend; die Dämonen lassen ein trübes, die Heroen ein heterogen zusammengesetztes, die Fürsten der Welt

Welt ein reineres, die Fürsten der Materie ein aus ungleichartigen und entgegengesetzten Dingen, die Seelen ein theilweise aus vielen Mischungen der Erzeugung zusammengesetztes Licht von sich blicken.

Das Feuer der Götter ist untheilbar, unaussprechlich, durchleuchtet und erfüllet alle Tiefen der Welt auf eine feurige, aber nicht physische Weise und ist ganz unbeweglich; das Feuer der Erzengel ist zwar auch untheilbar, es wird aber doch so gesehen, als habe es an sich, oder vor, oder nach sich eine gewisse Mannigfaltigkeit; es ist ruhend, das Feuer der Engel ist getheilt, aber es zeigt sich in den vollkommensten Gestalten, und bewegt sich ruhig. Das Feuer der Dämonen ist durch Theilung noch enger beschränkt, durch Worte aussprechbar, aber des Schauens nicht werth für diejenigen, welche etwas Besseres schauen; es bewegt sich unruhig. Das Feuer der Heroen ist eben so beschaffen, doch unvollkommen ähnlich und bewegt sich stürmisch. Das Feuer der Weltfürsten ist helle und ruhig, der Fürsten der Materie trübe und unruhig, der Seelen vieltheilig, vielgestaltig, aus vielen Dingen in der Welt zusammengesetzt, in vielerlei Bewegungen veränderlich [62]).

Was

---

[62]) Jamblichus *de mysteriis Aegypt*. II. c. 4. το μεν των θεων πυρ ατομον, αφθεγκτον, εκλαμπει και πληροι τα ολα βαθη του κοσμου πυριως, αλλ᾽ ου περικοσμιως. το δε των αρχαγγελων αμεριστον μεν, εχοι δε περι εαυτο, η προ εαυτα προπομπενον, η μεθ᾽ εαυτο συνεπομενον πολυ πληθος θεωρειται. το δε των αγγελων διηρημενον πυρ, πλην εν ταις γε τελειοτάταις ιδεαις διαφαινεται. το δε των δαιμονων μερισμω τε ετι επι βραχυτερον περιγραφεται, και λογω ρητος υπαρχει, και της οψεως των τα κρειττονα εφωντων ουχ υπαρχει αξιον. το δε των ηρωων εχει μεν τα αυτα τροπον γε τινα, απολειπεται δ᾽ ομως αυτων της ακρας ομοιωσεως. και μην τουγε των αρχοντων οσον μεν υψηλοτερον αυτο, διαφανεστερον θεωρειται, το δε ενυ-

λον

Was rein und bewegungslos in dem sichtbaren Bilde ist, muß man ganz den höheren Wesen beilegen; was sehr leuchtet und in sich selbst unveränderlich beharret, den Göttern; was leuchtet und beharret, aber in einem andern, den Erzengeln; was durchaus in einem anderen bestehet, den Engeln. Auf die andere Seite kommt das Unstäte, Flüchtige, mit Fremdartigen Vermischte zu stehen, was den niederen Wesen gehöret.

In den Göttern ist die Kraft, welche die Seelen vollkommen reiniget. Die Erzengel erheben sie; die Engel lösen sie allein von den Banden der Materie, die Dämonen ziehen sie in die Natur herab, die Heroen ziehen sie herab zur Sorge der sinnlichen Dinge, die Fürsten der Welt gewähren ihnen die Herrschaft der weltlichen, die Fürsten der Materie die Aufsicht über die materiellen Dinge. Die erscheinenden Seelen streben zur Erzeugung.

Die Götter haben die Kraft, die Materie auf einmal zu verzehren, die Erzengel, sie nach und nach aufzuzehren; die Engel, von derselben loszumachen und abzuführen; die Dämonen, sie sorgfältig zu zieren; die Heroen, ihr das gehörige Maß anzupassen, und sie gehörig zu besorgen. Die Fürsten der Welt zeigen sich in ihrer Erhabenheit; die Fürsten der Materie ganz mit Materie erfüllt; die reinen Seelen werden als von aller

Ma-

λον σκοτωδεςερον· το δε αυτων ψυχων, πολυμερες μεν και πολυειδες επιδεικνυται, συμμικτον δε απο πολλων των περι τον κοσμου φυσεων· και μην το γε των θεων παντι σαθερον εςιν ιδειν· το των αρχαγγελων ηρεμαιον· το δε των αγγελων μονιμως κινυμενον· ασατον γε μην το των δαιμονων και ηρωων επιπλεον οξυρροπον· τοις δε αρχυσιν ηρεμαιοι μεν τοις πρωτοις, ταραχωδες δε τοις υςατοις συνες· ψυχαις δε εν κινησεσι πολλαις μεταβαλλομενον.

Jamblich.

Materie rein, die unreinen als von der Materie eingenommen angeschauet [63]).

Die Wirkungen und Geschenke der Erscheinungen sind verschieden. Die Gegenwart der Götter schenkt unserm Körper Gesundheit, der Seele Tugend, der Vernunft Reinheit, sie schenkt uns höhere Kräfte, göttliche Liebe und unaussprechliche Freude; und richtet alle unsere Vermögen auf ihre zugehörigen Principe; sie zernichtet in uns das Kalte und das Verderben bringende; sie vermehrt und stärkt das Warme; sie macht der Seele und der Vernunft alles angemessen, strahlet das Licht in intelligibler Harmonie ein und stellt das, was nicht Körper ist, als wäre es Körper den Augen der Seele durch die Augen des Körpers dar [64]). Die Erscheinungen der Erzengel gewähren zwar dasselbe, aber doch nicht immer, noch bei allen, noch in hinreichendem und vollkommnen

---

[63] Jamblichus *de mysteriis Aegypt.* II. c. 5. δειγμα δ' εςαι σοι ε μικρον και το δαπανητικον της ύλης αθροας επι θεων· επι δε των αρχαγγελων, το κατα βραχυ αυτης αναλωτικον· επι δε των αγγελων το λυτικον απ' αυτης και απαγωγον· επι δε των δαιμονων, το διακοσμειν αυτης εμμελως· επι δ' αυτων ήρωων, το συναρμοζομενον προς αυτην εν μετροις τοις προσηκουσι, και επιδεξιως αυτης επιμελωμενον. αρχοντες δε οἱ μεν των κοσμων ηγεμονες παριςανται αυτης υπερεχοντες, και υπως εαυτους εκφαινωσιν· οἱ δ' ενυλοι παντελως αναπεπλησμενους εαυτους απο της ύλης επιδεικνυουσι· και των ψυχων αἱ μεν καθαραι της ύλης εκτος, αἱ δ' εναντιαι περιεχομεναι ὑπ' αυτης επιφαινονται.

[64] Jamblichus ebendas. c. 6. αλλα ἡ μεν των θεων παρουσια διδωσιν ὑμιν ὑγιειαν σωματος, ψυχης αρετην, ἡ καθαροτητα, και παντων, ὡς απλως ειπειν, των εν ημιν επι τας οικειας αρχας αναγωγην. και το μεν ψυχρον εν ημιν και φθοροποιον αφανιζει, το δε θερμον αυξει, και δυνατωτερον και επικρατεστερον απεργαζεται, ποιει τε παντα συμμετρια τη ψυχη και τω νω, νοητη τε αρμονια το φως ελλαμπει, και το μη ον σωμα ὡς σωμα τοις της ψυχης οφθαλμοις δια των του σωματος επιδεικνυσιν.

nen Grabe, noch auch so, daß es nicht wieder genommen werden kann, und erleuchten auf die ihrer Erscheinung angemessene Art. Sie geben reine Beharrlichkeit, intellectuelle Betrachtung und unveränderliche Kraft. Die Erscheinung der Engel gibt noch getheiltere Güter und noch weniger allgemein; die Kraft, womit sie erscheinen, stehet noch weiter von dem vollkommenen Lichte ab, welches die Kraft in sich enthält. Die Engel schenken uns Weisheit und Wahrheit nach der ewigen Vernunft, reine Tugend, feste Erkenntniß, Ordnung und Ebenmaß. Die Erscheinung der Dämonen beschweret den Körper, straft mit Krankheiten, ziehet die Seele zur Natur herab, trennet nicht von den Körpern und der ihnen angehörigen Sinnlichkeit, hält diejenigen, welche zum Feuer streben, hienieden zurück, und reißet nicht von den Banden des Fatums ab. Die Erscheinung der Heroen stimmt in allen mit der der Dämonen überein und unterscheidet sich nur darin, daß sie zu gewissen großen und edeln Thaten erweckt. Die Fürsten der Welt geben, wenn sie erscheinen, Güter der Welt und alle Vortheile dieses Lebens, die Fürsten der Materie aber materiale und irdische Güter. Das Anschauen der reinen und in die Ordnung der Engel aufgenommenen Seelen ist für die Seele erhebend und heilsam, erweckt die heilige Hoffnung und schenket alles, wornach die heilige Hoffnung strebt. Die Erscheinung der unreinen Seelen ziehet zu dem Vergänglichen herab, verdirbt die Kräfte der Hoffnung, und erfüllet mit Leidenschaften, welche die Schauenden an die Körper fesseln [65].

Auch das Gefolge richtet sich nach dem Range und der Würde der Erscheinenden. Die Götter haben zu ihrer Begleitung Götter oder Engel; die Erzengel andere Engel

---

[65] Jamblichus *de mysteriis Aegypt.* II. c. 6. 9.

Engel als Vorläufer, Begleiter, Gefolge und Trabanten. Die Engel haben bei sich die Dinge, welche ihrer Sorgfalt anvertrauet sind; die guten Dämonen stellen unseren Augen ihre Werke und die Güter, welche sie schenken, dar; die rächenden Dämonen, die verschiedenen Arten der Strafen. Die bösen Dämonen werden von wilden, schädlichen, blutsaugenden Thieren begleitet [66]).

Das Licht, welches die Götter bei ihrer Erscheinung verbreiten, ist so fein, daß es die körperlichen Augen nicht aushalten können, sondern eben das erleiden, was die Fische, wenn sie aus dem dicken und trüben Wasser in die reine und helle Luft gezogen werden. Wenn die Menschen das göttliche Feuer anschauen, so können sie wegen der Feinheit desselben nicht athmen, sondern fallen in Ohnmacht. Auch die Erzengel strahlen von sich ein Licht aus, welches den Athmenden doch nicht in demselben Grade, als der göttliche Glanz unerträglich ist. Die Engel geben der Luft eine solche Temperatur, daß sie die Theurgen ertragen können. Wenn die Dämonen erscheinen, so wird nicht die ganze Luft verändert, auch wird nicht die sie umgebende Luft verdünnt; es gehet kein Licht vorher, welches die Luft einnimmt und vorbereitet, damit sie in derselben ihr Bild abdrukken können; auch umstrahlt sie kein Glanz, welcher alles um sie herum erleuchtete. Bei den Heroen werden einige Erdstriche erschüttert, und es umtönen gewisse starke Schälle, aber die Luft wird gar nicht dünner, und für die Theurgen unangemessen. Wenn die Fürsten erscheinen, so umschwärmt sie auf eine unerträgliche Weise ein Gedränge von weltlichen oder irdischen Bildern; doch ist keine überweltliche Subtilität, auch nicht einmal eine Verdünnung der obersten Elemente vorhanden. Wenn die

---

[66] Jamblichus *de mysteriis Aegypt.* II. c. 7.

die Seelen erscheinen, so ist die sichtbare Luft mit ihnen verwandter, und nimmt, indem sie sich an sie anschmiegt, ihre Umrisse an ⁶⁷).

Götter, Engel, gute Dämonen bringen nie falsche Bilder oder Täuschungen hervor. Wenn sie erscheinen, so lehren sie die Menschen ihr wahres Wesen. Denn so wesentlich als das Licht mit der Sonne verbunden ist, so unzertrennlich ist die Wahrheit und jede Vollkommenheit von den Göttern. Die Engel und guten Dämonen schöpfen unaufhörlich die Wahrheit von den Göttern, und können daher, da sie beide dieselbe wesentliche Vollkommenheit erhalten haben, weder von der Wahrheit abweichen, noch zu derselben etwas hinzusetzen.

Wenn kann eine Täuschung durch die Erscheinungen erfolgen? Wenn etwas in der theurgischen Kunst versehen worden, und anstatt der wahren verlangten Bilder andere zum Vorschein kommen. Denn alsdann nehmen die unteren und unvollkommenen Geister die Gestalt der höhern an, wollen etwas anderes scheinen, und erlauben sich prahlerische Worte, welche das Maß ihrer Kräfte über-

---

67) Jamblichus *de mysteriis Aegypt.* II. c. 8. και μην την γε λεπτοτητα τυ φωτος οι μεν θεοι τοσαυτην επιλαμπυσιν, ὡς μη δυνασθαι χωρειν αυτην τας σωματικας οφθαλμυς, αλλα και αυτο πασχειν των ιχθυων, τοις απο θολερας και παχειας υγροτητος εις αερα λεπτον και διαφανη ανασπωμενοις. και γαρ οι ανθρωποι οι θεωροι τυ θειυ πυρος, υ δυναμενοι δια την λεπτοτητα τυ θειυ πυρος αναπνειν, ολιγοδρανυσιν, ὡς ιδειν φαινονται, και τυ συμφυτυ πνευματος αποκλειονται. Αρχαγγελοι δε, υκ ανεκτην μεν εις το αναπνειν, ἡδε αυτοι την καθαροτητα αποσιλβυσιν, υ μην ὁμοιως αφορητον τοις κρειττοσιν. αἱ δε των αγγελων παρυσιαι φορητην τυ αερος κρασιν επιτελυσιν, ὡςε δυνασθαι αυτην και τοις θευργοις συναπτεσθαι. — ταις δε ψυχικαις επιφανειαις συγγενης μαλλον εςιν ὁ φαινομενος αηρ, και δεχεται αυτων την περιγραφην εν ἑαυτω συνηρτημενος προς αυτας.

überschreiten. So entstehen aus einem kleinen verdächtigen Anfange eine Menge großer Irrthümer. Darum müssen die Priester die Erscheinungen nach allen ihren Verhältnissen prüfen, um das Wahre und Echte von dem Falschen und Unechten zu unterscheiden — die Götter und ihre Begleiter offenbaren nie andere als ihre wahren wesentlichen Bilder, und nie veranlassen sie solche Scheinbilder, als wir in dem Wasser und in den Spiegeln sehen, denn warum sollten sie dergleichen den Menschen gewähren? Um ihr Wesen und ihre Macht zu zeigen? das kann nicht seyn. Denn wer ihnen glaubt, wird in Irrthümer und Täuschungen gestürzt, und von der wahren Erkenntniß der Götter abgeführt. Oder etwa, um den Schauenden einen Nutzen zu gewähren. Welcher Nutzen kann aus der Lüge erwartet werden? Und wie sollte endlich die göttliche Natur, das in sich fest beruhende und beharrliche Wesen, die Quelle des Seyns und der Wahrheit in ein anderes Object ein betrügliches Bild von sich selbst übergehen lassen? 68)

Unwissenheit und Irrthum in den göttlichen Dingen ist die Quelle aller Gottlosigkeit und Unreinheit. Dieses ist freilich wahr, aber nicht zureichend. Die Theurgie muß hier eine Lücke ausfüllen, welche das philosophische Denken gelassen hat. Die Erkenntniß verbindet die Theurgen noch nicht mit den Göttern. Denn sonst würden die theoretischen Philosophen eine theurgische Vereinigung mit Gott erlangen. Allein dieses verhält sich nicht so. Die Vollbringung geheimer, unaussprechlicher, über alle Vernunft gehender Gott wohlgefälliger Handlungen, und die Kraft der von den Göttern allein erkannten, unaussprechlichen Symbole gewähret nur allein die theurgische Vereinigung. Daher bewirken

---

68) Jamblichus *de mysteriis Aegypt.* II. c. 10.

bewirken wir sie nicht durch das Denken, und wir bringen sie nicht in uns selbst durch vernünftige Thätigkeit hervor. Denn öfters bringen die göttlichen Charaktere, ohne daß wir es denken, von selbst ihre eigenthümliche Wirkung hervor, und die verborgene Kraft der Götter, auf welche sich jene beziehen, erkennt durch sich selbst ihre eigenthümlichen Bilder. Diese werden also nicht durch unsere eigne Vernunft erweckt. Denn es hat keinen Grund, daß das Enthaltende von dem Enthaltenen, das Vollkommene von dem Unvollkommenen, das Ganze von den Theilen in Bewegung gesetzt werde. Die göttlichen Kräfte werden nicht durch unsere Gedanken zur Thätigkeit bestimmt, und obgleich die vollkommene Verfassung und die Reinheit der Seele als Mitursachen vorausgesetzt werden, so müssen doch die göttlichen Symbole und Zeichen im eigentlichen Verstande den göttlichen Willen bewegen. Die Götter werden also von sich selbst zur Thätigkeit bestimmt, und nehmen von den endlichen unvollkommenen Dingen nichts in sich auf, was Princip ihrer Wirkungen ist [69]).

Die

---

[69] Jamblichus *de mysteriis Aegypt.* II. c. 11. ἴσω μεν γαρ ἡ αγνοια και απατη πλημμελεια και ασεβεια, ε μην δια τετο ψευδη ποιειται και τα οικειως τοις θεοις προσφερομενα και τα θεια εργα. ὀδε γαρ ἡ εννοια συναπτει τοις θεοις τας θεεργες· επει τι εκωλυε τας θεωρητικως φιλοσοφεντας εχειν την θεεργικην ενωσιν προς τας θεες· νυν δε εκ εχει τογε αληθες ετως. αλλ' ἡ των εργων των αρρητων και ὑπερ πασαν νοησιν θεοπρεπως ενεργεμενων τελεσιεργια, ἡ τε των νοεμενων τοις θεοις μονοις συμβολων αφθεγκτων δυναμις εντιθησι την θεεργικην ενωσιν. διοπερ ὀδε τῳ νοειν αυτα ενεργεμεν. εςαι γαρ ετω νοερα ἡ αυτων ἡ ενεργεια και αφ' ἡμων ενδιδομενη. το δ' ἑκατερον εςιν αληθες. και γαρ μη νοεντων ἡμων αυτα τα συνθηματα αφ' ἑαυτων δρᾳ το οικειον εργον, και ἡ των θεων, προς ἁς ανηκει ταυτα, αρρητος δυναμις αυτη αφ' ἑαυτης επιγινωσκει τας οικειας εικονας, αλλ' ε τῳ

διεγει-

Jamblich.

Die Tendenz der Schrift von den Mysterien der Aegyptier ist also, zu zeigen: es gebe eine gewisse innige und wirksame Vereinigung mit Gott (δραστικη ενωσις), welche durch keine vernünftige Erkenntniß erlangt werden könne, sondern durch gewisse geheimnißvolle Handlungen, Ceremonien, Worte, welche eben darum, weil diese Wirkung auf keiner Erkenntiß beruhe, συμβολα und συνθηματα genannt werden, deren Kenntniß und Anwendung, oder die Theurgie, den Priestern allein als Vorrecht zukomme, ein göttliches Geschenk und Offenbarung sey, und daher den Menschen weiter führe, als alle Erkenntniß durch Vernunft und Philosophie. Dieses war der letzte Versuch, die sinnliche Religion, deren Ansehen zu sinken anfing, zu stützen, daß man den bedeutungslos gewordenen Ceremonien einen verborgenen Sinn, eine geheime Kraft, einen mystischen Zweck unterlegte, und daher das Sinnliche, in die Augen Fallende als ein Symbol, unter welchem etwas Uebersinnliches verborgen sey, betrachtete, es war aber auch zugleich die gefährliche Klippe, an welcher die mystische Philosophie selbst scheiterte, und sich in Unphilosophie, in das Gebiet der Unvernunft verlor. Ohne alle Beweise, welche auch nicht möglich sind, wird die Existenz einer solchen mystischen, über die Vernunft erhabenen Theurgie vorausgesetzt, und ihr die letzte

διεγειρεσθαι υπο της ημετερας νοησεως. ꝏδε γαρ εχει φυσιν, τα περιεχοντα υπο των περιεχομενων, ꝏδε τελεια υπο των ατελων, ꝏδ᾽ υπο των μερων τα ολα ανακινεισθαι. οθεν δη ꝏδ᾽ υπο των ημετερων νοησεων προηγυμενως τα θεια αιτια προκαλειται εις ενεργειαν· αλλα ταυτας μεν και τας ολας της ψυχης αριστας διαθεσεις και την περι ημας καθαροτητα ὡς συναιτια αττα προϋποκεισθαι χρη· τα δ᾽ ὡς κυριως εγειροντα την θειαν θελησιν αυτα τα θεια εστι συνθηματα, και ꙋτως τα των θεων αυτα υφ᾽ ἑαυτων ανακινειται, υπ᾽ ꙋδενος των υποδεεστερων ενδεχομενα τινα εις ἑαυτα αρχην της οικειας αρχης.

letzte Instanz über Gegenstände der Philosophie eingeräumt; aus ihr werden Zweifel gegen vorgebliche Vernunfterkenntnisse beantwortet, Aberglauben und Schwärmerei und alle Ausgeburten einer von Dünkel und Eitelkeit irr egeführten Vernunft also über die ewigen Gesetze und Principe der reinen und lauteren Vernunft gesetzt. Dieses Verfahren ist schon an sich so unphilosophisch, so grundlos, daß es keiner Widerlegung bedarf; es führet außerdem auf lauter Ungereimtheiten und Widersprüche, die schon hinreichend die faule Quelle aller dieser vermeinten überschwenglichen Erkenntniß beurkunden. Denn ist es nicht sinnlose Unverschämtheit, wenn auf der einen Seite dieser Schriftsteller in der Person der Priester mit vornehmer Miene alles Göttliche zu erklären vorgibt, selbst die Wirkungen und Erscheinungen der Götter haarklein construirt und doch hinterdrein bekennet, alles das werde allein durch die göttliche Kraft hervorgebracht, welche keine Vernunft fassen und begreifen, keine menschliche Sprache ausbrücken könne [70]). So weit war also damals die Philosophie gesunken, daß die Unphilosophie, welche ihre Stelle einnahm,

---

[70]) Jamblichus de mysteriis Aegypt. I. c. 21. ποια γαρ αγιϛεια και κατα νομας ιερατικας θεραπεια δρωμενη δια παθας γινεται, η παθων τινα αποπληρωσιν εμποιει; μιμειται δε την των θεων ταξιν, την τε νοητην και την εν ερανῳ· εχει δε μετρα των οντων αϊδια, και ενθηματα θαυμαϛα, οια απο τα δημιεργα και πατρος των ολων δευρο καταπεμφθεντα, οις και τα μεν αφθεγκτα δια συμβολων απορρητων εκφανειται, τα δε ανειδεα κρατειται εν ειδεσι, τα δε πασης εικονος κρειττονα δι' εικονων αποτυπαται, παντα δε δια θειας αιτιας μονης επιτελειται, ητις τοϛατον κεχωριϛαι των παθων, ωϛε μηδε λογον αυτης δυνατον ειναι εφαπτεϛθαι. σχεδον ουν και τατο αιτιον γεγονε της επι τα πληθη των επινοιων παρατροπης. αδυνατοι γαρ οντες αυτων οι ανθρωποι λογισμων την γνωσιν επιλαβειν, νομιζοντες δε δυνατον, φερονται ολον προς τα οικεια εαυτα των (εαυτων) ανθρωπινα παθη, και απο των παρ' εαυτοις τα θεια τεκμαιρονται.

nahm, und lauter Wunder predigte, es nicht einmal nöthig fand, durch die Sorgfalt, Widersprüche in den Dichtungen zu entfernen und wenigstens mit Vernunft zu schwärmen, den Schein von Philosophie anzunehmen und zu behaupten. So sehr alles dieses dahin führen muß, den Credit der gepriesenen Theurgie bei allen vernünftigen Menschen zu zernichten, eben so wenig ist dieser Schriftsteller darauf bedacht gewesen, die Existenz und Autorität der hermetischen Schriften, worauf zuletzt die ganze geheimnißvolle Lehre der Myſtik und Theurgie gegründet wird, außer allen Zweifel zu setzen. Er beruft sich auf dieselbe als auf göttliche, von Hermes selbst den Priestern mitgetheilte Offenbarung, und doch gesteht er zugleich, daß die Aegyptischen Priester alle Erfindungen ihrer Weisheit dem Hermes zugeschrieben haben [71]); er gesteht, daß diese Schriften die Ausdrücke der griechischen Philosophen gebrauchen, weil sie von Männern, welche in der Philosophie erfahren waren, übersetzt worden [72]); er erzählet ferner, daß nach dem

Bericht

---

71) Jamblichus de myſteriis Aegypt. I. c. 1. Θεος ὁ των λογων ἡγεμων ὁ Ἑρμης παλαι δεδοκται καλως ἁπασι τοις ἱερευσιν εἶναι κοινος· ὁ δε της περι θεων ἀληθινης ἐπιστημης προεστηκως εἰς ἐστιν ὁ αὐτος ἐν ὁλοις. ᾧ δη και οἱ ἡμετεροι προγονοι τα αὑτων της σοφιας εὑρηματα ἀνετιθεσαν, Ἑρμῃ παντα τα οἰκεια συγγραμματα ἐπονομαζοντες.

72) Jamblichus de myſteriis Aegypt. VIII. c. 4. τα μεν γαρ φερομενα ὡς Ἑρμου Ἑρμαικας περιεχει δοξας, εἰ και τῃ των φιλοσοφων γλωττῃ πολλακις χρηται· μεταγεγραπται γαρ ἀπο της Αἰγυπτιας γλωττης ὑπ' ἀνδρων φιλοσοφιας οὐκ ἀπειρως ἐχοντων. Eine merkwürdige Stelle, welche einige Vermuthungen über den Ursprung und die Zeit der Verfertigung der hermetischen Schriften darbietet. Eine andere merkwürdige Stelle über die Hermetischen Schriften findet man im Cyrillus adversus Julianum l. I. p. 30.

Bericht des Seleucus Hermes 20000, nach Manethos Angabe aber 6525 Bücher oder Abhandlungen über die allgemeinen Principien geschrieben habe [73]), und es scheint also, als wenn er, obgleich ein Oberpriester, doch diese Schriften nicht aus eigner Ansicht, sondern nur von Hörensagen kenne. Alles dieses, zusammengenommen, ist nun nicht dazu geeignet, der an sich unglaublichen Legende von den göttlichen Schriften des Hermes mehr Glauben zu verschaffen. Hätte der Verfasser die Absicht gehabt, sie in ihrer Blöße darzustellen, so hätte er kein besseres Mittel wählen können. Indessen hatte er so etwas gar nicht gedacht, sondern den Unsinn der Priester mit frommer Einfalt für wahr gehalten.

Die Tendenz und der Charakter dieser Schrift stimmt übrigens sehr gut mit dem Charakter des Jamblichus überein, und man kann diesen daher mit großer Wahrscheinlichkeit für den wirklichen Verfasser derselben halten.

Wir wissen von Jamblichus Lebensumständen außer den Legenden, welche mit denen der canonisirten Heiligen um den Vorzug streiten, wenig gewisses. Er war zu Chalcis, einer Stadt Coelesyriens, geboren, stammte vielleicht aus dem Geschlecht des Jamblichus, eines Babylonischen Schriftstellers, welcher unter den Kaisern Marcus Aurelius und Commodus lebte, hielt sich

p. 30. ἔτοσι τοιγαροῦν ὁ κατ᾽ Αἴγυπτον Ἑρμῆς, καὶ τοι τελεστὴς ὤν, καὶ τοῖς τῶν εἰδώλων τεμένεσι προσιζήτας ἀεὶ, πεφρονηκῶς εὑρίσκεται τὰ Μωσέως, εἰ καὶ μὴ εἰς ἅπαν ὀρθῶς καὶ ἀνεπιλήπτως, ἀλλ᾽ ἂν ἐκ μέρους· ὠφέληται γὰρ καὶ αὐτός. πεποίηται δὲ καὶ τούτων μνήμην ἐν ἰδίαις συγγραφαῖς ὁ συντεθεικὼς Ἀθήνησι τὰ ἐπίκλην Ἑρμαϊκὰ πέντε καὶ δέκα βιβλία.

73) Jamblichus *de mysteriis Aegypt.* VIII. c. 1.

sich den größten Theil seines Lebens in Syrien auf, hatte zuerst einen gewissen Anatolius, dann den Porphyr zum Lehrer, und starb wahrscheinlich noch unter der Regierung des Constantins. Durch seinen Lehrer und durch den Geist der Zeit in die schwärmerische Philosophie eingeweihet, ging er den von Plotin und Porphyr betretenen Weg weiter und erlangte noch einen größern Ruhm als jene. Man kann zwar nicht sagen, daß er mehrere Talente, mehr philosophischen Geist oder mehr Gelehrsamkeit besessen, oder daß er neue ihm eigenthümliche Entdeckungen gemacht, selbst nicht daß er in den Inhalt der schwärmerischen Philosophie mehr Licht, Ordnung und System gebracht habe. Allein der Nimbus größerer Heiligkeit, der Ruf größerer Wundergaben, sein Eifer für die Erhaltung der heidnischen Religion, und der Gebrauch, den er zu diesem Zwecke von der Neuplatonischen Philosophie machte, vielleicht auch der Umstand, daß er zu den Zeiten des Constantins lebte, wo die christliche Religion die herrschende und von den Regenten begünstigte wurde, und daß er darauf an dem Kaiser Julian einen enthusiastischen Verehrer und Lobredner fand, war vielleicht die Ursache, daß er ohne wirkliches Verdienst über den Porphyr hervorglänzte. Er wurde gewöhnlich der wunderthätige oder göttliche (θαυμάσιος) Jamblich genannt, weil er, wie das Gerücht sagte, bei dem Beten mehr als zehn Fuß hoch über die Erde gehoben und gehalten wurde, und die Haut und das Kleid eine Goldfarbe annahm; weil er in einem Bade durch das Zusammenpressen des Wassers in der Hand und durch Hülfe gewisser hergemurmelter Formeln zwei Genien der Quellen, die Liebe und Gegenliebe genannt, citirte, und seinen Schülern vorstellte; weil er nach einem Opfer bei dem Zurückgehen nach der Stadt den gewöhnlichen Weg als unrein verließ und einige seiner Begleiter, welche diese wichtige Warnung des göttlichen Mannes nicht achteten und auf jenem Wege fortgingen, auf einen Leichenzug stießen 74).

Jamblich hat mehrere Schriften philosophischen Inhalts geschrieben, von denen nur wenige noch vorhanden sind. Sein philosophisches Verdienst war sehr unbedeutend. Er compilirte, schrieb ab, mischte mannigfaltige Gedanken, fremde und eigne, unter einander, ohne lichtvolle Ordnung, ohne strengen Zusammenhang, so daß ihm weder ein Verdienst in der Entdeckung des Neuen, noch in der Zusammenstellung des Alten zugesprochen werden kann. Eunapius, welcher sonst ein großer Lobredner des Jamblichs ist, weiß doch von ihm gar nichts zu erzählen, was ihm als Philosophen irgend einen Namen von Bedeutung geben könnte, und tadelt im Gegentheil die Dunkelheit und Verworrenheit in seinen Schriften. Er führt unter andern eine biographische Schrift des Jamblichs über den Alypius, einen Zwerg von Philosophen, an, welche höchst dunkel war. Es fehlte nicht an übertriebenen Lobsprüchen; aber keine merkwürdige That, kein ausgezeichneter Gedanke war angeführt und gehörig ins Licht gesetzt, und es gehörte selbst Scharfsinn dazu, um die Absicht, den Mann loben zu wollen, durch die Wolken hindurch zu erblicken. Es ging dem Jamblich, setzt Eunapius hinzu, wie den Malern,

---

74) Eunapii vita Jamblichi p. 22. Eunapius erzählt diese außerordentlichen Dinge selbst mit wankendem Glauben, obgleich er versichert, er habe sie von Aedesius, einem Schüler des Jamblichs, und andern Männern, welche gar nicht leichtgläubig waren. Er setzt hinzu, Jamblich habe, als er von diesen Sagen, welche seine Schüler begierig aufgenommen hatten, hörte, geantwortet: ὡς ὁ μὲν ἀπατήσας ὑμᾶς οὐκ ἦν ἀχαρις· ταῦτα δὲ οὐχ οὕτως ἔχει. Hieraus erhellet, daß Jamblich, wenn er auch die Sache für erdichtet hielt, sich doch durch solche Erdichtungen geschmeichelt fand.

lern, welche einen reizenden Jüngling malen, und indem sie das Gemälde recht schön und zierlich machen wollen, darüber die Gestalt ganz verbilden und ihren Zweck verfehlen 75). Wir finden in seinem Leben des Pythagoras nichts als Compilationen voll Verwirrung und zweckloser Wiederholung; und in den übrigen noch außerdem eine übertriebene Liebe zur Mystik, zur Geheimnißkrämerei und einer ganz geistlosen Schwärmerei. Sie besitzen für uns nur den zufälligen Werth, daß sie uns diese verschrobene Denkart des Zeitalters und nebenbei manche Data zur Geschichte der Meinungen über mancherlei Gegenstände darbieten, welche wir außerdem entbehren würden. Das beste Werk in dieser Art enthielt eine Geschichte der Meinungen über die Seele, wovon aber nichts als einige beträchtliche Bruchstücke in dem Stobäus sich erhalten haben.

Worauf beruhet denn also der große Ruf des Jamblichus, den er in den damaligen Zeiten erhielt, daß er als der göttliche Lehrer (θειος) geehret, und selbst über Porphyrius, dem er offenbar weit nachsteht, erhoben wurde. Die Reden des Kaisers Julianus, und seine Briefe an einen jüngern, mit unserm Jamblich verwechselten Jamblich, geben uns darüber Aufschluß. Es ist nichts als seine Andächtelei und Frömmelei, seine Schwärmerei, der Schein, daß er tiefer in die Anschauung des Göttlichen eingedrungen, ein größerer Grad von Epoptenschaft, daß er unaussprechlichere Dinge gesehen, größere

---

75) Eunapius vita Jamblichii p. 33. αλλ' εοικεν ὁ θαυμασιος Ιαμβλιχος ταυτον πεποιθεναι τοις γραφικοις, οἱ τας εν ὡρᾳ γραφοντες, ὁταν χαρισασθαι τι παρ' ἑαυτων εις την γραφην βαληθωσι, το παν ειδος της ὁμοιωσεως διαφθειρουσιν, ὡστε ἁμα τε τε παραδειγματος ἡμαρτηκεναι και τε καλλες — μολις τετο καταλιπων τοις οξυδορκεσι ξυλλαβειν, ὁτι τον ανδρα εθαυμαζε.

ßere Wunderkräfte empfangen hätte. Besonders aber, daß er, aus heiligem Eifer für seine väterliche Religion, dieses sinkende Gebäude mit allen Auswüchsen des Aberglaubens und der Schwärmerei in Schutz nahm, durch den Offenbarungsglauben die Wahrheit der Religion, und die Wahrheit der Offenbarung durch Theurgie, das heißt durch menschliche Kunst hervorgebrachte Erscheinungen und Offenbarungen der Götter, also die Religion durch Wunder, und die Wunder durch ein neues Wunder begründete; daß er die Scheidung der Religion vom Aberglauben, welche die aufgeklärtesten Philosophen Griechenlands bisher mit mancherlei Glück versucht hatten, wieder aufhob, und Religion, Aberglauben, Schwärmerei noch fester verband, vermengte, und in ein abentheuerliches Ganze vereinigte; daß er durch die ungeheure Menge von Göttern, Erzengeln, Engeln, Dämonen, Herrschern und Seelen, die Religionsdogmen aller noch so verschiedenen Völker in ein System verschmelzte, und alles dieses an die Philosophie des Pythagoras und Plato knüpfte, diesem abentheuerlichen Systeme dadurch einen Anstrich von philosophischem Ansehn gab, den ehrwürdigen Plato zur Grundstütze aller mit dem Geist der Wissenschaft, echter Sittlichkeit und Religion streitenden abergläubischen und schwärmerischen Meinungen machte. Durch alles dieses aber würde er sich wenig Ruhm und Ehre erworben haben, wenn nicht der Geist wahrer Erkenntniß und Wissenschaft fast ganz verschwunden gewesen wäre, und die Verderbniß und Ausartung des größten Theils der Menschen, die Verfinsterung der Köpfe und die Unlauterkeit der Herzen einen ganz falschen Maßstab zur Beurtheilung wissenschaftlicher Unternehmungen dargeboten hätte. Vor allen Dingen aber war das Verhältniß der heidnischen Religion zur christlichen in den damaligen Zeiten von großem Einflusse auf die Würdigung solcher philosophischen Träumereien. Je mehr das

Christen-

Christenthum überhand nahm, und selbst bei den Großen, zuletzt auch bei den Kaisern Eingang fand, je mehr die Tempel der Heiden leer wurden, die Priester nicht mehr als Vermittler zwischen Götter und Menschen betrachtet, Opfer und Orakel vernachläßiget wurden, desto mehr bemüheten sich die heidnischen Philosophen, diesem Umsturz ihres religiösen Cultus und des priesterlichen Ansehens vorzubeugen, sie traten an die Stelle der Priester als Repräsentanten der Götter auf. Unter der kurzen Regierung des Julians erhoben die heidnischen Priester und Philosophen wieder ihr Haupt empor, und natürlich wurden die Jamblichs und ihres Gleichen bis in den Himmel erhoben 75 b).

Wenn Jamblichus Verfasser des Buchs von den Geheimnissen der Aegyptier ist, wie uns höchst wahrscheinlich scheint, so hatte die schwärmerische Philosophie durch ihn den höchsten Punct erreicht, denn sie erhob sich über die Philosophie inwiefern sie eine Wissenschaft aus Grundsätzen durch Begriffe ist, und constituirte sich als Theurgie, das ist, als ein Wissen des Uebernatürlichen, Uebervernünftigen, des Nichtdenkbaren, nicht durch Vernunft Begreiflichen, der undurchbringlichsten Geheimnisse, der unbegreiflichsten Wunder, als eine erträumte

---

75 b) Eunapius im Leben des Aedesius p. 37. ες ὁ τελευτων Αιδεσιος τε εγενετο και μικρον αποδεων Ιαμβλιχε, πλην ὁσα γε εις θειασμον Ιαμβλιχε φερει. τετων γαρ εδεν ειχομεν αναγραφειν, ὁτι το μεν επεκρυπτεν ισως Αιδεσιος δια τες χρονες. Κωνσαντινος γαρ εβασιλευε, τα τε των ἱερων επιφανετατα καταςρεφων, και τα των Χριςιανων ανεγειρων οικηματα. τα δε ισως και το των ὁμιλητων αριςον προς μυςηριωδη τινα σιωπην και ἱεροφαντικην εχεμυθιαν επιρρεπες ην και συνεκεκλιτο. ὁ γεν ταυτα γραφων εκ παιδος ακροατης Χρυσανθιε γενομενος, μολις εις εικοςον ετος ηξατο των αληθεςερων· ετω μεγα τι χρημα εις ἡμας της Ιαμβλιχε φιλοσοφιας διεταθη και συμπαρετεινε τῳ χρονῳ.

träumte Wissenschaft, das Unsichtbare sichtbar, das Verborgene anschaulich zu machen; als eine Kunst, die Götter durch ihre den Menschen verrathenen Geheimnisse auf Erden herab zuziehen, und sie durch Zauberworte und Zauberhandlungen zu nöthigen, den Menschen nach ihrem Willen zu erscheinen, ihnen zu Gebote zu stehen, und ihnen das Künftige wie das Gegenwärtige sehen zu lassen; mit einem Worte, als eine Wissenschaft, welche alles Heilige der Menschheit in ein bloßes Werk der Manipulationen, und in ein geistloses Spiel von Ceremonien verwandelt, und alle Dichtungen und Träumereien, wenn sie auch noch so widersinnig und unvernünftig sind, ohne alle Prüfung als untrügliche Erkenntnisse annimmt, und sie zu Grundsätzen des Handelns macht. Dieses ist der Culminationspunct der Unvernunft, und das non plus ultra der Schwärmerei. Sie kann ihre Gestalten und Formen verändern, aber nicht über diese Gränzen hinaus. Indessen ist dieser Punct auch schon der Moment des Falls, denn anstatt sich dem Erhabenen zu nähern, will sie dieses zu sich herabziehen und sie erniedriget also in der That den Menschen, indem sie denselben scheinbar erhebet.

Plotin und Porphyr setzten das letzte Ziel des menschlichen Geistes in die Ekstase, oder in eine Erhebung des Geistes zur Gottheit, durch erdichtete, nicht sinnliche Anschauung. So schwärmerisch dieses Ziel auch war, so war es doch ein Ziel, welches endliche Wesen durch Annäherung zu dem Unendlichen erringen sollten. Jamblich setzt an die Stelle dieses Ziels, die Theurgie, zwar auch eine innige Verbindnng mit Göttern und andern höhern Wesen, aber nicht so, daß die Menschen sich zu diesen erheben, sondern, daß diese sich zu den Menschen erniedrigen, nach ihrem Willen und durch die Wirkung sinnloser Worte und Ceremonien ge-

gezwungen, ihnen erscheinen und thun müssen, was sie wollen. Dort erhob sich die Philosophie bei aller schwärmerischen Tendenz über den Götter- und Dämonendienst, der irdische Zwecke durch übernatürliche Mittel erreichen und das Höhere in dem Menschen dem Unedlern dienstbar machen will. Porphyr erklärt sich nicht allein in seinem Briefe, sondern auch in seiner Abhandlung über die Enthaltung von den Thieren laut und nachdrücklich gegen die Theurgie, Magie und Wahrsagung. Hier ist nicht allein Theurgie, mit Philosophie vermengt, sondern auch diese jener untergeordnet. Aber freilich liegt auch schon in der Grundlage der Philosophie, wie sie Plotin und Porphyr sich entwickelt hatten, der Keim zu dieser Herabwürdigung der Vernunft und Philosophie, und daß sich aus jenem Grunde bald ein feiner grübelischer Speculationsgeist, bald ein Hang zu vernünftelnder Praktik, zum religiösen Hofdienst entwickelte, hing nur davon ab, ob in einem Kopfe und in einem Zeitalter das falsch verstandene Interesse für Wissenschaft, oder für die herrschende Religion das herrschendere war.

Daher nahm auch in den zahlreichen Schülern des Jamblichs die schwärmerische Philosophie eine doppelte Richtung. Die größte Zahl, sowohl durch die Zeitumstände, als durch den Charakter ihres Geistes aufgefordert, vertieften sich in die Theurgie zur Aufrechthaltung und Beschützung des sehr bedrohten heidnischen Religionsdienstes. Eine kleinere Zahl widmete sich der schwärmerischen Speculation, der Betrachtung der göttlichen Dinge, ohne nähere Anwendung derselben auf das wirkliche Leben, oft mit Verachtung der betrüglichen Künste der Magie und Wahrsagung. Eine dritte, bei weitem größere Classe vereinigte beide Bestrebungen und Richtungen.

Unter der zweiten Classe ist, als Zeitgenosse des Julians, nur ein einziger zu nennen, nämlich Eusebius von Myndus, einer Stadt in Carien, welcher mehr in die Fußtapfen des Porphyrius trat, und die Künste der Theurgie, der Magie und Wahrsagerei als Täuschungen und Betrügereien, wodurch die Vernunft nicht gereiniget, sondern berückt werde, verwarf [76]). Diese Mäßigung und Zurückhaltung war dem herrschenden Zeitgeiste nicht angemessen, sie fand wenigstens bei dem Kaiser Julian keinen Beifall, der die entgegengesetzte Partei vorzog und begünstigte. Darum war die erste und zweite Classe die weit zahlreichere. Die berühmtesten Namen derselben sind: Aedesius, Eustathius, dessen Gattin Sosipatra und Sohn Antoninus Maximus von Ephesus, Chrysanthius und der berühmte Schüler der beiden letzten, Kaiser Julian, in dem aber dennoch diese schwärmerische Richtung die vortreflichen Anlagen und den durch das Studium des classischen Alterthums vorher gebildeten Geist nicht ganz unterdrücken konnten. Wir können uns bei ihnen nicht länger aufhalten, weil ihre Geschichte zwar genug Wundergeschichten, aber nichts darbietet, was eigentlich zur Geschichte der Philosophie gehört. Ihr Leben würde ein würdiges Gegenstück zu den Actis Sanctorum geben. Ihre Verirrungen sind selbst nicht einmal psychologisch merkwürdig, noch weniger philosophisch interessant.

So sehr übrigens die zweite Classe von der ersten und dritten sich in Ansehung einer etwas nüchternen Denkart unterschied, so stimmten sie doch in dem hohen Werth, den sie dem Plato beilegten, und in dem Streben,

---

[76]) Eunapius, p. 86. Er behauptete: ὡς ταυτα ειη τα οντας οντα, αἱ δε της αισθησιν απατωσαι μαγγανειαι και γοητευται θαυματοποιοι εργα και προς ὑλικας τινας δυναμεις παρακινοιτον και μεμηνοται.

ben, mit deſſen Ideen die Anſichten und Behauptungen anderer Philoſophen zu vereinigen, überein. Seine nach dem herrſchenden Geiſte der Schwärmerei gedeutete und entſtellte Philoſophie war das gemeinſchaftliche Band, welches die philoſophiſchen und religiöſen, rohen und feinen Ideen der Orientalen und Occidentalen zuſammen halten mußte. Sie ſchien das Maximum zu ſeyn, welches der menſchliche Verſtand erreichen könnte, und Ariſtoteles Verſtandesphiloſophie wurde nur als Vorbereitung zu der Einweihung in die großen Myſterien der höher fliegenden Philoſophie betrachtet [77]). Daher faſt alle dieſe Neuplatoniker ſich eben ſo ſehr mit Platos, als mit Ariſtoteles Philoſophie beſchäftigten, mit der letzten, um ſie als mit Platos Philoſophie einſtimmige und auf dieſelbe vorbereitende Lehre zu erläutern, mit der erſten, um die Ausgeburten der Schwärmerei und des Aberglaubens daran zu knüpfen.

Dieſe ſchwärmeriſche Philoſophie breitete ſich aus Aegypten und Aſien, wo ſie die meiſte Nahrung fand, immer weiter aus, und erhielt zuletzt einen bleibenden Sitz in Athen. Denn da von Hadrians und Antoninus Zeiten her öffentliche Lehrſtühle für die Philoſophie und zwar für die vier Hauptſchulen errichtet waren, ſo konnte es nicht fehlen, daß der Lehrer der Platoniſchen Philoſophie nach dem herrſchenden Zeitgeiſte nach und nach das ſynkretiſtiſche, eklectiſche und phantaſierende Gemiſch, welches

---

[77]) Marinus *vita Procli*, p. 30. vom Syrianus, ετεσι γαρ ατε δυο ολοις πασας αυτω τας Αριστοτελας συμπιεγια πραγματειας λογικας, ηθικας, πολιτικας, Φυσικας, και την υπερ ταυτας θεολογικην επιστημην᾽ αχθεντα δε δια τατη ικανως ωσπερ δια τινων προτελειων και μικρων μυστηριων εις την Πλατωνος ηγει μυσαγωγιαν, ει ταξει και εχ υπερβαθμιον ποδα κατα το λογιον τειποντα, και τας παρ᾽ εκεινω θειας οντως τελετας εποπτευειν εποιει τοις της ψυχης ακπιθολωτσις ομμασι και τη τε νε αχραντω περιωπη.

ches den Namen der Philosophie usurpirte, auf den Katheder brachten. Wer dieses zuerst gethan habe, läßt sich historisch nicht bestimmen, weil es nach und nach und auch von Lehrern geschah, welche ihren Namen durch nichts Merkwürdiges in der Geschichte ausgezeichnet haben. Wir finden nur das Factum, daß, als Proclus nach Athen kam, Plutarchus Nestorius Sohn und Syrianus, welche zu der Zeit den Lehrstuhl der Philosophie inne hatten, der Schwärmerei und Theurgie mit ganzer Seele zugethan waren. Indessen fängt doch mit Proclus wieder eine neue Reihe von Neuplatonikern an, welche sich zwar nicht durch einen andern Geist, aber doch durch neue Speculationen in demselben Geiste auszeichnet, und daher dieser Secte eine Zeitlang neues Leben giebt. Die schwärmerischen Träume, welche die Nachfolger des Plotins so eifrig gesammlet, und durch eigne vermehret hatten, erhielten hier einen neuen Schwung und zugleich eine systematischere Gestalt. Man könnte sagen, Jamblich habe eine **Physik**, **Proclus** aber eine **Metaphysik des Geisterreichs** geliefert. Dies ist zugleich die letzte Stufe der schwärmerischen Philosophie, womit sie aufhört eine eigne Secte auszumachen, obgleich damit der Same, welcher so reichlich ausgestreuet war, noch häufig genug einen empfänglichen Boden fand, und in mancherlei Gestalten und Combinationen zum Vorschein kam.

Proclus war zu Constantinopel im Jahr Chr. 412 geboren. Seine Aeltern stammten aber aus Xanthus, einer Stadt in Lycien, und waren wohlhabend und angesehen. Frühzeitig äußerte sich in ihm eine große Lern- und Wißbegierde, welche noch durch einen eben so frühen Hang zur Frömmelei genähret wurde. Denn Xanthus, wo er seine erste Erziehung erhielt, war dem Apoll und der Minerva geweihet. Der lebhafte Gedanke an diese Schutzgottheiten, und die besondere Gunst, welche sie diesem ihrem Liebling von früher Jugend erwiesen, indem Apoll ihn in einer Krankheit durch persönliche Erscheinung und Berührung seines Kopfes heilte, und Minerva ihn ermunterte, nach Athen zu gehen, um seine philosophischen Studien fortzusetzen, scheint bei diesem zur Schwärmerei geneigten Jünglinge nicht wenig Einfluß auf seinen Geist gehabt zu haben. Nachdem er in Alexandrien die Rhetorik und Philosophie studiret hatte, begab er sich wirklich nach Athen, und wurde von dem Plutarchus und Syrianus, welche daselbst Platonische Philosophie lehrten, mit offenen Armen empfangen, und in alle Geheimnisse der Philosophie eingeweihet. Zuerst mußte er alle Theile der Aristotelischen Philosophie sich bekannt machen, und dann erst wurde er in die Platonische eingeweihet. Denn die erste betrachtete man als eine Vorbereitung zur zweiten. Diese Lehrart war ganz dazu geeignet, einen Synkretismus zu erzeugen. Wir können zwar Aristoteles als den Philosophen des Verstandes, und den Plato als den Philosophen der Vernunft betrachten, und in sofern zwischen ihren beiden Systemen eine Art von Subordination annehmen; aber wir dürfen dabei nicht übersehen, daß jeder aus seinem Standpuncte sein System für das einzig wahre hielt, und daß in dieser Hinsicht keine Subordination Statt findet. Allein diesen Unterschied einzusehen, fiel damals nicht leicht einem Denker ein, sondern jeder suchte nur Berührungs- und Vereinigungspuncte. Aristoteles Philosophie wurde daher jetzt zu einem bloßen Hülfsmittel, sich den Eingang in das Feenschloß der Neuplatonischen Philosophie zu öffnen. Die letzte Einweihung erhielt Proclus durch die Tochter des Plutarchus, die Asklepigenia, welche nach Marinus Aussage die einzige zu Proclus Zeiten war, welche die ihr von ihrem Vater überlieferte Kenntniß von den großen Orgien und der ganzen Theurgischen

Wis-

Wiſſenſchaft bewahrte. Er ſtudirte außerdem die Orphiſchen Gedichte, die Hermetiſchen Schriften, und die religiöſen Inſtitute jeder Art, ſo daß er, wohin er kam, die Ceremonien des heidniſchen Gottesdienſtes beſſer verſtand, als die Prieſter. Er feierte ſelbſt alle religiöſen Feſte und Handlungen der verſchiedenſten Nationen. An den monatlichen Feſttagen der Mutter der Götter reinigte er ſich; er beobachtete die Feiertage der Aegyptier ſtrenger, als es ſelbſt in Aegypten gewöhnlich war. Jeden Neumond feierte er mit allem Pomp. Den letzten Tag jedes Monats hielt er ein ſtrenges Faſten, ſo daß er nicht einmal den Abend zuvor ſpeiſte. Außer dieſen Tagen faſtete er noch beſonders gewiſſe Tage, wegen beſonderer Götter-Erſcheinungen. Jeden Feſttag brachte er unabläſſig mit Beten und Hymnen zu. Er verfertigte Hymnen, nicht allein auf die bekannten Gottheiten der Griechen und Römer, ſondern auch auf beſondere und wenig bekannte Schutzgottheiten einzelner Gegenden und Städte, z. B. auf den Marnos, der zu Gaza, den Aeskulap, der zu Askalon, den Thyandrites, der in Arabien, die Iſis, welche zu Phila in Arabien verehrt wurde. Denn, ſagte er, es gebühre einem **Philoſophen, Prieſter und Vorſteher nicht irgend eines Cultus, ſondern des Cultus der ganzen Welt zu ſeyn** 78).

Für dieſe religiöſe Vielgeſchäftigkeit wurde dieſer fromme Mann aber auch ſehr reichlich belohnt. Er wurde nicht allein der Erſcheinung und der größten Sorgfalt dieſes und jenes Gottes gewürdiget, ſondern er hatte auch

---

78) Marinus *vita Procli*, p. 47. ed. Fabricii, και γαρ προχειρον εκεινο· ειχεν αει και ελεγεν ο θεοσεβεστατος ανηρ, οτι τον φιλοσοφον προσηκει, ȣ μιας τινος πολεως, ȣδε των πατ᾽ ενιοις πατριων ειναι θεραπευτην· κοινη δε τȣ ὁλȣ κοσμȣ ἱεροφαντην.

auch die Gabe erhalten, durch das Gebet Wunder zu thun. Marinus erzählet die lächerlichsten Beispiele davon. Als er einst an Gichtschmerzen darnieder lag, kam plötzlich ein Vogel und riß das deswegen aufgelegte Pflaster ab. Er hielt dieses für ein gutes Omen, war aber doch auch zugleich in Furcht, und betete daher zu den Göttern, ihm eine klärere Offenbarung zu geben. Hierauf erschien ihm im Schlafe Aeskulap, der seine Füße sorgfältig untersuchte, und sie sogar zu küssen nicht verschmähete. Dieses Gesicht gab dem Proclus fröhlichen Muth wieder, und er war auf immer von dieser Krankheit befreiet. Er führte durch seine Talismane und Beschwörungen Regen herbei, mäßigte die große Hitze, stillte Erdbeben, und beschwor durch seine Gebete Krankheiten.

Wenn man weiß, daß dieser so viel beschäftigte Hierophant sich noch außerdem in häusliche und politische Angelegenheiten einließ, öfters täglich fünf Stunden Unterricht ertheilte, und auch eine große Menge von Büchern fast über alle damals bekannte Wissenschaften verfertigte, selbst eine große Menge von Hymnen dichtete, so muß man in der That erstaunen, wie ein Mann so vieles leisten konnte. Indessen war auch das Meiste darnach. Er hatte ein großes, wir möchten sagen, ungeheueres Gedächtniß, und eine große Einbildungskraft. Seine Denkkraft stand dagegen in einem weiten Abstande zurück; sie war zu wenig geübt worden, und würde selbst durch die Masse von Kenntnissen, welche er eingesammelt hatte, unterdrückt worden seyn. Daher konnte er nie der Materie, die er bearbeitete, Meister werden; daher ist der größte Theil seiner Schriften eine rohe Masse unverdauter, oft selbst nicht einmal verständlich ausgedrückter Gedanken, oder bloße mechanische Wiederholung fremder Gedanken, selbst bis auf die Ausdrücke.

Seine

Seine Philosophie ist so schwärmerisch, als der übrigen Neuplatoniker. Er vereinigte alle Phantasieen, welche in diesem Geiste waren, und welche er bei seinen Vorgängern fand, mit allem demjenigen, was eine auf übersinnliche Erkenntnisse ausgehende vernünftelnde Vernunft aus den Mythen, den Orakeln, den Gedichten, besonders des Orpheus herausspinnen konnte. Um in diesen die Schätze der göttlichen Weisheit zu finden, bediente er sich einer eignen, nicht auf den Gesetzen des Denkens, sondern denselben schwärmerischen Speculationen beruhenden Auslegungsart. Alles, was er auf diesem Wege fand, und was mit dieser überspannten Richtung seines Geistes übereinstimmte, das hielt er für gut, für vortreflich, und vereinigte es in ein Ganzes [79]. Vor allen aber setzte er einen außerordentlichen Werth auf die Philosophie der Orphischen Gedichte und der Chaldäischen Orakel. Plotinus, Porphyrius, Jamblichus und Syrianus hatten ebenfalls die letzten als göttliche Offenbarungen ohne weitere Prüfung betrachtet und angenommen [80], und Proclus sammelte alle ihre Erklärungen in ein großes Werk, woran er fünf Jahre arbeitete, und hielt Vorlesungen über diese Philosophie, worauf er einen sehr hohen Werth legte, so daß er nur den vorzüglich begünstigten Schülern, und nicht in einem zu frühen, Alter dieselben zu hören gestattete [81]. Den Orpheus aber hielt er für die Quelle aller griechischen Theo-

[79] Marinus *vita Procli*, p. 53. ἐξηγούμενος δὲ παντα ἐνθουσιαστικώτερον, καὶ εἰς συμφωνίαν ἄγων, πᾶσι δὲ τοῖς τῶν παλαιοτέρων συγγράμμασιν ἐπεξιὼν, ὅσοι μὲν ἦν παρ' αὐτοῖς γόνιμον, τοῦτο μετ' ἐπικρίσεως εἰσεποιεῖτο, εἰ δέ τι ἀνοικείων ηὕρισκε, τοῦτο πάντη ὡς μοχθηρὸν ἀπῳκονόμει το.

[80] Psellus *expositio dogmatum Chaldaicorum* sagt: ὡς θείας φωνὰς ἀσυλλογίστως ἐδέξατο.

[81] Marinus *vita Procli*, p. 61. 94. Damascius bei dem Photius Cod.

Theologie — und diese war doch das letzte Ziel aller Speculation, und daher, glaubte er, müßten die Sätze des Platonischen Systems, welcher in der Theologie am weitesten gekommen sey, den Orphischen Götteraussprüchen gemäß erkläret werden [82]). Er hatte auch noch ein besonderes Werk über die Uebereinstimmung des Orpheus, Pythagoras und Platos geschrieben. Es war ihm nicht genug, eine solche Uebereinstimmung durch erzwungene Auslegung zu erkünsteln, sondern er berief sich auch auf einen historischen Grund, auf eine Einweihung des Pythagoras in die Orphischen Geheimnisse durch einen gewissen Aglaophamus zu Lebethra in Thracien — ein historisches Factum, welches, so viel ich weiß, nur Jamblich allein anführet, und, wenn es auch gegründet wäre, noch lange nicht beweisen würde, was er daraus folgert [83]).

Sonderbar scheint es, daß Proclus weit weniger auf die Hermetische Philosophie zu halten scheint, als

---

[82]) Proclus *Theologia Platon.* I. c. 5. δει δε εκαστα των δογματων ταις Πλατωνικαις αρχαις αποφαινειν συμφωνα και ταις των θεολογων μυςικαις παραδοσεσιν· απασα γαρ η παρ' Ἑλλησι θεολογια, της Ορφικης εςι μυσαγωγιας εκγονος, πρωτα μεν Πυθαγορα παρα Αγλαοφημω τα περι θεων οργια διδαχθεντος, δευτερω δε Πλατωνος υποδεξαμενα την παντελη περι τουτων επιστημην εκ τε των Πυθαγορειων και των Ορφικων γραμματων.

[83]) Proclus *Commentarius in Timaeum* l. V. p. 291. Πυθαγορειος ων ὁ Τιμαιος επεται ταις Πυθαγορειων αρχαις, αὐται δε εισιν αἱ Ορφικαι παραδοσεις. Ἁ γαρ Ορφευς δι' ἀπορρητων λογων μυςικως παραδεδωκε, ταυτα Πυθαγορας εξεμαθεν οργιασθεις εν Λεβηθροις τοις Θρακιοις, Αγλαοφαμου τελετας μεταδιδοντος, ἡν περι θεων σοφιαν Ορφευς παρα Καλλιοπης της μητρος επυθη. *Jamblichus de vita Pythagorae*, §. 148.

als Jamblich, oder wer sonst Verfasser der Schrift von den Geheimnissen der Aegyptier ist. Er erwähnt des Hermes selten, wiewohl er ihn für den ursprünglichen Spender der Philosophie hält 84), und von den hermetischen Schriften weiß er nichts, oder gibt ihnen keinen besondern Werth. Die Ursache scheint darin zu liegen, daß er, obgleich ein Orientale, doch in Athen seine philosophische Bildung erhielt, und den Plato als den erleuchtetsten Theologen über alles schätzte, worin er mit dem Plotin einstimmig war. Im Grunde war aber nicht so viel daran gelegen; denn ursprünglich war doch diese Philosophie, oder vielmehr Theologie, auch hermetisch, und der einzige Unterschied lag darin, daß einige, wie vorzüglich die Orientalen, die **Hermetischen Schriften**, andere, wie vorzüglich die Abendländer, den **Orpheus, Pythagoras oder Plato**, als den Hauptcanal betrachteten, aus und durch welchen alle philosophische Erkenntniß zu uns gelange. Daher träumte auch Proclus, wie mehrere Andere, von einer hermetischen Kette, d. i. von einer Anzahl auserwählter Menschen, welche durch Hermes beseelet und begeistert worden, und daher in den Mysterien und geheimnißvollen Urkunden der göttlichen Weisheit den einzig wahren Sinn zu fassen und andern klar zu machen vermochten,

zu

---

84) Proclus *Theologia Platon.* l. VI. p. 403. λοιπης τοινυν της αγωγης τριαδος, ὁ μεν Ἑρμης φιλοσοφιας ἐςι χορηγος, και δια ταυτης αναγει τας ψυχας, και ταις διαλεκτικαις δυναμεσιν ἐπ' αυτο αγαθον αναπεμπει τας τε ὁλικας και τας μερικας. Er führt noch einmal den Hermes in seinem Commentar zu dem Timäus S. 117 an, aber so, daß man wohl siehet, daß nicht er, sondern Jamblich, die hermetischen Schriften studiret hatte. Ιαμβλιχος ἱςορησεν, ὁτι και Ἑρμης ἐκ της αοριςοτητος την ὑλοτητα παρεχεσθαι βουλεται· και δη και εικος καν τοτε τον Πλατωνα την τοιαυτην περι της ὑλης δοξαν ἐχειν.

zu welcher Kette er nach einem Traumbilde selbst gehörte [85]).

Proclus war also auf gutem Wege, die ercentrische Philosophie beträchtlich zu erweitern. Da er indessen in Athen unter Syrianus auch seine Schule in der Aristotelischen Philosophie gemacht hatte, so bildete sich dadurch eine sonderbare, bisher noch nicht vorgekommene Gestalt von Scharfsinn oder Grübelgeist, der ein Vorspiel von der Scholastik ist. Die Analyse der Begriffe, welche er von Aristoteles gelernt hat, dient ihm dazu, die Verstandeswelt mit einer Menge von erdichteten Wesen zu bevölkern. Er scheint sehr viel auf Gründlichkeit zu halten, und jederzeit seine Forschungen bis auf den letzten Grund zu treiben; allein, wenn man genauer nachstehet, so findet man immer Lücken, Sprünge, und seinen Beweisen fehlt es fast durchgängig an beweisender Kraft. Daher kommt es, daß sein System, in welchem er alle Schwärmereien seiner Vorgänger, mit seinen eignen vermehrt, in eine verständige Ordnung zu bringen, und aus einem Urprincipe alles systematisch herzuleiten bemühet ist, doch nur ein Roman ist, in welchem alles durch Feerei geschiehet.

Daher begehet er die Inconsequenz, daß er bei dem Scheine einer mathematischen Evidenz und des strengsten Zusammenhangs seiner Schlüsse, doch zuletzt, als wenn er seinem Raisonnement selbst nicht recht getrauet hätte, zu einem gewissen Glauben ($\pi\iota\sigma\tau\iota\varsigma$) als einem

---

[85]) Marinus vita Procli, p. 76. και πρὸς τοῖς εἰρημένοις, ὅτι τῆς Ἑρμαϊκῆς εἶναι σειρᾶς σαφῶς ἐθεάσατο, και ὅτι τὴν Νικομάχου τε Πυθαγορείου ψυχὴν ἔχοι ὅπερ ποτὲ ἐπίστευσεν. p. 64. Eunapius vita Porphyrii. Damascius bei dem Photius.

Geschenke der Gottheit seine Zuflucht nimmt [86]). Dieses ist eine neue Erscheinung in der philosophischen Welt, und wir werden ihn darüber etwas umständlicher vernehmen müssen.

Dieser göttliche Glaube ist nicht etwa wie das Anschauen und Wahrnehmen getrennt von dem Wissen und von der objectiven Wahrheit; er ist vielmehr über alle Erkenntniß erhaben, und vereiniget nach der letzten Vereinigung das Zweite mit dem Ersten. Man darf diesen Glauben nicht etwa mit dem Glauben an die sogenannten Gemeinbegriffe auf eine Linie stellen. Denn wir glauben zwar diesen Gemeinbegriffen vor dem deutlichen Denken; es ist aber doch ein theilbares Erkennen derselben, welches mit der göttlichen Vereinigung und Vereinfachung nicht zu vergleichen ist. Die Vernunft ist über alle Erkenntniß erhaben, nicht allein über die erste (unmittelbare), sondern auch über die zweite (mittelbare); das Glauben ist daher auch keine Thätigkeit, welche mit der Thätigkeit der Denkkraft in dem Erkennen verglichen werden könnte. Denn das Erkennen ist eine vielgestaltige Thätigkeit, welche durch Nichtidentität von den Objecten des Denkens getrennt ist. Der Glaube ist dagegen einartig und ganz ruhig, und ruhet ganz und gar in dem Hafen der ewigen Güte. Nichts, selbst nicht das Schöne und das Weise ist allen Dingen so innig vertraut,
so

[86) Proclus *Theologia Platonis*, l. I. c. 25. ὡς μὲν τὸ ὅλον εἰπεῖν, τῶν θεῶν πίστις ἐστὶν ἡ πρὸς τὸ ἀγαθὸν ἀῤῥήτως ἐνίζουσα τὰ θεῶν γένη σύμπαντα καὶ δαιμόνων καὶ ψυχῶν τὰς εὐδαιμονίας. δεῖ γὰρ κ γνωστικῶς ὧδε ἀτελῶς τὸ ἀγαθὸν ἐπιζητεῖν, ἀλλ' ἐπιδόντας ἑαυτοὺς τῷ θείῳ φωτί, καὶ μύσαντας, ὅπως ἐνιδρύεσθαι τῇ ἁγιωτάτῃ καὶ κρυφίῳ τῶν ὄντων ἑνάδι. τὸ γὰρ τοιοῦτο τῆς πίστεως γένος πρεσβύτερον ἐστι τῆς γνωστικῆς ἐνεργείας, οὐκ ἐν ἡμῖν μόνον, ἀλλὰ καὶ παρ' αὐτοῖς τοῖς θεοῖς, καὶ κατὰ τοῦτο πάντες οἱ θεοὶ συνήνωνται, καὶ περὶ ἓν κέντρον μονοειδῶς τὰς ὅλας δυνάμεις τε καὶ προόδους αὐτῶν συνάγουσι.

so zuverläffig über allen Zweifel und alle getrennte Thätigkeit des Denkens erhaben, als das Gute (das Unendliche). Daher strebt auch die Vernunft nach einer andern, über den Denkact erhabenen Thätigkeit, und nach einer Vereinigung mit dem Unendlichen, welche vor aller Thätigkeit des Denkens voraus gehet. Die Seele verachtet allen Glanz der Formen vor der Unaussprechlichkeit des Einen Guten, sie läßt alles Denken hinter sich, und gehet in ihr Wesen zurück, indem sie allein nach dem Guten strebt, in den Schoß desselben gleichsam vereiniget zu werden wünscht, und dem Einen sich allein unter allen mit zweifelsloser Zuversicht hingibt. Dies ist der einzige sichere Hafen in dem ganzen Universum. Darum wird die Verbindung und Vereinigung mit dem Guten von den Theologen der Glaube genannt 87)

Aus

---

87) Proclus ebendaſ. ἡ δε γε των θεων πιϛις ἁπασκι ὑπερ-
αιρει γνωσιν και κατα την ακραν την ἑνωσιν συναπτει τα δευτερα τοις πρωτοις. μηδ᾽ αυ τῃ των κοινων καλεμενων εννοιων
ἐμφερειν την νυν ὑμναμενην πιϛιν νομησῃς. και γαρ τους κοινας
εννοιας προ παντος λογυ πιϛευομεν. αλλα γνωσις εϛι και τυτων
μερικη και προς θειαν ἑνωσιν οὐδαμως ἰσσταντις, και ε της
πιϛεως μονον, αλλα και της νοερας ἁπλοτητος ἡ τυτων επιϛημη
δευτερα. ὡς γαρ επεκεινα πασης επιϛημης ἰδρυται, της τε
πρωτης ὁμε και της μετ᾽ εκεινην. μη τοινυν μηδε την κατα νυν
ενεργειαν τῃ τοιαυτῃ πιϛει την τοιαυτην εἰναι λεγωμεν. πολυει-
δης γαρ αὑτη και δι᾽ ἑτεροτητος χωριζομενη των νοουμενων και
ὁλως κινησις εϛι νοερα περι το νοητον· δει δε την θειαν πιϛιν
ἐνοειδη και ἠρεμον ὑπαρχειν ἐν τῳ της ἀγαθοτητος ὁρμῳ τελειως
ἱδρυθεισαν. ἅτε γαρ το καλον, ἅτε το σοφον, ἅτε αλλο των
οντων οὐδεν οὑτω πιϛον εϛιν ἁπασι τοις ὀυσι και ἀσφαλες, και
πασης ἀμφιβολιας και διῃρημενης επιβολης και κινησεως ἐξῃρη-
μενον, ὡς το ἀγαθον. δια γαρ τυτο και ὁ νυς της νοερας ενεργειας
πρεσβυτεραν ἀλλην και προ ενεργειας ἑνωσιν ἀσπαζεται. και
ψυχη την νε ποικιλιαν και την των εἰδων ἀγλαϊαν οὐδεν εἰναι
τιθεται προς την τε ἀγαθε των ὁλων ὑπεροχην. και το μεν

νοειν

Aus dieser verworrenen Erklärung, oder vielmehr Beschreibung wird man nur so viel inne, daß dieser Glaube über alle Vernunft und Erkenntniß erhaben, und das Göttliche mit dem Menschlichen, das Unendliche mit dem Endlichen vereinigen, und dadurch den Grund zur Möglichkeit der Erkenntniß des Einen und Absoluten legen soll. In sofern also ein Wissen des Uebersinnlichen und Absoluten begründet werden soll, durch etwas, welches kein Wissen ist und außer allem Denken liegt; ist dieses Fundament allerdings ein Glaube zu nennen, nur aber kein vernünftiger, weil dieser, wenn auch keine zureichenden, doch unzureichende Gründe haben muß: da hier aber ein Grund angegeben wird, aus welchem die Möglichkeit einer Erkenntniß des realsten Wesens, seines absoluten Seyns, und des Hervorgehens des Endlichen aus demselben für die Vernunft einleuchten soll; so ist der dafür angegebene Glaube, wodurch das Endliche mit dem Absoluten vermeintlich vereiniget wird, so gut als kein Grund, weil es wiederum eines neuen Grundes bedarf, um die Möglichkeit und Realität des angegebenen Grundes zu begreifen. Der Mensch soll ein Wesen von dem Absoluten haben; um die Möglichkeit davon zu begründen, wird angenommen, es gebe eine innige Vereinigung des Absoluten mit allem Endlichen. Hierdurch wird aber schon das Absolute ohne Beweis vorausgesetzt, und die Vereinigung des Absoluten und Endlichen, worauf jener Beweis beruhet, bedarf eben so sehr eines neuen Grundes, als die Ueberzeugung von dem Seyn des Absoluten selbst.

Wenn schon daraus ein Mangel an Gründlichkeit und an dem Berufe zum wissenschaftlichen Denken von Sei-

νοειν αφιησιν, εις της εαυτης υπαρξιν αναδραμουσα, το δε αγαθον αει διωκει και θηρα και εφιεται, και οιον εγκολπισασθαι σπευδει, και μονω τουτω των παντων επιδιδωσιν εαυτην κατεδαιξενις.

Seiten des Proclus hervorleuchtet, so offenbaret er sich noch mehr, wenn man erwäget, daß er den Glauben nicht im subjectiven, sondern im objectiven Sinn verstehet, daß er den Grund der Möglichkeit der Erkenntniß des Absoluten, nicht in dem Menschen und dessen Vernunft, sondern außer derselben in dem Absoluten selbst sucht. Es ist nicht die Rede von dem Glauben der Menschen an die Gottheit, sondern von der Glaubwürdigkeit oder Wahrhaftigkeit der Gottheit, eine Folge von der absoluten Realität und Vollkommenheit der Gottheit, daß sie der absolute Grund von allen endlichen Objecten, gleichsam die Wurzel und der Stamm derselben ist, das Ziel, nach welchem alles Endliche strebt. „Nur auf das Wesen der Wesen kann sich ein endliches Wesen verlassen, nur ihm allein vertrauen und sich ganz hingeben, weil schon sein Wesen nichts anderes ist, als die Vereinigung mit dem Absoluten" 88). Wer siehet aber nicht ein, daß dieser objective Glaube den subjectiven voraussetzt. Das Zutrauen auf die Wahrhaftigkeit eines Wesens kann nicht ohne Erkenntniß desselben und seines Wesens Statt finden. Der Glaube könnte also erstlich aus der Erkenntniß, nicht umgekehrt, die Erkenntniß aus dem Glauben erfolgen. Proclus begehet denselben Fehler, welcher von allen Supernaturalisten begangen worden, nämlich eine petitio principii.

Proclus will nun auch diesen Glauben als das von Plato aufgestellte und anerkannte Princip der Theologie angesehen wissen. Denn alle theologische Er-

88) Proclus ebendas. c. 3. ἡ δε των θεων ὑπαρξις εποχειται τοις ἀσι, και κατ' αὐτην ἀφορισαι την ἑνωσιν των ὁλων. λειπεται δι, εἰπερ ἐςι και ἐτωςιν το θειον γνωςον, τῃ της ψυχης ὑπαρξει καταληπτον ὑπαρχειν, και δια ταυτης γνωριζεςθαι, καθ' ὁσον δυνατον. τῳ γαρ ὁμοιῳ πανταχε φαμεν τα ὁμοια γινωσκεσθαι.

Erkenntniß ist aus des Orpheus Mysterien hervorgegangen, und Plato ist der zuverläßigste Ausleger derselben. Was er daher als Princip aufstellt, das muß auch Plato dafür erkannt haben. Nun gehet aber Plato offenbar auf kein Glauben, sondern auf ein Wissen aus. Was war nun hier zu thun? Die synkretistische Philosophie hat auch im Historischen ihre Postulate, und die allegorisirende Auslegung läßt sie nie in Verlegenheit wegen eines scheinbaren Grundes für ein der Wirklichkeit aufgedrungenes Factum. Dadurch weiß sich auch hier Proclus zu helfen. Plato hatte irgend wo in seinen Gesetzen gesagt, der Lügner verdiene keinen Glauben und kein Zutrauen, und ein solcher sey nicht zur Freundschaft gemacht. Hieraus folgt nun natürlich, daß der wahrhafte Mensch Zutrauen verdienet und findet, und der Freundschaft empfänglich ist; hieraus folgt die innige Verbindung der Wahrheit, des Zutrauens und der Liebe, und daß nichts so sehr die Einheit und Harmonie unter den Menschen erhält, nichts so sehr Feindschaft und Krieg aufhebt, als die Treue. Ist nun, fährt Proclus in seinem Raisonnement fort, in den Menschen eine solche Einheit stiftende Kraft, wie vielmehr muß sie in den Göttern selbst anzutreffen seyn? Denn so wie Plato eine göttliche Mäßigung, Gerechtigkeit und Erkenntniß nennt, so müssen wir wohl noch mehr diejenige Tugend, welche die ganze Ordnung der Tugenden in sich begreift, die Wahrhaftigkeit und Treue in den Göttern annehmen [89]). Wir haben schon oben (Note 84) ein anderes Beispiel von einem historischen Postulate gehabt. Es gibt also drei Dinge, welche alle göttliche und höhere Geschlechter erfüllen, Güte, Weisheit, Schönheit; es gibt drei Dinge, welche die von jenen erfüllten Dinge vereinigen und aneignen, welche niedriger stehen

---

[89]) Proclus ebendas. c. 25.

hen als jene, aber alle göttliche Bildungen durchdringen,
Glaube, Wahrheit und Liebe, durch diese wird
alles erhalten, und mit den ersten Principien verbunden;
Einiges durch die begeisterte Liebe; Einiges durch
die göttliche Philosophie; Einiges durch die
theurgische Kraft, welche besser ist, als alle menschliche Vernunft, und die Wohlthaten der Mantik, die reinigenden Kräfte der
Einweihung, und mit einem Worte, alle
Wirkungen der göttlichen Einwirkung und
Erfüllung in sich vereiniget 90).

Man siehet aus dieser Probe, daß Proclus wie
Jamblich noch etwas Höheres als Philosophie kennen,
und dieses in den undurchbringlichen Geheimnissen der
Theurgie finden will. So sehr er übrigens das Eine
und Absolute als das oberste Princip der Dinge, das
durch kein Denken erreicht werden könne, darstellte, so
sehr bemühete er sich doch, dem Widerspruche zum Trotze,
den menschlichen Geist zur Erkenntniß desselben einzuleiten, Mysticismus mit Philosophie, die Schwärmerei
der dichtenden Vernunft mit den Forschungen zu vereinigen. Daher der Versuch, die absolute Einheit als
Princip aller Dinge, die Ewigkeit der Welt zu beweisen,
den Proceß der ewigen Erzeugung, wodurch das Endliche
aus

90) **Proclus** ebendas. τρια μεν εςι τα πληρωτικα ταυτα
των θειων, δια παντων πληρωντα των κρειττονων γενων, αγα-
θοτης, σοφια, καλλος, τρια δε αυ και των πληρωμενων συνα-
γωγα, δευτερα μεν εκεινων, διηκοντα δε εις πασας τας θειας
διακοσμησεις, πιςις και αληθεια, και ερως. σωζεται δε
παντα δια τουτων και συναπτεται ταις πρωτουργοις αιτιαις, τα
μεν, δια της ερωτικης μανιας· τα δε, δια της θειας φιλοσο-
φιας· τα δε δια της θεουργικης δυναμεως, η κρειττον εςι απασης ανθρωπινης σωφροσυνης, και επισυλλαβουσα τα τε της μαντικης αγαθα, και τας της τελεσιεργικης καθαρτικας δυναμεις,
και παντα απλως τα της ενθεου κατακωχης ενεργηματα.

aus der absoluten Einheit hervorgetreten, wissenschaftlich zu erklären, und endlich die Art und Weise zu lehren, wie das Absolute in dem Endlichen bekannt werde 91). Es ist in allem diesem doch eine Spur von philosophischer Forschung sichtbar, welche die Lectüre der Platonischen und Aristotelischen Schriften geweckt haben kann; aber der Geist des Plato und Aristoteles wehet uns bei allen diesen Speculationen nicht im geringsten an. Die Denkkraft stehet in dem Dienste der phantasirenden Vernunft; sie bietet den Scharfsinn, das Reflexions-, Abstractions- und Combinationsvermögen auf, ihre Dichtungen durch scheinbare Demonstrationen in ein Wissen zu verwandeln. Kein wahres reines Interesse für Wahrheit leitet die Forschungen, sondern ein künstlich hervorgebrachtes Interesse an schwärmerischen Speculationen, durch welche schon vor der Untersuchung vorgeschrieben war, was wahr seyn sollte. Die vermeinten Demonstrationen sind nur nachgemachte und durch allerlei künstliche Wendungen anders gestellte Raisonnements des Plato, und erhalten nur allein durch die Verwechselung des logischen und realen Seyns einigen Schein von Beweiskraft. Ungeachtet sie nun sich von dem gewöhnlichen dogmatischen Verfahren auch nicht einmal durch Originalität auszeichnen, so verdienen sie doch eine Stelle in der Geschichte der Philosophie, weil sie zu den letzten metaphysischen Speculationen der Griechen gehören, und in der Folge mehrere ähnliche Versuche veranlaßt haben.

Der

---

91) Proclus ebendas. c. 3. την δε περι νυν και τα ειδη και τα γενη τε ιη ϛρεφομενη θεωριαν δευτεραν ειναι της περι αυτων των θεων πραγματευομενης επιϛημης. και ταυτην μεν ετι νοητων αντιλαμβανεϛθαι και τη ψυχη δι᾽ επιβολης γινωϛκεϛθαι δυναμενων ειδων. την δε ταυτης υπερεχυσαν αρξητον και αφθεγκτων υπαρξιν μεταθειν την τε εν αλληλαις αυτων διακρισιν, και την απο μιας αυτιας εκφανσιν.

Proclus.

Der Hauptsatz des Neuplatonischen Systems ist: es gibt nur ein Realprincip aller Dinge, und die Einheit ist also dieses erste absolute Princip. In Proclus Beweisen werden beide Sätze immer mit einander verbunden, als wenn die quantitative Einheit die qualitative und umgekehrt, in sich schließe. Der Hauptfehler liegt also darin, daß man von der logischen Einheit, als Princip des Denkens, auf eine reale Einheit als Realprincip schließet, und, weil es unläugbar ist, daß die Vernunft auf systematische Einheit in dem Denken ausgehet, damit auch schon für erwiesen hält, daß es außer dem Denken in der Sphäre des objectiven Seyns nur ein Realprincip vorhanden sey.

I. **Jede Vielheit ist gewissermaßen der Einheit theilhaftig.** Denn sonst wäre weder das Ganze, noch ein Theil des Vielen, aus welchem die Vielheit besteht, Eins, sondern jeder Theil wäre ein Vieles ins Unendliche, und es müßte dann ein Unendliches geben, was größer wäre, als ein anderes Unendliche; was sich widerspricht 92).

II. **Alles, was der Einheit theilhaftig ist, ist Eins und Nicht-Eins.** Denn es ist nicht die Einheit an sich, weil es blos an der Einheit Theil hat, und also von der Einheit verschieden, Nicht-Eins; in sofern

---

92) Proclus *Institutio Theologica*, c. 1. παν πληθος μετεχει πη τε ενος· ει γαρ μηδαμη μετεχοι, ατε το ολον εν εσαι, ατε εκασον των πολλων, εξ ὡν το πληθος, αλλ᾽ εσαι και τι εκ τατων πληθος, και τατο εις απειρον, και των απειρων τατων εκασον εσαι παλιν πληθος απειρον — ταυτα δε αδυνατα. ατε γαρ εξ απειρακις απειρων εσι τι των οντων· τα γαρ απειρα πλεον ουκ εσι· το δε εκ παντων, εκασα πλεον· ατε εκ τα μηδενος συντιθεσθαι τι δυνατον· παν αρα πληθος μετεχει πη τα ενος.

fern es aber durch die Theilnahme Eins worden ist, ist es Eins 93).

III. **Alles, was Eins wird, wird Eins durch die Mittheilung des Einen.** Denn Dinge, welche vorher nicht Eins waren, treten zusammen in Gemeinschaft, und erhalten dadurch die accidentelle Eigenschaft der Einheit. Denn kein Ding wird das, was es ist, sondern wenn es etwas wird, so war es vorher in dem Zustande der Beraubung. Was also Eins wird, wird aus Nichts Eins, indem in dasselbe eine Einheit hineingebracht wird 94).

IV. **Was Eins worden ist, ist ein Vereinigtes** (ἡνωμενον); als solches ist es von der Einheit an sich (αυτοέν) verschieden, denn es ist Eins und Nicht-Eins 95).

V. **Jede Vielheit ist vor der Einheit.** Denn wäre die Vielheit vor der Einheit, so würde die Einheit zwar Theil nehmen an der Vielheit, aber nicht umgekehrt, die Vielheit an der Einheit. Denn ehe noch ein Ding Eines worden wäre, wäre die Vielheit, und diese kann nicht Theil nehmen an dem, was nicht ist. Eine Vielheit, welche keinen Theil an der Einheit genommen, ist aber nach I. unmöglich. Die Vielheit ist also nicht vor der Einheit.

Sind

---

93) Proclus ebendas. c. 2. εἰ δέοι ἅμα καὶ μετέχοι τοῦ ἑνός, καὶ διὰ τοῦτο οὐχ ἓν καθ' αὑτὸ ὑπάρχον, ἓν ὅτι καὶ οὐχ ἕν, παρὰ τὸ ἓν ἄλλο τι ὄν.

94) Proclus ebendas. c. 3. πᾶν τὸ γινόμενον ἕν, μεθέξει τοῦ ἑνὸς γίνεται ἕν· καθὸ δὲ πέπονθε τὴν μετοχὴν τοῦ ἑνός, ἕν ἐστιν.

95) Proclus ebendas. c. 4. πᾶν τὸ ἡνωμένον, ἕτερόν ἐστι τοῦ αὐτοένος.

Sind aber beides die Einheit und Vielheit zu gleicher Zeit, so, daß keines früher oder später ist, so ist weder die Einheit an sich Vieles, noch die Vielheit an sich Eins, weil sie einander entgegengesetzt sind. Dann ist Jedes von dem Vielen an sich nicht Eins, sondern ins Unendliche Vieles, und es gäbe ein Unendliches aus unendlichen Theilen, was unmöglich ist (I).

Die Vielheit hat also durchgängig Gemeinschaft an der Einheit, die Einheit aber an sich, nicht an der Vielheit, sondern nur durch die Mittheilung, so daß das Viele Eins geworden, an sich aber nicht Eins ist. Das Eins wird also vervielfältiget, und das Viele vereiniget durch die Einheit, die Einheit und Vielheit sind einander entgegengesetzt, und darum können sie sich nicht durch sich selbst mit einander vereinigen; da sie aber mit einander in Gemeinschaft stehen, so müssen sie von etwas Anderm vereiniget werden, und dieses Andere muß vor beiden seyn.

Dieses Vereinigende ist nun entweder **Einheit** oder **Nicht - Einheit**, und in dem letzten Falle, entweder **Vielheit** oder **Nichts**. Nichts kann es nicht seyn. Denn wie wollte das Nichts etwas vereinigen. Auch nicht Vielheit. Denn sonst wäre die Vielheit vor der Einheit. Also ist es nur die absolute Einheit, und die Vielheit ist von der absoluten Einheit entsprungen 96).

VI.

---

96) **Proclus** ebendas. c. 5. παντη αρα μετεχει τα ενος (το πληθος). ει μεν ουν το εν το καθ' αυτο εν ον, μηδαμη μετεχει πληθυς, εςαι το πληθος παντη του ενος υςερον· μετεχον μεν τυ ενος, υ μετεχομενον δε υπο τυ ενος. ει δε και το εν μετεχει πληθυς, κατα μεν την υπαρξιν ως εν υφεςως, κατα δε την μεθεξιν ουχ εν, πεπληθυσμενον εςαι το εν, ωσπερ το πληθος ηνωμενον δια το εν. κεκοινωνηκει αρα το, τι εν τω πληθει, και
το

VI. Alle Dinge sind entweder **Vielheit ohne Einheit** in den einzelnen Dingen und der Gesammtheit derselben; oder **Einheit ohne alle Vielheit**, so daß alles in ein und dasselbe Seyn zusammen geschmolzen ist; oder **Einheit und Vielheit zugleich** (ἕν ἐν). Von diesen drei möglichen Fällen ist der erste und zweite nicht ohne Widerspruch zu denken; es bleibt also nur der Dritte als denkbar übrig 97).

1) Alles was ist, ist entweder ein Etwas, oder ein Nichts. Das Etwas muß auch Einheit seyn. Dem Nichts kommt überhaupt kein Seyn zu. Ist nun alles, was ist, Vieles, so muß auch jedes von dem Vielen ein Etwas, also eine Einheit seyn; denn ohne dieses könnte auch nicht eine Vielheit seyn. Vieles ohne Einheit ist etwas Unendliches, und zwar so, daß jeder Theil wieder ein Unendliches ist. So würde also das Unendliche aus unendlichen Theilen bestehen, und ein Unendliches größer und kleiner seyn, als ein anderes, was unmöglich ist. Ist keine Einheit in der Vielheit, so wird ein und dasselbe in derselben Rücksicht ähnlich und unähnlich seyn; ähnlich, weil jedes der Einheit beraubt ist; unähnlich, weil alles, was keine Einheit hat, auch nicht unter einander übereinkommen kann. Ja, es wird in derselben Rücksicht, daß es keine Einheit hat, identisch, und weil zur Identität Einheit gehört, nicht identisch seyn. Dieses ist aber widersprechend. Proclus folgt hier

το πληθος τω ενι. τα δε συνιοντα και κοινωνιντα πη αλληλοις, ει μεν υπ' αλλε συναγεται, εκεινο προ αυτων εστιν, ει δε αυτα συναγει εαυτα, εκ αντικειται εαυτοις. — αλλα μην ει εσται τι προ αυτων το συναγον, η εν εστιν η εχ εν· αλλ' ει εχ εν, η πολλα, η εδεν. ετε δε πολλα, ινα μη πληθος, η προ ενος· ετε εδεν. πως γαρ συναξει το εδεν; εν αρα μονον. ε γαρ δη και τετο το εν πολλα, ινα μη εις απειρον· εστιν αρα το αυτο-εν, και που πληθος απο τε αυτο-ενος.

97) Proclus *Theologia Platonis* II. c. 1.

hier ganz dem Gange der dialectischen Analyse, welche Plato in dem Parmenides aufgestellt hat. Gibt es keine Einheit, so gibt es auch keine Anzahl der Dinge. Denn jeder Theil der Zahl und jede Zahl ist eine Einheit. Zählt man fünf und drei Dinge, so gibt es auch eine Zahlgröße von fünf und drei, und die Fünfheit und Dreiheit ist selbst eine Einheit. Ohne Einheit als Princip der Zahlen gibt es auch keine Zahlgröße und überhaupt keine Erkenntniß. Denn wie könnte man von den Dingen Etwas denken und sprechen, wenn man in Ermangelung der Einheit nicht das Geringste hätte, um die Natur eines Dinges zu bestimmen. Zudem ist die Rede und die Erkenntniß ein aus Theilen bestehendes Ganze; ohne Verbindung der Theile und ohne Einheit des Erkennenden und Erkannten gibt es also keine Erkenntniß und keine Rede.

2) Ist alles Reale Einheit ohne Vielheit, so gibt es kein Ganzes, keine Theile, keinen Anfang, Mittel und Ende, keine Gestalt, keine Veränderung, keine Identität und Verschiedenheit, wie dies Plato in seinem Parmenides weiter ausführt.

3) Es gibt also Einheit und Vielheit; und zwar entweder getrennt von einander, welches aber von dem ersten und zweiten undenkbaren Falle nicht verschieden ist, oder in Gemeinschaft mit einander. Dieses ist der einzige mögliche Fall. **Es ist also jedes Object eine Mischung des Einen und Vielen***). Da aber weder die Einheit die Ursache von dem Wesen des
Vie-

---

*) Wie viel näher der Wahrheit war Platos scharfer Blick, wenn er sich in dem Kreise des menschlichen Denkens fester haltend, sagte: Einheit und Vielheit sey, wie es ihm dünke, eine wesentliche Eigenthümlichkeit des menschlichen Denkens. Philebus, S. 217.

Vielen, noch Vielheit die Ursache von dem Wesen der Einheit ist; da die Einheit und Vielheit einander entgegengesetzt sind, und einander wechselseitig fliehen, so muß noch ein Drittes Vortreflicheres außer Beiden seyn, welches Beides in eine Einheit bringt. Aber von welcher Natur ist dieses Dritte? Entweder Einheit oder Nicht-Einheit. In dem ersten Falle müssen wir wieder fragen, ob es auch an der Vielheit Theil nehme oder nicht? Ist jenes, so müssen wir wieder ein Anderes aufsuchen, was höher ist als dieses, und so ins Unendliche fort. Ist dieses, so ist offenbar, daß die obige Behauptung nicht wahr ist, die Einheit nehme eben so wenig Theil an der Vielheit, als die Vielheit an der Einheit. Man kann diesen Schwierigkeiten nicht anders entgehen, als dadurch, daß man annimmt, dasjenige, was das Eine und Viele vereinige, sey nichts anders, als das Eine, und zwar das reine absolute Eine, was weiter nichts ist, als das wesentliche Eine, welches macht, daß alle Dinge Einheit erhalten. Denn da wir über diese Einheit, welche mit der Objectivität unzertrennlich verbunden ist, in den Objecten nichts Höheres kennen, so kann auch die Ursache der Vereinigung des Vielen nichts Höheres und Besseres als die reine, unvermischte Einheit seyn, welche die Ursache von allem Seyn und Werden ist [98])

VII. Es gibt entweder ein Princip oder viele Principe. Gibt es viele Principe, so sind sie entweder homogen, oder heterogen, endlich oder unendlich. Gibt es ein

---

[98]) Proclus ebendas. εκ δη τυτων αναγκη, τα τε πολλα μετεχειν τυ ενος, και το εν αμικτον ειναι προς το πληθος, και μηδεν ειναι τυ ενος κρειττον, αλλα τυτο και τυ ειναι τοις πολλοις αιτιον ειναι· παν γαρ δη το τυ ενος στερομενον εις το μηδεν ευθυς και την εαυτυ διαφθαρκει φθοραι.

ein Princip, so ist es entweder ein reales oder nicht reales. Ist es real, so ist es entweder körperlich oder unkörperlich. — Ist es unkörperlich, so ist es entweder von den Körpern getrennt oder nicht, und im ersten Falle veränderlich oder unveränderlich. Ist das eine Princip nicht real, so ist es entweder geringer als jede Realität, oder verbindbar mit Realität oder nicht verbindbar 99).

1) Sind die vielen Principe heterogen, so wird kein Ding durch sie bestimmt seyn; es gibt keine gemeinschaftlichen Principe der Dinge, sondern jedes wirkt nur einzeln für sich. Denn wie kann zwischen dem, was seiner Natur nach verschieden ist, eine Gemeinschaft seyn; oder wie so etwas mit einem andern wirken; oder wie könnte auf diese Art das Viele einer Einheit theilhaftig werden?

2) Homogen müssen also die mehreren Principe und nicht ganz und gar ihrem Wesen nach von einander geschieden seyn. Also haben sie etwas Gemeinsames, Identisches, welches in allen Principien vorhanden, und vorzüglicher ist, als das besondere Viele, indem es eben die Verwandtschaft und die natürliche Gemeinschaft zu Wege bringt 100).

3) Sind

99) Proclus ebendas. αναγκη τοινυν, η μιαν ειναι την αρχην η πολλας· και ει πολλας, η συμπαθεις αλληλαις, η διεσπαρμενας απ' αλληλων, και η πεπερασμενας η απειρες· ει δε μιαι, ητοι μη ουσιαν ταυτην, η ουσιαν· και ει ουσιαν, η σωματικην ταυτην, η ασωματον· και ει ασωματον, η χωριστην των σωματων, η αχωριστον· και ει χωριστην, η κινουμενην, η ακινητον· και ει μη ουσιαν, η καταδεεστεραν πασης ουσιας, η μεθεκτον ὑπ' ουσιας, η αμεθεκτον.

100) Proclus ebendas. αναγκη το παν εκεινο το πανταχη και εν πασαις οι ταις αρχαις, κυριωτερον ειναι των πολλων. τουτο γαρ αυταις διδωσι και το γενναν την προς αλληλα συμπαθειαν και την κατα φυσιν κοινωνιαν παρασχον.

3) Sind die Principe unendlich, so ist das aus Ihnen abgeleitete entweder auch unendlich, und es gibt dann ein doppeltes Unendliches, oder endlich, wo alsdann nicht alle Principe, Principe seyn könnten; denn das Endliche kann nur aus dem Endlichen kommen. Die Unendlichkeit der Principe wäre also vergeblich. Dazu kommt noch, daß die Unendlichkeit mit der Erkennbarkeit, sowohl der Principe als des Abgeleiteten, streitet. Sind also die Principe endlich, so folgt, daß es nur eine bestimmte Zahl derselben gibt, da eine Zahl nichts, als eine bestimmte Vielheit ist. Setzen wir aber eine Zahl, so setzen wir auch den Grund jeder Zahl, nämlich die Einheit. Diese Einheit ist das Princip der Zahlen, und die **Einheit wird daher das Princip der Principe, und die Ursache der endlichen Vielheit, und des Wesens aller Dinge** seyn [101]).

4) Es gibt also nur ein Princip.

5) Dieses Princip kann nicht körperlich seyn, denn der Körper ist theilbar, und besteht aus Theilen. Diese Theile sind entweder durch Einheit verbunden oder nicht. In dem letzten Falle sind sie eine Vielheit ohne Einheit, und sie machen kein Ganzes aus, denn wo die Einheit fehlet, da kann auch nicht das Eine aus allen werden. Sind sie aber durch eine Einheit verbunden,

durch

[101) Proclus ebendas. και αν ει μεν απειροι αρχαι, η και τα εξ αυτων απειρα, και εσται δις ηδη το απειρον, η πεπερασμενα, και εσονται ου πασαι αρχαι. — ει δε πεπερασμεναι, δηλοι, ως εσται τις αυτων αριθμος. τον γαρ αριθμον το πληθος ωρισμενον φαμεν. ει δε αριθμος, αναγκη και το των αριθμων απαντων αιτιον ειναι· πας γαρ αριθμος εξ ενος. και τουτο αρχη των αριθμων το εν. εσται αν αρχων αρχη τουτο, και αιτιον του πεπερασμενου πληθους, επει και αυτος αριθμος ει, και το περας εν εστιν εν πολλοις, και οριζει τα πολλα τῳ ενι.

durch etwas Identisches, welches in allen Theilen ist, so muß dieses nothwendig seiner Natur nach unkörperlich und untheilbar seyn. Denn wäre das Princip aller Dinge körperlich, so ist es entweder in jedem einzelnen Theile ganz oder nicht ganz. In dem ersten Falle ist es von sich selbst getrennt und außer sich. Denn die Theile sind in den Dingen, deren Theile sie sind, außer einander. In dem zweiten Falle ist es aber ebenfalls getrennt und getheilt, wie in dem ersten. Es entstehet auch ferner dieselbe Frage, wie vorher: sind die Theile durch eine Einheit verbunden oder nicht? Und da überhaupt ein Körper ein Ganzes ist, welches aus Theilen bestehet, so entstehet die Frage: welches ist dasjenige, welches die Theile des Ganzen vereinet und zusammen hält? Entweder muß das Ganze die Theile, oder die Theile müssen das Ganze zusammen halten, oder es muß noch ein Drittes außer dem Ganzen und den Theilen geben, welches den Zusammenhang gründet. Ist dieses nun das Ganze, so ist es unkörperlich und untheilbar; denn wäre es dieses nicht, so müßte es wieder eine andere Natur geben, welche die Theile zusammen hält, welches ins Unendliche fortgehet. Wie können aber die Theile das Ganze, das Viele, das Eine und das Getrennte, das aus ihnen bestehende zusammen halten? Dieses läßt sich wohl von dem Einen, aber nicht von dem Vielen denken [102]). Ist es ein Drittes außer dem Ganzen und den Theilen, so ist es ganz untheilbar, folglich ohne Dimension und unkörperlich. — Ferner muß das Princip

ewig

---

102) Proclus ebendas. αλλ' ει μεν το ὁλον των μερων συνεκτικον, ασωματον αν ειη το ὁλον και αμερες. ει γαρ σωμα, και τουτο μεριστον εσαι, και δεησεται φυσεως συνεχειν τα μερη δυναμενης, και τουτο εις απειρον. ει δε τα μερη τα ὁλα, πως τα πολλα τε ἑνος συνεκτικα, και τα διῃρημενα τα εξ αυτων οντως; ενωτικον γαρ αναγκη των πολλων το ἑν, ȣ τα πολλα της εκ ἑνος την της ἑνωσεως δυναμιν εχειν.

ewig seyn, und keiner Zerstörung unterworfen. Denn wollte man das letzte annehmen; so würde kein Ding der Zerstörung entgehen, da das Princip des Seyns der Dinge, woferne es nicht ewig ist, sich weder selbst erzeugen, noch von einem andern Dinge erzeugt werden kann. Ist es also ewig, so muß es ein Vermögen haben, nicht zerstört werden zu können, und dieses muß **unendlich** seyn, daß es durch die ganze Zeit ins Unendliche sey, oder ein unendliches Seyn habe. Als ein solches aber kann es nicht theilbar, das ist, in einem endlichen Körper seyn [103].

5) Das Princip ist also **unkörperlich und zwar entweder getrennt von den Körpern, oder nicht getrennt**. Ungetrennt von den Körpern ist dasjenige, was seiner Natur nach nicht anders als in Körpern und mit Körpern wirken kann. Dann wäre aber ein solches Princip keine Intelligenz und Vorstellungskraft, welche mit einer solchen in und an Körpern wirkenden Kraft nichts zu thun hat. Alles was zur Natur der Kräfte gehört, rührt von den ersten Principien her. Diese bestimmen das Wesen jener. Kann nun das Princip der Dinge Verstand und Vernunft erzeugen, warum nicht auch für das Princip und in dem Princip selbst [104]?

6) Das

---

103) Proclus Ebend. ει δε αφθαρτος εςι, δυναμιν εξει τε μη φθειρεσθαι, και ταυτην απειρον, ινα επ' απειρον η τον ολον χρονον. πασα γαρ πεπερασμενη τε ειναι δυναμις φθαρτη κατα φυσιν εςιν, απειρος δε των αιδιων, οις το ειναι επ' απειρον. — ει δε αμερες, ασωματος αν η της απειριας τε ειναι δυναμις ειη, και η αρχη των οντων η δυναμις αυτη, δι' ης και το υποκειμενον αυτη αει εςιν.

104) Proclus Ebend. παντα γαρ τα εν αυτοις (αιτιοις) εκ των πρωτων εςι, και εκεινα κυρια της κσιας αυτων. ει αν η αρχη των οντων δυναται νυν και φρονησιν γεννᾳ, πως αν εις αυτην και εν αυτη γεννᾳ.

6) **Das Princip ist unbeweglich und unveränderlich.** Denn alles was sich bewegt, bewegt sich um ein anderes, welches unbeweglich ist, und wird durch das Verlangen nach einem Andern, oder durch einen Zweck, dessen Ursache die Bewegung ist, in Bewegung gesetzt. Es kann aber entweder sich selbst oder ein Anderes begehren. Alles was sich selbst begehrt, ist unbeweglich; denn warum sollte es, da es immer mit sich selbst in Verbindung stehet, nach einem Andern trachten; daher finden wir auch, daß die beweglichen Dinge, je näher oder entfernter sie von dem Guten sind, desto mehr oder weniger sich bewegen. Was in sich selbst das Gute und den Zweck hat, das ist unbeweglich und in Ruhe, denn es ist immer in sich, das ist, in dem Guten, und da jedes mit sich selbst identisch ist, in dem Identischen. Und von einem solchen Wesen sagen wir: es ruhe. Was nun nicht unbeweglich ist, ist weder in sich selbst, noch in einem Andern, es beweget sich nach einem Andern, weil es des Guten gänzlich ermangelt. Wäre nun das Princip beweglich, so müßte es sich bewegen, weil ihm das Gute fehlte, und es müßte etwas wünschenswerthes außer ihm geben. Allein dieses ist unmöglich. Denn das Princip ist das Ziel, nach welchem alles strebet, und ohne allen Mangel.

7) **Ist das Princip unbeweglich, so ist es ein unkörperliches, sich immer identisch bleibendes Wesen.** Aber wie hat dieses die Einheit, in wiefern ist es eins? Ist das Wesen oder Seyn (ȣσια) und die Einheit identisch, so muß das Princip ein Wesen (Object) seyn. Sind beyde aber von einander verschieden, und entweder das Wesen, oder die Einheit besser, so müssen wir in dem ersten Falle dem Princip das Wesen geben,

geben, in dem zweiten aber die Einheit über das Wesen und als das Princip des Wesens setzen [105]).

Das Wesen und die Einheit sind nicht identisch und mit einander verbunden. Denn es ist nicht identisch zu sagen: Eins und Eins, und Wesen und Eins. Ferner würde dann folgen, daß das Viele von dem Einen ist, welches unmöglich ist. Endlich würde folgen, daß Vielheit identisch ist mit dem Nichtseyn und Unwesen, welches sich widerspricht. Denn in dem Wesen ist Vielheit und in dem Nichtwesen Einheit. Es muß also noch etwas Höheres über die Einheit und das Wesen geben, da alles aus einem Princip seyn muß.

Ist das Eine vortreflicher als das Seyn und das Wesen, so ist die Einheit über das Wesen zu setzen, und in dem umgekehrten Falle das Wesen über die Einheit. Das Letzte kann aber nicht seyn, da das Princip das Vortreflichste seyn muß. Dann würde das Eine durch das Wesen, nicht aber das Wesen durch die Einheit bestimmt, und alles was ist, müßte Einheit und Seyn, was eine Einheit hat, auch ein Seyn, aber nicht umgekehrt, was ein Seyn hat, auch eine Einheit seyn. Dann gäbe es ein Wesen, welches der Einheit beraubt ist. Ist dieses, so würde gar nichts existiren, denn was der Einheit beraubt ist, ist gar nichts. Wir müssen also vor dem Seyn und Wesen die Einheit und das Nicht-Wesen (μη ουσια) setzen, jedoch aber so, daß die Einheit dadurch nicht geringer und unvollkommener werde,

---

[105] Proclus. Ebendas. ει δε ακινητος η αρχη, μιαν ουσιαν αυτης ασωματον, και αει ωσαυτως εχουσαν αναγκαιον ειναι· πως εχουσαν το εν· και πως μιαν ουσιαν; ει μεν γαρ ταυτον ουσια και εν, την αρχην ουσιαν ειναι δοτεον. ει δε η ουσια του ενος αλλο και ου ταυτον το εν ειναι και το ουσιαν ειναι, ει μεν η ουσια κρειττων κατα ταυτην τη αρχη ειναι ρηθησεται· ει δε γε το εν κρειττον και επεκεινα ουσιας, αρχη και της ουσιας το εν.

werde, als irgend etwas, was durch das Princip bestimmt ist, denn dieses wäre Unordnung und ein Ungefähr. Das erste Princip, die Einheit, die nicht das Wesen ist, muß daher entweder erhaben über alles Wesen und ohne Gemeinschaft mit demselben seyn, oder an demselben Theil nehmen. Nimmt das Wesen Antheil an dem Princip, so müssen wir fragen: Wessen Princip soll es seyn? Etwa das Princip aller Dinge. Allein das Princip aller Dinge kann von keinem der Dinge, deren Princip es ist, eingeschlossen seyn, sonst wäre es nicht das Princip aller Dinge. Es kann mit keinem etwas gemein haben, sonst wäre es dasjenige, in welchem es zuerst vorkommt. Dazu kommt, daß alles, was an einem andern Theil nimmt, eine andere höhere Ursache hat, und dasjenige, was von allem getrennt ist, daher das Vollkommenste ist. Hieraus folgt also, daß das erste Princip aller Dinge über alles Wesen, und von allem Wesen getrennt ist, und auch selbst nicht das Wesen als eine Zugabe haben kann. Denn eine solche Zugabe wäre eine Verringerung der Einfachheit und der Einheit [106].

VIII.

[106] Proclus Ebendas. ει δε ο εςι μη ουια, κρειττον απασης ουσιας, η μετεχοιτο αν υπ' αυτης η παντελως αμεθεκτος ειη. αλλ' ει μεν μεθεξει η ουια της αρχης, τινος αρχη εςαι; και των οντων απαντων αρχη; την γαρ των οντων αρχην ουδενος ειναι δει των οντων· ενος γαρ ουαν, ου παντων ειναι αναγκαιον. παν δε το μετεχομενον υπ' αλλου, τουτο λεγεται ειναι, υφ' ου μετεχεται, και εν ω πρωτως εςι. η δε αρχη χωριςον, και εαυτης μαλλον η των αλλων εςι, αλλως δε το μετεχομενον παν εξ αλλης εςιν αιτιας κρειττονος· επει το αμεθεκτον του μεθεκτου κρειττον· του δε αριςου, και ο λεγομεν αρχην, ουδεν ουδε εννοειν τι κρειττον δυνατον. — εςιν αρα το των οντων απαντων αιτιον υπερ ουσιαν πασαν και χωριςον απασης ουσιας, και ουτε ουσιαν, ουτε προσθηκην την ουσιαν εχον· η γαρ τοιαυτη προσθηκη ελαττωσις εςι της απλοτητος και του ενος.

VIII. Dasjenige ist das Princip aller Dinge, dessen alle Dinge theilhaftig sind, auf welche sie ihr Daseyn beziehen können, und welches von keinem der auf irgend eine Weise daseyenden Dinge getrennt ist. Denn dieses ist allein das für alle Begehrungswürdige, was ursprünglich oder auf eine andere Weise das Seyn und die Realität derselben, und daher ein gewisses Verhältniß und eine gewisse Aehnlichkeit zu denselben enthält. Was ist nun dasjenige, was in allen Dingen und allenthalben vorhanden ist? Nicht das Leben und die Bewegung, denn es gibt viele Dinge, welche des Lebens und der Bewegung beraubt sind. Nicht die Ruhe und Unbeweglichkeit; denn diese kann nicht seyn, wo Bewegung ist. Nicht die Vernunft, welche sonst das Ehrwürdigste ist; denn da müßten alle Dinge denken, und keines unvernünftig seyn. Nicht das Seyn und das Wesen; denn es gibt Dinge, die nicht sind, sondern werden, und insofern sie werden, noch kein eigentliches Seyn und Wesen haben, bis sie geworden sind. Es ist also nichts anders als die Einheit; denn nimmt man diese von einem Dinge oder Theile hinweg, so hört es sogleich auf Etwas zu seyn [107].

IX. Das absolute Eine ist für jedes Wesen unerkennbar und unnennbar. Es ist von aller Erkenntniß, von allem Begriff ausgeschlossen. Allein es hat alle Erkenntnisse, alle erkennbaren Objecte, alle Gedan-

---

[107] Proclus Ebend. αναγκη γαρ πα τατο ειναι των οντων απαντων αιτιον, ὁ παντα μετεχει τα οντα, και προς ὃ την ἑαυτων ὑποστασιν αναφερειν εχει, και ὁ μηδενος αποστατει των ὁπισεν ὑφεσαναι λεγομενων. τατο γαρ εφετον μονον τοις πσι, το πρωτως ειτε και αλλως αιτιον αυτο ον αυτων.

Man vergleiche übrigens mit diesem Raisonnement ein ähnliches des Plotins, S. 68. oben.

Proclus. 313

Gedanken, und alles was durch Gedanken erfaßt wird, durch eine Causalität aus sich hervorgebracht. Das Einigende und von aller Trennung Ausgeschlossene schreitet dyadisch, oder vielmehr triadisch in den Dingen nach ihm fort. Denn alle Dinge bleiben in dem Einen, gehen aus demselben hervor, und kehren sich zu demselben hin. Sie vereinigen sich mit demselben, unterwerfen sich demselben durch die von allen abgesonderte Vereinigung, und begehren die Theilnahme an demselben. Die Vereinigung gibt allen abgeleiteten Dingen die Beharrlichkeit und die aus ihrer Ursache nicht herausgehende Vollkommenheit; die Unterwerfung sondert den Heraustritt der Dinge und den Unterschied von der ersten und unmittheilbaren Einheit ab; das Hinstreben vollendet die Hinkehrung und die Zurückwindung der existirenden Dinge in das Unaussprechliche [108]).

So

---

[108] Proclus Ebend. p. 95. και το αγνωστον αρα τε πρωτε δια των προϊοντων απ' αυτε και επιστρεφομενων προς αυτο γινωσκειν επιβαλλομεθα, και το αρρητον δια των αυτων ονομαζειν επιχειρεμεν. ετε δε γνωστον εκεινο τοις εστιν, ετε ρητον εδενι των παντων. αλλα πασης γνωσεως εξηρημενον και παντος λογε, και αληπτον υπαρχον, απασας τε τας γνωσεις, απαντα τα γνωστα, και τες λογες παντας, και οποσα λογω περιληπτα, κατα μιαν αιτιαν απ' αυτε παρηγαγε. το δε ενιαιον εκεινο και το πασης διαιρεσεως εκβεβηκος δυαδικως εντος μετ' εκεινο προφαινεται, μαλλον δε τριαδικως. παντα γαρ και μενει, και προεισι και επιστρεφεται προς το εν. ομε γαρ και ηνωται προς αυτο και υφειται της εξηρημενης αυτε των ιλων ενωσεως, και εφιεται της εκεινε μεταληψεως. και η μεν ενωσις μονιμον ενδιδωσι τοις δευτεροις απασι και ανεκφοιτητον της εαυτων αιτιας υπεροχην· η δε υφεσις την προοδον των εντων αφοριζει, και την απο της αμεθεκτε και πρωτιςε εναδος διακρισιν· η δε εφεσις την επιστροφην των υποσαντων και την εις το αρρητον ανακυκλησιν τελειοι.

So wie das absolute Eine unbegreiflich ist, so ist auch die Vereinigung aller Dinge mit demselben verborgen, unaussprechlich und unerkennbar. Denn kein Ding wird mit demselben weder durch Hinzusetzung des Verstandes, noch durch aus dem Wesen entspringende Thätigkeit mit dem Einen verbunden, da auch dasjenige, was keiner Erkenntniß theilhaftig und aller Thätigkeit beraubt ist, doch seine Stelle in der allgemeinen Verbindung mit dem Einen hat [109].

X. Es gibt indessen doch zwei Wege, auf welchen man zur Erkenntniß dieses unerforschlichen und unbegreiflichen absoluten Einen gelangen kann. Indem wir nämlich auf das **Hervortreten der Dinge aus dem Einen** und das **Hinkehren derselben zu demselben** sehen, gewinnen wir zwei Worte als Attribute des Einen, nämlich das **Gute** und das **Eine**, von welchen das erste analogisch und positiv, das zweite negativ ist [110].

XI. Das absolute Eine hat nicht etwa blos die Erde und den Himmel, die Seelen und die Thiere gemacht, sondern auch vor diesen die denkbaren Götter und die denkenden Götter, alle Götter, welche über die Welt und in der Welt sind, hervorgebracht; es ist der Gott aller Götter, die Einheit der Einheiten, es ist

---

[109] Proclus Ebend. p. 96. αλλ' ωσπερ αυτο πρωτως εν αβατοις αποκεκρυπται και παντων εξηρηται των οντωι, ετω δη και η προς αυτο των παντων ενωσις κρυφιος εςι και αφρασος και αγνωστος τοις πασιν. ε γαρ κατ' επιβολης ενεται προς αυτο των οντων εκασον, αδε κατα την ενεργειαν την της ασιας. επει και τα γνωσεως αμοιρα τω πρωτω συνηνωται, και τα πασης ενεργειας εστερημενα, μετεχει κατα την αυτων ταξιν της προς αυτο συναφης.

[110] Proclus Ebend.

ist über die ersten Unmöglichkeiten, heimlicher als jede Stille, unerforschlicher als jedes Wesen, das Heilige in den Heiligen, den denkbaren Göttern verborgen ¹¹¹).

XII. Alles was vollkommen ist, strebt etwas Anderes zu erzeugen, und das Volle sucht andern seine Fülle mitzutheilen. Wie vielmehr muß dieses bei demjenigen Statt finden, was alle Vollkommenheiten in sich vereiniget, und nicht dieses oder jenes Gute, sondern das absolute Gute ist. Das über alles Maß Volle und mit keinem Dinge Mittheilbare muß alle Dinge des ersten und des zweiten Ranges erzeugen, und zwar so, daß dabei weder eine Veränderung noch Vervielfältigung, noch hervorbringende oder erzeugende Kraft gedacht werden kann. Denn sonst wäre das Eine nicht vollkommen, selbstständig, nicht zureichend, nicht einfach und durch seine Vollkommenheit fruchtbar ¹¹²).

Das

---

111) Proclus Ebend. l. II. p. 110. και οιον υμνησωμεν αυτον (τον πρωτον θεον), ουχ οτι γην και κρανον υπεστησε λεγοντες, ουδ' αν οτι ψυχας και ζωων απαντων γενεσεις· και ταυτα μεν γαρ, αλλ' επ' εσχατοις· προ δε τουτων, ως παν μεν το νοητον των θεων γενος, παν δε το νοερον εξεφηνε, παντας δε τους υπερ τον κοσμον, και τους εν τω κοσμω θεους απαντας, και ως θεος εστι θεων απαντων, και ως ενας εναδων, και ως των αδυνατων επεκεινα των πρωτων, και ως πασης σιγης αρρητοτερον, και ως πασης υπαρξεως αγνωστοτερον, αγιος εν αγιοις, τοις νοητοις εναποκεκρυμμενος θεοις.

112) Proclus Ebend. p. 101. πολλω δη εν μειζονως τε ευσας τας τελειοτητας εν ενι συνεχον, και ο μη τι αγαθον εστιν, αλλ' αυτο αγαθον, και το υπερπληρες (ει οιον τε φαναι) γεννητικον των ολων εσται και υποστατικον αυτων, τω παντων εξηρησθαι, τα παντα παραγειν, και τω αμεθεκτον ειναι, παντα ομοιως τα τε πρωτα και τα εσχατα των οντων απογενναν. αλλα την γενεσιν ταυτην και την προοδον, μητε κινεμενα τα αγαθα,

XIII. Das Hervorbringende ist nothwendig vollkommener, als das Hervorgebrachte. **Aber eine Aehnlichkeit muß zwischen beiden doch Statt finden.** Denn zwischen ganz heterogenen und ungleichen Dingen ist keine Theilnehmung möglich. Nun hat das Hervorgebrachte sein Daseyn von dem Princip, und ist desselben theilhaftig; es muß also eine gewisse Aehnlichkeit Statt finden. Daraus folgt, **daß das Hervorbringende eher sich selbst ähnliche als unähnliche Wesen hervorbringen muß** [113].

XIV. **Alles von dem Princip Hervorgebrachte bleibt in dem Hervorbringenden;** gehet es auch aus demselben hervor, so geschiehet der Ausgang (προοδος), so daß das Princip sich nicht verändert, und das Hervorgebrachte noch immer gewissermaßen in dem Principe bleibt. **In sofern es nämlich von dem Principe verschieden ist, gehet es aus demselben heraus, in sofern es aber demselben ähnlich ist, bleibt es in dem Principe** [114].

Proclus wollte den Satz philosophisch beweisen, daß das eine Urprincip die Ursache des Daseyns aller übrigen wirklichen Wesen sey. Diese Erzeugung sollte aber geschehen, ohne daß die Vollkommenheit und Einfachheit des Urprincips den geringsten Abbruch litt. Proclus bezeichnete diese Erzeugung, welche von dem Naturgange ganz verschieden ist, mit einem bis dahin selten

---

αγαθα, μητε πληθυομενα, μητε δυναμιν εχοντος γεννητικην, μητε ενεργειτος, υπολαβης περβαλλεσθαι. παντα γαρ ταυτα δευτερα ισι της τα πρωτα μονασεως.

113) Proclus *Institut. Theologiae*, c. 28.
114) Proclus ebendas. c. 30.

selten in der Bedeutung gebrauchten Worte, nämlich παραγειν. Diese Idee einer unmittelbaren Hervorbringung, einer Schöpfung, welche nur ein Gränzbegriff der Vernunft ist, und aus dem praktischen Bedürfnisse der Vernunft hervorgehet, gebrauchet Proclus als einen Verstandesbegriff, und betrachtet das Object dieser Idee, welches für uns ganz unbegreiflich ist, als eine Begebenheit in der Natur, die sich von selbst verstehe, und bei welcher man nicht fragen dürfe, ob auch so etwas, als wir in der Idee denken, real möglich sey. Darum machte er auch dem Versuch, alles Seyn aus einem Principe abzuleiten, und ahndete dabei so wenig eine Schwierigkeit, als wenn es bloß die Ableitung einer Reihe niederer Begriffe aus einem höheren gälte. Im Grunde ist auch diese ganze Deduction eine logische Deduction der Begriffe, indem er das logische Seyn mit dem realen Seyn verwechselt, und ohne die geringste Bedenklichkeit zu ahnden, die Begriffe und deren Merkmale in reale Wesen umwandelt.

XV. Das absolute Eine bringt also die Dinge, welche zuerst aus demselben hervorgehen, als Einheit, das ist auf eine einheitartige Weise (ἑνιαιως) hervor, so wie die Natur als Natur, die Seele als Seele, die Intelligenz als Intelligenz hervorbringt [115]. Hieraus folgt, daß die ersten hervorgebrachten Dinge selbstständige Einheiten (αυτοτελεις ἑναδες), welche dem

---

115) Proclus *Theologia Platon.* l. III. p. 121. το ἑν
— ἐκφαίνει τα μεθ' ἑαυτο, μᾶλλον ἐπεκεινα της ὁμοιοτητος ὁν και αὐτοεν καθ' ἑνωσιν παραγει τα πρωτως ἀπ' αὐτα προϊοντα. και πως γαρ ἀλλως το ἑν ἡ ἑνιαιως ὑφιϲανειν ἀναγκαιον; και γαρ ἡ φυσις φυσικως, και ἡ ψυχη ψυχικως, και ὁ νους νοερως ἀπογεννα τα δευτερα. και το ἑν ἀρα καθ' ἑνωσιν ἐϲι των ὁλων αἰτιον, και ἐπειδη ἀπο τα ἑνος ἡ προοδος ἐϲιν.

dem Princip verwandt sind, und eine demselben angemessene Zahl, d. h. eine einartige, unaussprechliche und überwesentliche Zahl seyn müssen. Denn das Princip wird durch keine Verschiedenheit von dem Erzeugten getrennt und in eine andere Ordnung versetzt; keine Bewegung bringt eine Abspannung der Kraft hervor, daß irgend eine Unähnlichkeit oder Unbestimmtheit das Erzeugte treffen könnte. Das Eine, welches einzig über alle Bewegung und Trennung erhaben ist, stellt die göttliche Zahl um sich dar, und vereiniget sie mit seiner Einfachheit, und bringt vor den Dingen die Einheiten der Dinge zum Daseyn [116]).

XVI. So wie es eine Verschiedenheit der Zahlen gibt, daß einige ihrem Princip näher sind, andere sich weiter von demselben entfernen, einige einfacher, andere zusammengesetzter sind, so sind auch einige selbstständige Einheiten einfacher, andere zusammengesetzter. Die ersten nehmen an dem Einfachern, was dem Einem am nächsten ist, die zweiten an dem Zusammengesetzteren und von der Einheit Entfernteren Theil. Je näher die Einheiten der absoluten Einheit sind, desto einfacher sind sie, desto größer ist aber ihr Wirkungskreis und ihre erzeugende Kraft. Denn je meh-

---

116) Proclus ebendas. p. 122. εἰ δὲ καὶ τὸ παραγον τα παντα πρωτως τὸ ἕν, καὶ ἡ προοδος ἑνιαια, δεῖ δὴ πᾶ καὶ τὸ παραγομενον εκειθεν πληθος ἑναδας αυτοτελεις ὑπαρχειν τῳ παραγοντι συγγενεστερας. ετι δε, εἰ πᾶσα μονας ἀριθμον ὑφιστησι προς ἑαυτη οικειον — πολλῳ δὴ τα προτερον τὸ ἓν ἀπογεννᾳ τον τοιετον ἀριθμον· εἰ μεν γαρ προοδῳ των πραγματων δια τὴν της ἑτεροτητος ἐπικρατει., κιςμοισται πολλακις τῳ παραγοντι τὸ παραγομενον· τοιαυτα γαρ ἐστι τα ἐσχατα των οντων, και πολυ διεστωτα των οικειων αρχων· ὁ δε πρωτιστος ἀριθμος καὶ τῳ ἑνὶ συμφυομενος, ἑνοειδης, και ἀρρητος, και ὑπερουσιος, κατα παντη τῳ αιτιῳ πεφυκοτος.

mehrere Eigenschaften in einem Dinge hinzukommen, desto mehr Kräfte werden demselben entzogen ¹¹⁷).

XVII. So entspringet also aus der Einheit eine Vielheit von Dingen, welche sich immer weiter von der Einfachheit des absoluten Einen entfernen, weil die erzeugende Kraft nachläßt, dadurch mehrere Bestimmungen in die Dinge bringt, aber auch ihre Allgemeinheit und Einfachheit verringert. Indessen ist doch auch in der untersten Classe der Dinge noch immer einige Aehnlichkeit mit dem absoluten Einen. (XIII.) Die Vielheit der Dinge, welche der Einheit ähnlich ist, ist nichts anders, als eine Trennung und Theilung dessen, was die Einheit unzertrennt und ungetheilt ist. Denn hat das Eine eine eigenthümliche Kraft und Realität, so wird dieselbe als Gattung in der Vielheit seyn, doch mit einer gewissen Beschränkung in Rücksicht auf das Ganze ¹¹⁸).

XVIII. Nach der absoluten Einheit der Urquelle alles Guten und Schönen, dem Grunde aller Göttlichkeit, kommen die Principe der Dualität zum Vorschein,

---

117) Proclus ebendas. p. 125. παντι δηπυ καταφανες, ὅτι τας μεν εγγυτερω τυ ἑνος ἑναδας ὑπο των πρωτισων μετεχεσθαι και ἁπλυςατων ἐσιων ἀναγκη, τας δε πορρωτερω, ὑπο των συνθετωτερων, δυναμει ἐλασσυμενων, ἀριθμω δε και πληθει πολλαπλασιαζομενων· ὁλως γαρ αἱ προσθεσεις ἐν ἐκεινοις, ἀφαιρεσεις εἰσι δυναμεων, και το ἐγγυτερω τυ ἑνος ἁπλοτητι θαυμασῃ των ὁλων ὑπερεχοντες ἐνειδεστερον ἐςι, και ὀλικωτεραις τυ οντος συνεςιν αἰτιαις.

118) Proclus ebendas. p. 120. το δε αὐ ὁμοιον τῃ μοναδι πληθος τυτο ἐςι διῃρημενον, ὁπερ ἡ μονας ἀδιαιρετως. εἰ γαρ δυναμιν ἐχει και ὑπαρξιν ἰδιαν ἡ μονας, ἐςαι και ἐν τῳ πληθει το αὐτο της ὑπαρξεως εἶδος μετα της ὑφεσεως προς το ὁλον.

schein, das ist die Gränze (περας), und die Unbegränztheit (απειρια), aus welchen die ganze Natur der Dinge gemischt ist. Denn vor dem Begränzten und dem Gränzenlosen, welche beide in allen Objecten vorkommen, muß die Gränze und die Unbegränztheit hergehen, als das erste Ding, aus welchem als seinem Grunde jedes Object entspringt. Auch würden wir die Natur des absoluten Einen nicht wahrhaft finden, wenn wir auf dasselbe sogleich die Objecte folgen ließen [119].

Das Eine ist über alles Verhältniß mit den Objecten erhaben, und stehet in keiner wechselseitigen Gemeinschaft mit denselben (αμεθεκτον); es ist aber auch zugleich die Ursache und der Grund jedes Dinges. Daher muß auch in demselben die erzeugende Kraft des Objectes seyn. Denn alles, was etwas hervorbringt, bringt es nach seiner Kraft hervor, welche zwischen dem Hervorbringenden und dem Hervorgebrachten eine mittlere Existenz einnimmt. So ist die Kraft ein **Fortschritt, ein Heraustreten und Ausspannung des Hervorbringenden, und die präexistirende erzeugende Ursache des Hervorgebrachten.**

Das Ding, welches von diesen hervorgebracht wird, ist nicht das absolute Eine selbst, sondern nur einartig; es hat durch die hervorbringende Kraft desselben seine Existenz als ein Heraustreten aus der Einheit, und durch das Wesen desselben die verborgene Verknüpfung zur Einheit.

Das

---

[119] Proclus ebendas. p. 132. δει γαρ ειναι προ τε πεπερασμενε το περας, και προ τε απειρε την απειριαν, και την προς το εν των αφ' εαυτε προσελθοντων ομοιοτητα. και γαρ αν και ει τα οντα μετα το εν υμεινων προκυψειεν, εδαμε της τε ενος ιδιοτητα καθαρως ευρησομεν — εστιν αρα τι το προ τε οντος εν, ο και υφιστησι το εν, και αιτιον εστι τε οντος πρωτος.

Das Eine, welches vor aller Kraft hergehet, und das erste ist, welches aus der unerkennbaren, unmittheilbaren ersten Ursache aller Dinge ausfließet, ist die **Gränze**; die das Ding erzeugende Kraft aber die **Unbegränztheit** [120]).

Die Gränze und die Unbegränztheit offenbaren also die erste unerkannte, in kein Ding übergehende unmittheilbare Ursache. Die Gränze ist die Ursache der beharrlichen einheitartigen und alles zusammenhaltenden Göttlichkeit; die Unbegränztheit aber ist der Grund, daß die Ursache zu allem fortschreiten, sich vervielfältigen und eine Ordnung der Dinge erzeugen kann. Die Vereinigung, die Ganzheit, die Gemeinschaft der Dinge und jedes göttliche Maß ist aus der ersten Gränze; jede Theilung und Trennung, jedes fruchtbare Wirken, alles Fortschreiten zur Vielheit, aus der ersten Unbegränztheit hervorgegangen [121]).

Alles

---

[120]) **Proclus** ebendas. p. 133. ἀλλ' εἰ αἴτιον ἐστι τοῦτο τὸ ἕν, καὶ ὑποστατικὸν τῆς ὄντος δυνάμεως ἂν ἐν αὐτῷ γεννητικὴ τοῦ ὄντος ὑπάρχοι· πᾶν γὰρ τὸ παράγον κατὰ τὴν ἑαυτοῦ παράγει δύναμιν, μέσης τε παράγοντος καὶ τῶν παραγομένων ὑποστασιν λαχούσης, καὶ τὰ μὲν ἴσον πρόοδον καὶ οἷον ἐκτείναι τὰ δὲ, αἰτίας γεννητικὴν προτεταγμένη· καὶ γὰρ δὴ τὸ ὂν ἐκ τούτων παραγόμενον, καὶ ἓν ὂν αὐτοέν, ἀλλ' ἑνοειδές, τὴν μὲν ἀπὸ τοῦ ἑνὸς πρόοδον διὰ τῆς δυνάμεως ἔχει πραγάτεσαι αὐτὸ καὶ ἐκφαίνεσαι ἀπὸ τοῦ ἑνὸς, αὕτη δὲ τὴν κρύφιον ἕνωσιν ἀπὸ τῆς ὑπάρξεως τοῦ ἑνός. τὸ μὲν τοίνυν ἓν τοῦτο τὸ προϋπάρχον τῆς δυνάμεως, καὶ πρῶτον ἀπὸ τῆς ἀμεθέκτου καὶ ἀγνώστου τῶν ὅλων αἰτίας προϋπόσαν, πέρας ὁ ἐν Φιλήβῳ Σωκράτης ἀποκαλεῖ, τὴν δὲ γεννητικὴν τοῦ ὄντος δύναμιν, ἀπειρίαν.

[121]) **Proclus** ebendas. τὸ δὲ πέρας τῶν ὄντων καὶ τὸ ἄπειρον ἐκφαίνει τὴν ἄγνωστον ἐκείνην καὶ ἀμέθεκτον αἰτίαν. τὸ μὲν πέρας, τῆς μονίμου καὶ ἑνοειδοῦς καὶ συνεκτικῆς θεότητος αἴτιον ὑπάρχον· τὸ δὲ ἄπειρον, τῆς ἐπὶ πάντα προϊέναι καὶ πληθύε-

Alles Göttliche beharrt und gehet ins Unendliche fort, es hat Einheit und Vielheit; die Einheit nach dem Princip der Gränze, die Vielheit nach dem Princip der Unbegränztheit. Aus diesen beiden Principien gehet alles hervor, bis auf das Letzte und Unterste. So enthält selbst die Ewigkeit als denkbares Maß und als Grund einer unerschöpflichen Productionskraft die Gränze und die Unbegränztheit in sich. In sofern die Intelligenz einheitartig und vollständig ist, und die Musterformen enthält, ist sie eine Ausgeburt der Gränze; in sofern sie aber ewig ist, und alles von Ewigkeit zum Daseyn bringt, hat sie ihre unerschöpfliche Kraft von der Unbegränztheit. In sofern die Seele ihr Leben nach gewissen Perioden durch einen gewissen Kreislauf abmißt, und ihren Bewegungen eine Gränze setzt, stehet sie unter dem Princip der Gränze; in sofern sie aber in ihren Bewegungen keine Ruhe hat, sondern das Ende der einen zum Anfange der folgenden ihre ganze Lebensperiode hindurch macht, vollendet sie diese unter dem Einflusse der Unbegränztheit. Der Himmel, jede Entstehung, jedes einzelne Ding beweiset auf ähnliche Art den Einfluß der beiden Principien [122]).

XIX. Aus diesen beiden Principien entsteht ein Drittes, nämlich ein aus beiden **Gemischtes**, das erste der wirklichen Dinge. Denn da die Gränze die Beschränkung der wirklichen Dinge, die Unbegränztheit, das Gränzenlose der wirklichen Dinge ist, so kann das, was

σθαι δυναμενης και ελως της γεννητικης προυπαρχοι απασης διακοσμησεως. πασα μεν γαρ ενωσις και ελοτης, και κοινωνια των οντων, και παντα τα θεια μετρα τα πρωτιςα περατος εξηρηται· πασα δε διαιρεσις, και γονιμος ποιησις, και ἡ εις πληθος προοδος απο της αρχηγικωτατης ταυτης απειριας ὑφεςηκε.

122) Proclus ebendas. p. 133. 134.

was aus der Vereinigung beider hervorgehet, nichts anderes seyn, als das erste der wirklichen Dinge, (die Substanz als Gattung aller Substanzen,) oder das höchste unter den wirklichen Dingen, das, was an und für sich absolute ein Ding und nichts weiter ist [123])

Jedes Ding enthält in sich das Seyn (ουσια), das Leben (ζωη), und die Intelligenz (νυς). Diese Dreiheit ist daher auch in dem ersten wirklichen Dinge. Das Leben ist das Mittlere; denn es kommt ihm sowohl Wirklichkeit als das Gedachtwerden zu. Die Intelligenz ist aber die Gränze des Dinges. Denn in dem Gedachten ist das Denkende, und in dem Denkenden das Ding; das Denkende ist in jenem aber objective (νοητως), und das Gedachte in diesem productive (νοερως) [124]).

Das Seyn ist das Beharrliche in dem Dinge, was sich zugleich mit den ersten Principien offenbaret, und von dem Einen nicht herausgehet. Das Leben ist das, was aus den Principien herausgehet, und zugleich mit der unendlichen Kraft entstehet. Die Intelligenz rich-

[123]) Proclus ebendas. p. 135. ει δε το περας, των οντων η περας, και το απειρον, των οντων απειρον, και ετι τα εξ αμφοιν εχοντα την συστασιν τα οντα — δηλον, οτι το πρωτιστον των μικτων πρωτιστον εστι των οντων· τουτο δε ουδεν αλλο εστιν, η το ακροτατον εν τοις ουσι, και ο εστιν αυτοον, και ουδεν αλλο, η ον.

[124]) Proclus ebendas. και ειναι πανταχου μεν τα τρια ταυτα, το ον, την ζωην, τον νουν· πρωτως δε και ουσιωδως εν τω οντι προϋπαρχειν· εκει γαρ και η ουσια και η ζωη και ο νους και η ακροτης των οντων. η δε ζωη το μεσον κεντρον του οντος, νοητη ζωη λεγομενη και ουσα. ο δε νους, το περας του οντος, και ο νοητος νους. εστι γαρ εν τω νοητω νους, και εν τω νω νοητον· αλλ' εκει μεν νοητως ο νους, εν δε τω νω νοερως το νοητον.

richtet die Begränzung auf die Principien, verbindet sie mit dem Urprincip, und vollendet den einen denkbaren Kreis. Die Intelligenz ist die Denkkraft, das Leben ist das Denken, das Gedachte ist das Ding. Es gibt also ein dreifaches Seyn, ein wesentliches, ein lebendiges und ein denkendes. Alles dreies ist wesentlich vorhanden, in der ersten ursprünglichen Mischung, und dieses ist das absolute Seyn (αυτουσια), das erste aller wirklichen Dinge, und gleichsam die Einheit des gesammten Inbegriffs aller Dinge 125).

Das wirkliche Ding (ον) ist nichts anders, als eine Einheit vieler Kräfte, eine vervielfältigte Wirklichkeit Eins und Vieles. Das Seyn und die Wirklichkeit hat es von der Gränze, die Kräfte von der Unbegränstheit 126).

XX.

125) Proclus ebendas. και η μεν ουσια το μονιμον τε οντος, και το ταις πρωτισαις αρχαις συνυφαινομενον και ανεκφοιτητον τε ερσι. η δε ζωη, το προϊον απο των αρχων, και τη απειρω δυναμει συμφυρομενον. ο δε νες, το επιστρεφον εις τας αρχας, και συναπτον τη αρχη το περας, και κυκλον ενα νοητον απεργαζομενον. τριττα τοινυν οντος, και τα μεν ουσιωδες το εν αυτω, τα δε, ζωτικα, τα δε, νοερα, παντων δε ουσιωδως εν αυτω προϋπαρχοντων, το πρωτιστον των οντων εσι, το εκ των πρωτισων αρχων μιγνυμενον. λεγω δε την ουσιαν. η γαρ αυτουσια παντων εστι των οντων ακροτης, και οιον μονας εστι των ολων. — επειδη νες μεν εστι το γνωστικον, η δε ζωη νοησις, νοητον δε το ον.

126) Proclus ebendas. p. 137. και παν το ον και η ουσια πασα δυναμεις εχει συμφυεις· μετεχει γαρ της απειριας· και την μεν υπαρξιν εκ τε περατος κομιζεται, την δε δυναμιν εκ τη απειρα. και ουδεν αλλο εστι το ον η μονας δυναμεων πολλων, και υπαρξις πληθυομενη, και δια τυτο εν πολλα το ον.

XX. Dieses ist also die erste Dreiheit. Die Gränze, die Gränzenlosigkeit, das Gemischte. Die Gränze ist der Gott, der auf der Gränze des Denkbaren von dem ersten und unmittheilbaren Gotte nimmer alles mißt und begränzt, das väterliche zusammenhaltende und unbefleckte Geschlecht der Götter begründet. Die Gränzenlosigkeit ist die unerschöpfliche Kraft dieses Gottes, welche alle erzeugenden Ordnungen, alle Gränzenlosigkeit, sowohl die überwesentliche als wesentliche bis zur letzten Materie aus sich darstellt. Das Gemischte ist die erste und höchste Welt der Götter, welche alles verborgener Weise in sich enthält, nach der denkbaren Dreiheit vollendet, und den Grund von jedem Dinge einheitartig enthält. In diesen Gemischten ist die Symmetrie, Wahrheit und Schönheit, ohne welche keine Mischung bestehen kann [127]).

XXI. Aus dieser ersten Dreiheit entspringt die zweite. So wie die erste der Einheiten das höchste Ding begründet, so bringt die mittlere Einheit das mittlere Ding hervor, und zwar nach einer hervorbringenden Ursache. So entsteht auf ähnliche Weise die zweite Dreiheit, wie die erste, in welcher etwas Erstes ist, die Einheit, die

---

[127]) Proclus ebendas. p. 139. 140. τοιαυτη μεν δη την νοητων ἡ πρωτιςη τριας, περας, απειρον, μικτον. ὡς το μεν περας ες ι θεος επ' ακρῳ νοητῳ προελθων απο τȣ αμεθεκτȣ και πρωτιςȣ θεȣ, παντα μετρων και αφοριζων, και παν το πατρικον και συνεκτικον και αχραντον των θεων γενος ὑφιςας. το δε απειρον δυναμις ακαταληπτος τȣ θεȣ τȣτȣ, πασας τας γεννητικας διακοσμησεις εκφαινȣσα, και πασαν την απειριαν, την τε προȣσιον, και την ȣσιωδη, και μεχρι της εσχατης ὑλης. το δε μικτον ὁ πρωτιςος και ὑψηλοτατος διακοσμος των θεων, και κρυφιως τα παντα συνειληφως, κατα τριαδα μεν νοητην συνεκτικην συμπληρȣμενος, παντος δε τȣ οντος την αιτιαν ἑνιαιως περιεχων.

die Göttlichkeit, die Wirklichkeit; etwas Mittleres, die Kraft, und etwas Letztes ist, das Ding in dem zweiten Grade, das denkbare Leben. Denn in dem Denkbaren ist alles, das Seyn, das Leben, das Denken. Das erste ist dem Grunde nach alles, aber verborgener Weise. Das zweite bringt die Vielheit hervor, gehet aus der Vereinigung des Dinges zum Daseyn hervor. Das dritte ist endlich die gedachte Vielheit, und das System der gedachten Ideen. In dem letzten Denkbaren haben die Ideen ihre Subsistenz: denn in der Intelligenz müssen die Ideen zuerst seyn und sichtbar werden. Wenn nun das Ding auf eine abgesonderte Weise in der ersten Mischung bleibt, dann aber auch aus der Einheit hervorgehet und dyadisch erzeuget wird, so ist eine Bewegung in Beziehung auf dasselbe. Wo aber Bewegung ist, da ist auch Leben [128]. Es ist also auch hier eine Dreiheit, die Gränze, die Gränzenlosigkeit und das aus beiden gemischte, das Leben, das Ding dem zweiten Range nach. Diese Dreiheit ist wieder ein Gott, der die zeugende Kraft hat. Die erste Dreiheit ist alles, aber intelligibel, einheitartig und gränzartig; die zweite ist

---

[128] Proclus ebendas. p. 141. παλιν αρα τριας εσαι δευτερα τῃ πρωτῃ λαχουσα της αναλογον εκφανσιν· και το μεν εστιν αυτης ακρον, ὁ δη καλωμεν ἑν, και ϑεοτητα και ὑπαρξιν· το δε μεσον προσαγορευομεν δυναμιν· το δε εσχατον, ὁ δη φαμεν ειναι το δευτερως ον· τουτο δε εστιν ἡ νοητη ζωη. παντα γαρ εστιν ἐν τῳ νοητῳ — το ειναι, το ζην, το νοειν. και το μεν κατ' αιτιαν εστι παντα και κρυφιως· το δε προφαινει το πληϑος, και προεισιν απο της ἑνωσεως του οντος εις εκφανσιν· το δε ηδη παν εστι το νοητον πληϑος, και ὁ των νοητων ειδων διακοσμος· επ' εσχατῳ γαρ τῳ νοητῳ τα ειδη ὑποστασιν εχει· δει γαρ εν ᾡ τα ειδη και ειναι την πρωτην και φαινεσϑαι. ει τοινυν μενει το ον εξῃρημενως εν τῃ πρωτῃ μιξει, προεισι δε ηδη, και απο της μοναδος δυαδικως απογεννᾳται, κινησις αν ειη περι αυτο· κινησεως δε ουσης, αναγκη και ζωης ειναι νοητην. πανταχου γαρ ἡ κινησις ζωη τις εστιν.

ist alles, aber auf eine lebende Weise, und dem Unendlichen analog [129]).

XXII. Die dritte Einheit, das Gemischte, bringt die dritte Dreiheit hervor, in welcher die denkbare Intelligenz oder Denkkraft ihre Subsistenz erhält. Die denkbare Denkkraft ist nichts anders als der Inbegriff aller Dinge, in sofern sie gedacht, und durch das Denken auf die ursprüngliche absolute Einheit zurückbezogen werden. Daher ist diese Denkkraft die Gränze, die Vollendung alles Denkbaren. Beharren in dem Seyn, Fortschreiten, Zurückkehren beschließt den Kreis alles Denkbaren. Die erste Dreiheit enthält das Princip der Vereinigung, die zweite der Vielheit und Vermehrung durch die fortschreitende Bewegung oder das Leben, die dritte, das Princip der Unterscheidung des Mannigfaltigen, und der Gestaltung durch die Gränze, d. i. durch die Rückkehr zu dem Einen als dem Urersten [130]).

XXIII.

[129] Proclus ebendas. p. 141. τὸ μὲν πρῶτον τῆς δευτέρας ταύτης τριάδος καλεῖσθαι πέρας· τὸ δὲ δεύτερον, ἄπειρον· ζωὴ δὲ τὸ τρίτον. θεὸς γὰρ ἐστι καὶ ἡ δευτέρα τριάς, νοητὴν δύναμιν ἔχων, καὶ τὸ δεύτερον ὂν ἀφ' ἑαυτῷ καὶ περὶ ἑαυτῷ ἐκφαίνων. — τῆς γὰρ πρώτης τριάδος πάντα μὲν οὔσης, ἀλλὰ νοητῶς καὶ ἑνιαίως καὶ (ὡς ἂν εἴποιμι πλατωνικῶς) περατοειδῶς, ἡ δευτέρα πάντα μὲν ἐστιν, ἀλλὰ ζωτικῶς καὶ — ἀπειροειδῶς, ὥσπερ ἡ τρίτη κατὰ τὴν ἰδιότητα τε μικτὰ προεληλυθεν.

[130] Proclus ebendas. p. 143. ἡ τρίτη μοῖρα τοῦ νοητοῦ γένους ἵσταται περὶ αὐτὴν καὶ πληροῖ θείας αὐτῶν ἐνώσεως, μέσην ὑποστησαμένη τὴν δύναμιν ἑαυτῆς τε καὶ τοῦ ὄντος, δι' ἧς ἀποπληροῖ τὸ ὂν τοῦτο καὶ ἐπιστρέφει πρὸς ἑαυτήν. ἐν ταύτῃ τοίνυν καὶ πᾶν τὸ νοητὸν ἐκφαίνεται πλῆθος. καὶ γὰρ τὸ ὂν τοῦτο πᾶν ἐστι νοητὸν ὡς καὶ ζωὴ καὶ οὐσία, καὶ οὔτε κατ' αἰτίαν, ὥσπερ τὸ πρῶτον ὂν, οὔτε προφαίνον τὰ πάντα, καθάπερ τὸ δεύτερον, ἀλλ' οἷον κατ' ἐνέργειαν καὶ ἐκφαίνων τὰ πάντα. διὸ δὴ καὶ τῶν νοητῶν ἐστιν ἁπάντων πέρας. καθ' ὁμοιότητα γὰρ ἀπὸ τοῦ ἑνὸς τῆς προόδου τῶν ὄντων ἀποτελουμένης, τὸ μὲν ἑνοει-
δέστα-

XXII. Alle drei Dreiheiten offenbaren auf eine mystische Weise die unbekannte Caufalität des erften unmittheilbaren Gottes. Die erfte die unausfprechliche Einheit; die zweite, das Ueberfchwengliche aller Kräfte; die dritte, die vollftändige Erzeugung aller Dinge [131]).

Auf diefe Art fähret Proclus fort, aus dem Urprincip der abfoluten Einheit immer mehrere Principe der Dinge oder Einheiten, und zwar in triadifcher Ordnung abzuleiten. Er vermehrte dadurch die Zahl der Götter und Dämonen bis zum Erftaunen, fuchte aber die unbegreifliche Menge wieder auf gewiffe Claffen zurückzuführen; indem er fie in Denkbare (νοητοι), Denkende (νοηροι), überweltliche (ὑπερκοσμιοι) und weltliche (εγκοσμιοι) Götter eintheilte [132]). Er gehet von dem Begriff der abfoluten Einheit, oder eines Etwas überhaupt, als dem oberften ontologifchen Begriffe aus, und fucht durch Beftimmung und Zufetzung neuer Merkmale zuletzt die ganze Totalität der möglichen Dinge

δεκατον ην, το δε αδινον το πληθος και διακρισεως αρχομενον, τα δε ηδη παντελες και πληθος νοητον εν ἑαυτω και ειδος εκφαινον· ετι τοινυν, της μεν πρωτης τριαδος κρυψιας εν τω περατι μενουσης, και παν το μονιμον των νοητων εν ἑαυτη πηξαμενης, της δε δευτερας μενουσης ἁμα και προϊουσης, ἡ τριτη μετα την προοδον επιςρεφει το νοητον περας εις την αρχην, και συνελισςει τον διακοσμον προς ἑαυτον. το γαρ πανταχη το επιςρεφειν και συννευειν εις το νοητον. και εςιν εν οσιδη παντα ταυτα και νοητα, το μενειν, το προϊεναι, το επιςρεφειν.

131) Proclus ebendaf. και γαρ αἱ τρεις αυται τριαδες μυστικως επαγγελλοσι την τε πρωτη θεα και αμεθεκτα παντελος αγνωσον αιτιαν· ἡ μεν την αρρητον αυτης ἑνωσιν· ἡ δε την πασων δυναμεων ὑπεροχην· ἡ δε την παντελη των οντων απογεννησιν.

132) Proclus *in Timaeum* p. 291. 299.

Dinge in einer vollständigen Eintheilung zu begreifen. Und hierin bestehet das ganze Geheimniß dieser Philosophie, daß er die Begriffe und deren Merkmale in wirkliche Dinge verwandelt, die Subordination der Begriffe für eine Unterordnung der Dinge, die einfachsten Begriffe, welche in den zusammengesetzten enthalten sind, für Principe der Dinge hält, und daher aus Einem alles Reale abzuleiten vermeinet. Er verfährt dabei zwar nach einer nothwendigen Idee der Vernunft, Einheit in das Mannigfaltige unserer Erkenntnisse zu bringen; aber auf der andern Seite sucht er doch nicht bloß die höchste Einheit zu dem Gegebenen, sondern auch zu dem von Andern und von ihm selbst erdichteten Mannigfaltigen der Dinge. Er gehet nie den ruhigen Gang eines Forschers, der kein anderes Interesse kennt als die Wahrheit, sondern, weil er immer schon das, was er finden will, vor der Untersuchung festgesetzt hat, so ist sein Raisonnement, bei manchen unzweideutigen Proben eines nicht gemeinen Scharfsinnes, doch immer durch Sprünge und Inconsequenzen abgebrochen. Und wenn man die Wahrheit gestehen will, so hatte Proclus sich schon aller strengen Forderungen an den Wahrheitsforscher begeben, indem er einen Glauben, der ein Geschenk der Gottheit ist, als den letzten Beglaubigungsschein seiner höhern Speculation aufstellte.

Wie war es aber möglich, daß ein denkender Kopf nicht die Täuschung wahrnahm, welcher er sich bei der Hypostasirung bloßer Begriffe bloß stellte, daß er nicht einsah, daß seine dichtende Vernunft ein leeres Gaukelspiel treibe? Es fehlte diesem Proclus, wie allen Schwärmern an dem Talente der scharfen Prüfung ihrer Gedanken. Vor aller Untersuchung des Princips und Grundes, ihres Systems, und der Möglichkeit ihres Strebens nach Erkenntniß des Absoluten, überzeugt von der

der Möglichkeit und Wahrheit dieser erträumten Erkenntniß, sahen sie die innern Widersprüche ihres Systemes und die Leerheit ihrer Speculationen nicht ein, sondern waren nur einzig darauf bedacht, daß sie den aus dem Principe abgeleiteten, oder an dasselbe angeknüpften Sätzen den Schein von Gründlichkeit verschaffen.

Was diese Täuschung bei dem Proclus unterhielt, war eben der ohne Prüfung angenommene Supernaturalismus, nach welchem alle wahre Erkenntniß, d. h. die Erkenntniß des Absoluten und Uebersinnlichen unmittelbar aus dem Princip alles Seyns abgeleitet wurde. Aus dem Einen gehet das Wesen und die Intelligenz hervor; sie haben in demselben ihre Subsistenz, und werden durch das aus demselben hervorgehende Licht der Wahrheit erfüllt, erleuchtet und mit dem Grunde ihres Seyns vereiniget. Alles Göttliche ist, was es ist, durch dieses Licht, und hat durch dasselbe Gemeinschaft mit dem göttlichen Wesen [133]. Dieses göttliche Licht ist nun auch dasjenige, was die Erkenntniß des Göttlichen und die innige Vereinigung mit demselben durch den Glauben hervorbringt, was macht, daß wir uns selbst mit verschlossenen Augen in dem göttlichen Lichte betrachten, und uns in die verborgne Einheit aller Dinge versetzen [134].

Daher

---

[133] Proclus *Theol. Plat* l. II. p. 91. και γαρ η ϛιχ και ο ιϛς απο τυ αγαθυ πρωτον υφεϛανοι λεγεται, και περι το αγαθον την υπαρξιν εχειν, και πληρυϛθαι τυ της αληθειας φωτος εκειθεν προϊοντος — και ο τας αρα θεος δια το φως το νοερον, και το νοητον, το και αυτυ τυ νυ πρεσβυτερον, δια το φως το νοητον. και το νοητον ομυ και το νοερον δια την εις αυτο καθηκυσαι τυ φωτος αποπληρωσιν, της θειας υπαρξεως μετειληφε. και ινα συλληβδην ειπωμεν, εκαϛον των θειων δια τυτο και εϛιν ο λεγεται, και τη παντων αιτια των οντων συνηπται. p. 100. l. III. p. 124.

[134] Proclus ebendas. I. c. 25. Man sehe oben Note 87.

Daher ging Proclus in dieſer ſchwärmeriſchen Speculation ſo weit, daß er ſich ſogar einbildete, die göttlichen Namen kämen den Göttern in Wahrheit zu, und wären in ihrem Weſen gegründet. Dieſe Träumerei von den göttlichen Namen mag ſeine Theologie beſchließen.

Es gibt dreierlei göttliche Namen; die erſten und eigentlich eigenen Namen der Götter ſind in den Göttern ſelbſt gegründet. Die zweiten in dem Denken beſtehenden, Nachbildungen der erſten, ſind ebenfalls göttlicher Natur. Die dritten ſtehen von der Wahrheit in dem dritten Grade ab, werden durch menſchliches Denken gebildet, enthalten den niedrigſten Ausdruck der göttlichen Dinge, und werden von den denkenden Menſchen theils in dem Zuſtande der göttlichen Begeiſterung, theils des vernünftigen Denkens gebildet, indem ſie von dem innerlich Angeſchaueten bewegliche Bilder erzeugen. Denn ſo wie die bildende und darſtellende Intelligenz von den erſten in ihr enthaltenen Ideen Abdrücke in der Materie, von dem Ewigen zeitliche, von dem Untheilbaren theilbare Bilder und überhaupt von dem wirklich Seienden Schattenzeichnungen hervorbringt, ſo bildet auch unſere Wiſſenſchaft das intelligible Schaffen nach, und bildet durch die Rede Copieen, wie von den übrigen Dingen, ſo auch von den Göttern ſelbſt, indem ſie die unzuſammengeſetzte Natur der Götter durch die Zuſammenſetzung, ihre Einfachheit durch die Mannigfaltigkeit, und ihre Einheit durch die Vielheit nachbildet. So bringt ſie die Namen der Götter hervor, welche die letzten Copieen oder Bilder derſelben ſind. So wie die Theurgie zur Erleuchtung der von Künſtlern gebildeten göttlichen Bildniſſe durch gewiſſe Zeichen die unendliche Güte der Götter hervorrufet, und mit denſelben ver-

vereiniget, so offenbaret auch die Vernunft-
wissenschaft göttlicher Dinge durch Verbindung und Trennung der Laute das verborgene Wesen der Götter 135).

Nach-

135) Proclus ebendas. c. 29. p. 69. τα μεν πρωτιςα και κυριωτατα και οντως θεια των ονοματων εν αυτοις υποθετεον ιδρυσθαι τοις θεοις, τα δε δευτερα και τουτων ομοιωματα νοερως υφεςηκοτα της δαιμονιας μοιρας ειναι λεκτεον. τα δ' αυ τριτα μεν υπο της αληθειας, λογικως δε πλαττομενα, και των θειων εσχατην εμφασιν καταδεχομενα, παρα των επιςημονων εκφαινεσθαι φησομεν, οτε μεν ειδως, οτε δε ωσπερ ενεργουντων, και των ενδον θεαματων εικονας εν κινησει φερομενων απογενωντων. ως γαρ ο νους ο δημιουργικος των εν αυτω πρωτιςων ειδων περι την υλην εμφασεις εφιησι, και των αιωνιων εγχροια, και των αμεριςων μερισα, και οιον εκδιαγεγραφημενα των αληθως οντως ειδωλα παρεχει, κατα τον αυτον, οιμαι, τροπον και η παρ' ημιν επιςημη, την νοεραν αποτυπουμενη ποιησιν, δια λογων δημιουργει των τε αλλων πραγματων ομοιωματα, και δη και αυτων των θεων, το μεν ασυνθετον αυτων δια συνθεσεως, το δε απλουν δια ποικιλιας, το δε ηνωμενον δια πληθους απεικαζεσα. και ουτω δη τα ονοματα πλαττουσα, των θειων εικονας εσχατας επιδεικνυσιν' εκαςον γαρ ονομα καθαπερ αγαλμα των θεων απογεννα. και ωσπερ η θεουργια δια δη τινων συμβολων εις την των τεχνητων αγαλματων ελλαμψιν προκαλειται της των θεων αφθονου αγαθοτητα, κατα τα αυτα δη και η νοερα των θειων επιςημη συνθεσεσι και διαιρεσεσι των ηχων εμφαινει την αποκεκρυμμενην ουσιαν των θεων. Mit Recht beruft sich Proclus auf die Wunderkraft der Theurgie, wo-
durch sie den von Künstlern gearbeiteten Bildnissen der
Götter einen lebendigen Geist und ein göttliches Leben ein-
zuhauchen vermag. Die höchst exaltirte Speculation führte also die Menschheit auf denselben Punct zurück, auf
welchem sie in dem Zustande des rohen Aberglaubens ge-
standen hatte. Hermes Trismegistus sagt in seinem
Asklepius C. 13. darüber folgendes: Sed omnium mira-
bilium vincit admirationem, quod homo divinam
potuit inuenire naturam, eamque efficere. Quoniam ergo proavi nostri multum errabant, circa deorum rationem increduli, et non animadvertentes ad

cul-

Proclus.

Nachdem wir die Art und Weise, wie Proclus philosophirte, in dem höchsten Fluge der Speculation charakterisiret haben, wollen wir noch seine Ansicht über einige Gegenstände darstellen, welche ihres allgemeinen oder Zeitinteresses wegen Aufmerksamkeit verdienen.

Ein cultum religionemque divinam, invenerunt artem, qua deos efficerent, cui inventae adjunxerunt virtutem de mundi natura convenientem, eamque miscentes; et quoniam animas facere non poterant, evocantes animas daemonum vel angelorum eas indiderunt imaginibus sanctis divinisque mysteriis, per quas solas idola et benefaciendi et malefaciendi vires habere potuissent. — Sic deorum fictor est homo. Diese ungereimte Meinung hatte auch Jamblich in seinem Werke περι αγαλματων, welche Philoponus bestritt, (Photius Cod. CXV.) aber in dem Werke von den ägyptischen Mysterien verwirft er sie aus eben so schwärmerischen Gründen. Uebrigens hat der Verfasser desselben Werks eben die sonderbaren Vorstellungen von den göttlichen und heiligen Namen, daß sie göttlichen Ursprungs sind, und ihre geheime, den Göttern angemessene Bedeutung haben, wenn sie auch fremdartig und unverständlich seyn sollten; ja daß sie dann um so ehrwürdiger und prägnanter sind. *de mysteriis Aegypt. VII. c. 3.* αλλ' ημιν μεν αγνωςα εςω, η γνωςα εινα, περι ων παρεδεξαμεθα τας αναλυσεις παρα θεων· τοις μεν τοι θεοις παντα σημαντικα εςι ε κατα ρητον τροπον· ουδ' οιος εςιν ο δια των φαντασιων παρ' ανθρωποις σημαντικος τε και μηνυτικος· αλλ' ητοι νοερως κατα τον θειον αυτον ανθρωπειον νυν, η και αφθεγκτως, η κρειττονως και απλεςερως και κατα νυν τοις θεοις συνηνωμενον· αφαιρειν μεν αν χρη πασας επινοιας και λογικας διεξοδυς απο των θειων ονοματων· αφαιρειν δε και τας συμφυομενας της φωνης προς τα εν τη φυσει πραγματα φυσικας απεικασιας. ωσπερ δε εςιν ο νοερος και θειος της θειας ομοιοτητος συμβολικος χαρακτηρ, τουτον υποθετιον εν τοις ονομασι. και δη και αγνωςος ημιν υπαρχη, αυτο τουτο εςι αυτω το σεμνοτατον· κρειττον γαρ εςιν, η ωςε διαιρεισθαι εις γνωσιν. εφ' ων γε μην παρειληφαμεν την επιςημην της αναλυσεως, επι τουτων της θειας ουσιας και δυναμεως και ταξεως εχομεν ολης εν τω ονοματι την ειδησιν.

Ein Hauptpunct in dem Neuplatonischen Systeme war die Ewigkeit der Welt. Denn da in demselben alle Dinge aus einem Principe abgeleitet werden, diese Ableitung aber nur eine logische Ableitung der in Objecte verwandelten Begriffe ist, wobei von allen Zeitbedingungen abstrahirt wurde; da ferner die Unvereinbarkeit dieser Ableitung mit den Verstandesgesetzen zu einleuchtend war, und daher die Denker nöthigte, an die Stelle des Causalverhältnisses das logische Verhältniß von Grund und Folge zu setzen, welches ebenfalls auf keinen Zeitbedingungen beruhet: so folgerte man daraus die Ewigkeit der Welt. Denn die Gottheit oder die absolute Einheit ist der absolute Grund der Welt, und die Welt ist, obgleich sie durch den absoluten Grund ihre Existenz erhalten, doch nur in dem Principe gegründet, der Grund und die Folge also nicht in der Zeit getrennt, sondern gleich ewig.

Proclus behauptete nun auch diese Ewigkeit der Welt. Da diese aber immer mehr Widerspruch fand, je mehr sich das Christenthum ausbreitete, so schrieb er eine eigne Abhandlung darüber, und richtete sie vorzüglich gegen die Christen [136]. Seine dafür aufgestellten Gründe sind aber zum Theil sehr schwach, und nicht einmal scheinbar; er wollte mehr durch die Menge, als durch das Gewicht der Gründe die Ueberzeugung hervorbrin-

---

126) Er schrieb ἐπιχειρήματα ιη κατὰ Χριστιανῶν, nicht in dem Sinne und in dem Umfange, wie Hierokles, Celsus, Porphyrius und Julianus. Die Zeiten des Kampfs waren vorbei, und der Zeitpunct der Vereinigung nahete sich. Denn Proclus als neuplatonischen Philosophen war nur noch das Dogma von der Weltentstehung anstößig, und dieses blieb es auch noch in späteren Zeiten, wie aus des Zacharias Mitylenensis Dialog gegen die Ewigkeit der Welt erhellet.

bringen. Wir wollen sie kürzlich anführen, weil sie einen Beweis mehr abgeben, daß dieses Zeitalter viel Aehnlichkeit mit der Scholastik auch darin hatte, daß man, wenn das zu Beweisende vor den Gründen schon festgesetzt ist, mehr auf die Vielheit als die Güte der Beweise bedacht ist.

(1 Ist die Welt entstanden, so muß man fragen, warum nicht eher? Denn da Gott eine unendliche Macht hat, so war es möglich, sie früher hervorzubringen. 2) Die Idee der Welt ist ewig; also muß es auch die Welt seyn. Denn die Welt ist eine Abbildung der Idee und beziehet sich auf dieselbe. Relative Dinge sind aber zugleich; also auch die Welt mit ihrer Idee zugleich. 3) Eine wirkende Ursache ist entweder stets in Thätigkeit, oder zuweilen ohne Thätigkeit. Im ersten Falle ist die Wirkung mit ihr gleichzeitig; im andern muß die Ursache durch eine andere in Thätigkeit gesetzt werden. Dieses gehet entweder in das Unendliche fort, oder nicht. Das erste ist ungereimt; in dem zweiten Falle muß eine stets wirkende Ursache vorhanden, folglich die Welt ohne Anfang seyn. 4) Hat Gott die Welt in der Zeit gemacht, so ist er Urheber geworden, da er es vorher nicht war, und es ist also mit ihm eine Veränderung vorgegangen. Nun ist aber jede Veränderung ein Beweis eines Mangels und einer Unvollkommenheit, welche Gott als dem vollkommensten Wesen widerspricht. Gott ist also nicht Urheber der Welt geworden, und die Welt nicht entstanden. 5) Ist die Welt entstanden und vergänglich, so ist auch die Zeit mit ihr entstanden, und wird mit ihr vergehen. Also war einmal keine Zeit, und wird einmal keine Zeit seyn. Nun ist aber einmal schon Zeit, und folglich war schon eine Zeit vor der Zeit und wird eine Zeit nach der Zeit seyn. Da sich dieses widerspricht, so ist die Zeit weder entstanden, noch wird sie aufhören.

Also

Also kann die Welt auch nicht entstanden seyn. 6) Die Welt kann nicht zerstört werden. Gott hat zwar die Macht dazu; allein seine Güte läßt es nicht zu, daß er von seiner Macht zur Zerstörung der Welt Gebrauch mache. Was nun nicht zerstört werden kann, das kann auch nicht entstanden seyn. 7) Die Theile der Welt, der Himmel nebst den vier Elementen, sind ewig; also ist auch das Ganze ewig. Denn das Ganze kann doch nicht schlechter seyn, als die Theile. Die übrigen Gründe sind davon hergenommen, daß die Weltseele ewig ist; die Welt unmöglich aus einem Entgegengesetzten habe entstehen können; daß die Weltentstehung keinen Grund habe; daß relative Dinge zugleich existiren müssen; daß jedes Element einen ihm von Natur zukommenden Ort hat. Unter diesen Beweisgründen hat nur der vierte und fünfte einigen Schein; beide aber hat Proclus nicht selbst gefunden, sondern den ersten von Plotin und den zweiten von Aristoteles entlehnt.

Ueber die Vorsehung, das Fatum und das Böse in der Welt sind noch drei Abhandlungen des Proclus in einer lateinischen Uebersetzung handschriftlich vorhanden, aus welchen erhellet, daß Proclus auch über diese wichtigen Gegenstände, welche alle Denker beschäftiget haben, nachgedacht hatte. Und wir führen um so mehr die Hauptgedanken aus denselben an, weil wir hier zugleich sehen, daß Proclus, wenn er selbstständig dachte, ein heller Kopf war [137]).

---

[137]) Eine Handschrift von der lateinischen Uebersetzung dieser Abhandlungen, welche einen gewissen Wilhelm von Worbeck, Erzbischof von Korinth, zum Verfasser hat, ist auf der Stadtbibliothek zu Hamburg befindlich. Fabricius hat die erste ganz und von den zwei letzten einige Auszüge in seine griechische Bibliothek aufgenommen.

Proclus.

In der ersten Abhandlung sucht Proclus den Unterschied zwischen der Vorsehung und dem Fatum zu erklären, und zu beweisen, daß das zweite der ersten so untergeordnet ist, daß damit die Freiheit bestehet, um die Behauptung eines gewissen Theodorus, welcher ein Mechaniker war, zu widerlegen, welcher dafür hielt, die ganze Welt sey eine grosse Kette von Naturursachen, das erste Glied derselben Gott, alle Freiheit aber nur ein grundloses Phantom. Die Vorsehung und das Fatum haben dieses mit einander gemein, daß beides eine Ursache ist. Die Vorsehung aber ist die Ursache alles Guten, das Fatum die Ursache aller Verknüpfung, und alles Causalzusammenhangs. Es gibt dreierlei Dinge; einige, deren Substanz in der Ewigkeit, oder deren Wirken mit der Substanz gleich ewig ist; einige, deren Substanz in der Zeit ist, das heißt, deren Substanz nicht ist, sondern immer ohne Aufhören wird, und zwischen diesen beiden gibt es noch Dinge, deren Substanz ewig, deren Wirken aber in der Zeit geschiehet. Proclus nennt diese Dinge **intellectuelle, animalische und körperliche.** Diese letztern stehen allein unter dem Fatum, welches also alle Dinge begreift, welche in Raum und Zeit trennbar von einem andern erzeugt und beweglich sind. Das Princip derselben ist die Natur, und Natur und Fatum ist also ein und dasselbe. **Das Fatum und die Natur ist daher eine unkörperliche Substanz, welche den Körpern Leben und Bewegung gibt, alles Körperliche nach der Zeit bewegt und verknüpft.**

Die Vorsehung ist die Ursache alles Guten; sie ist nichts anders als Gott selbst, welchem alles Intellectuelle und Sinnliche, also auch das Fatum untergeordnet ist. Was unter dem Fatum stehet, stehet daher auch unter der Vorsehung; die Verknüpfung hat es von dem Fatum, daß es gut ist und auf etwas Gutes abzweckt, aber von Gott. Was aber unter der Vorsehung stehet, braucht deshalb nicht auch unter dem Fatum begriffen zu seyn, sondern ist von demselben ausgenommen. Was die Körper wirken, thun sie aus Naturzwang ohne alle Wahl. Die Intelligenz ist aber von dieser Nothwendigkeit ausgenommen, und bestimmt das Fatum zu bestimmen.

Der Mensch stehet also seinem Körper nach ganz unter dem Fatum. In Rücksicht auf seine Seele muß man aber die sinnliche und vernünftige Seele unterscheiden. Die sinnliche Seele ist diejenige, deren Wirken nicht ohne körperliche Organe und Bewegungen seyn kann. Dahin gehört z. B. das Empfinden, das Begehren, die Affecten. Die vernünftige Seele berichtiget die sinnlichen Vorstellungen; beschränket und beherrschet die Begierden und Affecten, und beweiset sich eben dadurch als über die sinnliche Seele erhaben. Noch mehr verläßt sie aber alles Körperliche und Sinnliche, wenn sie sich zur reinen Erkenntniß des Göttlichen erhebet. Insofern also die vernünftige Seele als vernünftig, das heißt, ihrer Natur gemäß wirksam ist, ist sie außer den Sinnen und dem Körper thätig, und ihre Substanz muß daher von beiden getrennt seyn, insofern sie sich aber den Sinnen unterwirft und unvernünftig wird, sind auch ihre Wirkungen sinnlich und dem Fatum unterworfen. **Die Seele ist also ein solches Wesen, welches der Substanz nach über dem Fatum, ihren Wirkungen nach zuweilen unter, zuweilen über dem Fatum ist,** und eben dadurch das Mittelband zwischen den intellectuellen und körperlichen Wesen macht. Die Freiheit der Seele bestehet darin, daß sie nach der Tugend lebt; denn diese ist allein frei und ohne Dienstbarkeit. Bosheit ist aber nichts anders als Unvermögen, und durch dieſes iſt die Seele nicht allein dem Fatum unterworfen, ſondern auch gezwungen, allem denjenigen zu dienen, was Befriedigung der Begierden gewähret und hindert 138).

Hierauf ſchreitet Proclus zur Beantwortung einiger Einwürfe fort, welche auch bis auf unſere Zeiten der Freiheit entgegengeſetzt worden ſind. Erſtens: Die Freiheit des Menſchen iſt ein leeres Phantom. Alles geſchiehet durch die himmliſchen Kräfte. Daher ſchreiben wir uns auch die Handlungen zu, wo wir unſere Abſicht glücklich erreichten, und ſchieben die andern auf das Schickſal oder die Nothwendigkeit. — Dieſes iſt aber nur ein Wahn unwiſſender Menſchen und eine Folge der Eigenliebe. Die Freiheit beſtehet blos in der innern Wahl oder Willkür, und dieſe beſtimmt allein das Gute und Böſe in den Handlungen, nicht die Handlung an ſich betrachtet oder der Erfolg. Wir ſind alſo die Urheber

---

138) Proclus de providentia et fato. Bibliotheca graeca Vol. VIII. p. 477. Durus autem (intellectus) factus ab iis, quibus amictus fuit, quando decidit, cognoſcet utique, quod in ipſo, quomodo neque in corporeis, (poſt ipſum enim) neque in illis, in quibus divini libertas arbitrii, (ante ipſum enim) ſed in vivere ſecundum virtutem. Haec enim libera ſolum et inſervilis et libertate decens et poteſtas ut vere animae et poteſtans, qui hanc habet. Si autem quis in malitiam reſpicit, animae in debilitatem reſpicit, etſi habeat omnem aliam potentiam. Alia enim organorum potentia, et alia eorum, quae debent uti organis. Omnis igitur anima ſecundum quod virtute participat, et quod eſt liberam eſſe; ſecundum quod autem malitia et debilitate, et eo quod eſt ſervire aliis, et non fato ſolum, ſed omnibus, ut eſt dicere, volentibus appetibile aut dare, aut auferre potentibus.

heber unserer Handlungen, insofern sie willkürlich sind ¹³⁹). Zweitens. Die Freiheit kann nicht anders gedacht werden, als wie eine Kraft, die durch keine andere beschränkt ist, sondern sich selbst Gränzen setzt (αυτοπεριγραπτον) und sich selbst zum Wirken bestimmt (αυτενεργητον). In diesem Sinne kann nun Freiheit nur dem ersten Wesen zukommen, aber nicht dem Menschen. — Dieser Begriff ist nicht der Begriff der menschlichen Freiheit; diese besteht nur in der freien Wahl. Der Wille gehet nur auf das wahre Gute; das sinnliche Begehren auf das Scheingut. Zwischen beiden ist die Wahl. Willkür aber gehet nicht immer auf jenes, und auch nicht immer auf dieses, sonst würde sie weder mit Recht gelobt, noch mit Recht getadelt werden. Die Willkür ist daher das Vermögen der Vernunft, das wahre und das scheinbare Gute zu begehren, wodurch sich die Seele erhebt und erniedriget, recht handelt und sündiget ¹⁴⁰). Die Freiheit kommt daher nicht dem Ersten

in

---

139) Ebend. S. 483. Natura est autem τo in nobis non esse activum solum, sed et electivum secundum se, aut eligens agere cum alio, et peccare ipsum dicimus et dirigere propter electionem. Quoniam etsi actum bonum sit, et agens ex electione mala operetur, malam dicimus actionem. Nam quod quidem in acto bonum, propter aliud; quod autem pravum propter eligens. Sic ergo evidens est omnibus, nos actionum secundum quod sunt eligibiles, dominos existere.

140) Ebend. S. 493. 94. Anima igitur habente in substantia eam quae ad ambo inclinationem τo bene dico et τo male, hanc potentiam eius electivam vocaverant, propter quam aliud prae alio nati sumus eligere — omnis autem appetitus aut ad solum aspicit ut vere bonum, aut ad solum apparens bonum aut ad ambo. Electionem autem neque ad solum

vere

in uns, der Vernunft, auch nicht dem Unterſten der Sinnlichkeit, ſondern dem Mittleren zu, weil wir durch die Vernunft das Wahre, durch die Sinnlichkeit das ſcheinbare Gute erkennen. Drittens. Warum ſind die Guten unglücklich, daß ihnen ihre Abſichten fehlſchlagen; warum ſind die Böſen glücklich? Zeigt nicht dieſer Erfahrungsſatz, daß Vorſehung und Freiheit eine bloße Einbildung ſind? — Allein die Frage beweiſt ſchon das Gegentheil. Denn ſind wir nicht frei, daß wir das Gutſeyn oder Böſeſeyn uns ſelbſt zurechnen müſſen, ſo können wir auch nicht über die Ereigniſſe klagen, als wären ſie der Gerechtigkeit und unſerer Würdigkeit nicht angemeſſen. Wer nicht als freie Urſache etwas für ſein Leben oder ſeinen Charakter gethan hat, kann auch nicht den geringſten Anſpruch auf irgend eine Vergeltung machen [141]). Viertens. Entweder weiß Gott das Künftige, oder er weiß es nicht. In dem letzten Falle iſt Gott nicht beſſer als die Menſchen, die ebenfalls nichts von der Zukunft wiſſen. In dem erſten Falle aber iſt das Zukünftige gewiß und nothwendig, es hört auf zufällig

vere bonum reſpicere dicimus, non enim utique unquam vituperaretur iuſte neque ad ſolum apparens, non enim utique et laudaretur ſaepe. Eſt ergo electio potentia rationalis appetitiva propter quam aſcendit et deſcendit, et peccat et dirigit (recte agit).

141) Ebend. S. 491. 492. Quod ergo nullius nobis dominis entibus, neque electivam vitam habentibus a ſe ipſis, neque bonis neque malis a nobis entibus, ſed plasmatis aliunde, non adhuc locum habet dubitare de eventibus, entibus aliunde malis aut bonis, tanquam praeter dignitatem evenientibus. Si enim non ſe ipſos tales effecerunt, neque utique retribui utrisque oportebit pro vita, neque totaliter debebitur aliquid iis, qui non ſunt cauſa vitae, quam habent.

fällig zu seyn, und die Freiheit der Willkür hätte keinen Gegenstand mehr. — Allerdings behaupten einige, daß Gott alles bestimmt voraus wisse, wodurch ein allgemeiner Determinismus eingeführt wird, dieses ist die Meinung der Stoiker und Peripatetiker. Andere aber, wie Plato, lehren, daß Gott zwar alles Künftige bestimmt wisse, dieses aber dennoch nach seiner Natur, einiges bestimmt, einiges unbestimmt, erfolge. Dieses ist das Richtigere. Denn die Erkenntniß richtet sich nicht nach dem Gegenstande, sondern nach dem Subjecte; wenn dieses vollkommner ist, so erkennt es auch das Geringere auf eine vollkommnere Weise. Daher erkennet Gott was in der Zeit ist, vor der Zeit, das Körperliche unkörperlich, das Materielle immateriel, das Unbestimmte bestimmt, das Unbeständige beständig, und das Erzeugte auf eine unerzeugte Weise. Aber darum hört eine freie willkürliche Handlung nicht auf eine solche zu seyn; sie bekommt ihre Bestimmtheit nicht in uns, sondern in den Göttern, und wir handeln ungeachtet des göttlichen Vorherwissens doch nach unserer Natur [142].

Einige

142) Ebend. S. 495 — 497 Quare quoniam dii omnibus meliores, meliori modo omnia praeacceperunt, et haec, quae quidem sunt, ante tempus quidem, quae secundum tempus, incorporea autem corporea, immaterialiter autem materialia, determinate videlicet quae indeterminata, et stanter instabilia, et ingenerabiliter genita. Non igitur si cognoscunt futurum, ex necessitate fixit huic eventum; sed huic quidem, indeterminatam ex determinato generationem dans diis autem determinatam indeterminati praecognitionem. — Quae et cognoscunt Dii divine et intemporaliter quae in nobis, et nos operamur ut apti nati sumus. Et quodcunque eligimus, praecognitum est apud ipsos, non propter in nobis terminum, sed propter eum, qui apud ipsos.

Einige hier berührte Gegenstände führt Proclus zum Theil weiter aus in seiner Abhandlung von zehn die Vorsehung betreffenden Fragen. Umfaßt die Vorsehung Alles, auch das Einzelne? Ja. Alles hängt von der Vorsehung als der Quelle alles Guten ab, und nichts entgehet derselben, was zum Seyn oder zum Erkennen gehört. So wie in dem Mittelpuncte des Kreises, der Kreis kreisartig ist, so ist auch in der Einheit der Vorsehung auch alles, um so mehr, da diese Einheit mehr Einheit ist, als der Mittelpunct des Kreises und die Einheit der Zahl [143]). Wie kann Gott das Zufällige voraussehen und über dasselbe walten? Ist die Vorsehung die Ursache des Bestimmten und Unbestimmten auf eine und dieselbe Art? Allerdings. Vorsehen ist nichts anderes als wohlthun. Aus dem einen Guten der Vorsehung empfängt Alles seinen Theil, aber jedes nach seinem Maße und in seiner Ordnung, so daß die Vorsehung ihre Einheit, und das Unbestimmte seine Freiheit behält. Wie theilen sich die Götter mit, oder wie wirken die vorsehenden Götter in die ihnen untergeordneten Wesen ein? Nach der Eigenthümlichkeit eines jeden empfangenden Wesens? Vernünftig in die vernünftigen, intellectuell in die intellectuellen, phantastisch und sinnlich in diejenigen Dinge, welche nach der Phantasie und Sinn-

---

[143]) Proclus ebendas. S. 498. Nihil enim effugit illud unum, sive in esse dicas, sive in cognosci. Et dicitur quidem et recte dicitur et in centro totus circulus esse centraliter, siquidem causa centrum, causatum autem circulus, et in unitate omnis numerus monadice, propter eandem rationem. In providentiae autem uno majori modo omnia sunt, siquidem et unum majori modo illud quam centrum et monas.

Sinnlichkeit leben; wesentlich und durch das bloße Seyn in diejenigen, welche ein Seyn ohne Leben haben [144]). Woher kommt das Böse, wenn es eine Vorsehung gibt? Es gibt ein physisches Böse in den Körpern, das Widernatürliche, und ein moralisches in den Seelen, das Widervernünftige. Keines streitet gegen die Vorsehung, weil das Böse auf das Gute abzweckt, nämlich die Mannigfaltigkeit und Vollkommenheit des Universums. Denn alles Widernatürliche geschiehet, damit etwas Naturgemäßes werde, aber nicht umgekehrt, und zwischen den vollkommenen Geistern und den unvernünftigen Seelen mußte es sinnlich vernünftige Seelen geben, welche nach Willkühr handeln können. Wenn es eine Vorsehung gibt, warum gehet es den Guten übel, und warum triumphiren die Bösen? Den Guten wird doch nie die Tugend und die Gelegenheit, ihre Tugend zu beweisen entzogen; es gereicht ihnen zum besondern Lobe, daß sie die Tugend ohne alle Vortheile höher achten, als die Bosheit mit allen Vortheilen. Die Abwesenheit aller Reizungen zum Bösen ist kein Gut. Das Böse besteht nicht in demjenigen, was uns begegnet, sondern was wir thun. Viele Böse sind durch Widerwärtigkeiten zur Tugend hingeführt worden. Wenn die Vorsehung zuweilen ganz ungleich verfährt, z. B. eine Stadt mit den Guten und Bösen untergehen läßt, so ist zwar das Schicksal, das beiden begegnet, dasselbe; aber es ist ein großer Unterschied, wie beide es ertragen,

jene

---

144) Proclus ebendas. S. 499. Pro participantium idoneitate, rationaliter in rationalibus, intellectualiter in intellectualibus, phantastice et sensibiliter in iis quae secundum pluratasiam aut sensum viuunt, essentialiter autem et per esse solum in his, quae sine vita esse obtinent.

jene geduldig und gelassen, diese ungeduldig. Und nach dem Tode erwartet diese ein schlechteres, jene ein besseres Leben. — Wenn es eine Vorsehung gibt, warum ist das Loos der unvernünftigen Thiere so verschieden, und warum verzehren sie einander? Sind die Thiere bloße Körper, so liegt nichts daran, wie und wodurch sie verändert werden; sind sie aber Wesen mit Spontaneität, so würde man tiefer nach der Ursache dieser Erscheinung forschen müssen. — Warum folgen die Strafen nicht unmittelbar auf die Sünden, sondern zuweilen eine lange Zeit hinterher? Die Vorsehung wählt die Zeit nicht nach dem Belieben der Menschen, sondern nach höhern Zwecken, um die Seelen zu heilen und durch Langmuth noch mehrere zu bessern. Und dann ist das Laster auch an sich schon seine eigene Strafe. Die Zeit dünkt uns lange, aber in Ansehung der Vorsehung ist sie gar Nichts. — Warum müssen Kinder und Unterthanen für die Sünden ihrer Aeltern oder Obern büßen? Eine Familie und Stadt wird für einen einzigen Körper gehalten, und sie haben auch ihren gemeinschaftlichen Schutzgott oder Dämon (πολιʃχος und ἐμσγυιος). Wegen dieser Verbindung und Verwandtschaft sind es keine fremden Sünden, für welche sie büßen. — Da Gott für alles sorget, alles zum Guten hinführet, wie kann auch den Engeln, Dämonen, Heroen und Weltseelen eine Vorsehung beigelegt werden? Gottes Vorsehung erstreckt sich über alles im Allgemeinen und im Ganzen; die übrigen regieren auf eine untergeordnete Weise und nur gewisse Dinge, einige Dämonen z. B. das Geschlecht der Menschen, andere das Geschlecht der Löwen, andere die Pflanzen; einige haben die Aufsicht über die Augen, andere über das Herz, andere über die Leber u. s. w.

In der dritten Abhandlung von dem Grunde des Bösen (περι της των κακων υποςασεως) sucht er zu beweisen, daß das Böse weder in Gott, noch in den Dämonen, noch in der Materie gegründet sey, sondern mannigfaltige andere Ursachen habe. Das **physische Böse** ist dasjenige, was irgend eine Substanz, Kraft, Thätigkeit verdirbt. Da jede Thätigkeit nur Gutes wirken kann, so ist das Böse die Folge einer Schwächung, oder einer Abwesenheit einer Kraft. Da mit dem gänzlichen Mangel einer Kraft auch alle Thätigkeit aufgehoben ist, so kann es auch kein ganz reines Uebel geben, sondern nur ein gemischtes, welches wieder ein Gutes zur Folge hat, da aus jeder Verderbniß eine neue Erzeugung entsteht, und die ganze Welt eine Reihe von Erzeugungen ist. Auch das moralische Böse ist nicht reines Böse, sondern mit Gutem vermischt; es besteht nämlich in einer größern oder kleinern Abweichung und Entfernung von dem absoluten Guten, in einem Mangel und Beraubung, wie die Finsterniß, welche eine Beraubung des Lichts ist. Das Böse ist daher für das Einzelne böse, für das Ganze aber nicht [145].

Das

---

[145] Fabricii Bibliotheca graeca Vol. VII. p. 502. 503. Malum physicum, hoc est, corruptivum cujusque substantiae, potentiae, operationis, non esse malum sed bonum, quia propter bonum, et quia ex corruptione generatio, qua constat mundus, et universi ordo ornatur. Non dari autem malum ακρατον et αυτοκακον aeternamve ideam et ειδος mali ac substantiam. Sed morale etiam malum esse bono mixtum, atque ut bonum a deo, ut malum ab alia causa impotente: nihil enim esse malum hoc nisi minorem majoremue declinationem, recessum, defectum et priuationem ab αυτοαγαθω et tantum bono, velut tenebras a sole. Esse debilitatem et absentiam poten-

Proclus.

Das Böse ist nicht von Gott. Denn Gott kann nichts Böses wirken, er müßte gegen seine Natur wirken. Das Böse ist also entweder nicht von Gott, oder wenn es von Gott herrühret, so ist es nichts Böses. — Einige leiten das Böse von Dämonen ab, welche von Natur oder aus freyer Wahl böse sind, und die Seelen verführen. Diese Dämonen sind entweder auch gegen sich boshaft, oder nur gegen andere. In dem ersten Falle beharren sie entweder in ihrer Bosheit ohne Aufhören, oder sie sind einer Veränderung empfänglich. Das erste läßt sich nicht denken; denn wie sollte ein Wesen, das von Gott gekommen ist, unveränderlich böse seyn können? Können sie sich bessern, so sind sie nicht von Natur, sondern nur aus böser Gewohnheit böse [146]). Sind sie nicht gegen sich, sondern gegen andere nur böse, daß sie z. B. die Unwürdigen züchtigen, bewachen, strafen, so thun sie, was ihnen zukommt. In den Seelen bestehet das Böse in Schwäche, daß sie nicht immer dem Besseren und dem Guten anhängen; daher Vergeßlichkeit, Hinneigung zu dem Schlechteren, Körperlichen, und der Ungehorsam gegen die Vernunft.

Die Materie kann den Grund des Bösen nicht enthalten; denn Körper und Materie ist auch von Gott hervorgebracht. Die Materie ist weder gut noch böse, aber nothwendig, weil sie das Letzte ist, was von Gott hervorgegangen ist, das Unbestimmte, was in dem untersten Grade von Gott abstehet. Daß die Seelen zur Materie herabgestoßen worden, ist nicht die

---

tentiae in operando, non potentiam; partialibus malum, universo non malum.

[146] Ebendas. S. 503. Si autem transmutantur, non sunt substantia mali sed habitudine, in quibus melius et deterius et vitae alia species.

die Urſache, daß ſie böſe ſind, ſondern ſie haben geſündiget, ehe ſie mit der Materie verbünden worden ¹⁴⁷).

Das Gute hat nur eine ewige, beſtimmte, allgemeine wirkende Urſache, nämlich Gott. Die Urſachen des Böſen ſind vielfach, unbeſtimmt und ungeregelt, andere bei den Seelen, andere bei den Körpern, nämlich Unvermögen, Schwäche, Disharmonie und Mangel der Symmetrie, und der Sieg des Schlechteren. Das Gute hat einen realen Grund, das Böſe iſt nur eine nothwendige Folge des Realen ¹⁴⁸).

Die Schwäche, als die Urſache des Böſen, kann nur in drei Dingen Statt finden, in den beſondern Seelen, in dem Analogon der Seele, dem Thiere der Seele, in den Körpern. In den Körpern iſt es das Wi-

---

147) Ebendaſ. S. 504. Sunt quibus το πρωτως κακοι και αυτοκακοι materia, et animabus debilitas per caſum in materiam. — Sed eſſe etiam ex Deo corpus et materiam, ambo Dei gennemata; materiam το πρωτως αοριςον ſubſtantialemque infinitatem perinde ut corpus mixtum a deo, una cauſa dependere. Animas vero peccaſſe antequam in materiam detruderentur. Non eſſe duo principia; materiam nec bonum eſſe nec malum, ſed neceſſarium et ab αυτοαγαϑῳ imo gradu diſtans.

148) Ebendaſ. S. 504. Bonorum cauſa una, aeterna, determinata, univerſalis, factiva, Deus; malorum cauſae multiplices et infinitae, aliae animabus, aliae corporibus, indeterminatae, inordinatae et ſingulares, naturam animarum et corporum ex neceſſitate circumambientes, ex impotentia, incommenſuratione αϲκοπῳ, inharmonizatione et debilitate, deteriorisque victoria. Bona habent hypoſtaſin, mala perhypoſtaſin. Bonum ſpecies, malum ſine ſpecie ac velut privatio.

Widernatürliche, in dem Analogon der Seele das Vernunftwidrige, in den Seelen das Intelligenzwidrige ¹⁴⁹).

Das Böse ist aber kein reiner Mangel der Kraft, keine bloße Beraubung. Denn Unvermögen kann an sich nichts wirken. Das Böse erhält immer seine Kraft von dem entgegengesetzten Guten. Jedes Vermögen, jede Kraft ist gut; sie wird nur böse durch die Schwäche, durch welche ihre Wirksamkeit beschränkt wird, und von der Natur abweicht. Das Böse ist daher keine vollkommne Beraubung, und dem Guten nicht contradictorisch, sondern conträr entgegengesetzt ¹⁵⁰).

Gott ist die Ursache aller Dinge, aber nur in sofern sie Realität, d. h. in sofern sie gut sind. Das Böse hat daher seinen Grund nicht in Gott, sondern in den

---

149) Ebendas. S. 506. Tria haec, quae debilitari possunt et in quibus est malum, animá particularis, animae idolum et corpus. Corpori, praeter naturam esse; animae idolo, praeter rationem esse; animae, praeter intellectum esse.

150) Ebendas. S. 504. Malum habet agere et posse a contrario bono quod debile et inefficax propter mixturam boni fit, et malum efficaciam et operationem transfortitur propter boni praesentiam: in uno enim ambo. — Secundum se malum neque agere natum est neque posse, omnis enim potentia bonum et omnis operatio extensio potentiae est. S. 506. Malum aliqualiter subcontrarium nominare mihi videtur quod secundum se quidem est priuatio, quia autem non omnino perfecta est priuatio sed similiter cum habitu transsumens de potentia, inde et de operari in contrariationis partem constituitur, et neque priuatio est perfecta, neque contrarium sed subcontrarium bono.

350 Viertes Hauptst. Vierter Abſch. II. Cap.

den Dingen. Indeſſen kann man doch ſagen, daß Gott auch das Böſe hervorbringt, aber nur als etwas Gutes, und das Böſe erkennt, aber nur als etwas Gutes (boniformiter) [151]).

Daß die Materie nicht den Grund des Böſen enthalten könne, wie Plato nicht allein, ſondern ſelbſt manche der Neuplatoniker, geglaubt hatten, zeugt von dem Selbſtdenken des Proclus. Da er mit Andern dieſer Schule Gott zu dem Realgrund von allen Dingen machte, und ſelbſt die Materie aus Gott ableitet; ſo konnte nicht die Materie, in ſofern ſie von Gott ausgefloſſen iſt, als Grund des Böſen betrachtet werden, ohne Gott zum Urheber des Böſen zu machen. Sollte nun aber doch das Böſe, deſſen Daſeyn ſich nicht wegläugnen läßt, nicht als grundlos gedacht werden, ſo blieb nichts anders übrig, als es nicht aus der erſten Urſache aller Dinge, ſondern aus den Dingen ſelbſt abzuleiten. Das Böſe entſpringt aus den Schranken der Kräfte, (der Schwäche), und iſt alſo nichts Urſprüngliches, ſondern etwas Abgeleitetes. Schon

---

151) Ebendaſ. S. 507. Propter quod mihi videtur Plato circa regem omnium in omnia ponens et illius gratia omnia et quaecunque non bona, phantaſmata enim ut bona, et haec entium ſunt ſimiliter bonorum, omnium cauſam illud appellare et non ſemel omnium (neque enim malorum ſed et horum incauſatiuum) et omnis entis cauſam, etenim horum tanquam entium et qua bonum unumquodque. Si itaque haec recte dicimus, et omnia utique ex providentia erunt, et malum habebit locum in entibus. Quare et faciunt dii malum ſed tanquam bonum et cognoſcunt, ut omnium unialem habentes cognitionem impartibiliter quidem partibilium, boniformiter autem malorum, unialiter autem multitudinis.

Proclus.

Schon hatte Plotin diesen Weg zur Auflösung eines der allerschwierigsten Probleme der Vernunft eingeschlagen, und, indem er diese Schranken als nothwendig betrachtete, eine der Leibnitzischen ähnliche Theodicee aufgestellt. Auch darin dachte Proclus, wie es scheint, mit dem Plotin einstimmig. Die Götter, sagte er, sind die Ursache und die Quelle alles Guten; sie theilen dasselbe allen Wesen mit, aber jedes Wesen empfängt das Gute nicht auf gleiche Weise und in gleichem Grade, sondern nach Beschaffenheit und dem Maße seiner Natur. Jedes Wesen empfängt alles das Gute, dessen es nach seiner Natur empfänglich ist. Es kann nicht besser und vollkommener seyn, als es wirklich ist. Je niedriger ein Wesen auf der Stufenleiter der Dinge stehet, desto weniger kann es das Gute, welches es empfangen hat, rein und unverdorben erhalten. Je mehr es zusammengesetzt, mannigfaltig und vielgestaltig ist, desto weniger kann die Einfachheit, Einartigkeit und Unveränderlichkeit, welche Geschenke der Gottheit sind, fortbestehen. Es ist also veränderlich, und es besitzt nicht allein wirkende Kräfte, sondern auch Vermögen, und in seinem Wesen ist schon etwas von Naturwidrigkeit und von materieller Schwäche eingemischt [152]). Diese Sätze folgen

---

152) Proclus Theolog. Platon. p. 47. 48. τα δε μεσα και κατα χρονον ενεργυντα της τα αγαθα μεθεξιν τη κατα χρονον μεταβολη και κινησει συμπλεκοντα, την των θεων δοσιν ακινητον και μονοειδη και απλην διαφυλαττειν αδυνατει· τω μεν εαυτων ποικιλω το απλει αυτης παρασκευαζοντα (wahrscheinlich αποσκευαζοντα) τω δε πολυειδει το μονοειδες, τω δε συμμιγει το ακηρατον — τα δε εσχατα και ενυλα πολλω δηπε μειζονως παρατρεπει το οικειον αγαθον. και γαρ αζωια συγκεκρυται και την υποστασιν ειδωλικην εχει, πολλω τε μη οντος αναπεπλησμενα, και εκ μαχομενων υφεστηκε, και εκ των περιεχοντων μεταβαλλομενα και σκιδναμενα τον αει χρονον ουδει παυεται, κατα παντα δηλαττα, ως φθορα και ασυμμετρια

και

folgen aus den beiden Grundsätzen: Gott ist das Princip aller Dinge durch eine fortgesetzte Thätigkeit der producirenden Kraft der Gottheit, und alles Erzeugte ist unvollkommner, als das Erzeugende. Da aber der erste ein Postulat der Vernunft ausdrückt, welches nur auf dem praktischen Interesse, nicht auf einem Wissen beruhet, und der zweite ebenfalls nie apodiktisch erkannt werden kann, weil er eine theoretische Einsicht des ersten voraussetzt, die für den menschlichen Verstand unmöglich ist, so ist auch dadurch das Böse in der Welt gar nicht erklärt, noch weniger Gott wegen desselben gerechtfertiget. Denn entweder gibt es kein Böses, oder wenn dieses nicht geläugnet werden kann, so ist Gott die Ursache desselben, weil er alle Dinge mit ihren Schranken erst hervorgebracht, also die Ursache ist, daß ein Wesen des Guten nur in einem eingeschränkten Grade empfänglich ist. Auch wird dadurch das moralische Böse zu einem physischen gemacht, und am Ende ein allgemeiner **Fatalismus** aufgestellt.

Proclus hatte eine große Anzahl von Schülern, welche der Denkart nach würdige Nachfolger dieses Mannes waren, ob sie gleich nicht seinem Ruhme gleich kamen.

και αισχροτητι και τροπαις εκδιδοται παντοιαις, ε ταις ενεργειαις μοναι μη κινουμενα, καθαπερ οιμαι τα προ αυτων, αλλα και ταις δυναμεσι και ταις ουσιαις αναπιμπλαμενα τε παρα φυσιν, και της ὑλικης ασθενειας. — ετε οἱ θεοι των κακων αιτιοι, καθαπερ δη των αγαθων, αλλ' ἡ των δεχομενων το αγαθον ασθενεια, και ἡ ἐν εσχατοις αυτων ὑποσασις. — ὑδε γαρ μειζον αγαθον ἑκασοις γενοιτο, ὡς οἱ θεοι κατα μετρα πορίζεσι τοις ἑαυτων γεννημασιν, αλλα παντα και χωρις ἑκασον και κοινη παντα τοσαυτην ὑποδεχεται των αγαθων μοιραν, ὁσης μετεχειν αυτοις δυνατον· ει δε τα μεν μειζονι, τα δε ελαττονι αγαθων πληρενται, την των δεχομενων δυναμιν και τα μετρα της διανομης αιτιατεον. αλλα γαρ αλλοις προσηκει κατα την αυτων φυσιν.

kamen. Was aber an einigen derselben am meisten bemerkenswerth ist, ist dieses: daß der Geschmack an einer so hoch fliegenden und doch nur eitel Wahn gebährenden Philosophie sich nach und nach verringerte, daß die vielen Versuche, die Hauptsätze derselben hin und her zu drehen und zu wenden, wozu der Mangel an wahrer Ueberzeugung nöthigte, zuletzt den Glauben an die Unfehlbarkeit dieser schwärmenden Philosophen schwächte, und die Verbindung des Aristoteles und Plato, welche das Eigenthümliche der neuen Athenensischen Schule ausmachte, endlich auch, wenn gleich noch zum Theil aus unlautern Maximen, das Studium einiger realen Kenntnisse wieder etwas empor brachte.

Marinus aus Flavia Neapolis in Palästina, der unmittelbare Nachfolger des Proclus auf dem philosophischen Lehrstuhle zu Athen, war ein Mann, der sich hauptsächlich mit Mathematik und der Aristotelischen Philosophie beschäftigte; ein heller und nüchterner, nach der Ansicht des Damascius aber beschränkter Kopf [153]. Proclus, welcher ihn sehr hoch schätzte, scheint nicht so über ihn geurtheilet zu haben. Vielleicht aber änderte sich auch die Ansicht und Denkart des Marinus nach Proclus Tode in manchen Puncten wesentlich. So lange als Proclus lebte, war er ein schwärmerischer Verehrer seines Lehrers, wie auch seine Lebensbeschreibung beweiset, worin er denselben als einen Tugendhelden, als einen göttlichen Mann, durch alle Prädicamente der niedern und höhern, der menschlichen und

---

153) Damascius *vita Isidori.* (Photii *Bibliotheca* c. 242. p. 1055.) πλην ὁ Μαρινος ἐξ ὧν διελεγετο και ἐξ ὧν εγραψεν, (ολιγα δε ταυτα εςι) δηλος ην, ἢ βαθειαν αυλακα των νοηματων καρπωμενος, ἐξ ὧν τα σοφα βλαςκιει θεαματα της των οντων φυσεως.

und göttlichen Tugend darzustellen sucht, und dabei mehr Enthusiasmus als Beurtheilungskraft beweiset. Allein späterhin scheint ihm über manche Puncte des philosophischen Systems ein Licht aufgegangen zu seyn, wie man daraus schließen kann, daß er einen Commentar über den Parmenides des Plato schrieb, und darin von einem ganz anderen Gesichtspuncte ausging, als Proclus. Dieser hatte nämlich in demselben nichts als geheimnißvolle Lehren von den Göttern gefunden, welche er durch eine allegorische Deutung aufzuklären suchte; dieser aber überzeugte sich, daß Plato nicht die Götter, sondern die Ideen zum Gegenstande des Dialogs gemacht habe. Indem er die Gründe dieser Erklärungsart in einem Briefe an seinen Schüler Isidorus aus einander setzte, schrieb dieser dagegen eine polemische Epistel, und vertheidigte die göttlichere Auslegung des Dialogs [154].

Severianus ein anderer Schüler des Proclus wählte an die Stelle der speculativen Philosophie die geschäftvollere Laufbahn eines Staatsmannes und Richters. Asklepiodotus aus Alexandrien hatte eine außer-

---

154) Suidas voce *Marinus*: ηδη δε και προτερον δι' επιστολης εκοινωσατο ὁ Μαρινος προς Ισιδωρον την ἑαυτου δοξαν των εις Παρμενιδην ὑποθεσεων τε και εξηγησεων· τα τε επιχειρηματα συνταξας επεμψεν, ὡς επεισθη, μη ειναι τον διαλογον περι θεων ὁ Μαρινος, αλλα περι ειδων. — Ὁδε και προς ταυτην αντιγραφει επιστολην, μυριαις ὁσαις αποδειξεσι καταβαλλομενος, αληθεστατην ειναι την θειοτεραν εξηγησιν τε διαλογε. Damascius beim Photius C. 242. S. 1070. erklärt dieses aus einer Schwäche des Verstandes: ατονῳ της φυσεως. ουδε τε Παρμενιδε την ὑπεραιρουσαν εξηγησιν τε διδασκαλε ηνεγκεν, επι τα ειδη δε την θεωριαν κατηγαγεν απο των ὑπερουσιων ἑναδων, ταις Φιρμε και Γαληνε το πλεον εννοιαις επισπωμενος, η ταις ακηρατοις επιβολαις των μακαριων ανδρων.

außerordentliche Neigung zum Studium der Natur, vorzüglich in dem Pflanzen- und Thierreiche, und las zu dem Ende nicht allein die Werke der älteren Naturhistoriker, sondern sammelte auch eine große Menge eigner Beobachtungen. Er verband mit der Naturbetrachtung das Studium der Mathematik, und auch die praktische Philosophie hatte für ihn Interesse. Der Sinn für die Mystik und Schwärmerei fehlte ihm; er blieb bei der Erfahrungswelt stehen, und suchte diese zu erklären, ohne zu erträumten Principien seine Zuflucht zu nehmen. Dieses war aber in den Augen der Schwärmenden ein großer Anstoß; diese beschuldigten ihn, daß er sich über die gemeine Philosophie nicht erheben könne [155]. Das Gegenstück darin waren zwei andere Aegyptier, Heraiskus und Asklepiades, welche nichts als Religionsschwärmer waren, der erste mehr in der Praxis, der zweite mehr in der Speculation. Heraiskus hatte nach Damascius und Suidas Berichten etwas Göttliches in seinem Wesen, welches sich nicht allein in seinem Leben, sondern auch noch nach seinem Tode äußerte.

---

[155] Suidas *Severianus v. Asclepiodotus.* Damascius bei dem Photius C. 242. p. 1053. ην δε ὁ Ασκληπιοδοτος ουκ ολοκληρος την ευφυΐαν, ως τοις πλειστοις εδοξε των ανθρωπων, αλλ' απορειν μεν οξυτατος, συνιεναι δε ο λιαν αγχινους· ουδε αυτος εαυτω ομοιος, αλλως τε και τα θειοτερα των πραγματων, οσα αφανη και νοητα, και της Πλατωνος εξαιρετα διανοιας· προς δε την Ορφικην τε και Χαλδαϊκην υψηλοτεραν σοφιαν, και της κοινης φιλοσοφιας ου υπερκεισαν, ετι μαλλον ελλειπετο· προς δε φυσιολογιαν την καθ' εαυτον παντων ην ερρωμενεστατος, ωσαυτως και εν τοις μαθημασιν, αφ' ὡν και επι τα αλλα το μεγα της φυσεως απηνεγκατο κλεος. εν τοις περι ηθων δε και αρετων αει τι καινουργειν επεχειρει, και προς τα κατω και τα φαινομενα συστελλειν την θεωριαν· ουδεν μεν, ως επος ειπειν, των αρχαιων νοηματων αποκινουμενος (f. αποκοινωνουμενος), παντα δε συνιθων και καταγων εις τηνδε την φυσιν την περικοσμιον.

Er konnte durch eine Art von Instinct die lebenden und todten heiligen Bildnisse, (d. i. die von einer göttlichen Natur beseelten lebenden und todten Wesen) unterscheiden. Wenn und wo er ein solches sahe, so empfand seine Brust ein heiliges Klopfen, sein Leib und Seele hüpfte auf vor göttlicher Begeisterung. Wo er dieses nicht empfand, da war keine Spur von göttlicher Beseelung. So entdeckte er auf eine ähnliche Weise durch eine besondere Art von Kopfschmerz alle Weibspersonen, welche unrein waren, so bald als sie anfingen zu reden. Und als er gestorben war, leuchteten seine Gewänder nicht allein, sondern stellten auch in den Lichtgestalten geheimnißvolle Worte dar; um seinen Leib schwebten göttliche Gestalten, aus welchen bekannt wurde, mit welchen Göttern seine Seele Umgang gehabt hatte. Ein Traum hatte ihm offenbaret, daß er Bacchus sey [156]). Asklepiades war weniger gereiset als Heraiskus, dagegen hatte er mehr die ägyptischen Schriften studiret, und sich mit der Theologie seines Landes vertraut gemacht, auch ein Werk über die Uebereinstimmung aller Religionen oder Theologieen geschrieben [157]).

Es fehlte ebenfalls nicht an Atheniensern, welche der leeren Speculationen und Schwärmereien überdrüßig waren, und der Philosophie eine andere, der Menschheit angemessenere Bestimmung gaben. Unter diesen zeichnete sich Hegias aus, wahrscheinlich ein Enkel des Plutarchus Nestorius. Ungeachtet Proclus ein großes Vertrauen auf die Denkart dieses Jünglings setzte, und ihm daher zur besondern Auszeichnung früher als andere die Chaldäischen Orakel erklärte, so befriedigte ihn doch diese Phi-

---

156) Damascius beim Photius, C. 242. p. 1050. Suidas Ἡραΐσκος.

157) Suidas Ἡραΐσκος.

Philosophie so wenig, daß er sie vielmehr zu verachten anfing ¹⁵⁸). Damascius sucht die Ursache in dem Reichthume und der Menge von Schmeichlern, welche ihn von dem betrachtenden Leben abzogen; allein, da diese Gleichgültigkeit gegen die schwärmerische Philosophie mehreren Andern gemein war, so ist dieses gewiß nicht die Ursache. Suidas sagt noch außerdem, daß er für die Naturkunde Wißbegierde gehabt habe ¹⁵⁹). Ein gewisses religiöses und sittliches Interesse, das aus der Schule des Proclus einen schwärmerischen Anstrich erhalten hatte, scheint sein ausgezeichneter Charakter gewesen zu seyn.

Bei dieser Denkungsart war es kein Wunder, daß die Wiederbesetzung des Platonischen Lehrstuhles in Athen manche Verlegenheit verursachte. Man wünschte auf der einen Seite die goldne Kette, d. i. die ununterbrochene Reihe der in dem mystischen Sinne der Neuplatoniker philosophirenden, den Aristoteles mit dem Plato, die Mythen und Orakel und alle Religionsdogmen mit dem Plato vereinigenden, mit Gelehrsamkeit und Ansehen ausgerüsteten Lehrer zu erhalten. Athen war einmal wieder der Hauptsitz des philosophischen Studiums geworden, und eine Menge von Jünglingen strömte von allen Seiten herbei, seitdem Syrianus und vorzüglich Pro-

---

158) Damascius. Photius a. a. O. S. 1063. εις τοσχτον γαρ ακηκοαμεν φιλοσοφιαν καταφρονηθεισαν ὑδε πωποτε Αθηνησιν, ὁσοι ἑωρακαμεν ατιμαζομενην επι Ἡγιȣ. ὁδε Αρχιαδȣ (Ἀρχιαδȣ) το μεν ὁλον τȣ πατρος ȣκ ολιγῳ ἠν διαφερων, και πολλων αλλων, εις αρετην· τα δε εις φιλοσοφιαν αγοντα παρεμενος, ἁτε προς ταυτα αναγωγος ων δια την ȣκ ακολαϰευτον πατρωαν ȣσιαν, ἱεραν δε ζωην προβεβλημενος, ειπερ τις ἑτερος. Suidas Ἡγιας.

159) Suidas: αλλως τε φιλομαθης, ὁσα την φυσιν εξηγησασθαι.

Proclus die Lehrstelle mit so viel Ruhm bekleidet hatten. So sehr aber auf der einen Seite diese Ehre und eine ansehnliche Einnahme eine Menge von Competenten herbeiführen mußte, so fehlte es doch an Männern, welche die erforderlichen Kenntnisse, Talente oder Neigung dazu hatten [160]). Und dieses konnte nicht anders seyn. Der Geist der Philosophie, in welche bisher die Jünglinge eingeweihet worden waren, mußte die guten Köpfe bald mit Kalisinn erfüllen, oder sie verschroben machen; alles Interesse und alle Kraft zum Selbstdenken ersticken, oder denselben eine einseitige und verkehrte Richtung geben. Wozu bedurfte er noch einer besondern Cultur des Geistes, eines mühsamen Forschens, oder eines beschwerlichen Studiums der Denkmäler der Gelehrsamkeit, da die unmittelbare Erleuchtung von oben herab, und die Theurgie, die so leicht zu erlernen war, die Gemeinschaft mit Gott, Seligkeit und eine übermenschliche Weisheit gewähren konnte? Und auf der andern Seite mußte es jedem nur etwas denkenden Kopfe einleuchten, wie wenig eine solche Philosophie zur wahren Veredlung der Menschheit wirke. Dieses scheint auch ein Hauptgrund gewesen zu seyn, der den Hegias gegen die ihm angetragene Lehrerstelle abgeneigt machte, als Marinus seiner schwächlichen Gesundheit halber sie niederlegen wollte. Er hielt die Beobachtung der Religion und die Besorgung priesterlicher Geschäfte für etwas Göttlicheres als die

---

160) Damascius beim Photius C. 242. S. 1058. δεδιως δε ὁ Πϱοκλος πεϱι τῃ Πλατωνος χϱυσῃ τῳ οτι σειϱα, μη ἡμιν απολιπῃ την πολιν της Αθηναν. — ἡ των διαδοχων ουσια, ουχ ὡς οἱ πολλοι νομιζουσι, Πλατωνος ην το ανεκαθεν· πεντε γαϱ ην ὁ Πλατων, και μονον τον εν Ακαδημια εκεκτητο κηπον, οὑ ἡ πϱοσοδος νομισματων τϱιων· ἡ δε της ουσιας ὁλης χιλιων η και πλειοσιν ὑπηϱχεν επι Πϱοκλῳ, πολλων των αποθνησκοντων κτηματα τῃ σχολῃ καταλιμπανοντων. Damascius erwähnt S. 1066. eines ψηφισμα της διαδοχης.

die Philosophie. Isidorus, Marinus Nachfolger, gab ihm zwar darin Recht, suchte ihn aber dadurch auf einen andern Entschluß zu bringen, daß er ihm vorstellte: Diejenigen, welche Götter werden wollten, müßten erst Menschen werden. Daher habe Plato auch gesagt, es könne für die Menschheit nichts wichtigeres und heilsameres geben als die Philosophie. Freilich scheine es, als ob die Philosophie ihres hohen Alters wegen eine sehr ungewisse Existenz habe [161]). Allein er richtete dennoch nichts aus. Und in der That konnte weder Platos Autorität, noch der angeführte Grund, der selbst den Unsinn in Schutz nahm, gegen die Stimme der Erfahrung und das unmittelbare Gefühl sich geltend machen.

Unter diesen Umständen erhielt Isidorus die Lehrerstelle, mehr aus Zwang, als aus freiem Entschlusse. Denn er war nicht mit den Vorbereitungswissenschaften gehörig ausgerüstet, und mit keinem wissenschaftlichen Interesse erfüllt [162]). Mit der Dichtkunst und

---

[161]) Damascius beim Photius a. a. O. S. 1066. ει δε θειοτερον χρημα, ως συ φης, ω Ἡγια, ελεγε προς αυτον ὁ Ισιδωρος, ἡ ἱερατικη πραγματεια· φημι μεν τουτο καγω· αλλα πρωτον ανθρωπους γενεσθαι τους εσομενους θεους δει. δια τουτο και ὁ Πλατων εφη, μη ελθειν εις ανθρωπους μειζον αγαθον φιλοσοφιας, αλλα τουτο συμβεβηκεν νυν επι ξυρου ἑσταναι η της ακμης, τα δε εσχατα γηρως ως αληθως.

[162]) Suidas: Isidorus: εφιλοσοφησε μεν ὑπο τοις αδελφοις, ειπερ τις αλλος, εν τοις μαθημασι. επιμελης τε και εν ἱεροις, και τα προς ταυτα κατασκευαζειν ἁπαντα, ως επος ειπειν, ἱκανωτατος εις ὑπερβολην. εμοι τε δοκει, την ζωην μεν ην φιλοσοφος· τα δε προς επιστημην ου διεξητασμενον, αγυμναστος ων μαλλον η αφυης τα διαλεκτικα. Damascius l. c. S. 1067. Damascius aber blieb in seinem Urtheile über den Isidorus sich nicht gleich. Photius Cod. 181. sagt

und Rhetorik hatte er sich wenig beschäftigt; er eilte zu dem Göttlicheren der Philosophie. Zuerst kostete er die Aristotelische; allein sie befriedigte ihn nicht, weil sie zu nüchtern war, und mehr den Schlüssen als der göttlichen Vernunft glaubte. Er konnte sie daher nicht lieb gewinnen, und nachdem er die Platonische Philosophie kennen gelernt hatte, würdigte er sie keines Anblicks mehr. In dieser glaubte er alles, was er wünsche, zu finden. Den Pythagoras und Plato, den Porphyrius und Jamblichus, Syrianus und Proclus verehrte er auf eine göttliche Weise; vorzüglich bildete er sich nach dem letzten, und schrieb seine Worte auf. Von menschlichen Kenntnissen, von Wißbegierde und gründlichem Nachdenken hielt er nicht viel; denn alles dieses helfe wenig zu der Gott gefälligen, erhabenen Weisheit. Diese werde dem Menschen nicht durch die raisonnirende, sondern durch die von Gott erleuchtete Vernunft zu Theil, und sie sey namentlich das innere Licht, welches der Mensch sich nicht geben, nur als Geschenk empfangen könne [163]). Sein Charakter hatte viele lobenswürdige Seiten; und er scheint viel Sinn für wahre Lebensweisheit

sagt von ihm: τῆς μέντοι διαλεκτικῆς τριβῆς τὰς Ἰσιδώρου συνουσίας τὴν ἰσχὺν αὐτῷ διατείνεται παρασχεῖν, ὃν καὶ ἐπὶ τῇ τοιαύτῃ τῶν λόγων δυνάμει πάντας ἀνθρώπους, ὅσοι ὁ κατ᾽ ἐκείνην τὴν γενεὰν ἤνεγκε χρόνος, ἀποκρύψασθαι φησί; und vorher: διὸ καὶ Ἰσίδωρον οὐχ ἧττον ἐπαινῶν, ἢ ψόγοις περιβάλλων διατελεῖ.

163) Damascius l. c. S. 1034. ὅτι ἀγχίνοιαν καὶ ὀξύτητα ὁ Ἰσίδωρος ἔλεγεν ἢ τὴν εὐκίνητον φαντασίαν, ἤτοι τὴν δοξαστικὴν εὐφυΐαν, οὐδὲ μόνην, ὡς ἄν τις οἰηθείη, διανοίας εὐτρόχου καὶ γονίμου ἀληθείας· οὐ γὰρ εἶναι ταύτας αἰτίας, ἀλλὰ τῇ αἰτίᾳ δουλεύειν εἰς νόησιν· τὴν δὲ εἶναι θείας κατακωχῆς, ἠρέμα διανοιγούσας καὶ ὑποκαθαιρούσας τὰ τῆς ψυχῆς ὄμματα, καὶ τῷ ἱερῷ φωτὶ καταλαμπούσας εἰς θέαν καὶ γνωρίσιν τοῦ ἀληθοῦς καὶ τοῦ ψεύδους. εὐμοιρίαν ταύτην ἐκεῖνος ὠνόμαζε, καὶ ὡς οὐδὲν ἴσον γένοιτ᾽ ἂν ὄφελος ἄνευ εὐμοιρίας. S. 1035.

heit gehabt zu haben, aber es fehlte ihm daneben an hellen Ansichten, weil er von Aberglauben und Schwärmerei gleich seinen Zeitgenossen angesteckt war. Als geborner Aegyptier hielt er viel auf Träume und betrachtete sie als göttliche Offenbarungen 164).

Isidorus hatte die Lehrerstelle nicht aus Neigung angenommen; er legte sie nach einigen Jahren nieder und begab sich nach Alexandrien, weil er daselbst seiner schwärmerischen Religiosität mehr nachhängen konnte. Indessen sorgte er dafür, daß seine Stelle wieder besetzt wurde 165). Die Wahl fiel auf Damascius aus Syrien. Dieser war der letzte der Neuplatonischen Philosophen, welche in der Akademie die Platonische Philosophie vortrugen. Denn der Kaiser Justinian, unter welchem Isidor und Damascius lebten, nöthigte alle heidnischen Philosophen, sein Reich zu verlassen, und bei dem König von Persien Schutz und Denkfreiheit zu suchen. Isidorus, Damascius, Simplicius und einige Andere kamen zwar bald, nachdem die Verhältnisse zwischen dem Persischen und Griechischen Reiche friedlicher geworden waren, wieder zurück; allein sie konnten doch keine Schule mehr zu Athen bilden, und der Gegensatz zwischen heidnischen und christlichen Philosophen hörte nun beinahe ganz auf.

Uebrigens verdient Damascius unter der Reihe dieser Philosophen noch einige Aufmerksamkeit. Dieser aus Damascus abstammende, in Aegypten und zu Athen

unter

---

164) Damascius l. c. S. 1030. Ein Beispiel führet Suidas in Isidorus an. Aus beiden Schriftstellern kann man sehen, wie weit man in der Kenntniß der Naturgesetze des innern Sinnes zurück war.

165) Damascius l. c. S. 1066.

unter Marinus, Zenobotus und Isidorus gebildete Denker zeichnete sich darin von den meisten seiner Vorgänger und Zeitgenossen dadurch rühmlich aus, daß er das so sehr gesunkene Interesse für Wissenschaft wieder kräftiger und lebendiger in sich fühlte. Er vereinigte einen hellen Verstand und Scharfsinn, und entging dadurch auf der einen Seite den Täuschungen der phantasirenden Vernunft, welchen seine Zeitgenossen so vielfältig unterlegen hatten; er prüfte die Versuche seiner Vorgänger in der Erforschung des Absoluten, und deckte die Mängel derselben, und die Trüglichkeit ihres vermeinten Funds oft mit treffendem Scharfsinn auf. Gewiß würde er, wenn er eben so viel Sagacität und Gründlichkeit besessen und zu einer andern Zeit gelebt hätte, auf eine ausgezeichnete Weise Epoche gemacht haben. Allein er war in den Irrgängen des schwärmenden Dogmatismus einmal so weit verstrickt, daß er demselben Ziele nachstrebte, ohne sich die Frage vorzulegen, ob es nicht außer den Gränzen der menschlichen Vernunft ganz und gar liege, und nur den einzigen Vortheil aus seinen Reflexionen über ältere und neuere Philosopheme davon brachte, daß er mit mehr Vorsicht den Weg der Speculation betrat [166]).

Sein

[166]) Wir haben nur zwei Fragmente von diesem Damascius, Bruchstücke aus seiner φιλοσοφος ἱστορια, welche die Lebensgeschichte der Philosophen seiner Zeit begriff, und wovon die Biographie des Isidorus, von welcher Photius in seiner Bibliothek sehr abgerissene Auszüge geliefert hat, ein Theil war; diese Auszüge sind aber nicht so unzweckmäßig gemacht, daß man den Charakter des Damascius daraus nicht richtig kennen lernen kann. Photius scheint nur die Absicht gehabt zu haben, außer einigen merkwürdigen Notizen von einigen der damals lebenden Männer, dasjenige besonders heraus zu heben, was den Aberglauben und die Leichtgläubigkeit des Damascius ins Licht setzt. Es ist ein so verworrenes Chaos, daß man nicht anders urthei-

Damascius.

Sein Werk über die Principien enthält eigentlich eine Revision der bisherigen speculativen Versuche über das Urwesen und die Ableitung aller Dinge aus demselben, nicht in der Absicht, um sie nach ihrem Grunde zu prüfen, sondern vielmehr um nach Erörterung einiger Schwierigkeiten und einiger Mißgriffe, ein mit sich selbst einstimmigeres System aufzustellen.

Die Probleme, welche er erörtern wollte, waren folgende: **Gibt es ein Urprincip aller Dinge, welches selbst nicht mit in den Inbegriff aller Dinge gehört, oder ein außerweltliches Urprincip? Oder gehört das Urprincip mit zur Totalität aller Dinge, so daß es gleichsam die Spitze, das Höchste aller aus demselben hervorgehenden Dinge ist** [167])? **Zweitens: Sind alle Dinge mit dem Urprincipe, oder nach demselben, oder von demselben** [168])? Da man hier eine Ableitung der Dinge aus einem Principe verlangte, wie die logische Ableitung der Begriffe aus höheren vor sich gehet, und also das abso-

---

urtheilen kann, als Photius habe diese Verwirrung absichtlich gesucht, oder aus einem andern Werke eines Damascius, der vielleicht eine ganz andere Person als der Philosoph war, περι παραδοξων Auszüge in das Leben des Isidorus ohne alle Ordnung gemischt. Von einem andern Werke des Damascius περι αρχων, welches noch in einer griechischen Handschrift vorhanden ist, hat Joh. Chr. Wolf in dem 3. B. seiner Anecdotorum ein zusammenhangendes Stück gegeben.

167) Damascius περι αρχων. *Wolfii Anecdota* T. III. p. 195. ποτερον επεκεινα των παντων εστιν ἡ μια των παντων αρχη λεγομενη; η τι των παντων οἷον κορυφη των απ' αυτης προϊοντων;

168) Damascius ebendas. και τα παντα συν αυτῃ (τῃ αρχῃ) λεγομεν ειναι, η μετ' αυτην και απ' αυτης;

absolute Eine und Einfache als letzten Grund alles Vielen und Zusammengesetzten zu erforschen suchte, so traf man bei diesen Speculationen natürlich auf die Schwierigkeit, wie aus dem **absolut Einen**, welches auch zugleich als das **absolut Einfache** gedacht wurde, eine Vielheit und Verschiedenheit entspringen, und wie etwas aus dem Einen entstehen könne, ohne daß dennoch das Eine zu einem Theile des Universums gemacht wurde. **Drittens**: Die Tendenz aller bisherigen Speculationen ging auf absolute Einheit der Erkenntniß durch die absolute Einheit des Urgrundes aller Dinge. Wie läßt sich damit die Behauptung der ältern theologischen Systeme, als des chaldäischen, ägyptischen und ältesten griechischen, nach welchen es eine **Mehrheit von Göttern und Principien, eine Dreiheit von Dreiheiten gibt**, vereinigen [169])? Aber warum, wird man hier gleich einwenden, muß denn eine Identität zwischen diesen verschiedenen Systemen, und selbst eine Gleichförmigkeit derselben mit dem Resultate der jüngsten Philosophen gesucht werden? Warum liegt dem Damascius so viel an dieser Conformität? Die Antwort ergibt sich von selbst, so bald als man siehet, daß er von dem göttlichen Ursprunge dieser uralten Religionssysteme überzeugt ist, und dem zufolge annimmt, daß eine göttliche Offenbarung nichts Falsches enthalten kann [170]). Diese Voraussetzung selbst war bei

---

169) Damascius ebendas. S. 198. Φερε και τας των παλαιων θεολογων ὑποθεσεις επισκοπησωμεν, ὁπως αν τις νοησειεν κατα τας φιλοσοφους ταυτας εννοιας αποπεφρασμενας. και πρωτην γε την πασων μυσικωτατην ειναι ὁμολογουμενην την χαλδαϊκην· ατεχνως γαρ αὑτη και αιτιφθεγγεσθαι δοκει μαλιστα πασων ταις ὑμετεραις ὑπονοιαις, ὡς ἐτι μαλιστα συναιρειν εις μιαν ἑνωσιν γλιχομεναις το νοητον.

170) Damascius ebendas. τρεις γαρ εκει τριαδας ἡμιν παραδιδωσιν οἱ θεουργοι παρ' αυτων των θεων διδαχθεντες, αλλα και Αιγυπ-

bei ihm nur eine grundlose Behauptung, indem er das, worauf sie sich gründete, die Wirklichkeit der geschehenen Offenbarung ohne Gründe annahm. So sehr durch dieses Vorurtheil der freie Forschungsgeist eingeschränkt und einseitig wurde, so geschah dieses noch mehr durch ein anderes Vorurtheil, daß er sich nämlich von den Meinungen und Ansichten der neuesten Philosophen, vorzüglich des Jamblichs, nicht losmachen konnte, in der gleichfalls ohne gehörige Prüfung angenommenen Voraussetzung, daß diese göttlichen Männer ebenfalls keinem Irrthum ausgesetzt gewesen, und die lautere Wahrheit erkannt hätten [171]). Diese sclavische Anhänglichkeit an ältere und neuere Philosopheme, welche eines von reinem Interesse für die Wahrheit erfüllten Forschers unwürdig ist, verrückte den Gesichtspunct, machte ein auf bloßer Autorität beruhendes System von menschlichen Meinungen zu einem Problem für die Vernunft, und unterwarf diese einer fremden Gesetzgebung.

Nach-

Αιγυπτιοι, αλλα και Φοινικες πολλην γενεαν θεων επι τῳ νοητῳ παραχυσιν· τι δε ὁ θειος Ορφευς ε πολλυς θεος ὑφιςησιν απο τυ χρονυ μεχρι τυ πρωτογονυ Φανητος; αυτος δε ὁ πολυτιμητος ἡμιν φιλοσοφος ὁ Πλατων υχι τρια συμπερασματα συμπεραινεται επι τυ ένος οντος; ταυτα δε ειπειν, ε τρεις νοητας παραδιδωσι θειας ταξεις αλληλων διαφερυσας· ὥςε ζητητεον, ὁπως ταυτα νοηντες οἱ τε θεοι και οἱ θεων αγχιστροι αιδες παραδεδωκασιν αυτικα τοις θευργοις οἱ θεοι, πως τας νοητας εκδιδωκασι τριαδας; Σ. 209.

171) Damascius ebendas. S. 208. 209. εγω δε ευλαβημαι παραχαραττειν την πατριαν ὑποθεσιν, α μοιον ανθρωπων αρεσκει τοις πλειοτατοις· αδεις γαρ αχρι τυδε ὑπεθετο των φιλοσοφων· αλλα και τοις θεοις αυτοις. — αισχυναιμην δ' αν και τον θειον Ιαμβλιχον, ει τα περι ταυτα καινοτομοιην, αιδεα των θειων πραγματων αλλων τε και των νοερων αριςον εξηγητην.

Nachdem man einmal angefangen hatte, die denkbare Welt als etwas Gegebenes zu erörtern, und durch Trichotomieen zu erschöpfen, hatte sich die Anzahl der Principien, der Götter und Götterfamilien, der Dreiheiten außerordentlich vermehrt. Dieses war dem ursprünglichen Streben der Vernunft nach Einheit durchaus zuwider, und daher lenkte Damascius wieder ein auf den entgegengesetzten Weg, die **Vielheit auf Einheit zurück zu führen**. Die gangbarste Meinung war, daß es drei ursprüngliche Principe gebe, welche sehr verschieden bestimmt und benennt worden waren: daß in jedem der drei Principe wieder eine Dreiheit enthalten sey. Dieses war also die **ursprüngliche Neunheit** [172]). Diese Vorstellungsart prüfet Da-

---

[172) Damascius l. c. S. 223. 233. 251. 299. τους αρχ, ως οἱ νεωτεροι φιλοσοφοι τεχνολογυσιν ἑκαστης τριαδος πέρας μεν το ακρον, ουσια δε ἡ ζωη, νυς το εσχατον. Obgleich, wie Damascius sagt, diese **Dreiheit der Dreiheiten**, oder die **Neunheit** ein neueres Philosophem war, so trugen doch dieselben Philosophen nach ihrem Hange zur Synkretisterei, auch diese Neunheit in die ältesten religiösen und philosophischen Systeme der Chaldäer, Aegypter und Griechen über. Die Chaldäische Neunheit bestand nach Damascius S. 227. aus der ιυγγικη, συνοχικη und τελεταρχικη τριας, und jede derselben wurde in πατηρ, δυναμις und νυς eingetheilt. Wir finden in den sparsamen Nachrichten griechischer Schriftsteller von den Religionsmeinungen der Chaldäer, Perser und Aegypter sowohl, als in den von Anquetil bekannt gemachten Zendbüchern keine oder nur dunkle Spuren einer Trinität. Und was Damascius S. 258. sq. des angeführten Werks sagt, beweiset, wie viele Ideen die Neuplatoniker hineintragen mußten, ehe einige Conformität heraus kam. Schon hieraus wird die Unechtheit der sogenannten Chaldäischen oder Zoroastrischen Orakelsprüche höchst wahrscheinlich, wenn auch ihr Inhalt nicht selbst schon dafür spräche. Eine Stelle des Damascius beweiset, daß man schon in jenen

Damascius mit Scharfsinn, und deckt die darin liegenden Schwierigkeiten sehr gut auf. Insbesondere zeigt er, daß, wenn man sich die drei Principe als besondere, von einander verschiedene und getrennte Principe denkt, weder **Einheit** noch **Zusammenhang** derselben denkbar ist, und die Vernunft auf keine Einheit, sondern auf Vielheit komme; daß keine Dreiheit aus verschiedenartigen Einheiten entspringen könne; daß die dritte Einheit, aus welcher die **Wirklichkeit** oder **Objectivität** (ουσια) entspringen soll, keine wahre Einheit, sondern eine mit ουσια verbundene Einheit, also aus Zweien zusammengesetzt ist (διπλη) u. s. w. [173].

Durch die Entwickelung dieser Schwierigkeiten kam Damascius zur Einsicht, daß sich das **Uebersinnliche, das Absolute, nicht, wie es an sich ist, denken und erkennen läßt, sondern nur analogisch und symbolisch.** Das Absolute läßt sich nicht in Begriffe fassen, noch wie sinnliche Gegenstände gleichsam an den Fingern herzählen [174]. Selbst eine Offenbarung der Götter kann uns jene übersinnliche Erkenntniß nur im Verhältniß zu unserm Erkenntnißvermögen geben. Denn so wie sie, wenn sie sich einem Aegypter, oder Syrer, oder Griechen offenbaren, sich der Sprache dieser Nationen bedienen müssen, weil sie

---

jenen Zeiten an ihrer Echtheit zweifelte. S. 252. τοσαυτα νυν ειρημενα περι των Χαλδαικων τριαδων εκαστω εχετω προς τα παροντα, μηδεν πολυπραγμονησαντων ημων της παραδοθεισης υπο των λογιων περι αυτων αληθειας.

173) Damascius l. c. S. 200. seq.
174) Damascius ebendas. S. 223. αυτικα αριθμοι α φησομεν ειναι εν τω νοητω, ουδε εξ ομοειδων, ουδε εξ ανομοειδων· ουδε γαρ ολως η τα διωρισμενα φυσις εστι εκει, ουδε γαρ η του συνεχους· ουδε διαφορα τις, ουδε ετεροτης, ουδε διακρισις, ει γε τω απλως ηνωμενω. S. 226. 227.

sie außerdem gar nicht verstanden werden könnten: so müssen sie sich auch, wenn sie den Menschen überhaupt das Absolute offenbaren, der menschlichen Sprache überhaupt bedienen. Die menschliche Sprache besteht aber nicht allein aus bestimmten Nenn- und Zeitwörtern, sondern auch aus diesen entsprechenden Gedanken 175). Es kann daher gar nicht fehlen, daß, wenn wir die Unermeßlichkeit der Verstandeswelt durchforschen wollen, wir zu den niedern und besondern Wesen unsere Zuflucht nehmen müssen, um durch analogische Verhältnisse uns dasjenige, was nicht unterschieden und getrennt ist, noch in Verhältnissen zu einander steht, verständlich und begreiflich zu machen. Es ist dieses freilich ein Irrthum, eine Abweichung von dem, was an sich ist; aber diese Abweichung ist nothwendig für uns, denn sonst würden wir das Absolute ganz und gar nicht denken können 176). Wir müssen zufrieden seyn, wenn wir auch nur auf eine entfernte Weise mit einem dunklen Blicke etwas davon erhaschen können. Denn wir

175) Damascius ebendas. S. 232. επει και οι θεοι εχ οιαν εσιν (οια εισι) ῥοδε ὡς, ὑτω και τοιαυτα περι τυτων ἢ και περι αλλων διδασκωσιν ἡμας ενιοτε και ενιας· αλλ' ὡσπερ Αιγυπτιοις ἢ Συροις ἢ Ελλησι διαλεγεται χρωμενοι τῃ εκεινων οικεια φωνῃ, ἢ ματην αν εφθεγγοντο προς αυτυς· ὑτω και ανθρωποις τα οικεια παραδυναι εσπυδακοτες, ανθρωπινῃ διαλεκτῳ χρησονται δικαιως. αὑτη δε συγκειται ὐ μονον εκ τοιων τε ῥηματων και ονοματων, αλλα και εκ νοηματων τυτοις αναλογωντων και προσαρμοττοντων.

176) Damascius ebendas. ει τοινυν και παραλλαττομεν της αληθειας εκεινης διερευνωμενοι τον νοητον βυθον, ὁσος και οἱος εστι, παραφερομεθα προς τα κατω, και μερικα συνεσπωμενοι, ἢ συγκατασπωμενοι τῃ αναγκῃ της μικροπρεπυς ἡμων αδειας, αισχεσθαι ὁμως δει της παραφορας και της παραλλαξεως. αλλως μεν γαρ ουκ εστιν, ὡς νυν εχομεν, εχοντα εννοειν περι αυτων· αγαπητεον δε και πορρωθεν και μολις και αμυδροτατα πῃ παραπτεσθαι.

Damascius.

wir dürfen das Intelligibele nicht an den Fingern zählen, noch mit getrennten Begriffen auffassen, sondern alle Gedanken sammt und sonders verschließen, und nur das eine große Auge der Seele öfnen, mit welchem Nichts getrenntes und entgegengesetztes, sondern nur das Zahllose und Ununterschiedene, wenn auch von dem entferntesten Standpuncte aus, angeschauet wird. Gleichwohl wird das Intelligibele nicht anders von uns vorgestellt werden können, als unter dem Begriff von **Einheit, Vielheit und Allheit** 177).

Damascius war also sehr nahe daran, den Unterschied zwischen dem Gebiet des Wissens und Glaubens, zwischen Anschauung und Begriff, zwischen Begriff und Idee einzusehen, und die Erkenntniß des Uebersinnlichen als unserer Denkweise nicht angemessen für subjectiv unmöglich zu halten. Allein, da er einmal von dem Hange übersinnlicher Speculation angesteckt war, so ging er auf derselben Bahn gleich seinen Zeitgenossen fort. Nur so viel gab er nach, daß wir das Uebersinnliche, das Intelligibele nie völlig begreifen, nur dasselbe aus einer großen Ferne und nicht ganz klar auffassen können. Weil aber der menschliche Geist der Idee

des

---

177) Damascius ebendas. S. 227. μη επι δακτυλων αριθμωμεν το νοητον, μηδὲ διωρισμεναις εννοιαις αυτε απτωμεθα, αλλα παντα συνελοντες ὁμα νοηματα και μυσαντες το ἑν και μεγιστον ὁμμα ανοιξαντες της ψυχης, ᾡ καθοραται το διακρινομενον ἰδει — ἰδε τετο ὁπερ αιτικειται τῳ διακρινομενῳ — τοιετῳ εν ὁμματι εκεισε βλεποντες, ει και πορρωθεν και οιον απο των εσχατων, ὁμως ὑψωμεθα το νοητον, ὁτι δη εστι παντη αδιακριτον και παντη αμεριζμον. πλην ὁτι και ὁυτως εχοντος, εν ημιν φαντασθησεται, ει χρη ὁυτω φαναι, το μεν ἁπλοτης αυτε, το δε πολλοτης, το δε παντοτης. εν γαρ, πολλα, παντα το νοητον εστιν, ὡς τριχη διεξοδωσαι την μιαν φυσιν.

des Intelligibelen nicht entbehren kann, und weil er nicht in die innere Organisation der Vernunft eindringen, nicht das Verhältniß der theoretischen Vernunft zur practischen einsehen konnte, so bot er alle seine Geisteskraft auf, um diese Erkenntniß des Absoluten, welche der Schlußstein des ganzen Gebäudes menschlicher Erkenntniß war, so weit als es dem menschlichen Verstande möglich ist, zu Stande zu bringen.

Die beiden Hauptsätze, welche ihn dabei leiten, sind diese: Das Intelligibele ist nichts Einzelnes, Getheiltes und Getrenntes, was sich in Begriffe fassen ließe, wir können aber das Intelligibele in seiner Unermeßlichkeit nicht auf einmal fassen, sondern nach und nach, indem wir es gleichsam in Begriffe spalten, wobei wir nur nie vergessen dürfen, daß dieses eine Folge des menschlichen eingeschränkten Denkens ist. Es ist daher unvermeidlich, daß jeder Versuch, z. B. die Dreiheit klar zu machen, sie unvermerkt in eine Vielheit von Wesen verwandelt [178]). Die intelligibele Welt ist eine unzertrennliche Totalität; durch das Denken wird diese zersetzt und zerlegt, sie bekommt dadurch den Charakter des Denkenden, Intellectuellen (νοερος). So groß nun die sinnliche Welt in ihrem Getheiltseyn ist, so groß ist die intelligibele und intellectuelle in dem Getheiltwerden, und die bloß intelligibele in ihren ungetheilten, aber nichts desto weniger vollen

Räu-

---

[178]) Damascius ebendas. S. 224. 233. και αυτη εστιν η πολυυμνητος νοητη τριας, ην περιφραζειν αλλοτε αλλως βαλομενοι λαιϑαισομεν αυτας, ετι ποικιλωτεραν αυτην εν τοις λογοις παρατιϑεμενοι, και μαλιστα, οταν αυτην ενιαδα ποιημεν.

Räumen 179). So nimmt Damascius auf der einen Seite unvermerkt wieder, was er auf der andern mit offen erklärter Bescheidenheit gab. Er behauptet das eine Mal, das Intelligibele könne von keinem menschlichen Wesen gefaßt werden, und das andere Mal sagt er: was wir in der Analyse des Denkens finden, das sey auch in dem intelligibelen All enthalten. Denn dieses kann nur der Gedanke seyn, welchen die unten angeführte Stelle haben kann. Er trägt ohne weiteres Bedenken aus der untern sinnlichen Welt in die obere intelligibele über, was ihm zu seinem Zwecke gut dünkt, wie hier die Räume und Abstände, die ungetheilt und doch voll seyn sollen.

Die Dreiheit und Neunheit ist ihm daher nichts anders, als der vereinigte und gesammte Abgrund, oder deutlicher, die unermeßliche Totalität des Seyns, in welcher noch kein besonderes getrenntes Seyn (ουσια) unterschieden ist; das absolute reine Seyn, welches in sich einfach ist, und doch alles in sich begreift, und der Grund aller Vielheit ist. Weil dieses Object zu groß und unermeßlich für jedes Denken ist, so fassen wir die Vollkommenheit und Vollständigkeit desselben durch die Begriffe einer Dreiheit, und noch vollständiger, durch die Begriffe der Neunheit auf 180). Wir theilen nämlich das absolute und einfache Seyn

---

179) Damascius ebendas. S. 236. οσος ην ὁ νοερος (κοσμος) εν τῳ διακεκρισθαι, τοσυτος εν τῳ διακρινεσθαι ὁ νοητος και νοερος, και οσος εν τῳ διακεκρισθαι ετος, τοσυτος ὁ νοητος εν τῳ αδιακριτῳ αυτῳ και ουδεν ηττον παμπληρει κατασημματι.

180) Damascius ebendas. S. 223. τις αν ὑμνημειη ειναι εν τῳ νοητῳ; ἡ μονην τελειοτητα σημαινει παντελη της
εκει

Seyn zuerst nach einer dreifachen Ansicht in das Eine, oder den Vater, in das Viele, oder die Möglichkeit und in das vereinte Viele oder das All oder die väterliche Intelligenz; und erstrecken dann diese Dreitheilung wieder auf jedes von den dreien. Wir verstehen aber durch diese Dreiheit nicht etwa drei besondere Einzelwesen, sondern den Anfang, das Mittel und Ende des Intelligibelen in seiner Totalität. Das Eine bedeutet nicht etwa eine Zahleinheit, sondern die eine Einfachheit des Alls; das Viele oder die unbestimmte Zweiheit, die alles erzeugende Kraft des Einen. Beides vereiniget, oder das Zweite hingewandt auf das Erste, ist der väterliche Verstand, oder das durch das Eine bestimmte, begränzte Viele, die Allheit. Es ist also eigentlich nur Ein Wesen, dem Subjecte nach), welches aber drei Eigenschaften hat, die wir besonders auffassen; die Dreiheit ist nichts anders, als der Alles erzeugen könnende und wirklich erzeugende Vater [181]). Oder man kann

εκει τριαδος, ην ε δυναμενοι διακρινειν, τω λογισμω τριχη την τριαδα διϊσαμεν, το πανταχη τελειον αυτης, και το παντων περιεκτικον, και παντος πληθυς εξηγμενοι, και πασης τριαδος της οπη ποτε και οπως υφεσωσης γεννητικον, και το πασης προοδυ της επ' εσχατον ηγεμονον, και το ακρατον της γονιμυ δυναμεως.

181) Damascius. ebendas. S. 224. αλλα σημαινει παλιν η τριας τυ ηνωμενυ την αρχην και το μεσον και την τελευτην, αλλ' ηνωμενα και ταυτα. ετι δε το μεν εν απλως' ουκ ην αριθμητικον, αλλ' εδηλυ την μιαν απλοτητα παντων. και η δυας μετα το εν η αοριστος λεγομενη ουκ ην επι δυοιν μοναδοιν δυας' αλλ' η παντων γεννητικη τυ ενος αιτια δι' αυτης εδηλυτο, και ην κατα αμφω πατηρ παντα γενναν δυναμενος. και δη εκ τριτον το ηνωμενον, οιον απο δυναμεως ενεργεια προελθυσα' και απο μοναδος αρα τοιαυτης και δυαδος τοιαυτης υπεςη τριας κατα φυσιν εχυσα το ηνωμενον, δυας γε υσα προς το εν επεςραμμενη και δια τυτο της πατρικος. αλλα ταυτα λεγοντες τρια ποιυμεν' η ο πατηρ εςι δυναμενος τε και γενναν ατακτα μεθ' εαυτον, αυτη ολη τριας. S. 236. 237.

kann sich auch dieses in einem Bilde vorstellen. Das Eine ist der Mittelpunct des Alls; die Entfernung, das Abstehen von dem Mittelpuncte ist das zweite Princip, ein Fortfließen des Punctes, die Peripherie mit dem Abstande von dem Mittelpuncte, gleichsam ein Hinkehren der Peripherie zum Mittelpuncte ist die väterliche Intelligenz 182).

Dem Ersten, dem Einen oder dem Vater kommt das absolute Seyn (ὕπαρξις) zu, welches der Grund von allem andern Seyn, aber noch kein bestimmtes Seyn, sondern nur das schlechthin einfache Seyn ist, durch welches alles zusammengesetzte Seyn möglich wird. Das Eine dehnet sich aus, tritt und fließt aus einander, und will alles seyn, ehe es Alles wird; dieses ist die Möglichkeit (δυναμις), das zweite Princip, wodurch das Eine sich zur Vielheit ergießet, aber noch nicht durch das Eine vereiniget wird. Wenn dieses geschiehet, so kommt das dritte Princip hinzu, welchem ein wirkliches bestimmtes Seyn (ȣσια) zukommt, wenn es auch gleich noch nicht unterschieden wird; und dieses ist das absolute Ding (το ἁπλως ον) 183).

Man

---

182) Damascius ebendas. S. 227.

183) Damascius ebendas. S. 245. seq. ἡ ὕπαρξις την πρωτην αρχην δηλοι της ὑποστασεως ἑκαστης, οἷον τινα θεμελιον, η οἷον ἐδαφος προϋποτιθεμενοι της ὁλης και της πασης ἐποικοδομησεως — αὑτη δε ἐστιν ἡ προ παντων ἁπλοτης, ἡ πασα προσγινεται συνθεσις. αὑτη δε ἐστιν αὐτο δηπȣ το παντων ἐπεκεινα προϋποκειμενον ἑν, ὁπερ αἰτιον μεν πασης ȣσιας· ἀπȣ δε ȣσια· πασα γαρ ȣσια συνθετος, η κατα ἑνωσιν, η κατα κρασιν, η ὁπως ποτε ἀλλως — ἐπι ταυτῃ δε τῃ πρωτῃ ὑποθεσει τε και ὑπαρξει προσγινεται τις δευτερα ὑποθεσις, οἷον πληθος ἐκ τȣ ἑνος ἐκεινȣ, και οἷον διαστασις αὐτȣ, παντα βȣληθεντος ειναι προ παντων, ὁ δη καλȣμεν κατα ἀναλογιαν δυναμιν, ὁτι και ἡ δυναμις ἐκτενεια ἠν της ȣσιας. ἐπι δε ταυτῃ ἡ τριτη

προ-

Man sieht also, daß Damascius denselben Weg der Speculation betritt, ohne daß ihm die scharfe Kritik seiner Vorgänger einen besseren Erfolg gewähren konnte. Man kann ihm mit Recht eben dieselben Fragen vorlegen: Wie das Eins, wenn es absolut einfach ist, in eine Vielheit zerfließen kann, ohne aufzuhören, die absolute Einheit zu seyn; wie sich ein absolut einfaches Ding denken läßt, welches alles Mögliche in unermeßlicher, aber ununterscheidbarer Fülle enthalten soll? Und er würde jede Antwort darauf schuldig bleiben müssen, wenn man ihm auch den Beweis erlassen wollte, daß der menschliche Geist im Stande sey, diesen Abgrund des Seyns, wie ihn Damascius selbst nennt, zu ergründen. Wie er berechtiget sey, von dem Denkenmüssen auf ein Seynmüssen zu schließen, und ein Etwas, wovon er nur eine Idee haben kann, weil es kein Gegenstand einer möglichen Erfahrung ist, für wirklich außer dem Denken zu halten?

So wenig die Versuche des Damascius, diesem Systeme einer schwärmerischen und überspannten Speculation eine feste Haltung zu geben, gelungen sind, so wenig konnten sie auch die immer mehr zunehmende Gleichgültigkeit und Kaltsinnigkeit gegen dasselbe besiegen, vielmehr vermehrten sie dieselbe, wie es scheint, durch das

προεισιν αρχη, το τελειοτατον, ὡς δοκει, συλλαβουσα και παντελειον ειδος· οἷον τριχη διασασα και εις οὐσιαν αντι ὑπαρξεως ἐνθεισα, διο και ἐοικεν τῳ οἰκειῳ πατρι ὁ πατρικος νους, και ἐπιστραπται προς αὐτο, ὡς τῳ ἑνι το ἡνωμενον, και τῃ ὑπαρξει ἡ οὐσια. οὐ μην ταυτον γε ἐστιν ον και ἀλλο μεσον ἡ δυναμις, ἐκβασα μεν ἀπο της πατρικης ἁπλοτητος και ταυτῃ συμφερομενη τῳ ἑνι, ἀπο δε εις ἑνωσιν περιγραφεισα, ἀλλα μονη χωρις και ἀπειρος του ἑνος εἶναι βουλομενη· διο και τῳ πατρι συνεστιν, ὡς ἑν μεγιστι χωρουμενον ἐν ὁδῳ ἁπου ἡνωμενοι ἡ δευτερα ἀρχη· ἀλλ᾿ ἐν ἐτι, εἰ και χωρουμενον πως εἰς χαος ὡς ἀληθως.

das offen dargelegte Geständniß, daß die menschliche Denkweise mit der Natur eines letzten und absolut einfachen Urprincips alles Seyns in geradem Widerstreite sich befinde 184). Wenigstens mußte daraus jeder nicht ganz verblendete und noch nicht in den Schlingen dieses Systemes befangene Denker schließen, daß jeder Versuch ein Object denken und erkennen zu wollen, welches der Natur des menschlichen Geistes nicht angemessen sey, nur auf Hirngespinste und Täuschungen führen müsse.

Indessen konnte doch diese Gleichgültigkeit nicht auf einmal eintreten, noch dem menschlichen Geiste durch einen Sprung eine andere Richtung geben. Dieses geschah nur nach und nach. Die schwärmerische Philosophie hatte nun einmal eine zu große Menge von Gegenständen in ihren Kreis gezogen, sich mit zu vielen Fäden an alles, was für den denkenden Menschen Interesse hat, angeknüpft, daß diese mannigfaltigen Nahrungsquellen und Verknüpfungsbande nur nach und nach weggenommen werden konnten. Durch die Philosophie des Plato und Aristoteles und durch die wahren oder falschen Religionsurkunden orientalischer Völker hatte die Schule der Neuplatoniker bey Griechen und Nichtgriechen ihr Ansehen hauptsächlich gegründet und erhalten, und dieses waren auch ihre letzten Bollwerke. Man schrieb jetzt, nachdem schon ihr Ansehen unwiederbringlich dahin war, Commentare über Pythagoras, Platos und Aristoteles Schriften in dem Geiste jener Philosophie, und Simplicius, der einer der gelehrtesten und besten Ausleger des Aristoteles war, commentirte selbst über Epictets mora-

---

184) Damascius ebendas. S. 235. αλλ' επειδη και επωσεν τολμωμεν τα τε ακριθμα αριθμειν, και τα υπερ πασαν ταξιν οντα ταττειν, και τον υπερ κοσμον τω οντι βυθον ομως διακοσμειν· φερε τοι αυτα ταυτα λεγωμεν, οπη και οπως ποιητεον.

moralisches Handbuch, gleichsam als wenn man der ewigen Speculationen müde, sich zuletzt nach einem nahrhafteren Stoffe umgesehen hätte 185).

Drittes Kapitel.
Uebersicht dieses Zeitraums.

In der ersten Hälfte dieser Periode war das wissenschaftliche Interesse für die Philosophie ziemlich gesunken. Der endlose Streit zwischen entgegengesetzten Parteien hatte den Eifer der Vernunft, durch anhaltendes strenges For-

---

185) Hierokles Commentar über die goldnen Sprüche des Pythagoras ist nicht rein von den speculativen und schwärmerischen Ideen, welche bisher die Köpfe ausschließlich beschäftigt hatten; er enthält aber dagegen auch vortreffliche religiöse und moralische Betrachtungen, z B über die Heilighaltung des Eides, über die Wahrhaftigkeit als den Hauptpunct in dem sittlichen Charakter, über die Menschenliebe, Frömmigkeit, Selbsterkenntniß als Hauptbedingung der sittlichen Cultur, über das Gewissen, und vorzüglich über das Verhältniß des Glaubens an Unsterblichkeit und Vorsehung zur Moralität. Diese geben diesem Werke einen vorzüglichen Werth. So wenig übrigens sich Hierokles über alle schwärmerischen Ideen seiner Zeit erhebt, so sind sie doch durch seinen lebendigen Sinn für Moralität zum Theil sehr gemäßiget, und verrathen durch manche Urtheile die allmählige Rückkehr zur Nüchternheit des Geistes. Er hält dafür, um nur einiges anzuführen, daß ein übermäßiger Hang zur Speculation für die moralische Cultur schädlich sey (Edit. Paris. 1583. p. 217); er verwirft die Theurgie oder die Reinigungskunst, (τελετικὴ ἐνέργεια) deren Werth von Jamblich und andern so sehr war übertrieben worden, zwar nicht ganz, aber er ordnet sie doch der Philosophie wieder unter, und weiset ihr nur das Geschäft an, den geistigen Körper der Seele, das αὐγοειδὲς ὄχημα, zu reinigen. (p. 306.)

Forschen sich eine gewisse Erkenntniß der wichtigsten Gegenstände zu verschaffen, und den Glauben an das Gelingen desselben geschwächt. Da man auf der einen Seite diese Untersuchungen nicht ganz aufgeben, auf der andern aber auch keinen festen Grund und Boden durch die Entscheidung der Vernunft selbst gewinnen konnte, so wandte man sich nicht mehr unmittelbar an die Vernunft selbst, sondern an die widerstreitenden Producte derselben, und suchte durch verständlichere Entwickelung derselben, durch Vergleichung des Uebereinstimmigen und Widerstreitenben, durch Auswahl des Ersten, und Vereinbarung des Zweiten, eine Summe von Wahrheiten zu gewinnen. Man beschäftigte sich also mehr mit den Resultaten, als mit den Gründen der Erkenntnisse.

Der Scepticismus des Aenesidem und Sextus waren nicht vermögend, das gesunkene Interesse für Wissenschaft wieder neu zu beleben. Denn eines Theils verkannten diese selbst die Gränzen und Foderungen des Scepticismus und anstatt den Dogmatismus in Schranken zu halten, und durch Angriffe auf seine schwachen Seiten ihn zu gründlichern Forschungen zu nöthigen, schlugen sie vielmehr durch einen **positiven Scepticismus** allen Muth und Trieb zum weitern Nachdenken nieder. Anderen Theils trug dieser allgemeine, alles niederreißende Zweifel das Zerstörungsprincip für sich selbst mit in seinem Schoße. Wenn er die Möglichkeit einer apodiktischen Erkenntniß ohne alle Einschränkung aufhebet, so steht er mit sich selbst in Streit, und nimmt seinen Angriffen, so furchtbar sie auch scheinen, alle Kraft und Schärfe. Endlich war auch der Berührungspunct zwischen dem Dogmatismus und Scepticismus durch den eingetretenen Kaltsinn für Wissenschaft größtentheils zernichtet; es war kein Kampf und Conflict mehr, daß beide einander hätten reizen und beschränken, und dadurch wohlthätige Wirkungen hervorbringen können.

Es entstand also daraus die eklektische und synkretistische Manier im Philosophiren, welche des lebendigen Geistes beraubt, keine Geistesfrüchte hervorbrachte. Indessen gewann doch die Philosophie, wenn auch nicht an Intension, dennoch an Extension, durch größere Ausbreitung, und Anwendung auf die Religionslehren. Durch diese Verbindung mit Gegenständen des bloßen Glaubens erzeugte sich von neuem ein speculativer Geist, welcher an Kühnheit des Unternehmens, aber auch an Grundlosigkeit alles übertraf, was bisher auf diesem Gebiete zum Vorschein gekommen war. Die Philosophie erhielt nämlich einen schwärmerischen Charakter, indem sie das Uebersinnliche, was bisher immer nur in Beziehung auf die Erfahrungserkenntniß und auf die Natur ein Gegenstand der Speculation gewesen war, an sich als das Absolute, und zwar durch ein absolutes Erkenntnißvermögen, welches bisher völlig verborgen gewesen war, zu erkennen, und das Glauben in ein Wissen zu verwandeln suchte.

Noch einmal fühlte sich der menschliche Geist durch ein speculatives Interesse zu ungemeiner Thätigkeit angetrieben. Nur war zu bedauern, daß er für Chimären entflammt, auch nichts anders als leere Chimären hervorbringen konnte. Eigenmächtig schwang er sich in die übersinnliche Welt, um sich hier mit Verlassung des ganzen Erfahrungsgebietes anzubauen. Es war ihm selbst nicht etwa daran gelegen, die Principien der Erfahrungswelt aus jenen zu holen, sondern er wollte, was man nur glauben, hoffen, ahnden kann, aus sich selbst angedichteter Machtvollkommenheit durch Anschauen ergrei-

ergreifen, und sich zu einem Gliede der Verstandeswelt durch eigenmächtige That constituiren, anstatt daß nur das sittliche Handeln den Prospect in das übrigens verschlossene Reich des Uebersinnlichen erhält. Wir befinden uns nur auf der Gränze der Erfahrungs- und der Verstandeswelt, und wir können nie eine positive Erkenntniß von dieser erlangen, weil alle Data unserer Erkenntniß nur zum Gebrauche für die Erfahrungserkenntniß zureichen. Will also dennoch der menschliche Verstand aus einem falsch verstandenen Interesse in dieses Gebiet einbringen, so bleibt ihm nichts anderes übrig, als Begriffe in wirkliche Wesen zu verwandeln, und Anschauungen mit dem Angeschaueten zu identificiren. Es entstehet also hieraus eine schwärmerische Philosophie, welche bald mystisch, bald vernünftelnd ist.

Der menschliche Geist hat freilich einen Hang zur Erforschung des Uebersinnlichen und Absoluten, weil ihm das Endliche nicht genügen kann, und weil die theoretischen und practischen Ideen eine Aussicht wenigstens auf das, was über die Sinnenwelt erhaben ist, öffnen. Aber darum ist diese Aussicht noch keine Einsicht, und nur ein berauschtes Gemüth kann sich einbilden, außerhalb den Gränzen des Erkennbaren noch ein höheres Wissen zu finden.

Indessen überließ sich der menschliche Geist diesem Rausche in dieser Periode in vollem Maße, und wurde nur selten auf einige Augenblicke nüchtern, um sich selbst zu fragen, was eigentlich sein Beginnen sey? Je mehr auf der einen Seite das Gebrechen der dogmatischen Philosophie, daß sie den Uebergang aus der Ideenwelt in die reale Welt nicht vermitteln kann, durch die Angriffe der Skeptiker endlich einleuchtend worden war, desto mehr bot er noch einmal und zum letztenmale alle seine Kräfte auf, um demselben abzuhelfen. Allein er ging nicht von einer strengen und unbefangenen Prüfung seines Vermögens aus, sondern zog nur allein das Bedürfniß und den Wunsch nach einer absoluten Erkenntniß zu Rathe.

Was man wünscht, dem pflegt man auch gerne Wirklichkeit zu leihen. Dieser Täuschung zu Folge nahm man ohne Weiteres ein **absolutes Erkenntnißvermögen**, oder einen **besondern Sinn für das Absolute**, eine eigenthümliche Empfänglichkeit an, wodurch man des göttlichen Einflusses unmittelbar bewußt werde. Die Vorstellungsart, daß Gott ein Lichtwesen sey, wovon das Seyn und die Thätigkeit der Substanzen abhange, welche sich jetzt immer weiter ausbreitete, führte darauf, ein besonderes Vermögen in den denkenden Wesen anzunehmen, wodurch sie dieses Einflusses ohne Vermittelung irgend einer andern Vorstellung bewußt werden könnten. Dieses Vermögen war eine **Vernunft, welche anschauet, ein intellectuelles Anschauungsvermögen**, welches noch über den reflectirenden Verstand erhaben ist, und in welchem die Anschauung mit dem Gegenstande, dem Uebersinnlichen völlig identisch ist, wobei also die Nachfrage nach einem Zusammenhange zwischen der Vorstellung und dem Objecte ganz unstatthaft wäre, und der Scepticismus dem Dogmatismus den Sieg eingestehen mußte. Dieses würde auch wirklich der Fall seyn, wenn dieses absolute Erkenntnißvermögen selbst erst apodictisch erwiesen wäre, und es nicht bei dem ersten Anblick einleuchtete, daß die Annahme desselben nichts als eine aus dem Hange zur Speculation und dem Wunsche, dem Scepticismus zu entgehen, entstandene Fiction, und daß das absolute Erkenntnißvermögen nichts anders sey, als die hypostasirte Vorstellung von dem Formalen der Erkenntniß mit Absonderung alles Materialen, wo man also die formalen

len Bedingungen der Erkenntniß zu Objecten macht, und außer sich setzt. Das Urwesen mußte die menschliche Vernunft mit seinem reinen Lichte erleuchten, und ihr dadurch die Erkenntnißkraft und den Erkenntnißgegenstand geben, so daß die erleuchtete Vernunft und das erleuchtende Urwesen, wenn man sich von allem Materiellen reinigte, in unmittelbarer Gemeinschaft und Berührung stehen.

So verfiel die Philosophie, weil sie sich auf ihrem eigenthümlichen Gebiete nicht orientiren konnte, in den Supernaturalismus, welcher sich bald in zwei Zweige, den rationalen und den historischen, theilte. Nach dem ersten stehet das Urwesen und die Vernunft in einem wesentlichen fortdauernden Zusammenhange; die letzte darf nur mit Abstraction von allem Uebrigen auf das erste sich hinrichten, um es seinem Wesen und Verhältnissen nach rein aufzufassen. Nach dem zweiten tritt das Urwesen außer diesem wesentlichen Verhältnisse noch zuweilen in ein besonderes zufälliges, und offenbaret Dinge, welche die menschliche Vernunft durch Reflexion auf sich gar nicht entdecken kann. Der erste verträgt sich noch mit einem scheinbaren wissenschaftlichen Interesse, in sofern er durch reines Denken, dessen Functionen nur mißverstanden werden, das Uebersinnliche erfassen und begreifen will; in sofern er die Vernunft zwar alles schauen, durch die reine Anschauung aber doch hernach dieses a priori Gegebene, wie den empirisch gegebenen Stoff, auf Begriffe bringen, und im Zusammenhange denken läßt; in sofern endlich nach dieser Ansicht jeder Denkende dasselbe Princip des Denkens und denselben Stoff, wenn auch durch unmittelbare göttliche Einwirkung findet, und also der letzte Grund aller Ueberzeugung die Vernunft, wiewohl die von Gott erleuchtete Vernunft bleibet. Der zweite hat mit diesem Interesse

sehr

sehr wenig zu thun. Hier ist nicht mehr die Vernunft, sondern Gott die unmittelbare Quelle aller Erkenntniß und Ueberzeugung; die Vernunft ist nur ein passives Vermögen; nicht jedes vernünftige Subject, sondern dieses oder jenes, welches Gott dazu ausgewählt, ist das Medium, durch welches Gott zu den Menschen spricht und seine Geheimnisse offenbaret. Hier findet kein Suchen und Forschen, kein Prüfen und Beurtheilen Statt; man muß nur nehmen, was und wie es Gott kund gethan hat. Die Vernunft kann über den mitgetheilten Schatz zwar vernünfteln, und ihn auf mannigfaltige Weise drehen und wenden, bereiten und verarbeiten, aber sie vertritt dabei doch nur die Stelle einer Auslegerin, welcher ein fremder Text vorgeschrieben ist. Der erste macht auf ein apodiktisches Wissen Anspruch, welches vor allem Denken hergehet; der zweite gründet sich blos allein auf ein Fürwahrhalten, auf ein Vertrauen auf Gott, daß er nicht lügen könne noch wolle.

Indessen ist der Grund, worauf sich der rationale und historische Supernaturalismus stützt, nichts anders als eine Fiction. Das absolute Erkenntnißvermögen kann eben so wenig bewiesen werden, als die Wirklichkeit einer Offenbarung. Beide nehmen also etwas an, was nicht bewiesen werden kann, aber bewiesen werden mußte, und dichten also, anstatt zu raisonniren. Dieses war unstreitig der erste Schritt über das Gebiet der Philosophie, mit welchem man schon an die Unphilosophie streifte, und welchem mehrere zum größten Nachtheile für das wissenschaftliche Interesse folgen mußten. Man erlaubte sich nun eine Dichtung über die andere, und verwandelte die Philosophie in Poesie, die Gesetzgebung der Menschheit in ein veränderliches Spiel der Willkür, welches durch seine wenige Consistenz und Haltbarkeit, und durch seine Veränderlichkeit endlich selbst Ueberdruß und

Ekel

Ekel hervorbrachte. Wir wollen die vorzüglichsten Veränderungen dieser schwärmerischen Philosophie hier noch einmal vor Augen legen, und zwar nicht nach der Zeitfolge, sondern nach den Hauptmomenten, welche sie betrafen.

Der natürliche Hang des menschlichen Geistes zur Speculation lag dieser Philosophie, wie überhaupt jedem Dogmatismus, zum Grunde. Das Irdische und Veränderliche erfüllt und befriediget nicht das Streben des menschlichen Geistes; das Bewußtseyn der moralischen Würde, zu welcher er bestimmt ist, das Gefühl der moralischen Anlagen, und besonders das Bewußtseyn der praktischen Freiheit, wodurch er sich über die Natur erhebt, macht, daß er sich als ein Glied einer übersinnlichen Welt betrachtet. Er ist indessen doch einmal in der Endlichkeit umschlossen; er kann die Schranken nicht eigenmächtig zerbrechen, die ihn umfangen halten, noch sich von der Endlichkeit befreien, in welcher sein ganzer Wirkungskreis ist. Nur durch seine Ideen und seine Grundsätze kann er sich über dieselbe erheben, nur in Beziehung auf ein übersinnliches Reich der Sitten seinen Standpunct als moralisches Wesen in der wirklichen Welt behaupten. Aber dieses Glauben, mit welchem man im Vertrauen und Glauben auf das unwandelbare Bewußtseyn strenger Pflicht, das Uebersinnliche ergreifet, befriediget nicht die speculirende und auf Einsichten stolze Vernunft; sie will ein Wissen, kein Glauben. Dieses war das beständige Ziel aller Speculation gewesen, und es blieb es auch jetzt, nur mit dem Unterschiede, daß man sich weniger an die wirkliche Natur des Menschen, seine intellectuellen und praktischen Fähigkeiten und Bedürfnisse hielt, sondern mit einem Sprung, ohne Mühe und Anstrengung es in lebendiger Anschauung ergreifen, oder vielmehr sich selbst in die übersinnliche Welt versetzen wollte.

Plato

Plato hatte durch sein lebendiges Interesse und seinen reinen Sinn für Sittlichkeit, auch die religiösen Ideen reiner aufgefaßt und schöner entfaltet; aber nie hatte er das Band, welches sie mit der Sittlichkeit so enge verbindet, aus den Augen verloren, und wenn man in den Gliederbau seines Systems gehörig eindringet, so war es eigentlich das praktische Interesse, welches ihn auffoderte, das Daseyn Gottes und die Wirklichkeit der Unsterblichkeit theoretisch zu beweisen. Wenn er auch darin seiner dichterischen Einbildungskraft einen freien Flug erlaubte, so beobachtete er doch die Gränze des Philosophirens und des Dichtens ziemlich genau, wußte beides zu unterscheiden, und verwechselte nicht das Meinen mit dem Wissen. Platos Philosophie wurde daher eben darum, weil sie die meiste religiöse Tendenz hatte, und die Phantasie mit der Kälte des Forschens vereinigte, in diesen Zeiten, da durch Religion das Interesse der Speculation wieder angeregt und gehoben wurde, vor allen andern hervorgezogen; aber das Verhältniß zwischen Phantasie und Vernunft, welches den wesentlichen Charakter jener Philosophie ausmachte, blieb nicht mehr dasselbe. Die Phantasie wollte sich nicht mehr gefallen lassen, der Vernunft untergeordnet zu seyn, um den Gedanken Leben und Klarheit zu geben, sondern sie maßte sich an, in gleichem Verhältniß mit der Vernunft die Angelegenheiten der Vernunft zu besorgen, die Probleme zu bestimmen, die Entscheidungen zu geben. Der Grund von diesem umgekehrten Verhältniß lag theils in dem Zeitgeiste, in der gesunkenen sittlichen und wissenschaftlichen Cultur, theils in dem geistigen Charakter derjenigen Männer, welche die Speculation an dem Leitfaden der Platonischen Philosophie wieder in Gang brachten, welche gleich dem Plato viel Phantasie besaßen, aber sie nicht in gleichem Grade wie dieser durch die Vernunft beherrschten.

Man

Uebersicht der 4. Periode.

Man hatte angefangen, die einander entgegengesetzten philosophischen Systeme zu vereinigen, nicht sowohl durch strengere Prüfung, Bestimmung und Unterordnung ihrer Principien, als vielmehr durch künstliche Deutung ihrer Resultate, weswegen diese Vereinigungsversuche nur einen Eklecticismus oder Synkretismus, insofern man bald aus dem Heterogenen das Gleichartige und Zusammenstimmige auswählte, bald selbst das Heterogene durch Untereinandermischung zu einem Homogenen machen wollte, aber keinen wahren Gewinn für die Philosophie hervorgebracht hatten. Nur die in die Augen fallende äußere Disharmonie der Philosophen, als ein Skandal, woran viele Anstoß nahmen, wollte man verdecken, nicht den innern Widerstreit der Grundsätze und Ansichten aufheben. Die Platonische Philosophie, welche nach der herrschenden Stimmung der Denkart einmal den Vorzug erhalten hatte, sollte hierbei zum Vereinigungsmittel dienen.

So wie in dem vorhergehenden Zeitraume die festere wissenschaftliche Begründung der meistentheils von der Religion getrennten Moral der Centralpunct war, auf welchen die meisten Bestrebungen der philosophirenden Denker gerichtet waren; so fing in diesem die größtentheils von der Moral getrennte Religion, und zwar nicht die durch Philosophie und sittliche Begriffe gereinigte, sondern die populäre Religion, mit allen unlautern Zuthaten des theoretischen und praktischen Aberglaubens an, die Aufmerksamkeit der speculirenden Vernunft immer ausschließender auf sich zu ziehen. Diese sinnliche Religion zu gründen, die verschiedenen äußeren Formen derselben zu vereinigen, dieses war jetzt das Hauptthema der Philosophie, welches der Zustand der philosophischen Cultur und das Zeitinteresse herbeiführte. Das Zeitinteresse, weil die christliche Religion sich immer weiter ausbreitete, immer mehr aber auch den Kampf für die bisher bestandene heidnische Religion anregte; und weil die christliche Religion sich wegen des göttlichen Ursprungs als die einzige wahre Religion geltend zu machen suchte, so konnten die Verfechter der heidnischen Religion keine andere Partei ergreifen, als ebenfalls den göttlichen Ursprung ihrer Religion zu deduciren. So trafen also Religion und Philosophie durch den Supernaturalismus in einem Puncte zusammen.

Auf diese Art wurde also das Höchste in der Speculation, das Unendliche und Absolute, zu dem fast einzigen Strebepunct des Philosophirens; die Gottheit ihrem Wesen nach zu erkennen, und aus ihr alles Wirkliche abzuleiten, das vorzüglichste Problem des Forschens. Man glaubte nur dann dieses Urwesen mit Wahrheit erkannt zu haben, wenn die Erkenntniß desselben aus ihm selbst geschöpft sey, der Erkenntnißact und das Object sich berührten, oder beide in ihrer Identität und Indifferenz erkannt würden. **Einheit des Erkennens und des Erkannten durch unmittelbare Anschauung gegeben**, dieß war der höchste Punct, auf welchen sich die Speculation nur immer schwingen konnte. War dieser erreicht, so mußte es ein leichtes Unternehmen seyn, das Verhältniß des Unendlichen zu dem Endlichen, der Urform alles Seyns zu den beschränkten Objecten zu finden, und selbst die vielen Götter, welche der Gegenstand der Anbetung in den verschiedenen heidnischen Religionen waren, bis auf die einzelnen Schutzgottheiten herab, konnten auf diese Weise nur allein ihre Stelle behaupten, wenn sie als Modificationen oder Ausflüsse aus dem einen Urwesen dargestellt wurden.

Jetzt können wir die verschiedenen Formen und Gestalten dieser schwärmerischen mystischen Philosophie aus einem

einem Standpuncte übersehen. Die Individualität jedes schwärmerischen Philosophen, seine besondere Ansicht, sein überwiegendes Interesse für die Speculation oder für das durch die Speculation bestimmte Handeln, bestimmte auch eine besondere eigenthümliche Gestalt der Philosophie. Ueberhaupt offenbaret sich eine zweifache Richtung des Philosophirens — es versteht sich von selbst, daß wir dieses Streben in dem Geiste dieses Zeitalters nehmen —; es war bald **aufsteigend** zu dem Absoluten, bald **herabsteigend** zu dem Endlichen.

Man suchte sich dem Absoluten zu nähern, bald auf dem Wege des **Denkens**, bald auf dem des **Anschauens**. Das erste gab die schwärmerische Speculation, das zweite die schwärmerische Theurgie. Beide waren zwar meistentheils mit einander verbunden, doch nicht immer in demselben Grade. Denn selbst Plotin, welcher das Absolute durch das Denken suchte, nahm doch an, daß das Absolute unmittelbar durch eine intellectuelle Anschauung sich der Seele darstelle, um der Nachfrage nach der Realität des Begriffs überhoben zu seyn. Diese Anschauung wurde nur der Speculation wegen angenommen. Ganz etwas anders war die Theurgie, welche durch die Anschauung in unmittelbare reale Gemeinschaft mit dem Unendlichen treten wollte. Zwischen beiden schwankten die Neuplatoniker, indem Plotin z. B. die Speculation für zureichend hielt, um diese reale Gemeinschaft zu bewirken, Jamblich aber diese verneinte, und darum die Theurgie noch über die Speculation setzte.

Das Absolute suchte man theoretisch durch **Abstraction**. Denn man suchte dasjenige Wesen, dessen Seyn der Grund alles Seyns ist, ohne etwas von dem durch dasselbe begründeten zu seyn; ein

Wesen, welches zu seinem Seyn nichts anders voraussetzt, aber von allem, was ist, vorausgesetzt wird. Dieses konnte nun nichts Zusammengesetztes seyn; man suchte also die absolute Einheit zu allem Zusammengesetzten, welches sich zu den Dingen verhielt, wie die Einheit zu allen möglichen Zahlen. Man glaubte also durch Abstraction von dem Besondern in dem Begriffe jedes Objects, durch Auffassung desjenigen, was in allen Objecten ohne Unterschied sich findet, und ohne welches selbst ein Object nicht gedacht werden kann, dieses Absolute zu finden. Nun fand man, daß man von jedem Objecte alle Merkmale, wodurch es ein besonderes Object wird, nur aber nicht die **Einheit** wegdenken könne. Die Einheit, ein Verstandesbegriff, wurde daher als das Absolute hypostasirt, ein Verstandesbegriff zu dem Urwesen, dem Absoluten gemacht. **Plotin** begnügte sich, diese Einheit als Urprincip aufzustellen; **Proclus** aber zergliederte zu diesem Behufe den Begriff eines Objects überhaupt. **Plotin** fand die Einheit als Merkmal in dem Begriff jedes Objects; **Proclus** fand außer diesem Merkmal noch zwei andere, nämlich Mannigfaltigkeit und Verbindung der Einheit mit der Mannigfaltigkeit; **Plotin** leitete daher aus der Ureinheit sogleich Objecte als die Intelligenz und die Seele, **Proclus** aber erst unmittelbar die Bestandtheile jedes Objects, und dann das Object als Generalbegriff aller Objecte überhaupt, und dann erst mittelbar Intelligenz und Seele ab.

Diese Idee der hypostasirten Einheit, welche mit der absoluten Einfachheit verwechselt wurde, war ganz an Inhalt leer. Haltung erhielt sie in der Phantasie dieser Denker einigermaßen durch den derselben im dunkeln Bewußtseyn anhängenden Begriff von Etwas, und dem Bilde eines **intellectualisirten Lichts.** Am Ende dieser Periode wurde man erst inne, daß der menschliche Geist

Geist sich umsonst bemühet, etwas schlechthin Absolutes zu erkennen, ohne doch selbst von dieser Forschung ablassen zu können.

Am meisten beschäftigte die Köpfe der Versuch, aus dem absolut Einen und einfachen Urwesen alle Dinge abzuleiten. Da man hier auf der einen Seite alles Sinnliche zu entfernen suchte, auf der andern aber die Idee einer Verstandeswelt ganz Inhaltsleer ist, so mußte theils die Phantasie, theils die logische Ableitung der Begriffe, welche nach dem Hange, alle Vorstellungen zu hypostasiren, in eine Emanation verwandelt wurde, dieses leere Feld erfüllen. Es war nichts anders als ein **dogmatischer Idealismus**, der auf der einen Seite zwar den Fehler der Einseitigkeit vermied, indem er aus dem Einen, welches weder vorstellend, noch das Vorgestellte war (die neuere **Indifferenz**), beides das Ideale und das Reale abzuleiten suchte; auf der andern aber von denselben Schwierigkeiten der Unbegreiflichkeit gedrückt wurde, und sich in dem Fortgange in dieselbe Inconsequenz stürzte, daß bei dem Denken das Object, und bei dem Object das Denken als Bedingung vorausgesetzt werden mußte.

So sehr man darauf bedacht war, das Eine als das Urwesen ganz rein und absolut, oder in der größten Einfachheit zu denken, so ging doch bei dem Bestreben aus diesem Einen alles abzuleiten, diese **Einfachheit** sogleich verloren. Daher dachte sich Plotin das Eine als mit unendlicher Kraft, so daß es mit seinem Uebermaß von Kraft aus sich selbst heraus tritt, und die Intelligenz erzeugt, und diese wieder die Seele, man weiß nicht wie. Man ließ sich durch diese Erklärung, welche keine Erklärung ist, befriedigen, weil das mystische Bild einer Lichtausstrahlung die Unbegreiflichkeit verdeckte.

Pro-

Proclus, welcher von einer vielseitigern Bestimmung des Begrifs eines Objects ausging, stellte eine andere Genealogie der Dinge auf. Er fand in jedem Objecte Einheit, Leben und Denkbarkeit; indem er über diese Merkmale reflectirte, brachte er sie auf Einheit und Vielheit, oder Gränze und Unbegränztheit zurück, welche unter dem obersten Verstandesbegriffe der Einheit stehen. Indem er diesen Weg rückwärts ging, fand er das Princip der Einheit, der Dualität und der Dreiheit, und er leitete aus dieser letzten immer neue Dreiheiten ab.

Platos Annahme von drei Principien hatte den Ton angegeben, durch triadische Ableitung alles Realen aus dem Einen das ganze System der Dinge zu erschöpfen. Da aber jene Dreiheit des Plato eine Ansicht eines Denkers, aber nicht in der Form der Vernunft gegründet war, so konnte diese Manier nichts als eine Reihe von Vernünfteleien hervorbringen.

Da die ganze Reihe der Dinge von dem Urwesen an bis auf das Letzte nichts anders ist als die unendliche Productionskraft, welche sich ins Unendliche gestaltet, und ohne Zeitgränze das Eine als die Form, und das Mannigfaltige als die Materie hervorbringt, wie man von dem Allgemeinen durch Hinzusetzung von Bestimmungen zu dem Besondern herabsteigt, so begreift man, daß diese ewige Entstehung der Dinge außer der Zeit, und die zeitlose, ewige Hervorbringung der Materie aus dem Urwesen wesentlich mit diesem Systeme verbunden ist; daß es eine Verstandeswelt und eine Sinnenwelt gibt, und die letzte nichts anders ist, als die Ansicht der Verstandeswelt durch die Schranken der menschlichen Vorstellkraft. Man begreift wohl, wie man aus diesem Systeme darauf habe kommen können, und kommen müssen; aber nicht, wie man sich so lange täuschen konnte, diese

Erklä-

Erklärung des Realen aus dem Vorstellen, dieses unendliche Produciren, welches immer wieder zum Objecte eines neuen Producirens wird, wo jedes Product wieder producirend ist, bis die ganze Reihe mit einem Product, welches nicht weiter produciret, oder der sinnlichen Materie endet; diese Erklärung, wodurch alles, das Erste und das Letzte in der ganzen Reihe ausgenommen, zu lebenden vorstellenden Wesen gemacht wird; eine Erklärung, in welcher man nicht einsiehet, wie aus dem Urwesen, welches nicht lebt und ohne Vorstellungen ist, das Leben und das Vorstellen hervorgehet, noch wie das letzte producirende ein Product hervorbringt, welches ohne Leben und Vorstellung ist, eine solche Theorie für eine Realerklärung des Seyns zu halten. Es läßt sich nur einigermaßen aus dem Hange des menschlichen Geistes zur Speculation und der Schwärmerei begreifen, welche Vorstellungen in Objecte verwandelt.

Da eine solche Philosophie nur ein erschlichenes und selbstgeschaffenes Vernunftprincip an die Spitze der Speculationen stellen kann, so begreift man, warum die Speculationen, ungeachtet sie immer nur ein und dasselbe Ziel haben, ein so veränderliches Spiel von Phantasieen darbieten. Alle diese Speculationen beruheten ja zuletzt nur auf einer subjectiven Ansicht, auf der Art und Weise, wie sich einem Individuum das Absolute in jeder vorgeblichen intellectuellen Ansicht darstellte, wie es sie auffaßte, wie und wie viel es daraus schöpfte. Diese Ansicht war also nur individual, und konnte nicht einem Andern angesonnen werden. Jeder Speculirende stellte zwar gewisse Grundsätze auf, vorzüglich für die Ableitung des Besonderen aus dem Allgemeinen; allein diese Grundsätze sind selbst dogmatische Sätze, welche keine andere Begründung haben, als die Theorie selbst, der sie zur Stütze dienen sollen.

Außer

Außer dieser Veränderlichkeit, welche in der Natur dieser Speculationen selbst lag, kam noch eine andere hinzu. Man verband nämlich mit der innern Offenbarung durch das innere Licht, noch eine äußere, und je nachdem man die Philosophie des Pythagoras, des Plato, oder die Orakelsprüche des Zoroaster, oder die Gedichte des Orpheus, oder die untergeschobenen Schriften des Hermes als Quelle übersinnlicher Erkenntnisse betrachtete, erhielt das System andere Materialien, andere Zusätze und Modificationen. Der Nebenzweck, die herrschende Religion mit mehr oder weniger Zusätzen des Aberglaubens zu begründen, gegen Einwürfe zu vertheidigen, und die verschiedenen Meinungen und Satzungen der nationalen Religionen zu vereinigen, führte wieder andere Probleme, Speculationen und Bemühungen herbei.

Eine solche schwärmerische Philosophie, welche eigentlich auf einem dunklen und unentwickelten Gefühle, der Sehnsucht nach Vereinigung mit dem Ewigen, beruhete, welche nie daran dachte, den Ursprung dieses Gefühles zu untersuchen, und die Bedeutung desselben innerhalb der Gränzen der Möglichkeit zu bestimmen, welche, um diese grundlos angenommene Möglichkeit zu erreichen, aus bloßen Begriffen und Vorstellungen reale Wesen schuf, und mit Begriffen und Gefühlen das Uebersinnliche zu erreichen glaubte, — eine solche Philosophie kann nie andere als für die Wissenschaft und die Menschheit nachtheilige Folgen hervorbringen.

Der seichte, oft grüblerische, aber immer grundlose Dogmatismus, welcher das Wesen dieser Philosophie ausmacht, muß nothwendig allen Sinn und alles Interesse für wahre Wissenschaft verdrängen. Denn erstlich suchte er die Quelle der übersinnlichen Erkenntnisse nicht in, sondern außer der Vernunft, in einer göttlichen,

lichen, mittelbaren oder unmittelbaren Offenbarung, welche nie bewiesen werden kann, und anstatt eine Erkenntniß des Uebersinnlichen zu begründen, setzt er dieselbe schon voraus, und öffnet allen Dichtungen und Täuschungen unter dem trüglichen Schein von Offenbarungen Thür und Thor. Zweitens nimmt er das Erste, worauf sich die ganze Reihe seiner Speculationen gründet, ohne Beweis als etwas unmittelbar Gewisses an. Nur wenige waren so aufrichtig zu gestehen, daß das, worauf Alles in ihrem Systeme beruhet, kein Wissen, sondern nur ein Glaube sey, ob sie gleich auch dann nicht aus dem Kreise der Täuschungen heraus gehen, sondern diesen vernunftlosen Glauben dem apodiktischen Wissen gleich setzen. Drittens nimmt er ohne Grund, um seiner schwärmerischen Tendenz willen, ein absolutes Erkenntnißvermögen, ein intelligibeles Anschauungsvermögen, ein inneres Licht an, wodurch die Seele der Erleuchtung von oben empfänglich wird. Viertens. Indem man diesem trüglichen Irrlichte einer Erkenntniß des Uebersinnlichen mit rastloser Thätigkeit nachjagte, verwandelte man innere Anschauungen in äußere, und äußere in innere, Phantaseen in Anschauungen, Ideen in Begriffe, Begriffe in Anschauungen und Anschauungen brachte man wieder auf Begriffe, und so war man in einem Kreise der Vorstellungen gebannt, und hielt Vorstellungen für Objecte, und Objecte für Vorstellungen. So war die Einheit doch offenbar nichts als ein Verstandesbegriff; er wurde aber zu einem Objecte, zu dem absoluten Wesen gemacht. Was war es anders als diese Umwandelung der Begriffe in Objecte, und der Objecte in Vorstellungen, wenn Plotin allen Objecten ein Leben und Vorstellen beilegt, weil er an ihnen Form und Materie unterscheidet, und die Form ($\epsilon\iota\delta o\varsigma$) einem Begriffe entspricht? Wenn Proclus die Möglichkeit ($\delta\upsilon\nu\alpha\mu\iota\varsigma$) die Ausdehnung der Einheit, und die Wirk-

Wirklichkeit die Ausdehnung der Möglichkeit nennt, so trägt er eine äußere Anschauung auf einen Verstandesbegriff über. Fünftens: Indem man also immer nur dem regen Verlangen, das Uebersinnliche zu erkennen, nachstrebte, und seinen Blick auf das innere Schauen richtete, in welchem man die wahren übersinnlichen Dinge zu ergreifen vermeinte, da man doch nur seine zu Dingen gemachte Begriffe, Anschauungen und Phantasiebilder auffaßte, räumte man der Phantasie die Herrschaft über die Vernunft ein, und verlor sich immer mehr aus dem Gebiete des Wirklichen in die Regionen der Träume. Man hielt es nicht mehr der Mühe werth, einen Blick auf das Bewußtseyn zu thun, um sich selbst zu verstehen, die Natur des menschlichen Geistes als eines denkenden und handelnden Wesens zu studiren, um einen festen Punct zu haben, von dem man ausgehen und wodurch man das Forschen leiten und bestimmen könnte. Aus dieser Ursache verlor man sich immer mehr in die Blendwerke der Phantasie und die Täuschungen der Schwärmerei; man verirrte sich in eine fremde Welt, ohne einen Ariadnischen Faden zu haben, der aus dem Labyrinthe wieder heraus führen konnte. Sechstens: Die Natur aus vernünftigen Principien zu erklären, wurde immer seltener das Ziel des Philosophirens. Aus Visionen, aus erdichteten Anschauungen, aus dem vermeintlich erkannten Absoluten die Natur zu erklären, das war leichter, kostete weniger Anstrengung, und sagte der einmal herrschend gewordenen Richtung der Speculation mehr zu. Siebentens: Je seichter und bequemer dieser über die Gränzen der Erkennbarkeit in die luftigen Regionen des Absoluten schwärmende Dogmatismus wurde, desto kühner und breiter wurde er. Das Mißtrauen in die überschwenglichen Erkenntnisse verlor sich, und wenn sich auch hier und da eine Spur von etwas mehr Nüchternheit und Bedachtsamkeit äußerte, so hatte man doch

keine

keine Bedenklichkeit gegen die Grundsätze, sondern gegen gewisse Resultate und Folgerungen. Von dieser Art war der Zweifel, der sich in dem Porphyr und Eusebius von Myndus regte. Auch selbst der helle Gedanke des Damascius, daß sich die menschliche Vernunft vergeblich anstrenge, das Absolute in seiner Einfachheit und Unendlichkeit zu fassen, führte nicht auf die Ueberzeugung, daß die Speculation einen falschen Weg betreten habe, sondern auf einen neuen Versuch, die absolute Vernunft mit der endlichen in ein gewisses Verhältniß der Harmonie zu bringen. Dagegen regte sich in einigen Denkern wieder eine gänzliche Gleichgültigkeit gegen alle Speculation, welche mehr aus Unmuth über die vielen mißlungenen Versuche, als aus der Selbsterkenntniß der Vernunft entsprang, und daher, aus Furcht zu irren, lieber alles Forschen aufgab.

Diese allgemeinen Folgerungen treten auch in dem Zustande der einzelnen philosophischen Wissenschaften unverkennbar hervor. Die Logik, als Wissenschaft des formalen Denkens, spielt in diesem ganzen Zeitraume eine sehr untergeordnete Rolle. Sie hat nur das menschliche Denken zum Gegenstande; das absolute Wissen der Gottheit liegt außer ihrem Kreise; und sie hat daher höchstens das Geschäft, das, was in der Anschauung des Unendlichen und Absoluten gegeben ist, theilweise aufzufassen und auf Begriffe zu bringen, aber nicht den Beruf, die höchsten formalen Grundsätze aufzustellen, welchen sich alles Denken unterwerfen muß. Das Göttliche ist über das menschliche Denken erhaben, und die Logik darf sich daher nicht heraus nehmen, zu bestimmen, wie der Form nach was ist. Diese, wo nicht ganz verachtete, doch herabgesetzte Wissenschaft rächte sich aber auch dadurch, daß so wenig Festigkeit, Bestimmtheit, Consequenz und Gründlichkeit in den Systemen zu finden ist; daß das Ganze

Ganze nur ein Aggregat von einzelnen zusammengesetzten Stücken ist, welche bloß durch die Tendenz auf das Uebersinnliche Zusammenhang erhalten.

Die Metaphysik ist die einzig und fast ausschließlich cultivirte Wissenschaft, wie der übertriebene und überwiegend gewordene Hang zur Speculation schon erwarten läßt. Gleichwohl hat diese Wissenschaft wenig gewonnen. Es fehlte an allen Untersuchungen, welche den Umfang, die Gränze, den Inhalt und die Principien dieser Wissenschaft untersuchen, und dem Forschungsgeiste wenigstens einen festen Punct geben. Die Propädeutik des Aristoteles ist nicht einmal zu diesem Zwecke benutzt worden. Zwar hatte der Speculationsgeist ein bestimmtes Ziel, ein gewisses Object, dessen Erforschung er nachstrebte, dieses war die Idee der Gottheit vorzüglich, und zum Theil auch die Immaterialität und Unsterblichkeit der Seele, und er war dadurch vor einem unstäten Herumirren und Herumtappen gesichert; aber dadurch war doch noch kein sicherer Weg zur wissenschaftlichen Methode eingeleitet. Vielmehr beweisen alle diese speculativen Versuche, daß man mehr als jemals nur auf Glück die Reise in das unbekannte Land unternommen hatte, und daher nichts als Querzüge machen konnte, um zum Ziele zu gelangen.

Ehedem war auch die Metaphysik der Hauptgegenstand der Speculation gewesen. Es offenbaret sich aber ein dreifacher merkwürdiger Unterschied in dem Verfahren, welches man ehedem und jetzt beobachtete. In den bessern Zeiten der Philosophie waren diese metaphysischen Speculationen in einem sehr engen Zusammenhange mit den praktischen Erkenntnissen. Wenn man auch diesen nie ganz deutlich und umfassend einsah, so war es doch das Interesse der praktischen Vernunft, welches die specula-

Ueberſicht des 4. Zeitraums.

culativen Forſchungen wichtig machte. Jetzt war aber das Intereſſe an denſelben größtentheils ſpeculativ, nicht praktiſch [1]), und wenn ſich auch noch hie und da (beſonders

[1]) Man wird z. B. dieſen praktiſchen Geſichtspunkt leicht bei dem Platoniſchen Philoſophem von der Materie und der Bildung derſelben durch die Gottheit entdecken. Der ſittliche Menſch wünſchet und glaubet, daß die moraliſche Weltordnung mit der phyſiſchen zuſammenſtimme, und er nimmt daher einen Welturheber an, von dem das Naturgeſetz und das Moralgeſetz abhängt, und wegen der Geſetzmäßigkeit, welche die Vernunft für die freien Handlungen gebietet, kann er auch in der phyſiſchen Natur Geſetzloſigkeit nicht für gut halten. Darum behauptet Plato, daß Gott ſeiner Weisheit und Güte zufolge die geſetzloſe Materie unveränderlichen Geſetzen unterworfen habe, weil Ordnung beſſer ſey als Unordnung. Die Neuplatoniker nehmen dieſe in der Zeit geſchehene Weltbildung aus andern Gründen nicht an, weil eine theoretiſche Einſicht hierin außer dem Gebiete der Vernunft lieget, und was man auf die eine oder die andere Art darüber behauptet, durch gleich ſtarke Gründe entkräftet werden kann. Wenn man aber das Fragment des **Hierokles von der Vorſehung**, welches Photius Cod. CCLI. erhalten hat, betrachtet, ſo ſiehet man ſogleich auf den erſten Blick, daß dieſe Lehre nicht aus dem theoretiſch praktiſchen Geſichtspuncte, wie bei dem **Plato**, ſondern lediglich aus dem theoretiſchen betrachtet wird. Dieſes erhellet unter andern aus folgendem Einwurfe. Wenn Gott und die Materie gleich ewig ſind, ſo kann man fragen: **was Gott für ein Recht hatte, die Materie, die ihm ihr Daſeyn nicht verdankt, zu bilden?** Sodann ſcheint die Bildung zur Ordnung nicht Güte, ſondern Vorwitz zu beweiſen, denn da die Unordnung in dem ewigen, nicht entſtandenen Weſen der Materie gegründet iſt, ſo iſt die Ordnung, welche Gott ſtiftet, etwas zu dem Weſen hinzugekommenes, ja dem Weſen derſelben widerſprechendes; und da alles dem Weſen widerſprechende ein Böſes iſt, ſo hat Gott durch die Bildung der Materie ihr Weſen zernichtet, und daher etwas Böſes verurſacht. — το γαρ παρα φυσιν διατιθεναι, κακον τω μετατρεπομενω.

ders bei dem Plotin, der in dieser Hinsicht, doch nicht ohne große Verschiedenheiten, ein Geistesverwandter des Plato ist) regte, so war es doch nicht rein praktisch, sondern schon durch das Theoretische modificiret. Wenn man z. B. nach der Erkenntniß des göttlichen Wesens strebte, um in eine unmittelbare Gemeinschaft und Vereinigung mit demselben zu treten, so hatte man das letzte Ziel der praktischen Vernunft nicht praktisch, sondern speculativ aufgefaßt, indem man die moralische Gottähnlichkeit in eine physische Gottgleichheit verwandelte. Am ersten könnte man eine Aehnlichkeit zwischen dem Geiste, welcher in Aristoteles Metaphysik herrscht, und dem Geiste dieser Speculation finden, in sofern in jener ebenfalls nur für das theoretische, nicht für das praktische Interesse gesorgt ist, und der Begriff von der Gottheit, als eines Dinges der Dinge, also blos theoretisch entwickelt wird, ohne auf das Verhältniß der Gottheit zu den Zwecken und Foderungen der praktischen Vernunft im geringsten zu sehen. Ohne Rücksicht auf das abweichende System von dem Ursprunge der Erkenntnisse, dem Empirismus, welchem Aristoteles, und dem Rationalismus, welchem die Neuplatoniker zugethan sind — wiewohl der letztere Rationalismus, wenn wir ihn bis in seine ersten Gründe verfolgen, sich auch zuletzt in einen verkappten Empirismus verlieret, — ist in beiden der Begriff von Gott, die Differenz des Unendlichen und Endlichen, des Vollkommensten und Eingeschränkten, ziemlich einerlei, mit dem Unterschiede, daß Aristoteles diese Differenz durch eine Vergleichung mit den allgemeinen, empirisch gegebenen Prädicaten der realen Objecte bestimmt, die Neuplatoniker hingegen von der Anschauung sinnlicher Objecte durch Abstraction zur reinen Anschauung des Unendlichen fortschreiten, und hiernach die Differenz zwischen der Natur des Unendlichen und Endlichen bestimmen. Nach
Aristo-

Aristoteles ist das Endliche gegeben, und daraus wird das Unendliche erkannt; nach den Neuplatonikern ist mit dem Endlichen auch das Unendliche als die Basis alles Seyns, aber auch durch das Unendliche das Endliche gegeben, ohne doch Etwas von dem Endlichen zu seyn. Aus diesem Grunde hielt man sich in beiden Systemen weniger an das Subject als an das Object; man nahm nicht den ganzen Menschen nach seinen Anlagen, Eigenthümlichkeiten und Verhältnissen zum Standpuncte für das Forschen, sondern suchte sich gerade in die Sphäre des Absoluten zu versetzen.

Ungeachtet dieser blos theoretischen Tendenz kann man doch nicht sagen, daß ein reines theoretisches Interesse die Denker und philosophischen Seher beseelte, sondern es war durch andere Rücksichten modificiret und nicht ganz rein. Hierin offenbaret sich ein zweiter Unterschied. Man siehet es diesen Speculationen nämlich nur zu bald an, daß sie nach dem herrschenden Religionssysteme modificiret, und nicht blos Versuche waren, wie weit es der menschliche Geist in der Erforschung der göttlichen Natur bringen könne, sondern zugleich gewisse einmal angenommene Vorstellungsarten, begründen sollten. Der Aberglaube hatte sich von den frühesten Zeiten an mit allen Arten des heidnischen Cultus verbunden, und nur eine kurze Zeit bekämpfte die gesunde Vernunft durch Philosophie diesen Feind der Menschheit, doch nur mit schwachen Waffen. Die aufgeklärtesten Philosophen erhoben sich durch die Kraft ihres Geistes über den vernunftlosen Glauben, und bestritten diesen mehr indirecte als directe, indem sie die Grundlosigkeit desselben mehr ahnden ließen, als selbst in das gehörige Licht setzten; sie wollten nicht durch offene Widerlegungen dem religiösen Glauben Schaden thun, und hofften von der geräuschlosen Verbreitung der Aufklärung
mehr

mehr gute Wirkungen, als von dem unmittelbaren Kampfe. Einige griechische Philosophen ließen auch, ungeachtet ihrer sonstigen aufgeklärten Denkart, dem Aberglauben manche Hinterthür offen, wie die Stoiker durch ihre Vertheidigung der Mantik und ihre allegorische Deutung der Religionsmythen. Erst nachdem die Philosophie anfing, in Rom einheimisch zu werden, bekämpften einige helle Köpfe, wie Cicero und Seneca, den Aberglauben mit offener Stirn. Indessen war dieses gerade der Zeitpunct, wo die Philosophie selbst sank, und der Aberglaube mehr als je seine Herrschaft ausbreitete, und wir finden daher bald Männer, welche durch ihren Charakter und ihre Einsichten über den großen Haufen eben so sehr erhaben waren, als sie durch ihre Hinneigung und Anschmiegung an den Aberglauben des Volkes den gesunkenen Credit der Vernunft beurkundeten. Es war daher sehr natürlich, daß, so wie sich der Aberglaube weiter ausbreitete, die Religion und Denkungsart ganz durchbrang, und sich selbst der besseren Köpfe bemächtigte, auch der Speculationsgeist, wenn er sich hie und da regte, selbst in dem Aberglauben Reiz und Stoff fand, und durch ihn modificiret wurde [2]). Die Dämonenlehre, welche jetzt aus mancherlei Gründen eine große Wichtigkeit erhalten hatte, mußte jetzt dazu dienen, die heidnische Religion zu stützen, den Polytheismus in Schutz zu nehmen, die Magie und Mantik begreiflich zu machen, und überhaupt die Religion an die Philosophie näher anzuschließen. Dadurch bekam nun die metaphysische Speculation einen neuen Gegenstand, auf welchen man in den ältern philosophischen Systemen wenig Rücksicht genommen hatte, einen größern Umfang und einen größeren Wirkungskreis. Je mehr der menschliche Geist mit sich selbst und der Natur unbekannt wurde, desto

mehr

---

2) Man sehe 5. B. S. 227. 258.]

mehr ſuchte er ſich in den luftigen und erträumten Regionen des Ueberſinnlichen anzubauen; die Anzahl der Dämonen wurde bis in das Gränzenloſe vermehrt, man unterſchied immer mehrere Claſſen derſelben, nach der erdichteten Natur und Wirkungsweiſe derſelben; durch ihre Vermittelung ſuchte man die chimäriſchen Zwecke zu erreichen, welche das Weſen der Mantik, Magie und Theurgie ausmachten. Und ſo bot dieſes Dämonenreich, welches die Stelle der Natur einnahm, zur Befriedigung der Neigung des menſchlichen Geiſtes, ſich in überſinnliche Träume zu verlieren, einen unerſchöpflichen Stoff dar; ſo wie dieſer auch dagegen jene Neigung unterhielt und um ſo eher beſtärkte, jemehr der Geiſt der freien Unterſuchung und Prüfung verſchwunden war.

Die dritte Verſchiedenheit liegt darin, daß man in den frühern Zeiten die Erreichung des Ziels der Speculation für keine leichte Sache hielt, ſondern alle Kräfte des Geiſtes dazu aufbot, und ein methodiſches Denken dazu nothwendig erachtete. Jetzt aber, nachdem die göttliche unmittelbare oder mittelbare Offenbarung in das Mittel getreten war, durfte man nur ſeinen Geiſt zur Empfänglichkeit für dieſe Mittheilungen vorbereiten, und die göttlichen Erſcheinungen rein aufzufaſſen und zu behalten ſich bemühen, ſo wie man nach dem Erwachen durch Abſonderung der ſinnlichen Vorſtellungen die Traumbilder klar zu machen und lebendig zu erhalten trachtet. An die Stelle des mühſamen Denkens trat das Schauen und Sehen, und das Philoſophiren wurde ein wachendes Träumen. Es gab zwar auch Philoſophen, welchen das Denken kein Phantaſieſpiel, ſondern ernſtliche Geiſtesbeſchäftigung war, welche in dem Studium der Platoniſchen und Ariſtoteliſchen Philoſophie eine nicht gemeine Geiſtescultur erworben und ſich an anhaltendes ſcharfes und tiefes Forſchen gewöhnt hatten.

Dieses waren aber doch nur wenige und zwar die ersten und letzten in der Reihe, und das Denken war auch bei ihnen dem Schauen untergeordnet. Die Anschauung des Absoluten war gleichsam der Text, welchen das Philosophiren zu commentiren hatte. Es ist daher diese Neuplatonische Philosophie eine Vorläuferin der Scholastik, und ungeachtet des Unterschiedes, daß hier viel Phantasie, bei den Scholastikern mehr Trockenheit in der Speculation herrscht, so stimmen beide doch darin überein, daß sie nur ein Verstandesspiel, ein leeres Gewebe von inhaltsleeren Begriffen sind. Ohne auf den Charakter der Erkennbarkeit zu achten, hypostasirt man Ideen und Begriffe, sucht sie vollständig zu erschöpfen, in ihre Bestandtheile zu zerlegen, das Absoluteinfache zu finden, und dieses wie ein mathematisches Object zu construiren. Aber diese Philosophie ist eben darum auch wie das Faß der Danaiden; sie mag noch so viel analysiren und construiren, es fehlet an einem festen Boden; alles zerfließet wie eine Seifenblase.

Ungeachtet dieser Mängel, hat diese Philosophie doch auch einen gewissen relativen Werth. Denn sie ist erstlich ein Versuch der Vernunft, ihr Streben nach absoluter Einheit der Erkenntniß in einem solchen Umfange und Grade zu befriedigen, als bisher noch kein Denker gewagt hatte. Und wenn gleich dieser Versuch nothwendig mißlingen mußte, so diente er doch selbst durch sein Mißlingen dazu, die Vernunft über die Gränzen zu belehren, welche sie nicht überspringen darf. Zweitens: Sie sucht dieses in der Vernunft gegründete Problem durch die reine Vernunft aufzulösen, und ein System von reinen Erkenntnissen, in welchem absolute Einheit enthalten ist, darzustellen. Wenn sie nun gleich dieses Problem weder richtig auffaßte, noch in seiner Reinheit erhielt, indem sie durch die Tendenz zu dem Mystischen

und

Uebersicht des 4. Zeitraums.

und Supernaturalismus den Charakter reiner Vernunft verdunkelte, und einen supernaturalistischen Empirismus an die Stelle des bisher herrschend gewesenen Empirismus setzte, so wurde doch der Gegensatz zwischen dem reinen und dem empirischen Denken in ein helleres Licht gesetzt. So wurde die Maxime des reinen Denkens, von allen Bestimmungen der Zeit und des Raums zu abstrahiren, vielfältig in Ausübung gebracht, und dadurch der Charakter der reinen Erkenntnisse zum Theil klar gemacht, wiewohl man oft in dem Streben, Vorstellungen in Objecte zu verwandeln, jene wieder hervorsuchen mußte, um die übersinnlichen Objecte positiv zu bestimmen. So sagte z. B. Porphyr: Gott ist nirgends und allenthalben, und die Vorstellung, daß Gott ein reines Licht ist, das Alles durchströmt, gab diesem Objecte wieder eine Art von dynamischer Ausdehnung. Drittens: Ungeachtet der wissenschaftliche Gewinn nicht groß ist, den man von dieser Philosophie erwarten kann, so erhielt doch der menschliche Geist wenigstens eine obgleich einseitige Gewandtheit in dem Abstrahiren und Reflectiren. Auch die Zergliederung mancher Begriffe war einiger Gewinn, wenn sie auch nicht erschöpfend, sondern mehr vorbereitend war.

Das Hauptobject dieser Metaphysik ist, alles auf ein Urwesen zurück zu führen, und zu zeigen, wie aus der Fülle des Einen alles ausgeflossen, wie aus dem einfachen göttlichen Wesen das Geisterreich, und aus diesem die sublunarische Körperwelt, die letzte Production des Urwesens, hervorgetreten ist. Es ist also hauptsächlich der ontologische Begriff der Gottheit, welcher diese Philosophie beschäftiget, doch nicht ganz seinem Umfange nach, sondern mehr die Einheit, Einfachheit und Vollkommenheit des Urwesens. Man schließt die erste

erste Eigenschaft aus dem Begriffe des Seyns, welches als Bedingung alles anderen Seyns gedacht wird; leitet daraus die Einfachheit ab, weil das Erste als Bedingung alles Seyns nicht zusammengesetzt seyn kann, und die Vollkommenheit daraus, daß es nichts von allem Abgeleiteten und doch der Grund von allem Abgeleiteten ist. Es ist aber ein unvertilgbarer Widerstreit zwischen der Einfachheit und der Vollkommenheit des Urwesens, denn je mehr Vollkommenheiten in jener Hinsicht dem Urwesen beigelegt werden, desto unbegreiflicher wird seine Einfachheit, und je mehr man die letzte festzuhalten sucht, desto mehr schmelzt das Urwesen zu einem ganz inhaltsleeren Begriffe, oder eigentlich zur Form eines Begriffs zusammen. Die Lichttheorie verdeckte einigermaßen diesen Mangel aller Realität wieder, aber nun ging auch wieder die Einfachheit verloren.

Die moralischen Prädicate der Gottheit wurden wenig beachtet. Man durfte sie nicht dem Urwesen beilegen, damit seine Einfachheit nicht aufgeopfert wurde. Daher bestimmte man seine Güte auch blos ontologisch. Das Urwesen ist das absolute Gut, weil jedes andere Wesen sich nach ihm sehnt, sich mit ihm zu vereinigen trachtet, und zu ihm hinkehret. Auch da, wo von der Vorsehung und dem Grunde des Bösen in der Welt die Rede ist, wird diese Güte hauptsächlich nur in dem ontologischen Sinn genommen; sie ist nur die transcendente Vollkommenheit, aber nicht die Vollkommenheit einer Intelligenz, welcher die Heiligkeit, der vollkommen gute Wille wesentlich zukommt. Wie sollte aber auch diese eine Stelle in demjenigen Systeme finden können, wo man, um die Einfachheit des Urwesens zu behaupten, sogar genöthiget ist, demselben Verstand und Willen in ihrer Absolutheit abzusprechen? Ueberhaupt findet sich hier ein Widerstreit zwischen der speculativen und der praktischen

schen Vernunft. Denn indem die erste regressive auf ein Absolutes ausgehet, das nichts weiter voraussetzt und absolut einfach ist, und daher von demselben die Intelligenz trennt, weil das Denken Objecte voraussetzt, eben so auch die Seele, als die denkende, außer sich wirkende Kraft, so zerspaltet sie die Idee der Gottheit, wie sie die praktische Vernunft postulirt, in drei von einander gesonderte Wesen, von denen keines für sich, aber auch nicht alle drei in Verbindung der Vernunft Genüge thun. Diese bedarf eines Urgrundes des Sitten- und Naturgesetzes in einer Intelligenz; jene stellt ein Urwesen auf, welches keine Intelligenz, kein heiliges Wesen ist. Man bekam einen Gott, der nicht denkt, einen andern, der denkt; aber kein Object, wenn es ihm nicht von dem ersten dargeboten wurde, einen Gott, der nach dem Denken Objecte durch eigne Causalität hervorbringt, in welchem aber das Denken der Objecte erst durch den zweiten bestimmt ist. Im Ganzen also ist diese ganze Speculation eine Schwärmerei; anstatt die Idee der Vernunft zu entwickeln, gehet sie vielmehr darauf aus, das Wesen der Gottheit zu zergliedern, und in demselben das Absoluteinfache zu entdecken, welches außerdem, daß es außer allem Kreise des menschlichen Erkennens liegt, auch zuletzt die Idee und das Object derselben für uns selbst zernichtet.

Dieser Widerstreit wurde endlich etwas fühlbar, und man lenkte wieder ein; man mußte die getrennten Theile des Ganzen wieder zusammensetzen. Aber nun wurde man auf der anderen Seite inne, daß das Urwesen nicht absolut einfach seyn könne, und man dachte sich das Urwesen als den unendlichen und unergründlichen Inbegriff aller Realität, in welchem man alles, was man ableiten wollte, schon synthetisch begriffen hatte.

Ueberhaupt war die Entwickelung des ontologischen Begriffs der Gottheit nie die Hauptsache bei dieser Speculation, sondern das Streben, aus einem Princip Alles abzuleiten. Weil aber diese Ableitung der Dinge nichts anders war, als eine Analyse und Synthese der einfacheren ontologischen Begriffe; so ging auch die Ontologie bei diesen übrigens sehr unfruchtbaren Speculationen nicht ganz leer aus.

Die Lehre von den Dämonen oder den endlichen Geistern gewann jetzt die größte Ausbildung. Die schöpferische Kraft, welche in der $\psi v \chi \eta$ hypostasirt worden, bildet nach den Gedanken das νȣς, und bringt daher nichts als lebende Gedanken, d. i. Geister hervor, Geister von verschiedener Art, von verschiedenem Range, mit verschiedenen Kräften, Eigenschaften und Wirkungskreisen. Hier hatte die Phantasie einen völlig freien Spielraum zum Dichten, und sie kam der Vernunft, welche in den Realerklärungen nicht recht fortkommen konnte, eben dadurch auf mannigfaltige Weise zu Hülfe, und riß sie aus manchen Verlegenheiten. Die Dämonen waren die Hebel, durch welche alle Erscheinungen in der Körper- und der Geisterwelt bewirkt wurden, besonders solche, welche etwas Außerordentliches hatten, oder welche selbst die Furcht, der Aberglaube erst erschaffen hatte. Die Dämonen waren das Mittel, wodurch man Wirkungen hervorzubringen vermeinte, welche gegen den Naturlauf sind; die Maschinerie, durch welche man auf das Geisterreich wirken, und selbst gleich kleinen Göttern Wunder hervorbringen wollte. Die Dämonen traten in die Mitte zwischen Göttern und Menschen, und ließen sich sehr gut gebrauchen, das wankende Religionsgebäude zu stützen, indem man den Polytheismus in einer andern Gestalt festhalten, ihm zugleich das Anstößige benehmen, und selbst den Opfern

der

der Mantik und Magie einen Schein von Vernunftmäßigkeit geben konnte. Alles dieses waren Gründe genug, daß die phantasirende und dichtende Vernunft sich dieses Geisterreichs ganz zu bemächtigen suchte.

Ein gewisser Einfluß des Orientalismus ist auch bei dieser Dämonenlehre unverkennbar. Denn der Orientale liebt den Pomp überall, er möchte keinen Gott ohne einen zahlreichen Hofstaat. Daher verbreitet sich die Dämonenlehre, und wird in dem Verhältnisse wichtiger und einflußreicher, als der Occident und Orient durch die römische Herrschaft immer enger mit einander verbunden wurden, und die Denkungsart des ruhigern und kältern Occidentalen den üppigen Flug, die Fruchtbarkeit und Wärme des Orientalen, so wie die Denkungsart des Orientalen den Speculationsgeist des Occidentalen durchdrang und modificirte. Daher finden wir auch, daß jemehr die speculative und contemplative Philosophie der Alexandriner Anhänger unter den Bewohnern des südlichern Asiens fand, die Lehre von den Dämonen immer einen Zusatz nach dem andern erhielt. So redet Porphyr von Erzengeln, Engeln und Dämonen; von einem Oberhaupte der bösen Engel. Der Verfasser des Buchs von den Mysterien der Aegyptier unterscheidet diese Klassen des Geisterreichs nach gewissen Merkmalen, und gibt sogar die Kennzeichen an, woran man die Erscheinung einer dieser Klassen von der andern unterscheiden könne. Proclus vermehrte dagegen die Klassen der Götter sehr, und wußte zuletzt selbst nicht, wie er von diesen die Dämonen unterscheiden sollte. Hier eröfnete sich ein großer Kampfplatz für die streitlustige Vernunft, wenn sie Behauptungen, die nur auf Scheingründen oder wohl gar auf Meinungen beruheten, anfechten, und dagegen andere eben so wenig haltbare geltend machen wollte. Vorzüglich machte hier die Classification, die Unterscheidung

dung der Klassen durch wesentliche Merkmale, die Frage: ob die Dämonen einen Körper haben, und von welcher Art er sey, Schwierigkeit, allein die dichtende Vernunft ging darüber, wie über die Frage: wie und woher sind denn die bösen Dämonen entstanden, leichten Schrittes hin, weil es leichter ist, zu dichten, als gründlich zu erforschen.

Die Seele ist nicht minder ein wichtiger Gegenstand dieser Philosophie, denn ob sie gleich die unterste Rangordnung in dem Geisterreiche einnimmt, so beruhet doch alle Kenntniß des erstern auf der Erkenntniß der Seele. Hiezu kommt noch, daß das ganze Geisterreich auf die Seele, und diese wieder zurück wirkt, und daß der ganze Zweck dieser schwärmerischen Philosophie nichts anders ist, als die innige Vereinigung der Seele mit der Gottheit. Hierdurch ist aber auch der eigentliche Gesichtspunct angegeben, aus welchem dieser Gegenstand behandelt wurde. Das Wesen der Seele zu erforschen, ist nur insofern ein Gegenstand, als dasselbe durch die Art und Weise gefunden wurde, wie sie aus dem Urwesen durch die unendliche Productionskraft desselben hervorgegangen war. Plotin allein hatte mit tieferem Blicke die Natur des menschlichen Geistes, vorzüglich des Erkenntnißvermögens umfaßt, und wenn er auch in dem Sinne seiner Theorie der Betrachtung manche Thatsachen einseitig aufgefaßt, oder ihnen durch die bestochene Reflexion eine bestätigende Beziehung auf dieselbe gegeben hatte, so fand sich unter seinen Beobachtungen und Reflexionen doch auch vieles Trefliche und Wahre, was sich von jenen falschen Ansichten und Vorurtheilen noch scheiden ließ. Auch selbst die Aufmerksamkeit auf das Selbstbewußtseyn, die Reflexion auf den innern Sinn verdiente Achtung, fand aber wenig Nachahmung, weil es leichter war, dem Hange zu leeren metaphysischen Grübeleien Befriedigung zu geben.

Da

Da die Seele ein Ausfluß aus dem Urwesen, und dieses immateriell ist, so ist die Seele auch immateriell, oder eine reine Form, von aller Materie verschieden. Numerius und Plotin waren die ersten, welche nächst Plato die Immaterialität der Seele zum Gegenstande der metaphysischen Speculation machten, nachdem schon Longin auf die Unzulänglichkeit des psychologischen Materialismus aufmerksam gemacht hatte. Der letzte suchte indessen doch nicht aus Begriffen die Immaterialität zu beweisen, sondern gründete sich lediglich auf gewisse Thatsachen des Empfindens und Denkens, welche jedoch nicht die Immaterialität der Seele als Substanz beweisen können.

Und wenn Plotin auf der einen Seite den Begrif der Spiritualität bestimmter faßt, so verschwindet diese Deutlichkeit wieder in der Anwendung, indem er auch das Licht als ein immaterielles Ding betrachtet, und es in dieser Hinsicht gebraucht, um die reale Möglichkeit der Seele als einer immateriellen Substanz, welche in einem materiellen Dinge vorhanden seyn könne, ohne ausgedehnt zu seyn, anschaulich zu machen. Er hypostasirt einen Begrif, und macht ihn zu einem realen Object, dessen reale Möglichkeit durch die Vergleichung mit der Anschauung eines wenn auch noch so feinen, doch immer materiellen und ausgedehnten Objects zernichtet wird.

Noch von einer andern Seite ging der Gegensatz zwischen materiellen und immateriellen Wesen wieder verloren. Plotin behauptete nämlich, alles in der Natur lebe und habe Vorstellungen, nur in verschiedenen Graden der Deutlichkeit. Hiernach konnte nun Seele und Leib einander nicht mehr als Wesen von verschiedener Natur einander entgegen gesetzt, sondern nur ein Gradunterschied angenommen werden. So sehr daher Plotin
auf

auf der einen Seite das Empfinden und Denken unterscheidet, als ein Leiden und eine Thätigkeit, so sehr gehet er wieder auf der andern darauf aus, beides mit einander zu verähnlichen, indem er das erste als ein dunkles Denken, das zweite als ein deutliches Empfinden darstellt.

Ein Gegensatz blieb indessen doch, auch wenn er durch vergleichenden Witz etwas verdunkelt wurde, und es entstand nun die Frage: **wie sich die Möglichkeit einer Verbindung zwischen einem immateriellen und materiellen Wesen begreifen lasse?** Diese Frage scheint dem Plotin noch nicht nahe genug gekommen zu seyn, wiewohl er zu der nachher aufgegriffnen, und sehr beliebten Hypothese von einem gewissen Vehikel der Seele, welches nicht ganz materiell, aber auch nicht ganz immateriell war, den Grund gelegt hat. Er behauptete nämlich eine gewisse übersinnliche Materie, das Substrat, welches jedem übersinnlichen Wesen zum Grunde liegt, oder das Allgemeine, welches durch Unterscheidungsmerkmale bestimmt, die Form eines bestimmten Wesens erhalte. Von dieser feinern Materie scheinen die Nachfolger des Plotins Gebrauch gemacht zu haben, um das Problem wegen Vereinigung der Seele und des Körpers aufzulösen. Man nahm nämlich ein Mittelwesen zu Hülfe, welches sich durch gewisse Eigenschaften auf der einen Seite einem materiellen, auf der andern aber auch einem immateriellen Wesen näherte, und daher die Verbindung der Seele mit dem Körper zu vermitteln im Stande sey. Hierzu schien nun eine garnicht sinnliche Materie, ein bloßes Gedankending ganz tauglich zu seyn, weil es auf der einen Seite Materie und auf der andern doch wieder keine Materie war. Dieses Mittelwesen stellten sie als das **Substrat der Seele**, als das Medium, wodurch die Seele in Verbindung mit der materiellen Welt stehe, also gleichsam

als

als den Wagen der Seele (οχημα) vor, und beschrieben es als einen glänzenden, göttlichen, himmlischen, ätherischen Luftkörper, (σωμα αυγοειδες, θεσπεσιον, ϰρανιον, αιθεριον, αϛεροειδες, πνευμα) welcher unsterblich und immateriell sey, weil er von dem Urwesen herrühret. Es ist das unsichtbare Gewand, welches die Seele annimmt, wenn sie in der sichtbaren Welt Wohnung nimmt, weil das Körperliche sonst das Immaterielle nicht ertragen würde. Außer diesem unsichtbaren Gewande hat die Seele noch ein **sichtbares**, den sichtbaren Körper, der ihr Gebild ist. Uebrigens ist es sehr natürlich, daß die Vorstellungsart von diesem glänzenden Lichtwesen sehr veränderlich ist. Denn außerdem, daß es eine bloße Dichtung ist, hing die bestimmte Ausmalung derselben von den Begriffen der Materie, und deren Entstehung und Werth, und davon ab, ob man mit der Einkörperung der Seele den Begrif einer Strafe verband, oder nicht ³).

Die

---

3) Die Lehre von diesem Gewande der Seele ist nicht auf einmal ausgebildet worden. Das Fundament derselben ist Platos Behauptung: Intelligenz könne nur in einer Seele, und Seele nur in einem Körper seyn (Timaeus S. 305), ein Gedanke, den Plato gewiß selbst nur mit Einschränkungen für wahr hielt. Dieser Gedanke kommt nun auch in der Sammlung der chaldäischen Orakel vor, mit der daraus gezogenen Folgerung, daß die Seele ein unsichtbares Gewand bei sich führe. v. 152. v. 225.

 χρη σε σπευδειν προς το φαος και πατρος αυγας,
 ενθεν επεμφθη σοι ψυχη, πολυν εσσαμενη νυν.
 ταυτα πατηρ ενοησε, βροτος δε οι εψυχωτο.
 συμβολα γαρ πατρικος νοος εσπειρε ταις ψυχαις
 ερωτι βαθει αναπλησας την ψυχην.
 κατεθετο γαρ νυν εν ψυχη, εν σωματι δε
 υμεας εγκατεθηκε πατηρ ανδρων τε θεων τε.

ασωματα

412 Viertes Hauptst. Vierter Absch. III. Cap.

Die Nachforschungen über die Ursachen der Verbindung der Seele mit einem grobmateriellen Körper, wozu Pytha-

ασωματα μεν εςι τα θεια παντα,
σωματα δ' εν αυτοις, υμων ένεκεν ενδεδεται
μη δυναμενων κατασχειν ασωματες των σωματων
δια την σωματικην, εις ην ενεκεντρισθητε φυσιν.
εν δε θεω κεινται πορςας ελκεται ακμαις.

Da diese Orakel einige Zeit vor Proclus in größeren Umlauf kamen (vielleicht auch um diese Zeit verfertiget worden), so scheinen diese Orakel die eigentliche Fundgrube dieser Lehre gewesen zu seyn, wenigstens sehen wir sie in den Schriften des Proclus, Hierokles, und Hermes Trismegistus, doch mit manchen eigenen Modificationen, sehr häufig in dem Plotin (Enn. II. L. II. c. 2.) und in dem Porphyr nur selten, und wie durch einen Nebel durchblicken. Hierokles beruft sich daher auch in seinem Commentar zu dem goldnen Gedicht des Pythagoras, wie es scheint, mit Recht auf diese Orakel p. 293. ed. Parif. 1583. αυγοειδες ημων σωμα, ὁ και ψυχης λεπτον οχημα οἱ χρησμοι καλεσι. Proclus nahm diese Lehre auch in seinen Grundriß der Theologie. Das Seelengewand ist ein göttlicher, immaterieller, unveränderlicher, von der ersten unveränderlichen Ursache herrührender, mit der Seele unzertrennlich verbundener Körper, welcher immer dieselbe unveränderliche Größe und Gestalt hat, obgleich diese durch den Zusatz oder die Trennung anderer Körper veränderlich erscheint. (c. 209. παν ψυχης οχημα συμφυες και σχημα το αυτο αει και μεγεθος εχει· μειζον δε και ελαττον ὁραται και ανομοιοσχημον δι' αλλων σωματων προσθεσεις και αφαιρεσεις. ει γαρ εξ αιτιας ακινητε την ετιαν εχει, δηλον δη, ὁτι και το σχημα και το μεγεθος αυτω παρα της αιτιας αφωρισαι, και εςιν αμεταβλητον και ανεξαλλακτον εκατερον. αλλα μην αλλοτε αλλοιον φανταζεται και μειζον και ελαττον. δι' αλλα αρα σωματα απο των ὑλικων τοιχειων προστιθεμενων και αυθις αφαιρεμενα τοιονδε η τοιονδε και τοσονδε φαινεται.). Er führet keinen Grund an, warum ein solcher immaterieller Körper mit der Seele verbunden sey, macht auch weiter keinen Gebrauch davon, außer etwa um gewisse sichtbare Erscheinungen der

Seele

Pythagoras und Plato Seelenwanderungshypothese Veranlaſſung gab, wurden jetzt noch mit großem Ernſt fort-

Seele zu erklären. Hierokles ſagt in ſeinem Commentar ebenfalls, daß die vernünftige Subſtanz von dem Demiurg einen unzertrennlichen feinen immateriellen Körper erhalten habe, und ſo in das Seyn hervorgetreten ſey, daß ſie weder ein Körper, noch ohne Körper ſey, ſo wie auch die Sterne, die Sonne eine Vereinigung eines Körpers mit einer immateriellen Subſtanz ſeyen. Dieſer Seelenkörper iſt ſowohl bei den menſchlichen Seelen, als bei den Geiſtern anzutreffen, und von glänzender Natur (αυγοειδες). Dieſes Seelenvehikel iſt in dem materiellen Körper des Menſchen enthalten; es haucht in den bloſen, ſeelenloſen Körper das Leben ein, und erhält die Harmonie des letzten. Das Leben iſt nichts anders, als der immaterielle Körper, welcher das materielle Leben hervorbringt. Der eigentliche Menſch beſtehet aus der denkenden Subſtanz und dem immateriellen Körper; der ſterbliche Leib, der ein Bild des eigentlichen Menſchen iſt, beſtehet aus dem animaliſchen, vernunftloſen Leben und dem materiellen Körper. Durch die Reinigung des materiellen und immateriellen Körpers, wodurch eine Abſonderung von dem lebloſen Weſen der Materie bewirkt wird, macht ſich der Menſch zum Umgange mit reinen Geiſtern tauglich. (p. 292. οτι δει συν τη ασκησει της αρετης και τη αναληψει της αληθειας και καθαροτητος επιμελειαν ποιεισθαι των περι το αυγοειδες ημων σωμα, ὁ και ψυχης λεπτον οχημα οἱ χρησιμοι καλουσι. διατεινει δε αυτη ἡ καθαρσις εως σιτων και ποτων και της ὁλης διαιτης του θνητου ἡμων σωματος, εν ᾡ το αυγοειδες εγκειται προσπνεον τῳ αψυχῳ σωματι ζωην, και την ἁρμονιαν αυτα συνεχον. ζων γαρ εστι το ὁλον σωμα και ζωης ἐνυλα γεννητικον, δι' ἧς το θνητον ἡμων σωμα συμπληρουται εκ της αλογου ζωης και του ὑλικου σωματος συγκειμενου, ειδωλον ον του ανθρωπου, ὁς εκ λογικης ουσιας και σωματος αϋλου συνεστηκεν. p. 304) Uebrigens betrachtet Hierokles dieſe Lehre als urſprünglich Pythagoräiſch, und Plato habe ſie hernach in dem Bilde von dem Fuhrmann und dem Wagen dargeſtellt. In den Hermetiſchen Schriften ſpielet ſie eine große Rolle. Der gewandte, aus mannigfaltigen

Quellen

fortgesetzt, und führten auf mancherlei Antworten, oder vielmehr Einfälle, welche nichts für sich haben als die bloße logische Möglichkeit.

Die Quellen das Ganze zusammensetzende Verfasser spricht so klar und bestimmt davon, als hätte er mit seinen geistigen Augen diese wundervollen Dinge beschauet. Das Irdische, sagt er, kann eine göttliche Denkkraft nicht aufnehmen, noch eine solche Kraft ertragen. Die Denkkraft nimmt daher eine Hülle an, um ihre göttliche Natur der irdischen zu nähern. Sie bekleidet sich daher mit der Seele. Allein die Seele ist ebenfalls noch göttlicher Natur; auch diese muß daher ein Gewand, das ist, den Geist (πνευμα), annehmen, welcher den ganzen irdischen Körper durchdringt, und das Verbindungsmittel ausmacht, durch welches die Seele, und mittelbar die Denkkraft mit dem irdischen Körper in Verbindung tritt. So ist also der Geist das Gewand der Seele, die Seele das Gewand der Intelligenz (ενδυμα ειναι τε μεν νε την ψυχην, της δε ψυχης το πνευμα. Stobaeus Ecloſ. Phyſ. Vol. II. p. 774. 776). Das Gewand der Denkkraft ist ein feuriger Körper; denn sie ist der schärfste durchdringendste Gedanke der Gottheit, und sie wählte sich daher auch das feinste und undurchdringendste Element, das Feuer, zum Körper. (An einem andern Orte p. 936 beschreibt er, wie Gott aus sich selbst einen πνευμα genommen, diesen auf eine intelligibele Weise mit Feuer und verborgener Weise mit gewissen andern Naturen vermischt, und aus diesem Stoffe die Seelen gebildet habe. πνευμα γαρ οσον αρκετον απο τε ιδιε λαβων, και νοερως τετο πυρι μιξας αγνωςως τισιν ετεραις υλαις εκερασε). Das Gewand der Seele ist ein Luftkörper. Nur ein kleiner Feuerfunke würde einen Erdkörper verbrennen. Darum können die Denkkraft und ein Erdenkörper sich nicht unmittelbar, sondern nur vermittelst des Luftgewandes der Seele berühren, und die Denkkraft legt, so lange als sie mit dem menschlichen Körper in Verbindung stehet, ihr Feuergewand ab, und nimmt es nach der Trennung von demselben wieder an. (p. 776. η συνθεσις των ενδυματων εν σωματι γηϊνω γινεται· αδυκτον γαρ,

Uebersicht des 4. Zeitraums.

Die Abtheilung, Unter- und Beiordnung der mancherlei Vermögen der Seele beschäftigte mehrere Neuplatoniker,

γαρ, τον νεν εν γηϊνῳ σωματι αυτον καθ᾽ αὑτον ἑδραται. — παθητον μν σωμα ελαβεν ὡσπερ περιβολαιον την ψυχην· ἡ δε ψυχη και αυτη τις θεια εσα καθαπερ ὑπηρετᾳ τῳ πνευματι χρηται, το δε πνευμα το ζωον διηκει. ὁταν μν ὁ νες απαλλαγῃ τυ γηϊνε σωματος, τον ιδιον ευθυς ενεδυσατο χιτωνα τον πυρινον, ὁν εκ ηδυνατο εχων εις το γηϊνον σωμα κατοικησαι. γη γαρ πυρ ε βαςαζει· πασα γαρ γη φλεγεται και ὑπο ολιγε σπινθηρος. δια τετο και το ὑδωρ περιεχυται τῃ γῃ, ὡσπερ ερυμα και τειχος αντεχον προς την τε πυρος φλογα. νες δε οξυτατος παντων των θειων νοηματων, και οξυτατον παντων των στοιχειων εχει σωμα το πυρ· δημιεργος γαρ ων ὁ νες των παντων, οργανῳ τῳ πυρι προς την δημιεργιαν χρηται. και ὁ μεν τε παντος των παντων, ὁ δε τε ανθρωπε των επι γης μονον· γυμνος γαρ ων τε πυρος ὁ εν ανθρωποις νες αδυνατει τα θεια δημιεργειν.) Das Gewand der Seele ist Luft, oder ein Gemisch aus Erde, Wasser, Luft, Feuer. Je nachdem in diesem Gemisch das Feuchte und Kalte, oder das Trockne und Warme das Uebergewicht hat, ist die Seele weichlich und schwelgend, oder energisch und unternehmend. Hieraus entstehet der weibliche und männliche Charakter der Seelen ff. (Hier ist ein Versuch, die Temperamente aus der Beschaffenheit des Seelengewandes zu erklären). Wenn die unkörperlichen (auf einmal werden also Körper, man weiß nicht wie und warum, unkörperlich) Gewänder der Seele dünne, fein und durchsichtig sind, so ist die Seele hell und scharfsehend; sind sie aber dichte, grob und undurchsichtig, so siehet die Seele nur wenig, und was vor ihren Füßen ist. So ist es auch mit dem Gesichtssinne. (p. 988. το ὁρατικον περιβεβληται χιτωσιν. ὁταν ετοι οἱ χιτωνες πυκνοι ωσι και παχεις, αμβλυωπει ὁ οφθαλμος, εαν δε αραιοι και λεπτοι, τοτε οξυωπεςατα βλεπεσι. ὁυτω και επι της ψυχης. εχει γαρ και αυτη ιδια περιβολαια ασωματα, καθο και αυτη ασωματος εςι. τα δε περιβολαια ταυτα μερη εισιν, οἱ εν ἡμιν. ὁταν μν εισι λεπτοι και αραιοι και διαυγεις, τοτε συνετη ἡ ψυχη ες. ὁταν δε τεναντιον πυκνοι και παχεις και τεθολωμενοι, τοτε ὡς εν χειμωνι επι μακρον ε βλεπει, αλλα ταυτα ὁσα

πυρα

toniker, vorzüglich den Plotin, Porphyr und Jamblich. Hier, wo sie sich mehr an das durch das Bewußtseyn Gegebene halten müssen, stimmen sie in ihren Resultaten mit den Ansichten der griechischen Denker und der Neuern oft zusammen. Aber sie würden ihren Nachforschungen noch mehr Werth gegeben haben, wenn sie ihre speculativen Ansichten von der Substanz und dem Ursprunge der Seele, hier, wo es die Naturlehre der Seele als eines Erfahrungsgegenstandes gilt, nicht mit eingemischt hätten.

Die Neuplatoniker hypostasirten auch den allgemeinen Begrif von der Seele als das Princip, aus welchem die individuellen Seelen alle ihren Ursprung genommen haben. Hieraus entstanden neue Fragen über das **Verhältniß der individuellen und partikularen Seelen zu den generalen und allgemeinen Seelen**, über die Art und Weise, wie die Seelen aus der übersinnlichen Region in die niedere der Sinnenwelt herabsteigen, wie sich zu den in dem Begrif der Seele enthaltenen wesentlichen Vermögen, noch andere auf das sinnliche Vorstellen und Begehren beziehende hinzugekommen; worin die Ursache des Herabsinkens zur Materie zu suchen sey? Wie die Seele mit dem Geisterreiche zusammenhange; wie die Geister auf die Seelen, und diese auf jene wirken? Und da Einige einen oder mehrere besondere einwohnende oder einwirkende Dämonen oder Genius in jedem Menschen annahmen, so entstand wieder die Frage, wer dieser Dämon sey, ob er von der Intelligenz des Menschen verschieden, oder mit derselben identisch, und wie in dem ersten Falle das Verhältniß desselben zur Intelligenz sey.

Ueber-

παρα ποσι κειται.). Auf ähnliche Weise sucht er auch die klimatische Verschiedenheit der Nationen in Rücksicht auf Kopf und Herz zu erklären.

Ueberſicht des 4. Zeitraums.

Ueberhaupt ging die Tendenz dieſer Philoſophie nicht darauf hin, die Natur der Seele als eines Gegebenen, oder die Erſcheinungen des innern Sinnes aus Naturgeſetzen zu erklären, ſondern vielmehr die Erfahrungswelt aus dem Ueberſinnlichen abzuleiten, welches ſo viel iſt, als an die Stelle der Natur die Unnatur und Uebernatur zu ſetzen. Nachdem ſie einmal Ideen und Begriffe, das blos Gedachte, hypoſtaſirt, die Verſtandeswelt der Sinnenwelt entgegen, und das Abſolute und Reale geſetzt hatten, fanden ſie in jener das Vorbild, in dieſer das Nachbild, und ſchoben nun die eine von dieſen getrennten Welten in die andere hinein, trugen die Sinnenwelt in die Verſtandeswelt, und dieſe in jene über. Dadurch erhielten ſie nun ein leichtes Spiel mit den Erklärungen; denn ſie hatten alle Freiheit, Dinge zu erdichten, und die Gründe der Erſcheinungen in der Erfahrungswelt aus der andern Welt herab zu holen, wodurch ſie anſtatt ſie zu erklären, einen erdichteten Cauſalzuſammenhang nur an ihre Stelle ſetzten, der weit unerklärlicher war, als das zu Erklärende 4).

---

4) Hierzu wurde vorzüglich die Dämonenlehre gemißbraucht. Man ging endlich ſo weit, daß man über jedes Individuum der Erfahrungswelt, ja über einzelne Theile deſſelben, wie z. B. über die einzelnen Glieder des Menſchen, Dämonen ſetzte, und aus ihrer Wirkſamkeit Krankheiten, auch unordentliche Begierden und Gedanken der Seele erklärte; daß man die Luft, das Waſſer, die Erde und die unterirdiſchen Gegenden mit Dämonen anfüllte, welche Stürme, Erdbeben, Vulkane, das Wogen des Waſſers hervorbringen, und in der Seele Vorſtellungen und Bewegungen durch innere Reden ohne Schall erwecken. Dergleichen Abentheuerlichkeiten findet man in den Schriften der Neuplatoniker in Menge; beſonders iſt des Pſellus Werk von den Dämonen mit ihnen angefüllt. Hier paradiren auch Dämonen mit Zeugungsgliedern und Samenergießungen,

418 Viertes Hauptst. Vierter Abſch. III. Cap.

Die Probleme der Vernunft von der Vereinigung
der Freiheit mit der Naturnothwendigkeit, von dem Grunde
des

ungeachtet ihnen die Geſchlechtsverſchiedenheit abgeſprochen
wird. Als eine Probe dieſer ſublimen Philoſophie mag
die Erklärung von der Möglichkeit der Einwirkung der
Dämonen auf das Gemüth des Menſchen hier ſtehen.
Wir entlehnen ſie aus der Ficiniſchen Ueberſetzung des
Pſellus de daemonibus (Iamblichus de mysteriis
Aegyptiorum, Chaldaeorum, Assyriorum. Lugduni
1552. p. 340. 341), da uns das Original nicht zu Gebote ſteht. Non dominantur, sed nobis clam commemorant. Spiritui namque, qui nobis inest, phantastice propinquant, utpote qui et ipsi spiritus sint,
verba perturbationum et voluptatum nobis insonant,
non emittentes quidem vocem pulsatione quadam
ac sonitu, sed sermones suos absque sonitu immitten-
tes. Sed quonam pacto, inquam, sine voce sermones nobis ingerere possunt? Quid mirum, inquit,
si modo illud animadvertitur, quemadmodum videlicet qui loquitur, si procul loquatur, vehementiore
clamore eget. Factus vero propinquior in audientis
aurem susurrando subloquitur; qui si posset cum
ipso animae spiritu copulari, nullo sono prorsus
eger et, sed sermo eius voluntate conceptus nullo pe-
nitus sono audienti illaberetur. Quod quidem animabus etiam egressis corpore contingere tradunt;
has enim sine strepitu inter se versari. Hoc utique
modo nobiscum daemones conversantur, clam videlicet adeo, ut nec unde quidem nobis inferatur bel-
lum, liceat persentire. Neque de hoc dubitabit quis-
quis, quod aëri contingit, consideraverit. Sicut enim
aër, praesente lumine, colores et formas accipiens
traducit in illa, quae naturaliter accipere possunt,
sicut apparet in speculis rebusque quasi specularibus:
sic et daemonica corpora suscipientia ab ea, quae
intus est, essentia phantastica figuras atque colores,
et quascunque voluerint formas, in ipsam animalem
nostramque spiritum transmittunt, multa nobis ne-
gotia praebent, voluntates et consilia suggerentes,
formas subindicantes, suscitantes memorias voluptatum

des Bösen und der Vereinigung desselben mit der Weisheit und Gerechtigkeit Gottes, waren in diesem Zeitraume nicht ganz vergessen, aber auch nicht mit besonderem Interesse untersucht. Nur allein ein geahndeter Widerstreit zwischen den Resultaten dieser Philosophie und dem practischen Interesse führte zuweilen darauf, durch dogmatische Gründe die Freiheit der Seele und die Weisheit und Güte Gottes in Rücksicht auf das Böse zu rechtfertigen, welche aber selbst den Widerstreit nicht hoben, sondern nur mehr in das Licht setzten. In diesem Systeme, wo ein Urwesen der Grund alles Daseyns und Wirkens ist, wo dasselbe alles durchdringt, alle Substanzen aus dieser Urquelle alles Seyns ausgeflossen sind, herrscht durchgängig nur das Naturgesetz mit unbedingter Nothwendigkeit. Das Urwesen handelt und bildet nicht nach Ideen und Zwecken, sondern durch blinde Nothwendigkeit. Aus ihm entspringen erst die Intelligenzen; allein diese werden durch das Urwesen in ihrem Wirken bestimmt.

Es ist also ein strenger **Pantheismus** und **Fatalismus**, welcher dieses System beherrscht, und nur darum inconsequent wird, daß man gleich im voraus aus einem anderen Interesse der Vernunft annimmt, das Urwesen sey die allgemeine Ursache aller Dinge, doch so, daß dadurch die besondere Subsistenz und Freiheit der Intelligenzen nicht aufgehoben werde, ohne daß die Vernunft die geringste Einsicht erhält, wie jene gerettet werden

---

tum, simulacra passionum frequenter concitantes vigilantibus atque dormientibus, nonnunquam vero femora nobis atque inguina titillantibus incitantes insanos et iniquos amores subiiciunt et subacnunt, praecipue vero, si humores calidos humidosque ad id conducentes nacti fuerint.

den könne, da sie von der allgemeinen Ursache der Welt verschlungen wird.

Das ganze System ist ein absoluter Dogmatismus, der sich auf Fictionen und Täuschungen gründet, die religiösen Ideen, deren Fürwahrhalten auf einem practischen Glauben, nicht auf Einsicht beruhet, in theoretische verwandelt und hypostasirt, die Sinnenwelt durch die übersinnliche verdrängt, und dadurch selbst den religiösen Glauben unmöglich macht, aus mißverstandenem Streben der Vernunft nach Einheit alles auf einen absoluten Spiritualismus zurückführet, der sich doch zuletzt in einen versteckten Materialismus auflöset; ein Dogmatismus, der an sich grundlos, voll innerer Widersprüche die Vernunft nur mit sich selbst entzweiet.

Alle practische Wissenschaften wurden bei dem übertriebenen einseitigen Hange der Speculation, da man die Natur aus erträumten übersinnlichen Ursachen zu erklären suchte, fast ganz vernachlässiget, und die wenigen Untersuchungen, welche sich auf dieselben beziehen, sind mit wenigen Ausnahmen durch Mystik und Schwärmerei verfälscht. Eine mystische Vereinigung mit der Gottheit als dem absoluten Guten, das höchste Ziel und der letzte Entzweck des Menschen, stimmte allerdings mit dem Character dieser schwärmenden Philosophie, welche nicht von der Vernunft die Belehrung über die Pflichten zu erhalten suchte, sondern das Höchste in der Speculation auch für das Höchste in der Praxis hielt, und daher natürlich einen chimärischen Entzweck aufstellte Die mystische Vereinigung mit Gott hob den Menschen aus der Sphäre seines eigentlichen Wirkens und Seyns, machte ihn zu einem Gott [5]), und das nicht auf dem Wege der sittlichen

---

[5]) Der Mensch soll Gott ähnlich werden; er kann aber nur Gott durch Tugend ähnlich werden. Die Gottheit war das

Ueberſicht des 4. Zeitraums.

ſittlichen Vervollkommnung, welche einen langen Kampf und fortgeſetztes Streben nach Herrſchaft der Vernunft vorausſetzt, ſondern durch den gemächlichern Weg der Beſchauung, da man ſich in die Anſchauung eines unbeſtimmten Bildes, eines leeren Begrifs von einem Etwas überhaupt, verliert.

Aus dieſem ſchwindelnden Standpuncte erblickte man eine höhere Tugend, welche ſich zu der menſchlichen verhielt wie Gott zu den Menſchen. Die menſchliche Tugend macht den Menſchen zum Menſchen, die göttliche aus dem Menſchen einen Gott. Das Mittel, dieſe übermenſchliche Vollkommenheit zu erreichen,

das Ideal, welches der an ſeiner wahren Vervollkommung arbeitende Menſch vor Augen haben ſollte, um die Menſchheit in ſich ſelbſt zu veredlen. Aus einem Menſchen einen Gott zu machen, dieſes war der überſpannte Zweck dieſer Philoſophie; ſie wollte dadurch eine über alle menſchliche Tugend hinaus liegende Würde und Erhabenheit erringen. πρωτον ανθρωπας γενεσθαι τας εσομενας θεας ſagte Iſidorus Photius Cod. 242. S. 1066. Hierocles Commentar. in Pythagorae carmina p. m. 218. 222; doch ſetzt dieſer die vernünftige Einſchränkung hinzu: εφ οσον οιοντε ανθρωπῳ θεον γενεσθαι. Porphyr ſcheint wenigſtens zuweilen gezweifelt zu haben, ob der Zweck des Menſchen in ihm ſelbſt, in ſeiner Vernunft, oder außer ihm in der Gottheit zu ſuchen ſey. De abſtinentia I. ſagt er, die Glückſeligkeit des Menſchen ſey το ζην κατα νυν, und dieſes ſey der Zurückgang in ſich ſelbſt, αναδρομη εις τον οντως εαυτον αυτος δε ο οντως νας. Hierauf beziehet ſich wahrſcheinlich der Verf. de myſteriis Aegyptior. X. c. 1. επεσησας γαρ, μηποτε αλλη τις λανθανη ασα η προς ευδαιμονιαν οδος. και τις αν γενοιτο ετερα αφισαμενη των θεων ευλογος προς αυτην ανοδος. Den Grundirrthum ſiehet man Ebendaſ. X. c. 5. ιδεα γαρ εςιν ευδαιμονιας το επιςαςθαι το αγαθον, ωςπερ των κακων ιδεα ςυμβαινει η ληθη των αγαθων και απατη περι το κακον ημιν αν τῳ θειῳ ςυνειν η δε χειρων μοιρα αχωριςος εςι τα θνητα.

reichen, ist nicht sittliche Vollkommenheit, Tugendgesinnung, sondern Vereinigung mit den physischen Eigenschaften Gottes, mit seinen demiurgischen Kräften, worüber Jamblich so vieles unverständliche Zeug schwatzet.⁶).

Dieß schwärmerische Ziel, die Mittel, welche zur Vereinigung mit Gott führen, (die Reinigung, sowohl des groben als des feinen Seelenkörpers und die Religionsübung (τελεσικη) die Absonderung von allem Jrdischen, und die Gemeinschaft mit der Geisterwelt; (Theurgie) die Eintheilung der Tugenden in verschiedene Rangordnungen, als, physische, politische, reinigende, Tugenden der Vereinigten, theurgische, contemplative, göttliche u. s. w.) dieses sind die wenigen Puncte, welche in den Schulen und Schriften der Philosophen ohne Nutzen für die Wissenschaft und zum Nachtheil der wahren Menschenbildung abgehandelt wurden. Nur einige von diesen Männern waren größer als ihr schwärmerisches System; die meisten ließen sich aber von demselben beherrschen, und diese verschwendeten ihre Kräfte in dem vergeblichen Ringen nach einem eingebildeten Ziele, während sie das Streben nach wirklich erreichbarer Vollkommenheit nur als einen geringeren Grad, als eine Vorbereitung

---

6) *De mysteriis Aegypt.* X. c. 6. επειδαν δε κατ᾽ ιδιαν ταις μοιραις τα παντος συναφη και ταις διηκασας δι᾽ αυτων ολαις θειαις δυναμεσι, τοτε τω ολω δημιεργω την ψυχην προσαγει και παρακατατιθεται και εκτος πασης υλης αυτην ποιει, μονω τω αϊδιω λογω συνενωμενην· οίον ὁ λεγω, τη αυτογονω και αυτοκινητω και τη ανεκασή παντα και τη νοερα, και τη διακοσμητικη των όλων, και τη προς αληθειαν αυτην νοητην αναγωγη, και τη αυτοτελει, και τη ποιητικη, και ταις αλλαις δημιεργικαις δυναμεσι τα θεα κατ᾽ ιδιας συναπτει· ως εν ταις ενεργειαις αυτων, και ταις νοησεσι και ταις δημιεργικαις τελεως ίςασθαι την θεεργικην ψυχην· και τοτε δη εν ολω τω δημιεργικω θεω την ψυχην εντιθησι· και τατο τελος εςι της παρ᾽ Αιγυπτιοις ιερατικης αναγωγης.

reitung zu jener chimärischen betrachteten, und daher den Zweck der Menschenbildung zu dem geringeren Grade eines bloßen Mittels herabwürdigten.

Welchen Einfluß eine solche Philosophie auf die Menschheit haben müsse, ist schon von selbst einleuchtend. Indessen wollen wir doch den Blick noch auf einige Folgen richten, welche am meisten in die Augen fallen.

Die erste Folge ist diese, daß das Menschengeschlecht in einen Zustand der Rohheit zurücksinkt; Polytheismus, Aberglaube, Wunderglaube, Magie und Theurgie erfüllen und beherrschen die Köpfe mehr als je, man erhält und erwartet Besuche und Erscheinungen von Göttern und Geistern; diese wohnen und wandern unter den Menschen wieder wie in der Mythenzeit. Dieser Aberglaube, diese Krankheit des menschlichen Geistes, hauset nicht etwa in den untern Classen der Menschheit, sondern sie herrscht unter den Gelehrten und Philosophen, und diejenigen, welche den hohen Beruf hatten, die Menschen aufzuklären, bringen vielmehr den Aberglauben in ein System, und verscheuchen durch ihre Erleuchtung von Oben das wohlthätige Licht der Vernunft. Man darf nur, um sich von diesen Folgen zu überzeugen, die Lebensbeschreibungen der Philosophen aus diesem Zeitraume lesen, welche nicht etwa von unwissenden oder ungebildeten Menschen, sondern selbst von Philosophen geschrieben sind, das Leben des Plotins von Porphyr, des Proclus von dem Marinus, des Isidorus von dem Damascius, und die Lebensbeschreibungen der Philosophen von dem Eunapius beurkunden die Verschrobenheit der Denkungsart, den Mangel an wahrer Aufklärung, die Verfinsterung durch Aberglauben nur zu sehr. Hier wird das Gemeinste als etwas Außerordentliches, Uebermenschliches angestaunet, die Natur wird zur Unnatur, gewöhnliche

liche Menschen werden zu Heiligen gestempelt, die man als göttliche Wesen verehret; unbedeutende gewöhnliche Handlungen und Begebenheiten werden zu Wundern gemacht. Mit einem Worte, diese Lebensbeschreibungen sind eben das, was die Legenden der katholischen Kirche sind 7).

Dieser

7) Zur Charakteristik dieser Philosophen und dieser Zeiten führen wir ein kleines Bruchstück aus dem Leben der Sosipatra, der philosophischen Gattin des Eustathius, aus Eunapius (edit. Commelin. 1596. p. 56.) an. Der große Eustathius heirathete die Sosipatra, welche durch ihre übergroße Weisheit ihren Mann so in Schatten stellte, daß er als ein unbedeutender und gemeiner Mann erschien. Ihr Vaterland war Asien, die Gegend um Ephesus, welche der Fluß Kaysar bewässert. Ihr Vater war sehr reich. Als kleines Kind beglückte sie alles durch ihre Schönheit und Schamhaftigkeit. In ihrem fünften Jahre kamen zwei in Pelz gekleidete und große Taschen tragende Greise auf eines der väterlichen Landgüter, und beredeten den Verwalter, ihnen die Besorgung des Weinberges zu überlassen. Der überaus reichliche Ertrag erweckte den Gedanken, es müsse ein Wunder und eine Gottheit im Spiele seyn. Der Vater der Sosipatra ehrte sie durch eine trefflliche Mahlzeit und bezeugte seine Unzufriedenheit über die übrigen Arbeiter, daß sie nicht eben so viel Fleiß auf die ihnen obliegenden Zweige der Landwirthschaft gewendet hätten. Hierauf nahmen die Fremdlinge, welche durch die reizende Form und Gestalt der anwesenden Sosipatra bezaubert waren, das Wort. „Die übrigen Geheimnisse und Schätze verborgener Weisheit, sagten sie, behalten wir für uns. Das, was du jetzt von uns so sehr als eine empfangene Wohlthat rühmtest, ist nur ein Spaß und Spielwerk gegen das, was wir sonst noch können. Willst du, daß wir dir für die Ehre, welche du uns erzeugst, und für die Geschenke ein Gegengeschenk machen, nicht mit vergänglichen Gütern, sondern mit etwas, was über dich und dein Leben hinaus gehet, was bis an den Himmel und an die Sterne reichet, so übergib uns als

den

Ueberſicht des 4. Zeitraums.

Dieſer Rückgang zernichtete alle wohlthätigen Folgen der Philoſophie, alle Bemühungen derſelben zur Auf-

den wahrern Eltern und Erziehern fünf Jahre lang dieſe Soſipatra; du ſollſt dich dieſe ganze Zeit nicht um ſie bekümmern, noch jenes Landgut mit einem Fuße betreten. Dann wird deine Tochter nicht allein ein gebildetes weibliches und menſchliches Weſen ſeyn, ſondern du wirſt ſelbſt in ihr noch etwas Höheres ahnden. Haſt du nun guten Muth und Zutrauen, ſo nimm unſeren Vorſchlag willig an, biſt du aber mißtrauiſch, ſo wollen wir nichts geſagt haben." Der Vater übergab ſtillſchweigend und beſtürzt ſeine Tochter, rief ſeinen Verwalter, und befahl ihm, den Fremdlingen alles zu reichen, was ſie verlangten, und ſich um nichts weiter zu bekümmern, machte ſich als ein Flüchtiger noch vor Anbruch des Tages auf, verließ die Tochter und das Landgut. Die Männer, es mögen nun Heroen, oder Dämonen, oder noch höhere Geiſter geweſen ſeyn, nahmen das Mädchen, und weiheten es ein, in welche Myſterien und wozu, das konnte keiner, war er auch der Neugierigſte, erfahren. Als die Zeit verſtrichen war, kam der Vater auf das Landgut. Er kannte ſeine Tochter nicht mehr, ſo ſehr hatte ſie ſich in Rückſicht auf die Größe und Schönheit verändert; auch ſie kannte ihren Vater kaum mehr. Er fiel vor ihr nieder auf ſeine Knie, ſo ſehr glaubte er ein anderes Weſen vor ſich zu ſehen. Jetzt erſchienen die Lehrer. Du kannſt, ſagten ſie, deine Tochter alles fragen, was du willſt. Ach Vater, fiel die Soſipatra in die Rede, frage mich doch, wie dirs auf dem Wege gegangen iſt. Sie erzählte ihm hierauf alle ſeine Vorfälle, Reden, Beſorgniſſe, Drohungen, als wenn ſie ſelbſt mit in dem Wagen geſeſſen hätte. Der Vater war ganz außer ſich vor Erſtaunen, und glaubte feſt, ſeine Tochter ſey eine Göttin. Er fiel vor den Männern nieder, und bat, ſie möchten doch ſagen, wer ſie wären. Sie ſagten endlich nach langem Zögern, (ſo gefiel es vielleicht der Gottheit,) mit niedergeſchlagenem Geſichte und durch dunkle Andeutungen, ſie wären nicht ganz uneingeweihet in die ſogenannte chaldäiſche Weisheit. Hierauf fiel er abermals auf ſeine Knie und bat, ſie möchten doch geru-

Aufklärung, Bildung und Veredlung der Menschheit. Diese befand sich gerade nur, die Verfeinerung durch den Luxus

, geruhen, die Herren von dem Gute zu seyn, und das Mädchen bei sich zu behalten, um sie noch vollkommner einzuweihen. Sie nickten mit dem Kopfe, sagten es aber nicht mit Worten zu. Der Vater glaubte indessen, ihr Versprechen zu haben, und war darüber so vergnügt, als hätte er einen Orakelspruch erhalten. Was er aber aus der ganzen Sache machen sollte, das wußte er nicht. Den Homer lobte er recht sehr, daß er ein großes und herrliches Geheimniß besungen, wenn er sagt:

Die Götter wandern in mancherlei Gestalten,
Reisenden aus fremden Ländern ähnlich, umher.

Auch er glaubte von Göttern in Gestalt von Fremdlingen einen Besuch erhalten zu haben. Voll von diesem Gedanken schlief er ein. Die Greise aber führten nach dem Essen das Mädchen auf ihr Zimmer, übergaben ihr sorgfältig das Gewand, in dem sie eingeweihet worden, nebst noch einigen andern Sachen, ließen ihr ein Kästchen versiegeln, und thaten noch einige Bücher hinzu. Das Mädchen freuete sich sehr, und liebte die Männer wie ihren Vater. Als den folgenden Tag die Thüren geöffnet wurden, und alles an seine Arbeit ging, gingen auch die Greise wie gewöhnlich aus, das Mädchen lief zu ihrem Vater mit der fröhlichen Nachricht, und ließ das Kästchen zu ihm tragen. Der Vater erstaunte über die Schätze, die er fand, und ließ die Männer rufen. Allein sie waren nirgends zu finden. Was ist das? sagte er zur Tochter. Sinnend eine Weile, sagte sie: jetzt erst verstehe ich, was sie mir sagten, als sie mit Thränen in den Augen mir dieses gaben. Betrachte dieses, sagten sie; wir wollen eine Reise auf das westliche Meer machen, und dann sogleich zurück kommen. Alles dieses beweiset offenbar, daß sie Geister sind. Der Vater nahm diese eingeweihete und begeisterte Tochter zu sich, ließ sie ganz nach ihrem Willen leben, und bekümmerte sich um ihr Thun gar nicht, nur war er mit ihrem stillen Wesen unzufrieden. Als sie das reifere Alter erreicht hatte, wußte sie, ohne andere Lehrer gehabt zu haben, die Schriften der Dichter, Philosophen und Redner auswendig,

Luxus abgerechnet, in demselben Zustande, als damals, da die Philosophie noch die Leitung der Menschheit übernommen hatte, ja in einem noch schlimmern, weil damals doch der Verstand einzelner Menschen, wenn auch nicht gebildet, doch nicht verschroben, wenn auch nicht aufgeklärt, doch nicht durch Dunkel verblendet war. Damals glaubten die Menschen in ihrer kindlichen Einfalt die Gegenwart der Götter und der Dämonen, und sie ahndeten in jedem ungewöhnlichen Ereigniß die Wirkung eines geistigen Wesens; sie brachten den Göttern Opfer und Gaben, um sie zu versöhnen, und sich ihnen wohlgefällig zu machen. Die Philosophie, als Organ der Vernunft, verbreitete nach und nach würdigere Begriffe von Gott; das Geisterreich wurde immer weiter entfernt von dem Gebiete der Erfahrungswelt; der Polytheismus verschwand, je mehr die Idee von der unendlichen Vollkommenheit Gottes sich entwickelte; aus dem äußeren Gottesdienst bildete sich die Gottesverehrung im Geist und Wahrheit durch Reinheit des Herzens und sittliche Gesinnung. Der Aberglaube wurde durch die größere Verstandescultur und Naturforschung verscheucht. Jetzt bemächtigte sich wieder der Aberglaube, der Glaube an Mantik und Magie, der meisten Köpfe, die sichtbare Welt wurde mit Schwärmen von Dämonen überschwemmt, die Naturgesetze wurden durch die Willkür verdrängt, die Zahl der Götter vermehrt, die Menschen traten wieder durch Opfer, Einweihungen, Reinigungen und die Gaukeleien der Theurgie in unmittelbare physische Gemeinschaft mit den Göttern und Geistern; Moral und Religion verlor sich in einen mystischen Gottesdienst. Alle jene Vorstellungen des rohen Zeitalters wurden jetzt von Philosophen in Schutz genom-

wendig, und was andere mit vieler Arbeit und vielem Schweiße kaum mittelmäßig begreifen, darüber wußte sie sich so leicht und ungezwungen auszudrücken, als wenn es ein Kinderspiel wäre.

genommen, und erhielten durch die Religionsphilosophie den Schein von Vernunft. Dieses kam daher, daß die Philosophie nur noch dem Namen nach die Gesetzgeberin der Menschheit war, daß die Phantasie verkappt durch Vernünftelei sich die Vernunft unterwürfig gemacht hatte.

Zweite Folge. Durch den Geist dieser Philosophie wird auch die Geschichte, das Zweite, wodurch die Menschheit gebildet wird, verfälscht und verdorben. Indem sie den Aber- und Wunderglauben in Schutz nimmt, und die Leichtgläubigkeit verbreitet, verliert die Menschheit den Prüfstein der historischen Wahrheit. Eine Menge von Legenden werden erfunden und geglaubt, man macht auf das Seltsame, Sonderbare, Abentheuerliche, Unnatürliche Jagd, das Gewöhnliche und Natürliche wird nicht geachtet. Da die Philosophie den einzigen sicheren Standpunct der Erkenntniß, die Vernunft, verlassen, sich einer fremden Autorität unterworfen, und Dichtungen und Einbildungen zu ihrer Grundlage gewählt hatte, so wurde die Maxime der Erdichtung zu beliebigen Zwecken auch weiter angewendet. Daher die vielen untergeschobenen Schriften, die falschen Einschaltungen und die absichtlichen Verfälschungen. Zweifel gegen den Betrug einer absichtlichen Unredlichkeit, oder gegen irre geleitete Leichtgläubigkeit und Gutmüthigkeit sind höchst seltene Erscheinungen, und eben so selten findet man, daß man auf den Gedanken gekommen sey, sich durch Anwendung der höhern Kritik vor Täuschungen zu bewahren [8]).

Nach

---

[8]) Porphyrius ist der einzige Denker, welcher gegen die von den Gnostikern dem Zoroaster untergeschobenen Schriften Gebrauch von der höhern Kritik machte, und sich dadurch als einen echten Schüler des sich durch Gelehrsamkeit nicht weniger als durch gesundes Urtheil und richtigen Geschmack

Nach derselben Maxime erlaubte man sich auch die größte Willkür in der Erforschung und Erklärung des Sinnes der vorhandenen Schriften; man nahm entweder einen gedoppelten, einen gemeinen und einen verborgenen höhern Sinn an; oder suchte durch künstliche Wendungen, durch Accommodationen, durch mehr blendenden als gründlichen Witz dasjenige in die Worte eines Schriftstellers hinein zu legen, was man nach vorgefaßten Meinungen zur Unterstützung eines Lieblingsgedankens zu finden wünschte. Von dieser Kunst war vorzüglich Proclus Meister, welcher indessen doch selbst schon seinen Zeitgenossen und Schülern verdächtig vorkam.

Wie verderblich diese Maxime, welche aus einem unlautern Streben, mehr wissen zu wollen, als sich wissen läßt,

schmack auszeichnenden Longinus bewies, wiewohl er in seinem Werke von dem Leben des Pythagoras durch unkritische Sammlung ganz ungleichartiger Nachrichten, durch die unterlassene Prüfung derselben, und durch den Mangel der chronologischen Unterscheidung der Personen und Begebenheiten, durch Leichtgläubigkeit und Wunderglauben jenen Ruhm wieder verscherzt hat. Auch in dieser Hinsicht scheint in dem höhern Alter mit dem Porphyrius eine merkwürdige Veränderung vorgegangen zu seyn. Er sagt in seinem Leben des Plotin: Πορφυριος δε εγω προς το Ζωροαςρε συχνες πεποιημαι ελεγχες, ὁπως νοθοι τε και νεοι το βιβλιον παραδεικνυς, πεπλασμενοι τε ὑπο των την αιρεσιν συνησαμενων εις δοξαν, ειναι τε παλαια Ζωροαςρε τα δογματα, ἁ αυτοι εἱλοντο πρεσβευειν. — Gegen das Ende dieser Periode regten sich, wie es scheint, einige Zweifel gegen die Echtheit der chaldäischen Orakel, wie aus Damascius Werke von den Principien erhellet. (Wolfii Anecdota gr. T. III. p. 252. μηδεν πολυπραγμονησαντων ἡμων της παραδοθεισης ὑπο των λογιων περι αυτων αληθειας. απο γαρ ην τε προκειμενε καιρε ἡ εκεινων εξετασις.) Ob Damascius selbst, oder ein Anderer diese Prüfung wirklich anstellte, und was sie für ein Resultat zu Wege brachte, das wissen wir nicht.

läßt, seine Privatmeinung zur allgemeinen Wahrheit umzustempeln, und dem Aggregat von Behauptungen, welches den Namen von Philosophie usurpirt hatte, den Schein von untrüglicher Wahrheit, ja eines göttlichen Ursprungs zu geben, und dadurch das, was Gegenstand der Untersuchung ist, dem Gebiete der Vernunft zu entziehen, entsprang, für die Philosophie und Menschheit war; wie sehr sie die Summe der Täuschungen und selbstgemachter Gegenstände der Erkenntnisse vermehrte, den Untersuchungsgeist in eine Menge von grundlosen, unnützen und eiteln Untersuchungen verstrickte, und selbst der gründlichen Gelehrsamkeit ihre Gefilde mit Disteln und Dornen besetzte; dieses ist zu einleuchtend, als daß wir uns dabei aufzuhalten nöthig finden sollten.

Noch ein merkwürdiger Gesichtspunct bietet sich unserer Betrachtung dar, wenn wir das gegenseitige Verhältniß der schwärmerischen Philosophie der Alexandriner und der christlichen Theologie in Erwägung ziehen. Da die Philosophie schon vor Plotins Zeiten einen Gegenstand des religiösen Glaubens nach dem andern aufnahm, und allmälig nichts anders als eine Religionsphilosophie oder Dogmatik wurde, so mußte sie nothwendig mit der christlichen Theologie, so wie diese von Zeit und Zeit mehr Umfang und Ausbreitung erhielt, in Collision gerathen. Nicht allein die Materie, sondern auch die Form, und überhaupt die ganze Tendenz dieser Religionsphilosophie führte nothwendig einen Widerstreit herbey. Denn sie umfaßte bei aller Höhe der Speculation, zu welcher sie sich empor geschwungen hatte, doch auch allen religiösen Aberglauben, durch welchen die wesentlichen Religionslehren verunstaltet worden waren, sie wollte das, was der Mensch als moralisches Wesen aus praktischem Interesse für wahr halten muß, in ein Wissen verwandeln, und die Religion auf dem theoretischen Wege begründen. Indem sie sich aber zu diesem

Behufe und um den Angriffen des Scepticismus zu entgehen, der Schwärmerei überließ, und dem Supernaturalismus in die Arme warf; indem sie dem Menschen außer der gemeinen Vernunft noch eine höhere göttliche Vernunft andichtete, wodurch er das Uebersinnliche vor allem Denken in einer übersinnlichen Anschauung erfaßt, gab sie dem menschlichen Geiste völlige Freiheit zu dichten, und sich in den erdichteten Regionen des Uebersinnlichen nach Herzenslust anzusiedeln; sie gab dadurch den abentheuerlichsten Phantaseen den Schein von höheren, göttlichen Einsichten. Sie schloß zwar die sittlichen Vorschriften der Vernunft nicht aus; sie betrachtete sie aber in dem Wahne einer höhern übervernünftigen Vollkommenheit, welche der Mensch durch die Anschauung des Wesens der Wesen und durch die innige Verbindung mit demselben erreichen könne, als niedrige Stufen zu der eigentlichen wahren Vollkommenheit, setzte sie zu der geringen Stufe von Mitteln herab, und veranlaßte dadurch den Wahn einer überverdienstlichen Tugend, welche keine Thätigkeit und Anstrengung erforderte, sondern in einem müßigen, thatenlosen Schauen der Gottheit bestand. Da sie außerdem das Cerimonienwesen des äußern Cultus rechtfertigte, Opfer, Reinigungen, Mantik, Magie und Theurgie aufnahm, sie durch einen mystischen Sinn sublimirte und heiligte, so begünstigte sie dadurch den Hang zur praktischen Sophisterei, durch Etwas Aeußeres die strengen Gebote der Vernunft zu ersetzen, und eine erkünstelte Triebfeder an die Stelle der echten sittlichen Gesinnung zu setzen. Mit einem Worte, diese Philosophie hatte die Tendenz, den Menschen auf dem Wege erträumter Wissenschaft zu vervollkommen, durch eingebildetes Wissen heilig zu machen, ihn aus sich selbst und aus der Sphäre seiner Wirksamkeit herauszusetzen, ihn über sich selbst zu erheben, ihn zu Gott hinauf, oder vielmehr Gott zu dem Menschen herab zu führen.

Die christliche Religion hatte dagegen eine praktische Tendenz. Sie sollte dem Menschen keine Aufschlüsse über die Verstandeswelt und das Geisterreich geben, wodurch nur eine eitle Wißbegierde befriediget werden könnte, sondern ihn über seine Pflichten belehren, ihm zeigen, daß man allein durch Rechthandeln und lautere Gesinnung des Herzens, durch diese innere Verehrung im Geist und Wahrheit Gott wohlgefällig werden müsse. Sie trug die sittlichen Vorschriften als Gebote Gottes vor, und stellte in Gott das Ideal der Heiligkeit und Vollkommenheit auf, welchem der Mensch durch sittliche Gesinnung ähnlich zu werden streben solle. Sie erhob den Menschen nicht durch trüglichen Schein einer übernatürlichen Vollkommenheit, die er nie erreichen kann, ohne seine endliche Natur abzulegen, sondern demüthigte vielmehr den menschlichen Stolz, indem sie alle Pflichten als strenge Schuldigkeit gegen Gott den allmächtigen Schöpfer und heiligen Gesetzgeber vorstellte. Sie lehrte aber auch zugleich, daß er durch seine Demüthigung vor dem heiligen Willen Gottes allein die höchste Würde eines freien vernünftigen Wesens beweise. Die Tendenz der christlichen Religion ging also auf innere sittliche Vervollkommnung und Erhebung des Menschen zu dem Göttlichen auf dem Wege der Tugend.

Außer dieser entgegengesetzten Tendenz fehlte es auch nicht an Lehrsätzen, in welchen beide nicht einstimmen konnten. Vorzüglich machte der Monotheismus und Polytheismus den Trennungspunct aus. Die christliche Religion lehrte die Einheit eines Gottes als Schöpfers, Erhalters und Regierers der Welt, die heidnische Religion nahm zwar auch diese Einheit an, setzte aber dem höchsten Gott eine Menge von Untergöttern an die Seite, welchen die Regierung einzelner Theile der Welt, einzelner Völker, Staaten und Städte, gleichsam zur Erleich-

Erleichterung des zu großen Regierungsgeschäftes aufgetragen sey. Indem die neue Philosophie diesen Polytheismus durch den Pantheismus in Schutz nahm, zerspaltete sie das göttliche Wesen in eine Vielheit von Wesen, und machte Gott zur Welt, und die Welt zu Gott, welches den christlichen Lehrern nichts als eine Abgötterei scheinen mußte. Die Dämonen traten als Mittelwesen in die Mitte zwischen den Untergöttern und den Menschen, sie theilten sich in gute und böse, und erhielten ebenfalls einen gewissen Cultus, theils zur Erreichung gewisser irdischer Zwecke, theils zur Bewirkung der mystischen Vereinigung mit Gott. Die christliche Religion kennt nur Engel, als Diener der Gottheit, aber nicht als Gegenstände des Cultus.

Die christliche Religion gründete sich auf göttliche Offenbarung, nicht nur darin, daß sie die praktischen Wahrheiten, welche den Hauptinhalt der Religionslehre ausmachten, als unmittelbare göttliche Gebote vortrug, sondern auch den Stifter dieser auf einen sittlichen Lebenswandel allein abzweckenden Religion als einen unmittelbaren göttlichen Gesandten betrachtete, welcher seine göttliche Natur und Würde durch übermenschliche Weissagungen und Wunder in der sichtbaren Welt auf eine unwidersprechliche Weise beurkundet habe. Dies war der unerschütterliche Grund, auf welchem das Gebäude der christlichen Religion ruhete, auf welchem sie eine allgemeine Ausbreitung und eine siegreiche Bekämpfung aller Hindernisse und Gegner glaubig erwartete. Der schwärmerische und supernaturalistische Geist, den die neuere Philosophie angenommen hatte, näherte sie gewissermaßen der Lehre des Christenthums in Rücksicht auf das Fundament aller Religionslehren; auf der andern Seite lag aber eben darin wieder ein neuer Trennungspunct. Denn beide Parteien beriefen sich auf eine göttliche Offenbarung, eine jede Offenbarung ist aber, wenn man von dem Inhalte derselben abstrahirt, und nicht der Vernunft das Recht einer Beurtheilung derselben einräumt, ein Factum, welches einem andern Factum derselben Art völlig gleich ist, und wenn die Beglaubigung durch etwas Aeußeres in die Sinne fallendes fehlet, auf einer Aussage desjenigen, der eine göttliche Mittheilung erhalten hat, auf seinem eignen subjectiven Fürwahrhalten und seiner Glaubwürdigkeit beruhet. Nun war aber nach dem Christenthume die Offenbarung nicht mittelbar durch das Medium der menschlichen Vernunft, sondern unmittelbar geschehen; nach der Ansicht der heidnischen Religionsphilosophen aber war immer die Vernunft, wenigstens die exaltirte Vernunft, als das höhere Erkenntnißvermögen, das Medium der Offenbarung. Nach der ersten Ansicht war die Offenbarung ein freies Geschenk der Gottheit, und es hing nicht von der Einsicht und dem Gebrauch der Willkür ab, sich diese Auszeichnung zu verschaffen; nach der zweiten konnte der Mensch durch Zurückziehung von dem Irdischen, durch freie Richtung und Erhöhung der Vernunft zur Anschauung Gottes und dadurch zur Erkenntniß göttlicher Wahrheiten gelangen. Dort ist die Offenbarung etwas Objectives, ihr Grund ist allein Gottes Weisheit und Güte, und eine nothwendige Bedingung der Seligkeit, eine allgemeine Angelegenheit für alle Menschen, auch der geringsten und geistesärmsten; hier ist sie etwas Subjectives, eine Folge der Erhebung des Menschen zum Anschauen Gottes; sie ist auch die nothwendige Bedingung der höchsten Seligkeit, aber doch nur für den, der durch seine höheren Anlagen und Cultur derselben dafür Empfänglichkeit hat, nur eine Angelegenheit der Gebildeten und Aufgeklärten; dort soll jeder Mensch an die einzige wahre Offenbarung glauben; hier war kein Mensch an eine einzige ausschließende Offenbarung gebunden, sondern

dern es war die Sache seiner freien Wahl, seiner Ueberzeugung, oder der Anhänglichkeit an einen alten durch Gesetze, Gewohnheiten und erspriesliche Folgen sanctionirten Cultus. Dort war es die bemüthige, von allem Wissen entblößte Vernunft, die kein Eigenthum hatte, alles von Oben empfangen mußte: hier die stolze, auf ihr Wissen aufgeblähete Vernunft, welche, wenn gleich von Oben erleuchtet, doch selbstständig in dem Lichte die Wahrheit ergriff. Dort hatte die Religion einen monarchischen, hier einen republikanischen Geist.

Hieraus lassen sich die Gründe zum Theil erklären, warum die meisten Anhänger der neuen Philosophie eine so entschiedene Abneigung gegen die christliche Religion hatten. Sie konnten nicht begreifen, wie ein so verachtetes, durch keine gelehrte Bildung ausgezeichnetes Volk, als das Jüdische war, von Gott habe erkohren werden können, die einzig wahre Religion durch Offenbarung zu empfangen. Es war für den griechischen Nationalstolz ein unerträglicher Gedanke, daß die Bemühungen so vieler weiser Männer, so vieler tiefen Forscher, daß das ganze Streben einer so aufgeklärten Nation nach Wahrheit, ganz vergeblich und fruchtlos gewesen seyn sollte. Keine Nation war in ihren Augen würdiger, keine hatte gerechtere Ansprüche auf die Ehre, göttlicher Offenbarungen gewürdiget zu werden, als die griechische, die ägyptische und chaldäische. Hierzu kam noch dieses, daß sie in ihrer Religionsphilosophie Offenbarung und Vernunft sehr gut mit einander zu vereinigen, die eine durch die andere zu unterstützen wußten, nicht nur darin, daß, wie wir gesehen haben, die Vernunft allein das Medium der Offenbarung war, sondern auch darin, daß sie eine Harmonie und Uebereinstimmung ihrer Philosophie mit den ältesten Traditionen der ältesten und angesehensten Nationen durch eine erkünstelte Hermeneutik, auch wohl durch

durch Dichtungen für den ersten Anblick täuschend genug herausgebracht hatten. Ihr Religionssystem konnte also durch eine lange Reihe von Traditionen bis in die dunkeln Zeiten der Geschichte fortgeführt werden, wo sich alles Menschliche in das Göttliche verliert. Das Alterthum hat eine große Empfehlung für sich, und die christliche Religion wurde eben darum selbst von denkenden Köpfen als eine Neuerung betrachtet, welche von der Vernunft nicht gebilliget werden könne. Der in dem menschlichen Geiste gegründete Antagonismus zwischen dem Alten und Neuen spielt hier ebenfalls eine wichtige Rolle mit.

Nach diesen entgegengesetzten Vorstellungsarten entstand nun ein Kampf zwischen der neuen Philosophie, welche sich zur Vertheidigerin der heidnischen Volksreligionen aufwarf, und zwischen den christlichen Kirchenlehrern. Es ist dieses der merkwürdige Streit, in welchem die Wahrheit und Gültigkeit zweier einander entgegengesetzten Offenbarungen gegenseitig bestritten wurde, — darum merkwürdig, weil beide Parteien, ungeachtet sie für Offenbarung stritten, doch gezwungen waren, an die Vernunft zu appelliren, und dieser die letzte entscheidende Stimme einzuräumen. Allein dieser Gegenstand war zu neu, als daß die Vernunft von festen und bestimmten Grundsätzen hätte ausgehen und bestimmen können, wie dieser Streit geführt und entschieden werden müsse; darum berufen sich beide Parteien auf Gründe, welche nichts entscheiden, weil sie entweder das Factum, daß eine Lehre göttliche Offenbarung sey, nicht beweisen können, oder weil sie Facta zum Beweise nehmen, welche eben so gut einer Begründung und Rechtfertigung bedürfen, als das zu Beweisende selbst, oder weil sie von der einen Partei, wie von der andern mit gleichem Rechte benutzt werden können, oder endlich, weil sie das Wesentliche und Unwesentliche der Religion nicht unterscheiden und

darum

darum nicht zutreffen. Von dieser Art sind die Beweise, welche von den Wundern und Weissagungen, von dem Alterthum oder der Neuheit einer Religionslehre, von dem Mangel an Uebereinstimmung in den Urkunden und den Auslegern derselben, oder von der Uneinigkeit der philosophischen Denker, von den Widersprüchen und Ungereimtheiten in ihren Lehren u. s. w. hergenommen waren. Der Gebrauch dieser Waffen zur Vertheidigung ihres Religionssystems war auf beiden Seiten so ziemlich gleich: nur dieses machte einen Unterschied, daß die eine Partei ihre gute Sache schlechter, und die andere ihre schlechte Sache besser zu vertheidigen verstand. Im Ganzen aber kannten die heidnischen Philosophen den Inhalt und den Geist des Christenthums viel zu wenig, als daß sie den siegreichen Fortschritten des Christenthums auf eine lange Zeit hätten Einhalt thun können. Nach den Angriffen eines Celsus, Hierokles, Porphyrs und Julians zogen sich die Gegner immer mehr zurück, und beseufzten nur im Stillen den Verfall des Heidenthums, als das Christenthum unter der Regierung des Constantinus und Theodosius zur herrschenden Religion geworden war. Die streitigen Lehren wurden immer mehr vermindert; und in manchen, als von der übernatürlichen Quelle aller Erkenntniß, von der Trinität, von den Geistern, von dem Anschauen Gottes als der höchsten Seligkeit, lag der Grund zur Annäherung zwischen den beiden streitenden Parteien, zur Aneignung und Vermischung der beiderseitigen Lehren. Die Betrügereien mit untergeschobenen Schriften des Hermes und des heiligen Dionysius des Areopagiten begünstigten die gegenseitige Annäherung durch den Mysticismus und Synkretismus. Indessen dauerten immer noch einige Anhänger und Fortpflanzer des Alexandrinischen schwärmerischen Platonismus fort, bis endlich Justinians bigotte Orthodoxie die Hörsäle der

Neupla-

Neuplatoniker zu Athen auf immer schloß, und Damascius, Simplicius und Eulalius, die letzten dieser Schule, nöthigte, in Persien einen Zufluchtsort für die Denkfreiheit zu suchen, welche in dem christlichen oströmischen Kaiserthum nicht gestattet wurde. Sie kamen zwar einige Zeit darauf (533) zurück; allein es gab doch keine eigentliche Schule mehr für diese Philosophie, weil die christliche Kirche jetzt alles in ihren Schoß vereinigte, und sie hörte, zwar nicht der Sache, aber doch dem Namen nach auf.

Anhang.
Von dem Betruge mit untergeschobenen Büchern.

Wir haben schon einigemal des Unfugs gedacht, welcher mit unechten, dem Alterthume untergeschobenen Schriften in diesem Zeitraume getrieben worden; die Sache verdient aber noch einige umständlichere Betrachtung, denn sie enthält einen sehr ausgezeichneten Charakter des Zeitgeistes und der jetzt herrschenden Philosophie, und sie hat in der folgenden Zeit großen Einfluß auf den Gang der Cultur und auf die Richtung des menschlichen Geistes gehabt. Außerdem ist auch die bessere Behandlung der Geschichte der Philosophie eine lange Zeit durch diese Betrügereien aufgehalten worden, indem dadurch der Wahn von einer uralten Ueberlieferung der vornehmsten Philosopheme und einer trüglichen Harmonie der angesehensten Systeme mit dem Religionsglauben der ältesten Völker unterhalten, und die gründliche Erforschung des Gangs der philosophirenden Vernunft gehemmt worden ist.

Uebersicht des 4. Zeitraums.

Man kann im Allgemeinen zwei Zeiträume annehmen, in welchen die Fabrication unechter und die Verfälschung echter Schriften absichtlich zu gewissen Zwecken getrieben wurde, nämlich die Regierung der Ptolemäer in Aegypten, und der mit ihnen in Errichtung einer öffentlichen Büchersammlung wetteifernden Könige von Pergamus, und zweitens die Zeiten der sich ausbreitenden und herrschenden Alexandrinischen schwärmerischen Philosophie.

Die Bewegungsgründe zu diesem Betrug waren hauptsächlich, **Gewinnsucht, Nationalstolz** und **Sectengeist.** Die erste Triebfeder wirkte am meisten in den Zeiten, da die Könige von Aegypten und Pergamus Bibliotheken anlegten, Handschriften und Abschriften theuer genug bezahlten, daß Mancher angelockt werden mußte, einem alten bekannten Schriftsteller, oder auch nur berühmten Manne Schriften unterzuschieben, und seinen eignen Producten den Namen eines verehrten und geschätzten Alten vorzusetzen, und auf diese Art mit dem Büchermachen ein einträgliches Gewerbe zu treiben. Dieses Geschäft war auch damals viel leichter, als in unsern Zeiten, weil die Abschriften der Bücher selten und verborgen, noch keine vollständigen Verzeichnisse der literarischen Denkmäler vorhanden waren, und daher jede Schrift, welche einen bekannten Namen an der Stirne trug, mit einem gewissen Vorurtheil für ihre Echtheit aufgenommen werden mußte, da es beinahe an allen Hülfsmitteln der höhern Kritik fehlte. In diesem Zeitraume scheinen auch mehrere Schriften und Fragmente der Pythagoräer an das Tageslicht gebracht worden zu seyn, welche in der Folge als echt ohne Bedenken angenommen wurden.

Ein

Ein auffallendes Beispiel, wie der Nationalstolz Veranlassung zu solchen Betrügereien gab, ist der berühmte Aristobolus, ein gelehrter Jude zu den Zeiten des Ptolemäus Philometor, welcher, um der jüdischen Nation den Ruhm, das älteste Volk mit gelehrter Bildung gewesen zu seyn, zu vindiciren, und alle Weisheit der Griechen aus dieser Quelle abzuleiten, eine griechische Uebersetzung des alten Testaments erdichtete, und vorgab, Plato und Aristoteles hätten dieselbe gelesen; er schob dem Orpheus, Linus, Hesiodus selbstgemachte Verse unter, um aus ihnen beweisen zu können, daß jene alten Dichter schon die Sitten und Gebräuche und den Gesetzgeber seines Volkes gekannt hätten. Uebrigens bediente er sich einer allegorisirenden Erklärungsweise, um eine Uebereinstimmung griechischer Philosophen mit dem Inhalte der heiligen Schriften der Juden herausbringen zu können, doch noch mit einiger Mäßigung [1]). Sein Betrug ist so handgreiflich, daß man sich wundern muß, daß er auch nicht einmal in Alexandrien, wo es so viele Gelehrte und so viele Bücherschätze gab, bemerkt worden ist. Indessen verliert sich das Auffallende der Sache dadurch einigermaßen, daß diese unerhörten Entdeckungen in einer Erklärung des Mosaischen Gesetzes sich befanden, welche von Nichtjuden wohl höchst selten gelesen wurde.

Sectengeist, oft auch in Verbindung mit dem Nationalstolz, war die Hauptquelle, aus welcher während der Herrschaft der Alexandrinischen Philosophie eine Menge solcher unechten Geistesproducte entsprang. Da man einmal angefangen hatte, eine höhere Erkenntnißquelle als die Vernunft anzunehmen, und in einem offenbarten

---

1) Man sehe darüber die gelehrte Abhandlung Valkenaers de Aristobulo philosopho Judaico peripatetico, Leiden 1805.

Uebersicht des 4. Zeitraums.

barten Lichte die reine und helle Wahrheit zu sehen glaubte, so trat die Vernunft mit ihren unwandelbaren Erkenntnißprincipien zurück, und machte dem Offenbarungsglauben Platz. Sie hörte auf, in der Erforschung und Beurtheilung der Wahrheit die erste Stimme zu haben, sie mußte nur gläubig annehmen und bearbeiten, was die vernünftelnde Phantasie in dem innern Lichte angeschauet hatte. Dieses innere Licht war eine Erleuchtung von dem Wesen, welches den Realgrund von allem Seyn und Denken enthält, welches durch seine Erleuchtung zugleich das Erkenntnißvermögen und den erkennbaren Gegenstand gibt; es mußte sich daher in allen Menschen, welche auf sich reflectiren können, offenbaret, und zwar einstimmig offenbaret haben. Man kam also natürlich auf den Gedanken, äußere Zeugnisse für die Wahrheit des Systems, welches man durch das innere Licht gefunden hatte, aufzusuchen, — eine Tendenz, welche den sinkenden Geist der Gründlichkeit beurkundet. Da nun aber diese Uebereinstimmung nicht immer einleuchten wollte, so nahm man seine Zuflucht zu einer allegorisirenden Auslegung, setzte einen doppelten Sinn, den buchstäblichen und den geheimen, verborgenen voraus, suchte durch die vernünftelnde Auslegung den verborgenen aus dem buchstäblichen Sinn hervorzuziehen. Im Grunde war dieses nichts anders als eine Dichtung, durch welche man in die Worte eines Schriftstellers denjenigen Sinn hineinlegte, welchen man nach dem Geiste des einmal angenommenen Systems in denselben finden wollte, nach der Voraussetzung als den einzig richtigen finden mußte. Man machte mit einer Art von Enthusiasmus Jagd auf diese Uebereinstimmung, der Geist war von diesem Gedanken erfüllt und berauscht, und besaß selten die nüchterne Stimmung und die ruhige Besonnenheit, um seine Ansicht und eine fremde Vorstellung zu unterscheiden; die Idee und das Object fielen

in

in eins zusammen, und das Subjective verdrängte das Objective. Indessen wollte diese Verschmelzung des Ungleichartigen nicht immer ganz gelingen, das Objective trat sehr ungelegen doch oft wieder hervor und verdunkelte das Subjective. Man nahm daher zu einer neuen Dichtung seine Zuflucht, wodurch die erdichtete und erträumte Harmonie besser gerechtfertiget, und für Andere einleuchtender gemacht werden konnte. Einige Männer, welche von dieser Denkart beseelet waren, machten nämlich die Harmonie selbst. Indem sie auf die unsichern, unbestimmten Sagen von den Reisen der griechischen Denker nach Aegypten und Chaldäa, um die Weisheit aus der ersten Quelle zu schöpfen, baueten, verfertigten sie durch ihre schöpferische Einbildungskraft das Urbild zu dem Nachbilde, welches in den Denkmälern jener Denker gefunden wurde.

Eigentlich wollte man durch diese Harmonie zwischen verschiedenartigen Systemen, neuen Ideen und Vorstellungsarten den Schein und Anstrich des Alterthums geben. Es war also nichts anders, als das **Vorurtheil des Alterthums**, welches diese Vernünfteleien, Dichtungen und Erdichtungen hervorbrachte. Aber warum, wird man fragen, gab man sich diese vergebliche Mühe? Was gewinnt das Gebiet der Wissenschaft dadurch? Ist nur das Alte durch dieses Zeitverhältniß wahr, und das Neue, darum, weil es neu ist, verwerflich? Wenn man sich indessen auf den Standpunct dieser Männer versetzt, und die Wahrheit nicht sowohl von innern, als von äußern Gründen abhängig macht, wie sie denn wirklich mehr oder weniger den Autoritätsglauben haben, so wird man gestehen müssen, daß sie so Unrecht nicht hatten, wenn sie eine ununterbrochene Reihe von Traditionen für das, was sie als wahr erkannten, aufsuchten, und diese bis in die dunkeln Zeiten der

Ueberſicht des 4. Zeitraums.

der Geſchichte zu verlängern ſich bemüheten. Denn, wenn ſich die Vernunft einer Autorität unterwirft, ſo ſucht ſie doch zugleich dieſen Schritt durch einen ſcheinbaren Grund zu rechtfertigen, ſie unterwirft ſich keiner menſchlichen, ſondern der göttlichen Autorität; ſie ſucht nicht Belehrung bei Menſchen, welche irren können, ſondern bei dem allein unfehlbaren Gott. Daher gehet ſie zu den älteſten Traditionen der älteſten Völker fort, weil dieſe, nach einer gewöhnlichen Täuſchung, für göttlichen Urſprungs gehalten werden, in ſofern man ihre Entſtehung in einem beſtimmten Zeitpuncte nicht angeben kann [2]). Iſt nun aber eine äußere Autorität zum Princip

---

2) Eine Stelle des Lactantius gibt einen Beleg für dieſe Denkart. Nos ab hac calumnia immunes ac liberi ſumus, ſagt er, divin. inſtitution. l. III. c. 16, qui philoſophiam tollimus, quia humanae cogitationis inuentio eſt; ſophiam defendimus, quia divina traditio eſt, eamque ab omnibus ſuscipi oportere teſtamur. Ille (Hortenſius) cum philoſophiam tolleret, nec melius aliquid afferret: ſapientiam tollere putabatur, eoque facilius de ſententia pulſus eſt, quia conſtat, hominem non ad ſtultitiam, ſed ad ſapientiam nasci. Praeterea illud quoque argumentum contra philoſophiam valet plurimum, quo idem eſt uſus Hortenſius, ex eo poſſe intelligi, philoſophiam non eſſe ſapientiam, quod principium et origo ejus appareat. Quando, inquit, philoſophi eſſe coeperunt? Thales, ut opinor, primus; recens haec quidem aetas. Ubi igitur apud antiquiores latuit amor iſte inveſtigandae veritatis? Idem Lucretius ait:

Denique natura haec rerum ratioque reperta eſt
Nuper; et hanc primus cum primis ipſe repertus
Nunc ego ſum, in patrias qui poſſum vertere
voces.

Et-

cip und zur Quelle aller Weisheit gemacht, so mußte man auch diese zum Criterium der Wahrheit machen. Alles, was mit dieser übereinstimmt, ist wahr, was ihr widerspricht ist falsch. Eine größere Menge von übereinstimmenden Zeugnissen ist eine größere Beglaubigung der Wahrheit 3). Der immer mehr sich verlierende Geist der Gründlichkeit brachte es mit sich, daß man Vernunftwahr-

> Et Seneca: nondum sunt, inquit, mille anni, ex quo initia sapientiae nota sunt. Multis ergo seculis humanum genus sine ratione vixit. Quod irridens Persius, postquam, inquit, sapere urbi cum pipere et palmis venit, tanquam sapientia cum saporis mercibus fuerit invecta. Quae si secundum hominis naturam est, cum homine ipso coeperit necesse est: si vero non est, nec cupere quidem illam posset humana natura. Sed quia recepit, igitur a principio fuisse sapientiam necesse est. Ergo philosophia, quia non a principio fuit, non est eadem vera sapientia. Sed videlicet Graeci, qui sacrae veritatis literas non attigerant, quemadmodum depravata esset sapientia, nesciverunt, et ideo cum vacare sapientia humanam vitam putarent, philosophiam commenti sunt, id est latentem atque ignotam sibi veritatem differendo eruere voluerunt. Quod studium per ignorantiam veri, sapientiam putaverant.

3) Diese Denkart finden wir vorzüglich bei dem Proclus und Damascius. Der letzte sagt: (Wolfii *Anecdota graeca* T. III. p. 208.) εγω δε ευλαβχμαι παραχαραττειν την πατριον υποθεσιν, ὁ μονον ανθρωπων αρεσκει τοις πλειοτατοις· ὁδεις γαρ αχρι τοδε υπεθετο των φιλοσοφων [αλλης], αλλα και τοις θεοις αυτοις. Wir finden sie jedoch auch schon bei ältern Denkern. Wir wollen hier nicht einen Gedanken des Aristoteles aus dem 12. B. 9 Kap. der Metaphysik anführen: denn es könnte wohl seyn, daß dieses ganze Buch dem Aristoteles untergeschoben, oder wenigstens interpolirt worden, sondern nur auf Seneca (117. Brief) verweisen, welcher sagt: apud nos veritatis argumentum est, aliquid omnibus videri.

wahrheiten als historische Wahrheiten behandelte, und bei ihnen nicht die Gründe prüfte, sondern die Aussagen für ihre Wahrheit zählte. Wenn man einmal so denkt, so darf man sich auch nicht wundern, daß Jeder, der eine Vorliebe für gewisse Meinungen gefaßt hatte, sie zu seiner eignen Ueberzeugung in dem Alterthume suchte, oder daß er zwei Denker, die nicht in ihren Ideen übereinstimmten, weil er beide schätzte, durch Hülfe einer künstlichen Auslegung, oder einer ältern Tradition, als der gemeinschaftlichen Quelle, zu vereinigen trachtete.

Es gab zwei Völker, welche sich aus Nationalstolz für die ältesten und in Rücksicht auf Cultur und Gelehrsamkeit für Stammvölker hielten, und von den Griechen, oft von den einseitigen Vorstellungsarten der griechisch gebildeten Individuen aus diesen Nationen dazu verleitet, auch häufig dafür gehalten wurden. Dieses waren die Juden, die Aegyptier, und man kann zu ihnen noch die Chaldäer rechnen, wenn man darunter nicht eine Kaste, sondern mehrere von den Griechen unter einer Benennung zusammengefaßte Bewohner des westlichen Asiens versteht. Die Geltendmachung dieses Ruhmes, die Ableitung der angesehensten Philosopheme aus einer dieser Nationen, konnte daher nebst jenem aus der Denkart der Zeit eben abgeleiteten Grunde noch ein zweiter Grund und Zweck derjenigen seyn, welche falsche Bücher dem Alterthum andichteten.

Diejenigen Philosopheme, welche in der gelehrten Welt Aufsehen gemacht, welche durch ihre Ableitung aus einer der genannten Nationen dem Ruhme und Ansehen der letztern Zuwachs verschaffen, welche also die Mühe einer Erdichtung verlohnen konnten, waren hauptsächlich die des Aristoteles, Plato und Pythagoras. Platos Philosophie machte jetzt den Mittelpunct aller philosophischen Studien und Erkenntnisse aus, weil sie

durch

durch die religiösen Ideen, welche sie enthielt, durch den Idealismus und Mysticismus, zu welchem sie sich hinneigte, mit dem Zeitgeiste am meisten in Berührung stand. Vorzüglich aber war es die durch den mehr entwikkelten Hang zur Schwärmerei und zum Mysticismus erweiterte und verunstaltete Alexandrinische Philosophie, welche in die Rechte der reinen und unverfälschten Platonischen Philosophie trat. Mit dieser Philosophie hing aber die Pythagoräische, aus welcher Plato so vieles geschöpft haben sollte, und die Aristotelische, welche aus der Platonischen hervorgegangen war, auf das innigste zusammen. Vage historische Sagen leiteten Platos Philosophie aus Aegypten ab, wo ebenfalls Pythagoras sich lange Zeit aufgehalten hatte. Dieselben Sagen waren auch von dem Orpheus im Umlaufe. Indem man also diesen Traditionen ohne historische Kritik folgte, leitete man Pythagoras und Platos Philosophie, entweder unmittelbar, oder mittelbar durch Orpheus aus Aegypten, als dem Mutterlande aller Weisheit ab. Wahrscheinlich war ebenfalls eine alte Sage, daß Plato auch von den Chaldäern und Magiern geheime Lehren empfangen habe, die erste Veranlassung, daß man hier die erste Quelle aller überirdischen Weisheit aufsuchen zu müssen glaubte. Schon Plotin wollte daher dahin reisen, wurde aber durch die Niederlagen der Römer daran gehindert. Indessen leuchtet daraus hervor, welche hohe Meinung man schon damals von dieser verborgenen Weisheit hatte, und späterhin setzte man sie nebst der Orphischen und Hermetischen, als die höhere und himmlische Weisheit der gemeinen Philosophie entgegen, welche sich nur an die gesunde Vernunft und an den Wortverstand der Platonischen Schriften hält 4).

Bei

---

4) Wir führen nur ein Beleg dafür an, welches in dem Urtheile des Damascius, eines sonst hellen Kopfes, über den Ascle-

Bei dieser unphilosophischen Schätzung dieser in ein mystisches Dunkel gehüllten, auf dunklen Sagen und Tradítionen beruhenden höheren Philosophie, welche man als das non plus ultra aller Weisheit und Erkenntniß, als die Richtschnur aller Wahrheit, als den Maßstab zur Vergleichung aller philosophischen Systeme betrachtete, da so viel von ihr die Rede war, und man sich alle Augenblicke auf sie berief, konnte wohl einem phantasiereichen Kopfe der Gedanke einfallen, diese verborgene Tochter des Himmels an das Licht hervor zu ziehen, und die Weisheit der Chaldäer, der Aegyptier, des Orpheus in Worte und Schrift zu fassen, um das, was eine lange Zeit nur in den Köpfen und theilweise existirt hatte, zu einem wirklichen äußeren Objecte zu machen.

Wir finden dieselbe Denkart auch zum Theil unter den christlichen Schriftstellern. Ungeachtet sie den Glauben an die Wahrheit der christlichen Religion von dem Glauben an den göttlichen Ursprung derselben abhängig machen, so bedienen sie sich doch äußerer Ueberzeugungsgründe von Weissagungen und Wundern, und verschmähen selbst nicht die Zeugnisse aus dem Munde der Heiden, wenn sie gleich so beschaffen waren, daß jedem Unbefangenen sogleich einleuchten mußte, sie seyen erst aus dem Kopfe eines Christen gekommen, der es für keine Sünde hielt, zu einem guten Zwecke sich der Lüge und des Betrugs

---

Asclepiodotus, einen Schüler des Proclus, ausgesprochen ist. Er sagt von diesem: (vita Isidori. Photii Cod. 242. p. 1051.) Ασκληπιοδοτος ουχ ολοκληρος την ευφοιαν — αλλ' απορειι οξυτατος, συνιεναι δε ο λιαν αγχινους, ηδε αυτος εαυτω ομοιος, αλλως τε και τα θειοτερα των πραγματων, (οσα) αφανη και νοητα, και της Πλατωνος διανοιας εξαιρετα. προς δε την Ορφικην τε και Χαλδαϊκην υψηλοτεραν σοφιαν, και του κοινου Φιλοσοφιας την υπεραιρουσαν, ετι μαλλον ελειπετο. Man vergleiche auch daselbst S. 1034.

trugs zu bedienen. So beruft sich Lactantius, dem man sonst einen hellen Kopf und Bildung durch das Studium der alten Schriftsteller nicht streitig machen kann, auf Weissagungen der Erythräischen Sibylle von den Wundern Jesus, welche die Facta so umständlich angeben, und selbst die Worte der Evangelien gebrauchen, daß Jeder, der nur einige Beurtheilungskraft besitzt, keinen Augenblick über die Quelle derselben zweifelhaft bleiben kann 5).

Wir finden also Heiden, Juden und Christen, welche ben Betrug mit untergeschobenen Büchern getrieben haben,

---

5) **Lactantius** *divinar. Institut.* IV. c. 15.

εν αρτοις πεντε και ιχθυεσσι δυοισιν
αιθραν χιλιαδας εν ερημω πεντε κορεσσει,
και τα περισσευοντα λαβων μετα κλασματα παντα,
δωδεκα πληρωσει κοφινας εις ελπιδα πολλων.

Der schlaue Kopf sah wohl voraus, daß ein solcher Betrug zu handgreiflich sey, als daß er nicht sogleich entdeckt werden mußte. Er suchte daher vorzubeugen:

— — — — Φησουσι Σιβυλλην
μαινομενην ψευσριαν. επαν δε γενηται απαντα,
τηνικα μου μνημην ποιησετε κ' ουκ ετι μ' ουδεις
μαινομενην φησει με θεου μεγαλοιο προφητην.

Gleichwohl wurde Lactanz durch diese sprechenden Beweise und durch die Zweifel Anderer nicht im geringsten in seinem Glauben an die Wahrheit dieser Weissagungen irre gemacht. His testimoniis quidam revicti solent eo confugere, ut aiant, non esse illa carmina Sibyllina, sed a nostris conficta atque composita. Quod profecto non putabit qui Ciceronem Varronemque legerit, aliosque veteres, qui Erythraeam Sibyllam ceterasque commemorant, quorum ex libris ista exempla proferimus, qui auctores ante obierunt, quam Christus secundum carnem nasceretur. Desselben Glaubens war auch **Augustinus** *de civit. Dei* XVIII. c. 23.

haben, um ihrer Philosophie, ihrer Religion und auch ihrer Nation ein größeres Interesse und Ansehen zu geben. In allen diesen finden wir mehr oder weniger einen Syncretismus des Orientalen und Occidentalen, des Alten und Neuen, des Heidnischen und Christlichen, wie es der Absicht der Verfertiger falscher Schriften angemessen war. Wir werden jetzt, nachdem wir die Quelle und Triebfeder und den Schauplatz dieser Betrügereien überhaupt bezeichnet haben, nur bei denjenigen etwas länger verweilen, welche für die Geschichte der Philosophie ein näheres Interesse haben. Dieses sind die den Pythagoräern, dem Plato und Aristoteles untergeschobenen Schriften, und diejenigen, welche sich auf die sogenannte höhere Philosophie, das ist die Orphische, Chaldäische und Hermetische beziehen. Die erstern gehen aus auf eine harmonische Vereinigung verschiedenartiger Philosophieen; die letztern auf die Ableitung derselben aus einer gemeinschaftlichen, höhern, übernatürlichen Quelle. Wir machen mit den ersten den Anfang.

Da Pythagoras und seine Nachfolger so berühmte Namen sind und in das früheste Alterthum gehören, da es zweifelhaft und ungewiß ist, ob sie überhaupt etwas geschrieben haben, und da ihre Schriften, wenn sie welche verfertiget, eine lange Zeit nicht zu den gelesensten gehörten, so fand hier die Buchmacherei ein sehr einladendes Feld und die größte Begünstigung, ihr Wesen zu treiben. Zuerst traten hier die goldnen Sprüche des Pythagoras hervor, bei denen wir uns aber nicht zu verweilen brauchen, da ihre Unechtheit allgemein anerkannt ist, und selbst Hierokles in seinem Commentar gestehen muß, daß sie nicht den Pythagoras, sondern einen Anhänger der Pythagoräischen Philosophie zum Verfasser haben ⁶). Eben dieser Hierokles führt auch ⁷) eine andere dem Pythagoras beigelegte Schrift, unter dem Titel: ἱερος λογος an, ohne sie für echt zu halten. Schon die Benennung enthält einen Grund zum Verdachte in sich, da auch dem Orpheus λογοι ἱεροι beigelegt werden ⁸).

Die meisten Ueberreste der Pythagoräer, wie sie vom Stobäus gesammelt worden, gehören höchst wahrscheinlich in dieselbe Classe von untergeschobenen Schriften. Denn sie sind erst in spätern Zeiten bekannt worden, und sie verrathen zu deutlich die Absicht, eine Identität zwischen Pythagoras, Platos und Aristoteles Philosophie auf eine sehr plumpe Art zu erkünsteln. (Man sehe 1 B. S. 16. ff.) Simplicius führt in seinen Scholien zu Aristoteles Kategorien zuerst des Archytas Buch περι τȣ παντος an, worin dieser die Aristotelische Tafel der Kategorien vorträgt. Er hatte das Schriftchen vor sich,

6) Hierocles *Commentar. in aurea carmina* p. 231. παραδεδοται δε ἡ τȣτων γνωσις τοις Πυθαγορειοις δι᾽ αυτȣ τȣ Πυθαγορȣ, ὁι και νυν ἑπομενος ὁ των επων τȣτων συγγραφευς φησιν etc.

7) Ebendas. S. 224. πως δε τετρας ὁ θεος αυτος εκ τȣ εἰς Πυθαγοραν αναφερομενȣ ἱερȣ λογȣ σαφως ενερχσεις, εν ᾧ αριθμος αριθμων ὁ θεος ὑμνειται.

8) Sie werden oft mit einander verwechselt. Proclus in seinem Commentar zum Euklid p. 7. verbindet diesen ἱερος λογος mit einigen andern, höchst wahrscheinlich unechten Schriften der Pythagoräer. διο και Πλατων πολλα και θαυμασα δογματα περι θεων δια των μαθηματικων εἰδων ἡμας αναδιδασκει και ἡ των Πυθαγορειων φιλοσοφια παρακεκαλυμμασι τȣτοις χρωμενη την μυσαγωγιαν κατακρυπτει των θειων δογματων. τοιȣτος γαρ και ὁ ἱερος συμπας λογος και ὁ Φιλολαος εν ταις Βακχαις, και ὁλος ὁ τροπος της Πυθαγορȣ περι θεων ὑφηγησεως. Nach Diogenes Laertes VIII. c. 7. war er in Versen, nach dem Verfasser der Theologumena Arithmeticae in Prosa geschrieben.

sich, wovon er bezeuget, daß es sehr selten sey; auch erhellet aus einer Stelle, daß Jamblichus zerstreuete Stellen daraus angeführt, ihren Sinn entwickelt, ihre Uebereinstimmung mit Aristoteles, so wie auch die sehr geringen Abweichungen ins Licht gesetzt hatte 9). Die vielen Bücher des Philolaus von den Intelligibilien und von der Immaterialität der Seele, welche Claudianus Mamertus anführet 10), beweisen, wie weit diese Büchermacherei in jenen Zeiten getrieben worden.

Unter den alten Philosophen war keiner, bei dem der Versuch, ihm ein fremdes Product unterzuschieben, weniger gelingen konnte, als Plato. Seine Dialogen waren zu sehr bekannt und gelesen, und die philosophische und dichterische Muse hatte einen so eigenthümlichen Charakter diesen herrlichen Geistesproducten gegeben, daß nur ein Mann mit derselben originalen Individualität es wagen konnte, sie mit Glück nachzubilden. Allein ein solches Genie läßt sich nicht zu einem so niedrigen Gebrauche seiner Talente gebrauchen. Am ersten war noch bei seinen Briefen so etwas möglich. Ueberhaupt werden diese von nicht wenigen geachteten Philologen für einen in Briefe eingekleideten Roman gehalten, zu welchem Platos Leben und einige seiner Urtheile die Materialien hergegeben. Ungeachtet ich dieser Meinung nicht seyn kann, weil ich in denselben auf der einen Seite zu viel

---

9) Simplicius (Bogen A S. β2) αυτος (nämlich Jamblich) ει τοις προσηκυσι τοποις τα τε Αρχυτα παραγαγει, εκεινα τε νοερως συνεσπαρμενα εξηπλωσε, και την συμφωνιαν την προς αυτα, τε Αριστοτελες επεδειξε, και ειπε τι διαφωνον ην, ολιγα δε και ταυτα, και τετο υπ' οψιν ηγαγε τοις φιλομαθεσι.

10) Claudianus Mamertus de statu animae post mortem l. II. c. 3. 7.

viel von Platos Geiste, und auf der andern zu wenig Romanhaftes darin finde, so bin ich doch überzeugt, daß in denselben einige Einschiebsel vorkommen, welche nicht von Plato, sondern aus viel spätern Zeiten der Alexandrinischen Neuplatonischen Philosophie herrühren [11]). Doch wir verweilen bei diesen nicht länger, weil sie nur einzelne Stellen betreffen.

Auch unter den Büchern, die wir jetzt in der Sammlung der Aristotelischen Werke haben, dürften sich wohl keine finden, welche man mit Grund für absichtlich untergeschobene halten könnte. Es gibt unter denselben mehrere unechte; allein sie scheinen mehr aus Unkunde und durch Verwechselung ähnlicher Arbeiten der späteren Peripatetiker mit denen des Aristoteles oder durch Verwechselung der Commentare mit den zu erläuternden Schriften in die Reihe der Aristotelischen Schriften aufgenommen worden zu seyn, wie z. B. die Schrift von den untheilbaren Linien, welche offenbar von einem Commentator herrührt, oder die große Ethik, und die Ethik an den Endemus, welche einen Commentator des Aristoteles, aber nicht diesen selbst zum Verfasser haben. Vielleicht gehört auch das eilfte und zwölfte Buch der Metaphysik hieher, welche wenigstens von späteren Commentatoren interpolirt scheinen. Mehrere unechte Aristotelische Schriften sind auch wahrscheinlich früher in der Periode der Ptolemäer fabricirt worden, und gehören nicht hieher. Wir haben daher nur von einem einzigen Werke, der Philosophia mystica, zu handeln.

Diese aus dem Arabischen ins Hebräische, aus diesem ins Italienische, und aus diesem 1519 von Petrus Nicolaus

---

11) Man sehe System der Platon. Philos. 1 B. S. 106. ff. und Schlossers Uebersetzung derselben.

Nicolaus Castellanius Faventinus ins Lateinische übersetzten vierzehn Bücher sind eine sehr sonderbare Vermischung Aristotelischer und Neuplatonischer Lehren, welche wahrscheinlich keine andere Absicht hatte, als Plato und Aristoteles durch das Medium der Alexandrinischen Schwärmereien in Harmonie zu bringen. Es finden sich in denselben alle Spuren der supernaturalistischen Denkart, und des Auctoritätsglaubens, und alle denselben eigenthümliche Meinungen, z. B. von der Emanation aller Dinge aus deren Urwesen, durch den Verstand, und die vernünftige Seele; von der Erleuchtung durch das Licht des Urwesens, als dem Grunde aller Erkenntniß; von dem Unterschiede und Zusammenhange der obern und untern, der Verstandeswelt und Sinnenwelt, von dem durchgängigen Leben der ganzen Natur, von den Seelen der Pflanzen und der Elemente. Der Verfasser trägt durchaus eine geheime Philosophie vor, das ist eine solche, die nicht auf Vernunftprincipien, sondern auf Auctoritätsglauben beruhet [12]). Er berufet sich auf Plato, den er vorzugsweise den Philosophen und den Weisen nennt, aber eben so oft auch auf die Babylonischen und Aegyptischen Weisen, ja selbst auf Propheten [13]).

Wenn

---

12) Philosophia mystica in Patricii Nova de universis philosophia l. IV. c. 5. Plures quidem propter ignorantiam praedominantem, intellectumque submersum desiderant pulchritudinem extrinsecam, ideoque non assequuntur illam interiorem. Ex consequenti non etiam quaerunt sapientiam arcanam, propter theorematum subtilitatem, qualem nos scripsimus in hoc libro tituli philosophiae mysticae, quod vulgus ista indignum existat, neque ingenio attingat.

13) Ebend. Praefatio. Igitur nobis quoque in hoc opere, quod est compendium philosophiae, intentio constitui

Wenn man schon hieraus mit Wahrscheinlichkeit schließen kann, daß dieses Werk ein Product späterer Zeiten sey, so wird diese Vermuthung zur Gewißheit, wenn man sich durch eine Vergleichung mit Plotins Schrif-

tui debet, quae est, contemplari universum secundum mentem corum, qui docuerunt per notas figurarum adeo occultas, quod non alius potest ad secreta huiusmodi scientiae pervenire citra difficultatem, quamvis sit ingenii subtilis et recti, nec utatur negligentia. L. I. c. 4. quas oportet hic repeti ad illos, qui non credunt aliter, probabiles rationes. Dicamus brevi statuentes principium id, in quo convenerunt omnes prisci et iuniores Theologi, Philosophi, Prophetae ac populi, videlicet, quod anima rapta corporis desideriis, subiugato intellectu, statim iram Domini incurrit. — L. XIV. c. 14. Iccirco etiam huiusmodi formas supernas vocarunt prisci exempla, quales Plato narravit esse substantias essentiasque inferiorum. Sapientesque Babylonii et Aegyptii acumine mentis introspexerunt intellectualis mundi species, complexi scientia aliunde tradita, vel ex seipsis inuenta, quam etiam professione ipsa sibi venditarunt. Siquidem enarraturi aliquid, utebantur doctrina intellectuaria, non autem humanaria, ut nonnulli alii, qui consulentes eos, adhuc non sibi visi satis discere ex sententiis locutione redditis, conceptus animorum acceptos scribebant, uti oculata fide legimus, in lapides per figuras; idem in omnibus scientiis artibusque facientes, quos locabant in templis tanquam paginas perlegendas, talesque aderant pro libris eis utensiles. Quod fecerunt, ut indicarent, quod intellectus agens immaterialis creavit omnia secundum propriam essentiae cuiuslibet rationem similitudinemque, quale optimum fuit pulcherrimumque documentum, per quod utinam etiam indicaretur, qua ratione attigerunt formas illas mirandas et absconditas, sic enim illorum factum esset laude dignius, qualis conditio paucis viris contingit.

Schriften überzeugt, daß nicht allein viele Gedanken Plotins in diesem Werke vorkommen, sondern auch viele Stellen desselben fast wörtlich übertragen sind [14]). Es kann also erst nach Plotins Zeitalter geschrieben seyn.

Gleich-

---

[14]) L. VIII. c. 1. Essentia ignis, qualis etiam terrae, caeterorumque similium est ratio quaedam in materia prima. Neque ignis fit a confrictu collisuque corporum, ut ab agente, quemadmodum nonnulli opinati sunt. — Neque enim materia prima est ignis potentia, sed enim forma ignis tantum fit in illa, quando ratio formatrix est anima universalis, eadem vita igni reliquoque mundo existens — Ideo Plato dixit, quod anima in quolibet corpore simplici agit hunc ignem sensibilem, ceteraque elementa. — *Plotin. Enn.* VI. L. VIII. c. 11. οὐδὲ γὰρ ἡ ὕλη ἴσως δυναμει, ὥσε πῦρ᾽ αὐτῆς. εἰ δὴ κατὰ λογον, δεῖ τὸ ποιεῖν εἶναι ὡς μορφὴν. τί ἂν εἴη; ἡ ψυχὴ ποιεῖν πῦρ δυναμένη. τοῦτο δὲ ἐστι ζωὴ καὶ λόγος, ἓν καὶ ταυτον. ἀμφω. διο καὶ Πλατων ἐν ἑκάστῳ τούτων ψυχὴν φησιν εἶναι, οὐκ ἄλλως, ἢ ὡς ποιοῦσαν τοῦτο δὴ τὸ αἰσθητὸν πῦρ. — L. VIII. c. 3. Dicimus, quod hic mundus sensibilis totus est imago alterius. Quare cum iste sit vividus, tanto magis oportet illum alium vivere — Quodsi orbis supernus est summe absolutus, procul dubio etiam entia illius sunt absolutiora ceteris hic existentibus. Illic igitur superstant alii coeli, adepti virtutes stellares, quales coeli huius mundi. — Illic quoque existit terra non inanimata substantia, sed vivida. In ea sunt animalia cuncta naturalia terrestriaque quot istic, sed alterius speciei ac perfectionis. Sunt plantae sativae hortensesque et aquae profluentes vi animata. Sunt item animalia aquatica sed nobiliora. Illic existit aer in eoque animalia propria simpliciter viventia omninoque immortalia. — *Plotin. Enn.* VI. L. VII. c. 12. δεῖ κἀκεῖ προτερον τὸ πᾶν ζῶον εἶναι, καὶ εἰ παντελὲς τὸ εἶναι αὐτῷ, παντα εἶναι, καὶ οὐρανον δὴ ἐκεῖ ζῶον εἶναι, καὶ οὐκ ἐρημον

Gleichwohl gibt sich der Verfasser für den Stagiriten, den großen Schüler des Plato, aus. Er nennt nicht nur mehrere Schriften des Aristoteles namentlich, wie zum Beispiel, die Metaphysik, die Physik, die Schrift vom Himmel und von der Seele als die seinigen [15]; sondern sagt auch ausdrücklich, daß er Platos Zuhörer gewesen [16]. Wahrscheinlich wollte er durch diese Versicherung seiner geheimen Philosophie Credit verschaffen, und den Lesern glauben machen, er habe aus Platos Munde Dinge gehört, welche nicht in seinen Schriften vorkommen, oder Handschriften des Plato vor Augen gehabt, welche dem großen Publicum nicht bekannt geworden. Diesen Zweck scheint vorzüglich eine höchst merkwürdige Stelle zu haben, worin Plato wie ein zweiter Plotin und Porphyr versichert, daß er zu der unmittelbaren Anschauung Gottes und dem Genuß der höchsten Seligkeit in der Ekstase gelangt sey, und alle Liebhaber der Weisheit auffordert, alle ihre Kräfte aufzubie-

μον τοινυν αερων των ενταυθα λεγομενων ερανον· και το ερανος ειναι τυτο. ετι δε εκει δηλον, ότι και γη εκ ερημος, αλλα πολυ μαλλον εζωωμενη, και ετιν εν αυτη ζωα ξυμπαντα, όσα πεζα και γερταια λεγεται ενταυθα, και φυτα δηλονοτι εν τῳ ζην ιδρυμενα, και θαλασσα δε ετιν εκει, και παν ὑδωρ εν ζωη. και ῥοη μενυση· και τα εν ὑδατι ζωα παντα, αερος τε φυσις τε εκει παντος μοιρᾳ, και ζωα αερια εν αυτῳ, αναλογον αυτῳ τῳ αερι. Dergleichen Stellen finden sich überall.

15) L. I. c. 1. Et nos quidem in metaphysica iam perfecimus sermonem explicantem causas huiusmodi, et probavimus eas in sermonibus de anima et natura, operationibus utriusque. L. XII. c. 11.

16) L. I. c. 5. Plato igitur olim dedit animae plura attributa, quorum nos auriti fuimus testes, sed non scripsit ullum.

Ueberſicht des 4. Zeitraums.

zubieten, um eben dieſes Ziel alles menſchlichen Strebens ebenfalls zu erreichen [17]).

Doch gleich als wenn der Verfaſſer beſorgt geweſen wäre, jene Dichtungen möchten in den Zeiten der Leichtgläubigkeit leicht Glauben finden, ſo zerſtreuet er den Nebel der Täuſchung wieder durch die lächerlichſten Beweiſe der Unwiſſenheit und Vergeßlichkeit. Indem er z. B. ſagt, einige Attiker hätten die thätige Form des organiſchen zum Leben tauglichen Naturkörpers eine Entelechia genannt, ſo ſcheint er vergeſſen zu haben, daß er ſich für den Ariſtoteles hatte ausgeben wollen, welcher in ſeiner Schrift von der Seele dieſe Erklärung gegeben

---

[17]) L. I. c. 4. Atque hoc idem opinatus est Plato de anima universali, dicens: ego pluries speculando secundum animam, relictis corporis exuviis, visus sum mihi frui summo bono cum gaudio admirabili. Unde restiti quodammodo attonitus. Tum agnoscens, me esse partem mundi superioris adeptusque vitam aeternam sub luce magna inenarrabili, inaudibilique ac incogitabili, lassitudine autem delapsus ab ista speculatione intellectus ad imaginationem, lux illa deseruit, unde remansi tristis. Rursum relicto corpore reversus inveni animam luce plenam, et tum corpori influentem, tum supra elevatam. Inquit igitur Plato: Qui conatus mundum supremum ascendere, intellexerit substantias divinas causasque universales, profecto maximum consequetur praemium. Quapropter nemo debet id omittere, quamquam sit plurimum laboraturus; certe etenim in eo adipiscetur tranquillitatem impatibilem perpetuamque. Et cum homo fuerit creatus ad hanc contemplationem, ociatur, si ab illa vel per unicam horam absit, sic etiam perdidit animam, sibique hostis est omnium maximus, cuius in obitu frustra eum poenitebit. Atque hoc Platonis documentum est homini exhortatio ad elevationem intellectus acquirendam, qualem ipse reperiit.

geben hatte. Doch die ganze Stelle enthält noch mehrere Ungereimtheiten [18]).

Uebrigens enthält dieses Werk nicht allein die Schwärmereien der Neuplatoniker, unter welchen man nur die Geisterträumereien vermißt, sondern auch noch andere Grillen, die aus derselben Quelle der phantasirenden Vernunft hinzugekommen sind [19]). Doch das Merkwürdigste ist unstreitig die Vermengung einiger Ideen des Aristoteles und der christlichen Theologie mit denen der Neuplatoniker, wovon das Resultat dieses ist: Gott hat durch sein unerschaffenes Wort den thätigen Verstand

[18] L. III. c. 6. Si dicatur, quod veteres philosophi concorditer asseruerunt, animam esse actum corporis physici organici, quodque actus non est substantia, quia inhaeret substantiae, anima igitur non erit substantia; respondemus, quod oportet huiusmodi rationem examinare. Actum ergo hunc Attici quidam aliter entelechiam vocaverunt philosophique idem dixerunt, quod anima est corpori quadam proportione sicut forma materiae, quae corpus fit, nisi quod anima non est forma corporis, quatenus est corpus tantum.

[19] Nur einige Beispiele. L. X. c. 19. kommt die Frage vor: quomodo deus summe unus creat multa alia entia? Antwort: causa multitudinis est appetitus quo omne productibile movetur ad ipsum ens. Diese treffliche Erklärung ist eine göttliche Offenbarung, welche er durch ein förmliches Gebet erflehet. L. XIII. c. 8. Die Pflanzenseele hat ihren Sitz mit der Hauptkraft in den Wurzeln. Es fragt sich, ob sie nach Abhauung der Wurzeln getrennt und zernichtet wird? Nein, sie gehet dann zurück in die Verstandeswelt, wo ihr eigenthümlicher Aufenthalt ist, und aus der sie sich nie wieder entfernt; eben so, wenn ein Thierkörper zerstöret wird, so gehet die Thierseele in die Verstandeswelt zurück. Siquidem intellectus est receptorium animae, a quo nunquam deinde abibit, alioquin anima non foret alicubi.

Verstand hervorgebracht, welcher sein Ebenbild und das ausgedrückte Wort, die Ursache aller Dinge ist, denn Gott schafft alles durch den thätigen Verstand. Der thätige Verstand bringt den leidenden oder materialen Verstand, oder die vernünftige Seele, diese aber die sinnliche Seele, und diese die Natur, oder alle Seelenkräfte der Natur hervor. So machen alle Dinge eine stetige Reihe aus, so daß die einfacheren und vollkommeneren dem Urwesen näher, die zusammengesetzteren und unvollkommneren aber von demselben entfernter sind, die vollkommenern Einfluß auf die unvollkommenern haben, und sie bestimmen. Das Urwesen hat durch den Ausfluß seines Lichtes, durch Erleuchtung Einfluß auf alle vorstellende Wesen, der thätige Verstand Einfluß auf alle Objecte, weil jedes von demselben sein Wesen und seine Beharrlichkeit bekommen hat. Gott hat durch sein unerschaffenes Wort alle Dinge geschaffen, aber nicht successive in der Zeit, auch nicht nach vorgängigem Denken, nach Zwecken, sondern durch eine höhere Causalität, so wie der Schatten aus den Körpern ausfließet [20]). Es ist unverkennbar, daß Aristoteles Lehre von dem thätigen und leidenden Verstande, Platos Lehre von der Weltbildung mit der Emanationslehre, und diese mit der Schöpfungslehre, Aristoteles Sensualismus und Platos Rationalismus vereiniget werden sollten. Es verdient noch bemerkt zu werden, daß der Verfasser dieses Werks vorzüglich auch bemühet gewesen ist, die Immaterialität und Unsterblichkeit der Seele als eine Aristotelische Lehre darzustellen. Daher ist er so keck, in der Person des Aristoteles zu behaupten, er habe vielfältig gesagt, die Seele sey unsterblich [21]). Er bedienet sich des Beweises des

Numa-

---

20) L. X. c. 9. XII. c. 8. 9.

21) L. I. c. 3. quare anima non moritur, ut pluries diximus.

Numenius für die Immaterialität ²²) und folgert daraus die Fortdauer und Unzerstörbarkeit. Aber es kommt noch ein anderer Beweis vor, welcher in dieser Gestalt neu ist. Er stützt sich darauf, daß der Mensch keine wirkliche Erkenntniß, sondern nur Anlagen zur Erkenntniß bekommen hat, welche einer Entwickelung und Vervollkommung ins Unendliche fähig sind. Indem der Mensch eine unerschöpfliche Wißbegierde hat, beweiset er eine Kraft, die sich intensive unendlich vervollkommnet, und ewig fortdauert ²³).

Wir

22) L. XII. c. 16.
23) L. XII. c. 5. Rursus animus sive anima rationalis naturaliter perpetuoque discendo operatur, siquidem conspicimus hominem semper ignorantem aliquid subinde discere, natura eius nunquam ad discendum deficiente, quinimo quantum superest discendum, tantum prosequitur discere. Omne vero, quod ita se habet, consistet sibi simile ac etiam melius, quod magis. Siquidem, quod ita procedendo auget potentiam, neque attingit finem, est virtus non interruptae indesinentisque, quale continet vim interminatam, ex consequenti existit irresolubile et incorruptibile, sicut vice versa terminatum corpus resolvitur corrumpiturque. Homo autem ex suppositione facta assidue discit nova, quoniam, ut iam probatum, genitus est informis imperitusque. Siquidem a natura non inest illi nisi docilitas, non autem doctrina, eiusque animus creatus est non eruditus, sed erudibilis gradatim scientiis ac moribus. Alioquin non disceret aliquid ullatenus, sicut planta, cum non fuerit genita idonea disciplinae, neque etiam ullam admittit. Quodsi homo quoque haberet aliquam doctrinam a natura ingenitam, haec illi sufficeret peculiarisque foret atque ob id impossibile existeret, eum aliter discere, velut cetera animalia, ut praediximus, se habent. Quare homo a natura non habet scientiam aliquam, sed tantum aptitudinem capacitatemque ad eam.

Uebersicht des 4. Zeitraums.

Wir gehen nun zu der höhern Philosophie über. Orpheus, dieser berühmte Weise, Sänger und Priester aus dem hohen Alterthum, welcher durch die Zeit, da er lebte, durch seine religiösen Institute und seinen Einfluß auf den ganzen Gottesdienst eine Art von mystischer Verehrung erhalten hat, war recht dazu geeignet, seinen Namen zu einer Menge von Schriften herzugeben, die durch das Schild des Alterthums ein größeres Ansehen erhalten sollten. Schon Plato und Aristoteles äußern Zweifel gegen die damals unter Orpheus Namen circulirenden Schriften [24]; Aristobulus schob selbst unter diese noch einige Verse ein, welche für den Monotheismus und die jüdische Nation ein Zeugniß ablegen sollten [25]. Nun kann man sich leicht denken, wie vieles Unechtes noch in der Folge hinzugekommen seyn müsse, als die Verehrung des Orpheus, der Wahn, in ihm eine geheime Weisheit zu finden, und das Streben, ihn mit Pythagoras und Plato in Harmonie zu bringen, so sehr überhand nahm. Dieses geschah vorzüglich seit den Zeiten des Syrianus und Proclus. Porphyr und Jamblich hatten vorzüglich ihren Blick auf die Orakel, die chaldäische und ägyptische Weisheit gerichtet; jene Beiden erhoben die Orphische zu einem gleichen Range. Proclus hatte, wie Marinus in dem Leben desselben erzählet, nur einige Elemente und gleichsam Keime aus seines Lehrers Vorlesungen über diese Philosophie empfangen, denn indem Syrianus dem Proclus und Dommnus die Wahl ließ, ob er ihnen Orpheus Lehren oder die chaldäischen Orakel erklären solle, konnten

---

24) Plato *de republica*. II. S. 221. Aristoteles *de anima*. I. c. 5. Philoponus in commentario ὅτι μη δοκει Ορφεως τα επη ως και αυτος εν τω περι φιλοσοφιας λεγει.

25) Eschenbach Epigenes. p. 140. Valckenaer Diatribe de Aristobulo p. 13. seq.

konnten sich diese nicht vereinigen, weil der letzte die Orakel, der erste aber die Orphischen Lehren verlangte. Darum kamen diese Vorlesungen nicht zu Stande, weil Syrianus bald darauf starb. Indessen hatte doch Syrianus Commentare über den Orpheus geschrieben, welche Proclus nebst den Commentaren des Porphyrs und Jamblichus über die Orakel und die chaldäische Pilosophie fleißig studirte. Er schrieb in der Folge seine eigne Gedanken dazu, brachte dadurch eine vollständige Sammlung mit weitläuftigen Commentarien und Scholien zu Stande, und gewann durch alles dieses den Besitz der theurgischen Tugenden des göttergleichen Lehrer [26]). Dessen ungeachtet blieb die Orphische Philosophie immer ein helldunkles Chaos, in welches Jeder seine eignen Ansichten und Ideen hineintragen, oder herausspinnen konnte, so daß selbst Damascius in seinem Werke von den Principien nichts anders thun konnte, als die divergirenden Erklärungen anzuführen. Da aus allem diesen unwidersprechlich gewiß ist, daß dem Orpheus Gedichte und Verse untergeschoben worden, die wahren Ueberreste dieses alten Dichters aber jetzt schwerlich mit zureichender Gewißheit bestimmt werden können, so ist es unnöthig, uns dabei länger zu verweilen.

Eben

26) *Marinus vita Procl.* c. 26. 27. λαβων δ' αυ ως ειρηται παρα τε καθηγεμονος τας αφορμας, και μετ' εκεινον τοις τε εις Ορφεα αυτα υπομνημασιν επιμελως εντυγχανων και τοις Πορφυρια και Ιαμβλιχε μυριοις οσοις εις τα λογια και τα συστοιχα Χαλδαιων συγγραμματα, αυτοις τε τοις θειοις λογιοις εντρεφομενος, επι τας ακροτατας των αρετων ως προς ανθρωπινην ψυχην ανεδραμεν, ως ο ενθες Ιαμβλιχος υπερφυως θεκργικας απεκαλεσεν. — πεισθεντος δε τε αγαθοειδεστατε και παραγραψαντος τοις μετωποις των υπομνηματων, εχομεν συναγωγην εις ταυτος απαντων, και εγενετο εις Ορφεα αυτω σχολια και υπομνηματα στιχων εκ ολιγων, ει και μη εις πασαν την Θεομυθιαν η πασας τας ραψωδιας εξεγενετο αυτω τατο ποιησαι.

Uebersicht des 4. Zeitraums.

Eben das ist auch der Fall mit den Orakelsprüchen der Chaldäer oder des Zoroasters, welche vielleicht in einzelnen Versen einige orientalische Meinungen enthalten, aber doch größtentheils Producte viel neuerer Zeiten sind, und ihren Ursprung durch die Uebereinstimmung mit jüdischen und christlichen Religionslehren und mit den Grillen der Neuplatoniker deutlich genug verrathen. Zoroasters Name war eben so berühmt als Orpheus; seine Person, Leben, Meinungen, (das Allgemeine von einem doppelten Princip ausgenommen) und Thaten eben so dunkel, ja aus natürlichen Ursachen noch ungewisser. Kein Wunder, daß Neuere, welche nicht auf Vernunftgründe, sondern auf Autoritäten baueten, ihren Meinungen und Einfällen durch den Namen des Zoroaster ein Gewicht zu geben suchten; daß sie endlich auch Verse, die man selbst gemacht hatte, als Ergießungen des Zoroasters geltend zu machen suchten. Wie sehr dieses der Denkart der ersten Jahrhunderte angemessen war, siehet man aus Porphyrius Nachricht, daß die Anhänger des Adelphius und Aquilinus eine Menge unechter Schriften von Zoroaster und andern, vielleicht selbst erdichteten Wesen verbreiteten, um ihren speculativen Grillen durch das Schild des Alterthums Gültigkeit zu verschaffen. Ein Historiker aus den Zeiten der Ptolemäer, Hermippus Smyrnäus, der vielumfassende Kenntnisse besaß, und auch ein Werk von den Magiern geschrieben hat, war der erste, wie es scheint, der eine große Sammlung von Zoroastrischen Versen veranstaltete [27]. Aber selbst die große Menge des Gesammelten macht es wahrscheinlich, daß kritischer Scharfsinn keinen großen Antheil

---

[27] Plinius *Histor. natural.* L. XXX. c. 1. Hermippus, qui de tota arte Magica diligentissime scripsit, et vicies centum millia versuum a Zoroastre condita, indicibus quoque voluminum ejus positis, explanavit.

theil an diesem Werke hatte, wie überhaupt der Werth dieses Schriftstellers in Rücksicht auf Gründlichkeit noch nicht hinlänglich untersucht worden ist. Späterhin schrieb Julianus Theurgus unter dem M. Antoninus Θεεργικα τελεσικα λογια in Versen, welche auch Porphyrius und andere Neuplatoniker nennen, von denen es aber nicht ausgemacht ist, in wiefern sie mit den von diesen neuern Schriftstellern so sehr gerühmten Orakelsprüchen einerlei sind. Bemerkenswerth ist es aber, daß diese Orakel immer unter dem Namen „chaldäische" angeführt werden, ohne sie dem Zoroaster beizulegen. Sollte etwa Porphyrius durch seine Bestreitung der Echtheit der von den Gnostikern dem Zoroaster beigelegten Schriften diese Behutsamkeit veranlaßt haben? Uebrigens darf man die von Patricius veranstaltete Sammlung der chaldäischen Orakel nur mit einiger Aufmerksamkeit durchlesen, um sich zu überzeugen, daß sie kein Product eines Orientalen aus so alten Zeiten sind, sondern aus neuern Zeiten, von Griechen, oder vielmehr gräcisirten Orientalen herrühren, welche die schwärmerische Metaphysik mit der Lichttheorie des Orients zu vereinigen suchten. Wir würden noch weit mehr Spuren der Unechtheit und des neuern Ursprungs finden, wenn wir die ältern vollständigen Sammlungen dieser Orakel, und nicht blos einzelne Fragmente, außerdem auch die Schriften des Porphyrs, Jamblichs, Proclus und Hierokles noch besäßen.

Die Hermetischen Schriften machen der Critik das Geschäft viel leichter, weil wir sie selbst, nicht blos Bruchstücke derselben vor uns haben. Nach dem, was Casaubon und Meiners [28]) über die Unechtheit der-

---

[28]) Casauboni de rebus sacris et ecclesiasticis exercitationes XVI. ad Cardinalis Baronii Prolegomena in

derselben gesagt haben, wird es nicht leicht Jemanden einfallen, das Gegentheil zu behaupten, noch weniger aber gelingen, die von jenen vorgebrachten Gründe durch triftige Gegengründe zu entkräften. Meiners hat mehrere Stellen angeführt, worin der Verfasser offenbar biblische Stellen aus dem alten Testamente vor Augen hatte; und diejenigen, welche auf Platos Worte und Gedanken in seinen vorhandenen Dialogen anspielen, lassen sich noch sehr vermehren. Hier wollen wir nur eine Stelle anführen, welche diesen doppelten Parallelismus zugleich offenbaret, und außerdem noch den Wahn von dem göttlichen Ursprunge dieser Schriften erwecken und bekräftigen soll 29).

„ Als die Isis das gesagt hatte, schenkte sie dem Horus den ersten süßen Trank von Ambrosia ein, welchen die Seelen von den Göttern zu empfangen pflegen. Darauf begann sie die heilige Rede. Da der mit Sternen geschmückte Himmel über die ganze untere Natur gesetzt, und keines der Dinge beraubt ist, welche die ganze Welt in sich begreift, so folgt, daß die ganze untere Natur von den Oberen geschmückt und erfüllet worden. Denn die Unteren können nicht die obere Welt mit ihrer Einrichtung hervorbringen; also müssen die niederen Dinge den oberen unterworfen seyn. Besser und unwandelbarer ist die Ordnung der Oberen, und dem sterblichen Verstande nicht erreichbar. Daher seufzeten die unteren Dinge aus Furcht über die schöne und ewige Dauer der obern

---

in Annales, Exercitat. I. Sect. X. und Meiners Versuch über die Religionsgeschichte der ältesten Völker, besonders der Aegyptier. S. 223. ff.

29) Aus Ἐρμᾶ Τρισμεγίστου ἐκ τῆς ἱερᾶς βίβλου ἐπικαλουμένης κόρης κόσμου Patricius p. 27. verbessert in Heerens Ausgabe des Stobäus 2 B. S. 927.

oberen. Die Schönheit des Himmels, die dem noch unbekannten Gotte blinkte, die mannigfaltige Pracht der Nacht, geringer zwar als die der Sonne, aber doch immer durch ein klares Licht erleuchtet; die Bewegung der übrigen geheimnißvollen Himmelskörper in bestimmten Zeitperioden, welche durch verborgene Ausflüsse der Unterwelt Wachsthum und Schönheit haben — dieses war ein Schauspiel, welches zur Betrachtung einladete, aber auch ängstliche Furcht erweckte. Diese wechselseitige Furcht und endlose Forschung dauerte so lange, als der Künstler des Ganzen wollte, daß Unwissenheit das All beherrschen sollte. Als er aber beschlossen hatte, sich selbst zu offenbaren, begeisterte er die Götter mit göttlicher Liebe, und senkte in ihren Verstand den größeren Glanz, den er in seiner Brust hatte, damit sie zuerst den Willen zu suchen, den festen Vorsatz zu finden, bekämen, und ihres Wunsches theilhaftig werden könnten. Dieses geschah aber, staunenswürdiger Sohn, nicht an der sterblichen Pflanzung (den Menschen), welche noch nicht war, sondern an der Seele, welche an den himmlischen Geheimnissen Antheil hatte. Dieses war Hermes, die Intelligenz des Alls, der alles sieht, alles Gesehene verstehet, alles Verstandene offenbaren und zeigen kann. Denn alles, was er gedacht hatte, schrieb er auf, und verbarg es; mit sicherer Klugheit redete und schwieg er, damit die ganze folgende Zeit der Welt demselben nachforschen sollte. Und so nahm er die verwandten Götter mit zur Begleitung und stieg hinauf in die Sterne. Aber sein Nachfolger war Tat, zugleich Sohn und Erbe seiner Kenntnisse, und bald darauf Asclepius Jacuthes, des Pan und der Hephästobule Sohn [30]), und alle übrige, welche mit Begünstigung

der

---

[30]) Plato *Cratylus*. S. 278. 280.

der Königin des Alls, der Vorsehung, die sichere Kunde der himmlischen Betrachtung sich wünschten. Hermes entschuldigte sich bei dem Himmel, daß er seinem Sohne wegen des jugendlichen Alters keine vollendete Wissenschaft überliefert habe. Ich entdeckte mit meinen allsehenden Augen das Verborgene des Aufganges, und nach langsamen Nachforschungen erhielt ich endlich die sichere Erkundigung, daß die heiligen Symbole der Weltelemente nahe bei der Sakristei des Osiris niedergelegt worden, und daß Hermes darauf mit gewissen Wünschen und Worten in den Himmel gegangen sey. Es würde unrecht seyn, diese Worte zu verschweigen. So sprach er: heilige unvergängliche Bücher, die ihr aus meinen Händen die Essenz der Unsterblichkeit bekommen habet, dauert unverdorben und unangetastet vom Moder in alle Ewigkeit fort, aber auch ungesucht und unerforscht für jeden, der auf den Gefilden der Erde wandelt, bis der alte Himmel eurer würdige Wesen hervorgebracht hat, welche der Demiurg Seelen nennt. So sprach er und umwickelte diese Bücher unter Verwünschungen mit Binden. Eine lange Zeit blieben sie verborgen.

Und die Natur, mein Sohn, blieb unfruchtbar, bis diejenigen, welche den Himmel umdrehen sollen, zu Gott, dem Könige des Universums, traten, und ihm anzeigten, das All ruhe unthätig, es müsse ausgeschmückt werden; und dieses komme nur ihm allein zu; wir bitten, sagten sie, betrachte den gegenwärtigen Zustand, und was für die Zukunft nöthig ist. Als sie das sagten, lächelte Gott, und sprach: es werde die Natur. Aus dieser Stimme ging ein weibliches, sehr schönes Wesen hervor, über deren Anblick die Götter erstaunten. Gott reichte ihr den Becher der Natur, und gebot ihr, fruchtbar zu seyn. Gott blickte auf den Himmel und rief: Himmel, Luft und Aether werde mit Allem erfüllt. Und es geschah. Die Natur dachte bei sich, es sey sträflich, dem Gebot des Vaters nicht nachzukommen; sie begattete sich mit der Arbeit, und erzeugte eine Tochter, welche sie die Erfindung nannte. Gott schenkte dieser das Seyn, schenkte ihr das schon Gewordene von einander gesondert, erfüllte dieses mit Geheimnissen, und übergab der Erfindung die Herrschaft darüber. Da er aber die obere Welt nicht in träger Ruhe lassen, sondern mit Geistern erfüllen wollte, damit kein Theil unbewegt und träge bliebe, so fing er von neuem an hervorzubringen, und bediente sich dazu heiliger Künste. Er nahm nämlich Geist, so viel genug war, von seinem eignen, vermischte diesen auf eine intelligibele Weise mit Feuer, und auf eine unerforschliche Weise mit einigen andern Materien, mischte alles dieses unter einander mit gewissen geheimen Formeln, bewegte diese ganze Mischung tüchtig, bis eine dünnere, reinere und durchsichtigere Materie, als die Bestandtheile waren, ihm entgegen lächelte [31]). Sie war durchaus krystallhell, daß sie allein der Künstler sehen konnte; sie konnte nicht durch Feuer gebrannt und geschmolzen, nicht durch Luft verdichtet werden, sondern hatte eine eigenthümliche und besondere Bildung, Natur und Beschaffenheit, welche auch daher Gott nach ihrer Wirkung mit einem ehrwürdigen Namen die Beseelung nannte. Nachdem diese Consistenz erhalten, bildete er daraus viele Myriaden Seelen, indem er die hervorschießenden Blüthen der Mischung, wie er wollte, zweckmäßig und symmetrisch mit Verstand formte, daß keine Seele von der anderen wesentlich verschieden war, obgleich das erste Gebilde größer, voller und reiner war, als

---

31) Plato *Timaeus*. S. 312.

als das zweite, und so wieder das zweite in Verhältniß zu dem dritten, weil die aus Gottes Mischung ausdunstende Blüthe sich nicht gleich war [32]). So wurden alle Seelen von dem ersten bis zum sechszigsten Grade vollendet. Gott bestimmte, daß sie alle ewig seyn sollten, in sofern sie aus einem und demselben Stoffe sind. Uebrigens wies er ihnen gewisse Districte und Behältnisse in dem Himmel an, damit sie in einer gewissen Ordnung diesen Cylinder umdreheten, und dem Vater Freude machten [33]).

Hierauf ließ er die Naturen (Φυσεις) der schon bestehenden Dinge in der schönen Region des Aethers zusammen kommen, und sprach zu ihnen: Ihr Seelen meines Geistes und meiner Sorge, schöne Kinder, welche ich mit meinen Händen an das Licht hervorgezogen habe, und meiner Welt weihe, höret meine Worte als Gesetze, und berühret keinen Ort außer den euch angewiesenen. Wenn ihr euch gut betraget, so bleibt euch in Zukunft der Himmel, das Sternensystem und die mit Tugenden erfüllten Throne offen. Uebertretet ihr aber meine Befehle, so schwöre ich auch bei dem heiligen Geiste, bei der Mixtur, woraus ich euch gezeugt habe, und bei diesen Seelen bildenden Händen, daß ich euch bald Fesseln und Strafen bereiten will [34]).

Nachdem Gott dieses gesagt hatte, mischte mein Herr die noch übrigen verwandten Elemente, Wasser und Erde, sprach einige kräftige Formeln, die aber doch den erstern nicht gleich kamen, rüttelte sie tüchtig, hauchte ihnen Lebenskraft ein, nahm nun das über dieser Mischung geronnene, leicht verdichtbare und gut durchfeuch-

---

32) Ebendas. S. 326.
33) Ebendas.
34) Ebendas. S. 325.

feuchtete, und bildete daraus die menschenähnlichen Thiere. Die Ueberbleibsel dieser Mischung übergab er den vollkommneren Seelen, welche in die Wohnungen der Götter, in die den Sternen nahen Oerter und unter die heiligen Dämonen aufgenommen waren, und sagte: Bildet, ihr Kinder, Sprößlinge meiner Natur, nehmet die Ueberbleibsel meiner Kunst, und jede bilde etwas ihrer Natur ähnliches. Dazu will ich euch Muster darstellen (er nahm den Thierkreis, ordnete die Welt harmonisch nach den Bewegungen der Seelen, und richtete nach den menschenähnlichen Gestalten des Thierkreises das Uebrige ein); ich habe euch dazu die allwirkenden Kräfte und den allkünstlerischen Geist geschenkt, welcher im Allgemeinen alles, was in Zukunft seyn wird, zeuget. Und nachdem er ihnen verheißen, er wolle ihren sichtbaren Werken den sichtbaren Geist und das Wesen der ähnlichen Erzeugung hinzugesellen, daß die Werke wiederum Etwas ihnen ähnliches hervorbringen könnten, und sie nicht nöthig hätten, außer ihren ersten Producten noch etwas Anderes hervorbringen, so trat er zurück [35]).

Merkwürdig ist auch in diesen Schriften eine Prophezeihung [36]) von dem Verfall und Aufhören der heidnischen Religion, welche so viele besondere Umstände von der unter Constantin und Theodosius mit Gewalt eingeführten christlichen Religion, von neuen Gesetzen und Einrichtungen, von dem Verbot der heidnischen Tempel, von der Ausbreitung der Christen, welche hier Indier und Scythen oder benachbarte Ausländer genannt werden, enthält, daß man in dieser so umständlichen und bestimm-

---

35) Ebendas. S. 326.
36) Hermetis Asclepius (Jamblichus de mysteriis Aegyptiorum a Ficino translatus) Lugduni 1552. p. 513.

beſtimmten Weiſſagung, als man wohl unter der unge-
heuren Menge von Vorherſagungen wohl nicht leicht eine
finden wird, die wahrſcheinliche Zeit und die Veranlaſſung zur Verfertigung dieſer Schriften nicht verkennen
kann, zumal wenn man einige von Eunapius [37] angeführte Weiſſagungen von einem Antoninus, der Soſipatra Sohn, und einem Eleuſiniſchen Oberprieſter damit
vergleicht. Dieſer Antoninus hatte unter andern geſagt,
die Tempel Aegyptens würden in Gräber verwandelt
werden, welches Eunapius auf die in den Tempeln be-
grabenen Heiligen und ihre daſelbſt verwahrten Reliquien deutet [38]. Eben dieſes nun weiſſaget auch der
verkappte Hermes und Asclepius [39].

Der

[37] Eunapius *de vitis Philoſophorum* (edit. Commelin.
1596) p. 73. 80. 90.

[38] Eunapius p. 78. τας δε Μοναχης τουτους και εις τον
Κανωβον καθιδρευσαι, αιτι των ιοητων θεων εις ανδραποδων
θεραπειας και ωδε χρησιν καταδηκαντας το ανθρωπινον οσια
γαρ και κεφαλας των επι πολλοις αμαρτημασιν εαλωκοτων συνα-
λιζοντες, ως το πολιτικον εκολαςε δικαςηριον, θεας τε απε-
δεικνυσαν, και προσεκαλινδυντο . . . . . και κρειττως απε-
λαμβανον ειναι μολυνομενοι προς τοις ταφοις. μαρτυρες γαρ
εκαλειτο και διακονοι τινες και πρεσβεις των αιτησεων παρα
των θεων, ανδραποδα δεδουλευκοτα κακως, και μαςιξι κατα-
δεδαπανημενα, και τας της μοχθηριας ωφειλεν εν τοις ειδω-
λοις φεροντα· αλλ᾽ εμας η γη φερει τουτους τους θεους, τουτο γαρ
εις μεγαλην προνοιαν και Αντωνινος συνετελεσεν, οτι προς απαντας εφασκει, τα ιερα ταφος γενησεσθαι.

[39] Hermetis Asclepius p. 513. futurum tempus eſt,
cum appareat, Aegyptios incaſſum pia mente
divinitatem ſedula religione ſeruaſſe, et omnis
eorum ſancta veneratio in irritum caſura fruſtra-
bitur; e terris enim ad coelum eſt recurſura divi-
nitas. Linquetur Aegyptus terraque, quae fuit
divinitatis ſedes, numinum praeſentia deſtituetur.
Alienigenis enim regionem iſtam terramque com-
plentibus, non ſolum neglectus religionum, ſed
quod

Der Verfasser, oder vielmehr die Verfasser dieser Schriften, denn es sind wahrscheinlich mehrere einzelne, von verschiedenen Verfassern herrührende, aber späterhin gesammelte, und in ein Ganzes verbundene Schriften — haben bei ihren Dichtungen so wenig auf Consequenz, Wahrscheinlichkeit und das Costume des Alterthums gesehen, daß sie sich sehr oft vergessen, und durch leicht vermeidliche Verstöße die neuere Zeit, in welcher sie dichteten, verrathen zu wollen scheinen. Dahin gehört z. B. daß der Griechen, Perser, Scythen, Indier, und ihrer verschiedenen Sprachen erwähnt wird [40]); die Prophezeihung, daß Sophisten die wahre Philosophie verderben werden [41]); die Aeußerung, daß schon Viele Vieles über das Universum und über Gott gesagt haben, und darin die Ursache von der Ungewißheit und von dem Mangel der wahren Erkenntniß liege [42]); die Hinweisung auf Streitigkeiten über wissenschaftliche Gegenstände, auf Mißverständnisse, und die Ursache derselben in der Wortsprache [43]).

Die

quod est durius, quasi de legibus a religione, pietate, cultuque divino statuetur proscripta poena prohibitioque erit. Tunc terra ista, sanctissima sedes delubrorum atque templorum, sepulcrorum erit mortuorumque plenissima.

40) Hermes, l. XI. bei Patricius Asclepius S. 514.

41) Asclepius, S. 495. Asclep. Quid ergo homines post nos erunt: Trismeg. Sophistarum calliditate decepti, a vita pura, sanctaque philosophia avertentur.

42) Hermes L. IX. πολλα πολλων και ταυτα διαφορα περι τε παντος και τε θεε ειποντων, εγω το αληθες εκ εμαθον.

43) Hermes L. XI. εδεν δε φθαρτον η απολλυμενον. αἱ δε προσηγοριαι τες ανθρωπες ταραττεσιν· ε γαρ η γενεσις εςι ζωη, αλλ' η αισθησις, εδε η μεταβολη θανατος, αλλα ληθη.

Ueberſicht des 4. Zeitraums.

Die Dichtung von Hermes dem Erfinder aller nützlichen Künſte und Wiſſenſchaften und von dem göttlichen Urſprunge dieſer hermetiſchen Schriften iſt auf ſo verſchiedene, und zum Theil ſo abentheuerliche Weiſe vorgetragen, daß ſchon hierin ein ſicheres Verwahrungsmittel gegen die Leichtgläubigkeit, die ſich alles aufheften läßt, gelegen hätte, wenn es nicht Zeitalter gegeben hätte, welche zum Theil auf den Gebrauch der Vernunft Verzicht gethan hätten. Denn bald iſt Hermes ſelbſt im Beſitz aller Erkenntniß und Weisheit, und er hat alles Wiſſenswürdige aufgeſchrieben; aber die Bücher verborgen, und ſie zu undurchbringlichen Geheimniſſen gemacht. Indeſſen hat er mündlich, aber unvollſtändig ſeine Weisheit ſeinem Sohne Tat und Aſclepius und Andern offenbaret 44). In den folgenden Zeiten ſendete der Weltregierer den Oſiris und die Iſis auf die Erde herab, um ihrem elenden Zuſtande ein Ende zu machen. „Dieſe brachten erſt Leben in das Leben; hoben die Mördereien auf; errichteten den Göttern Tempel und Opfer; gaben den Menſchen Geſetze, Nahrungsmittel und Kleider; führten Gerichte und den Eid ein; ſie lehrten, wie man die Verſtorbenen behandeln müſſe." Dieſe, ſagte Hermes, werden die Geheimniſſe aller meiner Schriften durchſchauen, und ſie zum Theil für ſich behalten, zum Theil die für die Menſchen nützlichen in Säulen eingraben. Dieſe forſchten nach den Urſachen des wilden Todes, und erkannten, daß der von Außen kommende Geiſt gerne in die Producte der Menſchen übergehet, und wenn er ſich zu lange verweilet, und die Rückkehr verſperrt iſt, Ohnmachten hervorbringt. Dieſe erkannten durch Hermes, daß die Atmoſphäre mit Dämonen angefüllt iſt, und gruben dieſes in verborgene Säulen ein. Sie waren die einzigen, welche durch den Hermes

---

44) Stobaeus *Eclog. Physic.* p. 932.

Hermes die geheimen Gesetzgebungen der Götter erkannten, und dadurch Künste, Wissenschaften bei den Menschen einführten. Diese erkannten die Hinfälligkeit der Körper, und bildeten daher das in allem vollkommene Geschlecht der Propheten, damit dem Propheten, der seine Hände zu den Göttern aufheben wollte, nichts verborgen wäre, und damit Philosophie und Magie der Seele Nahrung gebe, und die Arzneikunst den kränkelnden Körper erhalte. Nachdem Isis und Osiris dieses alles vollendet hatten, kehrten sie wieder in den Himmel zurück 45). Diese Weisheit des Hermes ist so groß, daß selbst die personificirte Intelligenz bei ihm in die Schule geht, und von ihm eine gewisse Erkenntniß von Gott und der Welt zu empfangen trachtet 46). Bald ist aber Hermes wieder nicht die ursprüngliche Weisheit, sondern er hat, was er weiß, aus einer andern Quelle. Nicht Hermes, sondern der gute Dämon ist der erstgeborne Gott, der alles weiß, und der sich das größte Verdienst um das menschliche Geschlecht hätte erwerben können, wenn er seine Weisheit in Bücher hätte fassen wollen. Indessen hat Hermes aus dieser Quelle geschöpft 47). Endlich gesteht dieser sonst allwissende Hermes

---

45) Ebendas. p. 978. ἔτσι το φθοριμον των σωματων επιγνοντες, το εν πασι τελειον των προφητων ετεχνασατο, ως μηποτε ο μελλων θεοις προσαγειν χειρας προφητης αγιον τι των οντων· ινα φιλοσοφια μεν και μαγεια ψυχην τρεφη, σωζη δ', οται τι πασχη ιατρικη, σωμα.

46) Das zehnte Buch bei Patricius, welches ιερ προς Ἑρμη betitelt ist, fängt so an: κατασχε ει τε λογε, ω Τρισμεγιστε Ἑρμη, και μεμνησο των λεχθεντων. ὁ δε μοι επηλθεν ειπειν, εκ οκνησω. πολλα πολλων και ταυτα διαφορα περι τε παντος και τε θεε ειποντων, εγω το αληθες εκ εμαθον· συ μοι περι τετε, δεσποτα, διασαφησον. σοι γαρ και μονω πιστευσαιμι την περι τετων φανερωσιν.

47) Hermes, L. XI. περι τε κοινε προς Τατ. — διο και τα αγαθε δαιμονος, ω τεκνον, εγω ηκεσα λεγοντος αει, και εγγεγ-

Ueberſicht des 4. Zeitraums.

mes ſelbſt ein, daß ſeine Vorfahren, Uranos und Kronos, viel weiſer geweſen, und des unmittelbaren Anſchauens der Gottheit genoſſen haben; daß er viel zu unvollkommen, und ſein Verſtandesauge viel zu ſchwach ſey, um dieſes urſprüngliche Licht der Vollkommenheit zu ſchauen 48).

So unzuſammenhangend und widerſprechend auch dieſe Dichtungen vom Hermes und ſeinen Schriften, ſo mannigfaltig und von einander abweichend die Viſionen und Träumereien ſind, welche dieſe Bücher enthalten, — mitunter kommen doch helle Anſichten und geſunde Urtheile vor, welche aber nicht aus dem Kopfe der Verfaſſer entſprungen zu ſeyn ſcheinen, ſondern wohl größtentheils fremdes ſich angeeignetes Eigenthum ſind, zu dem man die Hauptquelle in den Urkunden der chriſtlichen Religion, in den Schriften des Plato, Plotin, Jamblichs und Anderer meiſtentheils nachweiſen kann, — ſo haben ſie doch alle eine und dieſelbe Tendenz. Sie haben gar nicht den Zweck, irgend ein neueres philoſophiſches Syſtem,

ſelbſt

εγγραφος τι εδεδωκει, παιυ αι το των ανθρωπων γενος ωφεληκει. εκεινος γαρ μονος, ω τεκνον, αληθως, ως πρωτογονος θεος τα παντα κατιδων, θειας λογους εφθεγξατο.

48) Hermes, L. IV. Κλειϛ. Hermes und Tat unterreden ſich. επληρωσας ημας, ω πατερ της αγαθης και καλλιςης θεας, και ολιγου δειν επεβασθη μου ο του νου οφθαλμος υπο της τοιαυτης θεας. ου γαρ, ωςπερ του ηλιου ακτις πυρωδης ουσα, καταυγαζει και μυειν ποιει τους οφθαλμους, ουτω και η του αγαθου θεα. τοιναντιον γαρ εκλαμπει, και επι τοσουτον το του οφθαλμου φως αυξανει, εφ' οσον δυναται ο δυναμενος δεξασθαι την επειςροην της νοητης λαμπηδονος. οξυτερα μεν γαρ εςιν εις το καθικνειςθαι, αβλαβης δε, πασης και αθανασιας αναπλεως ην. οι δυναμενοι πλεον τι αρυσαςθαι της θεας, κατακοιμιζοιντο πολλακις υπο του σωματος εις την καλλιςην οψιν. οπερ Ουρανος και Κρονος οι ημετεροι προγονοι εντετυχηκεσιν. ειθε και ημεις, ω πατερ. ειθε γαρ, ω τεκνον. νυν δ' ετι ατονωμεν προς την οψιν, και ουπω ιςχυομεν αναπετασθαι ημων τους του νου οφθαλμους και θεασαςθαι το καλλος του αγαθου εκεινου το αφθαρτον το αληπτον.

selbst nicht das Neuplatonische auszubreiten, oder es auf die vorgebliche Urweisheit des Hermes zurückzuführen; denn dann müßte man mehr Uebereinstimmung mit demselben finden 49), und überhaupt herrscht darin nicht derselbe tiefe grüblerische Forschungsgeist, der sich in den Schriften der Platoniker äußert; sondern sie suchen vielmehr, den Glauben an göttliche Offenbarung, als die Quelle alles menschlichen Wissens zu gründen und zu befestigen; die Sehnsucht nach (dem Gegenstücke der Gnosis einiger Parteien unter den Christen) einer vollkommneren Erkenntniß göttlicher Dinge zu erwecken 50), und dadurch einen religiösen Sinn zu beleben; hiermit aber den Glauben zu verbinden, daß Aegypten das heilige Land sey, welches die Götter zu ihrem Wohnsitz erkohren, zu welchem sie in sichtbarer Gestalt herabkamen, um den Menschen die göttliche Wahrheit mitzutheilen, und ihnen die wahre Reli-

---

49) So finden wir in einigen Theilen dieser Schriften Gott, Welt, Mensch, als die die drei hervorbringenden Principien, einen materiellen Gott, d. i. die Welt und den Gedanken, angeführt: die Götter sind unsterbliche Menschen, der Mensch ein sterblicher Gott. L. IV. n. XI.

50) Man findet manche überraschende Aehnlichkeit mit der Sprache und den Meinungen der Gnostiker, z. B. L. VII. in einem Gebete γνωσις αγια, φωτισθεις απο σε το νοητον φως υμνων χαιρω εν χαρα κ. πασαι δυναμεις υμνειτε. L. II. von dem ανδρος ψυχων heißt es: και τοτε γυμνωθεις απο των της αρμονιας ενεργηματων, γινεται επι την ογδοατικην φυσιν την ιδιαν φυσιν εχων, και υμνει συν τοις κατα τον πατερα, συγχαιρουσι δ' οι παροντες ταυτα παρουσια, και ομοιωθεις τοις ουσιν ακκει και των δυναμεων υπερ την ογδοατικην φυσιν εων, φωνη τινι ιδια υμνουσι τον θεον. και τοτε ταξει ανερχονται προς τον πατερα, και αυτοι εις δυναμεις εαυτους παραδιδοασι, και δυναμεις γινομενοι, εν θεω γινονται. τουτο εςι το αγαθον τελος τοις γνωσιν εσχηκοσι, θεωθηναι. L. X. ο θεος αιωνα ποιει, ο αιων δε τον κοσμον etc.

Religion zu offenbaren. Die Hermetischen Schriften sollten für die Heiden ein heiliges Buch seyn, wie die Bibel für die Christen. Die Zurückführung der heidnischen Religion auf eine sichtbare göttliche Urkunde, und die Befestigung derselben gegen das immer weiter um sich greifende Christenthum, dieses scheint der Hauptzweck bei Verfertigung derselben gewesen zu seyn, und mit demselben lassen sich alle andere Nebenzwecke, alle Eigenthümlichkeiten in dem Stoffe und der Form, die Benutzung der Bibel und der Philosophen, die Accommodationen auf die Dogmen und religiösen Anstalten des Christenthums ganz ungezwungen vereinigen. Es läßt sich daraus erklären, wie es möglich war, daß manche Kirchenväter Stellen aus diesen Schriften zur Bestätigung der Wahrheit einiger Lehrsätze der christlichen Religion anführen konnten [51]).

Hiernach läßt sich die Zeit, wenn diese Schriften verfertiget worden, muthmaßlich bestimmen. Denn völlige Gewißheit darf man bei solchen Producten des Betrugs nicht erwarten, da dem Schriftsteller, welchen Zweck er auch erreichen wollte, alles daran gelegen seyn mochte, in dem dunkeln Inkognito zu bleiben, welches er einmal angenommen hatte. Die meisten gleichzeitigen Schriftsteller besaßen auch viel zu wenig kritischen

---

51) Lactantius *Institut. divinar.* L. I. c. 6. Nunc ad divina testimonia transeamus. Sed prius unum proferam, quod est simile divino, et ob nimiam vetustatem, et quod is, quem nominabo, ex hominibus inter deos relatus est. — Qui tametsi homo, fuit tamen antiquissimus et instructissimus omni genere doctrinae, adeo ut ei multarum rerum et artium scientia Trismegisto cognomen imponeret. Hic scripsit libros, et quidem multos, ad cognitionem divinarum rerum pertinentes, in quibus maiestatem summi ac singularis Dei asserit.

Verstand, als daß sie der Wahrheit auf die Spur hätten kommen können, sie dachten nur an den Hermes, dessen Namen ein Neuerer angenommen hatte, und suchten ihn in dem grauesten Alterthume, anstatt daß sie ihm in der gleichzeitigen Welt hätten nachforschen sollen. Daher sehen wir uns fast von allen bestimmten Datis verlassen, und die einzigen, welche sich in einer Stelle des Cyrillus von Alexandrien finden, dürften wohl zu keinem wichtigen Resultate führen, das einzige abgerechnet, daß die Hermetischen Schriften, wenn sie gleich die Aegypter zu dem auserwählten Volke machen, doch wahrscheinlich nicht in Aegypten selbst geschrieben worden sind. Dieser Kirchenvater sagt von diesem angeblichen Hermes, er sey ein Aegypter und Heide, und zwar ein Mysterienpriester gewesen, und habe die Mosaischen Schriften, wenn gleich nicht immer richtig und fehlerfrei, doch mit Nutzen studiret; auch habe seiner derjenige in einer eignen Schrift gedacht, welcher in Athen die sogenannten Hermetischen Bücher, an der Zahl funfzehn, verfertiget habe [52]). Es ist wohl möglich, daß Cyrillus durch das allgemeine Vorurtheil verleitet, aus einem Hermes zwei gemacht habe. Was dieser Vermuthung einiges Gewicht giebt, ist der Umstand, daß in spätern Zeiten einige Aegyptische Gelehrte, welche sich mit der Geschichte der Aegyptischen Theologie beschäftigten, wie man höchst wahrscheinlich machen kann, von diesen Hermetischen Schrif-

---

52) Cyrillus *adversus Julianum*, (Juliani opera ed. Ez. Spanheim Lipſ. 1696.) L. I. p. 30. ὕτοσι τοιγαρ‐ ουν ὁ κατ' Αἰγυπτον Ἑρμῆς, καίτοι τελέσης ὢν, καὶ τοῖς τῶν εἰδώλων τεμένεσι προσιζήσας ἀεί, πεφρονηκὼς εὑρίσκεται τὰ Μωσέως, εἰ καὶ μὴ εἰς ἅπαξ ὀρθῶς καὶ ἀνεπιλήπτως, ἀλλ' ἐν ἐκ μέρους. ὠφέληται γὰρ καὶ αὐτὸς, πεποίηται δὲ καὶ τούτο μνήμην ἐν ἰδίαις συγγραφαῖς ὁ συντεθεικὼς Ἀθήνῃσι τὰ ἐπίκλην Ἑρμαϊκὰ πέντε καὶ δέκα βιβλία.

Schriften weder etwas gewußt, noch etwas erfahren haben. Damascius, Isidorus Schüler, der zu den Zeiten Justinians lebte, berichtet uns nämlich in seinem Werke von den Principien folgendes über die Aegyptische Theologie. Endemus habe nichts Zuverlässiges davon sagen können. Zu seiner Zeit hätten erst einige Aegyptische Philosophen, (er meint den Heraiscus und Asclepiades) das Wahre derselben, welches in gewissen Aegyptischen Schriften (oder auch Sagen) verborgen gewesen, ausfündig gemacht. Wer sollte nun nicht denken, diese beiden Schüler des Proclus würden die Hermetischen Schriften gefunden und benutzt haben, wenn sie in Aegypten wären geschrieben worden, da sich beide Mühe gaben, die Aegyptische Theologie in helles Licht zu setzen, da vorzüglich auch der letzte darauf ausging, eine Harmonie zwischen den Aegyptischen und anderen Theologen in Rücksicht auf diese Wissenschaft zu stiften? In welchem anderen Buche konnte er so viele Berührungspuncte, so viele auffallende Aehnlichkeiten mit andern Systemen der Theologie und Kosmologie finden, als in den Hermetischen Schriften? Allein sie wußten nichts davon; die angeführten Aegyptischen Bücher müssen von ganz anderem Inhalte gewesen seyn; denn das angeführte deutet auf ein System der Kosmogonie, in welchem die unerforschliche Dunkelheit, Wasser und Sand die drei Principe waren, wovon in den Hermetischen Schriften keine Spur vorkommt 53).

Der

---

53) Damascius περι αρχων (in Wolfii Anecdot. graecis T. III.) Αιγυπτιοι δε ὁ μεν Ειδημος, ουδεν ακριβες ἱστορει, οἱ δε Αιγυπτιοι καθ' ἡμας φιλοσοφοι γεγονοτες εξηνεγκαν αυτων την αληθειαν κεκρυμμενην, εὑροντες εν Αιγυπτιοις δη τισι λογοις, ὡς ειη κατ' αυτους ἡ μεν μια των ὁλων αρχη σκοτος αγνωστον ὑμνουμενη — τας δε δυο αρχας ὑδωρ και ψαμμον, ὡς Ἡραισκος, ὡς δε ὁ πρεσβυτερος αυτος (αυτου) Ασκληπιαδης,

ψαμ-

Der große Zweck, welchen diese Bücher bewirken sollten, scheint indessen gar nicht erreicht worden zu seyn. Sie konnten die Ausbreitung des Christenthums nicht hindern, noch der hinsterbenden heidnischen Religion einen neuen Lebensgeist einhauchen, noch das einmal gesunkene Ansehen der Priester wieder aufrichten. Sie blieben selbst dem größten Theile der heidnischen Philosophen unbekannt, den Jamblich oder den Verfasser von den Geheimnissen der Aegyptier etwa ausgenommen, was aber doch selbst noch problematisch ist. —

Viertes Kapitel.
Schluß des vierten Hauptstücks.

Mit dieser vierten Periode schließt sich die Geschichte der griechischen Philosophie, welche einen Haupttheil des Ganzen ausmacht. Wir finden in den folgenden Zeiten nur noch einzelne Sammler, Compilatoren und Commentatoren; eigentliche Denker verlieren sich fast gänzlich. Diejenigen, welche noch einigen Forschungsgeist äußern, noch einiges Interesse für die Philosophie hegen, sind christliche Kirchenlehrer, welche neben der Vernunft noch ein zweites Princip, die Offenbarung, anerkennen, und dieser die Vernunft unterordnen. Die griechische Philoso-

ψαμμον και ὑδωρ. — αλλα την μεν περι τουτων ακριβειαν εξ εκεινων ληπτεον. ιστεον δε και εκεινο περι των Αιγυπτιων, ὅτι διαιρετικοι εισι πολλαχῇ των κατα ἑνωσιν ὑφεστωτων, επει και το νοητον διῃρηκασιν εις πολλων θεων ιδιοτητας, ὡς εξεστι μαθειν τοις εκεινων συγγραμμασιν εντυχουσι τοις βουλομενοις· λεγω δε, τῇ Ἡραϊσκου διαγραφῇ του Αιγυπτιου καθ' ὅλον λογον προς τον Προκλον γραφειςῃ του φιλοσοφον· και τῇ αρξαμενῃ γραφεσθαι συμφωνιᾳ ὑπο Ασκληπιαδου των Αιγυπτιων προς τους αλλους θεολογους.

losophie wurde also auf den christlichen Boden verpflanzt, und hörte auf, eine Hauptrolle zu spielen, obgleich ihre Wirkungen noch auf eine lange Zeitreihe hinaus reichen, und aus ihren Ueberresten in spätern Zeiten wieder eine eigenthümliche Art zu philosophiren hervorging.

Die ganze Lebensdauer der griechischen Philosophie von Thales bis auf Damascius beträgt ungefähr tausend Jahre. Wenn man diesen ganzen Zeitraum überschauet, so findet man, daß sie einen Kreislauf vollendet hat. Sie fing mit Mythen und Dichtungen an: der Forschungsgeist wurde durch die mythischen Vorstellungsweisen von Gott, der Welt und dem Menschen geweckt, und er verlor sich zuletzt wieder in den Dichtungen und Phantasien, welche aus der durch keine Kritik geregelten Speculation hervorgegangen waren. Die Philosophie endete, wie sie angefangen hatte, mit Mythen und Dichtungen. Die Vernunft ging in den ersten Denkern schon auf Eroberungen aus. Als sie noch durch kein festes Princip geleitet, nur durch den regen Trieb zum Erkennen bestimmt wurde, da strebte sie auch, so unvollkommen auch die ersten Versuche waren, an denen sie gleichsam erst ihre Kräfte probiren mußte, nach einem Zustand von Selbstständigkeit, und suchte ein eignes Gebiet zu erkämpfen, auf welchem sie die Natur belauschend, Gesetze gäbe für die denkende Welt. In vollem Vertrauen auf ihre Kräfte, forschte sie nach den Gesetzen und Gründen der Erfahrungswelt, und ahndete, daß es eine Wissenschaft davon geben müsse, welche nur allein durch die Selbstthätigkeit der Vernunft zu Stande kommen könne, welche also, wenn sie auch andere Kenntnisse, Data der Erfahrung, voraussetzte, doch als Eigenthum der Vernunft betrachtet werden müsse. Auf diesen Glauben und das Vertrauen auf sich selbst gründete sich die außerordentliche Energie, welcher wir so viel Schönes und Wahres, so manche gelungene Theorie, so manche fruchtbare Idee neben mancherlei Verirrungen und mißlungenen Unternehmungen verbanken. Aber wie endete sie? Sie warf sich in den Supernaturalismus, und als ob sie an sich selbst verzweifelte, erwartete sie nur durch Erleuchtung von Oben Belehrung über die Gegenstände, welche sie interessirten.

So wenig erfreulich aber auch diese Bemerkung ist, wenn wir auf den Anfang und das Ende des rastlosen philosophischen Forschungsgeistes hinblicken, so verweilt man dagegen mit desto größerem Vergnügen bei den Begebenheiten, bei den Untersuchungen und Resultaten, welche den Inhalt dieser von beiden Puncten begränzten Periode ausmachen. Der philosophische Forschungsgeist versucht alle Mittel und Wege, welche zur Wissenschaft von den Gründen und Gesetzen der Natur in und außer dem Menschen führen konnten; er erweitert seine Sphäre, suchet einen Gegenstand nach dem andern seiner Herrschaft zu unterwerfen; er strebt mit glücklichem Erfolge in die erworbenen Kenntnisse immer mehr Licht und Zusammenhang zu bringen; die Begriffe werden deutlicher; die Urtheile bestimmter; die Subordination der Sätze unter Grundsätze, ihre Verbindung unter Principien ausgebreiteter und fester. Von der Außenwelt kehrt der menschliche Geist zurück, und sucht sich selbst zu erforschen; die Erkenntniß der Natur des Erkenntniß- und Willensvermögens soll den Weg zur Erforschung der Objectenwelt bahnen. So bilden sich die Theorieen des Denkens und Willens, die Scheidung des Empirischen und Apriorischen beginnt. Beobachtungsgeist und Raisonnement beeifern sich, den wissenschaftlichen Stoff zu vermehren und zu bearbeiten. So legten die Griechen den Grund zu allen philosophischen Wissenschaften; einigen gaben sie eine schon vollendetere Gestalt, von andern entwarfen sie nur die ersten groben Umrisse; zu einigen lieferten sie eine große Menge von Bauzeug, welche nur auf die Bearbeitung

Beschluß.

arbeitung und Anordnung eines architektonischen Verstandes wartete.

Die Philosophie hat in diesem Zeitraume alle mögliche Gestalten und Formen angenommen. Der griechische Geist hat alle Wege und Methoden in dem Philosophiren versucht, die kritische allein ausgenommen. Die neuern Denker konnten daher bis auf Kant nichts anders thun, als daß sie dasselbe Ziel durch dieselben Methoden zum Theil auf neuen Wegen zu erreichen suchten. Wir finden bei den Griechen wie bei den Neuern bald Dogmatismus, bald Skepticismus; und der Dogmatismus theilt sich bei beiden wieder in den rationalistischen und supernaturalistischen; der rationalistische in den Empirismus und Rationalismus im engern Sinne. Wir finden in dem Theoretischen Systeme des Materialismus, Idealismus und Dualismus, in dem Practischen Systeme des Eudämonismus, Rationalismus und Mysticismus, und alle diese in mannigfaltigen Modificationen. Der Unterschied zwischen der griechischen und neuern Philosophie bestehet nur darin, daß die letzte diese mannigfaltigen Systeme noch weiter entwickelt, und ihnen vorzüglich einen festern Grund zu geben gesucht, die griechische sich dagegen mehr mit den Resultaten als mit den Gründen beschäftiget hat.

Das Hauptgebrechen der griechischen Philosophie war der Mangel einer gründlichen Theorie des Erkennens, welche die Bedingungen, Gesetze und Gränzen der Erkenntniß nicht nach Hypothesen, sondern selbst aus dem Erkenntnißvermögen ableitet, den Unterschied zwischen Denken und Erkennen festsetzt; das Empirische und das Apriorische nicht nach einem ungefähren Maßstabe, sondern nach sichern Grundsätzen von einander scheidet, dadurch allen wissenschaftlichen Forschungen einen festen Gang sichert, und verhütet, daß man nicht sich versteige, und Dinge zu erkennen trachte, welche nicht erkennbar sind,

sind, und von der Erkenntniß des Erkennbaren nicht zu wenig, aber auch nicht zu viel fordere. Diese Gränze und diese Natur der menschlichen Erkenntniß haben die Griechen nie nach Principien bestimmt, wiewohl sie öfters durch ihr glückliches Talent der Sagacität innerhalb den Gränzen der Erkennbarkeit stehen bleiben, und selbst wenn sie die Natur der Objecte zu erforschen glauben, sich selbst unbewußt mehr an das Bewußtseyn und die Natur des menschlichen Geistes halten. Weil sie aber nie über den Unterschied der reinen und empirischen Erkenntnisse einig werden konnten, sondern bald aus der Erfahrung ableiteten, was in der reinen Vernunft gegründet ist, bald dieser zueigneten, was empirisch ist, so war der Gang der wissenschaftlichen Cultur in einem beständigen Schwanken, und es entstand ein beständiger Streit zwischen dem Empirismus, welcher alle Data der Erkenntniß aus der Wahrnehmung ableitete und der Vernunft nur das Geschäft des Anordnens ließ, und zwischen dem Rationalismus, welcher eine Erkenntniß a priori annahm, ohne dieselbe hinlänglich begründen zu können. Alle Schulen der griechischen Philosophie nahmen für die eine oder die andere Behauptung Partei, oder suchten beide mit einander durch Coalitionsversuche zu vereinigen. Daraus entsprangen die verschiedenen Systeme, welche etwas Wahres und Falsches enthalten, einander bestreiten, aber, weil sie mehr die Resultate als die Gründe angreifen, den Streit nicht entscheiden, sondern fortdauernd machen. Die Uebersicht und Vergleichung aller Streitpuncte zwischen den entgegengesetzten Systemen von welchen jedes die Wahrheit für sich ausschließend in Anspruch nahm, die mehr oder weniger deutliche Einsicht in den Mangel zuverlässiger Principe, oder strenger Deductionen, die Ahndung eines gewissen festen Punctes zum Orientiren in dem Philosophiren — alles dieses führte den Skepticismus herbei;

wel-

Beschluß.

welcher eine lange Zeit eine eigene obgleich kleine Partei ausmachte, sich den Anmaßungen des Dogmatismus entgegensetzte, und den Hang der Vernunft zur Ueberschreitung ihrer Gränzen in Zaum hielt; aber weil er eben so wenig als der Dogmatismus von einer richtigen Schätzung des Vermögens und des Gebiets der Vernunft ausging, jenen nie in seine wahren Gränzen zurückweisen, höchstens den falschen Gebrauch der Vernunft abwehren, aber nie den wahren Gebrauch derselben befördern, und nicht selten sein Veto über die mögliche wissenschaftliche Erkenntniß sowohl als über die Scheinwissenschaft ausdehnte, und seiner Bestimmung uneingedenk, selbst in einen negativen Dogmatismus verfiel, und die Unmöglichkeit aller wissenschaftlichen Erkenntniß durch wissenschaftliche Principien beweisen wollte.

Ein anderer wesentlicher Mangel der griechischen Philosophie ist der Mangel des architektonischen Gliederbaues und des systematischen Zusammenhanges. In der schönsten Zeit der griechischen wissenschaftlichen Literatur von Sokrates bis auf Carneades, welche man das philosophische Zeitalter der Griechen nennen kann, war man zwar so weit gekommen, daß man drei große Haupttheile, Logik, Physik und Ethik unterschied, aber man verfuhr dabei nicht nach Principien, man ging nicht von einer Idee der Philosophie als einem Ganzen wissenschaftlicher Erkenntnisse von bestimmtem Charakter aus, um durch logische Eintheilung desselben die Theile der Philosophie systematisch mit bestimmter Gränzbestimmung abzutheilen, und dadurch den Umfang des ganzen Gebiets der Philosophie zu erschöpfen. Dieser Mangel zeigt sich nun auch in diesen großen Theilen selbst. Es fehlt an Principien, um den Inhalt und die Form, den Umfang und die Gränzen zu bestimmen, um das eigenthümliche Gebiet für jeden derselben auszumessen, und dasselbe in besondere, das Ganze erschöpfende Theile abzutheilen;

es

es fehlt an einer Propädeutik, welche festsetzt, was zu untersuchen, und nach welcher Methode es zu suchen sey, und dadurch das wissenschaftliche Denken in Gang bringt. Der einzige griechische Denker, welcher an solche Propädeutiken dachte, war Aristoteles, der dieses vielleicht in der Schule des Plato gelernt, aber auch nur die Bahn dazu gebrochen hat.

Indessen dürfen wir diese Mängel und Gebrechen den Griechen nicht zu hoch anrechnen. Sie sind mehr eine Folge von dem nothwendigen Gange der wissenschaftlichen Cultur, als Fehler des philosophischen Geistes selbst, denn die Griechen mußten sich den Weg zu den philosophischen Forschungen erst selbst bahnen; sie waren noch in dem Suchen und Forschen begriffen, und die Resultate desselben waren eben die Principien und Materialien zu den einzelnen Wissenschaften, welche sich erst durch das fortgesetzte Denken läutern, bewähren und berichtigen mußten. Die immer weiter getriebene Auffindung von Materialien als dem nothwendigen Bauzeug zu den Wissenschaften, konnte nur allein das architektonische Talent wecken, üben, stärken. Es wäre daher höchst unbillig, wenn wir verlangen wollten, sie hätten damit anfangen sollen, was am letzten gefunden wird, und am schwersten ist.

Die Griechen sind glückliche und originale Erfinder; sie haben Entdeckungen in allen Theilen der Philosophie gemacht, und eine Menge von wichtigen Materialien zu allen Wissenschaften geliefert. Dieses ist ihr großes Verdienst, welches ihnen nie streitig gemacht werden wird. Aber sie haben wenig vollendet, und nichts erschöpft.

Die Logik ist eine Griechische Erfindung. Da es hier blos auf eine Analyse des Denkens ankam, so konnte ein einziger Mann wie Aristoteles, der nicht nur selbst viel Talent besaß, sondern auch in der Schule des geistreichsten Philosophen der alten Welt gebildet war,

die

Beschluß.

die Wissenschaft von den Gesetzen des formalen Denkens gleich mit dem ersten Versuche in einem hohen Grade vollenden. Sein Zweck ging hauptsächlich auf Syllogistik; die Theorie und die Anwendung derselben zu dem wissenschaftlichen Gebrauche erschöpft nicht ganz die Idee einer Logik; aber, so weit als er sie bearbeitet hat, sind sie ein ziemlich vollendetes Meisterstück, welchem die Neuern durch Hinzusetzung einiger fehlenden Theorien, und durch innigere Verbindung der einzelnen Theile noch größere Vollkommenheit gegeben haben. Die Stoiker waren weniger glücklich als Aristoteles, sie brachten die Theorie der hypothetischen Schlüsse nicht ins Reine, vermehrten den Inhalt der Logik mit mehreren nicht in ihr Gebiet gehörigen Untersuchungen, und vielen nutzlosen Subtilitäten, weil sie den feinen Unterschied zwischen dem formalen und materialen Denken nicht so fest hielten, als Aristoteles, und die Logik noch weit mehr als dieser zum Organon wirklicher Erkenntnisse zu machen strebten.

Die Metaphysik kam bei den Griechen nie zur Consistenz einer wirklichen Wissenschaft, ungeachtet sie das Hauptziel aller ihrer Speculation war. Sie war und blieb ein rhapsodistisches Aggregat von Untersuchungen über das Wesen der Dinge, besonders über Gott, die Welt und die Seele, nach sehr verschiedenartigen Ansichten und Grundsätzen, so wie sie gerade der individuelle Standpunct eines Philosophen, das bestimmte theoretische oder praktische Interesse und der Zeitgeist herbeiführten. Der Begrif der Metaphysik, den Aristoteles zuerst deutlicher zu entwickeln angefangen hatte, blieb immer in einer schwankenden Unbestimmtheit. Der Mangel einer scharfen Sonderung des Empirischen und Nichtempirischen in der menschlichen Erkenntniß war Ursache, daß man nie den vollständigen Inhalt der Metaphysik übersehen, und systematisch entwickeln konnte, und die

Nichtbeantwortung der Hauptfrage: was ist Erkenntniß, was für Bedingungen hat sie, und was läßt sich a priori erkennen, machte, daß man bald einen zu großen Werth auf metaphysische Speculationen legte, und weil man das Denken und Erkennen verwechselte, bloße Entwickelungen der Begriffe für objective Erkenntnisse von dem absoluten Wesen der Dinge hielt, bald ihnen allen Werth absprach. Man kann eine zweifache Gestalt dieses Zweiges des menschlichen Wissens unterscheiden. Bei einigen, wie bei Aristoteles, ist die Metaphysik mehr Ontologie als speculative Kosmologie, Psychologie und Theologie, weil er die metaphysischen Speculationen über die Seele und die äußere Natur in eignen Werken vorgetragen hatte, und die Beziehung auf praktische Wahrheiten, welche der Metaphysik eigentlich ihr größtes Interesse gibt, seines praktischen Princips wegen nicht so wichtig fand, als andere Philosophen. Bei andern, wie z. B. bei den Stoikern, ist die Metaphysik mehr Kosmologie, Psychologie und Theologie, weil sie die Ethik in einen näheren Zusammenhang mit der Natur und dem Urheber derselben bringen. In beiden Gestalten ist aber die Metaphysik nie vollständig bearbeitet, sondern nur einzelne Betrachtungen über dahin gehörige Gegenstände in dogmatischer und polemischer Hinsicht geliefert, viele zu dieser Wissenschaft gehörige Begriffe sind analysirt, viele Sätze entwickelt worden, und man findet daher einen reichlichen Vorrath von Materialien zu dieser Wissenschaft, aber noch keine Metaphysik selbst. Außerdem sind die reinen und empirischen Begriffe immer unter einander gemengt, theils weil man auf den transcendentalen Gesichtspunct nicht gekommen war, und auch nicht wohl darauf kommen konnte, und Plato, der am ersten sich der Ideen bemächtigte, doch, weil er sie für angeboren hielt, sie nicht aus der Natur des Denkvermögens entwickelte, theils weil man zu schnell von der wissen-

Beschluß.

senschaftlichen Untersuchung zur Anwendung auf gegebene Objecte eilte.

Die Sittenlehre, an welcher so viele vortreffliche Männer gearbeitet haben, und welche eine so große Menge von herrlichen Ideen, großen, die Menschheit erhebenden Gedanken enthält, konnte aus fünf Ursachen nicht zur Würde einer Wissenschaft gelangen. Erstens: Der Hauptinhalt und Hauptgegenstand der Sittenlehre war die Beantwortung der Frage: Was ist das höchste Gut, und wie erlangt man es? Dieser Gesichtspunct führte natürlich auf ein materiales Princip des Wissens, und wenn man auch durch die innere Kraft der Vernunft auf das Formalprincip der Gesetzmäßigkeit geführt wurde, so erkannte man doch die absolute gesetzgebende Würde der Vernunft nicht ganz vollständig und lauter, und fügte daher fast immer eine aus dem materialen Princip entlehnte Triebfeder hinzu. Sittlichkeit und Glückseligkeit wurden verwechselt, bald die eine der andern subordinirt, bald identificiret. Zweitens: Die Sittenlehre wurde gewöhnlich von der Physik und Metaphysik abhängig gemacht. Denn die Erkenntniß dessen, was für den Menschen das höchste Gut ist, setzt die Kenntniß seiner Natur voraus, und diese ist ein Gegenstand der allgemeinen und besondern Naturlehre. Hier hatte also das metaphysische System und die Hypothese von der Quelle unserer Erkenntnisse großen Einfluß, und die Vernunft entzweiete sich nicht allein in dem Praktischen, wie in dem Theoretischen, sondern man verkannte auch die Würde der Sittenlehre und der praktischen Vernunft, denn ob man gleich jener Wissenschaft den höchsten Werth zugestand; so hing dieser doch eigentlich von dem Interesse ab, welches der Mensch natürlicherweise an seiner eignen Glückseligkeit nimmt. Auch achtete man die Vernunft nicht darum, weil sie ein unbedingt und allgemein gültiges Gesetz für alle vernünftige Wesen gibt,

d. h.

d. h., weil sie praktisch ist, sondern weil sie das höchste Erkenntnißvermögen ist, die Natur und den Zusammenhang aller Dinge deutlich einsiehet. Drittens: Daher stellte man die Sittenvorschriften nicht sowohl als Gebote, sondern als Handlungsweisen solcher Menschen dar, welche eine edlere Natur, mehr Erhabenheit und Würde in ihrem Charakter, nicht etwa durch vernünftigen Gebrauch ihrer Freiheit, sondern durch eine Vergünstigung der Natur erhalten haben. Man personificirte das Ideal der Sitten, verwandelte die Freiheit in Natur. Die Pflichtenlehre wurde eine Tugendlehre, d. h. eine Lehre, in welcher die Handlungsweisen oder die vorzüglichen Eigenschaften vollkommener Menschheit entwickelt und zum Muster aufgestellt wurden. Von Verbindlichkeit, von dem Sollen, dem eigenthümlichen Charakter der praktischen Gesetze, kommt in den Tugendlehren der Griechen nur selten eine Spur vor, oder sie wurde doch nicht zum wissenschaftlichen Gebrauche weiter verfolgt. Viertens: Dieses ist auch die Ursache, warum die Rechtslehre nie von der Tugendlehre abgesondert, und als ein besonderer Theil der Sittenlehre behandelt worden ist. Fünftens: Die Sittenlehre als Wissenschaft blieb auch darum von einem höhern Grade der Vollkommenheit zurück, weil man bei der Bearbeitung derselben nicht allein den wissenschaftlichen Zweck, sondern auch die Popularisirung und die Anwendung auf das wirkliche Leben vor Augen hatte, und was für die Schule gehörte, auch zugleich, ehe noch das Geschäft des wissenschaftlichen Denkens vollendet war, in dem Leben sich wirksam beweisen sollte.

Bei allen diesen Mängeln und Fehlern sind doch die Griechen die einzige Nation der alten Welt, welche Sinn für Wissenschaft hatte, und zu diesem Behufe forschte. Sie haben doch die Bahn gebrochen, und den Weg zur Wissenschaft geebnet. Sie haben als Erfinder sich das
wich-

wichtigste Verdienst um die genannten Wissenschaften erworben, indem sie eine Menge von wissenschaftlichen Erkenntnissen durch ihr Forschen hervorbrachten, und denselben wissenschaftliche Form gaben; sie haben noch außerdem den Grund zu den meisten angewandten und empirischen Wissenschaften, als zur Sprachwissenschaft, Geschmackslehre, Psychologie, Pädagogik und Staatswissenschaft gelegt; ihre geistreichen Schriften, die zugleich Muster für den Geschmack sind, sind die besten Mittel den Forschungsgeist zu wecken und das wissenschaftliche Interesse zu beleben.

Wie weit hätten es diese Griechen nicht in dem Gebiete der Wissenschaft bringen können, wenn sie so fortgeschritten wären, wie sie in der zweiten und dritten Periode begonnen hatten? Welche Entdeckungen und Eroberungen konnten nicht von ihnen noch gemacht werden? Aber mehrere ungünstige Umstände widersetzten sich den Fortschritten, schwächten das wissenschaftliche Interesse, führten einen Stillstand herbei, nach welchem zwar der griechische Geist noch einmal erwachte, aber nicht mehr der frische männliche, welcher auf dem Wege des Forschens und Denkens, sondern der weibliche, durch den Orientalismus modificirte Geist, welcher ohne jene Anstrengung auf dem bequemern Wege des Schauens das Ziel der Wissenschaft zu erreichen strebt.

Zu diesen Ursachen des Stillstandes und des nachher veränderten Geistes der Griechen gehörten, außer den innerlichen Kriegen und Unruhen, dem Verlust der griechischen Freiheit, der Unterwerfung unter die römische Herrschaft, die vielen Schulen und Parteien unter den Philosophen, welche durch Sectengeist das reine Interesse für Wahrheit schwächten, und indem sie ihre Partei zu erhalten und auszubreiten suchten, den Geist der Einseitigkeit verbreiteten und das fortgesetzte freie Forschen hemmten; die vielen Streitpuncte und Streitigkeiten, welche

welche aus jenem Sectengeiste entsprangen; der Kampf zwischen dem Dogmatismus und Scepticismus, der endlos schien, und durch Mißtrauen und Unmuth das Interesse für Wissenschaft schwächte; das Streben, die Wissenschaft zu popularisiren und auf das wirkliche Leben anzuwenden, welches bald die Oberhand gewann, den Wahn, als sey schon alles geschehen, veranlaßte, den Eifer zum fortgesetzten Forschen erkaltete, und den Geist der Oberflächlichkeit erzeugte. Die gelehrte Beschäftigung mit den philosophischen Systemen, die Erklärung, Paraphrasirung, Vergleichung, Vertheidigung und Bestreitung derselben, welche vorzüglich in Alexandrien durch die Anhäufung der Schätze der Gelehrsamkeit und die vom Staate besoldete Gesellschaft von Gelehrten befördert worden war, hatte das Selbstdenken geschwächt, und den Geist des Eclecticismus und Syncretismus erzeugt, aus welchem allerlei Coalitionsversuche hervorgingen, welche den Wahn unterhielten, daß die Acten schon geschlossen und alle Data zur Wissenschaft vollständig gesammlet seyen, und dadurch den Zugang zu der einzig wahren Quelle der Erkenntniß, dem Vernunftvermögen, immer entbehrlicher machen mußten. Endlich brachte die lange Verbindung zwischen dem Oriente und Occidente eine gänzliche Umänderung in der griechischen Denkart hervor, und die fortdauernde gegenseitige Einwirkung des zur Dichtung und müßigen Beschauung sich hinneigenden orientalischen, und des durch Gelehrsamkeit gebildeten, zum Denken und Forschen gestimmten griechischen Geistes führte eine gänzliche Verschmelzung desselben, und dadurch den schwärmerischen und mystischen Geist in der Philosophie herbei.

Erster Anhang.
Chronologische Tabelle.

Jahr nach C.G.	
205	Plotin wird geboren
	Ammonius Saccas
233	Porphyrius geboren
243	Plotin reiset nach Persien
253	Origenes der Kirchenvater stirbt
263	Porphyrius, Schüler des Plotin
270	Plotin stirbt
273	Longinus stirbt
304	Porphyr stirbt
333	Jamblich stirbt
	Marimus
	Eusebius
	Chrysanthius
	Themistius
363	Fl. Claudius Julianus stirbt.
384	Libanius stirbt
	Eunapius
412	Proclus geb.
415	Hypatia stirbt.
	Synesius
434	Plutarchus des Nestorius Sohn stirbt
	Syrianus
485	Proclus stirbt
486	Marinus folgt dem Proclus
	Ammonius Hermäa
	Hierokles
490	Marinus stirbt
491	Isidorus folgt dem Marinus
	Damascius
	Eulalius
	Simplicius
529	Die philosophischen Schulen werden zu Athen geschlossen
533	Isidorus kommt mit den Platonikern aus Persien zurück.

Zweiter Anhang.
Literatur der Geschichte der Philosophie.

Chrift. Meiners Beitrag zur Geschichte der Denkart der erften Jahrhunderte nach Chrifti Geburt in einigen Betrachtungen über die Neuplatonische Philosophie. Leipzig 1782. 8.

Gottfr. *Olearii* Differtatio de Electicis in feiner Ueberfetzung der Hiftoria philofophiae von Stanley.

Hiftoire critique de l'Electicisme ou des nouveaux Platoniciens. Avignon 1766. T. 12.

Neuplatonische Philosophie von G. G. Fülleborn in deffen Beiträgen zur Geschichte der Philosophie. 3 St.

I. L. *Mosheim* Commentatio de turbata per recentiores Platonicos ecclefia in Differt. hift. ecclef. p. 85.

C. A. G. *Keil* de cauffis alieni Platonicorum recentiorum a religione chriftiana animi. Leipzig 1785. 4.

I. G. A. *Oelrichs* Commentatio de doctrina Plátonis de Deo a Chriftianis et recentioribus Platonicis varie explicata et corrupta. Marburg 1788. 8.

Albr. Chrift. *Roth* Diff. (Praef. Ioh. Bened. Carpzov) Trinitas Platonica. Leipzig 1693. 4.

Ioh. Wilh. *Iani* (Praef. I. G. Neumann) Diff. Trinitas Platonismi vere et falfo fufpecta. Wittenberg 1708. 4.

Heinr. Iac. *Ledermüller* (Praef. G. A. Will.) Diff. de Theurgia et virtutibus theurgicis. Altdorf 1763. 4.

Dav. *Ruhnkenii* Diff. de vita et fcriptis Longini. Leiden 1776. 4.

Ioh. Aug. *Ditelmaier* Progr. Series veterum in fchola Alexandrina doctorum Altdorf 1746. 4.

C. F. *Rösler* de commentitiis philofophiae Ammonianae fraudibus et noxis. Tübingen 1786. 4.

Ioh. Heinr. *Feustking* Diff. de tribus hypoftafibus Plotini. Wittenberg. 1694.

Lucae *Holftenii* Diff. de vita et fcriptis Porphyrii, vor feiner Ausgabe des Porphyrius de vita Pythagorae.

Georg Ernst *Hebenftreit* Diff. de Iamblichi Philofophi Syri doctrina chriftianae religioni, quam imitari ftudet, noxia. Leipzig 1764. 4.

Adr. *Kluit* oratio inauguralis pro Imperatore Iuliano Apoftata. Middelburg 1769. 4.

Ioh. Petr. *Ludewig* Edictum Iuliani contra philofophos chriftianos. Halle 1702. 4.

Gottlob Friedr. *Gudii* Diff. de artibus Iuliani Apoftatae paganam fuperftitionem inftaurandi. Jena 1739. 4.

D. C. *Wernsdorf* Diff. I—IV. de Hypatia philofopha Alexandrina. Wittenberg 1747. 1748. 4.

Vie du philofophe Proclus et Notice d'un Manufcrit contenant quelqu'uns de fes ouvrages, qui n'ont point encore été imprimés par Mr. de Burigny in Hift. de l'Acad. des Infcript T. XXXI. und deutsch in Hißmanns Magazine 4 B.

www.ingramcontent.com/pod-product-compliance
Lightning Source LLC
Chambersburg PA
CBHW051200300426
44116CB00006B/382